新时代复旦大学精品教材

本教材获得复旦大学“双一流”建设项目——“七大系列精品教材”建设计划资助

产业经济学 第四版

芮明杰　主编

INDUSTRIAL ECONOMICS

上海财经大学出版社
SHANGHAI UNIVERSITY OF FINANCE & ECONOMICS PRESS

图书在版编目(CIP)数据

产业经济学/芮明杰主编. —4版. —上海:上海财经大学出版社,2024.6
新时代复旦大学精品教材
ISBN 978-7-5642-4373-9/F·4373

Ⅰ.①产… Ⅱ.①芮… Ⅲ.①产业经济学-高等学校-教材 Ⅳ.①F062.9

中国国家版本馆CIP数据核字(2024)第089902号

□ 策划编辑　王永长
□ 责任编辑　胡　芸
□ 封面设计　贺加贝

产业经济学
（第四版）
芮明杰　主编

上海财经大学出版社出版发行
（上海市中山北一路369号　邮编200083）
网　　址:http://www.sufep.com
电子邮箱:webmaster@sufep.com
全国新华书店经销
上海新文印刷厂有限公司印刷装订
2024年6月第4版　2024年6月第1次印刷

787mm×1092mm　1/16　31.75印张(插页:2)　772千字
印数:26 501—30 500　　定价:76.00元

第四版前言

时下与可预见的未来，科学技术的进步、消费需求变化以及地缘政治力量已经或正在导致全球产业竞争与产业分工体系发生重大变化，为此，欧美各国以及我国的产业体系、产业创新、产业组织、产业政策等都将发生重大变革。特别是我国现代化产业体系建设、产业链安全、供应链韧性、产业大规模跨区域转移、市场博弈与监管等一系列产业问题已经发生，迫切需要研究解决。在这样一个巨变时代，产业经济学作为一门研究产业发展与产业组织的学科，其所研究的产业经济规律和理论对一个国家或地区或企业的产业发展、结构调整、产业投资与市场竞争等方面依然具有直接的指导作用，依然是产业发展布局和市场规制决策以及政策制定的重要理论基础。

一

产业是一些产品相同或生产技术相同，或生产工艺相同，或服务对象相同的企业的集合，一个产业就是一个同类企业群，成为产业体系中的组成部分。产业本质上是那些同类企业为人们与社会提供所需要的产品与服务而存在，是社会生产的供给方，由于人们需求的多样性导致生产供给的产品与服务是多样的、异质的，因此一个社会就有许多不同产业，形成一个整体性的产业体系，产业体系中所有产出就是社会的总产出，也就是总供给。因此，一个国家的产业状况和产业体系状况在很大程度上表现为这个国家的产出状况，并由此反映了社会资源配置的情况，研究产业的问题实为研究资源配置有效性的问题。可以这样说，产业经济学就是从产业的角度来研究资源配置的经济学。

由于产业是同类企业的集合，因此从微观的角度看，任何一个产业发展和产业产品市场的主体是这些同类企业，其中包括少量的大企业和大量的中小企业。作为产业主体的企业，不论是大企业还是中小企业，在同一产品市场竞争中都要考虑自身的利益与竞争力，不断谋求自己的成长与发展，于是就有对市场势力的追求，就有各种市场博弈、垄断限制竞争、收购或控制行为策略等，既导致这个产业的演化成长，也可能导致市场机制失灵最终使社会资源配置效率低下。研究这些问题，就有了产业组织理论的产生。在西方经济学中，产业组织理论就是产业经济学。

尽管产业是同类企业的集合，但由于居民需求的多样化，所以一个社会需要许多不同产业形成一个产业体系来满足消费要求。从宏观的角度看，一个国家或地区由于自然禀赋不同，所以在现有资源条件和经济基础条件下，发展形成什么样的产业与产业体系使之与自然禀赋、经济基础及居民收入水平一致，但又要考虑未来多样化需求与居民福利的增长以及在国际市场上获得竞争力，这就需要研究产业成长、产业集聚、产业竞争和产业关联以及产业体系与结构演化等问题，为此也需要进行有效的资源配置。关于这些方面的理论，我称之为广义的产业发展理论，这部分内容主要分布在发展经济学和投入产出经济学中。狭义的产业发展理论是指作为单个产业的诞生、成长、成熟至衰退整个发展演化的理论。资源配置过程中市场机制很重要，但现实中国家或地区的市场有成熟与不成熟之分，均有市场失灵的时候，于是在产业组织理论中就要考虑市场失灵后的市场规制问题，广义的产业发展理论中就要研究在市场机制有效性不足的条件下，政府如何利用产业特性制定一些政策或法案，规划后起国家或地区的产业成长与结构调整，实现经济的起飞和高质量发展。

基于上述认知，我们对产业经济学体系的理解与国外同行稍有不同。我们在十多年前写作本书时就认为要从宏观与微观两个层面，把论及产业成长、产业体系、产业结构、产业关联、产业组织、产业政策等相关内容说清楚，如果能够有一个完整的理论体系则更好。因此，从本书第一版开始，我们就设计了产业成长、产业结构、产业关联、产业组织以及产业政策的逻辑体系，把产业发展理论、产业关联理论与产业组织理论等有机结合，形成一个适合我国国情的、面向未来中国式现代化发展的、具有复旦大学特色的产业经济学理论体系，介绍给读者，成为产业经济学专业的基础性教材。本书自第一版问世以来，就受到高校同行与广大读者的欢迎，多次再版，大家均十分肯定这本教材的理论体系与论述逻辑。可以说，当时我们对本书设计的理论体系有其特别之处，且相对比较完整，尚能回答这些年现实中遇到的许多有关单个产业发展、产业体系、结构调整、市场博弈、企业行为、政策设计等方面的基本问题，也为学生和读者进一步在产业经济领域学习与专业深造奠定了基础。

二

本书第四版的修订一波三折。因为考虑到本书第三版出版至 2020 年已经有 5 年的时间，所以出版社希望我能够对第三版进行修改。我理解的要义是：一是通过不断地精益求精修订，希望能够把这几年产业经济学科的理论研究发展变化反映在教材之中，使本书更好地适应读者学生学习之用；二是通过认真修改，希望可以把当今产业经济现实发展变化的情况适当结合在学科体系中，使得本书更具有现实感和本土化。显然这样的要求是正确的，是对读者负责，也是对出版社负责。只是我需要专门腾出时间与精力来认真做这件事，应该说这样的付出是值得的。2021 年春节过后我就开始应出版社之约对本书第三版进行修改，花了半年多时间，我修改完成之后，把稿子寄给了出版社。到了 2022 年初，学校准备开展“复旦大学七大系列百本精品教材”建设，鼓励老师们参与。我想本书第四版如果能获得学校资助的话岂非更好，于是我递交了申请书。到了 2022 年 10 月申请果然被批准，我自然很高兴，但也深感责任之重大，于是赶快从出版社撤回第四版稿子，准备重新思考怎么修改更好些。好在出版社的编辑工作刚刚展开，撤回及时而未影响他们的工作。这样，本书第四版实际上已经是两次修改了，并且这一次更是费了功夫，希望最终呈现给读者的是一本拥有复旦大学特色的高水平的精品教材。

认真修改教材需要沉下心来，重新思考现有教材的理论体系和写作逻辑，需要检索一些相应的文献，一页一页阅读适时补充新的内容，还需要考虑如何选择文字表达合适等，总之是个慢工出细活的工作。尽管如此，在电脑屏幕上多看一会儿就觉得头痛眼花，看来年纪不饶人，是到了把工作更多交给年轻人的时候了。好在，2021 年 4 月换届，我终于可以不再担任产业经济学系主任工作。回想起来，从创建复旦大学产业经济学系的 2003 年起，我在系主任岗位上已经工作 18 年了，尽管时间很长，但扪心自问自己在这个岗位上兢兢业业、认真努力，建立学科师资队伍，培养产业经济专业高级人才，领导复旦大学产业经济学系与产业经济学学科的发展，为复旦大学产业经济学科再次建设成为国家重点学科做出了自己的贡献。另外，我在完成超常规的教学与科研工作的同时，还推动同事们一起为中国与上海的产业发展、结构调整、政策设计出谋划策贡献智慧，成绩是有目共睹的。2023 年初开始的本书第四版的再次修改，目标是希望达到学校的要求，使本书真正成为新时代复旦大学的精品教材，也希望成为全国教材建设中的佼佼者。本次修订我主要做了以下几件工作：

第一，重新思考教材的理论体系结构，保留原来的篇结构，但对章节安排进行了调整，其中最主要的是对第一篇产业发展（狭义的产业发展）的章节内容进行了几乎全部的重写。重写了产业演化一章，增加了产业创新、产业集聚、产业转移三章，删去原来的章节。如此大约有十多万字是我新写的，花了不少时间。这一篇内容，我以为比较完整地形成了单个产业成长和演化发展的基本理论体系，也应对了今天特别关注的产业集群、产业转移、产业创新、产业链等现实问题。这应该是本书第四版的特别之处。另外，我还改写了第二篇产业结构中的一章，称之为产业体系，使之与建设现代化产业体系对应。本书其他方面的章节内容基本保持不变。

第二，仔细阅读了本书第三版内容，对章节中一些概念、原理、公式等表达不确切的方面进行认真的改正，同时根据目前学界的研究结果和比较一致的看法对全书的相关内容进行适当的调整，尽量使内容符合学科现今的观点。

第三，本书第三版中设有一些与章节相关的可以阅读的专栏，设这些专栏的目的是补充教材内容与拓展读者的视野和阅读兴趣。这些专栏可以分为两类：一是文献介绍类，如学者介绍、不同观点等；二是不同国家现实产业发展方面的进展。本次修改保持第一类介绍型专栏不变，重点修改第二类专栏，特别增加了我国产业发展与创新等方面的现实进展，以便读者可以在学习理论内容的同时，了解一些我国产业经济现实实践。结合新形态教材的特点，第四版教材中的专栏阅读将以二维码形式呈现。另外，考虑到教学的需要，此次在每一章后都附有复习思考题，以便于学生或读者复习思考，更好地掌握本章的内容。

第四，统一全书的风格。本书虽然我是主编也是主要作者，但还有其他许多老师参与最初的写作，尽管大家协同努力，但无论是在遣词造句上还是内容表达方面总有自己的风格，所以本次第四版的修改，我希望自己动手修订，尽量使全书的风格一致，能够使读者读之流畅甚至有焕然一新之感觉。

又经过2023年半年的工作，本书终于修订完成。希望第四版出版后，能够继续获得广大学界同行与研习产业经济学的大学生、研究生、投资者、政府经济工作者等读者们的认可，希望读者们通过学习可以把握单个产业发展的基本规律、产业体系及其结构变化趋势、产业的投入产出分析方法、产业组织中的博弈模型以及对产业政策正确的理解。特别希望大家学有所得、学以致用，如有心得或疑问则敬请告知，以便我们之后继续修改完善。

芮明杰
于复旦大学思源楼
2024年5月

目 录

第二篇　产业结构

第三篇 产业关联

第四篇 产业组织

第一章

导 论

产业经济学是一门重要的经济学课程，它的历史并不算太长，但它的研究对象——产业及其体系却是社会经济发展与资源配置中最重要的方面。产业经济学虽然是经济学科体系中的重要一员，但它有许多自己独特的研究内容和不同于边际分析的研究方法，成为理解微观经济基础与宏观经济运行的中间桥梁。

第一节 产业经济学的产生与发展

产业经济学正式作为经济学体系中的一员，其历史并不算很长，最早可以追溯到著名经济学家阿尔弗雷德·马歇尔（Alfred Marshall）。他在 1892 年就出版了《产业经济学》[①]一书，但其内容并不是今天意义上的产业经济学，而仅仅有一些产业组织的概念而已。美国经济学会直到 1941 年才承认产业组织学是经济学科的一个分支，原因是哈佛大学的埃德沃德·S. 梅森（Edward S. Mason）及其学生们在此领域的杰出贡献而获得了经济学界的公认。产业经济学究竟是什么样的学科呢？当代著名产业经济学家斯蒂芬·马丁（Stephen Martin）认为："在经济学中，产业经济学和产业组织学这两个术语是同义词，它们所涉及的是关于企业及其所处产业的理论和经验性研究。"[②]可以这么说，产业经济学从它的诞生之日起，就以其良好的应用性而大受欢迎。从广义上说，产业经济学是以"产业分析"的需要和"产业政策"的实践为背景的一门应用性较强的经济理论，也正是"产业分析"的需要和"产业政策"的实践导致了产业经济学的最终形成与发展。

一、产业分析的需要

经济学是研究人类社会怎样有效率地分配使用其稀缺的生产资源于各种用途，以达到既定目标的一门学科。经济学必然要对社会经济现象、社会经济过程进行分析，以便回答上述根本问题，这种对社会经济现象、社会经济过程所做的分析就可称为经济分析。很明显，当社会经济现象、社会经济过程发展变化了，经济分析的内容就要随之发生变化。本质上，经济分析

① Alfred Marshall. Elements of economics of industry: being the first volume of elements of economics[M]. Macmillan, 1892.

② Stephen Martin. Advanced industrial economics[M]. Blackwell Publishers, 2002, p. 3.

应该是动态分析。

与人类社会的经济发展相吻合，经济学也走过了一条漫长的道路。与此同时，经济分析的内涵也在不断地发展，从个量分析的成熟到总量分析的诞生，从总量分析的成熟到产业分析的形成。

所谓个量分析，又称微观经济分析，它是以单个经济为主体（如作为消费者的单个家庭、单个厂商或企业、单个产品市场）的经济行为作为分析对象，考察厂商如何将其拥有的有限资源适当地分配于其准备生产的各商品或劳务上，以求得利润最大化；消费者或家庭如何把有限的收入适当地分配于其准备消费的各种商品或劳务消费上，以取得最大的效用满足。于是，必然涉及：(1)消费者对各种产品的需求与生产者对产品的供给情况决定着每一种产品的产销数量和价格；(2)作为自然物的生产要素和所有者提供的生产要素与生产者对生产要素的需求情况决定着生产要素的使用量和生产要素的价格（工资、利息与地租）。个量分析的特点在于：用静态或比较静态的方法，分析单个经济主体在局部范围内所受到的主要约束因素，这些约束因素在何种条件下、按照什么方式以达到均衡状态；单个经济主体如何取得最大的经济效益，以及最大经济效益与均衡状态的关系。个量分析对说明单个经济主体在一定条件下的经济行为及经济行为的效果是有相当大的作用的，但经济活动绝不是一个经济主体的活动，也绝不是许多单个经济主体的孤立活动，所以个量分析很难把握由单个经济主体形成的群体的行为活动，很难把握无数单个经济主体行为所造成的单体经济现象及规律。

所谓总量分析，又称宏观经济分析，它是以国民经济中有关经济总量的变化及其规律为分析对象，考察国民生产总值、国民收入、总投资、总消费支出、银行信贷总额、货币发行量、物价水平、外汇收支等总量的变动及相互之间的关系。总量分析从国民收入循环入手，分析其形成及分配；考察国民收入支出与国民收入来源之间的均衡，以及由于不均衡所带来的种种问题，如失业、通货膨胀等。总量分析的特点大致有三个：(1)着眼于如何防止和克服由于总量失衡所导致的经济危机，以求得经济总量的均衡；(2)通过对总量失衡原因的分析，指出市场在对总量进行调节方面的缺陷，证实了政府出面干预经济生活、调节经济总量之间的均衡不仅必要而且是可能的；(3)这种分析仅指社会经济的总量均衡，并非经济过程中具体的结构均衡，而且这种分析主要从需求的角度出发，忽视了从供给角度出发的分析。可见，总量分析不再考虑单个经济主体以及单个经济主体群体的相互关系及其行为，尤其是经济主体间相互作用、相互联系对经济发展的作用及影响。尽管如此，由于凯恩斯革命而诞生的宏观经济分析使经济分析达到了新的高度，它不仅推动经济学向前发展了一大步，而且使人们对社会经济过程、社会经济现象以及客观经济规律有了更深入的认识。

如果说从个量分析成熟到总量分析诞生是经济发展本身的要求，那么第二次世界大战后，发达国家经济有了更大程度的发展，其经济规模日益宏大、结构日益纷繁复杂；而一些发展中国家在摆脱了殖民主义的束缚后，面临如何较快地发展经济、赶超经济发达国家的问题；社会主义国家则在马克思主义经济学的指导下，以计划经济方式谋求经济高速增长。所有这一切都要求人们对社会经济过程内在联系和趋向给予更为细致、深入的研究，以便使人们支配社会经济活动的能动性日益增强。然而，正如前文所述，个量分析只注重单个变量的局部均衡，而缺少对个量群的分析；总量分析只注重国民经济总量的全局均衡，而缺少对构成总量的个体结构关系的分析，这一切都使得经济分析内容中缺少了产业分析。

顾名思义，所谓产业分析，就是对根据某一特征而形成的企业群或企业集合即产业、产业之间的联系和联系方式、产业内企业之间的关系等进行分析，以揭示产业发展演化的规律。产业分析既不同于个量分析，又不同于总量分析，它有其独特的特点：(1)产业分析的经济对象既非纯粹的经济个量，又非国民经济的总量，而是构成国民经济总体的各子系统及子系统之间关系的演化与发展，这种子系统就是各种产业，而每一种产业又是同类型企业的集合。这些子系统的关系可以称为产业结构，子系统内企业之间的关系组合可以称为产业组织，显然，这是一个特殊的分析领域。(2)产业分析比静态的个量分析和总量分析更偏重于动态的分析，虽然产业分析也要对分析对象做静态分析，如投入产出分析，但更偏重于各产业此长彼消的动态发展及其对经济发展带来的作用。产业分析就其分析对象而言，决定了它的特点更偏向于结构分析。它的基本命题是：不同产业结构和不同产业组织下的国民经济总体会产生出不同的国民收入或净产值，并且会有不同的增长速度，从而具有不同的效益和效率。(3)产业分析相较于个量分析和总量分析更具实用性，这是因为产业分析的经济理论基础，即产业经济理论本身大多是通过统计分析而得出实际产业发展演化趋势。这种来自实践的归纳能够为人们所接受，特别是当第二次世界大战后人们已普遍认识到结构变动的重要性绝不亚于经济量的增长时，这种分析就被广泛用来认识本国现象的经济结构，从而制定相应政策、采取相应措施推动本国经济结构、产业结构向高级化方向发展。(4)产业分析也注意社会经济发展中的均衡问题，但它所关注的均衡，既不是个量分析中所着眼的局部均衡，也不是总量分析中所追求的总需求与总供给之间的均衡，而是社会再生产过程内部，各种具体的生产和具体的需求之间，中间需求和中间供给、最终需求与最终供给以及各产业部门之间的均衡。仅此一点，就可以认为产业分析是经济分析深入至社会再生产过程内的一种分析，是经济分析的一种发展，又是经济分析中重要的组成部分。

产业分析的产生是经济分析发展的必然，而这又是经济发展条件下人们认识经济规律不断提高的必然，这一切必然推动产业分析进一步发展，推动产业分析的理论——产业经济学的形成和成熟。

二、产业政策的实践

简单地说，产业政策是关于产业保护、扶植、调整和完善等方面的政策总和。尽管这个概念的提出也只有四五十年时间，但就其内涵来看，产业政策应古而有之，因为产业是古而有之。现代意义的产业政策的产生是在第二次世界大战之后。第二次世界大战后，曾遭受严重破坏的西欧各国和日本面临着如何医治战争创伤以加快经济重建和复兴的艰巨任务；一批新独立的发展中国家则迫切希望发展经济，尽快缩小同发达国家在经济上的差距；而社会主义国家则想通过比较有效的经济建设，向世界展示它强大的生命力。所有这一切都使得这些国家纷纷在寻找如何通过政策，使本国经济更快地发展。例如，20 世纪 50 年代初，日本通产省就集中了一批专家学者，专门从事产业政策研究以加快日本的产业发展，解决产业发展过程中随时遇到的问题。

法国在第二次世界大战后，作为一个受战争创伤较严重的国家，为了重建法国经济，从 1947 年开始实行指导性计划，并采用一系列政策措施作为计划实行的保障。

印度、韩国等发展中国家也先后在 1950 年颁布了本国的产业政策，尽管当时并未称之为产业政策，但实质上就是产业政策。例如，韩国在1950年3月公布了《稳定经济的十五项原则》，其中产业政策方面是重点发展日用消费品生产。

东欧、中国等社会主义国家在战后分别制订了各种经济发展计划，采取了优先发展重工业的政策，以便使生产资料优先增长，尽快建立独立完整的现代机器大工业体系。

然而，产业政策的声名鹊起则与日本经济的振兴有关。第二次世界大战后，日本经济面临崩溃，日本举国上下面临着如何振兴经济以便迅速赶超欧美发达资本主义国家这一严重问题。日本的经济界人士和政府人士都认为单靠市场机制的自发作用和企业管理的改善是解决不了这个问题的，而是必须在把握产业发展趋势以及产业结构高级化趋势前提下，规划产业发展，设计产业结构高级化之途径，确定带动经济起飞的“主导产业”，并通过一系列相应的政策、措施来确保其发展，从而诱导经济按照既定目标发展。为此，日本根据本国经济发展的实际情况，制定了一系列相应的产业政策。

1945—1950年，由于日本当时主要是将生产和生活水平从大幅度的下跌中恢复过来，因此该阶段产业政策的目的在于恢复生产，所以当时的政策主要是以恢复生产比较困难的煤炭和钢铁两个工业部门为对象，即采取了所谓的“倾斜生产方式”。

1951—1955年，由于战后剧烈的通货膨胀大体上被控制了，并且由于确定汇率而开辟了日本产业参加国际贸易的道路，所以此时产业政策的中心目的是产业合理化，于是对一些传统工业如钢铁、煤炭、电力进行合理化整治，制订了相应的合理化计划，对新兴工业如合成纤维工业等进行了扶持。

20世纪50年代后期，日本经济开始高速增长，经济发展的总目标在于提高增长率，以提高人们的生活水平，并实现充分就业。在产业发展方面，先后制定了一系列促进现代产业部门发展的政策，如《机械工业振兴临时措施法》《电子工业振兴临时措施法》等，对重化工业、电子工业、耐用消费品工业的发展起到了极大的促进作用。

20世纪60年代是日本经济高速增长时期。这一时期日本的产业政策内容十分广泛：有为应付贸易自由化和资本自由化而试图建立新的产业秩序的政策；有对现有一些产业设备投资进行干预的政策；有中小企业现代化的政策；有能源工业政策；等等。60年代还继续执行了50年代所制定的个别产业的扶植法。经过60年代经济的高速发展，日本经济的各方面已呈现发达经济表征。在短短的20年间，日本在经济发展方面居然走完了西方发达国家花一二百年才走完的路，这不得不令世人瞩目。一些经济学家和世界性组织纷纷研究日本经济的发展过程，探讨日本成功的原因，结果他们大多认为日本经济成功的秘诀是靠产业政策的成功实施。这样，使产业政策更加引人注目。

三、产业经济理论的发展

然而，产业政策并不是唾手可得的东西，行之有效的产业政策必然是建立在对产业发展演化规律及产业结构演化规律等客观规律的认识和掌握基础上。为此，研究制定产业政策必然要对产业经济理论进行研究，从而推动了产业经济学的诞生与发展。

产业经济理论的研究最早可追溯到马歇尔对产业组织的叙述。产业经济学的形成实际上是沿着两个方向展开：

一是在产业组织理论方面的发展。20世纪30年代，伯利和米恩斯(Berle and Means)在其《现代公司与私有财产》[①]著作中研究了美国20世纪20年代到30年代的垄断产业和寡占产业的问题，而张伯伦(Edward H. Chamberlin)与罗宾逊夫人(Joan V. Robinson)则对市场形态进行了分类，研究了不同市场结构条件下价格的形成与作用，研究了企业之间的竞争与垄断的关系、进入与退出的条件等许多问题。1939年，克拉克(John M. Clark)教授首先提出可行竞争(workable competition)的概念，认为现实中存在10个不完全竞争因素，市场有可能成为不完全竞争市场。[②] 梅森(Edward S. Mason)则提出了产业组织理论体系和研究方向，他的弟子贝恩(Joe S. Bain)于1959年出版了第一本系统论述产业组织理论的教科书《产业组织》[③]，其核心内容就是著名的结构—行为—绩效分析范式(structure-conduct-performance model, SCP)，这一范式奠定了现代意义下的产业组织理论体系。但一直到1970年，谢勒(F. M. Scherer)才有效地对此进行了论述，最终完整地表达这一理论范式。20世纪六七十年代形成了产业组织研究的芝加哥学派，其标志是斯蒂格勒(George J. Stigler)的《产业组织》[④]一书的出版。新产业组织理论(new industrial organization, NIO)是20世纪70年代以后出现的、以分析企业的策略性行为为主的、与以前不同的产业组织理论。这一理论从那时起至今主要研究静态博弈理论、重复博弈和寡占理论、产品差别化、进入壁垒与进入阻止、技术进步与市场结构动态演化、信息不对称等，目前对平台经济、双边市场的研究已经成为热点。

二是在产业发展与产业分析方法方面的进展。经济学家们在产业发展与产业分析方面的研究也一直在进行，并不断地取得重大的进步。20世纪30年代，德国经济学家霍夫曼对工业化过程中工业部门结构演变规律进行探讨，提出了著名的霍夫曼定理。40年代初，英国经济学家克拉克(C. G. Clark)利用三次产业分类法对经济发展的条件所做的研究，则是现代产业经济学中产业结构理论研究的先驱；尤其是三次产业的划分至今依然起到重要的作用。50年代，西蒙·库兹涅茨(Simon Kuznets)等人对经济增长过程中产业结构变动的分析、钱纳里(H. B Chenery)对工业化过程中产业结构及产业发展规律的研究等都是现代产业经济学中的重要组成部分。在产业间相互关系及其均衡分析方面，20世纪30年代列昂捷夫(W. Leontief)所创立的投入产出经济学提供了完全适用的分析工具和较为完整的理论基础。应该说，现代产业经济学在这一方面的发展过程中，日本一些经济学家做出了较大的贡献，如筱原三代平提出的规划日本产业结构的基准、赤松要提出的“雁行产业发展形态说”等都是产业经济学说史中值得大书一笔的事件。青木昌彦等开始的产业模块化发展的研究则是最近的事。20世纪80年代，信息产业与网络产业的发展使得现有的产业体系与产业发展产生了许多新的问题。目前在这方面主要的研究有：产业融合与发展理论、产业链整合理论、产业模块化发展理论、产业创新发展中的知识共享、产业规制理论与策略、产业体系构建理论等。

---

① Berle, Adolf, and Gardiner Means. The modern corporation and private property[M]. Macmillan, 1932.

② John, M. Clark. Social control of business[J]. 1939.

③ Bain, Joe S. Industrial organization[M]. John Willey & Sons Inc., 1959.

④ Stigler, George J. The organization of industry[M]. University of Chicago Press, 1983.

第二节　产业经济学的研究对象与研究方法

产业经济学有其特定的研究对象和独特的研究方法，这是产业经济学成为一门学科的根本原因。

一、产业经济学的研究对象

产业经济学的研究对象是产业，那么这里的产业是指什么呢？产业经济学中的产业概念有广义和狭义之分。广义的产业概念是指国民经济中的各行各业，包括农业、工业、服务业等一切领域，而每一个具体产业（如农业、工业）又是由同类型的企业集合而成。狭义的产业概念专门指工业或称为制造业内部的各种工业部门或行业，如冶金、造船、汽车、电子、耐用消费品、机械、纺织等部门，这些工业部门或行业也是由一些具有相同生产技术特点或产品特点的企业组合而成的。实际上，无论是广义的产业概念还是狭义的产业概念中的产业，都是一些具有某些相同特征的企业的集合或群体，关键在于选择什么样的特征作为企业分类然后集合。这样广义的产业概念和狭义的产业概念在本质上并无区别，只要在使用中注意这种产业是以什么样的特征来区分决定的企业集合便可。

产业既然从本质上看无非一些具有相同生产技术或产品特性的企业集合，那它就不同于单个企业的经济行为，但某一产业的发展变化虽然会给经济总量带来一些影响，却不能代表经济总量的发展变化，产业是介于单个经济主体和国民经济总量的中间层次。如果把国民经济看作一个大系统，把单个经济主体（如厂商、消费者家庭）看作该系统的要素，显然产业是由某些具有共同特征的要素构成的子系统；对子系统及子系统相互关系等方面的研究，显然既不同于对系统整体的研究，也不同于对系统要素的研究，尽管在具体研究中要涉及系统要素和大系统，即涉及单个企业或消费者家庭和国民经济总体。

从社会再生产过程来看，生产、分配、流通和消费这四个环节是一环扣一环的连续循环过程。这样一个循环过程实际上可以具体分解为两个循环过程：一是中间产品的生产、分配、流通和消费过程；二是最终产品的生产、分配、流通和消费过程。从中间产品的生产、分配、流通和消费过程来看，首先这一过程随着社会化大生产的不断发展和专业化分工协作的深化而变得越来越重要。这是因为在零部件分工为主的状态下，每个企业都不能说一个可供使用的产品真正是自己的产品，任何一个企业的生产经营都依赖其他相关联企业的生产经营。这种依赖的重要方面就是互相提供中间产品，于是中间产品生产之后就必须分配、流通和消费，即投入下一个生产过程。其次，随着社会化大生产发展、专业化分工协作的深化，老的产业部门不断分化为更多的产业部门，而新的产业部门又不断诞生，这样使得中间产品的生产、分配、交换和消费的量不断增加，品种日益增多，由此推动了中间产品市场的不断发展。再次，中间产品这一再生产循环过程与最终产品再生产循环过程是密切相关的。中间产品循环过程中出现什么问题将会极大地影响最终产品的生产、分配、流通和消费。从最终产品的再生产循环来看，由于最终产品可以分解为消费品和投资品两大部分，而社会总需求和总供给都是从最终产品的角度来考虑，于是最终产品的生产、分配、流通和消费便转化为：总供给＝消费＋储蓄（储蓄又假定可以完全转化为投资)，总需求＝消费品需求＋投资品需求；如果最终产品的再生产过程是正常和顺利的话，那么必然要求：总供给＝总需求。这不就是宏观经济学研究的主要出发点吗？如果考察宏观经济学的全部分析研究范围，就可以知道，宏观经济学并不涉及(至少说不以)中间产品循环过程为研究对象。而这一中间产品循环过程恰恰是产业经济学所要研究的。因为产业与产业之间的关系，除了生产技术上的联系之外，主要就是互为提供中间产品的关系，这一关系就包含了中间产品生产、分配、流通和消费的全过程。

必须指出的是，微观经济学并不研究中间产品的再生产过程，因为它主要是研究单个经济主体(如厂商、家庭)在单个市场上的经济行为。这种行为当然有生产、交换、消费和投资等方面的内容，但与作为企业集合之间生产、交换、消费和投资的行为内容有重大区别，主要体现在中间产品是同类企业的产品，是一个相对总量，而个别企业产品只能是其中的一份。这样，两者的生产、分配、流通和消费必然有许多不同之处。

由于产业经济学主要是研究产业、研究中间产品的再生产过程，这就使得经济学领域拓展到了一个新的更深入的层次。因为现实的经济运行所遇到的问题已经要求经济学不仅要回答单个经济主体在单个市场上怎么运作、国民收入的总需求和总供给怎么均衡，而且要求回答社会再生产过程中产业之间中间产品的复杂的生产、分配、交换和消费状况，从而使人们对社会经济运动有一个从个别到中间、从中间到整体的完整了解。由于各种经济现象本身是相互联系、相互交织在一起的，因此作为研究某一特定经济现象的某一经济理论，自然也不是完全孤立的，它必然与相关经济理论有联系，或者以它为基础，或者以它为指导。产业经济学就是如此，尽管它的研究对象不同于微观经济学，也不同于宏观经济学，但产业经济学与这两门学科密切相关。

二、产业经济学的研究范围

既然作为产业经济学研究对象的产业本身有广义和狭义的不同理解，并且产业经济学要研究产业及产业间联系以及中间产品再生产过程实质已包含在产业间的联系之中，那么产业经济学的研究范围也就基本确定了，大致有以下五个领域：

(一)产业发展领域

产业是具有同类特征的企业的集合，它有着与单个企业发展不同的发展规律。产业有生命周期，从其诞生开始，经历成长、成熟，然后逐步走向衰退。不过，产业的生命周期与企业的不同，因为企业的失败可能主要是企业自己的原因，而产业的问题却与整个社会和经济体系有关。实际上，异质性的单个产业的不断发展与更替才有产业体系的不断演化和产业结构的变动与提升，从这个意义上说，狭义的产业发展是指单个产业的发展，广义的产业发展就是经济的发展。

在技术进步和技术创新迅速的时代，新知识的创造可以很快地转化为消费者需要的新产品，进而迅速地发展成为一个新的产业。这种新产业的发展反过来又对原来的产业产生影响，如产业新融合、产业提升。而知识的互补性和共享性，导致产业在今天呈现集群式发展和模块式发展的新趋势等。研究单个产业的发展，一方面可以帮助我们掌握产业发展的规律，以便更好地投资与制定政策，推动产业的创新与发展；另一方面，可以帮助我们更好地把握产业结构的形成与动态演化的规律，形成正确的产业结构理论与产业结构分析方法。所以，单个产业发展的规律是产业经济学研究的第一个重要领域。

(二)产业结构领域

所谓产业结构,实际上就是产业间的相互联系及联系方式。由于产业经济学对产业有不同的理解,因此对产业结构的分析研究实际上也有两个层次:一是从广义的产业概念出发研究产业间的关系,如三次产业间的关系;二是从狭义的产业概念出发研究产业间的关系,如制造业内部各产业间的关系。无论从哪一个层次研究,都是主要从经济发展的眼光看产业间联系,即产业结构的演变发展规律,从而为制定经济发展战略提供产业发展理论依据。

显然,这里的研究是采用动态分析的方法,而且并不涉及十分细致的分类后产业间的中间产品交换、消费问题,而是把这个问题放到下一个领域去研究。这里的研究可以说是产业经济学中的宏观领域。由于产业经济学并不是一门纯理论的学科,它在探讨一般规律之后,还要研究如何利用这些规律来推动产业发展,因此,在产业结构领域中自然还要涉及产业结构规划和产业结构调整的研究,这对现实经济发展极为有用。

(三)产业关联领域

产业关联实际上就是产业间的联系,因此,研究产业关联也就是研究产业间的联系,但这里对产业间联系的研究与上述产业结构领域有较大的区别。第一,这里的产业概念既广泛又细致,即产业包括所有一切国民经济中的行业,同时这种产业的划分是以生产技术和工艺的相似性等为依据,故产业分类较细。第二,这里分析产业间的联系更偏重于产业间在中间产品的生产、交换和消费等方面的具体、量化的关系,是一种较为精确的静态量化分析。第三,由于产业间的这种联系同样是产业结构的一个方面,因此,此处的研究将进一步补充和拓展第二领域的产业结构研究,为它提供实证材料。

对产业关联领域的研究就形成了产业关联理论,而这一理论的创始者是美国经济学家、诺贝尔经济学奖获得者列昂捷夫。他所创造的投入产出经济学,运用投入产出表和投入产出数学模型,将一个国家在一定时期内所进行的社会再生产过程中各个产业部门间通过一定的经济技术关系所发生的投入与产出关系加以量化和分析。通过分析,可以了解一个国家在一定时期内的社会再生产过程中产业间的各种比例关系及其特征。投入产出表最大的优点在于,能够反映各产业的中间投入和中间需求,即中间产品的运动,这是微观经济学和宏观经济学做不到的。因此,产业关联领域也可以说是偏重于对产业间中间投入和中间需求关系的研究。由于这里的产业划分较为细致,所以这一领域又可以看作产业经济学中的中观部分。

(四)产业组织领域

产业组织是指产业内企业的关系构成和构成方式。产业组织领域内的产业是指以同一商品市场为特征的企业集合,因此,产业组织领域中研究的主要方面是研究此意义下产业内企业间的关系。在现实经济生活中,各个产业内的企业关系是多种多样、千变万化的,但归根结底这种关系可以归纳为垄断与竞争的关系。这种关系的变化与发展不仅影响企业的生存发展,而且影响产业本身的生存发展以及该产业对国民经济发展的贡献。不论这些关系多么复杂,研究产业内企业的关系,一方面,无非考虑什么样的企业关系才能使企业最有活力、企业效率最高,以及如何达到这样一种理想状态;另一方面,如何规范这些关系,使得全社会资源配置更为有效、经济效益更好。于是,前面一个问题是解决某一产业内企业间关系是否能使该产业内企业有足够的改善经营、提高技术、降低成本的竞争压力,从而使企业具有充满向上的活力;同时，此时的企业是否充分利用了“规模经济”使该产业内大多数企业的单位生产成本处于最优水平。后面一个问题实际上是指如何使企业间的垄断与竞争状态有利于保持社会资源配置的帕累托最优或帕累托逼近，即产业规制。

由于产业组织理论是涉及某一产业内企业间的关系，因此，这里的分析和研究较之前面两个领域来说更深入至底层，也就是更加微观。所以，一般认为，产业组织理论是产业经济学中的微观部分。

(五)产业政策领域

一般而言，产业政策是指关于产业保护、扶持、调整和完善等方面的政策总和。产业政策是经济政策中的组成部分，尽管它的形成比较晚，但作为一种类型的经济政策，它同样具有一般经济政策的共同性质——为经济发展服务。这种政策虽然是在经济理论基础上成长起来的，但就其政策本身而言，只是一种法规条例以供操作之用。问题是，这样一种政策是否有必要成为产业经济学的一个研究领域呢？我们认为是有必要的，原因在于：第一，产业政策与产业结构、产业关联、产业组织理论的关系非常密切，产业政策要根据产业结构、产业联系和产业组织等方面的理论而制定，同时产业政策又将在现实中完成上述理论所完不成的工作。既然宏观经济学中都可以有对宏观财政、货币政策的研究，那么产业经济学中为什么不能有对产业政策的研究呢？第二，产业经济学是一门应用性的经济学科，这种应用性不仅在于描述现实生活中产业经济是怎么一回事，还要回答和判断现实生活中的产业经济应该怎么样，而产业政策就是为此服务的，故研究产业政策相当必要。第三，产业政策制定的优劣本身就有相当大的理论问题，特别是对一切国家而言，没有一个普遍的产业政策，这就更需要我们深入研究如何根据一个国家的产业现状来设计合理、正确的产业政策，并且当产业状态发生变化之后，如何迅速推出新一轮产业政策。

对产业政策研究，主要应研究产业政策的体系和目标、产业政策设计的约束和影响因素、产业政策的实施、产业政策实施效果的评估、产业政策如何与其他经济政策的配合以及产业政策随产业发展状态变化而转换等问题。然而，这样一种研究还有许多困难，需要产业经济理论工作者做出巨大的努力。

产业经济学的研究范围及其与微观经济学、宏观经济学的关系，可用图 1－1 示意。

在图 1－1 中，实线箭头表明产业经济学各领域主要的研究对象，虚线箭头表明其他经济学科的理论对产业经济学的理论建立的指导或基础作用。本书正是按照这样一个关系图来开展对产业经济学内容的论述的，因此，这一关系图也可以看作本书的结构体系。

三、产业经济学的研究方法

产业经济学的研究方法与产业经济学的研究对象和研究范围有关。由于产业及产业间关系的复杂性，因此对产业经济的研究不可能只用一种研究方法，而是需要有一个方法体系，这个方法体系中的主要研究方法大致包括以下几个方面：

(一)实证分析方法和规范分析方法

这两种方法是经济学中最常用的，前者用来分析证实现实经济是什么，后者用来分析和推证现实经济应该是什么。既然产业经济学的研究对象和研究范围都要求说明产业经济是什么和产业经济应该怎样，那么产业经济学中就必然要使用实证分析方法和规范分析方法。

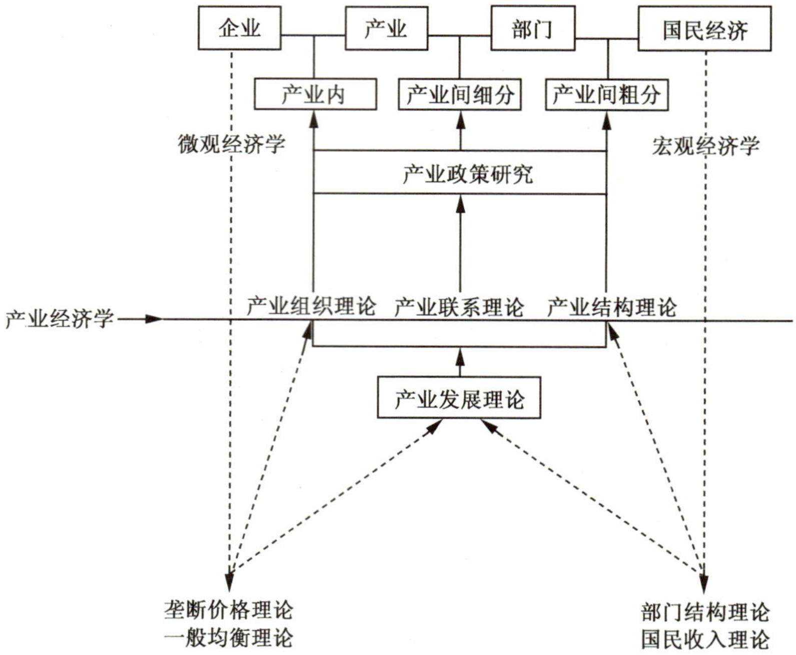

图 1—1　产业经济学研究范围示意图

(二)动态分析方法和静态分析方法

产业与产业间关系是动态的、博弈的,这种动态性首先表现在产业和产业间关系的发展演变之上,其次表现在各产业的发展是此长彼消,或发展速度大不一样,这样也就导致了产业间关系发生变化。实际上,产业发展规律、产业间关系发展规律正是在这种长期变化中表现出来的,所以,对产业和产业间关系的分析必须采用动态分析的方法。而企业间的垄断与竞争的关系则是博弈的,这就需要采用博弈分析等方法来对企业间的行为进行研究。既然有了动态与博弈分析方法,为什么还要采用静态分析方法呢?所谓静态分析,实际上是考察一定时间内研究对象的状况,一定时间内研究对象的状况反映了此时此刻其现象及其内在的问题,这对判断该对象在该时间与目标轨道的差异情况非常有帮助。这是需要运用静态分析方法的理由之一。理由之二,如果选择一系列时间序列点,每一个点都先做静态分析,然后再沿着时间序列分析每一时间静态状况的大致变化,这实际上起到了一种准动态分析的作用。例如,我们分析每"五年计划"末年的产业结构状况,这是静态分析,但我们将 7 个"五年计划"末年的产业结构状况沿着时间发展来分析,这就将大致描述三四十年来产业结构发展演变的轨迹,这样一种分析实际上接近于动态分析方法。产业经济研究中静态方法和动态方法都是必要的,而且这两种方法有时是密不可分、互为补充的。

(三)统计分析方法和比较分析方法

产业经济学不仅要研究产业发展规律以及产业间关系的发展规律,还要研究产业内企业关系的发展规律等,而产业的发展、产业间联系都是在特定国家的特定经济发展阶段中,我们不能将某一国家一定时期的产业及产业间联系的发展演化过程当作一切国家产业及产业间联系必须有的过程,因为个别样本不能代表总体。所以,就必须选取较多的样本国,采用统计分析的方法归纳总结出具有代表性的一般产业及产业间联系等发展规律，从而使结论建立在科学的基础上。实际上，产业经济学的许多开拓者已大量地运用统计分析方法，并且得出了非常令人信服的成果，如西蒙·库兹涅茨的工作就受到世人的尊重。

在归纳时需要统计分析方法，而在具体研究一国的产业问题时又不得不运用比较分析的方法，因为任何一个国家的产业及产业间联系必然带有本国资源、经济状态、文化社会传统、人口等一系列因素所决定的一些特点，分析这种特点并与相应国家的产业及产业间联系状况进行比较，从而得出一些有关的结论或可参照的经验，这对发展本国的产业经济是非常有帮助的。实际上，在产业经济学中，回答产业经济应是怎么样时，必然要运用比较分析方法，比较分析现在与过去，从而揭示产业经济今后的发展趋势。

(四)结构分析方法和博弈分析方法

由于产业经济学中要分析研究产业间的联系，联系实质上表现为结构，故产业经济学中结构分析方法不可不用。所谓结构分析方法，按照皮亚杰(Piaget)的说法，就是对结构的起源和结构的演化进行分析的方法。运用这样一种方法需要遵循三项原则：一是结构的整体性。由于结构中各个部分都不是孤立存在的，而是作为与其他部分的关系存在的，故研究时，整体的性质不应从整体以外去寻找，而应运用互相依存的各个部分的关系来说明。二是结构转换性。结构是会转换的，尽管有条件，但是结构如果能转换，那么结构的各部分必须满足转换规则，而这种规则需要研究。三是结构的自身调整性。结构具有自身调整性，只不过每一种结构其自身调整性程度不一，而且结构中各部分存在着互相调节的能力，结构分析就是要研究这种能力。

根据这样一种分析方法的内涵规定，它与研究产业间关系的要求是一致的。这是因为，我们要研究作为整体的产业和作为产业整体构成的各具体产业的功能、结构，还要研究产业结构的转换规则以及各产业在产业结构转换中的能力等。总之，结构分析的方法对产业经济学来说也是非常重要的。

博弈分析方法就是博弈论(game theory)的分析方法。博弈论又称为对策论，它是现代数学的一个新分支，也是运筹学的一个重要组成内容。博弈论研究人们的策略互动行为。博弈论认为：(1)人是理性的，即人人都会在约束条件下最大化自身的利益；(2)人们在交往合作中有冲突，行为互相影响，而且相互之间信息不对称。博弈论是研究人们在上述约束条件下的决策与行为可能，以及决策的均衡问题。从另一个角度看，博弈论是研究如何使得人们在市场经济中，自愿做出大家都遵守和实施的有效制度安排，以增进社会福利的机制。

产业经济学中产业内企业的关系既是垄断与竞争的关系，也是合作与不合作的关系。运用博弈论的分析方法就是要研究产业内企业间在信息不对称条件下的互动决策及其行为策略，即企业各行动方(即局中人，player)在市场中的决策与行为是相互影响的，每个企业在决策时必须将其他企业的决策纳入自己的决策考虑之中，当然也需要把别人对于自己的考虑纳入考虑之中……在如此迭代考虑情形下进行决策与行为可能，选择最有利于自己的战略(strategy)或策略行为。

以上对产业经济学中的主要研究方法做了介绍和分析，这里必须指出：上述研究方法是一个体系，并且是互为补充的体系，本书并未规定何处应该使用什么方法，而是处于一种自然适用、互相补充的状态。

复习思考题

1. 产业经济学是一门怎样的学科？主要研究什么？
2. 简述产业经济学与微观经济学、宏观经济学的学科联系。
3. 开展产业经济学的研究需要掌握哪些重要方法？

第一篇

产业发展

第二章

产业发展简史

产业的形成与发展是人类文明发展历史中的一部分，是随着人类对自然规律的认识、知识的积累、技术创新进步而逐步产生和成长起来的。在漫长的人类发展史中，产业由简单到复杂，社会分工由粗到细，逐步形成了今天复杂和庞大的产业体系。认识产业演化的历史，有助于深刻地理解现代产业产生和发展的规律。

本章将从历史的角度概述产业起源，分析农业、工业、服务业发展演化过程及其特点。

第一节　产业的缘起

一、农业的起源

在人类发展史上，农业的问世开辟了一个崭新的时代，改变了人与自然的关系。阿尔文·托夫勒(Alvin Toffler)把它称为“第一次浪潮”，它的“年代大约开始于公元前 8000 年，太平无事地统治着世界直到 1650—1750 年”[①]。也就是说，农业时代大约开始于 1 万年前，终止于 18 世纪下半叶的工业革命发生。贝尔纳(J. D. Bernal)把农业的出现与火的使用并称为人类历史上最重大的事件[②]，而在恩格斯(Friedrich Engels)看来，“农业是整个古代世界的决定性的生产部门”[③]。农业的产生对人类社会具有十分重要的意义。那么，农业是怎么产生的呢?

远古时期的人类为了维持生存，只有依靠采集和捕捞自然界中现成的动植物，还不能以自己的劳动去增加产品数量。这时一切的技术进步都是为了制造工具以便寻找到更多的食物。在人类的童年期，人类生活在热带和亚热带的森林中，树居和食果是该时期的特征。在旧石器时代，原始人类以粗制的、没有磨削的石器为工具，学会了使用棍棒、长矛从事狩猎业，并利用篝火烤熟猎物和含淀粉植物的块根、块茎以维持生存。他们以血缘族群为单位，游荡于无边无际的森林、草原之中和大河、大湖沿岸，随处猎取生活资料。

随着冰后期全球气候的变化以及某些动物的绝灭，加之世界人口的逐渐增加，一定地域范围内的自然资源数量相对减少，人类依靠原始的工具和传统的方法难以取得和维持其生存所

---

① 阿尔文·托夫勒. 第三次浪潮[M]. 北京：三联书店 1983 年版，第 51—57 页.

② 贝尔纳. 历史上的科学[M]. 北京：科学出版社 1983 年版，第 50 页.

③ 马克思恩格斯选集：第 4 卷[M]. 北京：人民出版社 1995 年版，第 145 页.

需要的最低数量的食物，于是出现了谋生方法的革命性变革。人类学会了以打磨制作石器为工具，并发明了弓箭，使人类过渡到新石器时期。弓箭的发明和使用使打猎成为人类普通的劳动，并从打猎中学会了驯养动物，从此开始形成原始的畜牧业。他们在长期的采集植物过程中找到了适于种植的谷物的籽粒，由此形成了原始的种植业。这种最原始的农业经历了一个极其缓慢的、漫长的发展过程。在原始农业阶段的初期，采集及渔猎活动仍占较大比重。随着劳动工具和生产技术的进步，采集及渔猎活动所占比重日趋下降，原始种植业和畜牧业所占比重逐步上升，但所提供的食物仅能满足人类全年所需食物的一半左右。因此，人类仍需要进行季节性的迁徙。

大量的考古发掘表明，世界原始农业起源于北纬 40°至南纬 10°之间在地理和气候上大体相似的几个地区。虽然这几个地区是各自独立地、自发地发展了原始农业，但时间先后相差达数千年之久。例如，西亚从伊朗的德黑兰平原以西的山前地带，经伊拉克北部、土耳其东南部到叙利亚以及约旦的北部和西部呈"新月形"地区，早在公元前 8000—前 6000 年就出现了原始农业，开始种植谷物、饲养家畜；在中美洲墨西哥的坦马利帕斯地区，以及瓦哈卡河谷和特瓦坎谷地的印第安人，早在公元前 7000 年已经开始种植玉米，并驯养羊驼；公元前 7500—前 5000 年，中国的黄河流域及长江流域已经开始种植小麦、谷子和水稻，并饲养猪、狗、羊等家畜。

根据国内外学者的研究，原始农业是由少数几个独立的中心沿着不同的路线向各地传播。这些中心主要分布在西亚、中美洲的墨西哥，以及亚洲东南部的中国、非洲西部和南美洲的安第斯山区。在地域上传播的结果是，最后形成了三大谷物产区，即水稻产区主要分布在亚洲的东部和东南部，玉米产区分布在美洲，小麦产区分布在欧洲、中东、北非、中亚、南亚印度河及东亚黄河流域。

随着世界人口的不断增长，原始农业在地域上不断拓展，生产技术也有所进步，原始农业缓慢地向前发展。如西亚地区在公元前 6000—前 5000 年出现了简陋的灌溉农业，埃及尼罗河流域在公元前 5000 年产生了灌溉农业，印度在公元前 2500 年已普遍种植稻麦。但是，原始农业的基本特征是生产工具极其落后、生产水平低下，因而只能靠自然力去恢复地力。表现在耕作制度上，主要有轮垦制和烧垦制：前者是开掘一块土地后，撒播种子，并不进行田间管理，在连续种植几年后弃耕，待地力恢复后再种，有几块土地轮换种植；后者即为"刀耕火种"，先用刀斧砍倒树木，晒干焚烧后做肥料，然后开穴下种。

二、手工业的起源

手工业是如何起源的？最早的手工制品是什么？这个问题可以追溯到原始人类为从事采集、渔猎等生产活动而制造的简单工具。恩格斯在《自然辩证法》一文中指出："劳动创造了人本身。""劳动是从制造工具开始的。""没有一只猿手曾经制造过一把哪怕是最粗笨的石刀。"①原始人类为进行采集、狩猎和自卫活动而打制的粗糙石器，就是最初的手工制品，就是手工业的萌芽。根据古人类学资料，能制造工具的猿人诞生已有 300 多万年的历史。

人类最早出现的人工制造的工具是石器。石器时代可分为旧石器时代、中石器时代和新

① 马克思恩格斯选集：第 3 卷[M]. 北京：人民出版社 1995 年版，第 508—513 页.

石器时代。旧石器时代的早期终结于20万～30万年前，旧石器时代中期大约终结于5万年前，旧石器时代晚期大约终结于1.5万年前。在旧石器时代的早中期，人类加工的石器主要是砍砸器、刮削器和尖状器，至旧石器时代中期出现了骨器，加工都很粗糙。在旧石器时代晚期，石器加工技术有了很大的进步，骨器被广泛利用，出现了鱼叉、骨针、标枪、投矛器等新的生产工具，发现了较多的绘画、雕塑等艺术品和装饰品，并具有简单的建筑能力，冬居洞穴、岩棚，夏居帐篷。中石器时代是旧石器时代和新石器时代的过渡期。这时，原始人除了继续使用打制石器和骨角器外，还发明并迅速推广了弓箭、投矛、渔具等先进的武器和装备，发明了房屋建筑技术和较普遍地使用骨针缝纫，驾驶独木舟在江河湖海上行驶的技术，出现了简单的磨制石器，进一步掌握了钻孔技术，开始有目的地选择优良采石场以大量制作石器，一些地区率先出现了陶器。

新石器时代，原始手工业发展的主要特征是掌握了石器的磨光技术、切割技术、钻孔技术和制陶技术。在石器方面，普遍地推广应用磨制的石刀和石镰，以及建筑房屋用的石锛和石凿。陶器的产生，是新石器时代文化的标志之一。在尼罗河、幼发拉底河、底格里斯河、印度河和黄河、长江流域都是陶器出现很早的地区。最初的陶器是用一些竹、藤、树枝编织物或葫芦等为内模而制成的，在这些内模上涂抹、贴塑一层又一层泥土，再用火烧。陶器主要有罐、盆、钵、壶、瓶、盂等，用于贮水、汲水和盛放食物的多为泥质陶器，炊具主要是耐火、传热快的夹砂陶。随着原始农业的产生，人类转入较为稳定的定居生活，出现了聚居的村落，并开始建造适合长时间居住的房屋。如土耳其的恰塔尔·休于遗址，住房由土坯砌成，分为起居室和附属房间，屋内置炉灶，另有供坐卧的平台和长凳。随着原始农业的发展，家庭手工业开始制造皮革，编结篮、筐，纺织麻、棉、毛等。

到了新石器时代晚期，人类已经开始使用金属。最早使用的金属是金、铜等以纯粹形式存在于自然界的物质。在土耳其的恰约尼遗址发现用铜矿石直接打制的钻孔珠、扩孔锥和别针，这是迄今所知最早的铜器，年代为公元前7500年。后来，人类学会冶炼铜（又叫红铜），到公元前4000年，古埃及、西亚和印度等地的冶炼铜技术已经达到一定水平。我国使用铜器的年代在公元前3000年—前2000年。但是，纯铜质地柔软，制成的工具不及石器坚硬，所以金石并用，石器在生产上仍占主要地位。考古学上把这一时期称为金石并用时代。人类在冶炼铜的实践中，逐渐学会冶炼铜和锡的合金青铜。由于青铜的熔点比纯铜低、硬度比纯铜高，因此易于锻制。在相当长的时间内，青铜成为制造各种工具、器皿和武器的重要材料。

三、服务业的起源

由于服务业本身的特殊性，与农业和工业相比，我们对服务业的起源以及对史前时期服务业的发展情况知之甚少。我们只能根据考古发现的资料，对服务业的起源和在远古时期服务业的发展情况进行简略的描述。

商业是最古老的服务业之一。马克思认为："商品交换是在共同体的尽头，在它们与别的共同体或其成员接触的地方开始的。"①商品交换出现在原始社会后期，大致说来是在母系公社时期，在公社之间偶然地、个别地发生物物交换。随着原始农业的发展以及畜牧业和农业的

① 马克思恩格斯全集：第23卷[M]. 北京：人民出版社1995年版，第106页.

分离,为了生产和生活的需要,农业和畜牧业部落间出现了经常性的交换。金属工具的出现,促使氏族社会的逐步解体和个体家庭的确立,也促进了手工业生产的发展。越来越多的人从直接的食物生产中游离出来,专门从事制革、纺织、制陶、建筑、冶铜、酿酒等手工业。手工业劳动者所生产的产品是单方面的,自己的使用和消费极其有限,大部分用来进行交换,换取其他生活等物品以满足自己多方面的需要。商品交换的扩大,特别是地区与地区之间远方贸易的出现,就必然要求专门有人从事贸易。这些人依靠两地商品的差价来谋取自己的生活资料,于是便出现了商人,并使商业成为一个独立的产业。

交通运输也是最古老的服务业之一。原始人类共同的社会性联系和经济上对自然资源的需求,是交通缘起的根本动因所在。徒步是最原始的交通方式,原始人以棒类手杖或长兵器为徒步中的交通工具,既可以探路、辟草,也可以投击蛇兽。原始人远行时携带行囊,采用额负、头顶、手提、背驮等方式。根据考古资料,北京周口店山顶洞人一成年女性,头骨额部有一道延及两耳际的浅槽,据说就是生前经常以额负物所致。在旧石器时代晚期,中国境内的原始先民已经开辟了内地与沿海地区的交通。地处北京西南周口店的山顶洞人,从百里之外的海滨携回海蚶贝壳,在壳的顶端磨出穿孔,做成串状装饰品。水上交通也得到了发展,在浙江河姆渡遗址出土的 7 000 年前的木楫,残长 63 厘米,用一根整木刨出柄和桨叶,翼宽 12.2 厘米,做工细致,还刻有线型图案。

原始人类对各种疾病的治防进行了不懈的探索。经过极其漫长的朴素经验的积累和口耳的世代相传,逐步形成和发展了原始医疗技术。人们对药物特性的认识随着生产技术的改进而不断提高。例如,人们在畜牧过程中对动物中毒和疾病知识进行不断总结,在农业生产过程中对植物性味、作用等经验也进行不断总结,从而逐步形成了原始医疗技术。在中国,据称是伏羲、神农、黄帝等人发明了中医药。继之而起的是原始社会晚期的巫医,一直到殷商,乃至西周前后,都在中国医疗保健中居于显要地位。随着原始人类对人自身的认识,产生了原始外科技术。砭石是石器的一种,是原始人类最初使用的医疗工具。我国新石器时代的居民就有人工拔牙、头骨枕部畸形和口颊含球致使颌骨变形这三种特殊风俗习惯。在大汶口文化的早期居民中,根据对 31 个个体头骨观察,男性 11 例中有 7 例、女性 20 例中有 6 例已拔去左上第二齿和右上第二齿,其年龄在 12～13 岁以上和青年期。据推测,这是因为恶性疟疾发作时多牙关紧闭,不能启齿饮药,事先把牙拔掉,得病时可以方便给药。

文化艺术大约萌芽于旧石器时代中期,大量的艺术作品是在旧石器时代晚期出现的,绘画、雕刻、装饰、音乐舞蹈是原始艺术的重要形式。原始绘画大多发现于洞穴内或岩石上,最常见的题材是日常狩猎的各种野兽,绘画风格也经历由简到繁的过程,从较早的单色画发展为具有明暗色调的单色画和彩画。雕刻也是一种古老的艺术形式。世界各大洲都发现了原始人的雕刻作品,有的雕刻在岩壁上,有的雕刻在石头、兽骨上。音乐、舞蹈也起源于原始时代。最初的歌唱只是同一呼声或言辞的重复,后来才有了旋律,器乐要比声乐出现得晚。舞蹈在原始人的生活中有着重要作用,原始舞蹈往往以艺术形式再现那个时代的生活和生产。狩猎、出征前常常跳舞以鼓励士气。原始舞蹈常具有巫术的意义,举行宗教仪式活动时常伴以舞蹈。

原始社会末期,随着生产力的发展和商品交换的扩大,出现了私有制。同时,由于劳动生产率的提高,为了生产更多的剩余产品,人们不再把战争中的俘虏杀掉,而是把他们变成奴隶。私有制和奴隶制的发展,使得为掠取财富和奴隶的战争频繁发生,并进一步促进了社会的分化，原来担任社会公职的人物逐渐从氏族中独立出来，变成了统治者。这样，就产生了国家。随着国家的产生，职业的社会管理者如行政首领、法官、警察等从社会中分化出来。同时，社会中又分化出专门从事精神生产活动的脑力劳动者。这些脑力劳动者，最早可能是专门从事贸易记录、行政法典起草和寺庙的祭司，后来才产生了专门的科学家、艺术家等文化人。

第二节 农业演化发展

农业是随着人类社会对食物需求的不断增长、生产工具的逐步变革而不断向前发展的。历史上人口的增加与金属农具的出现，特别是铁制农具的发展，使农业生产力有了质的飞跃。农业先后经历了古代农业、近代农业和现代农业三个发展阶段。

一、古代农业

约公元前16—前15世纪，亚细亚北部和亚美尼亚山区的赫梯人就发明了冶铁术。中国在春秋时代中晚期掌握了冶铁技术并使用铁器。冶铁技术的发明必然导致铁制农具的出现，这一跃进产生于希腊的荷马时代和中国的春秋时代。随着人口增加以及铁器的大量制造和使用的普及，人类改造自然的能力有了质的飞跃，农业生产由此过渡到古代农业阶段（又称传统农业阶段）。

（一）古代农业经历了奴隶社会和封建社会，一直到19世纪中叶

这一时期，农业是社会最主要的经济部门，绝大多数人口从事农业生产。在这一漫长的历史时期中，世界人口的迅速增长是促使古代农业发展的最主要动力。有关资料显示，在原始农业阶段的公元前5000年左右，世界人口估计为2 000万，到公元元年增至2.3亿，公元1000年为2.75亿，公元1500年为4.46亿，公元1800年为9.02亿。为解决人口增长对食物的需求，在亚洲、欧洲、非洲和中美洲都开展了大规模的土地开垦。例如，中国从战国时代中期起，就开始奖励耕植、兴建水利、开垦荒地、发展灌溉。秦及西汉时期农耕以关中、中原地区为中心，一方面向西北方向扩展；另一方面在长江中下游广大沼泽地带，通过修建大小排水工程，扩大土地垦殖。又如，东南亚从公元3—5世纪起，西欧从公元12—13世纪开始，耕地面积每隔100年都成倍地增长。

由于战争和商业的发展，特别是随着15世纪末16世纪初新大陆和新航线被发现，世界农作物与畜禽传播和引种的速度大大加快，范围也明显扩大。例如，水稻在公元前5世纪—前3世纪传入近东地区后，经巴尔干半岛传入匈牙利，并由阿拉伯人传入西班牙、意大利等地；公元5世纪从阿拉伯地区传入非洲，而后又从印度传入非洲东海岸和马达加斯加；公元前1世纪从中国传入日本。畜禽传播的速度更快，范围也更广。例如，羊、牛、猪、马在公元前2000年—前1500年已遍及中东、西亚、印度、中国、中亚、中美洲及北非等地区，公元元年至4世纪遍及欧洲各国。

（二）古代农业是伴随着奴隶制和封建社会的发展而产生和发展的，经过长期积累与创新而形成的农业技术，适应了当时的自然和社会经济条件

第一，人们发明了形式多样的铁制农具并广泛运用。由于各地的气候、土质等自然条件存在着差异,因此不同地区使用的铁制农具也有所不同。罗马使用较为轻便的弯辕犁,在阿尔卑斯山以北的地区则使用有轮的较为笨重但适合深耕的反转犁。公元1世纪左右,罗马已经有大麦、小麦的集穗装置,谷物加工机械也已出现。中国在春秋战国时期有了功能较为完善的铁制耕犁;公元前350年战国时期已经开始使用牛耕;汉代初期,铁犁向形式多样化发展,有铁口犁铧、尖锋双翼犁铧、舌状梯形犁铧等,并且还发明了犁壁装置和能够调节耕地深浅的犁箭装置。铁制农具的广泛使用,为大规模开垦荒地和兴修水利提供了保证。例如,在中国,一些大型水利工程相继出现于华北平原、关中地区和成都平原,如联系济、濮、汴等河流的鸿沟,沟通淮河与长江的邗沟,继之又出现了以灌溉农田、发展生产为目的的芍坡,改良利用盐碱土的漳河渠和郑国渠,以及灌溉整个成都平原农田的都江堰等。铁制农具的广泛使用,使得农业耕种技术的更新成为可能,极大地提高了劳动生产率。例如,在欧洲有了马拉的条播机、中耕机,直接提高了劳动生产率,可以在劳动力短缺的条件下实行"四圃制"耕种。

第二,耕作制度由原始的烧垦制过渡到既能较充分地利用土地资源,又能较好保护自然植被的轮作制。大约在公元前1000年,二圃制在希腊形成。二圃制是指把土地分为两个区:一个区种植麦类作物,另一个区休闲,次年调换,以恢复地力,保持土壤水分,并可以放牧饲养牲口。在二圃制的基础上,由于农村人口的增加以及发明了有轮重犁,就产生了三圃制,把土地分成三个区:两个区分别种植越冬作物和春播作物,第三区休闲,三年轮换循环一次。进入18世纪,为了提高土地利用率和农业的集约化程度,英国首先推行了四圃耕作制,即所谓"诺福克轮作制",把农地分为四块,依次轮换种植芜菁、大麦、三叶草和小麦等作物。二圃、三圃以及四圃耕作制是欧洲典型的古代农业生产方式,是把休闲与轮作、种植业与畜牧业结合在一起。在西亚和北非,古代农业的耕作制度是实行隔年耕作法,即在干旱缺肥的条件下,种一年休闲一年。但随着人口的增加,休闲期也逐渐缩短,成为不休闲和短期休闲的轮作制。在中国,古代农业的耕作制度水平远高于世界其他国家,著名的德国农业化学家李比希称中国的农业是"合理农业的典范"。在秦汉时期,普遍实行连作制(即在同一块土地上连年种植农作物),汉代出现了冬小麦与其他作物轮作倒茬。魏晋南北朝时期,采用绿肥养地,实现绿肥、豆科作物和其他作物轮作、间作、套种,形成了一整套养地与用地相结合的轮作体系。隋、唐、宋、元时期,江南形成了以稻麦(绿肥或油菜)轮作为主体的耕作制度,并出现了双季稻和三季稻。明清时期,农业的轮作、间套作、多熟种植在全国范围内得到进一步发展。

第三,出现了一系列农田精耕细作的方法。在西亚、北非地区,由于气候干旱炎热,人们创造了许多种灌溉方法,如引河水入渠道进行自流灌溉,或引河水淤灌,或引地下水灌溉,或修水井及坎儿井实施井灌等。在中国,发明了耕—耙—耱的抗旱保墒耕做法,而东汉时期的龙骨水车也能反映当时灌溉技术的进步。整地播种、育苗移栽、中耕除草等方法在很早就普遍得到应用和推广,提高了单位面积农作物产量。

第四,形成了农牧结合的生产体系。无论是东亚还是西欧的古代农业,都是农牧结合的生产体系。在欧洲是以牧为主,在中国是以农为主。人们对于无法充分利用的农副产品和农业不能利用的土地,通过发展畜牧业而加以开发利用,为人类提供优质的肉、蛋、奶及其他畜产品;同时,也为农业提供优质的肥料,促进农业生态系统的协调发展。

但是,从总体上看,古代农业是以手工业制造的铁木工具为操作工具,以人力、畜力为主要动力,主要依靠精耕细作的传统经验,长期处于自给自足的自然经济状态,因此,农业生产效率很低，变革和进步十分缓慢。古代农业技术总体上是一种低水平的、封闭的能量循环状态。投入农业的能量仅仅是农业当中的人力、畜力和有机肥等，数量十分有限。所以，古代农业能够提供给社会的产品数量也相对有限，效益低。随着社会人口不断增加，为了维持生存，人们只有依靠扩大土地种植面积的办法，于是许多地方出现了毁林开荒、毁牧垦荒的情形，引起了农业生产与自然环境遭破坏的尖锐矛盾。因此，古代农业对环境的维护、维持也是低水平的。

二、近代农业

近代农业是古代农业向现代农业发展的一个过渡阶段，大约从 19 世纪中叶到第二次世界大战为止。这是人类由农业社会踏进工业社会的一百年，世界经济的各个领域都发生了激烈的变革。

(一)在世界农业的发展过程中，近代农业产生的条件就是农业的资本主义化

公元 16—18 世纪，是欧洲各国封建制度瓦解、资本主义工场手工业大发展和资本原始积累时期，也是从封建主义向资本主义过渡时期。全球地理大发现后，随着世界市场的扩大，刺激了欧洲大陆和英国毛纺织工业的发展，使养羊业成为盈利的部门，由于欧洲各国都从英国进口羊毛，所以推动了英国养羊业的发展。为了确保养羊业的高额利润，引发了 18 世纪的“圈地运动”，先是圈占公地，尔后发展到驱逐其他农民，剥夺他们的份地。1798—1820 年间，英国被圈的土地面积达到 331 万英亩。其后，在 18 世纪末到 19 世纪初，英国又在全国范围内爆发了规模更大的圈地高潮，再次扩大了大地主土地所有制和大租佃农场主要经营面积，使资本主义在农业领域中确立了统治地位。接着，法国在 18 世纪末到 19 世纪初、美国于 18 世纪后期到 19 世纪中期、德国于 19 世纪 30 年代、俄国于 1861 年相继取消了封建农奴制，资本主义农业开始得到发展。但是，在德国和俄国等东欧国家，由于资产阶级革命不彻底，因此，封建农奴制的残余依然存在，广大破产农民遭受资本主义和封建主义的双重剥削。

(二)随着资本主义制度的确立，产业革命在各国相继开展，世界经济得到了迅速发展，有力地推动了近代农业的发展和农业技术的变革

第一，19 世纪以后，农业机械由以手工工具为主开始过渡到以各种农业机器为主的阶段。工业和城市的发展增加了对农副产品和劳动力的需求，工业的发展也为各种农业机械的发明与改进提供了条件，加上农副产品的市场竞争日趋激烈，促使人们试制和使用各种农业机械。近代农业生产工具的进步是从工作机开始的。1811 年，英国的 W. 史密斯取得收割机的专利；1833 年，美国的奥·胡塞获得了马拉收割机的专利；1837 年，美国的 J. A. 匹茨取得了脱粒机专利；1836 年，美国取得了第一部联合收获机的专利。19 世纪 20 年代，在美国已经能买到马拉的玉米种耕机和耧草机、马拉的谷物条播机、干草压捆机等。工作机的逐步完善与使用，迫切需要发明新的动力机。19 世纪初，瓦特的蒸汽机已被广泛使用，它首先被用于带动脱粒机等从事固定作业，继而用于移动项目。1874 年，蒸汽拖拉机在法国首次出现，以绳索牵引进行耕地作业；1876 年，德国人尼古拉·奥托取得了四缸内燃机的专利权；1889 年，第一台内燃机拖拉机在美国诞生；1892 年，第一台实用的汽油拖拉机在美国问世；1931 年，柴油拖拉机诞生。柴油拖拉机的出现，为联合收获机等农业机器的广泛使用创造了条件。机械力代替畜力或部分代替畜力是近代农业的重要特征。美国实现农业机械化最早，从 1910 年到 1940 年用了约 30 年的时间基本上实现了农业机械化。从先后顺序来说，首先是从固定作业和耕作的机械化开始，最后实现收获机械化。收获作业机械化则是先从谷类作物如小麦、大豆开始，再逐步扩大到甜菜、土豆和棉花等作物。在近代农业阶段，德国、法国、英国以及日本的农业机械化的发展也很迅速。但由于它们的国情各不相同，所以农业机械的规模也不相同，其中美国的农机以大型为主、法国以中型为主、日本则以小型为主。

第二，近代农业阶段正处于人类社会第二次科技革命时期，而科学的农业生产技术体系开始形成。其中，化学和生物科学在促进近代农业技术发展过程中的作用最为突出。首先是农业化学的发展和运用。李比希是农业化学的奠基者，提出了矿物质营养学说，第一次科学地论证了土壤肥力主要由钾盐、磷酸盐和氮肥组成。在李比希研究成果的基础上，产生了化学肥料工业，施用人工肥的做法日渐普及。其次是合成化学的发展和运用。1874 年德国人齐德勒用化学合成的方法制成 DDT；1934 年法国人杜皮尔合成了六六六；1938 年德国人希拉台尔合成了八甲磷（OMPA），1944 年又合成了对硫磷。这些化学制剂能有效地杀灭许多昆虫，并且容易制造、成本低廉，适用于大量生产。于是，20 世纪 30—40 年代，化学杀虫剂在农业中得到广泛应用。在 20 世纪初，法国、美国应用硫酸铜除杂草，成为农田化学除草的开端。最后是生物科学的发展和运用。1838 年德国植物学家施莱登和动物学家施旺先后明确提出细胞理论；1859 年达尔文出版了巨著《物种起源》；1865 年奥地利遗传学家孟德尔提出了生物遗传因子概念；20 世纪初美国遗传学家摩尔根进一步使遗传学研究从个体水平发展到细胞水平。正是在这些细胞学说、进化论和遗传学的基础上，近代农业的良种选育技术日趋成熟。20 世纪 20 年代美国育成杂交玉米，到 40 年代得到了普遍推广。免疫学也获得了一定的发展，并开始应用于畜牧业。1879 年，德国科学家巴斯德制成了鸡霍乱杆菌弱毒菌苗，可使鸡获得对霍乱的免疫力。之后，他又发现猪丹毒病弱毒菌苗，能有效预防猪丹毒病。

第三，农业生产专业化和地域分工是近代资本主义农业发展的重要特征之一。19 世纪初以来，随着大规模移民和垦殖，美国、加拿大、阿根廷、澳大利亚和新西兰等新开垦区农业生产专业化发展较快。到 20 世纪初，美国形成了东北部和滨湖区乳用畜牧业带、中央低平原北部玉米带、大平原中北部小麦带、南部棉花带、墨西哥湾沿岸湿润亚热带作物带、西部山地放牧和灌溉农区、阿巴拉契亚混合农作带、太平洋沿岸北部小麦和林牧区、太平洋沿岸南部果蔬和灌溉农业区这九个专业化农业生产地带。澳大利亚自东向西依次形成集约化的种植业带、小麦—养羊带和放牧业带。到第二次世界大战前，西欧地区也逐步形成了西北部乳用养畜业区、中部谷物和养畜业区、南部水果等木本经济作物区这三大农业区。农业生产专业化和地域分工，有利于充分利用自然条件和社会经济条件，提高劳动生产率和经济效益。

在近代农业阶段，由于帝国主义列强采用武装和经济侵略的方式，许多发展中国家逐渐沦为殖民地半殖民地国家，如中国、印度、印度尼西亚以及东南亚各国。农业作为殖民地半殖民地国家经济的主导产业，最主要的特点是具有明显的“二元农业”，一方面是由殖民主义者控制的种植园和现代化农场；另一方面是由占农业人口绝大多数的个体农民从事自给自足的、小规模的、落后的传统农业。例如，东南亚及南亚各国，以生产橡胶、茶叶、油棕、甘蔗、胡椒及香料作物为主的种植园及农场经济，与广大小农、移民垦殖农场甚至游耕农业同时并存；在南美洲的巴西、阿根廷等国，由外国人控制的以从事谷物、咖啡、甘蔗、可可等商品性生产为主的少数大农场和大庄园与小农生产同时并存；在非洲，以经营咖啡、可可、油棕、橡胶、丁香、剑麻为主的规模较大的种植园，以生产粮、棉、烟草等为主的小规模集约化农场，规模较大的粗放型牧场等现代化的商品性农牧业和以小农为主体的、自给自足的落后农牧业并存。“二元农业”形成了畸形的、片面的专门化和地域分工，是少数宗主国对广大发展中国家农民进行压迫、奴役和掠夺的产物。

第四，在近代农业阶段，世界农业格局发生了重大变化。一方面，美国、加拿大、阿根廷、澳大利亚和新西兰等新开垦区，成为世界主要的粮食、棉花、油料及畜产品的生产和供应地；另一方面，西欧各国农业出现停滞、萎缩和衰退。随着海运的发展，西欧各国农产品难以同来自美洲、澳洲的农产品相竞争，中小农场大量破产。其中，首当其冲的是谷物生产。例如，英国小麦播种面积从1870年的140万公顷缩减至1930年的56万公顷，缩减了60%。1840—1910年，法国耕地面积减少了154.8万公顷；同时，殖民地半殖民地农业形成了畸形的、片面的专门化和地域分工，许多国家粮食长期不能自给。在世界农业格局发生变化的同时，农产品国际贸易迅速发展。在19世纪中叶，世界农产品贸易的绝对量估计为400万～450万吨，其中谷物占80%以上。到20世纪30年代末，世界谷物的贸易量为3 000万～3 500万吨，肉类及其制品为350万～400万吨。欧洲、北非、中非和南亚一些国家是谷物纯进口国，美国、加拿大、澳大利亚和阿根廷等是谷物的主要出口国；阿根廷、新西兰、澳大利亚等是肉类及其制品的主要供应国，而欧洲地区则是肉类及其制品的主要进口地。

第五，在近代农业的发展过程中，由于工业生产的半机械化和机械化的农机具开始普及，近代自然科学和农业科学成果应用于农业，形成了开放式的能量转换循环系统，从而使农业的产量达到了以往历史上从未有过的水平，劳动生产率和土地生产率也出现了质的飞跃。但是，从历史的角度看，近代农业也存在严重的缺陷。首先是能源浪费严重。近代农业的高产严重依赖农业以外能量的输入，由于能量输入技术不完善，因此出现了严重的浪费。其次是环境污染加剧。农用化学物质在发挥其积极作用的同时，又通过在土壤和水中的残留，形成有毒物质累积，再经过物质循环进入农作物和牲畜体内，最终损害人类健康；片面依靠化肥增加产量，使土壤中有机质减少，以至于土壤微生物不能充分活动，从而改变了土壤的理化性质，最终导致土壤肥力下降和土地生产能力萎缩。再次是工农对立、城乡对立的形成。在近代工商业发展的过程中，农业一直处于“输血”的地位，出现了农业落后于工业、农村落后于城市以及工农之间、城乡之间产生严重对立的状况。从本质上说，“圈地运动”就是一次牺牲农业和农民以发展工业和其他新兴产业的运动，是资本原始积累的重要表现。在同一时期，一些欧洲国家对亚非拉(美)各国进行殖民主义掠夺也成为资本原始积累的重要形式，宗主国与殖民地半殖民地国家的矛盾成为工农业对立的另一种表现形式。最后是产生农业危机。科学技术的发展极大地提高了工业和农业生产率。但是，农民收入的低下以及城市产业工人的贫困，使市场需求与生产供给能力产生了尖锐的矛盾。1873年终于爆发了世界性的生产过剩危机，也同时开始发生世界性的农业危机。欧美各主要国家的市场粮价长期大幅度下跌，产量下降，农场主大量破产，农业失业工人增加。1893—1895年，美国小麦价格比危机前降低约60%，从而造成小麦种植面积持续10年的缩减。

三、现代农业

现代农业阶段是指20世纪中叶以来世界农业的最新发展。第二次世界大战以来，世界农业快速发展，农业生产和布局发生重大变革，农业所达到的水平和取得的巨大成就是近代农业难以比拟的。

现代农业的快速发展和重大变革，最根本的原因是农业现代化水平的提高和高新技术在农业中的广泛应用。

第一，农业机械化取得巨大发展。除美国于20世纪40年代基本实现农业机械化外，英、德、法、加、荷、苏等国家相继于50年代初到50年代中期，意、日于60年代初到60年代中期基本实现了农业机械化。农业机械化的过程一般是从田间作业环节开始，从谷物生产逐步发展到经济作物、畜牧业等方面。智能化和机械化是现代农业生产工具的基本特征。内燃拖拉机经过技术改进后，大大提高了拖拉机作业机组的效率。联合收获机把收割、捆束、拉运、碾场、翻场、扬场等田间作业、场上作业和装载等多道工序集中在一起并一次性完成。像水果和蔬菜等特殊作物的特殊作业也实现了机械化。自动化的研究成果也迅速地应用于农业。在联合收获机上普遍采用电子监视仪或自动控制机构，以监视籽粒散失和脱尽率。许多农用机器还采用了自动化的选择装置，通过光电效应可以辨别不同苗株和作物是否成熟。在畜牧业中，出现了封闭式、半封闭式、自动化的养鸡场、养猪场和工厂化的养牛场，从给料、饮水、清粪、舍内温度、通风、湿度、光照到产品收集、包装、运送等生产环节都实现了机械化和自动控制。

第二，生产技术的创新突破成就了现代农业。第二次世界大战后农业化学化的范围随着科技的发展而有所扩展，不仅包括使用化肥和农药，还包括运用饲料添加剂、土壤改良剂及推广农用塑料等。对化肥和农药，也对品种和质量进行改进，如生产复合肥料、浓缩肥料、液体肥料和缓解肥料等，发展高效、低毒、无公害和广谱性农药。在生物科学方面，继近代杂交玉米培育和推广之后，先后选育出小麦优良品种和杂交水稻，在亚、非、拉美各国兴起了“绿色革命”。20世纪50年代诞生了分子生物学，60年代产生了细胞生物学，推动了生物工程技术的发展。在作物育种方面，生物工程技术打破了生殖屏障，克服了常规育种手段只能培育出种间或种内杂交新品种的不足，实现了远缘杂交。在防治农业病虫害方面，通过生物工程技术可以制成微生物农药，从而消除了长期使用化学农药带来的严重后果，如污染环境、危害人畜健康、破坏生态系统平衡等。在提高农产品产量质量方面，通过生物工程技术，可以在室内不受外界环境和气候影响的条件下，大量快速地繁殖优质、无病害的苗木，以工厂化的生产形式满足大面积生产的需要，弥补了传统技术的缺陷。20世纪90年代以来，农业生物工程技术在世界范围内取得了飞速的发展，一批抗虫、抗病、耐除草剂和高产优质的农作物新品种培育成功，产业化的步伐正在加快。国际农业生物技术应用服务机构的一份报告介绍，1999—2000年全世界转基因谷物播种面积达到4 420万公顷，大豆、棉花、卡罗拉(加拿大的一种油料作物)和玉米四种转基因作物分别占其全球总播种面积的34%、16%、11%和7%。其中，美国转基因作物播种面积占全球作物播种面积的63%，阿根廷占23%，加拿大和中国分别占7%和1%。此外，新材料技术、生物能源技术、海洋开发技术、信息技术、空间技术、区块链技术等高新技术也在农业中得到了不同程度的推广和应用。例如，通过通信卫星、气象卫星可提高气象观测水平，遥感可用于土壤调查与土地资源清查及其制图、作物估产、植物识别、自然灾害调查、土壤湿度与农业环境污染等方面。

随着19世纪末世界农业专业化和区域分工格局的确立和发展，第二次世界大战后，世界农产品国际贸易空前活跃。1992年世界农产品进出口贸易额达到10 034亿美元，比1971年增长了6.25倍。目前，世界农产品贸易无论是出口还是进口均主要集中在发达国家。其中，欧洲是世界上最大的农产品贸易市场，1994 年约占世界农产品进出口额的将近一半。亚洲地区自 20 世纪 80 年代以来，由于日本、中国及中东石油输出国谷物、食糖、棉花、奶类等农产品的进口量逐年增长，因此在世界农产品进口贸易额中所占比重已超过 1/4，但农产品的出口额仅略有增长。北美洲的美国、加拿大为主要农产品出口国。大洋洲的澳大利亚、新西兰和拉丁美洲各国为世界谷物、肉类及热带经济作物的主要净出口国。非洲自 20 世纪 80 年代以来农产品进出口受气候条件影响波动较大，进口以谷物为主，出口则以热带经济作物、林产品为主。同时，国际农产品贸易的保护主义也十分严重，关税高，非关税壁垒层出不穷，农产品贸易战愈演愈烈。据统计，1947—1999 年农产品国际贸易争端在国际贸易争端总数中占 46.22%，其总趋势是越来越高。

第三，第二次世界大战后，世界农业取得了前所未有的大发展，人类对自然资源开发、利用的广度和深度也在不断增加。但是，随着世界范围经济工业化和社会城市化的迅速发展，人口膨胀，耕地、淡水及生物等资源短缺，农业生态环境恶化。例如，世界土地总面积为 130.4 万公顷，其中耕地及多年生作物用地占 11.05%、长期牧场占 25.74%、森林和林地占 29.61%、其他用地占 33.60%。自 20 世纪 60 年代以来，世界耕地长期停滞在 13 亿～13.5 亿公顷水平上。由于人口增长过快，世界人均耕地已由 1950 年的 2.76 公顷减少至 1971 年的 0.4 公顷和 1990 年的 0.27 公顷；人均牧地则由 2.95 公顷减少至 0.81 公顷和 0.64 公顷；人均林地也相应地从 1.82 公顷减至 1.1 公顷和 0.76 公顷。全球年可利用的水资源时空分布极不平衡，估计世界有半数以上的人口面临缺水的威胁，特别是占世界人口 30%～40%、耕地 1/5 的干旱半干旱地区，水资源尤为短缺。此外，山地丘陵区的水土流失、干旱区的沙漠化、森林减少、草原退化以及日益严重的农业环境污染，都是困扰当前世界农业持续发展的重大问题。发达国家同发展中国家农业发展的差距越来越悬殊，成为亟待解决的问题。例如，占世界总人口 32.2%、总耕地面积 47.85%的发达国家已经实现了农业现代化，农产品出现了过剩；而占世界总人口 76.8%、总耕地面积 52.2%的发展中国家不仅没有实现现代化，而且在一定的区域内还存在着农产品的严重短缺。

专栏2-1

第三节　工业演化发展

工业起源于原始社会，经过漫长的奴隶社会和封建社会手工业的演化发展，从 18 世纪中叶第一次工业革命以后进入了近代工业阶段，第二次工业革命后开始进入现代工业发展阶段。

一、古代手工业

距今 4 000～5 000 年，东方的四个文明古国，即埃及、古巴比伦、印度和中国最早进入奴隶社会；随后在欧洲的希腊、罗马也在距今 3 000 年左右进入了奴隶社会。由此开始了古代手工业的发展历程。

(一)工具进步与分工深化

与原始手工业相比，奴隶社会的手工业具有以下特征：(1)金属工具的推广应用，这是古代手工业最重要的特征。早在原始社会末期，人类就已经开始掌握青铜器的冶炼技术。但是，开始时，青铜器冶炼技术尚不完善，冶炼效率比较低，主要用于武器和礼品的制作，在生产上的运用还比较少。到了奴隶社会，青铜器冶炼技术有了显著的提高，质量也越来越高，才在手工业生产中比较广泛地推广应用。公元前16—前15世纪，位于两河流域北部的米坦尼王国就掌握了铁器的冶炼技术。公元前1370年，米坦尼王国被赫梯王国征服后，赫梯人垄断铁器冶炼技术并禁止本地人将这种发明传给外族人，所以铁器极少外流。在这种情况下，埃及、西亚和印度等地的文明古国都没有掌握铁器冶炼技术。到公元前13世纪，赫梯帝国瓦解，许多冶铁工匠流落四方，铁器冶炼技术才在亚细亚、叙利亚、腓尼基等地开始传播。中国在春秋时期掌握了铁器冶炼技术，公元前10世纪欧洲才掌握铁器冶炼技术。铁的出现对手工业生产的发展产生了巨大的影响。恩格斯说过："它给手工业工人提供了一种其坚固和锐利非石头或当时所知道的其他金属所能抵挡的工具。"①一方面，铁的出现促进了农业、畜牧业的发展，使手工业生产日趋复杂，促进了冶金、工具制造、制陶、纺织、建筑、酿酒、榨油等行业的发展；另一方面，铁器的出现，冶炼、加工、制造金属工具需要专门的技巧和设备。"如此多样的活动已经不能由同一个人来进行了；于是发生了第二次社会大分工：手工业和农业分离了。"②从此，手工业成为一个独立的产业。(2)在手工业社会分工有了很大发展，提高了劳动生产率。到了奴隶社会，手工业不仅在作坊与作坊之间的社会分工比较细密，就是在同一个作坊内，由于奴隶主使用了大量奴隶一起劳动，因此在生产过程中也实行一定的分工，每个劳动者都有专门的职能，这就大大地提高了生产效率。古希腊著名思想家色诺芬曾对奴隶社会的手工业分工状况做过具体的描述："在大城市里，每一个人都能找到许多买者，只从事一种手艺就足以维持生活。有时甚至不必从事整个手艺，一个人做男鞋，另一个人做女鞋。有时，一个人只靠纳鞋为生，另一个人只靠切割鞋皮为生；有的人只裁衣，有的人只缝纫。从事最简单工作的人无疑能最出色地完成这项工作，这是必然的。"我国西周时期，在生产车辆的作坊中就有木工、金工、漆工、皮革工等多种工匠分工协作。古代雅典的金器作坊中，锻工、铸工、看炉火的、管风箱的，也招有不同的人手；在制陶作坊中，人们分别从事拌土、担水、烧窑、运料、塑型、制坯、绘饰、浇焙等工种，这些分工都提高了劳动者的熟练程度。(3)奴隶主占有大量的生产资料和奴隶，就有可能组织较大规模的手工业生产，实现简单的劳动协作，从而提高生产效率。在古希腊的手工业作坊中，常有几十个到几百个奴隶一起劳动。在矿山和建筑工地上，协作规模更大，被驱使劳动的奴隶达几万人，甚至数十万人。这样大规模的劳动协作不仅提高了劳动生产率，而且能完成分散劳动所无法做到的工作。

在奴隶社会，手工业的兴盛主要体现在中国、埃及、印度、西亚、古希腊和古罗马等少数古代文明发达地区，并且制陶业、纺织业、冶金业、建筑业、造船业是早期手工业的最主要产业。例如，我国在夏朝时期，手工业基本上与农业分离，制陶业是手工业的主要部门，木器制作技术空前发达，青铜器冶炼技术则是一门新兴的专业技术。在手工业内部，铸铜、制陶、玉石器制作、骨角器制作、制革乃至木器加工都已出现专业化分工，手工业生产开始出现了行业性的结构。商代的手工业进一步得到发展，最突出的成就是青铜铸造。又如，古代埃及早在公元前

① 马克思恩格斯选集：第4卷[M]. 北京：人民出版社1995年版，第159页.

② 同上。

2686—前 2181 年的古王国时期，手工业就已经十分繁荣，不仅各行业的分工相当精细，而且每个行业中工匠的技术水平也有了很大提高。其中，玉石器制作、木器制作和金银工艺、纺织、皮革、纸草加工、造船、玻璃制造业等行业的成就尤为突出，建筑业更为世人瞩目。除闻名于世的金字塔外，还有宫殿、神庙、贵族住宅等，都是用巨石建成。当时尼罗河上和沿海的航运已普遍使用帆船，这些船只大多以双杆并列竖起桅杆，一般为单桅船，也有一些双桅和三桅的大船。船的桅杆前后用索绳加固，船身也有中央大索绳将首尾连系，并且利用绞紧法使全部索具达到高度的紧固状态，这是一项很先进的技术。船上有许多船夫操桨，船尾还有长桨为舵，掌握方向。古王国时期的先进造船和航行技术成为后来地中海周围各国学习的榜样。在古希腊，米诺斯文明时期的手工业产品以精美巧妙著称，铜器冶炼和铸造、金银制品、制陶业、建筑业和造船业相当发达。古罗马的手工业成就也很大，擅长冶金工艺，金属制造业相当发达。金银首饰、铜镜和各种工艺品大量外销，受到希腊和中欧各国的普遍欢迎。

（二）社会变迁促进手工业发展

随着社会生产力的发展，人类社会从奴隶社会过渡到了封建社会。在我国，从奴隶制向封建制的过渡发生在春秋战国之际，到公元前 221 年秦始皇统一中国时，封建制度才完全确立起来。公元 476 年，西罗马帝国的灭亡标志着欧洲奴隶制社会历史的结束，而西欧的封建制度就是在罗马奴隶社会崩溃和日耳曼征服者部落氏族制度瓦解的基础上产生的，到公元 10 世纪才完全确立起来。在封建社会，古代手工业发展提高到了一个新的水平，达到了巅峰。

1. 在封建社会，手工业发展的一个重要标志是铁器冶炼技术的进步

我国战国时期已经掌握了多管放风炼铁以及脱炭、热处理技术，还发明了“高温液体还原法”，出现了可锻铸铁及炼钢术，标志着金属加工技术已达到较高水平。铁制工具在手工业各部门都取得了主导地位，有针、刀、锯、锥、凿、锤等。铁制工具的广泛推广应用，促进了手工业的发展。我国封建社会手工业发展的基本格局，是官营手工业和民营手工业双层结构共同发展。官营手工业技术先进、装备精良，垄断了重要部门，如冶炼业、创造业、采矿业等。从隋代开始，包括家庭手工业和作坊手工业在内的民营手工业得到较快发展，但始终处于专制政权的控制之下，规模小，技术水平落后，不可能壮大到足以引起革命性变化的程度。汉代的纺织、漆器、煮盐、陶瓷、车船制造等手工业已相当发达，丝织业的成就与技术进步最为显著，手摇纺车已普遍使用。丝织品“薄如蝉翼”“轻若烟雾”，已经掌握了复杂的提花技术。造纸术的发明，促进了造纸业的发展。唐、宋是我国封建社会手工业的鼎盛时期。唐代主要有矿冶、织染、刺绣、瓷器、制盐、药材、茶叶、糖酒、木器、漆器、服装、文具纸张以及造船和兵工等，尤以纺织、冶铸、瓷器最为突出，堪称世界一流。宋代手工业的成就主要表现在采矿、冶炼、制盐、纺织、陶瓷、造纸、印刷和漆器等方面。制瓷手工业达到了全盛发展的时期，远销日本、朝鲜、东南亚、西亚和非洲等地。造纸质量达到了轻、软、薄、韧的水平，活字印刷术的发明促进了印刷业的发展。指南针的发明，是航海技术的进步，也促进了造船业的发展，宋、元时期中国海船以大、稳、抗风暴、安全、舒适而闻名世界。火药的发明则促进了兵器的发展。到了元代，统治者几乎把全国的工匠都集中在官府的手中，主要替官府和贵族们生产兵器或奢侈品等，使手工业的发展受到限制。到明代手工业才得以恢复和发展，最为突出的是南方纺织业的兴起，并开始了资本主义的萌芽。鸦片战争结束后，西方资本主义国家开始向中国大量倾销机制商品，由此引起中国耕织结合的自然经济结构逐步解体，也导致了多数手工业的衰弱。

在西亚,封建社会几经兴衰。公元7世纪兴起的阿拉伯帝国,通过对外扩张而地跨亚、非、欧三大洲,确立了封建制度。13世纪中叶西亚崛起了一个强大的国家——奥斯曼土耳其,到16世纪已成为横跨亚、非、欧的庞大帝国。西亚手工业到16世纪达到一定的繁荣,纺织、被服、鞋袜和武器制造业等最为发达。手工业生产由行会严格控制和监督。在东亚,朝鲜和日本都是在中国唐朝制度的强烈影响下形成并确立了封建制度。随着农业的发展,在交通要道、渡口等地逐渐形成了定期集市,后来进一步发展为城市,成为手工业的主要制造中心。16世纪时,日本有200多个城市,手工业主要有铸造、武器、木制品、纺织、油漆、首饰等。17世纪中叶以后,日本的手工业、手工业技术和手工业产品都获得了明显的进步。至"17世纪末,日本有130多种手工业"①。18世纪中叶以后,开始出现集中的手工工场,其中较为突出的是纺织业、陶瓷、漆器、造纸、酿造、制盐以及采矿等行业。在南亚次大陆,封建社会手工业最发达的仍是传统的棉纺织业。达卡是当时最大的棉丝纺织中心。16世纪起,手工业部门迅速增加,棉纺品有30种,丝织品有23种,丝绵有19种,以及各种毛毯、披肩,除供应国内市场外,还远销欧、亚、非等地。手工业的发展促进了手工业内部分工的发展,出现了印染、漂白等生产部门。在17世纪,印度商人开始建立工矿企业和缫丝手工工场。在北非,埃及于公元868年从阿拉伯帝国中独立出来,其手工业发展很快,呢绒、棉布、麻纱、丝绸等纺织品在国际上享有盛名,玻璃、肥皂、蔗糖制造业也很出名,但15世纪以后开始衰弱,1517年埃及被奥斯曼帝国征服。

2. 西欧在中世纪初期,手工业随着城市的兴起而发展起来

金属采掘和冶炼、用金属制造的各种工具和武器,都有显著的技术改进。大约从11世纪开始,人们把水力作为动力运用到纺织、冶金、金属制造、木材加工等手工业生产的各个行业中。在机械设计方面也不断地取得进步,并被广泛运用于手工业生产的过程中。14世纪时,机械时钟的原理已为人们所掌握,效率较高的织布机和纺纱机被逐渐推广,并出现了手工工场。15世纪前半期又出现了第一批炼铁炉,德意志人开始掌握活字印刷技术。15、16世纪时,欧洲手工业的行业种类较多、品种齐全,主要有纺织、制革、面包、屠宰、鞋帽、木器、陶瓷、冶金、制盐、兵器、榨油、酿酒、建筑、五金、印刷、造船等。随着商品经济的发展,手工业的地区分布也发生了很大的变化。11—15世纪,弗兰德尔(今比利时)、意大利北部和德意志南部,即北至布鲁日、南至佛罗伦萨之间的狭长地带,是欧洲手工业最发达的地区,向欧洲各地输送了大量的毛织品、丝织品、亚麻织品、玻璃器皿、陶瓷、日用金属制品、武器盔甲、皮革制品和书写纸等。16世纪以后,工业地理分布有了明显的改变,荷兰和英国成为手工业生产最发达的地区。荷兰的造船业发展很快并逐渐形成规模,在1500—1700年间商船队的吨位增长了10倍,比所有欧洲船队的总吨位还多,并且带动了制帆、缆索、木材、小五金、铸锚等许多分支行业的发展。荷兰其他手工业也很兴旺,雷登是欧洲最大的毛织业中心,海尔伦在亚麻织业中占据支配地位。16—17世纪,英国煤炭生产从20万吨增至300万吨,带动了沿海贸易和采煤所需的工具与设备生产的增长。铁矿开采和冶金业也有了很大发展。查理一世在位时,即在英国建立第一个鼓风炉后近一个世纪,已建有100个这样的鼓风炉,估计年产25 000吨生铁。进入18世纪,英国的工业生产水平总体来说已远远超过了法国和荷兰。②

---

① 刘永生.新编世界经济史——世界近代前期经济史[M].北京:中国国际广播出版社1996年版,第134页.

② 宋则行,樊亢.世界经济史(修订版):上卷[M].北京:经济科学出版社1998年版,第69页.

3. 封建社会手工业发展的一个重要特点是建立了手工业行会

行会是城市中同行的或手艺相近的手工业者的封建组织形式。每个作坊主都是行会的成员，所以作坊主也称行东。他们组织行会的目的，主要是排斥外来的竞争和保持成员之间利益的均衡。行会控制着当地的市场，不参加行会的手工业者不能从事该项手工业生产。每个行会都有自己的章程，对产品的质量和规格、价格、原料的分配、产品的销售、劳动时间的长短、帮工的劳动报酬、各个作坊的人数等方面做出规定，以限制会员之间的竞争。行会内部实行严格的等级制度，会员违犯行会就得受到惩罚。所以，封建行会带有相当强烈的排他性和保守色彩。在欧洲，意大利在10世纪出现手工业行会，以后又遍及英、法、德等西欧国家。一般的城市至少有几十个行会。像巴黎这样的大城市，14世纪初就有行会组织300多个。我国到了唐代出现了早期的手工业行会，宋代中叶以后行会组织渐趋完备。但是，中国的行会与欧洲中世纪的行会不同，是手工业者与政府之间的中介组织，起着调节作用，对手工业者没有像欧洲那样具有强大的约束力。

4. 在封建社会后期，西欧逐步产生了工场手工业

在16—17世纪，西欧手工业大多数是家庭手工业。生产者是工匠、半工半农的小手工业者和他们的亲属或少数几个助手，使用自己的手工织机、丝带架、铁砧等。这些家庭手工业主要靠商人供应原料和收购产品来维持生计，特别是使用昂贵的原料和为远方市场生产的小手工业者更是如此。包买商控制了这些行业的生产和销售，广大小生产者实际上已经沦为包买商的雇佣工人。这就是通常所说的分散的工场手工业。在这种分散的工场手工业生产形式下，包买商往往要把原料分配到分布在几十英里内上百户家庭手工业者的手中；在农忙时，家庭手工业者又往往停下来去干农田活，同时这种无法监视的生产也常常使包买商的原料遭到损失，而且在产品规格上难以得到保证。因此，16世纪中叶以后，由包买商自己建立的大型作坊——集中的手工工场——便逐渐发展起来。到17世纪，在英国雇佣几百人的毛织工场已经相当普遍。至于那些需要较多固定设备的行业，建立一个工场就不是一般工匠所能做到的，需要有较大财力的个人或几个投资者合伙才行。例如，在采矿、冶金和造船业中，有的是由贵族地主投资，有的是由从远程贸易获得大量财富的大商人、金融家投资。工场手工业产生和发展的另一条途径是从行会手工业中分化出来的。随着手工业生产和商品市场的扩大，行会内部的不稳定性日益显现。少数富裕起来的行东为了求得更大的发展，不愿意受到行会的约束，开始突破行会的规章制度，设法添置生产工具、增加雇工人数、使用新技术，极力扩大生产，并且按照自己乐于采用的方式来销售商品。他们还大量吸收破产的手工业者、失去土地的农民以及逃亡的农奴，使得这些劳动者成为自己的雇工。这样，原来行会作坊的性质开始发生变化，逐渐成为资本家使用雇佣劳动的手工工场。

二、近代工业

近代工业起始于工业革命。工业革命的发生是主要资本主义国家政治经济发展的必然结果。首先，资产阶级革命的胜利和资产阶级专政的国家政权的建立，以及制定的一系列有利于资本主义发展的立法和内外政策，为资本主义生产关系的迅速扩大和生产技术的大发展扫清了道路。其次，资本主义工场手工业的广泛发展培育了大量的熟练工人，使生产工具进一步专门化，为近代机器的诞生奠定了物质技术基础。再次，科学技术的发展为近代机器的发明提供

了前提。从16世纪中叶哥白尼发起近代自然科学反对宗教的革命以来,经过天体力学、经典力学、高等数学到18世纪已建立起完整的理论体系,物理学各个领域都取得了重要的进步,化学也从炼金术中解放出来发展成独立的学科。最后,在全球地理大发现以后,西欧国家国内外贸易的发展和早期世界市场的出现,扩大了对工业制成品的需求,也对工场手工业向机器大工业的过渡起到了巨大的推动作用。

(一)第一次工业革命的产生过程

开始于18世纪60年代的第一次工业革命,其标志是以蒸汽机为代表的动力机械生产开始与广泛应用,而英国是第一次工业革命的摇篮,因为它最早、最集中地具备了上述社会经济条件。

1. 英国棉纺织品市场的扩大,推动人们改进工艺以增加生产

1733年,约翰·凯伊发明了飞梭,部分地解放了手工劳动,使织布效率提高了1倍,从而造成纺与织之间的不平衡,发生"纱荒"。1735年,约翰·淮亚特宣布了他的纺纱机发明。[①] 但是,这两项技术发明仅仅具有机器的雏形,在技术上还没有重大的突破。1764年,詹姆斯·哈格里沃斯发明了珍妮机,他把8个纱锭竖装在一个机构上,可以同时纺8根纱,改良后可纺12根纱,提高工效15倍。珍妮机是从工具发展为机器的重大发明。随之,在纺织部门相继出现了许多机器发明,并且带动各个行业掀起了技术发明和革新的高潮。英国工业革命由此开始。"珍妮纺纱机降低了棉纱的生产费用从而扩大了市场,给工业以最初的推动力。"[②]纺纱机纱锭的增加,需要更大的动力。1768年,凯伊在木匠海斯的协助下发明了水力纺机;1769年,理查德·阿克莱特取得了该项发明的专利权。1779年,克隆普敦综合珍妮机和水力机的优点,发明了骡机,能纺出精细而又结实的棉纱。骡机经过别人的改进,成为自动棉纺纱机,可以带动300～400个纱锭,极大地提高了劳动生产率。这样一来,加剧了纺与织的不平衡,迫切需要改进棉织业的技术。1785年,德蒙特·卡特莱特发明了动力织布机,并于1791年建立了第一个动力织布机工厂,改进后一台织布机可以织造相当于40个手织工人织的布。棉纺织业的其他工序——清除棉籽、梳棉、漂白、印染等也陆续发明和采用了机器。其中,著名的有1792年惠特尼轧棉机,使清除棉籽的工作效率比手工提高了100倍。在棉纺织业的带动下,毛、麻、丝等纺织部门,以及造纸、缝纫、印刷等其他轻工业部门,也逐渐创造出机器,从使用手工工具向机器生产转变。

棉纺织工业和其他工业对机器的需要,又促进了冶金和煤炭业的技术改造。1735年,亚伯拉罕·德尔比父子用煤焦炭混合石灰炼铁的新方法获得成功,使冶铁业出现了生机。1760年,斯密顿发明了鼓风机,可以提高炉温,去除硫黄和其他杂质,使生铁变为韧性铁。1783—1784年,亨利·科特又陆续发明了搅拌炼铁技术和碾压成铁片的方法,可以将生铁炼成熟铁,生产出的铁块再经过锤锻和轧辊,便成为可供制造机械、船舶使用的优质铁。这些新发明的应用,使英国的铁产量显著增长。与搅拌炼铁技术同时发展的,还有钢的冶炼。1750年左右,在坩埚里用木炭作燃料试炼钢获得成功。1770年,用焦炭生产出有实际使用价值的钢,有了批

① 关于淮亚特的纺纱机发明时间,有的文献说是1733年,有的文献说是1738年,这里引用的是马克思《资本论》第1卷中的说法。

② 马克思恩格斯全集:第1卷[M].北京:人民出版社1956年版,第568页.

量生产，不过产量甚微。冶金工业的发展反过来加速了煤炭业和采矿业的技术进步，发明和采用了凿井机、曳运机、蒸汽抽水机、安全灯等。这样，纺织、冶金、煤炭成为英国工业革命中建立起来的三大支柱工业。

2. 随着机器的逐渐改进和生产能力的增强，其日益变得结构复杂和体积庞大，要转动它需要较大的动力

1769 年，詹姆士·瓦特试制成功单向蒸汽机；1782 年，他又制造出双向蒸汽机，使之可以做旋转动作，解决了大工业发展所必需的动力问题，广泛应用于采矿、冶金、纺织等部门，从而推动了工业部门的机械化。蒸汽机是人类生产技术上的一次大飞跃，使机器生产摆脱人力和其他自然力的限制。

当各工业部门在用机器代替手工工具的过程中，出现了一种矛盾的现象，即机器本身仍是在手工业工场里用手工生产的。大工业发展到一定阶段，工具机日益复杂多样，各个组成部分具有日益严格的精度要求，以工场手工业为基础的机器生产显然不能适应需要了。从 19 世纪 30 年代起，各种生产机器使用的金属加工机械，如压延机、切割机、旋床、铣床、钻床等陆续被发明和制造出来，并建立了用机器制造机器的机器制造业，它标志着工业技术革命的完成。

机器大工业的发展，要求革新交通工具，以便迅速运输它所生产的大量产品，供应大量的原料和燃料。1807 年，美国人富尔顿发明汽船；1811 年，英国仿造成功，开始在内河和沿海使用。1819 年，第一艘轮船横渡大西洋，海上交通出现了新面貌。在陆路交通工具方面，1765 年用铁轨代替木轨；1788 年，约克郡最早架设铁桥。1814 年，斯蒂芬孙制成第一台可供实用的蒸汽机车；1830 年，在曼彻斯特至利物浦的铁路线上正式使用蒸汽机车。

继英国之后，法国、美国、德国以及欧洲一些国家如比利时、瑞士、奥匈帝国等，在 19 世纪上半叶也先后发生工业革命。俄国和日本是在 19 世纪 60 年代后才真正开展工业革命，在 20 世纪初跻身于资本主义大国的行列。

3. 工业革命创造了比手工劳动高得多的劳动生产率

例如，在纺织业中，到 19 世纪 20 年代，工厂纺纱工用机器纺纱，是手纺车工人效率的 250 倍。机器生产使世界工业生产增长速度大大提高。1701—1710 年到 1781—1790 年，世界工业生产指数提高了 2.3 倍，而 1803—1812 年到 1870 年提高了 5.1 倍。1850—1870 年这 20 年间，英国工业总产值差不多翻了一番，法国增长了 2 倍，美国增长了约 2.8 倍，德国增长了约 3 倍。在工业革命期间，英国建成了纺织、钢铁、煤炭、机器制造和交通运输五大工业部门。到 1850 年，英国在世界工业总产值中占 39%，在世界贸易总额中占 21%[①]，是世界各国工业品的主要供应者，成为“世界工厂”。第一次工业革命使国民经济的产业结构发生了前所未有的变化，工业地位大大提高。工业革命前，英国农村人口占全国总人口的大部分，1811 年从事农业的家庭下降为 89.6 万户，占全国总户数的 34.7%，1831 年再降为 27.7%。

(二)第二次工业革命的爆发与演化

第一次工业革命和资本主义的迅速发展，使自然科学的研究工作在 19 世纪进入了一个前所未有的阶段，各个学科几乎都有重大的成就和突破。在物理学方面，英国物理学家焦耳发现了能量守恒和转化定律；英国科学家法拉第发现电磁感应现象，提出发电机的理论基础。在生

① 宋则行，樊亢. 世界经济史(修订版)：上卷[M]. 北京：经济科学出版社 1998 年版，第 122 页.

物学方面，德国植物学家施莱登和德国动物学家施旺等在前人研究的基础上，建立了具有重要意义的细胞学说；英国生物学家达尔文正式出版《物种起源》，提出科学的进化论学说。在化学方面，俄国化学家门捷列夫发现了化学元素周期律，奠定了无机化学的基础；有机化学的绝大多数重要原理在1828—1870年间基本确立，物理化学也在19世纪形成并发展起来。自然科学的新突破，为资本主义发展所要求的新技术革命准备了条件。新技术革命的成果被广泛地运用于工业生产，从而引起了19世纪末至20世纪初的第二次工业革命。

1. 电能的应用和电力工业的发展，是近代产业演化史上第二次工业革命的中心内容

1866年，德国人西门子研制成功第一台自激式发电机。1870年，比利时人克拉姆制成了环状电枢自激式发电机，这种发电机由蒸汽或水力带动，从而把机械能转变为电能；1873年，克拉姆又发明了电动机，把电能转变为机械能，实现了使用电能推动工厂机器运转的目的。1870年，美国人爱迪生发明了电灯照明系统；1880年，他又制造出大型直流发电机。在1882年建立了第一个直流发电厂以后，电车、电站、电焊、电镀、电解法、电冶法等如雨后春笋般涌现出来。1882年，德普勒实验高压直流输电成功；19世纪90年代初，远距离输电法正式使用。电的意义，不仅在于它提供了可以远距离传输的强大动力，引起了动力革命，还在于它使信息传递的速度日益加快，适应了社会化大生产蓬勃发展的需要。继1837年有线电报发明后，1857—1866年，美国铺设了第一条横跨大西洋的海底电缆。1876年，美国人贝尔发明了电话。1878年，经爱迪生改进的电话机在波士顿到纽约之间通了第一次长途电话。1889年，美国出现了自动电话交换台。电话很快普及到许多国家，1879年在伦敦和巴黎，1881年在柏林、彼得堡等都成立了电话局。1891年，爱迪生发明了活动电影机，4年后法国就制成了无声电影。1895年和1896年，意大利人马可尼和俄国人波波夫，分别成功地进行了无线电传播实验。1906年，美国人德福雷斯特在英国人弗来明制成的二极管的基础上，发明了三极管，使无线电通信技术发展到了电子管时代。10年后，美国实现了大西洋越洋长途电话通信，接着建立电台，普及收音机。1908年，英国人斯文顿提出了电视的设计原理。1923年，美国人从华盛顿向费城传送了第一张传真照片。1925年，制成了光电显像管和第一台实用电视机。电信技术的发展，促进工农业生产和运输业的大发展，把整个世界经济联成一体。总之，电的使用使资本主义生产技术的发展进入一个新阶段。列宁称电力工业是"最能代表最新的技术成就和19世纪末、20世纪初的资本主义的一个工业部门"①。

2. 化学工业的建立是第二次技术革命中一项重大成就

1877年，德国建立了国立化工研究所，在有机结构理论的指导下，进行煤焦油的综合利用，从此出现了染料工业、制药工业和香料工业。1886—1900年，德国6家公司在染料技术上的创造发明达948项，英国有86项。1867年，瑞典诺贝尔研制成功信号雷管和地雷，并发明了甘油炸药；1880年，又经过改良，制造出无烟火药技术。这些发明被广泛应用于开矿、筑路和军事，促进了军事工业的发展。合成化学工业得到了快速发展，在德国先后合成了尿素、电石、尼龙、人造丝、DDT、橡胶、除草剂等。化学工业在美国也很发达。1869年，约·黑特发明了赛璐珞；1906年，美籍比利时人贝克兰德发明了电木；1916年，美国已经在工业生产中实际采用了"热裂法"，提高了精炼石油的产量。

---

① 列宁选集：第2卷[M]. 北京：人民出版社1960年版，第788页.

工业规模的扩大和技术的发展，用机器生产机器，需要比铁更坚韧、更耐腐蚀和高温的材料，从而使一系列新的炼钢方法应运而生。1856年贝塞麦转炉炼钢法以及1864年马丁平炉炼钢法的出现，使世界钢铁工业得到飞跃发展。1875年，英国冶金学家西德尼·吉尔克里特·托马斯针对西欧大多数国家铁矿含有高磷的情况，发明了碱性底吹转炉炼钢法，又成功地解决了炼钢过程中脱磷的难题。到19世纪末，钢铁工业不仅在数量上大大增长，而且品种和质量日新月异，使工业生产进入了“钢铁时代”。

3. 19世纪中期以后，运输业的发展、各行业机械的普遍使用，以及工厂工作时间延长对照明的需要，引起对润滑油和燃料油的强烈需求

这种需求引起石油工业的发展。1859年，美国钻出第一口油井。1897—1906年，俄国铺设了第一条输油管。石油开发的重大意义在于，它为内燃机的发展提供了前提。1876年，德国人奥托根据德罗夏四冲程循环理论，成功制成了第一台四冲程内燃机。1896—1897年，德国的狄塞尔制成使用重液体油的内燃机。内燃机的发明，除了为工农业生产提供了更方便、更经济和功率更大的动力机外，还引起了交通工具的巨大革新。1883年，德国的戴姆勒开始研究空气冷却的高速汽油发动机；同年，戴姆勒制成了第一台摩托车；次年，又用一个只有1.5马力的汽油发动机驱动木制轻便游览车。与此同时，本茨于1886年在曼海姆制造了一台三轮汽车，1890年生产4轮汽车，并于1893年首次进行成批生产。19世纪90年代，法国、奥地利、意大利和英国也开始制造汽车，到第一次世界大战前，世界汽车年产量达到50万辆以上。内燃机的发明也使得铁路运输的状况得以改变，把蒸汽机车逐渐从铁路上排挤出去。1903年，美国莱特兄弟驾驶的由一台16匹马力的4缸汽油发动机驱动的木架双层飞机，首次试飞成功。从此，石油开采和内燃机车的应用互为需求，构成能源动力革命的另一项重要内容。

19世纪末至20世纪初，以电能为中心的技术革命形成了一系列新的重工业部门，如化学工业、汽车工业、石油工业等，促进了生产力突飞猛进地向前发展。19世纪最后30年至20世纪初是资本主义世界工业生产和交通运输业的迅猛发展时期。从表2－1可以看出，1870—1913年间，世界工业生产增长了4倍多，世界工业生产每10年增长率几乎也是逐步提高的。19世纪最后30年至20世纪初，由于工业技术革命的不平衡，世界工业生产在资本主义世界中的分布也是极不平衡的。资本主义国家工业生产占了世界工业生产的4/5以上，而且英美两国工业生产一直占世界工业生产总量的一半。主要资本主义国家在世界工业生产中的相对地位也出现了明显的变化。1870年，英国工业生产仍是世界第一。到了19世纪80年代初期，美国超过英国，成为世界第一大工业生产国。德国工业在1870年上升至第三位，在20世纪初也超过了英国。俄国、意大利和加拿大等国的工业生产地位分别有不同程度的提高。法国的工业生产地位与英国一样呈下降趋势。[①]

表2－1　　1700—1971年世界工业生产指数(1913年＝100)

年　度	生产指数	年　度	生产指数
1701—1710	0.55	1894	42.2
1802—1812	3.18	1900	58.7

① 宋则行，樊亢. 世界经济史(修订版)：上卷[M]. 北京：经济科学出版社1998年版，第237－238页.

续表

年　度	生产指数	年　度	生产指数
1820	4.16	1913	100.0
1840	7.40	1929	153.3
1860	14.7	1938	182.7
1870	19.5	1948	274
1880	26.9	1971	950
1890	41.1		

资料来源：宋则行，樊亢. 世界经济史(修订版)：上卷[M]. 北京：经济科学出版社 1998 年版，第 237 页。

三、现代工业

第二次世界大战前，随着电力技术、内燃机技术、冶炼、化工等技术的发展，在欧美国家兴起了电力、电子通信工业、汽车、飞机制造、石油化工、高层建筑业等一系列新产业部门，使社会生产力大幅度提高。新产业不仅为社会创造了巨大的财富，而且给科学技术研究提供了所需要的超高压、超低压、超高温、超低温、超纯度、高真空等实验手段，使一大批精密仪器，如电子显微镜、电子示波器、质谱仪、同位素测定仪、原子光谱仪以及能获得高速质子的回旋加速器等得以在 20 世纪二三十年代问世。这些先进的实验条件，促进了第二次世界大战后以原子能、电子计算机和空间技术的应用为主要标志的一系列以先进科学技术为基础的新兴工业部门的发展。

（一）技术进步推动新兴产业发展

1. 原子能的利用

1911 年，英国物理学家卢瑟福发现原子有核；1913 年，丹麦物理学家玻尔提出关于原子结构的卢瑟福-玻尔模型；1932 年，英国的查德威克论证了原子核的可变性；1934 年，法国的约里奥-居里夫妇发现人工放射现象；1935 年，意大利物理学家费米实验用慢中子轰击铀原子核导致人工放射现象。铀核裂变释放出比普通化学变化过程要大百万倍的能量，这就是原子能。第二次世界大战后，原子能的利用朝着两个方向发展：一是作为军事武器的原子弹、氢弹以及核潜艇等大规模的生产和制造，从而成为大国军备竞赛的主要内容。1942 年 12 月，在费米的领导下，第一座原子反应堆在美国建成。1945 年 7 月 16 日，第一颗原子弹爆炸成功。1952 年 11 月 1 日，美国在马绍尔群岛比基尼环礁上成功爆炸了第一颗氢弹。二是原子能的和平利用，主要是核电站的建立和发展。世界上第一座核电站在 1954 年建于苏联奥布宁斯克，输出功率为 5 000 千瓦。1956 年，英国建成输出功率为 35 000 千瓦的以钚为燃料的核电站。之后，核电站在美国、西欧、日本、北欧和发展中国家陆续兴建起来。根据国际原子能机构的资料，目前全球 32 个国家建有核电站，共有 438 座核电站投产发电，占世界总发电量的 16%。

2. 电子信息技术的发展和应用

20 世纪 30 年代，数理逻辑学家发表的关于可计算的数学和函数的理论研究成果，推动了实用电子计算机的设计工作。1941 年，根据哈佛大学艾肯设计，德国工程师楚泽制成了用电磁继电器的通用程序控制计算机。接着，美国国际商业机器公司制作了由 13 000 个继电器装置成的机电式计算机，每秒运算 100 次，但稳定性和可靠性较差。世界上第一台和第一代真正的电子计算机——用真空管代替继电器和其他半机械式装置的计算机——诞生于 1946 年，即由美国宾夕法尼亚大学研制的埃尼阿克计算机，造价 1 000 万美元，每秒钟运算 5 000 次。1959 年，菲尔克公司研制成功第一台大型通用晶体管计算机。从此，计算机进入第二代，运算速度从每秒几千次提高到几十万次，体积、功耗和成本都成倍地缩小。1964 年 4 月 7 日，美国国际商业机器公司研制成功通用的集成电路计算机，每秒钟能够运算几千万次，标志着计算机进入第三代。1970 年，大规模集成电路计算机诞生，在几毫米的半导体片上用微米及亚微米级的刻蚀加工技术集成有 1 000 个以上的微电子器件，使电子技术进入了微电子技术时代，标志着计算机进入第四代。大致每隔 5～8 年，电子计算机运算速度便提高 10 倍，体积只有原来的 1/10，成本降低 10 倍。

互联网与多媒体技术的问世是电子计算机应用技术的重大创新。互联网使各部门、各领域、各地区、各国的众多电子计算机通过统一协议，相互联结成数字通信网络系统，使人们共享网络信息资源。1969 年，美国国防部最先建立电脑网络，于 1986 年向社会开放，20 世纪 90 年代走向世界。在此过程中，多媒体技术也发展起来，它能把文字、数值、图像、视频、声音等媒体信息统一交由计算机处理，发挥多种功能。具有学习、记忆、联想和判断等逻辑思维能力是实现人类智力的延伸和解放。电子计算机的普遍使用极大地推动了工厂自动化、办公自动化和家庭自动化，使社会进入"新经济"时代。紧随电子计算机之后迅速发展的另一项重要电子技术是机器人。机器人是由电子计算机控制的多功能的自动机械，世界上第一台机器人是 1961 年由美国联合控制公司制造的。1970 年全世界只有约 20 台机器人，到 1982 年投入使用的可编制程序的机器人已达到 3.1 万台。机器人成为改造和革新物质生产和社会生活的一个重要力量。

3. 新的合成材料被大量发现并迅速发展

第二次世界大战后，由于有机化学、物理化学和固体物理学的发展，由人工合成的新材料不断涌现。新材料基本分为三大类：(1)金属材料。在黑色冶金方面，突出地表现在合金钢的发展上，即含有锰、铬、镍、硅、钨、铌、钼、钛、钒等元素的合金结构钢不断地被研制出来。在有色金属方面，最主要的是钛的发现和应用。钛具有比重小、强度高、耐高温、抗腐蚀、资源多的优点，是宇航工业所需要的特殊材料。(2)非金属材料。其中，最为著名的就是合成橡胶、塑料和合成纤维三大高分子合成材料。(3)复合材料。复合材料具有极好的性能和广阔的用途，是新兴工业发展的重要基础。例如用高温结构陶瓷制成的绝热发动机，可以取消冷却系统，因而又可以降低燃料消耗 20%～30%，提高效率 30%～40%。新材料技术的发展不仅对电子信息、生物技术、航空航天等高技术产业的发展起着支撑和先导的作用，而且推动着诸如机械、能源、化工、轻纺等传统产业的技术改造和产品结构的调整，应用范围广泛，前景十分广阔。目前，新材料技术正朝着研制生产更小、多功能、环保型以及可以定制的产品、元件和系统的方向发展。纳米技术从根本上改变了材料和器件的制造方法，使得纳米材料在磁、光、电、敏感性等方面呈现常规材料所不具备的许多特性。通过金属和非金属合成研制成功的高温超导材料，在电动机、变压器、磁悬浮列车等领域有着巨大的市场。例如，用超导材料制造电机，可增大极限输出量 20 倍，减轻 90%的重量。

4. 空间技术的发展

1934 年底，德国年轻科学家布劳恩成功地发射了两枚火箭，火箭垂直上升，高达 2 400 米。

1942年，远程弹道导弹A-4制成。火箭试制成功和实际运用，为战后空间技术发展打下基础。1957年10月，苏联第一颗人造卫星的成功发射，标志着空间技术的诞生。1961年4月，苏联宇航员加加林乘“东方一号”卫星绕地球飞行，标志着人类进入了太空时代。1969年7月，美国宇航员阿姆斯特朗等三人成功登上月球，并安全返回地面。20世纪七八十年代空间技术的大发展表现为各种用途的民用、军用卫星，如气象卫星、通信卫星、资源卫星、侦察卫星、导航卫星等陆续升空，这些卫星的发射为遥感技术提供了新的平台，使遥感技术发展到航天遥感新阶段。各国利用这种新技术发射各种空间探测器。1970年12月15日，苏联发射的“金星7号”在金星上软着陆。1971年4月19日，苏联发射了第一个在宇宙中从事科研工作的空间站——“礼炮1号”，实现了空间站与飞船的对接。1981年4月12日，美国第一架航天飞机“哥伦比亚号”顺利升空，在绕地球36周后安全着陆。

空间技术已迅速并广泛应用于众多的领域：(1)卫星通信、广播。目前，卫星通信可提供有关信息传递的100多种业务。(2)卫星导航定位。卫星导航定位系统已广泛应用于海上舰船、空中飞机、陆上车辆的行驶导航，以及各种工程建设和业务活动中的定位。(3)资源调查和测绘。利用卫星照片调查陆地和海洋资源是一种有效的方法，可以节约人力、物力。(4)气象与灾害预报。气象卫星对天气预报、海面温度的监测和海洋渔业的发展起着极为有效的作用。(5)军事应用。卫星在军事中的应用包括军事侦察、导弹预警、军事通信指挥、导航和气象保障等。

5. 生物工程技术的应用和发展

现代生物技术是指利用生物有机体(从微生物直至高等动物)或其组成部分(如器官、组织、细胞等)发展新工艺或新产品的一种科学技术体系。现代生物技术包括四个方面：一是遗传工程，又称基因工程；二是细胞工程，又称细胞融合技术；三是生物转化工程，又称酶工程；四是发酵工程，又称微生物工程。生物技术除了应用于农业外，在工业领域的应用范围也十分广泛，包括医药卫生、食品轻工、能源工业、化学工业、冶金工业、环境保护等。例如，利用酶的催化作用，在特定的生物反应器中，将相应的原料转化为所需的产品；利用微生物的特定性状，在生物的反应器中生产有用物质，如医用抗生素、农用抗生素、氨基酸、味精、维生素等发酵工程产品。

6. 海洋工程

海洋占地球面积的71%，是自然界赐予人类的一个巨大的资源宝库。当代海洋技术的发展，主要集中在海洋探测技术和海洋资源开发技术两个部分。现代海洋探测着重于海洋资源的应用和开发，探测石油资源的储量、分布和利用前景，监测海洋环境的变化过程及其规律。在海洋探测技术中，包括在海洋表面进行调查的科学考察船、自动浮标站，在水下进行探测的各种潜水器，以及在空中进行监测的飞机、卫星等。海洋资源开发包括海洋石油和天然气开发、海洋生物资源开发、海水资源开发和海洋能源开发等。海底蕴藏着巨量的矿产资源，油气资源储量约占全球油气储量的1/3，锰含量约2 000亿吨，磷矿、硫化矿、砂矿也很丰富。海洋的潮汐能、海浪能、海流能、海水热能等可再生能源的理论储量约为1 500亿千瓦，其中可开发利用的有70多亿千瓦。人类开发海洋已有悠久的历史。但从19世纪60年代起，海洋开发发生了战略性的转变，形成了一个包括海底石油和矿藏开采、海洋能源利用、海水资源提取、水产资源开发、海洋空间利用、海洋环境保护等内容的海洋工业体系。1961年，苏联在印度洋底发现锰结核矿，20 世纪 70 年代掀起开发热潮。1967 年，法国在朗斯河口建成世界上第一座大型潮汐发电站；20 世纪 80 年代，美国在夏威夷建成了一座 10 万千瓦的温差发电厂。在日本，海洋农牧化、海中城市建设技术都有了新的进展。

(二)新技术革命导致工业演化速度加快

第二次世界大战后的新技术革命，不仅使生产工具从机械化进入了自动化，而且使劳动对象从依靠大自然的恩赐走向人工合成材料的开发，出现了以知识密集型为特征的高技术群体，引起了原子能工业、半导体工业、石化工业、电子工业、宇航工业、海洋开发工业等一系列新兴工业部门的建立和发展，出现了半导体收音机、电视机、电冰箱、录音机、录像机、洗衣机、除尘器、空调器等一系列新的消费品。新技术革命促进了交通运输手段的现代化。第二次世界大战前，飞机使用的是螺旋桨，1958 年飞机进入了使用涡轮喷气发动机的新时代。这种亚音速飞机在近 20 年中更新了三代，其性能不断改进、载重量不断增加。20 世纪 60 年代开始研制超音速客机，1976 年英、法合造的“协和号”投入航运，其速度是音速的 2.2 倍。

1. 在第三次技术革命的推动下，发达资本主义国家工业的内部结构发生了深刻的变化

在制造业中出现了重工业和化学工业比重上升、轻纺工业比重下降的趋势，即出现了“重化工业化”。美国制造业产值中重化工业所占的比重，1939 年为 52.9%，1975 年为 65.7%；日本制造业产值中重化工业所占的比重，1950 年为 44.2%，1980 年为 61.4%。重化工业比重的提高，主要表现为机械工业比重的提高。机械工业在美国制造业产值所占的比重，1947 年为 25%，1958 年为 29%，1963 年为 31.4%，1972 年为 33.6%。机械工业的比重在日本制造业中上升得更快，1950 年为 13.9%，1960 年为 25.7%，1970 年为 32.3%，1980 年为 31.8%，1985 年达到 39.6%。

工业发展的重心由原材料工业转为加工组装工业，即在工业结构上出现了“高加工度化”。1955—1975 年间，日本服装的发展速度为纺织业的 4 倍多，木器家具的发展速度是木材工业的 2.3 倍，机械工业的发展速度是钢铁工业的 2～3 倍。工业结构中心从劳动和资源密集型产业转向知识或技术密集型产业，即出现“高技术化”或“产业结构软化”。20 世纪 70 年代以来，随着能源和资源危机的加深、环境污染的加重，特别是以微电子技术为中心的新技术革命的兴起，以及发展中国家中新兴工业国的出现，在发达资本主义国家出现了劳动密集型和资源密集型产业衰落或向发展中国家转移、知识或技术密集型产业大发展的趋势。例如，美国电子计算机产值从 1972 年的 64.71 亿美元增加到 1985 年的 620 亿美元，增加了 8.6 倍，年均增长率达 19%。

战后新技术革命极大地提高了工业劳动生产率，促进了工业的迅速发展。1951—1975 年，日本工业生产的劳动生产率年平均增长 8.8%，联邦德国为 4.4%，法国为 4.3%，美国为 3.2%，英国为 2.6%。工业劳动生产率的提高，促进了第二次世界大战后工业的空前迅速发展。在 1913—1938 年的 25 年间，资本主义世界工业生产一共增长了 52%，而在 1946—1970 年的 25 年间，资本主义世界工业生产增长了大约 4 倍。①

2. 目前，发达国家高新技术产业的产值、出口额等的增长速度都大大高于其他制造业，高技术产业正在成为现代经济生活中的主导力量

---

① 宋则行，樊亢. 世界经济史(修订版)：下卷[M]. 北京：经济科学出版社 1998 年版，第 21 页.

经济合作与发展组织把研究与开发(R&D)的密集度(R&D 经费占工业总产出的比重),作为界定高新技术产业的标准。如此界定的高新技术产业及其 R&D 密集度分别是:飞机、航空器制造业为 22.7%;办公及计算机设备制造业为 17.5%;通信设备制造业为 10.4%;医药品制造业为 4.8%;科学仪器制造业为 4.8%;电器设备制造业为 4.4%。上述高新技术产业的增长速度都远远超过其他制造业。另据统计,1981—1992 年,主要发达国家的高技术产业产值增长 1 倍多,同期其他制造业的产值只增长了 29%。这些国家高新技术产业产值、其他制造业产值、全部制造业产值的年均增长率分别是:日本为 10.41%、2.58%、4.35%,美国为 7.86%、1.29%、2.60%,英国为 2.27%、2.78%、3.52%,德国为 6.48%、2.94%、3.5%,意大利为 6.28%、2.12%、2.69%,经合组织各国的平均数分别为 7.94%、2.38%、3.35%,欧盟各国的平均数分别为 6.62%、2.89%、3.42%。同时,发达国家高技术产业在制造业中所占比重也呈现快速增长趋势。其中,1981—1992 年日本和美国高技术产业的产值占全部制造业产值的比重增长了 14%和 11%。这些数据表明,以知识与技术创新为基础的高新技术产业发展速度是相当快的,产业创新在产业发展中的主导作用日益突出。

专栏2-2

第四节 服务业演化发展

服务业就是专门服务于人类社会生产生活的产业,其类别很多。它起源于原始社会,之后分别经历了古代服务业、近代服务业和现代服务业三个阶段。

一、古代服务业

服务业的发展与城市的发展有着密切关系。城市的起源是很早的,恩格斯曾把"由设雉堞和炮楼的城墙围绕起来的城市"看作"希腊人由野蛮时代进入文明时代的主要遗产"。① 也就是说,人类最初的城市是在野蛮时代的高级阶段出现的。到了奴隶制社会,古埃及、古巴比伦、古印度、中国等重要的文明地域都建立了众多的城市,促进了商业等服务业的发展。一些文明经过一个时期的兴盛后慢慢地衰落了,但是,古代文明的衰落伴随着从奴隶社会向封建社会的转变,服务业的发展也进入了一个新的时期。

(一)商业性服务业逐步发展

1. 商业是古代服务业最主要的产业之一

随着奴隶社会和封建社会生产力的发展,商业活动的规模和范围也日益扩大。在西亚的两河流域,古巴比伦第一王朝时代就出现了比较繁荣的商业,考古出土的泥板文书中保存了大量买卖、交换、雇佣、租赁的文据。到亚细亚帝国统治时,由于历次战争中所俘获的奴隶人数众多,因此促进了农业和手工业的发展,也推动了商业的兴盛。据泥板文书的记录,亚述首都尼尼微的商人"比天上的星星还多"。对地中海东岸一些城市的占领,保证了帝国与西面的贸易渠道的畅通,并可以直接到达西北陶鲁斯山区金属矿产地;对南方的征服,则使亚述人保持与

① 马克思恩格斯选集:第 4 卷[M]. 北京:人民出版社 1995 年版,第 22 页.

阿拉伯湾的贸易联系,从这里经由巴林岛可以运进印度和阿拉伯的各种商品。

在中国,随着商代早期城市在黄河中下游和长江两岸的发展,交换日益频繁,交换物资的种类、范围日益扩大,出现了专门从事买卖的商业,由贵族操纵的商品交换中介十分活跃。到了西周后期,开始出现一些不属于官府的私人商业,由新出现的小贵族经营,役使少量奴隶为他们从事规模不大的商业活动。西汉时期,商业日趋兴盛。其中,官营商业规模巨大,以京师为中心,建立起全国性的商业网,各地货物借政治力量得以大量流通。与此同时,在丰富的农产品和精美的手工业产品的基础上,西汉私营商业也有很大发展。商业都市的发展开始于隋代,东京、西京就是两个最大的商业都市,西京有东、西两市,东京有东、南、北三市。唐代继承隋代,两京的商业更盛。唐长安东市有 220 行,"四方珍奇,皆所积集",显示了唐代商业的盛况。海上贸易在唐代也开辟了中国对外贸易史上的新时代,并特设"市舶使"专门负责海上商业发展。由海道来华贸易的国家或地区很多,有日本、南海诸岛国、印度、斯里兰卡、波斯、大食(今阿拉伯)等,其中尤以阿拉伯最为重要。宋代取消了历代相沿的市坊制度,取消市场的地域限制和时间限制,不仅有门面广阔的大商店,而且到处有早市和夜市。到明代,商业发展的一个重要特征就是存在着民商(民间商业)、官商(权贵商业)、徽商(由徽州籍商人或富商巨贾组成的商人集团)、牙商(中间商)等多种商业形式。同时,沟通城市与农村之间、农民之间经济联系的集贸市场也获得了很大的发展,实行定期集市(定期举行)、临时集市(根据节日或季节需要举行)、专业集市(专门经营某一类商品)等多种形式相结合。到雍正、乾隆时期,商业活动达到封建社会晚期的鼎盛期。

在欧洲,古希腊和古罗马时期的商业已经得到了一定的发展。11—12 世纪,商人阶层从城市手工业者中分离出来,以经商为独立职业。12 世纪以后,城市商业日益发达,国际贸易的发展更为迅猛。发达的国际贸易可以说是西欧中世纪商业的最大特色。12—13 世纪,西欧就形成了具有国际贸易色彩的大型定期集市。这种定期集市在法律上有独特地位,由"集市警卫队"维持着集市的秩序并行使一种特殊的司法权力,经他们盖章的契约具有特殊的约束力。[①] 14—15 世纪,西欧出现四个区域性贸易区,即地中海贸易区、北海和波罗的海贸易区、汉萨同盟以及不列颠贸易区。从 15 世纪末开始,以西班牙、葡萄牙为主的一些西欧国家掀起了一场远洋探险热潮,并最终开辟了到达亚洲的新航路,意外地发现了一块新大陆。16 世纪以后,由于新航路的开辟和重商主义思潮的弥漫,商业资本的流通范围和贸易地区迅速扩大,国际贸易进一步发展,进入了一个空前发展时期。地中海沿岸、中欧地区、波罗的海沿岸和大西洋沿岸出现活跃的国际贸易活动。在西欧和美洲、亚洲之间,伴随着殖民活动的开展,不公正的国际贸易使得大量财富流入欧洲。

2. 古代商业的发展是与古代交通运输业的发展联系在一起的

早在公元前 6 世纪,横跨亚、非、欧三洲的波斯帝国就已经修建了一条全长 2 400 公里的公路系统,称为"御道",东起波斯帝国的首都苏萨(今伊朗境内),穿过美索不达米亚中心地区和小亚细亚,直抵地中海岸的以弗所。另一条公路,起自巴比伦城,横贯伊朗高原,直达巴克特利亚(大夏)和印度边境。古罗马帝国和阿拉伯帝国也是横跨亚、非、欧三洲,都修建了四通八

---

① 李邢西,罗雄飞,刘亚玫.新编世界经济史——世界中世纪经济史[M].北京:中国国际广播出版社 1996 年版,第 48 页.

达的交通网络。阿拉伯帝国以巴格达为中心,修筑的公路系统称为"驰道",驰道的干路东达锡尔河,东南到波斯湾沿岸,北通摩苏尔,西北通叙利亚,干道两旁又有若干支路。在古代交通运输业的发展中,往往水运的数量大于陆运。水运包括海运与河运。内河运输在各个国家都被重视。世界上最长的运河——我国南北大运河——在春秋时期就开始开凿和通航,元朝时完成了京杭大运河。远洋运输的发展,是古代交通运输业发展的重要标志。素有"海上民族"之称的腓尼基,从公元前 3000 年开始,他们的造船术便在地中海地区长期居领先地位,他们的航海运输可从地中海沿岸到达大西洋。古埃及在古王国时期,斯涅弗鲁王为了从黎巴嫩运输木材建造金字塔,组建了一支有 40 艘海船的商队,其中有的大船长 52.3 米。我国在殷商时期就有海上活动,先秦时期就与日本、越南等有海上往来。汉代除了建立著名的陆路"丝绸之路"外,海上交通也可到达马来半岛、斯里兰卡和印度等地。唐代海上贸易可由广州出发到马来半岛,经锡兰入波斯湾,或沿阿拉伯海岸到达红海。明代的郑和曾经七次下西洋,先后访问 30 多个亚洲及非洲国家和地区,由此可见远洋运输水平已经达到了相当水平。在欧洲,古罗马时代,地中海、红海一带就与印度、中国东方国家有海上贸易往来。到了中世纪中期,特别是 14—15 世纪,西欧的航海技术和造船技术有了显著进步,西欧各地的陆路交通也大为改善。16 世纪之前,西欧经地中海南岸,从埃及下红海,再经过印度洋,可到达印度和其他东方国家,跨越欧、亚两洲。

3. 在古代社会,旅游业有一定的发展

尽管古代旅游不同于现代旅游,但是旅游作为一种社会活动,早就存在于人类的文明时代。特别是作为旅游的一个组成部分的旅行,世界上不少国家的古代史都先后出现过全盛时期,并涌现出一批流芳千古的旅行家。在我国魏晋南北朝初至唐朝期间曾出现宗教旅行的高潮,著名的玄奘和尚历经千辛万苦,往返于印度,为后人留下了《大唐西域记》这一传世名著。至于西方历史上的地理大发现,不仅其本身就是生动的旅行记,而且其缘起也与伟大的旅行家马可·波罗有关。正是《马可·波罗游记》一书激起了哥伦布的"黄金渴望",促动他开始了探险旅行。尽管他没有到达印度,但幸运而意外地发现了新大陆。因此,从历史的角度来看,尽管人们在很长的时间里没能使旅游成为整个生活的组成部分,可是他们中的一些人在旅行中寻求物质和精神上的享受时,就已经在实际上开拓了旅游业的历史。

古代旅游业的规模虽然不大,但形式很多,如观光旅游、商业旅游、考察旅游、宗教旅游以及说客游说、天子巡游等。观光旅游是最常见的一种旅游形式。在古希腊、古罗马时期,观光旅游曾出现空前的盛况。罗马帝国时期,观光旅游者更多,有的到希腊去参观庙宇、宗教圣迹和瑰丽的艺术,有的到埃及去参观辉煌的建筑,有的到小亚细亚去游览特洛伊古战场。商业旅游也是一种很重要的旅游形式。阿拉伯帝国时期建成的"丝绸之路"西段道路,很重要的一个目的就是发展对外贸易。我国早在先秦时期,商业旅游就已经比较活跃。考察旅游和宗教旅游在古代旅游发展中也具有重要地位。我国历史上,司马迁是考察旅游的最早代表之一,从 20 岁开始考察旅游,游历全国各地,为完成《史记》做了必要准备。李时珍、徐霞客、顾炎武等也都是考察旅游的重要代表。古代的宗教旅游也有悠久的历史。古埃及就有发达的宗教旅游,古希腊兴旺的宗教旅游则是与奥运会的名字联系在一起的。我国古代的宗教旅游主要是佛教徒的旅游,最著名的僧人有法显、玄奘、鉴真等。

4. 通信业在古代社会具有重要的作用

人都是处在一定社会关系中的，社会关系的存在和发展决定了通信的产生和发展。在远古时期，呼喊和手势是最重要的通信方式。随着人类社会的发展，特别是随着语言、文字和交通工具的产生和发展，人类的通信方式也日益丰富和完善起来。例如，以物示意、呼喊传播、敲鼓送信、跑步送信、烽火狼烟等。这些通信方式都有各种不同的局限性，不能完全适应社会政治、经济、文化、军事和人民生活发展的需要。在这种情况下，出现了更完善、更严密的通信方式。古代社会主要有两条通信渠道：一条是传送官府文书的邮驿通信；另一条是传送私人信件的民间通信组织。邮驿通信是指传送官府文书的邮车和驿马。古代的波斯帝国是最早设立邮驿制度的国家。大流士改革时期修筑驿道，其重要的目的就是便于军队的调遣和政令的传达。波斯帝国的驿道四通八达，沿途设有驿站和岗哨。古代的阿拉伯帝国也开辟了四通八达的驰道，并在全国各省设有驿站 900 多处。到了西欧封建社会后期，邮驿制度有了进一步发展。我国的邮驿通信早在周朝时就有了，并与烽火配合使用。秦始皇统一全国后在各地修筑驰道，进一步促进了邮驿通信的发展。唐朝的邮驿更为发达，分陆驿、水驿和水陆兼办三种，共有 1 600 多处。邮驿的行程也有明文规定，如陆驿规定马每天走 70 里、驴 50 里、车 30 里。遇有紧急事情，驿马一天能跑 300 里以上。邮驿通信一直延续到近代邮政业的产生为止。由于官办的邮驿通信一般不允许附寄私人信件，所以古代民间通信很困难。有钱的地主、商人可以派家丁或雇脚夫远道传书，老百姓则只能托人捎信。后来，由于生产的发展和生活的需要，特别是由于商业、交通的进步，逐渐出现了民间传送信件的业务和组织。大约在我国唐代的某些地区之间，已经有了主要为民间服务的"驿驴"。至于专为民间传递信件的民信局，则是在明代出现的。民信局开始出现于沿海沿江通商方便的城市，之后逐步发展到内地，直到东北和西北各省。清代道光、咸丰、同治年间是民信局发展最兴盛的时期，全国共有大小民信局几千家。①

(二)公共服务业开始发展

1. 随着社会生产力的发展，兴起了古代文化教育事业

从原始社会的瓦解、奴隶社会的产生开始，文化知识逐渐地集中到少数人手中，这样就出现了以教育、艺术创作为职业的人。古代东方的埃及、巴比伦、印度和中国是人类文明的发祥地，作为一种产业的文化事业也最早发源于这里。早在公元前几千年，在古埃及、古巴比伦、古印度等东方国家就已经产生了最早的学校。例如，公元前 2500 年的埃及古王国时期，曾出现一种专为帝王和官吏子弟设立的宫廷学校。埃及新王国时期，有一种特殊的教学和科学学术机构，称为 Ramesseum，这是古埃及的高级僧侣学校之一，是一种高等教育机构，在里面受训的有僧侣、军人、建筑家和医生。欧洲国家也比较早地建立了较为严密而又系统的教育制度。如古希腊的雅典规定，7～14 岁的儿童要进入文法学校和弦琴学校。古罗马时期，教育事业也有了很大的发展，既有培养臣民的官办初等学校，也有训练官吏的官办高等学校。在西欧封建时期，学校主要集中在教会手中，以训练僧侣为首要任务。中世纪初期主要有僧侣学校和主教学校，后来又出现了教区学校。到了中世纪后期，从 13 世纪起，一些大学陆续创办并发展起来。最初的大学产生于意大利，之后，其他一些国家也办起了大学。例如英国，1168 年创办了牛津大学，1209 年创办了剑桥大学。同时，随着手工业和商业以及城市的发展，在城市中产生了由手工业者联合会创办的行会学校以及由商人联合会创办的基尔特学校。我国古代的教育

① 沈殿忠. 第三产业史话[M]. 北京：中国展望出版社 1986 年版，第 56 页.

事业大体是按照两条线索发展的：一是官学；二是私学。官学是指官府所办的学校，这种学校早在西周就产生了，当时称为国学和乡学。国学是西周设于王城及诸侯国都的学校，乡学是当时地方设立的学校。汉代的官学是太学和州郡县学。两晋南北朝时期又出现了一种新的官学，即国子学，一直到清末被学部所取代，是封建时期的最高学府。元代以后兴起的另一种官学是社学，这是元、明、清时期的地方学校。私学是春秋时期孔子开创的，到战国时期出现兴盛的局面。汉代以后，私学则成为中国封建社会学校制度的重要组成部分。

除了教育之外，古代的文学艺术也取得很大成就。流传到今天的许多古代文学艺术作品，形式瑰丽多姿，内容丰富多彩。古希腊、古罗马在雕刻、绘画、建筑艺术等方面取得了很大的成就，《伊利亚特》《奥德赛》《被缚的普罗米修斯》《伊索寓言》等都是文学史上的瑰宝。在古希腊，群众性的文艺生活也相当丰富，政府建造了大型露天剧场，并组织戏剧公演。中世纪的欧洲文化完全为神学所笼罩，当时的哲学、科学、教育、文学、艺术都具有浓厚的宗教色彩，但也涌现出一批优秀的哲学家、艺术家和文学家，如培根、但丁等。我国商周时期在文学、绘画、雕刻等方面也达到了很高的水平。商代乐器具有十二音律中的九律。到了周代，乐器既多，音律又精，标志着我国音乐艺术的新发展。《诗经》是我国第一部诗歌总集。到封建社会，唐诗、宋词、元曲、明清小说以及绘画、雕刻、音乐等都取得了杰出成就，在世界文学艺术史上占有重要地位。

2. 人类在生产劳动过程中，对医疗和药材开始有了一定的认识，逐步开启了医疗卫生服务业

古埃及在医学方面已经有了内科、外科、妇科的区分，知道使用700多种药品。据说医生也有所专，如治疗眼疾、牙痛、腹痛、外伤等。看一看那些保存至今的4 000年前的木乃伊，就令人对当时的医学技术惊叹不已了。他们能够对尸体利用手术除去脑髓和内脏，用盐水和防腐的香料处理，保存数千年不坏。古代的医药卫生事业发展到古希腊，特别是古罗马时期，达到了一个高峰。罗马人十分重视公共医疗事业和医学，各省部设有医学中心，国家给医学教师发薪金，城市里有公共医疗机构和医院，军队里有医官。古罗马时期最负盛名的大医学家是盖仑，他的学说影响了后世达1 000多年，一直到文艺复兴时期才被哈维的血液循环理论所取代。公元7世纪，阿拉伯人占领了亚历山大里亚后，继承了希腊医学的成就并加以发展，直到12世纪，阿拉伯医学一直是欧洲最先进的医学，可以看作当时西方医学的代表。但是，在古代医药卫生的发展史上，最初的医学往往是与巫术联系在一起的。即使古希腊的医学知识达到高峰时，一些地方的庙宇所提供的医疗仍然有很多巫术和符咒的成分。我国医药卫生事业最初的发展也与巫术有关。一直到西周时期，巫医的势力仍然较为庞大。到春秋后期，随着巫医势力日渐衰落，出现了专门以治病为职业的医生。战国时期，专业医生大量出现并活跃起来，有外科、内科、儿科、耳目科等区分。秦汉以后，我国出现了不少名医和医学名著，但医药事业的发展并不算快，直到唐、宋以后，才有较大发展。唐代的政府机构中设有太医署，既有行政管理的官员，也有医疗专业人员，还有专业教学人员。宋代专门设立较正医书局、熟药所、官药所等医疗机构，整理出版了一批医学著作，颁布了作为处方标准的《局方》。元代开始设立西医机构。

3. 随着城市的兴起，古代城市服务业也逐渐得到发展

在古希腊雅典，除建筑元老院、议事厅外，还修建了剧场、俱乐部、画廊、旅馆、商场、作坊、体育场等公共建筑物。在古罗马，城市里建有公共浴场，又把运动场、图书馆、音乐厅、演讲厅、

交谊室、商店等设在浴场里，形成一个多用途的活动场所。公元3世纪，大型的俱乐部在罗马城就有11个，中小型的有800个左右，可见当时城市服务业已经有了很大规模。11世纪以后西欧城市很快兴起，城市规模扩大，城市服务业也随之进一步发展起来。我国古代城市服务业很早就有了，殷商时期，黄河流域就有了商、殷、亳、蕃、雇、霍、孟等城市，城市服务业也随之发展起来。隋代开始有了商业都市的发展，流动人口增加，城市服务业日趋兴盛。北宋时期的杭州是南方商业中心，有人口120余万，日常消费数量很大，城市各街巷到处散布着茶坊、酒店、面店、彩帛、油酱等商店。[①] 饮食业、旅馆业、靴鞋修理、鞍马修整、浴池业等在城市服务业中占有很重要的地位。

从根本上说，服务业的发展是由生产力发展水平决定的，是社会分工的产物。在奴隶社会和封建社会，社会生产力的发展水平较低，以农业为主要产业、以手工业为副业、以自给自足的自然经济为基本特征，商品交换的规模和范围十分有限。因此，从总体上看，古代服务业发展缓慢，在古代社会经济中处于从属地位。

二、近代服务业

从18世纪中叶开始，在工业革命的推动下，人类进入了工业化时代。工业革命为服务业提供了新的技术手段和物质基础，使服务业发生了重大变革。近代服务业不仅在发展规模和深度上是以往时代所难以比拟的，而且带来了结构性变革。一方面，服务业的传统部门发生了革命性的进步；另一方面，崛起了众多的新兴服务业。

(一)技术进步导致传统服务部门新发展

由于技术手段和物质基础的革命性变化，因此传统服务部门，如商业、交通运输业、旅游业、邮电业及城市服务业等，无论是在发展规模上还是内容上都发生了质的飞跃。

1. 商业的变革

阿尔文·托夫勒指出："工业化打破了生产与消费的统一，把生产与消费分裂了。第一次浪潮生产与消费合一的经济变成了第二次浪潮生产与消费分裂的经济……生产与消费这一裂变，后果极为严重。甚至我们对它的意义的了解，现在才刚刚开始。曾经一度是很小的，处于社会边缘的市场，第一次成为人类生活的巨大中心。"[②]工业革命使机器大工业代替了家庭手工业和工场手工业，大批量、大规模、标准化的生产逐步代替了原来的单件或小批量、小规模、非标准化的生产，社会生产力迅速发展。与社会生产的迅速发展相对应的是，机器大工业生产所需要的生产工人数量的增加和农村人口的城市化，商品与服务的社会需求也迅速扩大。同时，由于运河的开凿、城市道路的扩展、铁路与轮船等一系列新的交通工具的使用，使机器大工厂生产的大量商品得以迅速、低成本地运往世界各地。因此，工业革命奠定了"大量生产—大量消费"的体制。一方面，"大量生产—大量消费"的体制使生产者所采购的生产资料迅速增加，所销售的产品也迅速增长；另一方面，生产和消费之间的矛盾开始暴露出来，生产者需要更多的信息，以调整生产，更好地满足市场的需要。这就要求商品流通中有一个能够大量采购、大量销售、大量收集并反馈市场信息的组织。于是，商品流通内部出现了第一次具有根本意义

---

① 李邢西等.新编世界经济史——世界中世纪经济史[M].北京：中国国际广播出版社1996年版，第104页.

② 阿尔文·托夫勒.第三次浪潮[M].北京：三联书店1983年版，第85页.

的结构分化，即批发商与零售商的最终分离，并相应地出现了代理商、佣金商、经纪公司、承包商等一系列中间商。批发商和零售商分离以后，还使零售的基本形式从杂货店向专业零售店发展，并使零售业先后发生了三次变革：第一次零售商业变革是百货商店的诞生，第二次零售商业变革是连锁商店的诞生，第三次零售商业变革是超级市场的产生。

2. 交通运输业的变革

蒸汽机的发明使人类进入了前所未有的“铁路时代”“汽轮时代”，其后又有“汽车时代”“飞机时代”。1825 年，从英国的斯托克顿到达灵顿全长 27 公里的世界上第一条铁路交付使用；1807 年，载客汽轮试航成功；1885 年，德国“奔驰公司”制成了一部三轮汽车，第一个获得汽车专利；1903 年，美国的莱特兄弟制造了飞机，实现人类第一次自由飞行；1914 年，美国成立第一家定期航空公司。工业革命使人类告别了落后的交通运输方式，进入交通运输业的迅速发展时期。

3. 邮电通信业的变革

电报、电话和无线电是 19 世纪人类通信事业发展的三大发明，使传统的邮政业进入一个新的电信时代。1844 年，美国人莫尔斯用他所发明的电报符号成功地发出人类第一份长途电报。1850 年，在英法间的多佛尔海峡铺设了最早的海底电缆，1858 年，大西洋海底电缆铺设成功，建立了全球性的远距离通信；1875 年，贝尔发明了电话，5 年后贝尔电话公司正式成立；1895 年，俄国人波波夫制成了第一台无线电接收机，1896 年意大利人马可尼取得了无线电报专利权，1901 年首次实现了大西洋两岸的无线电通信。电报、电话和无线电的发明，使传统的邮政业进入一个新的电信时代。同时，邮政业本身也发生了一系列革新：首先是投递方式的变化，即由邮递员投递邮件，到 1914 年，美国几乎所有的农村都实行邮件自由投递；其次是实行包裹投递服务，20 世纪初以后，邮政局基本建立了投递包裹的服务制度。

4. 旅游业成为一项独立的产业活动

由于工业革命的发展，社会生产和人们的生活方式发生了很大变化，使旅游开始成为一部分人经常从事的一项经济活动。第一个真正的旅游代理商是英国人托马斯·库克。1841 年，库克第一次包租了一辆列车组织集体旅游；1846 年，他在组织旅游中设置了旅游向导，这是最早的导游；1865 年，他在伦敦开设一家营业所，负责为旅客安排食宿、讲解旅游知识。这样，旅游代理业逐渐完善起来。欧美其他一些国家的旅游业也先后发展起来。1857—1875 年，法国出现了管理旅游业的组织机构，即法兰西阿尔卑斯俱乐部和伦敦野营俱乐部。1910 年，法国设立了国家旅游局。瑞士的旅游业也很早就活跃起来，1893 年瑞士成立了“瑞士旅游联合会”，随后在伦敦设立了第一个国外旅行问询处。其他国家也先后建立了不少旅游组织，整个世界的旅游业得到越来越大的发展。

5. 文化产业的快速发展

17 世纪前后，在培根、伽利略、牛顿等人的倡导下，出现了实验科学，但当时的科学实验条件非常简陋。工业革命发生以后，机器大工业在历史上第一次为科学实验提供了先进的仪器设备等物质条件，不仅科学的发展与生产直接挂钩，而且科学技术的发现、发明也逐渐变成一种特殊的职业，科学研究开始成为一个独立的产业。1790 年，美国通过了《专利法案》；1836 年，建立了专利局。在专利制度的刺激下，创造发明层出不穷。据统计，1790—1800 年间各种创造发明为 276 项，1850—1860 年间增加到 25 200 项，到 19 世纪 90 年代，各种创造发明达到

6 706 000 项。除了科技事业之外，文化产业中的教育事业自工业革命以来也取得了显著进步。特别是那些率先进行工业革命的国家，比较充分地认识到人才和教育对于工业化的作用，大力加强教育事业的发展。例如，美国独立时的教育事业基础十分薄弱，全国只有 9 所规模很小的教会学院。到南北战争前，美国的大学由 24 所增加到 246 所，并于 1858 年设立了研究生院。1862 年，美国国会通过《莫雷尔法案》，增加教育经费，拨地 900 万英亩给各州建立学校，增办工农业技术院校 150 余所，形成了一个比较庞大的全国教育网。1869 年，美国开始实行学衔制，到 1900 年美国已有 45 000 名工程师，在校大学生达到 23 万余人，全国平均每万人中就有 31.4 个大学生。

6. 城市服务业的变革

城市具有很长的发展历史，但到工业革命后进入了一个转折时期，开始了城市化阶段。例如，曼彻斯特的人口从 1760 年到 1800 年增加了 3 倍，到 1830 年英国总人口的 1/3 生活在大城市中。美国独立时，全国城市人口仅有 10 多万人，1820 年城市人口为 69.3 万人，占全国总人口的 7.19%。1860 年，城市人口发展到 621.7 万人，占全国人口总数的 19.77%。到 1910 年，城市人口增加到 4 200 万人，占全国人口总数的 45.66%。随着城市化进程的发展，城市的公用服务业也迅速发展起来：(1)城市住宅建设的发展很快，学校、图书馆、邮局等公共建筑物逐步增加。(2)市内交通工具的变革，最早的公用街车是马拉的，后来出现了有轨电车和公共汽车。1870 年，纽约市建成第一条高架铁道；1835—1897 年，波士顿建成第一条地下铁道。(3)开始配套防火设施、地下煤气、供水管道、地下排水管道等基础设施。(4)居民生活服务业随着城市发展而迅速扩张。

(二)工业革命引导众多新兴服务业诞生成长

工业革命不仅为服务业提供了新的技术手段和物质基础，而且产生了新的需求，从而推动了服务业新兴部门的产生。这些新兴服务业主要包括银行业、保险业和广告业等。

1. 银行业的兴起

银行早在古代世界就有萌芽。例如，古巴比伦已经有了存款业务、信贷业务等活动；古希腊已经有了承担支付义务的银行交易，为旅行者发行在外地支付的信用状；古罗马有了作为职业拍卖人的银行家。古代银行主要有国家银行、寺院银行和私人银行三种类型：国家银行基本上是一些财政机构；寺院银行是作为保管库的寺院起到银行的作用；私人银行主要是发放高利贷的钱庄。但是，银行业作为一个产业是在近代产生的。工业革命推动了机器大工业的发展，一方面产生了巨大的暂时闲置的货币资本；另一方面，企业又一时缺少货币资本，这就为银行业的迅速发展创造了市场空间。随着资本主义经济的发展和一些国家工业革命相继完成，欧洲的银行业发展起来了，银行遍设于欧洲的港口和城市。在美国，1784 年汉密尔顿开办了纽约银行，1791 年美国国会创立了第一美国银行。到 1829 年，欧洲银行达到 329 家，1860 年达到 1 562 家。19 世纪末 20 世纪初形成的垄断资本主义把银行进一步从“普通的中介人”转变为“万能的垄断者”[①]，主要表现在两个方面：一是银行业的集中；二是银行业对于工商业的支配作用，由此出现了金融资本和金融寡头。随着股份公司的发展与信用制度的扩展，证券交易市场也在 17 世纪开始兴起。世界上最早的证券交易所是荷兰阿姆斯特丹交易所，设立于

---

① 列宁选集：第 2 卷[M]. 北京：人民出版社 1972 年版，第 753 页.

1613年。为了解决商品交易的风险,以远期交易合同为交易对象的期货交易所于19世纪开始产生和发展。由美国83个谷物商人建立的芝加哥期货交易所于1848年诞生。

2. 保险业的兴起

最初的保险业主要是海运保险,最早在英国得到较大的发展,后来出现了垄断性的专营海上保险的组织。随着工业化的发展以及各国对外贸易的发展,保险业陆续应用到陆上,并在很多国家得到不同程度的发展。例如,美国在殖民地时期已经广泛实行海上保险,同时也开始了火灾保险。之后,人寿保险业也取得很大发展。20世纪30年代大萧条时期,罗斯福"新政"的一项重要内容就是关于保险业的改革,其中包括经济保险、社会保险、失业保险等内容。

3. 广告业的兴起

广告是伴随着商标的出现而发展起来的。在工业革命早期,零售商店出售的消费品都是没有"注册商标"的商品,不分制造厂,也不分商品来源。后来随着工业化在一些国家相继实现,很多消费品制造商开始在打包的商品上贴上商标,并为他们的商标名称做广告,吸引顾客到商店货架上寻找他们生产的商品。随着商标的普及,广告也逐渐成为经济生活中不可缺少的组成部分。据说,广告和商标首先产生于工业革命后的英国。1876年5月3日,英国的商标月报首次出版,第一期就刊载了144个注册商标。之后,商标迅速增加,广告业也渗入社会生产和生活的每一个角落。据估计,美国的广告费用支出从1865年的8万美元上升到1880年的2亿美元、1904年的8亿美元、1920年的30亿美元。

三、现代服务业

第二次世界大战以来,新科技革命的发展,一方面促进了物质生产部门的迅速发展,既为交通、通信和金融的发展创造了新的物质技术基础,也对这些生产性服务业提出了更高、更多的要求;另一方面,促进了物质生产部门的劳动生产率不断提高,大大缩短了劳动时间,使人们对于文化娱乐、旅游、体育等服务消费有了新的需求。因此,第二次世界大战以来,特别是20世纪70年代以来,服务业获得较快发展,成为国民经济中最主要的部门。

(一)服务业成为经济增长的主要力量

服务业的国际竞争力在一定程度上反映了一个国家和地区的竞争力水平,越是经济发达的国家,其服务业就越发达。目前,发达国家基本上确立了服务经济的产业结构,服务业在发达国家已经占据了GDP 70%以上的份额,美国、英国和法国等均已超过75%;发展中国家也加快发展服务业,逐渐向服务经济型转型;中等收入国家的服务业占GDP的比重已由1990年的46%提高到2007年的53%,其中,2007年俄罗斯、捷克和匈牙利服务业占GDP的比重分别达到57%、59%和66%。尤其是近十年来,现代服务业作为服务经济时代下的支柱产业,成为推动世界经济发展的主要推动力。原因如下:

第一,现代服务业是知识经济的主体。它的发展大大加快了信息流、资金流、技术流、人才流和物流,对提高国民经济整体运行效率和质量、增强国家创新能力、转变经济增长方式起到了关键作用。因此,服务业经济发达的国家都具有强大的竞争优势。

第二,服务业是拉动经济增长的支柱。发达国家服务业对GDP和就业贡献的增长主要来源于金融、保险、房地产、商务服务业、专业服务业和信息服务业等,这类服务业属于知识技术密集型的现代服务业,因此具有较高的生产率。现代服务业的发展正是服务经济不断深入的体现。而部分发展中国家，如印度，连续数年经济增长率在8%以上，成为仅次于中国的最具活力的经济体，也主要得益于其现代服务业的发展。

第三，服务业是推动产业结构提升的关键。现代服务业的发展推动了技术、新生产模式在产业中的渗透。随着现代服务业成为服务经济时代的支柱产业，产业结构实现了向技术密集型的转变，产品结构也呈现高技术化和高附加值化，工业生产与服务在经历了工业时代跨国化后，在服务经济时代正在出现全球化、网络化、虚拟化和协作化的新趋势。

(二)新兴服务业不断产生发展

第二次世界大战以来，在第三次科技革命的推动下，服务业不仅在规模上有很大发展，而且在国民经济中的比重迅速上升，服务业各个部门也都发生了很大变化。除了传统的商贸服务业、金融业、房地产业等以外，还产生了如下的新兴服务业：

1. 信息服务业等新兴业务层出不穷

电信、互联网、软件和信息内容服务业等信息服务业对生产与消费的带动作用强，产业关联度高，已经成为信息产业中发展速度最快、技术创新应用最活跃的产业领域之一。互联网服务业是一个发展迅速的产业。根据世界银行及万维网科学研究所(IWS)公布的数据，2009—2021年，全球互联网用户数量持续高速增长，2020年全球互联网用户总数为46.48亿人，截至2021年3月31日，全球互联网用户数量达到51.69亿人。2019年全球互联网渗透率为56.727%，根据互联网世界统计测算数据，2020年上半年全球互联网渗透率为59.600%，截至2021年3月31日，全球互联网渗透率达65.600%，较2009年渗透率提升了40.111个百分点。信息内容服务业是一个突破了很多领域的界限，融合了通信、网络、娱乐、传媒以及文化艺术的新兴行业，既包括传统的新闻出版业、广播电影电视影像业、文化艺术业、商业服务业和专业技术服务等行业，也包括提供信息技术含量较高的数字化、网络化的信息产品或服务。根据世界银行公布的数据，2010年以来，全球互联网行业进入高速发展期。

2. 全球物流与航运业稳定增长

近年来，全球物流与航运业保持稳定增长态势。2003—2007年，全球物流业务量以6.2%的年均增长率增长，2007年增长率为7.3%，市场规模为8 046亿美元。美国和欧洲的物流业发展水平居世界前列；作为经济发展速度较快的亚太地区，已经成为全球最大的物流市场之一，中国是亚太地区最大的物流市场。2007年，全球航运业中，集装箱运输市场显著回暖，供求关系从供过于求的局面转变为总体供求平衡的状态；干散货运输市场表现抢眼，全年BDI(国际波罗的海综合运费指数)均值达到7 000点，较2006年3 180点的均值上升幅度超过120%；而油轮运输市场则因油价高涨、抑制需求等原因而略显低迷态势。根据国际民航组织公布的数据，2014年在世界贸易改善的背景下，全球航空货运强劲增长4.6%，较2013年0.4%的增速实现了巨幅反弹。亚太地区依然是全球最大的航空货运市场，占全球40%的市场份额，欧洲和北美在全球占比分别为22%和21%。全球航空货运量大约只占全球货物贸易量的0.5%，但是航空货运货值约占全球贸易货值的36%，航空货运高价值和远距离特征决定了航空物流对于区域内贸易和产业结构升级具有重大意义。2016年，国际航空货邮运输量为53.9百万吨，同比增长3.4%，连续三年实现增速增长。

3. 专业服务业稳定增长

近年来，世界专业服务业保持稳定增长态势。分别以世界法律服务业、会计服务业和管理与营销咨询服务业为例，2007 年世界法律服务业的总营业收入达到 4 582 亿美元，比 2006 年增长 5.5%，2003—2007 年年复合增长率达到 6%；2007 年世界会计服务业的总营业收入为 2 355 亿美元，较上年增长 4.2%，2003—2007 年世界会计服务业年均复合增长率为 5.4%；2007 年世界管理与营销咨询服务业的营业收入达 2 589 亿美元，较上年增长 5.7%，这是继 2006 年增幅达 8.5%后的较快增长，2003—2007 年年复合增长率达 5.9%。据 Marketline 2014 年 4 月发布的报告，2013 年世界法律服务业的营业收入为 6 104 亿美元，较 2012 年增长 3.3%。2009—2013 年世界法律服务业年复合增长率为 3.0%；2013 年世界法律服务业从业人员数则比 2012 年增加 2.2%，总人数为 408.2 万，2009—2013 年世界法律服务业从业人员数年复合增长率为 2.7%。目前，全球专业服务领域主要呈现寡头垄断的局面，许多业务在全球市场范围内都是屈指可数的几家大型专业服务业跨国公司之间的竞争。而且，这些巨型跨国公司丝毫没有停息的意图，仍然在持续不断地进行对外直接投资，专业服务跨国化程度较高。

4. 科技服务业发展势头不减

科技服务业是一个内涵相当丰富的行业领域，涉及内容十分广泛，按照其产业功能属性，许多行业可以归至科技服务业的范畴，因此，世界各国至今没有统一的对科技服务业内涵的界定。这里所说的科技服务业主要包括研发服务、技术转移服务和节能环保服务三个对当前和未来世界产业经济、社会发展有较大影响的热点行业领域。2008 年，研发服务业、技术转移服务业以及节能环保服务业发展势头不减，是少数受金融危机波及微乎其微的行业领域。这不能不说是因为这些行业本身巨大而健康的内生发展力以及未来持续看好的发展前景。2008 年，全球科技服务业迎来了更加积极的发展，并有希望在世界各国的努力下成为推动下一次经济起飞的动力引擎。以中国为例，2019 年中国科技服务业市场规模达到 2.23 万亿元，GDP 占比在 2.2%左右，市场规模同比增长大约 10.9%。2019 年科技服务行业供给中，技术交易服务和科技孵化两个细分市场占比最大，分别达到 34.8%和 30.2%。

5. 服务外包范围不断扩展

近年来，全球服务外包市场持续快速增长，其中全球信息技术服务外包(ITO)和业务流程外包(BPO)总支出，2007 年相对 2005 年增长率达 15%。从市场结构来看，2008 年 ITO 在服务外包中仍占据主导地位，约占 60%的比例；但 BPO 的增长速度较快，其所占份额正在不断扩大。从服务外包市场区域分布来看，2008 年全球服务外包业务主要集中在北美、西欧、日本、亚太和拉美地区，其中，美国服务外包市场较为成熟，亚太地区等新兴市场保持强劲增长，成为全球服务外包业务增长最快的区域之一。目前，全球服务外包范围持续扩展，外包业务正逐渐从最基础的技术层面的外包业务转向高层次的服务流程外包业务，许多跨国公司不仅将数据输入、文件管理等低端服务流程向外转移，而且将风险管理、金融分析、软件研发等技术含量高、附加值大的业务外包出去，服务外包正向纵深产业链发展。

6. 创意产业快速发展

创意产业作为一种新兴产业，是经济、文化、技术等相互融合的产物，伴随着现代互联网和电子信息等高新科技的发展而快速发展。在 2008 年联合国贸发会议(UNCTAD)最新发布的《创意经济报告》中，联合国首次用统计数据证实创意产业是全球贸易中最有动力的新兴产业之一。报告显示，自 1996 年至 2006 年的 10 年间，全球创意产品和服务的贸易额以平均每年

6.4%快速增长;而2000年至2005年的5年间,年均增长率更是高达8.7%,是全球平均贸易额增长的2倍左右。鉴于目前全球对创意产品和服务的需求正持续增长,报告预测未来10年中全球的创意产业仍将快速发展。联合国贸发会议2013年公布的数据显示,2011年世界创意商品与服务贸易总额达到创纪录的6 240亿美元,2002年至2011年增长了1倍多,年均增长率达8.8%,发展中国家的创意商品出口更是增长迅速,同时年均增长高达12.1%。

7. 文化服务业娱乐化趋势加强

文化产业归属于服务业,但是,鉴于文化产业的特殊属性,目前国际上还没有一个对其内涵、产业结构与分类的统一界定和标准。联合国教科文组织对文化产业进行了一个笼统的界定,即通常包括印刷业、出版业、多媒体、音像视觉业、留声和影视产品、工艺和设计,在某些国家还包括建筑、视觉和表演艺术、体育、乐器的制作、广告和文化旅游等。以传媒产业为例,2004—2008年全球传媒产业稳步增长,年增长率为2.9%。2008年全球规模约为9 388亿美元,比2007年增长3.1%。从地区来看,包括巴西、加拿大、墨西哥和美国在内的美洲地区占全球传媒产业的45.8%。欧洲地区占全球传媒市场总体规模的30.7%,2008年市场规模约为2 886亿美元。环太平洋亚太地区包括澳大利亚、日本、印度、新加坡、韩国、中国大陆和中国台湾,占总体比重的23.5%,2008年市场规模约为2 207亿美元。根据普华永道的数据,2016年全球娱乐及传媒产业的总体规模为1.79万亿美元。虽然产业的整体收入仍会持续增加,但是增速将会低于全球GDP的增长速度。同时,从2016年开始,全球娱乐及传媒产业产值占GDP的比重也开始下跌,预计将从2016年的2.54%降至2021年的2.39%。从年复合增长率来看,未来五年娱乐及传媒产业的年均复合增长率为4.2%,比上一个五年降低0.2个百分点。从市场绝对值来看,美国、中国和日本依旧是全球前三大娱乐传媒市场;从市场状况来看,最成熟的传媒市场在美国和瑞士,这两国人均传媒产品年消费都已超过2 000美元。

8. 旅游业多样化发展、会展业呈现专业化趋势

旅游业对经济和社会发展具有较强的带动作用,是服务业的一个重要产业部门。近年来,全球旅游业稳步发展,市场容量逐渐扩大,旅游人次稳步增长,成为全球产业经济发展最快的行业之一。2007年,国际旅游人次创造了新纪录,超过9亿人次,比2006年增加5 600万人次,年增长率6.6%,增长率大大超过2005年和2006年。2020年1月8日,世界旅游城市联合会(WTCF)与中国社会科学院旅游研究中心在京共同发布了《世界旅游经济趋势报告(2020)》(以下简称《报告》)。《报告》指出,2019年全球旅游总人次(包括国内旅游人次和入境旅游人次)为123.10亿人次,较上年增长4.6%;全球旅游总收入(包括国内旅游收入和入境旅游收入)为5.8万亿美元,相当于全球GDP的6.7%,这一比例较上年下降0.1%;全球入境旅游收入与国内旅游收入波动趋势放缓,有望实现"五连增"。目前,旅游业呈现多样化发展趋势,如医疗旅游、文化创意旅游、公益旅游、主题公园旅游等新型旅游业态兴起。会展业作为服务业中一个举足轻重的行业,具有强大的产业带动效应,不仅能给城市带来租费、搭建费、广告费、运输费等直接收入,还能创造住宿、餐饮、通信、旅游、购物、贸易等相关收入。更为重要的是,会展能汇聚巨大的信息流、技术流、商品流和人才流,会对一个城市或地区的国民经济和社会进步产生重要的影响和催化作用。当前,会展业的发展主要呈现专业化趋势,越来越多的行业协会把展会交给专业的展览公司办理,会展业专业化的走向越来越明显;同时,一些著名的综合性展览已经被细分为若干个专业展,呈现会展内容专业化趋势。

复习思考题

1. 为什么说产业起源于人类的生存需要,产业发展伴随着人类文明的发展?
2. 为什么说工业萌芽于农业社会的不断发展?
3. 从历史的角度看,是需求引导了产业发展还是技术创新导致了产业发展?
4. 举例说明现代工业的发展趋势。

第三章

产业演化

从历史上看，人类的生存发展过程是与大自然抗争的过程，这一过程中由于生存竞争，争取物质与精神的富裕就是唯一的路径，于是认识自然规律、提高生产效率就成为必然选择。人类需求的多样化逐步导致产品与服务生产的多样化，多样化的产业应运而生。产业演化就是产业的形成与发展过程，这一过程既有人类与人类社会各类需求变化的引导，也有科学技术创新进步的推动。本章主要对产业的基本特性、产业形成因素和产业的生命周期等方面进行论述。

第一节　产业的基本特性

一、产业的本质

产业是一些产品相同或生产技术相同，或生产工艺相同，或服务对象相同的企业的集合。从生产同类产品来看，有汽车产业、商用飞机产业、半导体芯片产业等；从生产技术相同性来看，有白色家用电器产业、黑色家用电器产业、通信产业、食品饮料产业、酿酒产业等；从生产工艺相同方面来看，有纺织产业、服装产业、软件产业等；从服务对象的相同性来看，有生活服务业、生产服务业、公共服务业等。将大类产业进一步细分，则有行业。行业一般是指产业内更为细分的特定企业的集合，如汽车产业可以进一步分为整车制造行业、部件制造行业。而部件制造行业还可以进一步分为电子部件行业、发动机行业等。尽管产业是由同类企业组成，但产业不等同于企业。企业是一个基本的生产单位，产业则是同类生产单位的集合，单个企业的变化会影响这个集合的状况，但唯有同类企业出现比较一致性变化时，才显示为该产业的变化。

由于企业是产出产品与服务的经济组织，因此一个产业就是一类产品或服务的产出；所有产业的产出就是社会的总产出，也就是总供给。产业是国民经济的核心，国民经济发展的状况在很大程度上取决于该社会产业发展的状况和产出品的数量与质量，产出的增长某种意义上就是价值的增长、财富的增长，就是国民经济的增长。在封闭条件下，一个社会有需求而没有产出，这个社会就会陷入混乱而不可持续；如果产出很大而需求不足，则会生产过剩、资源浪费，社会同样会陷入混乱而不可持续，所以经济学的基本原则是社会总产出要与社会总需求相适应，经济才能均衡发展。在开放条件下，虽然产出不足或过剩可以通过国际贸易来平衡，但涉及用什么来购买不足和销售过剩、能不能购买到不足或销售掉过剩，因为涉及全球市场的供给与需求状况，所以也涉及现时产业的国际竞争力状况。

产业与需求密不可分，产业在一定条件下可以创造需求。当大自然直接的产出不能满足早期人类生存需要时，人类就必须劳动生产以满足日益增长的生活需求，正因如此，人类社会就出现了生产组织、形成了产业。产业并不是被动的被需求导引，作为供给方的产业常常会瞄准人类社会潜在的需求，创造出新的产品与服务拓展人们的消费范围，更好地服务和方便人们的物质生活和精神生活。这其中，生产技术的创新、产品或服务的创新就成为产业发展的关键，成为人类社会不断发展的关键。

二、产业的主体

产业是同类企业的集合，产业虽然不同于企业，但企业是产业主体，是产业构成的微观单位。企业是一个投入产出的经济组织，是社会中的基本生产单位，在市场上为社会提供合适的产品或服务，同时追求企业利益最大化，谋求企业自身的成长与发展。显然，同类企业的基本一致的状况如何就会影响那个产业总体的状况，例如同类企业的总体技术水平、产出效率、价值创造状况等就成为这个产业的技术水平、生产效率和对国民经济 GDP 的贡献。

不同产业中的企业生产的产品或服务是不同的，不同类的产品或服务自然各有特点，有的产品结构十分复杂，有的比较简单。有的产品功能要求高，有的要求低，于是对生产的技术要求与市场销售的技术就不同，例如商用大飞机与咖啡这两种产品就完全不同，这些不同导致它们所在的产业有完全不同的特点，因为要适合消费者的不同需求。一个产业中所有企业生产的是同类的产品或服务，但它们生产同类的产品也不完全一致，而是各有特点，例如德国企业生产的汽车、美国企业生产的汽车与日本企业生产的汽车在车型、能耗、发动机、配置等方面都各不相同。这是因为，生产同类产品或服务的企业在市场上构成竞争，为了获得更多顾客的青睐、为了更多的市场占有和短期或长期利益，企业必须为顾客提供特别的好产品或服务，例如，为了帮助消费者节约汽油开支，就有企业提供节能型乘用车辆，以便竞争胜出。分析研究同一产业市场上企业之间的竞争、垄断、定价等博弈行为及其效果就成为产业组织理论的主要内容。

从另一个方面说，一个产业中的同类企业集合中，有该产业的开拓者，也有该产业的后进入者，而又因为不同企业的运营能力、创新能力以及经营管理水平的不同，这个产业中所有企业的成长发展是不均衡的，有的发展得好便成为这个产业的领军者，有的只能成为追随者，有的只是刚进入者，有的企业则已经处于破产失败边缘。所谓产业的领军企业，是指这个企业的产出规模与质量、技术水平、研发创新成果、盈利水平、生产效率等诸多方面均居所有企业的前列，例如目前的智能移动手机产业中，苹果公司是这个产业的开拓者，而且至今依然处在这个产业的领先地位。所谓产业的追随者，是指紧紧跟着领先企业发展，甚至想在某些方面超过领先企业，例如智能移动手机产业的韩国三星公司、我国的华为公司都是追随企业，目前已在某些方面开始超过苹果公司。更为重要的是那些新进入该产业的企业，虽然规模不大、年限不长，但有可能携突破性创新成果，最终实现反超，当年的苹果公司就是这样的移动手机产业的新进入者。正是产业内作为产业主体的企业之间的竞争甚至是激烈的竞争，推动了产业技术的创新与进步，也推动了产业的演化。

产业作为国民经济的核心力量，产业发展的状况如何将直接影响国民经济的状况。产业是同类企业的集合，作为产业主体的企业在市场竞争中自然要考虑自身的竞争力谋求自己的成长与发展，于是同类企业就会有各种不同的发展考虑并采取不同的行为。在产业市场的不同时期，产业中的企业相互之间的竞争与合作表现不同。在市场扩张时期，产业内企业虽然会有竞争，但更多地采取一致性行为，如改善产品品质提高技术水平，进行创新以争取跟上市场扩张的步伐。而在市场饱和与衰退时，产业内企业就可能采取一致性行为，如采取行动抑制本产业市场的潜在进入者以保护产业内既得利益，这在国际贸易中就会采取提高关税壁垒或非关税壁垒，直接表现为贸易保护主义。产业主体的这些一致性行为往往推动了该产业的动态变化趋势，如技术进步趋势、空间分布的趋势等，导致产业的不断成长与发展。在这一过程中，产业的领军企业往往扮演了极为重要的角色，它经常是产业成长与发展的领头人，也是该产业国际竞争力的核心力量。

三、产业的基本特性

产业本质上是为人们和社会提供所需要的产品与服务而存在的，是社会的生产供给方，由于人们需求的多样性导致生产供给的产品与服务是多样的、异质的，这样一个社会就有许多不同产业，形成一个整体性的产业体系。尽管具体的产业不尽相同，但它们依然具有一些共同的特性。

（一）产业的生产技术特性

产业是产出、是供给，因此产业的生产技术是其最主要的特性。产业的生产技术是指产业自身的技术特质，具体来说，是指产业生产加工生产产品或服务的技术，这种生产技术被认为就是生产工艺技术。生产工艺技术是指企业中生产工人利用生产工具和设备，对投入生产的各种原料、材料、半成品进行加工或处理，最后使之成为成品的流程、方法和技术。本质上是将图纸上的产品保质保量甚至是低成本地生产加工出来的技术，它是人们在劳动中积累起来并经总结的生产操作技术经验的固化，也是生产工人和有关工程技术人员应该遵守的技术规程，更是具体的产成品生产的技术与方式方法。产业的生产技术十分重要，其技术水平状况决定了产成品的生产质量、生产效率和成本状况，很大程度上决定了产成品的品质与市场的竞争力，决定了产业的国际竞争力。

不同的产业由于生产产品或服务的技术复杂程度不同，导致了不同产业的产品技术特质的不同，因此不同产业的具体生产工艺技术是不同的。例如，制造业生产流程大致为按照产品设计图纸，对各种投入品进行加工、处理、组装、检验，最后入库准备分销，其生产工艺技术主要表现在模具开发、生产加工、材料处理等环节上，因为只有这些技术成型有效，才能真正把产品生产出来。服务业也有生产工艺技术，例如理发这样的服务产品，其生产的流程为发型设计，然后推、剪、洗、修的整个过程，一个过程结束才算完成服务，这一过程中的工艺技术在于推、剪、洗、修的技术。产业的生产工艺技术一旦形成，便具有相对稳定性，成为该产业产成品品质的基本保证，但它又不是一成不变的，而是随着技术进步和生产装备的更新而不断改进。

两次工业革命是人类社会长期科学技术进步的结果，也是工业领域生产工艺技术获得重大变革创新的结果。生产工艺技术的进步主要有两个方面：一是人类发明了用机器来全部或部分替代人的手工生产，形成了机器生产产品，其中包括生产机器本身，机器是产业生产工艺技术进步最突出的表现，今天许多产品的生产如果没有机器，几乎是不可能完成的。例如，目前在半导体芯片制造产业中，如果没有荷兰阿斯麦（ASML）公司的光刻机就不可能生产 7 纳米以下的芯片。第一次工业革命中的蒸汽机发明以及广泛的运用解决了当时生产过程中机械的动力问题，而当时的珍妮纺织机械的发明与应用，已经在纺织生产工艺技术上形成了创新突破，两者的完美结合才有了近现代纺织产业的形成与发展，才有大量高品质纺织品源源不断地被生产出来，满足人类社会生活工作的需要。机器的生产技术水平本身已经成为产业工艺技术的重要标志。同样，第二次工业革命通常被认为是电的发明与广泛运用所导致，实际上最关键的是发电机即相关生产设备为代表的生产技术的基本形成导致了电源源不断地被生产出来，成为可以广泛使用的二次能源，其广泛运用于电灯、电话、电报、电动机、无线电等形成一系列全新产业，极大地提高生产效率，全面改善人类的生活。

二是生产流程和生产方式的变革进步。而生产流水线的发明与运用，恰恰是制造业生产工艺技术的一次伟大发明，产生了工业化时代的生产方式，即机器生产机器、大规模大批量标准化生产方式。这样一种生产方式使得产品生产进入可以大规模、大批量、标准化、保质量、低成本的新阶段，使得供给物质产品极大地丰富起来，而成本降低使得更多工薪阶层可以购买使用，由此极大地改善了人们的生活品质。例如，当年的福特汽车公司就是凭借生产流水的发明与使用，使小汽车的生产成本大幅度降低而生产品质大幅度提高，使广大民众都可以买得起、用得起小汽车，使之成为一个真正的快速安全代步工具。当下，人类社会开始进入个性化消费时代，人们对生产供给提出了更高的要求，于是对产业的生产技术提出了创新变革的新要求。新的生产制造方式正在形成发展之中，笔者将这一产业新的生产方式称为“以互联网为支撑的智能化大规模定制生产方式”，该生产方式核心是为消费者个性化消费需求而进行的个性化定制生产服务，并且可以大规模定制的全新模式，属于 C2B。由于是针对不同消费者不同消费偏好的个性化定制，因此新型生产制造就需要快速准确获得消费者的不同需求并准确分析判断消费者的个性需求，能够快速按照要求进行组织生产与制造，新的生产制造工厂生产设备互联互通智能一体化运行，能够更快地感知、自我反应、计算判断、分析决策、自行组织，实现机器自组织机器进行生产服务，可以说是根据数据计算分析后的智能化的生产制造。可见，这一生产方式完全不同于现行的生产制造方式。现行的生产制造方式是机器生产机器，是大规模标准化生产制造，其最高等级是全自动无人制造工厂，虽然生产技术十分先进、生产效率极高，甚至还是智能化的，但由于其还是大规模标准化生产产品，所以本质上是 B2C 制造思路，不能算是与新生产方式相一致的新型个性化智能生产技术。这样的生产技术正在发展进步之中，工业 4.0 以及 CPS（Cyber-Physical Systems）是时下新型生产技术创新的一个方面，3D 打印代表的叠加式生产制造则是创新发展的另一个方面。

专栏3-1

（二）产业生产要素依赖性

所有的产业都需要生产要素的投入，有了生产要素投入，经过生产过程安排，才有产品和服务的产出。产业的产出如果要增加，在现有生产技术条件下就必须增加生产要素投入，因此所有产业的成长与发展都是与生产要素投入密不可分的，这就是所谓的产业生产要素依赖特性。传统的生产要素是指劳动力、资本与土地，现今的生产要素范围已经扩大，首先是技术成为新的生产要素，这是因为技术已经成为独立的存在，技术进步技术创新在现代企业生产过程中所起到的效用越来越大，是产业提高生产效率和国际竞争力不可或缺的要素。而随着科学技术的不断发展,特别是大数据、人工智能、互联网和物联网、云计算、区块链等数字技术涌现,数据成为新的生产要素;同时,在数据和数字技术的作用下,原有的土地、劳动力、资本和技术等要素也有了新的内涵;由这些新生产要素所构成的新生产力,推动人类社会进入数字经济新时代。2018—2020年,全球数字经济规模持续上涨。2020年,全球数字经济规模达到32.61万亿美元,同比名义增长3.0%,占GDP比重为43.7%。而随着数字化转型速度加快和新一代信息技术的更新迭代,数字化对于全球经济的渗透率将会逐渐上升,并作为一种新的经济形态成为全球新一轮产业竞争的制高点。据IDC预测,到2023年,数字经济产值将占全球GDP的62%,全球数字经济发展的前景乐观。数字经济发展依赖由大数据形成的数据要素,这些数据既来自个人的衣食住行、医疗、社交等行为活动,又来自平台公司、政府、商业机构提供服务后的统计、收集等。

数据是时下企业生产经营过程中必不可少的,在人们消费向个性化消费偏好转变,且开始有更多的人收入提高可以购买个性化产品、享受个性化服务的时候,数据收集与数据分析在数字经济的生产过程中就显得十分重要、不可或缺。在吸收大量专家研究成果的基础上,2020年《中共中央 国务院关于构建更加完善的要素市场化配置体制机制的意见》中明确提出,现时生产要素的范围包括五大生产要素:土地、资本、劳动力、技术与数据。然而,不同的产业由于生产的产品与服务的特质不同,因此对上述五大生产要素的依赖性并不完全一致,而且随着技术的进步与时代的变迁,产业对生产要素的依赖程度也会发生变化。从产业生产过程中对五大生产要素依赖的最重要程度来看,可以把产业大致区分为土地密集型产业、劳动密集型产业、资本密集型产业、技术密集型产业和数据密集型产业。

(三)产业关联协同性

产业既是人类需求的产物,也是需求变化导致社会分工的产物。从生产的角度看,最早的分工是企业之间的产品分工,不同的企业进行相同或不同的产品或服务的全程生产,进而形成初步的产业。随着分工可以提高生产效率的事实,分工开始深化,于是就有了产品或服务的零部件分工,即一个完整产品的全程生产按照零部件分给不同企业完成,然后有一个企业将其总成为完整的产品或服务。例如,汽车就分割为整车制造、发动机制造、轮胎制造、车身制造、电子系统制造等,于是汽车产业进一步划分为整车制造产业、发动机制造产业、轮胎橡胶产业等。进一步的分工深化是生产制造工艺的分工,如冶炼工艺、加工工艺、油漆工艺等的分工。随着计算机产业的发展,还形成了新的分工方式,这就是按照计算机功能部件进行分工,每一功能部件甚至在基本协同标准下可以自主创新发展,提高品质质量与完善功能。

有分工就需要协同,而协同的基础是一个完整的产品或服务形成所需要。此时,分工深化形成的产业之间就具有该产业与其他相关产业之间密切的投入产出技术经济联系,即供给与需求的关系,如整车企业需要零部件企业供应合适的零部件,计算机整机企业需要芯片、软件操作系统等厂商提供合适的产品或服务;反之,零部件厂商也依赖整车产业的发展。所以现代产业均具有相互之间的关联协同特性。只是每一个产业与其他产业的关联度和方式是不同的,并且每一个产业与其他产业的供给关系与需求关系从关联度来说是也不一样的。整车产业对零部件产业是以需求关联为主,而零部件产业为整车产业供给是供给关联。马克思在其著名的社会再生产理论中,就揭示了生产资料产业部门与消费资料生产部门之间的关联关系,认为社会若要扩大再生产,就必须优先发展生产资料产业部门。诺贝尔经济学奖获得者瓦西里·列昂捷夫提出的国民经济投入产出账户的理论与方法，比较详细地揭露了产业部门之间的投入产出联系，他的投入产出表和计量模型为后人开展产业关联协同关系奠定了重要基础。[①]

产业关联协同特性的外在表现之一就是产业链。产业链是指在一种最终产品的生产过程中，从最初的矿产资源或原材料一直到最终产品到达消费者手中所包含的各个不同质的产业，按照投入产出生产逻辑构成的一个完整链条。其中的生产逻辑是指产业链上的这些产业之间存在着投入产出相关的技术经济协同联系。不同的最终产品产业由于其产品构成以及生产技术要求不同，所以其产业链就不同。产业链表达了一种不同产业关联协同的纵向垂直关系，这种纵向关系主要包括两个部分：一是纵向一体化或纵向分拆；二是纵向约束（包括独占交易、独占区域、转售价格控制、纵向价格歧视等）。[②] 产业链的纵向关系的友好与否涉及最终产品生产的效率与品质，于是产业链需要治理，使之适合最终产品产业的成长与发展。

（四）产业空间集聚性

产业空间集聚性是指产业趋向在某个特定地理空间区域内高度集中的特性，从资本的角度看，这一特性表达了产业资本要素在某个空间范围内不断汇聚的一个过程。对产业空间集聚性的关注与研究，早在19世纪末就已经开始了，马歇尔在1890年开始关注产业空间集聚这一经济现象，并提出了两个重要的概念，即“内部经济”和“外部经济”。马歇尔之后，产业集聚性的研究有了较大的发展，出现了许多流派。解释产业的集聚性以及集聚的方式，比较有影响的理论有韦伯的区位集聚论、熊彼特的创新产业集聚论、胡佛的产业集聚最佳规模论、波特的国家竞争优势与钻石模型等。

产业空间集聚性源于集聚在一起的产业拥有集聚效应，准确地说是集聚在一起的企业具有集聚效应。因为不同或相同企业集聚在一个相同空间地理位置处，可以获得生产成本的节约和交易费用的节约。众多不同的有投入产出关联产业的企业集聚在一起，投入与产出过程中所需要的原材料、零部件就免了长途运输费用，同时还能更好地保证各自生产所需的原材料零部件及时到达生产单位，相互之间的交易信任程度、交易过程也显得更加可靠与方便。如此典型的产业集聚表现就是所谓的产业集群。例如，美国的硅谷集聚了4 800多家高技术企业并分属众多不同高技术产业，其中以电子信息产业、计算机产业、游戏产业、互联网产业、芯片制造产业为主，全球最重要的科技公司如英特尔、惠普、雅虎、思科系统等也都集聚于此，成就了全球最大的高科技产业集群。

同一产业的企业集聚在同一空间地理位置，一起形成了多样性的同类产品供应地和分销地，这样对采购商或采购人员来说，购买需求满足可能性大，购买更便利，从而节约生产厂商的总体交易费用。现实中这样的集聚在我国各地均有分布，如佛山西樵的纺织、南庄的陶瓷、龙江的家具、桐乡的皮革、永康的五金、晋江的制鞋、宜兴的电线电缆、环保产业等。

产业集聚的产生还有一个重要的原因，就是产业集聚可以提高集聚区域内企业的劳动生产率。马歇尔很早就发现，集中在一起的厂商比单个孤立的厂商更有效率，因为相关产业的企

---

① Leontief, Wassily. Input-output economics[M]. Oxford University Press, 1986.

② Vickers J., Waterson M. Vertical relationships: an introduction[J]. The Journal of Industrial Economics, 1991: 445—450.

业在地理上的集中可以促进生产在区域内的进一步分工与合作;其他学者的进一步研究也发现,集聚能够促进生产技术与知识的流动溢出、劳动力的流动以及技能的提高,这些对集聚区域内企业技术进步创新合作十分有益。

(五)产业的寿命特性

产业是有寿命的,正如企业也有寿命一样。产业的寿命特性与企业的寿命特性具有一致性,但又不完全相同。产业内一个企业的寿命不能决定该产业的寿命,产业内的企业由于市场竞争以及自身发展的问题生生死死,并不影响产业的寿命,有时反而是产业演化发展的内生动力。决定产业寿命的根本因素有:(1)人类社会对该产业提供的产品或服务的需求变化,如果人们不再对该产业的产品或服务有需求时,该产业的寿命就要终结。(2)该产业提供的产品或服务被新技术催生的更好的产品或服务替代时,该产业的寿命也就终结了。例如,马车作为普遍的运载车辆产业已经完全被现代运输产业所替代,尽管我们偶尔还能看见旅游用的个别马车,但应该说马车产业已经寿终正寝了。(3)该产业的生产环境生产条件发生了巨大的变化,以至于该产业无法生存与成长。例如,产业所需要的特殊投入品没有了,或因为社会政策与法律约束或禁止,这些产业也就寿终正寝了。

然而,在一个国家一个社会中已经难以生存发展甚至即将寿终正寝的产业,并不意味着这个产业就退出了人类社会的历史舞台,就不能在其他国家或地区生存与发展。因为不同的国家与地区的自然资源状况、生产要素供给的状况以及产业发展的制度与法律、经济与收入水平等是不同的,有些国家的特殊自然禀赋会导致特殊的产业形成发展。例如,南美洲的哥伦比亚有适合种植咖啡豆的气候与土壤等条件,于是咖啡种植业就一枝独秀;同样,中东地区的国家石油储备极其丰富,于是采油产业相当发达。又如,我国内地禁止博彩业的发展,而我国澳门的博彩业则是它最主要的产业,是其经济发展的支柱。另一方面,在一国或一个地区已经不再有前景的产业可以通过跨国跨区域转移到其他适合该产业发展的地方去,这是延长产业寿命的产业自救方式。

一般而言,根据产业寿命特性,产业可分为以下几种类型:

1. 长寿型的产业

长寿型的产业有两类:一是基础产业。基础产业不仅是国民经济发展的基础,也是其他产业成长发展的基础;而且随着国民经济的发展而发展,其发展速度取决于国民经济的发展速度,并受国民经济的周期波动的影响。如交通运输业、钢铁工业、能源工业、电力工业、通信业、公用事业等,在整个工业化时期都是不可或缺的。二是维持人们日常基本生活和生存的产业。如种植业、畜牧业、食品加工业、纺织服装业、运输工具产业、住宅建设业、餐饮服务业等,这些产业的需求价格弹性比较低,是人们生存与生活必需的产业。

2. 寿命较短的产业

寿命较短的产业有三类:一是时尚型消费品产业和流行性消费品产业。因为此类产业的市场需求不稳定,短期可能爆发但不久就会消失,所以产业很快地形成发展、很快地终结。二是一些需要特殊投入的生产资料生产产业。例如,煤炭化工产业会因为煤炭的禁用或枯竭而终结。三是技术进步非常快的产业。此类产业领域由于技术进步非常快,所以很容易产生替代性技术与产品,从而终结该产业的寿命,例如原来的录像机产业、留声机唱片产业就因为数字技术的进步,很快被数字影像刻录播放产业所替代。

3. 中间状态的产业

所谓中间状态产业，是指产业的寿命不是特别明显的长，也不是特别明显的短，例如资源性的产业如石油采掘、石油化工等，很明显当不可再生的石油开采结束，这些产业自然也就结束了，但人们并不可知在相关技术进步的未来是否会有新的储存量被发现，就像过去不知道原来一些岩石中也含有石油天然气。而另外的基础性产业如公路运输业、汽车产业等，其寿命还有多长也不可知，这是因为技术进步与创新的未知。当然，另一个方面是未来人类社会需求的变化也是一个重要的影响变量，今天我们已经看到了当年许多的生产服务产业如今已经消失或基本消失了。

第二节　产业形成因素与方式

从历史上看，伴随着早期人类的生产活动和社会交往，产业作为生产供给就逐步形成了，最早的自然是种植业和畜牧业的形成，服务业虽然也是很早就有，但一直处于初级状态，最重要的是，工业革命的爆发使得手工业逐步发展为现代工业。总体上看，现代产业的形成和发展是由一系列因素所导致的，其中有一些关键的影响因素决定了产业形成演化的基本方式。

一、产业形成发展的主要影响因素

(一)市场需求与产业形成演化

市场需求、需求规模和需求结构是影响产业形成发展的基本因素。市场需求规模受多种因素的影响，主要包括人口规模及其增长速度、收入水平及其增长速度、收入分配结构、消费成本、净出口规模及其增长速度等。而需求结构则与收入水平、消费传统与消费偏好、区域地理环境、社会文化传统等相关。前者影响了单个产业的生产规模及其增长前景，后者影响了多样化产业体系的形成与发展。

人口的规模及其增长速度影响了市场需求水平及其增长速度。即使在人均收入水平不变的条件下，人口的增长也会拉动对生活必需品需求的增长。如果一个国家或地区的人口自然增长率比较快，提供生活必需品的产业必将较快地增长，对其他产业的增长也有推动作用。居民收入水平及其增长速度直接决定了购买力水平的高低及其增长速度的快慢，是影响产业生命周期的重要因素。当购买力水平较低、增长速度较慢时，产业更新换代的节奏就比较慢，产业生命周期就较长；当购买力水平较高、增长速度较快时，产业更新换代的节奏就会加快，从而使产业生命周期缩短。但是，购买力水平的变化对不同产业的影响是不同的。购买力水平的变化对需求收入弹性大的产业影响比较大，而对那些需求收入弹性小的产业则影响比较小。

居民收入支出结构对产业形成发展也有影响。居民之间存在着收入支出的差距，从而形成了不同的收入阶层和不同的消费偏好。如果居民之间的收入支出差距过大，不同收入阶层之间就会形成较大的消费断层。据 2022 年初国家统计局公布的数据，全国居民人均可支配收入 35 128 元，比上年增长 9.1%，扣除价格因素，实际增长 8.1%；全国居民人均可支配收入中位数 29 975 元，增长 8.8%。按常住地分，城镇居民人均可支配收入 47 412 元，比上年增长 8.2%，扣除价格因素，实际增长 7.1%；城镇居民人均可支配收入中位数 43 504 元，增长 7.7%。农村居民人均可支配收入 18 931 元，比上年增长 10.5%，扣除价格因素，实际增长

9.7%;农村居民人均可支配收入中位数16 902元,增长11.2%。从以上数据可以看到,2021年我国居民人均可支配收入月中位数只有2 500元人民币,与发达国家相比还有很大的差距,这样低的可支配收入水平总体来看很难支持高附加价值的消费品产业和高端服务业的发展,好在我国的人口基数大,2021年有14亿人口,其中即便只有15%的中高收入人群,那也有2亿人口,于是像小汽车、住宅房产、家用电视机、冰箱、洗衣机等产业还是不断地发展起来了,其产出规模甚至位居世界第一。

同样的数据,2021年我国城乡居民人均可支配收入比值为2.50,比上年缩小0.06。按全国居民五等份收入分组,低收入组人均可支配收入8 333元,中间偏下收入组人均可支配收入18 445元,中间收入组人均可支配收入29 053元,中间偏上收入组人均可支配收入44 949元,高收入组人均可支配收入85 836元。全国进城务工人员人均月收入4 432元,比上年增长8.8%。全年脱贫县农村居民人均可支配收入14 051元,比上年增长11.6%,扣除价格因素,实际增长10.8%。这些数据首先说明我国城市与农村居民收入差距较大,城镇居民收入是农村居民收入的2.5倍,而社会最低收入人群数量还很大,月可支配收入不到700元人民币,好一点也不过1 500元。这样的不同收入结构其支出结构必然也不相同,例如城市居民早餐可以消费牛奶、面包、鸡蛋,农村居民则依然是以稀饭、馒头、咸菜为主。尽管收入层级区分大,但同样因为人口基数大,反而导致更多样化产业的生存与发展,而且同一产业还可以进行分类生产高、中、低不同价位品质的产品,例如我国的纺织服装产业不仅生产规模大,而且生产的面料与服装价格低、中、高均有,适合不同的消费群体。

居民消费总量和结构直接影响产业的生存与多样化发展,而产业进行低成本规模生产的门槛因为产品特性不同而不同,因此大国与小国的产业形成及演化就完全不同,除非小国的许多产业不完全以本国市场需求满足而生产。在全球经济一体化条件下,任何一个国家都可以以全球市场需求为导向进行生产,发展相应的产业。所以一个产业的产出品净出口规模及其增长速度对该产业的成长发展影响是显而易见的。根据国际汽车制造商协会(OICA)数据统计,2021年,中国生产汽车26 082 220辆,包括私家车21 407 962辆、商用车4 674 258辆,几乎占世界总产量的三分之一,但低于2017年时29 015 434台的纪录;第二名是美国,共生产9 167 214辆汽车;排在第三位的是日本,2021年生产了7 846 955辆汽车。从以上数据可以看出,美国和日本产量相加都不及中国。根据中国汽车工业协会发布的数据,2022年我国国产汽车出口销量首次突破300万辆,以311.1万辆车的成绩超越德国跃居世界第二,同比增长54.5%,仅次于日本。其中,乘用车出口量为252.9万辆,同比增长56.7%;新能源汽车累计出口67.9万辆,同比增长1.2倍。中国汽车产业规模已经成为世界第一,并且还在不断创新发展过程中。

(二)社会分工与产业形成发展

分工是指两个或两个以上的个人或组织将原来一个人或组织生产活动中所包含的不同种类的生产环节或操作分开进行。分工使得一个人或组织只要从事某一环节的生产或操作,进而便于进行专业化生产或操作,提高生产效率。这就是所谓的专业化分工。专业化分工是人类生产历史上的重大创新,亚当·斯密和马克思对分工导致产业形成发展的意义都做了精辟的论述。

亚当·斯密在其名著《国民财富的性质和原因的研究》中,用当时英国扣针工厂的生产状况举例说：扣针的生产需要18种操作工序，如果不进行分工，由一个工人来完成全部操作，那么一个工人每天也许制造不出1枚扣针；但是，有些工厂把18种操作分别由18个工人专门担任，情况就完全不同了，即使只有10名工人的工厂，几名工人只负责2～3种操作工序，通过专业化分工，这10名工人一天可生产48 000枚扣针，平均每个工人一天生产4 800枚扣针，比分工前提高了数百倍 。因此，亚当·斯密认为："劳动生产力的最大增进，以及运用劳动时所表现的更大的熟练、技巧和判断力，似乎都是分工的结果。"社会分工之所以能够提高劳动生产率，是因为专业化分工使工人的劳动内容和动作简单化，使劳动者的劳动技能和熟练程度迅速提高，节省了不同工种之间的劳动转换时间，促进了技术革新、生产工具的改进和专业化机械设备的发明。正如扣针的生产例子，如果由一个人来完成全部18种操作是一件非常复杂的事情，必须由经过严格培训、有长期实践经验的老师傅才能胜任。但是，如果按照分工一个人只需完成一两种操作，操作动作就简单了，一般工人就能胜任。这样，就能够极大地提高劳动生产率。从亚当·斯密的论述看，社会分工是劳动生产率提高、产业形成发展的原因。

马克思在批判和吸收亚当·斯密与李嘉图等古典学派的基础上，建立了社会分工理论。他认为分工有三种：把社会内部分为农业、工业等部门的分工称为"一般的分工"，把农业、工业部门内部进一步分成许多不同的部门称为"特殊的分工"，把工场手工业内部的分工称为"个别的分工"。前两种分工是社会内部分工，后一种分工是工场内部的分工。马克思认为，随着生产力的发展产生了社会的分工与协作，分工与协作既是生产力发展的结果，又反过来推动生产力进一步发展。他指出，当生产力发展到"只有在每一个商品生产者生产这种商品时所花的劳动时间多于他自己对这一定的商品的需要的情况下，分工才能存在"。从历史上看，社会分工的发展具有两个起点：第一个起点是在氏族或家庭内部自然分工的基础上产生的。原来公社内部由于性别和年龄不同所产生的互相依赖的自然分工，后来由于交换的发展而逐步成为独立的不同商品生产者之间的社会分工。这使"原来非独立的东西获得了独立"。[①] 第二个起点是在不同的氏族、公社、家庭互相接触的地方引起的产品交换。原来互不依赖的独立公社，后来由于产品交换的发展而变成互相依赖的社会分工。这就使"原来独立的东西丧失了独立"。社会分工就是从以上两个相反的起点发展来的。

马克思在分析分工与协作对生产力发展的作用时指出："结合劳动者或总体劳动者前前后后都有眼睛和手，在一定程度上是全能的。""工场手工业分工通过手工业活动的分解，劳动工具的专门化，局部工人的形成以及局部工人在一个总机构中的分组和结合，造成了社会生产过程的质的划分和量的比例，从而创立了社会劳动的一定组织，这样就同时发展了新的、社会的劳动生产力。"[②]生产力越发展，分工就越细密，同时人们在整个社会生产过程中的协作就越紧密，分工的专业化又导致生产工具的发展和专业化。"劳动生产率不仅取决于劳动者的技艺，而且取决于他的工具的完善程度。"社会分工获得迅速发展，形成复杂的产业体系是在机器大工业和商品经济发展的条件下实现的。机器的使用扩大了社会内部的分工，增加了特殊生产部门和独立生产领域的数量 。这是因为：首先，机器提高了生产力，同量劳动所加工的材料数量日益增大。与此相适应，对这些原料和半成品的加工就越分越细，导致社会生产部门越来越

---

① 马克思. 资本论：第一卷[M]. 北京：人民出版社2004年版，第390—426页。

② 同上。

多样化。其次，采用机器使得产品的各部分可以大批量生产，因而能够形成独立的专业。“只要一种物品的生产中有可能用机械制造它的单一部分，生产就立即分成两个彼此独立的部门。”可见，无论是从历史看还是从近代机器大生产看，产业之所以能够发生、分化，劳动生产率之所以能够提高，产业之所以能够发展壮大，社会分工的深化具有关键的作用。

根据亚当·斯密和马克思的分工理论，社会分工与产业形成发展之间的关系可以概括如下：第一，社会分工是产业形成的根本原因。马克思曾经对专业化分工如何引起新产业的形成做了详细的论述。他说：“随着劳动工具的分化，生产这些工具的行业也日益分化。一旦工场手工业的生产扩展到这样一种行业，即以前作为主要行业或辅助行业和其他行业联系在一起并由同一生产者经营的行业，分离和互相独立的现象就会立即发生。一旦工场手工业的生产扩展到某种商品的一个特殊的生产阶段，该商品的各个生产阶段就变成各种独立的行业。前面已经指出，在制品是一个由局部产品纯粹机械地组合成的整体的地方，局部劳动又可以独立化为特殊的手工业。为了使工场手工业内部的分工更完善，同一个生产部门，根据其原料的不同，根据同一种原料可能具有的不同形式，而分成不同的有时是崭新的工场手工业。”①

第二，市场需求、专业化分工和产业形成发展互相促进。首先，社会分工与市场需求互相促进。社会分工促进了商品经济的发展，促进了市场的扩大。马克思指出：“由于社会分工，这些商品的市场日益扩大；生产劳动的分工，使它们各自的产品互相变成商品，互相成为等价物，使它们互相成为市场。”同时，市场需求的扩大又进一步促进了社会分工的深化。其次，专业化分工、市场扩大和产业形成发展互相促进。专业化分工促进了劳动的熟练和技术革新，革新的成果之一是专业化设备的产生，专业化设备产生之后，随之而来的是生产成本的降低，生产成本的降低又为扩大市场需求创造了条件。市场需求的扩大和专业化设备的运用，促进了厂商扩大生产规模，获取规模经济效应。正是因为专业化分工的发展和市场的扩大，推动了产业从无到有、从小到大的发展。而产业的形成发展、厂商规模的扩大，又反过来为专业分工的深化提供了可能。因此，“在不断壮大的产业中，典型的情况应是垂直非一体化”②。市场需求的缩小，意味着产业的衰退，而产业的衰退又会导致专业化分工的逆转；也就是说，“垂直一体化则是衰落产业的特征”。相应地，专业化分工的逆转会增加该产业的生产成本，进一步加速产业的衰退。

(三)产业创新与产业形成发展

1. 产品创新导向的产业形成演化

一个产业的形成，一般来说是从一个根本性的产品创新开始的。一个新产品通过采用新的材料和原件，具有新的性能或功能，提供了新的用途或市场需求，当这个产品逐渐获得更多消费者购买时，一个新的产业就成长起来了。所以在根本性的产品创新出现之后，还需要有一系列的渐进性创新，如生产工艺的创新、市场分销的创新等，从而使商业化成功、新产业成长，这一过程称为产业创新。实践证明，根本性的产品创新固然具有重大的经济意义，随后的生产工艺创新、市场分销创新、生产组织创新往往也很重要，有时具有更大的商业价值。今天的许多产业正是通过如此创新成长起来的。例如，智能手机产业就是苹果公司乔布斯主持的一个

---

① 马克思.资本论：第一卷[M].北京：人民出版社 2004 年版，第 390—426 页。

② 同上。

突破性产品创新，以及后来的生产工艺、零部件供应协同、饥饿营销的创新等的一系列成功，才有了今天的苹果公司和全球智能手机产业的形成与发展。产业创新过程与产业的形成发展是密不可分的。从产业形成与成长的角度考察创新的影响与作用，可以发现原创性的新产品创新固然十分重要，但如果没有事后一系列如生产工艺的相应创新，就不能大规模、大批量、保质保量甚至是低成本生产出这个产品，而生产出来的产品无法销售一空的话，生产就不可能持续下去，产业也不可能持续成长。

早在 20 世纪 70 年代，美国哈佛大学的阿伯纳西（N. Abernathy）和麻省理工学院的厄特拜克（Jame M. Utterback）通过对以产品创新为主的持续创新过程进行研究，发现产品创新、工艺创新及产业组织三者在时间上的动态发展影响着产业的演化，并建立了产业创新动态过程模型，即 Abernathy-Utterback 创新过程模型，简称 A-U 模型[①]，如图 3—1 所示。

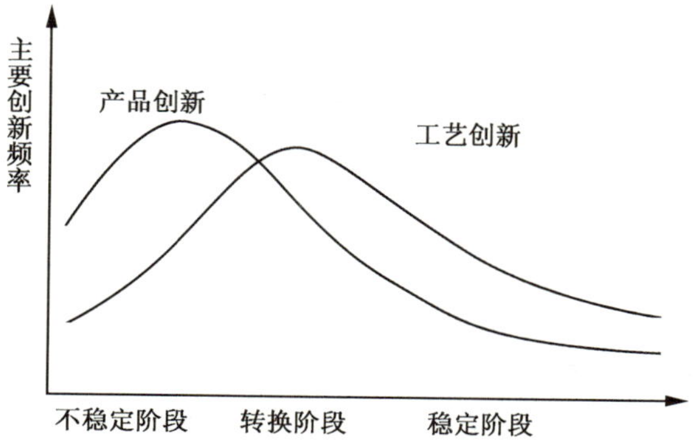

图 3—1 A-U 创新动态过程模型

A-U 模型把产品创新、工艺创新及产业组织的演变划分为三个阶段，即不稳定阶段、转换阶段和稳定阶段，认为产业的创新类型、创新程度和创新特征取决于产业的成长阶段。在不稳定阶段即产品创新的早期，厂家为满足潜在的用户需求进行了产品创新，有了新产品原型，产品原型的创新水平很高，但由于对消费者需求把握的不确定性，企业需要探索什么样的产品才具有最大的市场潜力，导致新产品进入市场后需要频繁变动设计，产品功能与品质均有待完善。与变动的产品设计相适应，此时制造工艺常常是粗糙、昂贵和不可靠的，也处于发展和变动状态，产品规模生产也有待开发形成。产品创新企业在这一阶段的 R&D 支出较高，却不太可能立即产生很高的经济效益。在转换阶段，经过不稳定阶段的不断“尝试和纠错”，出现了一个将技术资源与市场需要联结起来的代表优秀产品的主导设计，如在个人计算机产业，20 世纪 80 年代 IBM 推出的带有 TV 显示器、标准的磁盘驱动器、QWERTY 的键盘、Intel 的芯片、开放的结构、MS-DOS 操作系统的 IBM360 型计算机，成为以后计算机发展的主导设计。这些技术都是市场上已有的，但 IBM 把它们组合在了一起。主导设计为产品的发展提供了一个“标准”，降低了市场的不确定性。在主导设计出现后，产品设计变动率急剧下降，创新重点从产品创新转移到了工艺创新，之后创新成功导致产品品质基本稳定，大规模生产成为可能，专

① Utterback, James M., and William J. Abernathy. A dynamic model of process and product innovation[J]. Omega, 1975, 3(6): 639—656.

用生产设备逐步取代通用生产设备。在稳定阶段，产品的主导设计的出现使产品设计、生产程序和生产工艺日趋标准化，市场需求稳定。大规模生产使制造生产效率大大提高，企业由此享受到规模经济带来的好处。企业进一步创新的重点是以降低成本和提高质量为目标的渐进性的工艺创新，以及如何大规模市场分销。为此，需要大规模生产过程和供应链组织进行相应创新安排与治理，以确保大规模生产可以连续进行；同时，需要创新产品的市场分销方式，形成大规模分销的渠道与体系。一个新产品一旦成功发展到稳定阶段，为了确保收益，企业的生产与分销组织会呈现越来越大的刚性，企业内部会产生一种强烈的抵制重大创新的力量。另外，技术变化过多、技术进步过快可能使工厂的现有生产设备过时、更新成本过大，而大多数员工则担心如此变化可能给他们的职业生涯带来威胁，因此技术、财务、人力资源管理等各部门都可能对企业创新设置障碍，导致创新频率下降。

A-U 模型描述了一个特定技术轨道上的产品创新和工艺创新的分布规律及一般过程，即在同一代产品生命周期中创新和产业发展之间的关系。然而，产业的发展是一代接一代的具有各自不同生命周期的产品创新迭代演化的过程，一代产品生命周期的完结并不表明一个产业的完结，而是由于根本性技术创新的出现使产业得到了质的提升，即产业由原来的产品技术轨道跃入一个新的产品技术轨道，新一代产品替代了老一代产品。每一代产品都依次经过引入期、成长期、成熟期和衰退期四个阶段，都以根本性产品创新的产生为起点，以主导设计的出现为走向成熟的标志，以下一代根本性的产品创新的出现为开始衰落的标志，以下一代产品主导设计的出现为终点。这种依次替换的一代接一代的产品生命周期的有序组合，构成了产业发展的历史轨迹。不仅如此，从产业长期发展历史看，产品生命周期具有缩短的趋势。例如，自 20 世纪 60 年代中期机用低泡洗涤剂发明以后的近 20 年内，在洗涤剂领域未有重大的产品创新。1985 年，继无磷酸盐洗涤剂之后出现了一系列新产品，液体洗涤剂、浓缩洗涤剂、超浓缩洗涤剂以及衣料不褪色洗涤剂等相继上市。技术进步的突破导致产品创新速度加快，于是，产品生命周期缩短成为一种普遍现象。因此，从产业形成和成长演变的全过程来考察，可以得出产品创新和产业发展的动态关系，如图 3—2 所示。

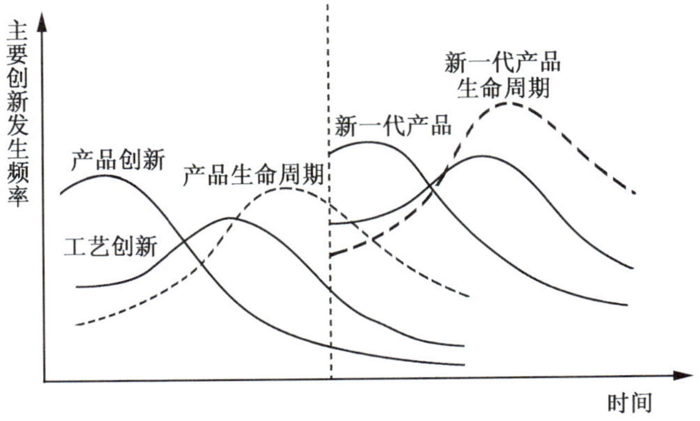

图 3—2 创新和产业发展的动态关系

2. 工艺技术创新导向的产业形成演化

钢铁、建材和化工原料等重要产业，产品创新频率小，这些产业通常是以工艺创新为导向，通过工艺制造技术的创新，直接提高产品的生产效率，降低生产成本扩大产出规模。这些产业与以产品创新为导向的 A-U 模型有所不同。在工艺创新导向的持续创新模式中，根本性的工艺创新就是产品高产出量、低成本、高品质的先导与必要条件。工艺技术创新也有两类：根本性工艺技术创新和渐进性工艺技术创新。根本性工艺创新也可以引发产品创新，例如化工产业，一个新的生产工艺技术创新，如大型炼化装备的创新可以产出过去没有的新产品，化学纤维产业就是这样诞生发展而来的。而渐进性工艺创新导致产业的产品质量不断提高和生产成本的下降。

工艺创新导向的产业创新也可以划分为三个阶段，即不稳定阶段、转换阶段和稳定阶段。在不稳定阶段，工艺创新导向的产业创新过程始于某些根本性工艺技术的发明创造，这些根本性工艺技术创新的初衷是为了克服某些重大技术障碍。在工艺创新技术形成初期，其创新工作的重点是技术原理的工程实现，故试验性工作较多，工艺技术本身处于发展和变动状态。经过长期的试验，最终产生适应市场发展的主导工艺设计，就进入了转换阶段。主导工艺设计的产生，推动了以此为基础的产品创新，并逐渐标准化。企业开始增加专用生产设备，使用专供材料，规范生产过程，此时创新的重点转向以提高生产效率、降低成本、提高产品质量和增加产品品种为中心的渐进性创新。与之相应，此时生产组织和生产工艺呈现越来越大的刚性，工艺技术转换成本增大，对重大技术变化的适应能力下降，就进入了工艺技术发展稳定阶段。例如，钢铁工业的持续创新过程就是以工艺创新为导向的持续创新过程。19 世纪 50 年代，一种大规模、高效率和低成本的炼钢方法——贝西莫炼钢法出现，首次使炉温升高到 1 540℃，炼钢成本只有原来的 1/10，炼钢时间也大幅缩短，这是一项根本性的工艺创新。但是，贝西莫炼钢法只能适用于低磷低硫矿石，这使得贝西莫炼钢法在 90%的矿石为高磷矿石的欧洲很难推广。随后，人们围绕产品和原料进行了工艺创新。英国人托马斯改进了贝西莫炼钢法，使包括高磷矿石在内的多种矿石都可用于炼钢。托马斯法迅速在欧洲各国推广，并创造了巨大的社会财富。紧接着，西门子-马丁又引入新结构和新燃料，创造了可生产多种高质量钢的碱性平炉炼钢法，并迅速在各国应用，成为当时的主要炼钢工艺。1930—1960 年间，世界钢产量的 80%是采用这种平炉法生产的。随着制氧技术的发展，钢铁业出现了氧气顶吹和底吹转炉技术，这是对贝西莫炼钢法的突破性创新，使平炉炼钢法失去了优势。此外，电炉炼钢法的出现又使得钢的品种有所增加，能适应市场的变化而灵活调节钢的产量，有望成为之后主要的炼钢方法。

二、产业诞生形成的方式

虽然创新是导致产业诞生形成发展的根本，但现实产业诞生形成是一个非常复杂的过程，具有不同的形成方式。一般来说，产业形成的方式有以下几种：

(一)产业新生

产业新生是指产业形成既不孕育于原有产业，也不依附于原有产业而存在，而是从萌芽到形成以相对独立创新的方式进行。这种产业的生长往往是科学技术产生突破性进步的结果，一般萌芽于产品或工艺实验室。当然，一项重大的技术创新也不是靠少数科学家凭空想象的，既要以现有的技术条件为基础，也要符合市场的需要。早期研究者更多地强调科学研究和技术发明对技术创新的推动作用。从西方国家的技术发展历程看，在 20 世纪中叶以前的早期技术创新大多是创新者把发明者在实验室中取得的成果带向市场，使之商品化。但是，美国麻省理工学院的马奎斯(D. Marquis)等人抽样调查了 567 项不同的案例,认为只有 1/5 的技术创新是以技术本身的发展为来源的,3/4 的技术创新是以市场需求或生产需求为出发点的,因此他们强调社会需求是技术创新的主要动力。[①] 莫厄里(D. Mowery)和罗森堡(N. Rosenberg)认为,技术创新是一个非常复杂的过程,无论是科学技术还是市场需求,都不可能成为技术创新的唯一的决定因素。[②] 科学技术和市场需求都是技术创新的重要决定因素,技术创新过程是科学技术因素和社会需求因素相互作用的动态过程,是一个涉及技术变革、市场需求或经济环境变化的具有相互作用机制的反馈结构。

如果从产业的角度来说,上述技术创新的成果即便十分伟大,完全是突破性创新,但如果没有工艺制造技术,那么这项技术成果就无法转化为产品,或者转化为产品却没有办法大批量生产,而且质量和品质也不稳定。所以工艺技术、制造技术是产业化关键的一个技术之一,是形成新产业的关键技术之一。只有当科学技术转化为应用技术,然后再转化为新产品,新的产业才可能产生,目前这样的转化时间正在加快。据研究,18 世纪,科技发展转化为应用技术,再转化为商品的时间大约需要 100 年。19 世纪这一过程只需要 50 年;第二次世界大战前为 20～30 年,战后降为 7 年。1990 年以来,这一过程进一步加快,一般为 2～5 年。例如,作为第一次产业革命标志的蒸汽机从发明到应用经过了 80 年;标志第二次产业革命的电动机用了 61 年;20 世纪初的收音机花了 30 多年、飞机花了 20 年;60 年代的晶体管经历了 3 年;70 年代的微电子技术只有 1.5 年;90 年代以来,微型计算机领域几乎每半年就有一代新产品问世。

(二)产业分化

产业分化指的是处于萌芽中的新产业经过充分发育后从原有产业中分离出来,分解为一个独立的新产业的过程。产业分化是生产力发展和社会分工深化的必然结果。当一个产业发展到一定程度,就会在市场竞争中发育和萌芽新技术、新工艺、新产品。在社会经济需求的动力、技术进步催生生产分工深化的带动下,这些新产品、新工艺就会从原产业中独立出来,这就是产业分化。

从人类发展的过程看,三次社会大分工的发展,相继出现了农业、畜牧业、手工工业和商业的分化。从金石并用时代到铁器时代,社会生产力有了很大的发展。农业方面,从锄耕变为犁耕,从使用木犁或石犁到使用金属犁,人类改造自然的能力有了显著提高。在适宜经营农业的地区产生了一些以农业生产为主要经济活动的部落,在适宜进行畜牧业的地方出现了以放牧饲养畜群为主要经济活动的游牧部落。恩格斯指出:"游牧部落从其余的野蛮人群中分离出来——这是第一次社会大分工。"这一时期生产力的发展出现了剩余产品和交换。社会大分工和交换的需要又促进了手工业生产的发展。随着农业、畜牧业的发展和定居生活的稳定,手工业生产日趋复杂,出现了制陶、纺织、酿酒、榨油等活动,尤其是金属器具的出现,冶炼、加工、制造金属工具需要专门的技巧和设备。"如此多样的活动已经不能由同一个人来进行了,于是发生了第二次社会大分工:手工业和农业分离了。"第二次社会大分工后,出现了直接以交换为目的的商品生产,原先以物换物时,人们没有价值的观念,没有要求被交换的物品在价值上

---

① Myers, Sumner, and Donald George Marquis. Successful industrial innovations: a study of factors underlying innovation in selected firms[M]. National Science Foundation, 1969.

② Mowery, David C., and Nathan Rosenberg. Paths of innovation[M]. Cambridge Books, 2000.

应该相等。随着生产的发展和日趋专门化，交换的东西越来越多，交换不仅局限于双方，有时还涉及第三方、第四方。为了使交换的各方都能获得需要的物质，就出现了等价交换物，后来又有了货币。接着出现了一个不从事生产只从事产品交换的阶级——商人。于是，商业从农业和手工业中独立出来。

在农业、工业和商业内部，这种产业分化也比比皆是，如电子工业从机械工业中分离出来、机械工业内部分离出工业机械和农业机械、石化工业从石油工业中分离出来、服装业从纺织业中分离出来等。

（三）产业派生

产业派生是指由于一个产业的发展，从而带动另一个与之相关、相配套的新产业产生。例如，汽车产业形成后，与之相关的围绕汽车产业服务、配套的汽车修理业、高速公路产业等应运而生。产业派生的方式不同于分化方式。分化方式是一种在原产业中孕育成长进而分离母体的形成方式，而产业派生方式是由于一个产业的成长与发展需要相关产业支持或服务，形成了产业需求，于是催生了新的产业形成发展。事实上，社会分工条件下，任何产业都不是孤立存在的，总是以不同的方式与其他产业联系在一起。一个产业的发展，必然要求其他相关产业相应地发展。根据美国经济学家罗斯托（Walt Whitman Rostow）在《从起飞进入持续增长的经济学》中对产业扩散效应的分类，产业派生的方式有以下三种：

1. 后向派生方式

这是指一个产业部门快速发展时，根据其技术特点，会对各种要素产生新的投入要求，从而刺激这些投入要素的发展。这些投入要素可能是物质的，如原材料和机器设备；也可能是人力，如熟练工人、高级管理人员等。如果该产业所要求的要素原来不存在，自然就会刺激该要素的产生，从而诞生新的产业。

2. 前向派生方式

这是指一个产业部门的发展创造了能够引起新的产业活动的基础，诱发出新的经济活动或产生出新的经济部门。例如，一个产业部门的发展，降低了其他产业部门的投入成本，从而吸引企业家们进一步开发新产品；一个产业部门的发展受到其他产业产品供给的瓶颈制约，吸引企业家对瓶颈生产方面增加投资，或者进行技术创新，从而催生出新产业。

3. 旁侧派生方式

这是指一个产业部门的发展对所在地区的经济结构、基础设施、城镇建设以及人员素质等方面提出新的需求，从而刺激这些相关产业的发展。例如，一个产业在一个地区的迅速发展，往往会吸引更多相关服务需求产生，于是相关服务的新的产业就在这个地区发展起来。

罗斯托非常强调主导产业部门对其他产业形成发展的扩散作用。他在《经济成长阶段》一书中，根据不同产业部门对经济增长贡献的不同，把国民经济各部门分为主导增长部门、辅助增长部门和派生增长部门。所谓主导产业部门，是“在这些部门中，革新创造的可能，或利用新的有利可图或至今尚未开发的资源的可能，将造成很高的增长率，并带动这一经济力量中其他方面扩充的力量”。也就是说，主导产业部门是最迅速、有效地吸收创新成果，满足大幅度增长的需求而获得持续较高的增长率，并对其他部门的增长有广泛的直接和间接影响的部门。罗斯托认为，不论在任何时期，经济增长力之所以能够保持，是由于为数有限的主要成长部门迅速扩大的结果，而这些部门的扩大又对其他产业部门的形成发展具有带动作用。原因在于，与其他部门相比,主导产业部门具有以下特点:(1)具有高创新能力,即能迅速地引入技术创新或制度创新。(2)具有较高的产出能力,其增长率较整个经济的增长率高。一般来说,该产业部门是反映当代科技进步的产业,效益高,具有大规模生产的可能性,具有较高的产出能力和产出增长率。(3)对其他部门具有重要影响,能带动其他部门乃至整个经济的增长。(4)具有比较大的收入需求弹性,具有广阔的市场前景,对国民经济增长的贡献大。(5)具有较大的出口能力和创汇能力,其产品在出口总额中占据较大的份额,并具有增长潜力。(6)呈现从劳动密集型到资本密集型,再到资本技术密集型和知识技术密集型的逐步更替过程,反映为工业化过程要素结构和产业结构的高级化。因此,国民经济的增长在一定意义上是某些主导产业部门的迅速增长催生其他产业形成和发展所产生的直接或间接的效果。

(四)产业融合

产业融合是从"数字融合"这一概念演变而来的。"数字融合"的概念已经盛行十多年,源于因数字技术而导致的产业之间交叉现象的研究。20 世纪 80 年代以来,哈佛大学的欧丁格(Oettinger)和法国作家罗尔(Nora)与敏斯(Mince)分别创造了 compunctions 和 telemetriqu 两个新词,试图反映数字融合的发展趋势,并把信息转换成数字后,将照片、音乐、文件、视像和对话通过同一种终端机和网络传送及显示的现象称为"数字融合"。欧洲委员会"绿皮书"(Green Paper)把产业融合定义为"产业联盟和合并、技术网络平台和市场三个角度的融合"。尤弗亚(Yoffie)将融合定义为"采用数字技术后原来各自独立产品的整合"。以数字融合为基础,格林斯腾(Greensteina)和卡恩纳(Khanna)将产业融合定义为"为了适应产业增长而发生的产业边界的收缩或消失"。日本产业经济学家植草益认为,产业融合就是通过技术革新和放宽限制来降低行业间的壁垒,加强行业企业间的竞争合作关系。这些学者所揭示的是信息通信业的产业融合,但是现在的产业融合并不仅仅发生在信息通信领域,还广泛地存在于其他领域中。所以,产业融合定义为:不同产业或同一产业内的不同行业相互渗透、相互交叉,最终融为一体,逐步形成新产业的动态过程。

产业融合催生出新产业一般具有以下几个特征:(1)技术革新是产业融合的前提。一方面,技术革新使不同产业技术的互联性和互换性加强,为不同产业之间提供了共同的技术基础,使不同产业技术融合成为可能,例如信息网络产业就是在计算机技术的基础上融合光纤通信技术的新产业。另一方面,技术革新开发出了替代性或关联性的技术、工艺和产品,并通过渗透、扩散融合到其他产业之中,改变原有产业生产的技术路线,丰富了原有产业经营的内容和形式,从而改变了原有产业的生产成本函数和消费特征,给原有产业的产品带来了新的市场需求,为产业融合提供了动力。产业之间具有共同的技术基础是产业融合发生的前提条件。(2)产业融合一般发生在产业之间的边界和交叉处,而不是发生在产业的内部。以微电子技术、软件技术、计算机技术、通信技术为核心而引发的数字化、网络化、综合化信息技术革命,不仅改变了传统的产业结构模式,而且改变了产业间的交互关系。通过信息技术革新,原来互相独立的产业相互渗透,已经使产业边界逐渐模糊。(3)发生产业融合的产业相互之间具有一定程度的产业关联性或技术与产品的替代性。(4)产业融合的结果改变了企业之间的竞争合作关系,从而导致产业界限的模糊化,甚至重新划分产业界限。

产业融合的前提条件是产业之间的技术融合。技术融合可以从生产过程和通用技术两个角度来考察。从生产过程的角度看,技术融合是指广义上类似的新型生产过程被其他众多产业所采用，如车床在汽车行业和其他机械制造行业的使用等。从通用技术的角度看，20 世纪，铁路运输和蒸汽机、机床等通用技术通过融合到其他产业，提高了它们的生产效率。而信息化时代，产业融合以信息技术之间的相互融合和信息技术与其他产业技术之间的广泛渗透和融合为特征。然而，技术融合的产生并不必然带来产业融合。阿尔芳松(Alfonso)和塞尔维托(Salvatore)以电子行业 1984—1992 年的数据证实了技术融合并不必然带来产品和市场的融合，因而并不必然带来真正意义上的产业融合。[①] 技术融合发生后，要求在创新技术基础上对原有技术生产路线、业务流程、管理以及组织等进行全面的协调和整合，以实现资源共享、改善成本结构、增强核心技术和提高业务能力等。例如，以互联网为基础的计算机、通信与电视的融合，不仅要解决网络连接的技术问题，而且要赋予互联网全新的业务与内容，因此要在这些产业间进行技术、业务内容和管理的整合。产品与业务融合还要以市场需求为导向，以市场融合为新产业形成的实现条件。克雷斯腾森(Christensen)和罗森布鲁姆(Rosenbloom)认为，许多公司技术融合战略的失败，并不在于受到技术能力不足的限制，而是在于它们联结"新价值网络"能力的不够，体现在与特殊的供应商和消费者的联系不够，因而不能充分创造新产品和服务的市场需求，不能催生新产业形成。[②] 所以，产业融合关键是市场融合，应考虑的是技术与业务融合的结果能否改变成本结构、形成产品差别、取得竞争优势，从而获得更多的市场需求。根据当代产业形成发展的实践，产业融合主要有以下三种形式：

1. 高新技术及其相关产业向其他产业渗透、融合并形成新的产业

例如，信息技术与传统产业的融合创造了新需求而产生了诸如机械电子、航空电子等新型产业，互联网与传统产业的融合而产生电子广告、电子图书、远程教育、远程医疗、网上书店等。软件业的发展不仅改变了传统的农业和制造业，而且改变了传统服务业。把软件嵌入农业设备和制造设备，形成了智能化的设备和生产流程；把软件与管理结合起来，形成了各种各样的管理软件，改变了管理过程和手段。现代生物技术在农业中的应用，产生各种各样的新型农业产业。利用基因工程可以把不同产品进行杂交，培育出优良的新品种。近年来，中国育成的大穗型超高产水稻 GER-Ⅰ品系，将外缘玉米基因导入水稻，使其具有玉米的某些特性，分蘖能力强，穗大粒饱，结实率高。现代工厂化种植农产品已经不再依赖土地，而是通过营养液吸收作物必需的营养成分；不再依靠自然的光合作用，而是依靠机械化、自动化调节光能和热能，此时从产品上看属于农业产品，从生产过程看属于工业。

2. 三次产业之间的功能互补和延伸实现产业间的融合

这类融合通过赋予原有产业新的附加功能和更强的竞争力，形成融合型的新兴产业与体系。这些发生延伸融合的产业往往并不是全部互相融合，而只是"部分的合并"，原有的产业继续存在。这种融合更多地表现为第一次产业、第二次产业和第三次产业之间的延伸与渗透。农业现代化过程的加快，使得农业与第二次产业、服务业出现了加速渗透融合的趋势。这一趋势主要表现在农业生产、加工、销售、服务一体化，即以市场为导向，通过区域化布局、专业化生产、一体化经营、社会化服务和规范化管理，形成完善的新型生产经营体系。此外，第二次产业

---

① Gambardella, Alfonso, and Salvatore Torrisi. Does technological convergence imply convergence in markets? Evidence from the electronics industry[J]. Research Policy, 1998, 27(5): 445—463.

② Christensen, Clayton M., and Richard S. Rosenbloom. Explaining the attacker's advantage: technological paradigms, organizational dynamics, and the value network[J]. Research Policy, 1995, 24(2): 233—257.

与第三次产业之间也出现了相互融合的势头，特别是与生产过程相关的生产性服务业，包括金融、法律、管理、创新、开发、设计、行政、个人服务、生产技术、保存、交通、通信、批发、广告、信息服务、保密和储藏等相互融合，形成新型生产服务产业，如生产保险业、供应链金融业、检测检验业、数据分析业等。

3. 产业内部的重组融合

工业、农业和服务业内部相关联的产业通过融合提高竞争力，适应市场新需要，形成新的业态。例如，农业内部为适应新发展而重新整合，通过生物链把产业内部的种植业、养殖业与畜牧业融合起来，形成生态农业的新业态、形成新产业，既适应了市场需求，又提高了农业生产率。工业内部也有类似的融合，通过产业链供应链把上、中、下游相关联的产业联系在一起进行市场化治理与创新发展。与一般的产业纵向一体化不同的是，这种融合最终产生了新的产业形态，其过程既包括技术创新，又包括体制和制度创新，其结果促进了产业的升级换代。在各个产业内部具有不同功能的产品进行融合创新，实现功能互补，形成新的产品、催生新产业，这种现象已经比比皆是。

专栏3-2

第三节　产业的生命周期

产业是有寿命的，研究产业的寿命状况形成了产业生命周期理论。最早的产业寿命研究源于对产品寿命的研究。比较完整的产业生命周期理论是20世纪80年代以后才逐步兴起的。

一、产业生命周期理论的产生和发展

产业生命周期现象很早就被许多经济学家所认识。例如，著名经济学家库兹涅茨（Simon Smith Kuznets）用逻辑曲线和龚柏兹（Gompertz）曲线拟合了几十条不同部门的产量和产品价格的长期趋势线，证明了产业增长减速或多或少是有规则的；阿瑟·伯恩斯（Arthur Burns）发现，每个产业的增长率随着产业年龄的增加而趋于下降；范·杜因曾发现，一个产业在达到成熟阶段以前有一个S形增长模式。[①] 但是，对产业生命周期理论进行系统研究是20世纪80年代以后在产品生命周期理论的基础上展开的。

产品生命周期理论最早是由美国哈佛大学教授雷蒙德·弗农（Raymond Vernon）提出的，这一理论既可以用来解释产品的国际贸易问题，也可以用来解释对外直接投资。弗农认为，产品生命周期的第一阶段是创新阶段，又称为新产品阶段。在这个阶段，由于创新国垄断着新产品的生产技术，因此，尽管价格偏高也有需求，产品的需求价格弹性很低，生产成本的差异对公司生产区位的选择影响不大，这时最有利的安排就是在国内生产，并通过出口满足国外市场的需要。第二阶段是产品成熟阶段。这时产品的生产技术基本稳定，市场上出现了仿制者和竞争者，产品的需求价格弹性增大，降低成本成为竞争的关键。这时由于国外劳动成本低于创新国，同时也为了避开关税壁垒，创新国企业开始进行对外直接投资，在国外建立子公司

---

① 周新生. 产业兴衰论[M]. 西安：西北大学出版社2000年版，第19页.

进行生产。投资地区一般是那些收入水平和技术水平与创新国相似，但劳动力成本低于创新国的地区，如美国公司对欧洲的直接投资。第三阶段是产品的标准化生产阶段。在这一阶段，价格竞争显得更为重要，因为产品的生产技术已经普及，而且创新国的优势也已经丧失，此时只能将生产进行转移。一般情况下，企业都将生产向低收入、低成本国家和地区转移，产品返销到跨国公司母国或其他国外市场，发达国家逐渐放弃该产品而转向开发更新的产品，从而开始新一轮产品生命周期的循环。弗农的产品生命周期理论具有较强的适应性和广泛的影响力，是早期影响最大的产品生命周期理论，对产业生命周期研究具有开创性意义。其后，迈克尔·波特进一步指出，上述三个阶段分别代表了国际产业竞争中创新驱动型、投资驱动型和要素驱动型三种基本形式。

1975 年和 1978 年美国哈佛大学的阿伯纳西和麻省理工学院的厄特拜克在大量案例研究的基础上，提出了基于技术创新的产品生命周期理论，即 A-U 模型。他们根据产出增长率将产品生命周期划分为不稳定阶段、转换阶段和稳定阶段。在不稳定阶段，产品创新以巨变而非渐进的形式出现的比例很高。新的技术常常是粗糙、昂贵和不可靠的，产品、市场的变化是最为频繁的。在转换阶段，趋向于主导产品设计和大批量生产，加剧了价格竞争、产品性能竞争，导致了生产工艺的彻底变革，生产成本大幅度降低。在稳定阶段，为了生产出高度标准化的产品，生产流程越来越自动化、集约化、系统化和专业化。A-U 模型解释了以产品变化为中心的创新分布，向产业生命周期理论的建立迈出了坚实的一步。

1982 年，高特(Gort)和克莱珀(Klepper)在对 46 个产品最多长达 73 年的时间序列数据进行分析的基础上，按产业中的厂商数目对产品生命周期进行划分，即引入、大量进入、稳定、大量退出和成熟五个阶段，从而建立了产业经济学意义上第一个产业生命周期模型，即 G-K 模型。① 他们认为，大量进入源于来自外部的产品创新，大量退出是由于价格战、外部创新减少和通过“干中学”方式所引起的激烈竞争，最后一个阶段为产业成熟期，直到有重大技术变动或重大需求变动产生，才开始新一轮生命周期。G-K 模型的突出贡献在于，强调了产业生命周期阶段对创新的特征、重要性和来源的重大影响。

1990 年，克莱珀和格莱狄(Graddy)对 G-K 模型进一步加以发展。他们按厂商数量重新将产业生命周期划分为成长、淘汰和稳定三个阶段。他们的研究表明，在淘汰阶段产业的产出仍会有较大的增长。他们假定进入量主要由潜在进入者数量决定，而潜在进入者数量又由价格成本边际决定；假定整个竞争过程中价格随着成本的下降而下降，价格成本边际呈递减趋势。因此，潜在进入者数量和实际进入者也呈递减趋势。这样，起源于重大但尚不完善的技术创新的产业会吸引一系列的潜在进入者，进入者会携带产品创新或生产过程创新。产品创新会很快扩散，生产过程创新会把成本降低到当时所能达到的最低程度。随着时间的推移，进入者越来越少，而成本竞争导致的退出会越来越多。在整个产业发展的过程中，需求增长的停滞不再成为淘汰发生的必要条件，而生产过程创新所产生的成本竞争效应是厂商退出的主要因素。潜在进入者、产品创新的扩散速度以及在位厂商过程创新的成功率等都是决定产业发展状况的重要变量。

---

① Gort, Michael, and Steven Klepper. Time paths in the diffusion of product innovations[J]. The Economic Journal, 1982, 92(367): 630—653.

1996 年,阿加瓦(Agarwal)和高特又沿着另一条路径对 G-K 模型进行了发展。他们对产业生命周期的划分与 G-K 模型相似,但在阶段长度上有所不同。然后,引入危险率,研究了产业生命周期的阶段性对厂商进入与退出的综合影响。分析结果表明,危险率与厂商"年龄"成反比,早期进入者的危险率在淘汰发生时开始上升,而所有厂商在淘汰阶段的危险率平均较高,在最后阶段所有厂商的危险率均上升。他们着重强调产业生命周期阶段和厂商年龄对厂商存活的影响。

1999 年,克莱珀通过对四个产业的案例研究,提出了技术效率存活的寡头进化理论。该理论建立在创新回报动态递增的基础上。一方面,创新主要产生成本降低和质量提高的效果,这更有利于大厂商;另一方面,厂商进入前的相关经历也会对进入后的绩效产生重大影响。在早期,进入和产业产出同步上升,最终导致单位价格下降、获利减少。结果导致对进入者创新能力的要求不断提升,直至没有厂商愿意进入。这样,最早的进入者具有最大的创新效率,成长为最大的厂商,进行着最多的创新,从而具有最强的竞争优势,甚至在进入停滞阶段后,最早进入的大厂商不断扩张也会挤出无效者和后进入者。这样的结果,不但引起淘汰,而且导致寡头市场形态的出现。[①]

二、产业生命周期的一般形态

产业犹如有机的生命体,它的规模和盈利能力并不是固定不变的,而是随着生命时间的推移发生变化,存在从诞生、成长到衰退的变化,这就是所谓的产业生命周期,即某个产业在市场上从诞生、成长到衰退的时间历程。

一般认为,产业生命周期显现了产业发展演化中的不同阶段,具体为形成期、成长期、成熟期和衰退期(或蜕变期)。形成期是指某个产业诞生开始的一段时间,是生产要素投入、产出规模和市场需求缓慢增长的时期;成长期是指某个产业快速增长时期,其间其生产要素投入、产出规模和市场需求迅速增长;成熟期是指某个产业的产出到达市场饱和的一段时期,这是产业要素投入、产出规模进入缓慢增长的时期;衰退期是指某个产业的生产要素开始趋于退出,产出规模和市场需求下降趋势日益增强的时期。在衰退期如果出现了重大技术变革,该产业就可能结束衰退期,开始新的产业生命周期。一般产业的生命周期都要依次经历这四个阶段。产业生命周期各个阶段的时间长短依产业的性质和功能而不同,在不同的国家也会有所差异。

产业生命周期的一般形态可以描述为 S 形曲线,如图 3－3 所示。

由于产业是由生产具有某种同类特性产品的企业所构成,因此导致了在产业生命周期曲线和产品寿命周期曲线之间的某种相似性,但两者的构成并不相同。产业的生命长短不是产业生产的那个产品的寿命的长短,而是在于该产业生产的此类产品不断迭代发展的寿命总时长,上述 S 形的产业生命周期曲线其实是该产业每一代产品寿命周期曲线切点的连线,即包络线,如图 3－4 所示。一般而言,一个产业的寿命远大于该产业生产的一个产品的寿命。

一个产业生命周期演化本质上是由这个产业内同类企业动态竞争与创新所导致的,产业的先行者企业从产品创新开始,进行生产工艺技术、生产组织创新,不断拓展市场,当产品逐步被消费者接受时,由于显示了极大的市场前景,于是就会有许多后来者企业进入这个产业。为

---

① 李靖华,郭耀煌.国外产业生命周期理论的演变[J].人文杂志,2001(6):62－65.

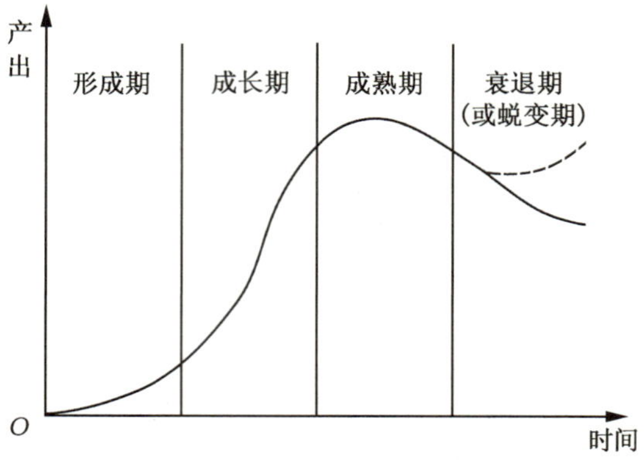

注:虚线表示蜕变期。

图 3—3 产业生命周期的一般形态

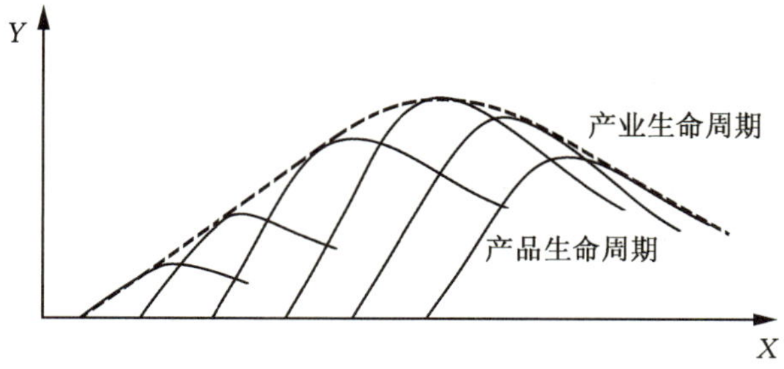

图 3—4 产业生命周期与产品生命周期的关系

了在市场上获得顾客青睐,这些后来者必然通过自己的技术创新改善市场上已有产品的功能、品质,降低成本、降低售价,于是新一代产业产生甚至逐步替代先来者生产的产品。而先来者为了维持自己在该产业的领先地位,也不得不继续推出新一代产品来竞争,由此导致了产业技术的不断进步、产品的不断迭代发展。例如,作为智能手机产业的后进入者华为公司与产业内领先者苹果公司展开激烈的技术创新竞争和产品竞争,华为针对消费者对手机照相功能的偏爱,别出新裁地与著名照相机企业莱卡公司合作,进行新一代手机照相功能的全面提升,结果取得了巨大的成功,产销量大幅度增加,也迫使苹果公司不得不在其新的手机上改善照相拍摄功能。也正是产业内企业你追我赶创新竞争,该产业才会不断成长发展,其产品也越来越受到消费者的喜爱,显示了极大的产业生命力。

产业是有生命周期的,这说明:(1)产业的发展呈现有规律的阶段性,每个产业都不能保持永久的繁荣。(2)在产业生命周期的不同阶段,生产要素投入、产出规模和市场需求的发展变化不同,利润率有升有降。(3)产业生命周期的各个阶段是紧密相关的,前一个阶段为后一个阶段奠定基础,后一个阶段又是前一个阶段的必然延伸。产业只有正常形成才能为产业的成长、成熟创造基础条件;产业成长不正常,出现成长过度或成长不足,都会导致产业早熟或早衰现象。因此,产业应当在每个阶段正常进行,充分经历每个阶段。(4)产业经过生命周期的各个阶段,还必须在每个阶段实现合理及时的转换。当然,合理及时的转换必须依靠市场机制,人为干预通常不会有好的效果。

由于产业涉及范围的不同，因此产业生命周期可以分为国内产业生命周期和国际产业生命周期。前者着眼于一个国家或地区内部产业要素投入、产出规模和市场需求的变化，后者着眼于全球范围内产业要素投入、产出规模和市场需求。国内产业生命周期和国际产业生命周期是相互联系的，国内产业生命周期受国际要素流动、技术扩散和国际市场需求的影响，国际产业生命周期又是各个国家或地区产业发展的总和。但是，国内产业生命周期和国际产业生命周期又是有区别的。一个国家或地区的某个产业生命周期处在成长期，不等于其国际产业生命周期也处在成长期；一个国家或地区的某个产业生命周期处在衰退期，不等于其国际产业生命周期也处在衰退期。这是因为，某个产业尽管在一个国家或地区衰退，但它还可能转移到另一个国家或地区去发展。一个产业在世界不同国家或地区可以以不同的阶段和不同的速度发展，这是因为不同国家或地区的自然禀赋、经济状况、收入水平、市场需求等不一样。所以应该说，当下开放与全球化有利于产业生命周期时间的延长，也为产业演化发展打开了新机遇。

三、产业生命周期中的阶段划分

产业生命周期的一般形态可以分为形成阶段、成长阶段、成熟阶段和衰退阶段，在不同阶段具有不同的特征。研究产业生命周期各个阶段的不同特征，具有重要的理论意义和现实意义。

（一）产业形成阶段

几乎所有产业都要经过一段时间的萌芽和形成过程。在这个过程中，通过市场的试销售，不断克服技术障碍、改进生产工艺、完善产品功能、适应市场需求，最后才能进入快速增长的轨道。因此，产业形成阶段是产业演化发展必不可少的阶段，是为产业成长打基础、创造条件的阶段。

产业形成并不是凭空创造的，而是需要具备一定的经济技术条件。人类的物质文化需要是产业形成的最基本动力。马斯洛(Abraham H. Maslow)认为，人的一切行为都是由需要引起的，人的需要是分层次的：第一层是生理需要，第二层是安全需要，第三层是归属和爱的需要，第四层是尊重的需要，第五层是自我实现的需要。人的需要随着生产力发展和收入水平的提高而处于不断地新旧更替和上升过程中。人类需要的发展趋势，表现在人们对由物质价值的追求转向对物质价值与审美价值及精神享受多重价值并重，这是时下除了物质产品极大丰富之外，大量精神产品生产和信息产业蓬勃发展的重要原因。人类需要的数量、质量、结构、层次、变化趋势决定了产业的发生、数量、质量、结构、层次和变化趋势。

产业形成的物质条件是生产要素的投入支持，其中包括自然资源的稳定供给。生产要素是产业运动的基本条件，没有生产要素的注入，产业就难以启动、形成和发展。只有源源不断地从外界获得各种生产要素，包括原材料、设备、土地、能源、劳动力、技术、信息等，并有效地吸收和转化为适应需求的产品或服务，才可能催生一个新产业。产业的形成还要以科学技术的发展为前提，离开了科学技术的发展水平，产业发展就只能成为幻想。例如，战国时期的经典著作《列子・汤问》中就描述过木偶不仅能翩翩起舞，而且能向王妃抛媚眼，这大概是世界上最早的关于机器人的描述。但是，由于离开了当时科学技术的发展水平，所以只能是一种幻想。因此，从某种程度上说，科学技术在产业形成中具有革命性的作用。恩格斯在《马克思墓前悼词草稿》中写道:"马克思'把科学首先看成是历史的有力的杠杆,看成是最高意义的革命力量。'"①科学技术作为人类认识和利用自然的锐利武器,具有内在的革命性。只有在科学技术发生革命的前提下,社会生产力才会发生革命性的飞跃,新的产业才会不断地产生和发展。在人类历史上,"不仅是科学力量的增长,而且……是科学力量得以实现和控制整个生产的范围和广度"②。在现代经济中,产业的形成主要依靠创新与市场机制的作用,但政府的产业政策对产业的形成也具有重要影响。一方面,政府的公共技术政策间接或直接地对产业的形成具有促进作用;另一方面,政府保护幼小产业的政策直接地支持产业的正常形成。

产业形成阶段的标志主要有以下几个方面:(1)该产业符合社会需要,产品或服务正在逐步为当时经济和生活条件下的消费者所接受,从而获得生存和发展的空间;(2)该产业生产已进入商业领域,具备一定的规模;(3)该产业具有专业化的从业人员,包括专门的设计、技术人员、管理人员以及工人群体;(4)具有专业化的生产技术装备和技术经济特点。例如,当电视剧制作形成足够大的规模且形成创作、设计、导演以及演员群体,并且与电影业分立,具有自己的特点优势时,才可称之为电视剧制作业。

产业形成阶段与产业生命周期的其他阶段是不同的,它的主要特点是:(1)生产批量小、制造成本高。因为这时常常只有一个或少数几个企业生产这种新产品,企业对市场的反应还在进行测试,产品技术和生产工艺还不成熟,产品的设计还在变动中,产品功能也有待于改进,还不具备大批量生产的条件,因而也提高了制造成本。(2)宣传推广费用比较大。作为新产品,人们对其还不了解、不熟悉。为了把该产品推向市场,必须做出很大的推广努力,宣传其优点,使顾客乐于采用。(3)产品售价经常偏高。这是由于产量少、成本相对提高,同时生产上的技术问题可能尚未完全克服,以及广告推广费用高昂所致。(4)销售量极为有限,企业通常并不能获利,需要持续创新投入。

(二)产业成长阶段

1. 产业成长过程

产业成长是指产业形成以后,不断吸纳各种经济资源来扩大自身的过程。产业成长既包括同类企业数量增加、投入规模扩大、生产能力提高等外延上的扩张,也包括技术进步、管理水平提高、产品升级、产业组织合理化等内涵上的提高。产业成长阶段是产业生命周期的重要阶段,决定了该产业的总体发展规模和在国民经济中的地位,决定了产业能否进入成熟阶段,也对整个产业链和国民经济结构的变化产生很大影响。这是因为,产业的总体发展规模主要取决于在成长阶段的成长速度和成长时间。如果该产业在成长阶段的成长速度快、成长时间长,该产业的总体规模可能就比较大,就能够成为一个国家或一个地区的主导产业,并通过扩散效应带动其他一系列产业的发展,带动产业结构升级和国民经济结构的调整;相反,如果该产业在成长阶段的成长速度慢、成长时间短,那么该产业的总体规模可能就比较小,无法成为一个国家或地区的主导产业。

产业的成长过程也是社会对该产业的选择过程。技术创新快的、符合市场需要的、具有成长条件的产业才有可能成长,并经过这一阶段的发展而进一步走向成熟,而那些不符合社会需

① 马克思恩格斯全集:第19卷[M].北京:人民出版社1963年版,第372页.

② 马克思恩格斯全集:第46卷(上册)[M].北京:人民出版社1979年版,第285页.

要或条件不成熟的产业就不可能进入成长阶段。产业成长的实质是产业的扩大再生产。产业成长是在产业主体追求高额利润的内在动力以及产业内部竞争压力推动下进行的。在产业成长阶段，需求增长的空间比较大，技术进步快，具有较大的利润空间，既构成企业进入的内在动力，也吸引社会资本的不断流入，形成产业内部企业之间激烈竞争的外部压力。市场需求空间决定了产业总体生产能力，技术创新改变了产业的成本函数，并决定了产业的盈利水平。市场需求空间越大，能够容纳的产业生产能力就越大；市场需求空间越小，能够容纳的产业生产能力就越小。技术创新决定了产业的成本函数，成本越低，产业的盈利水平越高，就越能吸引其他企业进入；相反，成本越高，产业的盈利水平越低，对其他企业进入的吸引力就越小。

产业成长过程一般经过启动、加速和加强三个阶段。在启动阶段，即产业成长的初期，对该产业的投资规模开始扩张，生产要素开始不断向该产业集中，进入企业增加，竞争日趋激烈。由于进入企业不断增加、生产能力不断扩大，所以产业成长进入加速期。这一时期的重要特征表现在：企业数量增加达到峰值，技术和产业组织形态趋于稳定，公众对该产业了解增多，产出份额及产出增长率较大，市场容量急速扩大，利润水平上升较快。在加速期，产业的生产经营以量的扩张为主。经过加速发展之后，产业成长进入加强期，即产业成长的末期。在这一时期，技术和产业组织形态开始稳定，市场容量达到峰值，产业的投资活动及其他企业进入活动减弱，产业规模、产业产出份额及增长速度达到高峰。

2. 产业成长的特点

产业成长的特点有：(1)产出规模迅速上升，在国民经济中的比重迅速提高。首先，产业通过形成期的发展，已经为消费者所了解和熟悉，形成了相当大的市场需求；其次，产品设计和制造方法已经定型，生产工艺比较完善，产品功能比较稳定，具备了大批量生产的条件；再次，经过形成期的发展过程，与其他产业联系日趋紧密，形成了稳定的产业链和初步的产业群，构筑了相对独立的生产经营领域、经营方式和手段；最后，竞争者因为有利可图而纷纷进入市场，生产要素开始向该产业集中。因此，如果说产业形成期是产业从无到有的产生过程，那么产业成长期则是产业从弱到强、从小到大的充实和发展过程。(2)生产成本大幅度下降。一方面，生产工艺的完善、大批量生产、规模经济效应的发挥，都为降低制造成本创造了条件；另一方面，产业组织日益合理，供应链的完善、产业群的扩大，也为成本降低创造了条件。(3)利润迅速增长。在产业成长阶段，厂商为了占领市场，可能降低销售价格，但由于生产批量大、成本降低快，因此企业利润仍然迅速增长。

3. 产业成长的规模

多数产业的成长具有一定的规模边界。产业边界受市场需求总量、资源最大供给量、科技水平、产业自身在国民经济中的地位和作用等因素约束。具体来说，产业成长规模主要由以下因素决定：

(1)产业关联。产业关联度强的产业，成长潜力大，特别是前向关联大的产业意味着其他产业对它的市场需求大。

(2)收入弹性。收入弹性又称需求收入弹性，是在价格不变的前提下，产业(或某一商品)需求的增加率和人均国民收入的增加率之比。它反映了该产业的社会需求随着国民收入的增长而增长的趋势。收入弹性大于1的产品和产业，其增长速度将高于国民收入的增长，弹性小于1的产品和产业，其增长速度低于国民收入的增长。一般来说，农业产品的收入弹性低于工业产品；轻工业产品的收入弹性又低于重工业产品。但在工业化的不同阶段，不同产业的弹性系数是不相同的。根据钱纳里-塞尔昆的模型计算，在人均收入从390美元到1 230美元的国家，收入弹性最高的是运输设备、住房、娱乐；其次是其他服务业和家具、电器等。根据联合国有关部门的研究，从制造业各行业来看，不发达国家收入弹性最高的是钢铁、有色金属、纸张、机械、纺织等产业。收入弹性高的产业，成长潜力大。

(3)生产技术创新。生产技术创新影响了成本函数和产业生产率的变化。哪个产业在生产技术上首先出现突破性进展，哪个产业便会迅速地增长和发展，生产率就比较高，成长潜力就比较大，该产业创造的国民收入的相对比重就会随之增加。由于各产业生产技术经济特征和要素供给水平的不同，因此产业之间生产技术创新速度是不同的。从制造业各行业的生产技术创新速度的比较来看，在总体上，重工业各行业要比轻工业高，特别是电子机械、化学工业、运输设备等部门，具有较快吸收当代先进技术的能力。

(4)市场潜力。市场容量大而且潜力大的产业，其成长规模和潜力也就比较大。市场容量和潜力受多种因素的制约。一个国家或地区的人口规模、经济发展水平及其相关的居民收入水平和分配结构，以及产业本身的性质和功能，这些都是影响某个产业市场容量和潜力的基本因素。在开放条件下，净出口也是影响某个产业市场容量和潜力的重要因素。

(5)要素供给和产业转移活动。产业在成长阶段需要的要素投入迅速增加，能否保证该产业所需要的要素需求，是影响产业成长规模的基本因素。在发展中国家，资本是一种最基本的产业要素供给。产业资本的形成，一要靠本地区的积累和融通，二要靠其他地区的资本转入。因此，能否形成有利于吸引投资的环境，也是影响产业成长规模的重要因素。

在成长阶段，既要防止产业成长不足，也要防止过度成长，出现畸形态势。产业成长不足或过度成长都是有害的，会导致资源和财富的极大浪费，造成产业结构失调。一个理想的成长规模，应当既满足市场需求，又与其他产业保持合理的比例关系。

(三)产业成熟阶段

产业经过成长阶段之后，生产能力和市场空间的扩大趋于停滞，随之进入产业生命周期的成熟阶段。产业进入成熟阶段，主要由两个因素决定：一是市场需求的增长速度。当市场对某个产业的需求趋向饱和时，该产业的增长就下降，标志着该产业进入成熟期。当然，市场对某个产业的需求受多种因素的影响，成本及其相关的价格是最基本的影响因素。二是某个产业的要素供给及其价格水平。如果一个地区的要素相对价格水平比较高，也就是说，该地区在要素供给方面失去了比较优势，即使市场需求仍在增长，该产业的增长速度也会下降。这是因为，在这种情况下，厂商会通过从一个地区向另一个地区转移产业来获取比较优势。因此，判断一个产业是否进入成熟期，不能仅仅根据市场容量和潜力。

判断产业是否进入成熟阶段，考察的范围不同就会有不同的结论。从一个地区角度考察，某个产业投入和产出增长速度下降，已经进入了成熟期，但在另一个地区该产业可能正处于成长期。从一个国家角度考察，某个产业已经进入了成熟期，但在另一个国家该产业可能正处于成长期。一般而言，判断一个产业是否进入成熟期，要从一个国家的范围内进行考察。同样，判断产业是否进入成熟阶段，从产业的不同层次考察也会有不同的结论。产业内部正在迭代的产品之间往往是处于生命周期的不同发展阶段，一个产品进入成熟期，而另一个产品也许正处于成长期。一个产业进入成熟期，并不意味着产业内所有产品都进入成熟期。从长期趋势看，一个产业的成熟要经历从局部成熟到整体成熟、从个别产品成熟到少数产品成熟再到大多数产品成熟的发展过程。

产业进入成熟阶段既表现为再投入和产出的增长速度下降，也表现为产业素质方面的成熟。其中，首先是技术的成熟，意味着这一产业普遍采用适用的、至少有一定的先进性、稳定性的技术；其次是产品的成熟，其基本性能、功能、结构趋向成熟，并且已被消费者习惯使用；再次是生产工艺的成熟，生产工艺日益走向标准化；最后是产业组织的成熟，产业企业间建立起良好的分工协作关系，市场结构合理，市场秩序良好，市场绩效较高，产业内市场结构合理。

产业在成熟阶段的主要特点有：

第一，产业生产能力扩张的速度减慢，要素投入的增长率下降，进入的企业减少，产业内并购重组的速度加快。同时，与其他阶段相比，进入成熟阶段的产业在国民经济中的地位也处于最高的时期。因为一个产业只有到了成熟阶段，社会对它的需求和市场的占有份额才能达到最大，才能有长期和稳定的产出与收入。

第二，产业的市场销售量虽然还会有所增加，但增长的速度趋于缓慢，市场需求量已趋向饱和，当红产品社会普及率比较高。

第三，竞争往往转向更注重成本和服务方面。由于较缓慢的增长，竞争就会趋向于越来越具有成本导向和服务导向。在成本方面增加的压力还可能通过迫使厂商获得最现代化的设施和装备而增加对资本的要求。

第四，利润下降。市场销售增长率减缓的结果，使厂商生产能力发生过剩，导致激烈的价格竞争而迅速压低价格水平。竞争也使广告等促销费用提高，使利润下降。因此，在产品进入成熟期后，产业的销售量可能仍有所增加，但利润量非但不能维持增长的势头，反而从比较稳定逐步走向下降。

(四)产业衰退阶段

1. 产业衰退阶段的特征

经过成熟阶段以后，产业进入衰退阶段。在衰退阶段，产业的市场需求逐渐萎缩，生产能力过剩，丧失了增长潜力，并在整个产业体系中的地位和作用不断下降。

从产业发展的过程分析，一个产业进入衰退阶段是该产业发展的必然结果。究其直接原因主要有：(1)市场需求的衰减。市场对某种产业需求的衰减，可能是由于经济的发展使人们的收入水平提高和消费结构的升级，从而对某种产业的需求减少。例如，汽车、摩托车、电动自行车的发展导致对自行车需求的减少，这是由于一个产业对另一个产业的替代而产生的产业衰退。市场对某种产业需求的衰减，也可能是由于人们生活方式或生产方式的变化，实际消费成本或生产成本的变化引起的。例如，高速公路和航空业的发展导致铁路运输和海洋运输业的衰退。市场对某种产业需求的衰减，还可能是由于社会普及率的提高引起的。例如，某些家用电器随着社会普及率的提高，从而使该产业产品的市场需求主要依靠产品升级和自然更新来支持。(2)技术进步造成产品结构的变化。例如，电子技术的发展导致彩色电视机取代黑白电视机，电信业和互联网的发展导致传统邮政业的衰退。(3)国际比较优势发生了转移。例如，发达国家纺织、服装等劳动密集型产业以及钢铁、造船业等资本密集型产业的衰退。

产业在衰退阶段具有以下特征：

第一，能力过剩。“能力过剩”概念是 20 世纪 30 年代由张伯伦(E. H. Chamberlin)提出的。之后日本学者经常把它和"过度竞争"概念结合起来描述产业衰退现象。第二次世界大战后，日本最早确定的衰退产业是煤炭业，随后是纺织、造船、有色金属等一批产业，并对这些衰退产业制定了各种调整援助政策和各项法律。生产能力过剩表现为开工严重不足、产品普遍性的供过于求、产品积压。当世界钢铁、造船、自行车、缝纫机、钟表、打火机、半导体、纺织品、酿酒、重型设备等产业出现生产能力严重过剩时，标志着这些产业在世界范围内出现衰退。这与经济周期变化而引起的短期性的过剩不同，产业衰退造成的生产能力过剩，在本质上是没有增长潜力，产业的收入弹性很低，在整个国民经济总产出中所占的比重大幅度下降。

第二，过度竞争。"过度竞争"概念是 20 世纪 60 年代由贝恩(J. S. Bain)提出的。根据日本经济学家小宫隆太郎(Ryutaro Komiya)的看法，所谓过度竞争，是指某个产业由于进入的企业过多，使许多企业甚至全行业处于低利润率甚至负利润率的状态，但生产要素和企业仍不从这个行业中退出，使全行业的低利润率或负利润率的状态持续下去。根据这一定义，过度竞争具有以下特征：(1)在一个产业中存在数量过多的企业。(2)一个行业中出现了持续性和普遍性的低效益或负效益。这种低效益或负效益既不同于因经济周期而发生的短暂亏损，也不同于一个行业中个别企业的长期低效益或亏损。(3)退出障碍是一个行业长期和全面低效益或负效益的主要原因。由于生产能力过剩，因此为了争夺市场份额，厂商采取降低价格和多种非价格竞争手段进行竞争，结果使整个产业出现持续性和普遍性的低效益或负效益。

第三，财务状况恶化。衰退产业导致生产能力不能有效利用，利润率下降，现金流入减少，支付能力和偿债能力下降，债务负担加重，利息支出剧增，甚至要变现短期或长期资产，财务状况恶化。

第四，"衰而不退"。企业的某种产品或某一品牌的产品经过一段时间的衰退以后，就会退出市场。但是，多数产业在衰退阶段是"衰而不退"，甚至会与人类长期共存。例如，钢铁业、纺织业在衰退，但看不到它的消亡；烟草和卷烟业在全球均进入了衰退期，但由于人类难以杜绝吸烟而不会消亡。

2. 衰退产业的退出障碍

在产业生命周期的其他阶段，产业作为一个系统基本上处于吸收经济资源阶段，是一个有净流入资源的过程。到了衰退阶段，产业则进入了资源退出的阶段。然而，正如存在着进入障碍，在衰退产业内也存在着退出障碍。退出障碍是由以下一些原因造成的：

第一，资本专用性障碍。资本专用性障碍包括物质资本的专用性和人力资本的专用性障碍。物质资本的专用性障碍是指投入产业企业的生产性资产，由于专用性强，所以只能用于特定性的生产和服务，并且具有不可移动性和不可复用性的特征。这样，在厂商退出某产业时，一方面资产专用性会降低厂商退出时的清算价值，造成退出障碍；另一方面，专用性的资产必须转让给相同产业的厂商，而在一个衰退产业内潜在的买主同样失去信心，因此买主通常寥寥无几。此外，在一个衰退产业内的存货也可能毫无价值，尤其是在平时周转很慢的情况下。这样，企业从原有产业中退出时难以收回其投资，就形成了专用性物质资本退出障碍，又称沉淀资本退出障碍。人力资本的专用性障碍是指企业中员工的知识、技术能力和操作技能的专用性，由于长期在一个产业或一个技术工作岗位工作，加上行业和岗位自身的专业化程度较高，因此形成了较强的人力资本的专用性。在该产业的企业停产、破产和转产时，人力资本的专用性造成再就业的困难。

第二，巨大的退出成本。主要包括以下几种情况：(1)劳动者安置费用大而形成的退出障碍。产业中企业退出后要对劳动力重新安排工作或重新培训，而培训费用和转移费用往往很高。在某些国家，如意大利，解雇员工必须得到政府的批准。如果政府不批准解雇员工，那么退出的固定成本就更大。当一个厂商放弃营业时，在相当长的时期内，它还要为一些全职雇用的有技术的经理、律师以及会计师的工作支付高额的工资。在我国，能否支付巨额劳动力安置成本，也成为国有企业退出的关键问题。(2)企业债务负担带来的障碍。破产企业的最大债权人是银行，如果过多企业通过破产方式退出，那么银行就难以承受。银行部门为了避免发生危机，会采取维持现状的政策。(3)存在着一些隐蔽的退出成本。一个企业准备放弃生产经营的决定若为人所共知，那么员工的生产率就有可能下降，供应商和客户会迅速撤出，而财务成果也就趋于恶化。

专栏3-3

第三，关联性障碍。如果退出的生产经营单位只是企业内部的一个组成部分，那么它有可能遇到关联性障碍。这些关联性障碍主要有：(1)损害其他产业的生产经营单位的利益。某个生产经营单位退出，可能损害企业与主要销售分配渠道的关系或可能削弱与供应商的关系，可能使与生产经营单位共用的设施或其他资产闲置起来。(2)影响资本市场的融资。某个生产经营单位退出，可能降低资本市场对该企业的信心，降低企业的财务信誉。(3)影响垂直一体化。如果退出的生产经营单位与企业内另一个生产经营单位是垂直一体化，一个生产经营单位的退出，就会影响整个垂直链。例如，在乙炔行业中，乙炔生产经营单位的退出就使得处于一体化下游的化学合成单位去寻找一家外部供应商，并可能处于不利的竞争地位。

第四，体制性障碍。主要有：(1)产权障碍。在我国现行国有产权制度下，形成了以政府干预下的内部人控制为特征的治理结构，政府和企业经理成了国有企业事实上的控制者，并从中获取一定的控制权收益。国有企业退出就会损害内部人的利益，甚至使经理人员失去工作，这就构成了企业退出的产权障碍。同时，职工的住房、医疗和养老保险等利益也与国有企业联系在一起，许多老职工也会反对退出。(2)产权市场不完善形成的障碍。我国产权市场还存在许多不完善的地方，企业从某些产业退出时，不能很好地利用产权市场实现资产的变现。(3)法律法规不健全形成的障碍。例如，《中华人民共和国破产法》还有很多不完善的地方，如企业并购方面的法规不健全，增加了企业退出的难度。

第五，政府及社会的障碍。企业退出某些产业时往往意味着使员工失业，还意味着削弱地方经济，如此地方政府考虑到就业问题和地方经济发展的问题，可能给退出该产业的企业施加压力。

第四节 产业生命周期的识别

除了上述一般意义上的产业生命周期形态之外，还会有一些特殊的形态，识别产业生命周期的阶段与形态，可以进一步认识产业成长演化的规律及其变化。

一、产业生命周期的特殊形态

对产业生命周期四个阶段的划分，只是表现产业发展的一般长期趋势，而非各个阶段的具体时间。对于不同产业，生命周期所经历的阶段以及各阶段延续时间的长短往往是不同的，从而使产业生命周期具有各种不同的特殊形态。

（一）漫长型产业生命周期

某些产业的生命周期特别长，甚至不会退出市场。漫长型产业生命周期最典型的有两类产业：一是人类基本生活必需的产业，如粮食产业、纺织业、服装业、建筑业等。这些产业提供人类生存必不可少的物资资料，其发展规模和速度与人口规模和增长速度有关。这些产业不会退出市场，但也有周期，因为人口增长本身具有一定的周期。人口的发展大体上经历高出生率、高死亡率和低人口自然增长率阶段，高出生率、低死亡率和高人口自然增长率阶段，低出生率、低死亡率和低人口自然增长率阶段。相应地，与人口增长紧密相关的产业，其生命周期也要经历低增长、高增长和低增长三个阶段（见图 3－5a）。

专栏3-4

当消费结构的升级，不同产业具有一定的替代性，如纺织产业中的棉纺和化纤，农业中的畜牧业、种植业和渔业，粮食产业中的玉米、稻谷、番薯等。产业彼此之间具有替代性，使有的产业的生命周期具有更为典型的阶段性，如化纤业的发展使棉纺业的衰退更为明显。

二是基础产业，如邮政业、电信产业、交通运输业、电力产业等。基础产业是其他产业发展必不可少的基础，是依靠其他产业发展的需要拉动的。基础产业要与国民经济之间保持良性关系，要与其他产业保持相互适应的均衡关系，因此，基础产业的发展速度取决于国民经济发展的水平和速度。基础产业生命周期的特殊性在于，它随着经济社会发展和工业化进程而兴，但不一定出现衰退。许多基础产业可以追溯到远古社会，而现代基础产业的出现也是在两百多年前，随着工业化和城市化的发展而发展。工业化初期和中期是基础产业高速成长的时期。到工业化后期和后工业社会，有的基础产业的增长速度减慢，但随着国民经济的发展，仍然呈现增长的态势（见图 3－5b）。这是因为，一方面，工业化水平的提高为基础产业发展提供需要；另一方面，工业化发展为基础产业成长创造了技术条件。例如，电力产业形成于 19 世纪末期，它是从美国人爱迪生在 1879 年发明电灯并设想了供电系统，一直到世界上第一个比较正规的城市公用发电厂——美国纽约市发电厂——开始发电而逐步形成的。但在 20 世纪之前，电力业的规模并不大，第一座热电厂容量仅有 30 千瓦，可以认为，20 世纪前是电力业的形成期。进入 20 世纪，电力业才进入了成长期，尤其是在第二次世界大战后，发展更快，世界电力总产量一直保持在每 10 年增加 1 倍，即平均年增长率为 7.2%。到 20 世纪 70 年代以后，发达国家发电量年均增长率有所下降，但许多发展中国家或地区的发电量迅速增长。

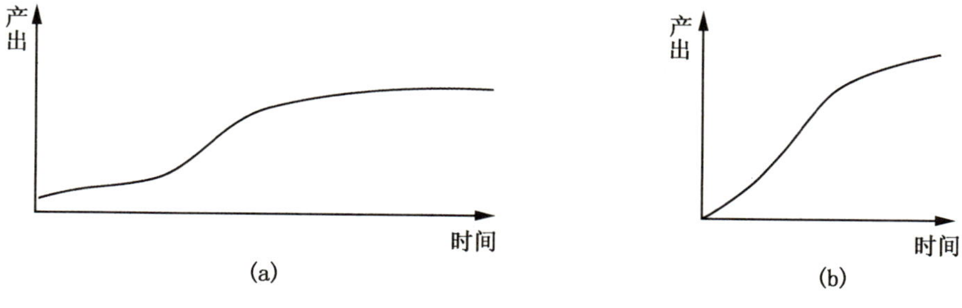

图 3－5　漫长型产业生命周期

(二)快速型产业生命周期

某些产业进入市场后快速发展,但很快就衰退,甚至退出市场(见图3—6)。快速型产业生命周期大多是拥有热潮型产品。热潮型产品快速成长又快速衰退,主要是因为它只是满足人类一时的好奇心或需求,所吸引的只限于少数寻求刺激、标新立异的人,通常无法满足更强烈的需求。这类产业往往具有投资少、工艺简单、适合短期内大量生产的特点。例如,前几年风靡一时的魔方、呼啦圈、滑板车等都具有这种典型特征。20世纪90年代初以前呼啦圈只是用于舞蹈、杂技等行业;90年代末呼啦圈深受年轻人的青睐,几个月之间城市大街小巷充斥着呼啦圈,几乎家家户户都买,风靡一时。但是,在专家告诫常转呼啦圈有害健康之后,呼啦圈产业很快就进入了衰退期,并迅速退出市场。

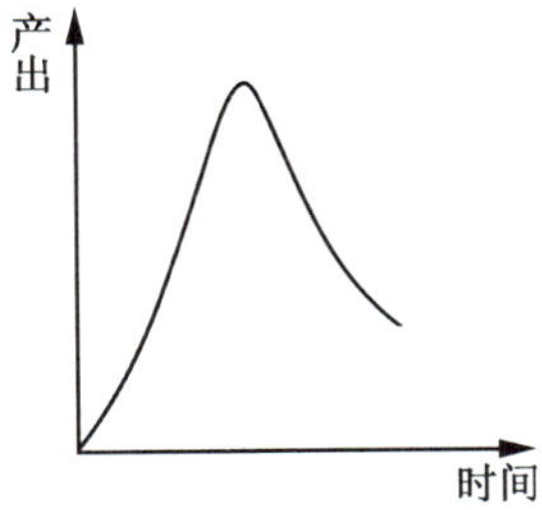

图3—6 快速型产业生命周期

(三)夭折型产业生命周期

某些产业进入市场后,经过一段时间的成长,还没有进入成熟期就被市场所淘汰(见图3—7)。夭折型产业生命周期主要有三种情况:一是新技术的发展,出现了功能更好的替代产品,使原来的产品退出市场而夭折;二是某些新产品投入市场,但由于技术不完善或存在功能障碍,因此在大批量生产前就不得不退出市场;三是在开放的环境下,外来新产品的进入对国内技术落后的产业造成冲击,从而退出市场而夭折。例如,我国的干线飞机生产就是一个典型。新中国成立以来,我国航空工业从无到有,基本建立了门类齐全、自成体系的民族航空工业。但是,我国航空工业一直以生产歼击机、轰炸机为己任,在支线飞机生产方面也有一定的生产能力。在干线飞机生产方面,1970年国务院、中央军委决定立项708工程,研制运10飞机,1978年完成飞机设计,1980年9月首飞成功。该机按经济舱布置是178座,混合级布置是124座,最大起飞重量110吨,最大商载25吨,最大巡航速度974公里/小时,最大航程3 150公里,与波音707同一量级。由于国内对运10飞机的评价和看法不同,所以只生产了2架,20世纪80年代初放弃该工程。之后,我国与麦道公司合作生产民用飞机,从1986年到1994年上海飞机制造公司共装配了35架MD82/83飞机。20世纪90年代初,面对波音、空中客车的激烈竞争,麦道同意在中国建造150座级的MD90,使用由麦道提供的设计,并应用一定比例的国内制造的零部件。但是,1997年波音兼并麦道,几个月后波音公司宣布从1999年年中以后不再生产与中国合作的MD90机型。原来安排生产20架MD90,结果只在国内售出2架。1996年,空中客车亚洲公司、新加坡科技与中国航空工业总公司正式签约,联合设计和生产100座级飞机AE-100,2003年开始供货。按计划,中国航空工业总公司承担51%的制造工作量,包括生产机翼、机身和总装,2010年自主设计制造180座级干线飞机。受波音公司中止合同的影响，1998 年空中客车宣布 AE-100 合同中止。这样，我国干线飞机生产就夭折了，该产业也随之消失。直到 2008 年 5 月 11 日，中国商飞公司成立，总部设在上海。中国商飞是实施国家大型飞机重大专项中大型客机项目的主体，也是统筹干线飞机和支线飞机发展、实现我国民用飞机产业化的主要载体，主要从事民用飞机及相关产品的科研、生产、试验试飞以及民用飞机销售及服务、租赁和运营等相关业务，主打产品 C919 已经获得航飞准许，这标志着我国大型商用飞机产业诞生与成长的开始。

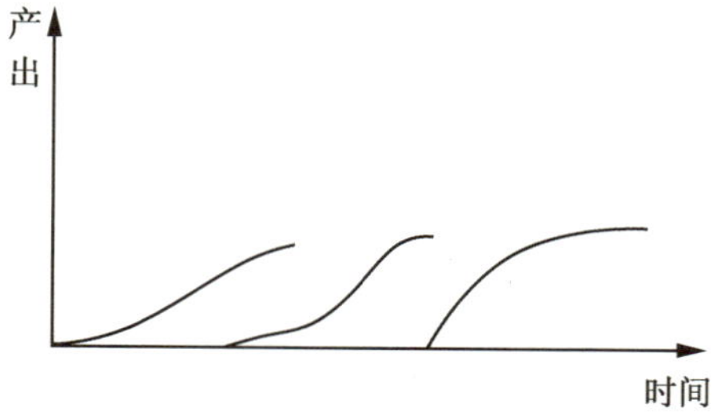

图 3—7 夭折型产业生命周期

(四)突变型产业生命周期

某些产业在进入成熟期或衰退期后，该产业实现了重大技术创新或开拓了新的市场，从而带动该产业快速发展，进入新一轮的成长期(见图 3—8)。突变型产业生命周期主要有四种情况：(1)某个产业在进入成熟期或者衰退期后出现了重大技术创新。在原产业进入成熟期或者衰退期后，市场开始饱和甚至下降，产出规模由稳步增长转变为停滞或者下降，利润下降。这时，一种可能是厂商开发出换代产品取代原来的产品，在功能和成本上都实现了重大变革；另一种可能是该产业出现了全新的产品，激发了消费者的消费愿望，从而带动该产业重新进入一个快速增长的轨道；还有一种可能就是生产技术实现重大创新，从而提高生产效率、降低成本，也会促进该产业重新进入快速增长的轨道。(2)国内新市场的开辟。一个国家在发展过程中，往往存在着收入分配上的差距，如我国城乡之间、东西部之间的居民收入差距较大。我国不少家用电器原来主要是满足城市消费者的需要，20 世纪 90 年代中期以后，城市市场基本饱和，但随着农村居民收入水平的提高，农村市场开始成为主要消费市场，从而带动这些产业进入一个新的增长期。(3)国际市场的开拓。有的产业原来受国际贸易壁垒的限制，或者原来国际市场比较集中，由于国际贸易壁垒的减少或者开辟了新的国际市场，从而为该产业的发展提供了新的市场空间。(4)某些产业开辟了新的应用领域，从而带动该产业进入一个新的增长期。例如世界钢铁工业的发展，从 1856 年开始到 1927 年钢产量一直没有超过 1 亿吨，1900 年，世界钢铁产量仅有 2 850 万吨，1927 年第一次突破 1 亿吨，1946 年为 1.1 亿吨。20 世纪五六十年代，世界钢铁工业发展出现了一次突变，产量直线上升，钢产量从 1946 年的 1.1 亿吨增长到 1960 年的 3.5 亿吨，1970 年为 5.9 亿吨，1974 年突破了 7 亿吨。20 世纪 50 年代到 70 年代初世界钢铁工业迅速发展的原因有：一是钢铁生产技术的重大创新、氧气顶吹转炉的发明及其推广应用、连续铸造的出现，使炼钢工业无论是生产率还是产品质量都进入了一个新的发展阶段，推动着钢铁工业飞速发展，出现了现代化的大型钢铁联合企业。二是发达国家经济的快速发展，特别是汽车工业、机械制造业、建筑业的快速发展，为钢铁工业提供了巨大的市场。但是，从 1974 年开始，由于发生石油危机、能源价格急剧上涨、国际货币汇率变化以及西方国家经济不景气等原因，对钢材的需求起伏波动、徘徊不前，世界钢铁工业明显地呈现减速发展和停滞、徘徊的情形。1978 年世界粗钢产量 7.167 亿吨，1995 年为 7.562 4 亿吨，17 年间才增长了 4 000 万吨，2000 年世界钢产量达到 8.472 亿吨。21 世纪钢铁工业正在酝酿着两个方面的工艺技术革命：一个是将高炉、烧结和焦化综合为一个生产工序，即熔融还原；另一个是把连铸和热轧合在一起，形成一种称为“近终形铸造”的生产工艺。同时，由于发展中国家的经济不断发展，因此世界钢铁工业可能面临着一个新的增长期。

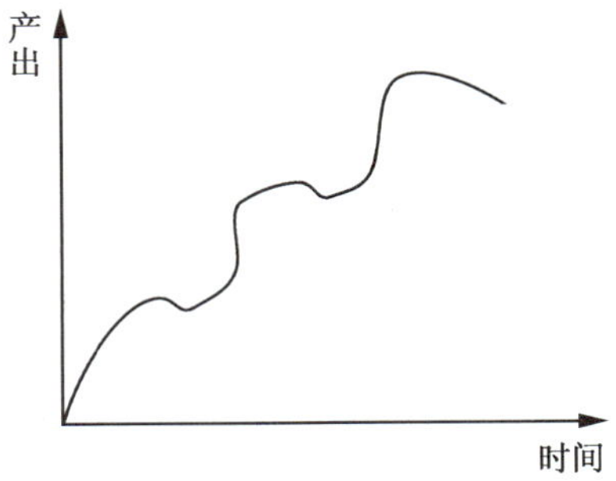

图 3—8　突变型产业生命周期

二、产业生命周期阶段的识别指标

产业生命周期各个阶段的识别，一般从三个角度进行分析：一是产出的变动；二是投入的变动；三是投入产出效果。此外，还可以从技术创新类型和发生率、市场需求变化等方面进行分析。具体来说，主要有以下一些指标：

第一，产业的产出增长率，可以用产值及其增长率、销售收入及其增长率、产量及其增长率等指标来衡量。一般而言，形成期的产出增长率比较低，从形成期的前期到后期逐步提高，这是因为处于产业形成期的后期与处于产业成长期的前期产出增长衔接，均保持了较强的增长率；成长期整个阶段的产出增长率比较高，从成长期的前期到中期逐步提高，然后再逐步降低，这是因为处于成长阶段的整个过程，产业增长是强劲的，但到后期产业增长率有所下降，并与成熟期前期的产出增长衔接；成熟期的产出增长率比较低，从成熟期的前期到后期逐步降低，甚至处于停滞状态；衰退期产业的整个过程均处于低速运行状态，甚至处于负增长状态。

第二，产业的投入增长率，可以用投资规模及其增长率、固定资产规模及其增长率、就业规模及其增长率、开工率等指标来衡量。在产业生命周期中，要素投入规模的变化规律是：在形成期由少到多，到成长期急剧增加，到成熟期及以后降低。开工率的变化是：在形成期逐步上升，在形成期后期、成长期及成熟期前期开工率是充足的，在成熟期后期开工率开始下降，到衰退期则严重开工不足（见图 3—9）。

第三，投入产出效果，可以用增加值率、资产报酬率、销售利润率、劳动生产率和资本生产率等指标来衡量。投入产出效果受多种因素影响。在识别产业生命周期的各个阶段中，要选择恰当的指标。一般而言，增加值率，即增加值与总产值的比率，反映了每单位产值所包含的增加值，可以排除不同地区工资水平差异的影响；销售利润率反映了每单位销售收入所包含的

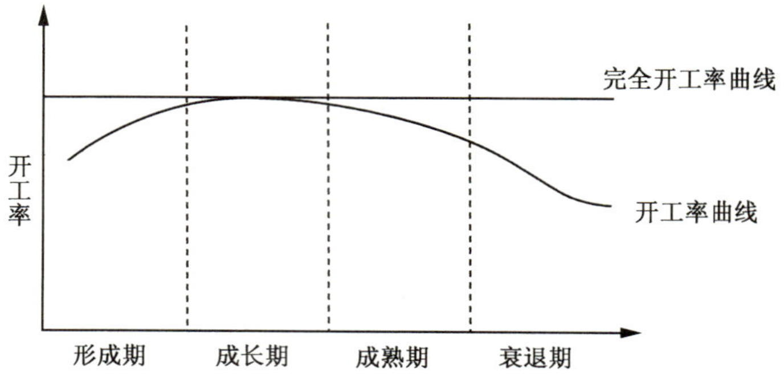

图 3—9 产业生命周期与开工率

利润;总资产报酬率,即净利润与总资产的比率,反映了企业占用资产的利用效率。但是,这三个指标受资本周转速度的影响,不同产业的资本周转速度有很大不同,如劳动密集型产业的增加值率、资产报酬率和销售利润率比较低,但资本周转速度比较快;而资本密集型产业的增加值率、资产报酬率和销售利润率比较高,但资本周转速度比较慢。劳动生产率和资本生产率是从要素投入的某个侧面反映投入产出效果,不能全面反映产业投入产出效果。尽管这些指标的绝对值不能完全反映投入产出效果,但在产业生命周期的不同阶段,这些指标的动态变化情况是不同的。一般而言,投入产出效果从形成期开始由低到高,到成长期随着其他企业进入的增加开始由高到低,到衰退期甚至出现整个产业亏损,经过一定时间的调整,最后维持在比较低的水平。

第四,需求收入弹性。需求收入弹性是指消费者收入变动率与它所引起的对该产业需求变动率之间的比率。它反映了在一定的价格水平下,某产业的市场需求量对消费者收入变动所作出的反映程度。需求收入弹性越大,说明该产业的市场需求前景越好、增长速度越快;需求收入弹性越小,说明该产业的市场需求前景越差、增长速度越慢。

三、产业生命周期的识别方法

确定一个产业究竟处于生命周期的哪个阶段是相当困难的。因为产业的投入产出指标的变化,除了遵循其长期变动趋势外,还要受季节变动、环境变动和各种随机变动因素的影响。因此,产业投入产出指标的时间序列图形总是表现为一条起伏不定的折线,通常很难从直观上发现其变化的规律,仅仅根据短期的变化趋势常会导致错误的判断。常用的判断产业生命周期阶段的方法有三种:拟合曲线分析法、计算判断法和经验对比法。

(一)拟合曲线分析法

运用拟合曲线分析法,最为典型的方法是龚柏兹曲线拟合法和皮尔曲线拟合法。

1. 龚柏兹曲线拟合法

龚柏兹曲线是英国人寿保险专家龚柏兹(B. Gompertz)1820 年为预测人口增长而提出的一条曲线,并由美国学者普莱斯科特(R. Prescott)在 1922 年首次应用于市场预测。龚柏兹曲线是根据观察样本具有龚柏兹曲线变动趋势的历史数据拟合而成的一条曲线。龚柏兹曲线的数学模型为:

$$y_t = ka^{b^t} \quad (k>0) \tag{3-1}$$

其中，y_t 为第 t 期指标值，t 为时间变量，k、a、b 为参数。

上式两边取对数得：

$$\lg y_t = \lg k + b^t \lg a \tag{3-2}$$

为了分析和判别龚柏兹曲线模型的特征，令 $t=1,2,3,\cdots,n$，便可得到相应的 $\lg y_t$ 值，进而就可以分析出 $\lg y_t$ 值随 t 变化而变化的趋势，也就是龚柏兹曲线模型的特征，结果见表 3－1。由表 3－1 可知，龚柏兹曲线模型的特征是 $\lg y_t$ 的一级增长量环比系数相等。因此，龚柏兹曲线适用于历史数据取对数后一级增长量环比系数(逐级增长速度)比较接近的分析对象。

表 3－1　　龚柏兹曲线模型的特征

t	$\lg y_t$	一级增长量	环比系数
1	$\lg k + b\lg a$	—	—
2	$\lg k + b^2\lg a$	$b(b-1)\lg a$	—
3	$\lg k + b^3\lg a$	$b^2(b-1)\lg a$	b
4	$\lg k + b^4\lg a$	$b^3(b-1)\lg a$	b
…	…	…	…
n	$\lg k + b^n\lg a$	$b^{n-1}(b-1)\lg a$	b

如果令 $\lg y_t = y'$，$\lg k = k'$，$\lg a = a'$，则龚柏兹曲线模型可转化为：

$$y' = k' + a'b^t \tag{3-3}$$

可以利用分组法将动态数列均分为三组，每组各有 n 个观察值，分别计算各组观察样本的对数值 $\lg y$ 并求和，设为 $\sum_1 \lg y$、$\sum_2 \lg y$、$\sum_3 \lg y$，可估计得到参数 k'、a'、b 的值为：

$$\begin{cases} b = \left[\dfrac{\sum_3 \lg y - \sum_2 \lg y}{\sum_2 \lg y - \sum_1 \lg y}\right]^{\frac{1}{n}} \\ a' = \left(\sum_2 \lg y - \sum_1 \lg y\right)\dfrac{b-1}{(b^n-1)^2} \\ k' = \dfrac{1}{n}\left[\dfrac{(\sum_1 \lg y)(\sum_3 \lg y) - (\sum_2 \lg y)^2}{\sum_1 \lg y + \sum_3 \lg y - 2\sum_2 \lg y}\right] \end{cases}$$

求 k'、a' 的反对数，就可以进一步确定龚柏兹曲线数学模型的参数 k 和 a。

产业生命周期阶段通常以效率的显著变化作为各阶段的分水岭。根据 S 形曲线的变化特征并利用参数 a、b 的估计数值，可以实现产业生命周期阶段的理论估计：

(1)$a'>0$，$b>1$，产业生命周期的形成期阶段，生产成本较高，市场占有率低，销售缓慢成长。

(2)$a'<0$，$0<b<1$，产业生命周期的成长阶段，生产工艺和质量趋向稳定，批量生产，销售快速增长，市场占有率持续扩大，利润不断增加。

(3)$a'<0,b>1$，产业生命周期的成熟期阶段，市场逐渐饱和，销售稳中有降，市场竞争加剧，企业利润稳定。

(4)$a'>0,0<b<1$，产品生命周期的衰退期阶段，市场基本饱和，生产能力过剩，销价竞争加剧，市场占有率收缩，销售出现负增长，积压滞销，利润下降。

2. 皮尔曲线拟合法

皮尔曲线是 1938 年比利时数学家哈尔斯特(P. Fverhulst)提出的一种特殊曲线。后来，近代生物学家皮尔(R. Pearl)和瑞德(L. J. Reed)把此曲线应用于研究人口增长规律，因此称为皮尔曲线。皮尔曲线是根据观察样本具有皮尔曲线变动趋势的历史数据拟合而成的一条曲线。

皮尔曲线的数学模型是：

$$y_t=\frac{L}{1+ae^{-bt}} \tag{3-4}$$

皮尔曲线在图形上表现为一条对称的 S 形曲线(见图 3－10)。也就是说，y_t 值在开始时缓慢地递增，当增高到一定程度后，其增长速度不断加快，出现迅速增长的趋势，但在高速增长一段时间以后，增长速度又逐渐慢下来，最后使曲线不断地接近水平渐近线(饱和水平线)$y=L$。

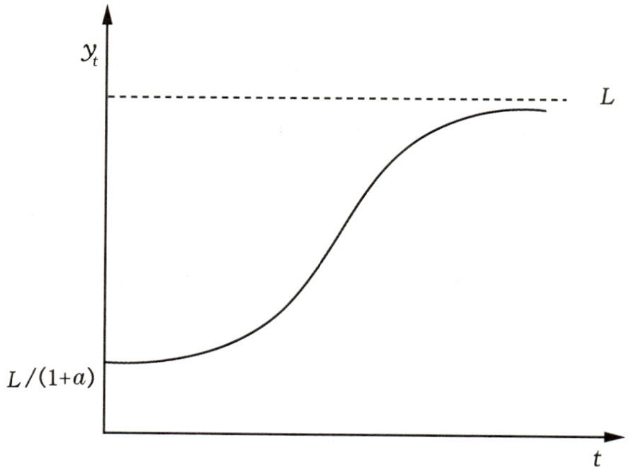

图 3－10　皮尔曲线的几何图形

根据皮尔曲线的数学模型，为了简化计算，可先求$\frac{1}{y_t}$，则：

$$\frac{1}{y_t}=\frac{1}{L}+\frac{ae^{-bt}}{L} \tag{3-5}$$

如果令$\frac{1}{L}=k,\frac{a}{L}=a',e^{-b}=b'$，则皮尔曲线的数学模型可转化为：

$$\frac{1}{y_t}=k+a'b'^{t} \tag{3-6}$$

皮尔曲线模型的特征见表 3－2。由表 3－2 可知，皮尔曲线模型的特征是$\frac{1}{y_t}$的一级增长量环比系数相等。因此，皮尔曲线模型适用于历史数据的倒数一级增长量环比系数比较接近的分析对象。

表 3－2 皮尔曲线模型的特征

t	$\frac{1}{y_t}$	一级增长量	环比系数
1	$k+a'b'$	—	—
2	$k+a'b'^2$	$a'b'(b-1)$	—
3	$k+a'b'^3$	$a'b'^2(b-1)$	b'
4	$k+a'b'^4$	$a'b'^3(b-1)$	b'
…	…	…	…
n	$k+a'b'^n$	$a'b'^{n-1}(b-1)$	b'

如果令$\frac{1}{y_t}=y'$，则皮尔曲线的数学模型可简化为：

$$y'=k+a'b'^t \qquad (3-7)$$

可以利用分组法，估计得到参数k、a'、b'的值为：

$$\begin{cases} b'=\left[\dfrac{\sum_3 \frac{1}{y}-\sum_2 \frac{1}{y}}{\sum_2 \frac{1}{y}-\sum_1 \frac{1}{y}}\right]^{\frac{1}{n}} \\ a'=\left(\sum_2 \frac{1}{y}-\sum_1 \frac{1}{y}\right)\dfrac{b'-1}{(b'^n-1)^2} \\ k=\dfrac{1}{n}\left[\dfrac{\sum_1 \frac{1}{y}\sum_3 \frac{1}{y}-\left(\sum_2 \frac{1}{y}\right)^2}{\sum_1 \frac{1}{y}+\sum_3 \frac{1}{y}-2\sum_2 \frac{1}{y}}\right] \end{cases}$$

这样，把k、a'、b'的值代入式(3－5)，就可以进一步确定皮尔曲线数学模型的参数L、a、b。

特别需要指出的是，运用拟合曲线分析法，首先要根据历史数据的特征，正确选择恰当的数学模型，然后进行曲线拟合，判断产业生命周期各个阶段的特征。

(二)计算判断法

判断产业生命周期阶段的第二种方法是计算判断法。所谓计算判断法，就是对能够反映产业生命周期特征的指标进行计算，借以判断产业生命周期所处的阶段。运用计算判断法，常用产出(销售)增长率分析法。产出(销售)增长率分析法是指以某个产业的产出(销售)量增减快慢的变化趋势来判断该产业处于生命周期的哪个阶段。

$$\text{产出(销售)增长率}=\left[\frac{\text{本期产出(销售)量}}{\text{上期产出(销售)量}}-1\right]\times 100\%$$

根据经验，一般产业在形成期的产出(销售)增长率小于10%为形成期，超过10%则进入成长期，成熟期的销售增长率在0.1%～10%之间，衰退期则呈负增长，即增长率为负数。当然，划分的各个阶段的产出（销售）增长率是一种经验数据，不同的产业具有不同的特点，要灵活运用。

（三）经验对比法

判断产业生命周期阶段的第三种方法是经验对比法。所谓经验对比法，就是根据国外同样产业的发展经验，以判断本国某个产业处于生命周期的哪个阶段，并根据已掌握的信息，预测各阶段的延续时间和增长速度。根据国外的经验数据，一般耐用消费品的产出和市场需求量与社会普及程度有很大关系：社会普及率在5%以下者，属于形成期；社会普及率在5%～50%之间者，属于成长前期；社会普及率在50%～80%之间者，属于成长后期；社会普及率在80%～90%之间者，属于成熟期；社会普及率在90%以上者，属于衰退期。有些产业饱和普及率达不到100%，而有些产业的饱和普及率会超过100%。当然，由于国情不同，科学技术发展水平不同，同样的产业在不同国家和在不同的历史条件下可能具有不同的产业周期。此外，国外的经验数据也不一定相同。因此，在判断某个产业所处生命周期的哪个阶段时，国外的经验数据只能作为参考，不能生搬硬套。

复习思考题

1. 产业形成的基本规律是什么？
2. 如何理解产业的本质特性？
3. 不同产业生命周期的决定因素一致吗？为什么？
4. 产业成长阶段的特质是什么？如何判断？

第四章

产业创新

一个产业从诞生成长到成熟衰落，与其生产的产品、应用的生产技术和获得的市场状况及其变化密切相关，也与当时的科学技术进步、技术创新、产品创新、生产技术创新等密切相关。由于创新对新产业形成发展、产业转型升级、对产业体系演化以及经济发展的影响日益增长，对创新、科技创新、产业创新的研究逐渐引起经济学界的重视。特别是 20 世纪 90 年代以来，在早期熊彼特的创新理论引导下，创新研究逐步深入，产业创新理论逐步形成，成为产业发展理论的重要组成部分。本章主要介绍产业创新的理论渊源、产业创新的概念本质、产业创新与科学技术创新关系、产业创新的内容、产业创新成功的条件等内容。

第一节　创新理论与产业创新

产业创新理论源于众多学者长期在创新、技术创新、产品创新等方面的研究成果，它的来源大致有三个方面：早期的创新理论、技术创新理论和创新生态理论等。在此基础上，澳大利亚国立大学的马克·道格森(Mark Dodgson)教授和英国苏塞克斯大学的罗艾·罗斯韦尔(Roy Rothwell)教授合编的产业创新研究论文集《产业创新手册》(*The Handbook of Industrial Innovation*)[①]是较有影响的。我国学者芮明杰教授在 2016 年提出新产业形成发展的产业创新概念内涵，之后形成了产业创新的基本理论体系和实践策略。[②]

一、早期的创新理论

(一)熊彼特的创新理论

早期的创新理论源于奥地利经济学家熊彼特的创新与经济增长研究。奥地利经济学家熊彼特(Schumpeter)提出的“创新”概念和创新的经济增长理论引起了经济学界轰动。熊彼特认为，所谓创新，就是要“建立一种新的生产函数”，即“生产要素的重新组合”，就是要把一种从来没有的关于生产要素和生产条件的“新组合”引入生产体系，以实现对生产要素或生产条件的“新组合”，实现创新的途径主要依靠企业的创新行为，创新主体是有创新能力和创新精神的

---

① Rothwell Roy, and Mark Dodgson, eds. The handbook of industrial innovation[M]. E. Elgar, 1994.

② 芮明杰等. 产业创新——理论与实践[M]. 上海：上海财经大学出版社 2019 年版.

企业家。[①] 熊彼特特别指出这样的创新有五种：

第一，采用一种新的产品，也就是消费者还不熟悉的产品或某种产品的一种新的品质。

第二，采用一种新的生产方法，也就是有关制造部门在实践中尚未知悉的生产方法，这种新的方法不需要建立在科学上新的发现的基础之上，并且，它也可以存在于在商业上对一种商品进行新的处理。

第三，开辟一个新的销售市场，也就是相关国家的相关制造部门以前不曾进入的市场，这个市场以前可能存在也可能不存在。

第四，获得原材料或半制成品的一种新的供应来源，同样地，不论这种供应来源是否业已存在但过去没有注意到或者认为无法进入，还是需要创造出来。

第五，实现一种新的组织，例如造成一种垄断地位（如通过"托拉斯化"），或打破一种垄断地位。

这五种创新从内容上看不同于科学技术创新，而是企业家的创新，也是企业的创新。

（二）诺斯的制度创新理论

20 世纪中叶兴起的新制度学派将创新的研究深入制度层面，关注制度创新问题。诺斯运用熊彼特的创新理论来考察国家或独立经济体制度变迁现象，首次提出了制度创新的概念，并基于此建立了制度创新理论。[②] 诺斯认为，制度创新是对现有制度的变革，从而使创新者获得更大利益。制度创新的动力来源于创新的预期净收益大于预期成本，而这种预期收益在现有制度下是无法实现的，只有通过改造现有制度中阻碍创新的因素，才能够实现创新的预期收益。制度改革制度创新可以解放生产力，也可以提高生产者的生产积极性，从而促进产业发展与经济增长。

（三）弗里曼等人的国家创新系统理论

20 世纪下半叶，知识创新的重要性引起人们的高度重视，知识经济、信息经济等概念的提出使人们更加认识到社会整体的互动性不断加强。创新是需要各方面协同才能成功的事业，为此弗里曼提出了国家在推动技术创新中的重要作用，形成了"国家创新系统理论"。弗里曼和纳尔逊认为，国家在推动技术创新中能够发挥重要的作用，政府可以将技术创新与政府职能结合起来，形成国家创新系统，以实现经济的追赶和跨越。弗里曼还对日本、美国和苏联的产业发展情况进行了对比研究，认为一国只有建立起将技术创新转化为产业的能力才能在国际竞争中占据优势。[③]

纳尔逊在《国家创新系统》一书中指出，现代国家的创新系统是一个包括各种制度因素、技术行为因素以及大学、政府等职能机构的复杂的体系。[④] 由于科学和技术的发展过程充满不确定性，因此国家创新系统中的制度安排应当具有弹性，赶超战略应该具有适应性和灵活性。伦德瓦尔维等人从企业行为讨论国家创新体系的构造与运行，认为大学、科研机构、企业等都

---

① Schumpeter, Joseph A., et al. The pure theory of production[J]. The American Economic Review, 1939, 29(1): 118-120.

② North D. C. Structure and change in economic history[M]. Norton, 1981.

③ Freeman, Christopher, and Luc Soete. The economics of industrial innovation[M]. Psychology Press, 1997.

④ Nelson, Richard R., ed. National innovation systems: a comparative analysis[M]. Oxford University Press on Demand, 1993.

是创新主体，他们的创新行为需要良好的创新环境，而制度是创新环境中的关键要素。

二、技术创新理论发展

（一）破坏性创新与维持性创新

克莱顿·克里斯坦森（Clayton M. Christensen）将技术创新与市场创新成功地融合在一起，提出了破坏性创新的理论分析框架，他将创新分为两类：维持性创新（sustaining innovation）和破坏性创新（disruptive innovation）。[①] 维持性创新是以处于主流市场的高端消费者为目标，这些消费者往往要求得到性能更好的产品，为此主流市场上的企业希望通过持续的创新维持产品品质和市场地位，获取先占优势。破坏性创新目标并不是向主流市场上的消费者提供功能更强大的产品，而是通过创新与现有产品相比尚不够好的新产品和服务，或者提供比较简单、更加便利与廉价的新产品，吸引处于次要市场上不太挑剔的消费者，甚至是潜在消费者（非消费者），不断改进产品特性，然后击败原来的市场在位者。

图4—1阐明了克里斯坦森提出的破坏性创新理论。在图中有两种改进轨迹。实线代表企业维持创新的轨迹，指产品和服务如何随维持创新而变得更好。虚线代表消费者需求轨迹，指消费者能使用的性能的增减。如虚线轨迹所示，在既定的市场应用下，消费者的需求趋向于随时间变化而保持相对稳定。低端破坏性创新是指植根于原有的价值网络或主流的价值网络而进行的破坏，通常采取低成本商业模式，破坏原有市场来获得发展空间。新市场破坏性创新是指在第三个坐标轴上产生新价值网络，与“非消费”进行竞争性的破坏。新市场破坏者面临的挑战就是创造一个新的价值网络，即创造一个新市场。成功的新市场破坏性创新一般遵循两种模式：(1)推出相对简单、消费者能负担得起的产品或服务，使过去因缺乏财力或技能而无法消费的消费者具备途径和能力去消费；(2)新市场是帮助消费者更容易和有效地选择他们已经习惯的消费方式，而不是改变他们的消费行为。

克里斯坦森提出，当与功能和可靠性相关的难题得到解决后，专业公司可以在模块化的关键点提供足够好的产品或服务，利润从组装模块产品或服务的公司（它们成为利润“薄”的一体化者）移向那些生产关键子系统的公司以及那些能够整合影响速度和便利性关键点的公司。[②] 而且，充分利用模块化规则的新行业参与者兼备低端和新市场破坏的元素，当它们有办法在新背景下提供产品或者组合一种商业模式，以相当低的价格提供足够好的产品时，它就使低端和新市场破坏性创新成为可能，从而推动产业创新发展。例如，戴尔在创新其低端破坏性商业模式时，就充分利用了个人电脑行业的模块化特性。

虽然克里斯坦森的破坏性创新理论源于发达国家的企业竞争和创新实践，理论本身也主要是从发达国家技术领先企业的角度研究如何在面临破坏性技术时避免失败，但是该理论对发展中国家的经济增长以及制定产业发展政策具有积极的借鉴价值。苏启林认为，破坏性创新作为目前世界主流创新理论，在企业、产业和国家层次上具有广阔的应用前景，但在中国受

---

① Christensen, Clayton M. Marketing strategy: learning by doing[J]. Harvard Business Review, 1997, 75(6): 141—151.

② Christensen, Clayton M., Scott D. Anthony, and Erik A. Roth. Seeing what's next: using the theories of innovation to predict industry change[M]. Harvard Business Press, 2004.

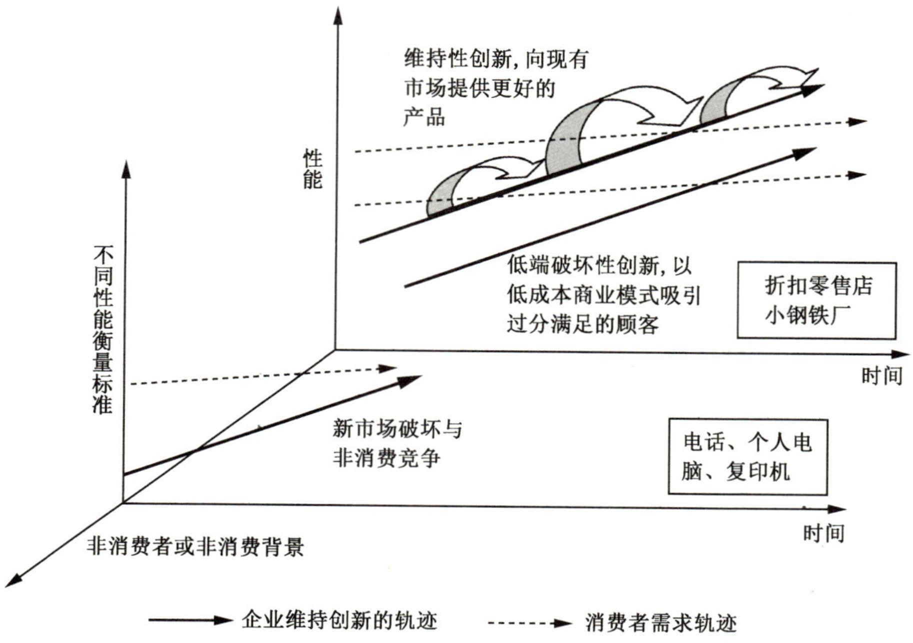

图 4—1 破坏性创新理论

到了不应有的忽略。[①] 相对于波特教授的国家竞争优势理论而言，克里斯坦森的破坏性创新理论更适合发展中国家，特别是中国和印度这样的发展中大国，这两个大国目前正处于一个赶超的发展态势，亟须一个合适的创新理论支持，而破坏性创新理论与印度和中国的创新突破有切合点。克里斯坦森(2004)提出的动机/能力框架表明，当企业具备创新的动机和能力时，创新就会繁荣起来；在缺乏动机或者限制能力的市场背景中，创新则会受到抑制。而政府或者其他非市场参与者有影响企业参与创新的动机和能力，政府可以通过制定创新政策以及加以创新管制来影响企业创新及创新的效率。破坏性创新的成功通常是多方协作的成果，也是新兴产业发展的创新来源。

(二)开放式创新理论

传统的创新企业逐渐发现，独立创新的利润不再丰厚；与此同时，一些成熟的行业逐渐发现销售增长缓慢，大企业的产品没有小企业的产品好卖。因此，大企业转而收购小企业版权，再进行营销和分销，或者将研发中心建在大学附近，便于获取外部创意。[②] 开放式创新的定义是将研发创新活动放开到组织外部，与更多的大学、创新企业、供应商、竞争对手等[③]进行创新协作，是汇集外部智慧的创新。与封闭式创新即企业内部为主的创新活动相对应，虽然最初的开放式创新主要针对产品创新环节的研发活动，但产品开发式创新会扩散到产业创新的其他环节。切萨布鲁夫(Chesbrough)2006 年的《开放式商业模式》论述了开放式创新的第二阶

① 苏启林．破坏性技术、组织创新与产业成长预测[J]. 中国工业经济，2006(11)：117—124.

② Chesbrough，Henry William. Open innovation：the new imperative for creating and profiting from technology[M]. Harvard Business Press，2003.

③ 同上。

段——商业模式的开放化；尔后2011年切萨布鲁夫的《开放式服务创新》关注了服务产品开发的开放式创新。

1. 开放式创新的特点

(1)开放技术交换。企业不采用封闭研发模式，而是将专利与技术用于交换，从而获利。

(2)内部创造知识产权。开放式创新并不是让企业放弃自主创新，而是调整创新管理哲学，创造的知识产权用于交换并将研发部门放置于大学旁边用于吸收专利。

(3)专利整合能力。企业内部研发主要致力于将现有专利和技术进行整合。

开放式创新改变了现有产业的创新竞争模式：首先，开放式创新下的竞争维度更加多样化。开放式创新的竞争优势取决于创新核心企业对创新的组织和协调能力、资源获取量、开放程度、标准制定能力、整合能力等。而企业封闭的创新则主要取决于个体企业的绝对创新实力，如研发深度、人才状况、资本实力等。其次，在开放式创新下，企业创新形式主要是采用虚拟组织形式，创新竞争的焦点可能是某个创新团队、某项技术的知识产权，而非整个项目。再次，开放式创新是一种合作式创新，合作双方可能共享某个资源、技术、信息或团队，创新过程中彼此互相影响和启发，双方最终产出的成果都较单独创新更为丰富，同时创新利用率更高。最后，开放式创新的过程也是消费者需求的塑造和获取过程，开放式创新的根本出发点不仅为了商业利益，还应该为社会、为消费者提供更好产品的社会责任，开放式创新是合作，但合作中有竞争，市场竞争也需要合作。

2. 开放式创新的优缺点

(1)开放式创新追求创新的范围、广度以及整合，可能忽略创新的深度。企业采用开放式创新，希望合作者沿着创新链合作创新，可能放弃自己的创新，结果转变为单纯的创新整合商。此时的企业自身难以掌握产业发展的核心技术，通过合作在短期内可能有创新成果，但由于缺乏核心技术，因此最终难以成为产业创新的主导者。

(2)开放式创新可能适用于大型复杂困难的创新项目，包括破坏性创新或原创性创新项目，这样的创新项目涉及较多方面，是单一公司无法独立完成的，因为投入大、成本高、技术复杂。一般意义上，具有创新能力的企业，自主创新成本更低、效率更高。然而，随着合作效率提升、沟通便捷，在信息知识共享程度提高的当下，开放式创新已经成为一种高效率的有突破可能的创新模式。

(3)开放式创新本身是一种创新模式的创新，是产业创新的一种有效率的创新模式。开放式创新鼓励产业中企业进行合作，共同研发，获得新技术、新产品、新工艺，从而获得市场上的商业成功。开放式创新的参与对象包括大学、创新型企业、供应商、生产商、竞争对手、顾客等，“产学研”结合是开放式创新的初级组织模式，“产学研＋顾客”是开放式创新的新型组织模式，只有顾客的参与才可能有真正符合消费者消费需求的创新和市场商业化成功，即产业创新的成功。

(三)创新的理论模型研究

第一，哈佛大学的阿伯纳西和麻省理工学院的厄特拜克提出了A-U模型，之后经过不断地改进和扩展，在创新研究领域得到了广泛的引用。[①] A-U模型首次将产品技术和工艺技术

---

① Utterback, James M., and William J. Abernathy. A dynamic model of process and product innovation[J]. Omega, 1975, 3(6): 639－656.

变化结合在一起，提出了产业生命周期模型，并明确指出了各产业成长阶段的技术变化特点，尤其是创新的特点和类型，以及实施这一创新所需要的关键资源和需要解决的潜在问题。

冯·希培尔(Von Hippel)强调创新过程中企业与企业的合作，认为由于存在各种“粘着信息”，因此技术创新的过程是一个充满试错的过程。为了加快创新的过程，需要加强创新者与用户的交流与合作，才能及时提取必要的“粘着信息”，提出产业创新的“企业合作模型”。①

在前人研究的基础上，罗斯韦尔总结了产业技术创新的演进过程，归纳了从简单线性创新模型到复杂网络模型的五个演化模型，即技术推动模型、需求拉动模型、相互作用模型、链状创新模型以及网络状创新模型，对于后人系统理解产业创新的路径具有指导性作用。②

第二，在综合研究国内外产业技术创新管理优秀成果的基础上，张治河构建了产业技术创新系统模型，包括产业技术创新政策系统、产业创新技术系统、产业创新环境系统和产业创新评价系统组成，对各子系统结构、功能和运行机制进行了分析。③ 孙晓华、田晓芳将产业技术创新划分为自发型、实验型、应用型和系统型四种基本模式，针对不同产业创新模式下市场失灵的成因与表现，揭示市场失灵产生的关键环节，进而提出公共政策设计的思路与方法。④ 张耀辉探讨了高新产业的科技要素、市场创新等发展规律，认为产业创新是高新产业形成的基础和动力，并基于产业经济理论提出了产业创新的“创新—扩散”模式和“分工创新”模式。⑤ 胡树华从战略的角度研究产业创新问题，将产品创新的整体战略分为攻势战略、守势战略、速度战略、成功率战略、精益战略、专利战略，并提出目标、对象、力度、动力、主体、组织是支撑创新结构的六个基本维度，提出了与这些维度相对应的目标模式、对象模式、力度模式、动力模式、主体模式和组织模式六大创新模式。⑥

三、产业创新概念探索

创新理论研究的不断进步，也导致一些学者开始从不同视角对产业中企业的产品创新、技术创新、工艺创新等进行研究与探索。

（一）从技术创新到产品创新、工艺创新

技术创新是一个将科技成果转化为生产力的过程。美国国家科学基金会(NSF)在《1976年：科学指示器》中提出，“技术创新是将新的或改进的产品、过程或服务引入市场”。联合国经济合作与发展组织(OECD)在1988年的《科技政策概要》中，将技术创新定义为“发明的首次商业化应用”，认为技术进步是包括技术发明、技术创新和技术扩散的三阶段过程。弗里曼也指出，创新是将新产品引入市场、新技术工艺投入实际应用的技术的、工业的以及商业的系列步骤。

（二）从制度创新到组织与管理创新

制度创新是指制度主体通过建立新的制度以获取追加利润的活动，包括产权制度创新、组

---

① Hippel, Eric von. The sources of innovation[M]. Oxford University Press, 1988.

② Rothwell, Roy. Successful industrial innovation: critical factors for the 1990s[J]. R&D Management, 1992, 22(3): 221-240.

③ 张治河，胡树华，金鑫等．产业创新系统模型的构建与分析[J]. 科研管理，2006(2)：36-39.

④ 孙晓华，田晓芳．产业创新模式、市场失灵与公共政策设计[J]. 软科学，2008(8)：81-86.

⑤ 张耀辉．产业升级的真谛在于创造需求[J]. 工业技术经济，2002(2)：3.

⑥ 胡树华，李必强，海丰．面向产品创新的管理集成[J]. 中国软科学，2000(4)：87-89.

织制度创新、管理制度创新和管控制度创新四个方面的内容。企业进行制度创新是企业发展与转型的需要，也是企业提高创新效率的需要，制度创新实际上也包括创新的机制变革，因为创新是需要动力的，何况创新有大的风险。[①]

(三)从要素组合创新到产业创新

张治河认为，产业创新是把产业自身及关联产业的关联要素重新组合并引入产业体系。[②]产业创新包括产业组织创新、产业结构创新(Rothwell，1992)，其目的是实现产业的可持续发展，是特定产业在成长过程中或在激烈的国际竞争环境中主动联手开展的产业内企业间的合作创新。陆国庆(2002[③]，2003[④]，2004[⑤])认为，产业创新是指企业突破已结构化的产业约束，运用技术创新、产品创新、市场创新或组合创新等来改变现有产业结构或创造新产业的过程。

(四)产业创新是过程性创新

产业创新是企业创新战略的核心和最高目标，是企业技术创新、管理创新、市场创新的系统集成，也是企业家创新精神的主要体现。从能力的角度看，产业创新是指新兴产业的形成过程，产业创新能力是指形成新兴产业的能力，即能够满足新的需求，或者满足同样的需求却可以节约更多资源的产业的形成与普及能力(张耀辉，2002)。

综合以上论述，有关产业创新概念研究可以归纳为两个方面：一是狭义的理解，产业创新指的是以技术创新为核心、产品创新为载体，产学研创新主体之间通过协同作用，实现技术的创造发明和产业化应用，从而实现产业突破性的进步或发展形成新产业。二是广义的理解，产业创新指的是产业创新主体(如政府、大学、研究机构、企业等)通过制度创新、技术创新、组织创新、环境创新等，充分利用社会资源和能力，使得原有产业转型升级处于领先地位；或使其获得突破性的发展，形成新兴产业的创新活动。产业创新的这两个方面内涵解释都有其合理的部分，实际上也可以加以融合。

四、产业创新理论的其他探索

(一)国际上关于国家创新系统理论的研究

弗里曼(1997)认为，产业创新是一个系统的概念，系统因素是产业创新成功的决定性因素。

可以说，产业创新系统是技术创新、产品创新、市场创新等的系统集成，是企业创新的最高层次和归宿，是企业突破已结构化的产业约束，运用技术创新、产品创新、市场创新或组合创新等来改变现有产业结构或创造新产业的过程。

产业创新系统是当前国际上关于国家创新系统理论研究的热点，相关理论研究成果也非常丰富。弗里曼(1997)在产业创新理论的基础上首创了国家创新系统理论，并指出国家创新的核心是产业创新；迈克尔·波特在其创新模型(钻石模型)中，把产业基础纳入创新系统，把产业竞争优势与产业创新联系起来。罗斯韦尔(1992)提出的以并行工程为基础的综合创新模

---

① 芮明杰．论现代集团企业内的产权规制[J]. 复旦学报(社会科学版)，1995(3)：62－67.

② 张治河．面向“中国光谷”的产业创新系统研究[D]. 武汉理工大学博士学位论文，2003.

③ 陆国庆．产业创新：超越传统企业创新理论的新范式[J]. 产业经济研究，2002(1)：46－51.

④ 陆国庆．产业创新：超越传统企业创新理论的新范式[J]. 哈尔滨市委党校学报，2003(1)：11－14.

⑤ 陆国庆．产业创新的生物学基础[J]. 经济评论，2004(3)：115－118. DOI：10. 19361/j. er. 2004. 03. 025.

型是产业创新系统思想的又一种体现。卡尔森(Carlsson)的技术系统理论为产业创新系统的建立和完善奠定了良好的基础。[①] 在理论发展的基础上,一些学者将理论与实践结合起来,考察不同区域的创新系统发展。萨克森宁(Saxenian)结合当地情况研究了"128 高速公路"和硅谷创新系统。[②] 库克(Cooke)研究了欧洲的区域创新系统,并提出了发展战略和政策建议。[③]

(二)国内学者对国家创新系统理论的研究

自主创新战略的重要意义得到越来越多的重视,推动了国内学者对国家创新系统理论的研究。

陈劲提出了建立"包容企业环境要素"的创新体系与框架的产业创新系统思想,率先将产业创新系统与国家创新系统、技术创新系统联系起来,认为"国家创新系统应当被看作各子系统的综合体,而各子系统又可以根据不同的产业、区域和关键技术进行进一步划分。[④] 而且,国家创新系统可视为由许多产业创新系统构成的。由于每一个产业中都存在创新源——用户关系,因此可将国家创新系统的概念应用到产业中,通过推动主要创新源之间的协作和信息流动,加强产业的竞争能力"。张凤、何传启把产业创新系统视为国家创新系统的重要组成部分,根据国家创新体系的功能,把国家创新体系分成四个分系统,这四个分系统与地区、产业创新系统一起,构成国家创新体系的二级结构。[⑤] 刘洪涛等将国家创新系统的结构划分为生产—学习系统、搜寻系统、探索系统和选择系统四个子系统,并对各子系统的主要功能、主体构成、能力来源、机构层次、创新层次进行了系统的研究。[⑥]

(三)产业创新生态系统理论

创新生态的概念较为广泛,是指支持产业创新的众多共生要素共生组织等的体系,如创新人才、创新教育、科研机构、企业群体、市场规模、社会文化、服务体系等。

一些学者对产业创新生态系统进行了理论归纳。李晓华和刘峰(2013)从产业创新的主要功能视角出发,指出产业生态系统由创新生态系统、生产生态系统以及应用生态系统三个子系统构成。[⑦] 其中,创新和生产生态系统还包含各种服务产业,如服务提供商、中介组织等。生态环境则包括外部政策、要素供给、基础设施、创新文化、国际环境等元素。生态系统的主要特征有相互依赖、复杂连接、自我修复、共同演化等。

何向武等则认为,产业创新生态系统的范围更广,包括创新群落子系统、内部环境子系统、外部环境子系统等。创新群落子系统的参与主体按创新环节和功能,可分为创新生产者、创新分解者、创新消费者等群落。特征包括系统性、多样共生性、动态性、演化性和栖息性等。[⑧]

---

① Carlsson, Bo, ed. Technological systems and industrial dynamics[M]. Springer Science & Business Media, 1997.

② Saxenian, Anna Lee. Regional networks: industrial adaptation in Silicon Valley and route 128[M]. Cambridge: Harvard University Press, 1994.

③ Cooke, Philip, and Olga Memedovic. Strategies for regional innovation systems: learning transfer and applications [M]. Vienna: United Nations Industrial Development Organization, 2003.

④ 陈劲.技术创新的系统观与系统框架[J].管理科学学报,1999(3):66—73.

⑤ 张凤,何传启.第二次现代化与中国国家创新体系[J].中国软科学,2000(1):106—108.

⑥ 刘洪涛,汪应洛.转型期中国国家创新系统资源配置研究[J].数量经济技术经济研究,1999(4):58—61.

⑦ 李晓华,刘峰.产业生态系统与战略性新兴产业发展[J].中国工业经济,2013(3):20—32.

⑧ 何向武,周文泳,尤建新.产业创新生态系统的内涵、结构与功能[J].科技与经济,2015,28(4):31—35.

第二节 产业创新本质与内容

一个产业的形成是从一个根本性的技术与产品创新开始的。一个新技术、新产品通过采用新的材料和原件，具有新的性能或功能，提供了新的用途或市场需求，随着市场需求的不断扩大，逐渐形成一个新的产业。在根本性的产品创新出现之后，还会有一系列后继的渐进性创新并形成创新群，从而引起新产业的成长，这一过程即为产业化过程。产业化过程实质是持续创新的过程，我们称为产业创新。实践证明，根本性的产品创新固然具有重大的经济意义，但随后的持续创新即产业创新往往具有更大的商业价值。国家战略宏观政策目的之一是辨别清楚符合未来发展方向的新兴产业，帮助我国新型产业体系有效发展，同时建立相对完善的市场机制，通过市场竞争创新发展促使产业体系自然升级。

一、从 A-U 模型出发

(一)A-U 模型

从上一章可知，著名的 A-U 模型(见图 6－2)指出新兴产业形成与发展是一个动态过程，包括产品创新、工艺创新在时间上动态发展，从而影响产业的发展演化。由该模型可知，一个新产业的产生是由新产品的初始创新开始的。新产品的创新和发展是一个动态过程，包含产品创新、工艺创新和产业组织等方面，并总是由产品创新主导开始、工艺创新紧随其后，新一代产品则是新一轮的动态创新过程。根本性技术创新是产品更新换代的主要原因，然而，并不是所有的技术创新都能导致产品创新，尤其是获得产业创新成功。我们把从一个根本性的技术与产品创新开始，通过采用新的材料和原件，具有新的性能或功能，提供了新的用途或市场需求，从而形成一个新的产业的过程称之为产业创新，这个过程本质上是一系列连续的创新，而且完成的主体是市场上的具有强大创新能力的企业。

(二)对 A-U 模型的讨论

A-U 模型也被称为技术生命周期模型(technology life cycle model)，它将产品发展周期分为三个阶段：不稳定阶段、转换阶段和稳定阶段。模型指出产业的创新特点，如创新类型、创新程度、创新特征取决于产业的不同成长阶段(不稳定、转换、稳定)。同时，分析了实施创新所需的关键资源，以及需要解决的潜在问题。

(1)在不稳定阶段，也就是产品创新初期，通过研发和用户双方频繁地创新与互动完善产品。工艺创新往往成本较高且不可靠。

在转换阶段，技术和市场达到融合，形成了具有代表性的优秀主导设计，产品逐渐稳定，产品创新频率开始降低，转向大批量生产。

在稳定阶段，主导设计逐渐标准化，产品规模效益达到最大化，产品创新重点是以降低成本和提高质量为目标的渐进性的工艺创新。同时，产品产业链逐渐固化，产生抵制重大创新的力量。

(2)阿伯纳西和厄特拜克实证检验了公司内部创新模式之间的关系、公司的特征包括：生产流程发展的阶段,选择竞争的依据。[①] 假设的关系有两个:一是竞争战略和创新的关系,二是生产流程特征和创新的关系。假设关系的关键在于:创新过程的特征与生产过程技术的发展阶段和竞争、成长战略系统地一致。作为一个更为具体的案例,这些关系预示着一个清晰的模式,创新刺激因素(市场、生产或新技术),创新的不同类型(产品、工艺,原创或模仿)、创新的阻碍等。实证调查数据来自迈尔斯(Myers)和马奎斯(Marquis)对五个不同行业成功技术创新的调查。统计证据显著支持假设关系,即公司创新能力、竞争战略和掌握生产资源的位置有较强的重要关系。

(3)自从著名的 A-U 模型提出后,许多学者对该模型进行了改进和应用,中国学者对 A-U 模型也进行了深入研究,如模型的提出环节、模型的实证检验等。

一些学者指出 A-U 模型可能存在的问题,并提出了改进建议。从长期来看,A-U 模型的产业升级是跳跃的,可能存在跨越式发展,发展到一个新的技术轨道,由于竞争期的存在,所以合适的跨越方式就可能存在。而市场创新、长周期状况、技术突变、产品和需求生命周期、不同国家发展轨迹也可纳入模型之中。在 A-U 模型的产品创新环节,迈尔斯和马奎斯提出了产品平台的概念[②],产品平台是市场导向的,以期通过其市场,产品平台的能力维度包括用户洞察力、产品技术能力、制造工艺能力、组织能力等。[③] 产品创新的研发投入是因为,新产品发展为企业带来更多利润。[④]

产业中不同角色在 A-U 模型中的行为也不同,买方势力对 A-U 模型具有影响,买方实力越强(数量较少),上游企业工艺创新投入越小,产品创新投入越大。卖方势力与本行业企业的产品创新正相关,与工艺创新关系不确定;买方技术能力提升通过产业传导机制促进上游企业产品创新,抑制工艺创新。[⑤]

对于后发企业而言,后发企业的创新是以工艺创新为主导的,在其成长过程中扮演了重要角色。工艺创新是后发企业边缘赶超战略的基础之一。[⑥] 差异化的工艺创新帮助后发企业获取有利的生态位,充分利用低劳动力成本、工艺创新能力和互补资产也是关键因素。

进一步的研究者们将 A-U 模型中规模较大企业、发挥主导作用的企业称为主导企业,单独进行研究。学者认为,主导企业在面临突破性技术快速变化的变革时,应关注技术投资、技术能力以及互补资产的平衡和互动,并提出实物期权技术投资、资助开发新技术、建立互补资产战略联盟等应对机制。[⑦]

(4)当面对突破性创新时,A-U 模型可以进行一定的改变。有学者指出,不连续创新是发达国家企业获取国际竞争力的重要手段,因为其改变了消费者的潜在消费需求模式。当前进入了第四代研究开发模式,主要特点有:探险式的市场营销;关注产品平台和主导设计;强调知

---

① Utterback, James M., and William J. Abernathy. A dynamic model of process and product innovation[J]. Omega, 1975, 3(6): 639—656.

② Meyer, M. H. and Utterback, J. M. The product family and the dynamics of core capability[J]. Sloan Management Review, 1993, 34(3): 29—47.

③ 陈劲,王毅,许庆瑞. 国外核心能力研究述评[J]. 科研管理,1999(5):13—20.

④ 安同良. 中国企业技术能力的高度化发展:技术创造[J]. 科技进步与对策,2006(2):17—20.

⑤ 孙晓华,郑辉. 买方势力对工艺创新与产品创新的异质性影响[J]. 管理科学学报,2013,16(10):25—39.

⑥ 罗珉,马柯航. 后发企业的边缘赶超战略[J]. 中国工业经济,2013(12):91—103.

⑦ 薛红志,张玉利. 主导企业适应突破性技术变革的整合研究[J]. 南开管理评论,2007(3):61—69.

识的获取与转移;新的公司治理结构。① 而主导企业在技术变革时经历技术劣势取决于突破创新的破坏程度,如果只破坏技术能力而没有破坏互补资产,则绩效可能改进,主导企业控制互补性资产而可以选择建立合作关系、分享创新利润;如果两者都被破坏,则可能降低绩效。

企业规模与A-U模型中创新行为紧密联系。严海宁、邱国峰综合以往研究发现,企业规模影响过程创新和产品创新:大企业研发实力较强,具有规模经济,对工艺创新投入有重要补偿作用,在过程创新中占据主导地位;小企业偏好产品创新,但机制比大企业更复杂,其作用受到其他因素影响,如果小企业之间频繁互动,则可能进行过程创新。② 竞争程度方面,存在产品差异的市场,竞争相对较小,企业多倾向于过程创新,彼此独立的产品使企业获得垄断地位。稳定的竞争促进了产品创新,但过于激烈的竞争则减弱了企业积累,阻碍了产品创新。在更新换代的市场中,激烈竞争迫使企业不得不加强产品创新。生产技术快速提高,增加了过程创新的难度,产品竞争减弱,产品创新力度有所减轻。

在大规模定制的情况下,企业对工艺创新比对产品创新更为重视,因为工艺过程对产品变化有较强的适应能力,保证个性化产品从灵活、敏捷而又长期稳定的过程中生产出来。③ 在信息技术产业对产业创新的影响方面,雷家骕等指出,当前信息产业为主导的特点一方面加快了产业创新的速度,另一方面产业创新复杂性增加,分工化趋势明显,同时对科技创新的依赖度也随之增加。④ 在资源使用上,变得更为广泛,既包括企业内部,也包括组织外部;在组织方式上,趋向于大企业主导、中小企业辅助的组织形式;在互动形式上,竞争与合作并存,以协同创新为主,同时采取合同外包的方式分散风险,提高创新效率;在垄断利润获取上,以占领市场份额、掌握产业标准为手段,而非以往仅仅掌控完整技术。

(5)A-U模型首次提出了"主导设计"的概念,尔后学者对主导设计的相关机制进行了分析。学者认为,在A-U模型的不同演进阶段,政府的行为能够促进企业主导设计形成,以我国电信产业为例说明了政府在3G和4G标准演化过程中的角色和地位。⑤ 学者分析了战略新兴产业中主导设计的形成过程,即系统技术优越性、可升级、联盟治理能力、初始用户、金融资本以及国家等因素,以此提出技术标准推广策略、联盟策略和控制策略等竞争策略。⑥

(6)后来学者的研究将经济周期(熊彼特)和企业生命周期[爱迪斯(Ichak Adizes)]⑦等概念引入产品创新研究中,拓宽了研究视角。研究首次将产品创新与工艺创新相结合,提出了产品创新的作用模式,解释了产品创新的客观发展规律。A-U模型将产品创新模型和产业组织联系在一起,丰富了产业组织理论。A-U模型提出了"主导设计"的概念,"主导设计"的形成标志着产业竞争本质发生变化。此后,"主导设计"被引入产业分析的主要参考范围,在不同行业的理论和实践中运用。

然而,A-U模型仍然存在一定缺陷。首先,原始的A-U模型只考虑连续创新的模型,现

---

① 柳卸林. 调整科技计划与政策,加强创新系统的互动[J]. 中国软科学,2000(9):60-63.

② 严海宁,邱国峰. 市场结构视角下的产品创新和过程创新:国外文献综述[J]. 长春工业大学学报(社会科学版),2008(3):33-35.

③ 方爱华. WTO背景下企业全球运营的区位与产业选择对策[J]. 中州学刊,2002(4):33-35.

④ 雷家骕,程源,杨湘玉. 技术经济学的基础理论与方法[M]. 北京:高等教育出版社2005年版.

⑤ 缪小明,赵晖. 基于动态能力的我国企业突破性创新影响因素实证研究[J]. 经济与管理研究,2008(10):36-41.

⑥ 刘志阳. 战略性新兴产业主导设计形成机理与竞争策略研究[J]. 经济社会体制比较,2010,151(5):165-172.

⑦ 爱迪斯. 企业生命周期[M]. 北京:中国社会科学出版社1997年版.

实产业中往往存在不连续创新现象。不连续现象即所谓的破坏性创新，是由于技术创新的突变带来新的革命性的技术变化和技术平台。

其次，A-U 模型只包含产品创新和工艺创新，现实创新过程可能更为复杂、影响因素更多，可能存在其他创新。

再次，从长期来看，A-U 模型应该是一个交替循环的过程。原始的 A-U 模型展示了一个标准阶段。如果核心技术没有突破性的变化，那么技术创新还是在原有轨道上。但这并不代表创新模式不再继续，通过新的核心技术创新集群带来产品和工艺创新，引领新的市场需求，见图 4—2。新旧核心技术创新集群采用同一代技术，每一个核心技术创新集群代表一个完整的 A-U 模型周期。新的核心技术创新集群代替旧的，A-U 模型则也从头开始进入一轮新的循环。新旧循环之间的过渡阶段存在显著的产品升级现象，但升级的技术还停留在同一技术层面上。此外，A-U 模型不是具有广泛适用性的模型，例如，有些实证文章指出日本某些产业可能不符合 A-U 模型。因为装配产品和非装配产品的 A-U 模型存在不同。在主导设计确认以后，元器件层次上的创新竞争仍然激烈。

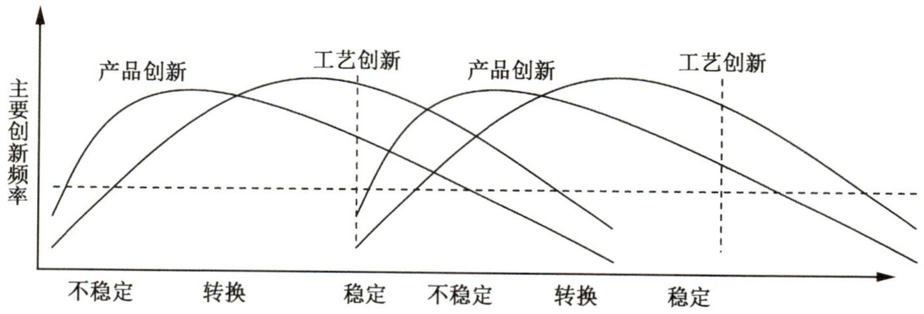

图 4—2　修正 A-U 模型图

最后，A-U 模型对不同阶段的产业组织是何种状况尚需进行深入解析。产业组织是指同一产业内企业间的组织或者市场关系。因为 A-U 模型从企业普遍规律出发，分析重点在于产业中企业群体的宏观行为特征，产业如何组织可以被视为工艺创新下的子问题，但不属于主要研究目标。因为从工艺创新为主导的逻辑来看，产业组织不需要频繁改变，除非产品创新导致的产业组织创新。当然，在 A-U 模型不同阶段，产业组织的形式和重点也不同。举例来说，在不稳定阶段，以产品创新为主，工艺创新成本较高，此时产业组织更多地依靠传统组织方式，改变较少。然而，另一种情况是，因为新的产品创新，为支持产品创新，原有工艺随之得到较大改变。在转换阶段，产品设计趋于稳定，企业主要进行工艺创新。通过渐进性的方式改善工艺，包括产业组织的渐进改变。在稳定阶段，产品创新和工艺创新都有一定程度的降低。

(三)A-U 模型的进一步研究

当今技术面临突飞猛进的变化，当前新的技术、新的业态对 A-U 模型提出了新的挑战。对 A-U 模型还存在以下潜在研究方向：新技术的产生，如互联网技术，促进了组织扁平化、信息分享水平、协作程度、消费多样性等，产品创新和工艺创新面临巨变。不同类型企业，如国有企业与民营企业具有不同的生产组织逻辑。而开放式创新趋势带来新的创新方式，势必影响产业创新过程。

随着研究的深入，有必要采用波特的价值链理论和产业链理论对 A-U 模型进行更为系统深入的分析。对 A-U 模型进行更细致的划分，如增加产业创新的环节、细分产业创新的周期等。此外，从创新生态圈角度等新的理论角度分析，从而提高产业创新的成功率。其他研究问题还包括产业创新与产业集中度、产业发展阶段与企业战略选择、先行者与模仿者的策略选择和博弈等。

二、产业创新的定义与内容

(一)产业创新的概念

产业创新是指从一个根本性的技术与产品创新开始，经过企业的连续性创新，在市场上获得商业化成功，最后形成一个新型产业的过程。新型的产业可以是全新的产业，也可以是原来产业有重大的更新改造后的产业。产业创新的本质是将成功的技术创新成果转变为市场上受欢迎的新产品、新服务的过程，其中一个根本性的新技术、新产品创新，就是通过采用新的材料和元器件，使之具有新的性能或功能，提供了新的用途或市场需求，从而形成了一个新型产业。

在根本性的技术创新成果乃至产品创新出现之后，还会有一系列后继的渐进性创新并形成创新群，从而引起新型产业的成长与发展，这一过程称为持续创新过程。产业创新过程实际上是持续创新的过程，需要长期投入。实践证明，根本性的技术创新固然具有重大的经济意义，但随后的持续创新即从产品创新开始的产业创新往往具有更大的商业价值。

具体来看，产业创新大致可以分为四个环节:研发创新阶段、工艺创新阶段、组织创新阶段和市场创新阶段。在研发创新阶段，产学研合作非常重要，决定了此类技术创新或产品创新成果是否具有一定的市场导向。之后的生产阶段中，创新主体首先要通过工艺等一系列创新使新产品可以大规模生产出来并有较高的品质保证，这就是工艺方面的创新;其次还要组织产业链或价值链环节的其他合作者结合最新的科技创新，组织生产并协调产业链协同创新，开发原创性产品或改进现有产品的材料与零部件，为此需要组织开展材料、部件、工艺制造、生产组织等一系列创新合作，这实际上是组织创新的工作。而在市场创新阶段，创新主体企业根据市场情况，进行市场开发与组织，使创新成果获得市场成功，即形成新的产业或改造了现有产业(见图 4—3)。

(二)科学技术与产业创新关系

创新成功的技术成果只有转化为商业成功，即转化为有较大市场空间的产品或服务时，新型产业才真正形成。这个过程称为产业创新。产业创新是由企业最终完成的，只有把技术成果创新为新产品，然后进行工艺创新与管理创新，使之真正生产出来可以适用，并能够创新拓展出市场空间进而商业化成功才算完成。产业创新是所有新产业形成发展的必由之路，它不同于技术创新。例如，“量子技术”是科学技术，它不是产业，但它是支持量子通信产业的关键技术，也可以支持量子计算机产业的关键技术。历史已经证明，并不是所有的技术创新结果都可以形成新产业，不能简单地只从科学技术研究趋势来判断新兴产业发展的可能，因为科学技术是产业发展的支持，但其本身不是产业。技术可以分为三大类:通用技术、专有技术和工艺技术。

1. 通用技术

通用技术是指基础性的可以支持很多领域的科学和技术研究与应用发展的技术，如算法、

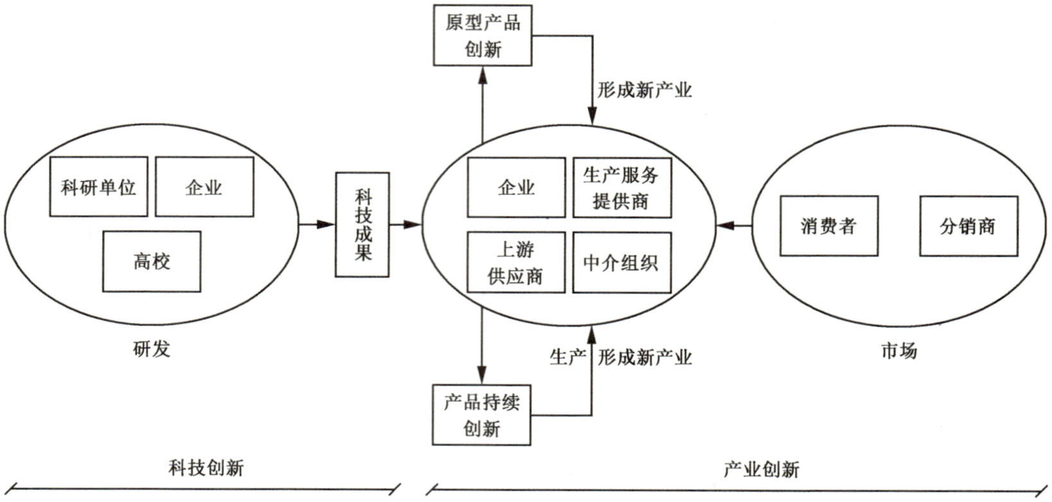

图 4—3　产业创新过程

数据获取与分析技术、人工智能技术、信息通信技术、生物基因技术和量子科技等。算法就是一种通用技术，今后凡是人工智能应用方面都与基本算法有关系。而数据、大数据的数据获取分析技术在数字经济条件下，几乎所有的领域都要有应用这样的技术，所以它是一种通用性的技术。通用技术虽然也是未来产业所需要的，但并不直接导致一个产业诞生。

2. 专有技术

专有技术是指在通用技术基础上，结合不同应用领域进一步深化研究发展形成的新技术。如果说专有技术与通用技术稍有不同的话，就是它是在某一个领域里面的特有的技术，如新能源技术、减碳技术、航天技术、量子通信技术等。专有技术的特点是，只能适应于某个特有的领域，比如航天技术就只能适合航天领域。通用技术与专有技术的区别就在于一个是普适性的、一个是专有的。

3. 工艺技术

如果从产业的角度来讲，上述技术创新的成果即便十分伟大、完全是突破性创新，但如果没有工艺制造技术，这个技术成果就转化不了为产品，或者转化为产品却没有办法大批量生产，而且质量与品质还不稳定。所以工艺技术、制造技术是产业化关键的一个技术之一，是形成产业的关键技术之一。在工艺制造技术里面，其中一个环节就是生产新产品的机器设备创新和产品模具开发设计，因为有了机器与模具才能有标准化的产品生产，这个生产产品的机器与模具的开发其实也是一种创新。有些产业的产品很粗糙，就是因为模具不行。

要成就一个新产业，仅仅有其中一个方面的技术成果是不够的，需要这三类技术的协同创新、互相衔接才行，需要这三类技术创新主体的协同努力才行。正因如此，不能认为目前的一些前瞻科学技术未来就一定能够成为产业，现在投入研发进行技术创新，尽管这个技术创新成果十分重大，但也仅仅是成就未来产业的一个可能而已。所以，从科学技术进步趋势角度判断新兴产业具体是什么只是一条路径，某个前瞻科学技术不等于就是某个未来新兴产业，但可以引导与支持未来新兴产业诞生、成长与成熟。

(三)新产业形成的创新协同

从产业发展的历史规律来看,新产业发展形成路径基本遵循 A-U 模型(William James,1978):(1)即从原始产品创新开始,经过工艺创新以及后继大量企业跟进创新形成商业化市场,新兴产业最终形成。这样一个过程性创新可以称为产业创新。由这个过程可见,产业最终形成需要从产品创新到工艺创新、组织创新和市场创新这个完整过程,并且这个创新最终要获得消费者的认可才行。[①] (2)产业形成的源头是原始创新的产品,这个产品的创新依赖于支持产品创新的相关专有技术与通用技术支持,而产品能够走向商业化则与工艺制造技术的创新支持分不开,否则产品就不可能有品质大规模地生产出来。因此,从图 4—4 可以看到,三项技术对新产品创新和原来产品的迭代发展都十分重要,是形成未来产业不可或缺的部分,其中,专有技术尤其是工艺制造技术主要由企业拥有,这就是为什么说产业发展创新的主体是企业的原因。

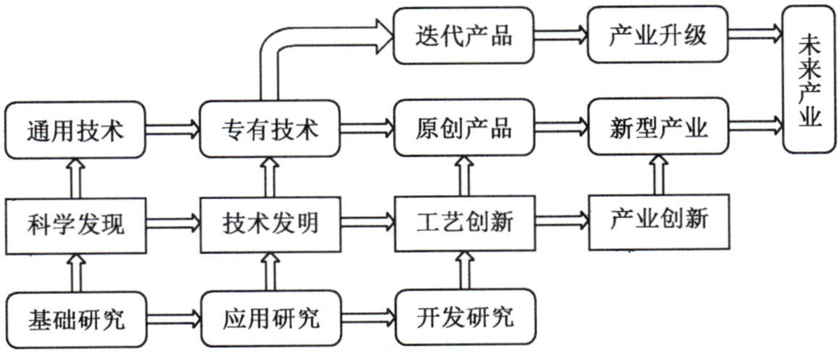

图 4—4　新产业形成的基本路径

第一,图 4—4 中显示了新产业的形成需要通用技术、专有技术和工艺制造技术三类技术分别投入、协同创新才可以成为前瞻性的新兴产业,缺少其中任何一个方面,就会形成新产业发展的技术短板,成为发展约束。由于通用技术的创新发展依赖科学发现、专有技术创新依赖技术发明、工艺技术的创新依赖企业制造技术创新,而它们又分别对应基础研究、应用研究和开发研究的投入与成果,再加上这三类研究创新的主体不是同一主体,因此就产生了各自的利益诉求不同问题以及三者之间的协同合作问题。

如果在基础研究方面投入少、研究时间不够,就约束了在前瞻通用技术方面的创新发展,进而约束了专有技术方面的创新进展。因为专有技术是在通用技术上深化应用延伸出来的技术,例如量子通信技术与量子技术密切相关,是量子技术在量子通信行业中具体形成的专业技术。基础研究十分重要,其成果就是科学发现,它的价值巨大,不是用商业价值就可以衡量的,例如,在科学史上电磁理论的发现导致了电的生产与应用,进而真正改变了世界。科学发现成果基本上不采用技术专利的保护,它是一种公开的知识,是普惠于人类整个社会的知识,但它支持之后相关通用技术的形成与发展。未来新型产业的形成离不开科学发现成果,但科学发现的成果未必一定支持新型产业的形成,所以不能用现在和未来的商业价值来判断基础研究投入与产出。

① 芮明杰．产业创新理论与实践[M].上海:上海财经大学出版社 2019 年版．

第二，新产业的形成需要三类技术协同创新才可能成为前瞻性的产业，这三类技术的背后分别对应基础研究、应用研究与开发研究，通用技术、专有技术再加上工艺制造技术协同创新需要上述三类研究的协同才行。这三类研究的主体特性不同、利益诉求不同，研究成果的价值判断标准也不同。科学家从事基础研究，其成果为科学发现，科学发现强调第一性，如第一个发现第一个发表成果的、第一署名权等；而应用研究者的成果为技术发明，成果可以也应该申请技术专利，专利的价值在于有人购买以及广泛使用的状况，申请专利也强调第一性，否则就是别人的发明了。开发研究的主体通常是企业，企业的工作通常是把技术成果转化为产品，并且保质保量地提供消费者喜爱的产品或服务，其价值是由市场销量来判断。由于三者研究成果特点不同以及利益诉求不同，因此三者之间的协同就成为一个问题，这就是所谓产学研合作协同问题。这个协同中除了利益诉求外，还有时间的问题，科学研究是一项长期的工作，而企业的开发研究强调"短平快"，于是就有了协同合作的矛盾。例如，在特殊激光理论研究与应用研究上的薄弱，就导致难以生产出高端精密芯片光刻机，于是就生产不出 5 纳米、7 纳米的芯片。

第三，布局新产业发展的前提应该是基础研究先行、应用研究跟上、企业具有创新能力。观察 2022 年美国通过的《芯片与科学法案》的内容，可以看到表面上是关注芯片等产业，其核心则是关注基础研究、能源创新、新材料科学发展等议题。美国谋求全球继续领先，最主要的措施一方面是抓住主要基础研究加大投入，另一方面则是在现行技术优势领域对别的国家进行封锁，使得现有的国际前瞻性技术不让竞争对手获得，即拖延了竞争对手技术快速发展的时间，而它自己的优势就可以不断地巩固和发展。在应用研究与开发研究方面，由于这些研究具有市场导向特性，所以完全交给市场和企业与相应研究机构选择，这就是整个研究、创新链的政府与市场合作。一般可以将从通用技术到专业技术，再到工艺制造技术，最后走向产业，称为产业技术创新价值链，就是技术最终走向产业，科学技术最终走向产业的是通用技术、专有技术再到生产工艺技术。这是创新价值链的关联系统运行有效的问题，这个系统运作有效需要制度机制创新，也需要政府与市场的合作。只有这个系统运行有效率、科学技术资源配置有效率，我国新型产业发展布局才能够成功。

(四)产业创新的内容

产业创新是过程性创新，其具体内容包括产品创新、工艺创新、组织创新和市场创新四个关键创新环节。

1. 产品创新

关于产品创新的研究文献汗牛充栋，新兴产业之所以形成与成长，离不开原创性的产品，例如智能手机产业离不开苹果公司 iPhone 的原创创新，也正因如此我们对乔布斯的创新才能非常佩服。但在这个巨大光环下，很少有人看到那些能够把 iPhone 天才创新设计付诸生产成形，成为消费者欢迎的高品质新产品的合作企业或场景。没有产品原创以及对原创产品之后的不断改进式创新，也就不会有新产业的成长与发展，产品创新是产业创新的源头，这是毋庸置疑的。产品创新的背后是重大的技术创新，例如人工智能技术的发展，可能导致一系列智能产品包括智慧机器人产品的问世。产品创新的重要性无须做更多的讨论，从产业创新的链条和创新的全过程来看，下面三个环节常常被大家所忽视，其实它们同样十分重要。

2. 工艺创新

能否实现产品创新到工艺创新的完美过渡，也就是说，新产品研发成功不见得就能够生产出来，因为如果生产工艺不能因新产品要求进行再创新的话，那么新产品就只能留在实验室。所以工艺创新十分重要，仔细研究工艺创新可以发现，工艺创新是一种再创新，它是在对新产品的功能构造、生产技术要求、设备与材料、加工方式等全面评估后的在生产工艺上的再创新，使之把新产品高品质、低成本精益生产加工出来。尽管产品创新是产业创新的源头，但如果工艺创新能力不强，那么一定是只有新产品创新而没有新产业形成。工艺创新的核心是创新创造出可以高质量大规模生产此类产品的机器设备或生产流水线，机器设备与生产流水线状况代表了这个产业的生产技术水平，决定了是否能够高质量、大规模、低成本把产品生产出来供顾客消费。例如，目前如果只有芯片设计却没有阿斯麦的光刻机，那么 7 纳米的芯片就不可能大规模高质量生产出来。同样，如果没有产品模具设计或加工不行，不能设计和加工出新产品形态要求的模具，那么工艺创新中的第一环就失败了。富士康虽然被定义为代工企业，似乎没有什么技术含量，是劳动密集型企业，但它有极为先进的模具设计加工的子公司，再创新能力极强，甚至夸下海口：只要你产品设计出来，我就一定可以高品质制造出来。可见，工艺创新在产业创新过程中的重要性，这一重要性的关键是工艺创新本质上是产品创新后的再创新。再创新虽然是在产品创新的基础上再开展，但并不比产品创新简单。

3. 组织创新

新产品、新工艺的创新成功，并不能保证新产品能够呈现在消费者面前，因为在社会分工的条件下，新产品的制造成功还有赖于其他合作产业与合作企业，这样的合作总是基于现有产业链、价值链，并在其基础上进行改进创新，这就是组织创新。产业创新链上的组织创新是指完成新产品创新与工艺创新后的生产协作组织的创新。这个创新内容包括产品创新、工艺创新对合作厂商的相应要求与传递，由此导致产业链、价值链更新和产业链、价值链组织治理的创新原因在于：首先，新产品、新工艺、新技术的实施对原有产业链、价值链环节厂商提出了新要求，如果现有厂商创新能力能够胜任新产品新分工要求，则可能在新产品成功中获取更多价值；如果原厂商创新能力不能胜任新要求，则可能面临技术改进要求及价值链进入壁垒，降低获得的价值甚至被淘汰。其次，新产品、新工艺、新技术诞生可能促使新厂商进入价值链，以及现有厂商向相关价值链延伸和转移。再次，新产品需求的新价值链形成还面临对原有价值链、合作网络调整、压缩、分拆、增加等环节。最后，形成的新产业技术标准将对现行产业价值分配带来不同影响。当新产业产生时，其产业链、价值链、协作网络也面临创新、组织变革等过程。这个环节的创新，本质上也是再创新，即围绕着新产品、新工艺创新的新要求进行延展性的再创新。

4. 市场创新

新产品创新成功，工艺创新成功，产品生产出来了，是否意味着产业创新就成功了呢？答案是否定的，因为产业创新成功离不开新产品在市场上的成功。所谓市场上的成功，不仅是该产品被消费者关注甚至认可，还需要该产品被广大消费者看作十分喜爱的并愿意为之买单的产品，而这离不开市场创新。所谓市场创新，是指根据产品特性、消费者偏好对产品的品牌设计、分销方式、渠道构建、定价、售后服务设计等的一揽子创新，其目的可以有多样性，但核心是把市场做大，实现市场上的领先与利润获得。市场创新弱，可能导致好产品需求不旺的状况，如此产业创新就不能算成功。iPhone 的成功实际上离不开苹果公司的“饥饿营销”，以及通过

“果粉”培养导致大量客户被黏住。这里的市场创新显然与创新的新产品有关，因此也可以将其看作再创新。

5. 产业创新推动新兴产业诞生与发展

现有的产业，如汽车、互联网、计算机，都是从根本性的技术与产品的创新开始的，获得了商业化的成功，形成了大家追逐和消费者欢迎的新兴产业。而创造这些产业的，大多是发达国家。过去以为产业化主要是产学研结合就够了，这个观点值得商榷。产学研合作是创新方式，而应该更强调产品最后的商业化成功，因为这是最重要的结果。实际上，创新的商业化成功也是一个创新的过程，这个创新的过程就是所谓的产业创新。

近年来，我国在创新驱动发展战略的指引下，先进制造业和新兴产业发展速度快、有成效，但目前在国民经济中的比重较小，而且有些产业核心技术与发达国家相比仍有相当大的差距，部分高端产品价值链核心环节掌握在发达国家企业手中。解决我国先进制造业与新兴产业长期发展提高竞争力的关键是技术创新与产业创新。其中，产业创新特别重要，是实现产业领先的根本途径，而企业是产业创新的主体，只有通过产业创新，才能摆脱产业与企业发展的停滞和危机，才能打破僵局和困境、变被动为主动、化压力为动力、重建竞争优势。中美贸易摩擦的原因表面上看是两国贸易不平衡的问题，实际上是两国在新兴产业、先进制造业持续创新与竞争上的考量。

从产业生命周期来看，产业成长的过程实际上是技术与产品不断迭代持续创新的过程，这个过程也就是产业创新。静态来看，产业创新分为四个环节，即产品创新、工艺创新、组织创新和市场创新，这四个环节是连续的、缺一不可。要能够使新兴产业不断成长壮大，需要技术与产品、工艺、生产组织、市场创新不断进行，所以是十分困难的，因此把科技成果从实验室推向市场并获得巨大的成功，概率也是比较小的。事实上也可以把产业创新分成研发创新、生产创新（包括工艺创新与组织创新）、市场创新三个大的阶段。研发创新阶段是原创，后面两个阶段可以称为引致创新或再创新，即依赖原来的新产品、新技术，然后再相应地来做创新。产业创新的主体是企业，一个企业在这三个阶段里，哪一个不到位都会出现问题。当然，把三个阶段分别交给不同的企业协同作战，最后获得成功，这也是可行的。

三、创新图谱与产业创新

从图 4—5 创新图谱中可以看出创新的体系与不同的创新阶段的联系，不同创新阶段有不同的创新主体，产业创新是最下游的创新，因为它直接面对市场和消费者。

（一）创新主体不同

整个创新图谱有不同的创新阶段，各个阶段创新的主体是不同的。基础研究阶段的创新主体主要是高校与政府支持设立的基础研究科学机构，它们从事的研究与创新主要是进行科学发现，发现规律、发现新的事实、发现人类的未知，进行知识的积累。这类创新的成果主要是以科学论文、科学著作、科学报告等形式来表达。应用研究阶段的创新主体主要是各类科研机构以及企业研究中心，他们的研究与创新是以发明新技术、新材料、新方法、新产品、新模式等全新的或可以替代现有的技术与方法，提高应用中的效率、安全、品质等为己任。这类创新成果主要是以技术诀窍、技术专利、论文、报告等形式来表达。

产业创新则不然，它的创新主体主要是企业以及与企业相关的研究机构，主要目标是把新

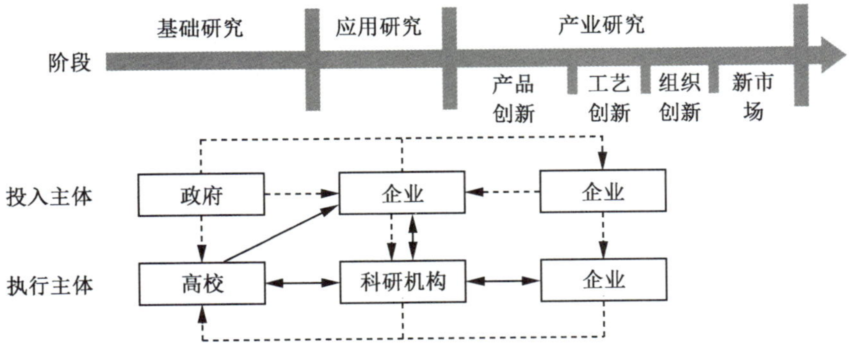

图 4—5　创新图谱

技术新产品从实验室中成功地转变为工业化大生产，并在市场上取得消费者的认可，最终发展形成新型产业。乔布斯之所以伟大，一方面是因为他在智能手机技术上的成功，另一方面则是他将此技术成功的商业化，成就了苹果公司，也成就了智能手机产业的形成与发展。

(二)需要协同创新

产业创新的成功离不开前期的基础研究和应用研究，也离不开市场竞争机制的存在。而新兴产业的健康发展离不开市场竞争机制的存在，竞争迫使企业需要在上述四个环节同时创新才可能脱颖而出。产业创新成功的基本要求有以下几个方面：

第一，产业创新有四个主要的环节，即产品创新、工艺创新、组织创新和市场创新，这四个环节环环相扣、缺一不可。尽管新产品创新是产业创新的源头，是最重要的创新，值得重视与投入，但其他三个环节的创新及其成功对新产业成长与发展也十分重要，忽视这三个环节，往往会导致产业创新失败。更为重要的是，产品创新和工艺创新又会通过原来的或改革的协作网络、产业链、价值链迫使相关合作厂商进行再创新，成就创新的波及效果，这就是所谓的主导产品创新与工艺创新的企业行为，在微观上表现为获得创新租金的动力，宏观上表现为推动产业结构的转型升级。

第二，产业创新是过程性创新，产业创新的成功需要以上四个创新环节交替发力、动态演进，最终形成伟大的新兴产业，甚至改变人类的生活方式。从另外的角度看，除了产品创新是产业创新的源头创新外，其他三个环节本质上帮助新产品实现市场成功的再创新。所谓再创新，是指在前一次创新的基础上进行进一步的创新，完善或帮助实现原有创新的创新。现今社会更需要关注和支持再创新。

第三，市场创新的成功打开了新兴产业的市场需求空间，培养了巨大的市场潜力，也正是如此，才会导致新设企业或其他产业中的企业有巨大兴趣进入此产业，并以低成本或差异化的方式攻占这个市场。而要做到产品低成本或差异化，其背后也需要再创新，也正是如此的竞争直接推动了该新兴产业的发展与演化。从这个意义上说，三星公司的存在、华为公司的进入、小米公司的低成本智能手机的发展，挑战了苹果公司，给它以巨大的压力，迫使智能手机产业内所有的企业必须创新，重新审视消费者需求的变化，重新审视技术进步与人类社会发展的变化趋势，这样的竞争压力必然导致新的原创性新产品或现有产品和工艺甚至市场上的再创新。

专栏4-1

(三)产业创新与知识创新

产业创新作为企业创新的核心部分,离不开知识积累、知识传播和知识创新,现实的企业必须不断地开展个人学习、团队学习和组织学习,必须不断地提高企业产业创新、合作创新能力以及员工的知识与技能素养,才可能获得更好的产业创新的成果。近年来,知识经济与知识管理发展迅猛,知识以及创造知识和运用知识的能力,是一个企业获得可持久竞争优势的最重要源泉[德鲁克(Drucker),1993①;野中郁次郎(Nonaka),1991②,1994;奎因(Quinn),1992③;野中郁次郎和竹内(Takeuchi),1995④;温特(Winter),1987⑤]。当市场、技术、产品与消费者都在发生着迅速变化时,企业技术创新以及产业创新赖以成功的知识已经成为其竞争优势的重要源泉。

1. 知识创新的 SECI 模式

早期学者认为企业组织是信息处理系统(西蒙,1947⑥,1973⑦),知识创新是信息处理的一部分,因此很少有人探讨企业能动的知识创新过程。美国学者野中郁次郎(1998)首次提出了能动的知识创新过程 SECI 模型,并对知识创新的知识场——巴,以及知识创新的结果与支撑——知识资产进行了全面论述。为了解释组织是如何创造知识的,野中郁次郎、Noboru 提出了一项多层次知识创新模式即 SECI 模型。⑧ 在这个模型中,知识创新的三个层次必须相互作用,才能形成创新知识的螺旋上升运动(见图 4—6)。这三个层次是:(1)通过社会化、外在化、组合化和内在化而实现的知识创新过程(SECI),即模糊知识与明晰知识间的知识转换;(2)巴,实为知识创新平台;(3)知识或知识资产在知识创新过程中进行输入、输出和调节。

野中郁次郎的 SECI 模型非常有名,成为知识创新的经典模型。这个模型的本质是解释了企业内部的知识创新过程、明晰知识与默会知识的转换以及转换场所的重要性。但对于知识创新是如何在企业之间乃至在整个产业链、价值链上展开的,野中郁次郎并没有进行研究。

2. 组织学习与知识创新

从组织学习过程的角度,可以把组织学习划分为单环/双环学习(Argyris,1977⑨)、行动学习(action learning)(Zuber-Skerritt,2002⑩)、适应性学习(adaptive learning)(Appelbaum and

---

① Drucker,Peter F. The rise of the knowledge society[J]. The Wilson Quarterly,1993,17(2):52—72.

② Nonaka,Ikujirō. Models of knowledge management in the West and Japan[M]. 1991.

③ Quinn J. B. Intelligent enterprise: a knowledge and service based paradigm for industr[M]. Simon and Schuster, 1992.

④ Nonaka,Ikujiro,and Hirotaka Takeuchi. The knowledge creating[J]. New York,1995:304.

⑤ Winter,Sidney G. Knowledge and competence as strategic assets. DJ Teece,ed. The competitive challenge: strategies for industrial innovation and renewal[J]. Cambridge Ma. :Ballinger,1987:1—13.

⑥ Simon,Herbert A. Administrative behavior[M]. New York:The Free Press,1947.

⑦ Simon,Herbert A. Does scientific discovery have a logic? [J]. Philosophy of Science,1973,40(4):471—480.

⑧ Nonaka Ikujiro,and Noboru Konno. The concept of "Ba": building a foundation for knowledge creation[J]. California Management Review,1998,40(3):40—54.

⑨ Argyris,Chris. Double loop learning in organizations[J]. Harvard Business Review,1977,55(5):115—125.

⑩ Zuber-Skerritt,Ortrun. The concept of action learning[J]. The Learning Organization,2002.

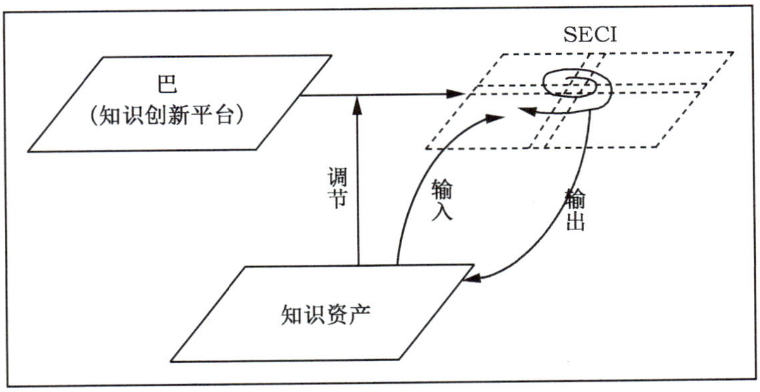

图 4—6 知识创新过程的三个层面

Goransson，1997[①]；Tyre and Von Hippel，1997[②]）和创造性学习（generative learning）（Driver，2001[③]；Kloot，1997[④]）。不同的组织学习方式导致学习效果、知识积累状况、创新知识可能都是不同的。[⑤]

基于技术创新的组织学习模型从技术生命周期各个阶段特点出发，研究不同阶段的组织学习和知识创新模式。迈尔斯提出了四类技术性组织学习：维持性学习、适应性学习、过渡性学习和创造性学习。[⑥] 霍布德（Hobday）从制造模式角度提出了"OEM（original-equipment manufacture）——ODM（own-design manufacture）——OBM（own-brand manufacture）"的技术学习模式[⑦]；国内研究技术创新的部分学者也做过类似的研究，如傅家骥、姜彦福和雷家萧的技术创新学习，王伟强、吴晓波和许庆瑞的研究与开发中学习[⑧]，吴晓波提出二次创新的组织学习模式[⑨]，陈劲的技术引进到自主创新的学习模式[⑩]，等等。

以彼得·圣吉（Peter M. Serge）为代表的学者从系统论的角度对组织学习、团队学习进行研究，提出了在动态环境变化下，企业应该转变为学习型组织，通过"五项修炼"，即自我超越、心智模式、共同愿景、团队学习和系统思考[⑪]，使企业成为可持续发展的企业，适应环境的变

---

① Appelbaum，Steven H.，and Lars Goransson. Transformational and adaptive learning within the learning organization：a framework for research and application[J]. The Learning Organization，1997.

② Tyre，Marcie J.，and Eric Von Hippel. The situated nature of adaptive learning in organizations[J]. Organization Science，1997，8(1)：71—83.

③ Driver，Michaela. Activity-based costing：a tool for adaptive and generative organizational learning? [J]. The Learning Organization，2001.

④ Kloot，Louise. Organizational learning and management control systems：responding to environmental change[J]. Management Accounting Research，1997，8(1)：47—73.

⑤ 芮明杰，陈晓静，王国荣．公司核心竞争力形成过程：一个函数模型分析[J]. 科研管理，2008，153(1)：60—65.

⑥ Meyers，Patricia W. Non-linear learning in large technological firms：period four implies chaos[J]. Research Policy，1990，19(2)：97—115.

⑦ Hobday，Mike. Product complexity，innovation and industrial organisation[J]. Research Policy，1998，26(6)：689—710.

⑧ 王伟强，吴晓波，许庆瑞．技术创新的学习模式[J]. 科技管理研究，1993(5)：20—23.

⑨ 吴晓波．二次创新的周期与企业组织学习模式[J]. 管理世界，1995(3)：168—172.

⑩ 陈劲．从技术引进到自主创新的学习模式[J]. 科研管理，1994(2)：32—34+31.

⑪ Senge，Peter M. The practice of innovation[J]. Leader to Leader，1998(9)：16—22.

化。作为一个学习型组织需要有不同以往的学习方式即团队学习方式，交流互动、学中干干中学，推动企业创新发展。

学习与创新总是在一定的场所进行，于是就有了创新社区的概念。学者们研究了社区中的非正式组织知识共享和互相学习，如非正式实践社区的工作、学习与创新一体化模型①、进化式学习社区模型②等。组织学习的社区模型有开放的组织文化特征，如信任与诚信、互惠机制等，有助于知识的传播和扩散。瓦格尔(Wagner)进一步认为企业之间的学习应该共享组织规范和价值，才能使组织学习有效地进行，因为嵌入组织记忆中的知识是不容易转移的③；而传统的资源共享或风险共享变换到合作伙伴的学习联盟可以使企业加快能力开发、提高对环境变化的响应速度、降低技术竞争的不确定性④；科恩(Cohen)和利文索尔(Levinthal)提出了跨组织学习的知识吸收能力模型，认为知识吸收能力包括认识新的外部知识价值的能力以及吸收并应用于商业目标的能力⑤，这些能力显然是企业进行产业创新所需要的重要能力。

3. 企业开放与合作创新

过去在研究组织学习与知识创新的问题时，企业经常被当作一个步调一致的独立系统，有固定边界，相对独立于外部环境而独立运作，其中心主题是适应环境、获取信息、制定规则、集团构建组织宗旨和组织记忆。⑥ 今天产业链、价值链的全球分工与合作，使企业的组织学习和知识创新遇到了新问题，诸如价值链上企业间关系、信用、协调以及合作、创新的传播等。因此，在全球化的背景下，企业如何通过技术创新、产业创新建立新的核心能力或使现有核心能力提高以获得持续竞争优势，是管理理论界和实践界共同关心的一个重要问题，也是企业持续发展的关键。

全球化背景下的企业跨界学习和知识创新合作是企业进行技术创新、产业创新的重要基础。今天企业产业创新不断取得成功的源泉是对全球各国各种不同的技术和知识的整合。一方面，企业通过其国际化的分支，有机会学习和使用国际上各种知识和技能；另一方面，对企业进行有效管理，需要有非集权的、灵活的办法来学习并转化知识。在产业创新的过程中，创新主体可以利用或发展形成企业之间的战略同盟与虚拟组织，通过建立战略技术联盟，形成外部网络，是其创新能力建立与提高的一条重要捷径。⑦ 柴尔德(Child)和福克纳(Faulkner)认为，战略同盟是国际合作最为普遍的方式，公司总是越来越寻求战略同盟，而且总是与竞争对手结成同盟，联合开发产品，实行协同行动，开发新的市场，获取新的知识和技能，不断开发企业的

---

① Brown, John Seely, and Paul Duguid. Organizational learning and communities-of-practice: toward a unified view of working, learning, and innovation[J]. Organization Science, 1991, 2(1): 40—57.

② Castro Laszlo, Kathia, and Alexander Laszlo. Evolving knowledge for development: the role of knowledge management in a changing world[J]. Journal of Knowledge Management, 2002, 6(4): 400—412.

③ Wagner, Marcus. The porter hypothesis revisited: a literature review of theoretical models and empirical tests[M]. CSM, 2003.

④ Huber, George P. Organizational learning: the contributing processes and the literatures[J]. Organization Science, 1991, 2(1): 88—115.

⑤ Cohen, Wesley M., and Daniel A. Levinthal. Absorptive capacity: a new perspective on learning and innovation[J]. Administrative Science Quarterly, 1990: 128—152.

⑥ 迈诺尔夫·迪尔克斯．组织学习与知识创新[M]. 上海：上海人民出版社 2001 年版．

⑦ 陈劲，王毅，许庆瑞．国外核心能力研究述评[J]. 科研管理，1999(5): 13—20.

组织间学习的潜力。① 合作创新为有效的技术转移提供了一个新的形式,并且技术转移已成为研究开发合作组织成败的关键因素。② 英厄姆(Ingham)和莫西(Mothe)观察了欧洲高技术企业参与的 R&D 合作联盟组织的学习过程,发现企业的技术学习能力、创造能力与以下六个因素有关③:(1)合作方的相互信任;(2)企业中研究开发活动的集成性;(3)获得足够的互补性资产;(4)合作过程中各成员的参与程度和合作动机;(5)企业自身的研究开发经验;(6)技术联盟中企业的数量。

第三节　产业创新的主体

企业是产业创新的主体,这是毋庸置疑的。这是由企业的商业本质所决定的,也是企业获得创新红利的最主要的途径。

一、产业创新优势

企业在既定的竞争空间中不是不可能找到获利基础,但在领先者的阴影下,其成长的空间十分有限。因此,企业必然进行产业创新,创造新型的产业。因为创造新型产业就是创造未来。对于有雄心的企业来说,创造未来必须做到:(1)以某种方式从根本上改变老行业的游戏规则(如查尔斯·施瓦布公司在经济行业和互助基金行业所做的那样);(2)重新划定行业间的界限(如时代—华纳公司、电子艺术公司及其他公司在"寓教于乐"领域试图所做的那样);(3)创造全新的产业(如苹果公司在智能手机方面所做的那样)。

(一)企业视角的产业创新

1. 竞争规则创新

对于历史悠久的产业,设法从根本上改变其游戏规则,是对此产业的变革与创新。这些产业中企业之间的竞争格局是由该产业的领先者所决定的,该产业的挑战者及跟随者只有设法改变产业的竞争规则,才有可能打破现有的竞争格局,从而在这个产业中走出领先者的阴影,成为改造后产业新的领先者。

2. 重划产业界限

新出现的产业之间的界限往往难以划分,这些产业大多集过去所定义的多种产业于一体,许多旧产业由于新技术、新工具的使用而与其他产业发生交叉或融合,只有重新设定产业界限,企业才能认识和发现其竞争对手与合作伙伴,从而找出新的竞争空间。

3. 创造全新产业

通过对顾客需求的前瞻式思考,依靠企业的核心能力,为顾客提供全新的产品或服务,通

---

① Child, John. and Faulkner, David. Strategies of cooperation: managing alliances, networks and joint ventures[M]. Oxford, England: Oxford University Press. 1998.

② Gibson, David V., and Raymond W. Smilor. Key variables in technology transfer: a field-study based empirical analysis[J]. Journal of Engineering and Technology Management, 1991, 8(3—4): 287—312.

③ Ingham, Marc, and Caroline Mothe. How to learn in R&D partnerships? [J]. R&D Management, 1998, 28(4): 249—261.

过产业创新的成功，从而创造一个全新的产业；也就是说，产业创新本质上就是为旧有的产业赋予新貌或创造全新的产业。竞争规则创新即改变产业游戏规则是企业重获新生的有效途径，加里·哈默尔认为战略创新就是在现有的行业改变竞争的核心能力以及创造全新行业的能力，这将成为世界各国公司下一个根本性的竞争优势。可见，改变竞争规则是产业创新的重要手段之一。重划产业界限往往与技术创新密切相关，如电子计算机、通信、网络技术、生命科学的发展给社会带来的革命性的变革必然也给经济和企业经营带来翻天覆地的影响，同时它为创造全新产业提供了广阔的机遇。

(二)产业创新的优势

产业创新是实现产业领先的根本途径，面对比比皆是的产业创新者的失败，面临巨大的研发风险和资金压力，企业实行产业创新究竟能获取哪些好处呢？毫无疑问，只有收益大于付出的成本，企业才会进行产业创新。更重要的是，只有通过产业创新，才能摆脱企业发展的停滞和危机，才能打破僵局和困境、变被动为主动、化压力为动力、重建竞争优势。企业创造新型产业可从以下四个方面获得优势：学习曲线、网络外部性（network externalities）、声誉和购买者不确定性、购买者的转换成本。

1. 学习曲线

学习曲线是指由于经验和专有技术的积累所带来的成本优势，在产业发展早期，销售量先做大的企业能比其竞争对手更早沿着学习曲线而下移动，生产成本也更低。因此，积累了丰富经验的企业能凭借价格策略比竞争对手得到更多的利润，从而进一步增加其累积产量，并提高其成本优势。

2. 网络外部性

对于某些产品，如计算机软件和家用电器的消费者来说，他们购买该产品所得到的使用价值随现有用户和预期的近期用户的增多而增加。例如，一种办公软件如微软的 Excel 用户越多，用户也就越有机会找到朋友或同事帮助解决使用该软件过程中遇到的问题。当新的用户加入现有用户网络时，他们就会给网络中的现有用户带来正的外部收益，经济学把这种现象称为网络外部性。存在网络外部性时，早期销售量较多的厂商获得了较大的顾客基数，从而在与顾客基数较小的厂商竞争时处于优势地位。这样就进一步拉大了该厂商相对于其竞争对手的顾客基数的差距，使竞争优势进一步增大。

形成网络外部性的前提是，企业最先推向市场的新产品是主导设计（dominant design）的产品，主导设计是赢得市场依赖的一种设计，是竞争和创新者为支配重要的市场追随者而必须奉行的一种设计，如苹果手机的智能特性就是一种主导设计，是后来者都追随的设计。主导设计不一定要体现最尖端的技术性能，但它一定是在技术可能性与市场选择的相互作用下广为接受的满意产品。一旦企业的产品成为主导设计，就意味着竞争者必须遵从它所确立的标准，而这种产品变成主流产品和成为新产业会形成巨大的消费群，从而大大增加其网络外部性，使其在与竞争对手的较量中处于优势地位。

正如 VHS 和 Beta 制式的录像机之间的竞争所揭示的那样，网络外部性不仅影响两个厂商之间的竞争，还影响两种能力之间的竞争。Beta 制式的技术是由索尼领导的日本企业集团研究出来的，索尼提前把这种技术的录像机投放市场时，日本胜利公司（JVC）立即把应用 VHS 原理的录像机投放市场应战。尽管 Beta 制式在很多方面优于 VHS 制式，但是索尼制定的高价位使 VHS 录像机占领了大部分美国市场。20 世纪 80 年代期间，VHS 录像机的顾客基数进一步增大，它相对于 Beta 录像机的优势也就越来越明显，越来越多的制造商选择生产 VHS 录像机而不是 Beta 录像机。最终，Beta 录像机在美国完全失去了市场。

3. 声誉和购买者不确定性

在销售新产业的产品——那种在购买和使用之前不能确定其质量的产品时，企业树立起来的质量信誉使它占有明显的提前行动者优势。如果竞争对手的竞争性产品性能有可能不好的话，对某一品牌的产品有良好感觉的消费者不会愿意转而去购买这样的竞争性产品。购买者不确定性加上声誉效应使得企业的品牌成为一种有效的隔绝机制。一旦厂商树立了其品牌声誉，那么它在获取新顾客时就有了优势，并增加了成功地使用产品的消费者数量，因此进一步扩大了其品牌声誉，使新产品在市场上成功的概率大大增加。

当然，新进入者也可以通过广告劝说顾客，其产品质量更优于新兴产业开拓者的产品，从而打破开拓者的声誉竞争优势。但是，市场营销中的消费者行为研究告诉我们，新兴产业开拓者的品牌对消费者偏好的形成具有很深的影响。如果新兴产业开拓者能够劝说大量消费者尝试该产品，那么消费者肯定会认为该产品特性的构成是同类产品中较理想的。后来者的新品牌必须告诉消费者，它的产品比开拓者的产品性能优良得多。开拓者的品牌享有知觉上的竞争优势的例子很多，如克莱斯勒的微型货车。克莱斯勒于 1983 年推出第一辆微型货车，尽管克莱斯勒微型货车的性能并不比福特或通用车优越很多，价格也不便宜，但是在 20 世纪 90 年代中期，美国微型货车市场上每三辆车中就有两辆是克莱斯勒的。

4. 购买者的转换成本

对于某些产品来说，购买者更换另一个供应商会增加很多成本。若购买者已培养了有关使用某具体品牌的技能，并且这种技能是不易转移到其替换品牌上的，那就出现了转换成本。例如，一个顾客已掌握了使用 Word 的大量知识，他要转而使用 WPS 的话，还需投资培养新的技能。若企业已培养了有关购买者的特定的技能，而别的企业不能迅速给消费者或潜在消费者培养这种技能，或者企业给购买者提供客户化的售后服务，那么购买者也会增加更换成本，从而不愿意使用别的企业的产品。

品牌转换成本是提前行动者即产业创新先行者的强大优势，产业新进入者虽然在争取已购买原有厂商产品的消费者时确实处于劣势，但在争取第一次进入市场的新消费者时没有劣势。法雷尔(J. Farrell)和夏皮罗(C. Shapiro)指出，在没有规模经济或网络外部性的条件下，在成长性市场存在转换成本实际上比不存在转换成本更鼓励市场进入。原因在于，原有企业不愿意把价格降到能够吸引新顾客的程度，因为这样做会减少它在原有顾客那里所得到的利润。因此，法雷尔和夏皮罗推测：存在高转换成本、低规模经济或低网络外部性的市场，有一种稳定的惯性，早期占有市场领导地位的企业会保持产品高价位，让其市场份额逐渐受到侵蚀，这就是产业创新的红利之一。

二、产业创新成功的基本条件

产业创新成功有许多关键的影响因素。从产业创新环境来看，主要产业环境影响因素有市场需求、相关生产或组织技术的配合、企业家创新、公平竞争的市场环境、政策环境、知识产权保护、制度与机制、金融体系、社会文化、服务体系等。从产业创新过程来看，创新应用主要依赖于产业生产组织和商业模式市场开拓创新两方面，见图 4—7。

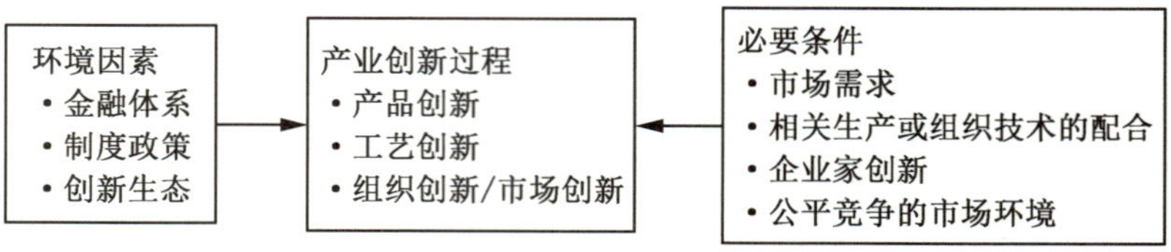

图 4—7　产业创新成功的影响因素

产业创新成功需要具备一些基本要素，例如市场、产业、配套产业等层面的因素，包括市场需求、相关生产或组织技术的配合、企业家创新、公平竞争的市场环境等。企业产业创新成功离不开一定的市场规模，而市场规模也与厂商的市场开拓能力有关。同时，产业创新过程需要与相关产业协同创新，创新厂商对配套产业的开放性至关重要。企业家精神和创新动力支持着企业持续创新，同时产业创新离不开企业家对生产过程的组织、对机会和风险的把握。政府在产业化过程中应做好公平竞争市场的维护工作，同时保持宽容的制度环境，容忍企业的产业创新。例如，在大规模定制的情况下，企业对工艺创新比对产品创新更为重视，因为工艺过程对产品变化有较强的适应能力，保证个性化产品从灵活、敏捷而又长期稳定的过程中生产出来。

(一)市场需求

市场需求是新产品形成新型产业的关键条件，也是产业创新的目标和方向。新产品的产出要达到规模经济需要一定的市场基础。需求的市场规模，首先取决于消费者的消费偏好以及消费者当前及近期的未来有可预期的支付水平，否则新型产业无法达到生产的规模经济要求；其次，与企业的市场开拓能力有关，即如何把消费者的消费欲望转变成实在的购买；最后，取决于企业对购买者的服务水平。产业创新过程的根本任务是更好地搜寻和对接具备支付能力的市场需求；更好地开拓现有市场和未来的市场；把握消费者需求和消费习惯变化。

现有创新研究对市场需求的关注较少，尤其是以支付能力作为衡量的市场需求考虑不多，但已关注到市场需求或市场规模对产业发展具有决定性影响。徐康宁以大飞机产业为例，提出规模化生产依赖于获得“买家”的订单。① 张国胜指出，市场规模可能促进产业升级的需求。实际上，市场需求规模大小一定程度上与企业的市场开拓能力密切有关，并且还取决于企业满足需求的能力以及消费者支付能力。② 在特定时期内，需求匹配且同时消费者具有支付能力时，即产生市场规模。对未来市场规模的估计已经是评价高新技术成果是否具有产业化成功条件的核心指标之一。③

(二)相关生产或组织技术的配合

新产品成长的配合产业体系是产业创新成功的一个重要条件。配合产业体系是指产品相关的配套生产或组织技术，创新企业只有与相关配套产业形成协同运作和创新时，产业创新才

① 徐康宁，陈健．跨国公司价值链的区位选择及其决定因素[J].经济研究，2008(3)：138—149.
② 张国胜．本土市场规模与产业升级：一个理论构建式研究[J].产业经济研究，2011(4)：26—34.
③ 赵小芸，芮明杰．可产业化的高新技术成果评价体系构建[J].科学发展，2011(9)：18—25.

可能成功。在我国，企业的产业创新面临的最大问题是缺少协同创新的配合产业，尤其是缺乏对海外的配合产业的充分放开和合作。因为在全球产业、价值链分工的条件下，任何产业创新过程都需要与相关产业的生产或组织技术方面的协同创新。相关产业是指与某个产业相关联的上下游产业（如提供原材料、零部件、机械设备等厂商）和互补性产业。[①] 在传统一体化组织模式中，配套产业的协同创新显得没有那么重要。然而，当今产业分工深化已进入全球化、模块化和价值网络化阶段，在这样的状态下，创新的效率已经不再是简单的投入多少资本，而是创新的主导者如何利用创新平台，是否采用更为开放的创新合作策略组合，协同其他参与主体的创新活动，以实现创新的高效率与高的价值创造。[②] 以个人计算机总线结构为例，英特尔公司开发出 PCI 总线技术，并采取了更为开放的结构，同时技术性能优越、兼容性强、知识产权免费，因此被配套生产厂商、互补品厂商所接受而成为平台领导者[③]；可以设想，如果离开了配套厂商的协同创新，英特尔公司总线技术的产业化可能不会这么快成功。所以，在全球化产业分工深化的背景下，我国应进一步扩大产业体系的开放性，借助国际分工合作与市场细分，推动产业创新效率提高。[④]

（三）企业家是产业创新的关键人物

企业是产业创新的主体，企业家是企业的灵魂，这样企业家也就成了产业创新的关键人物。李新春等指出，高科技产业发展的本质在于企业家的创业精神。[⑤] 隋广军等指出，企业家在高科技企业中担任核心角色，负责企业的运作和发展。[⑥] 因此，从某种意义上说，企业家也是高科技产业的支柱。掌握科技创新成果的科技工作人员不一定能成为合格的企业家，企业家也可以是兼具市场化和创新能力的科技人员。如果说科技创新需要的是科研人员的专业知识储备、创造力等能力，那么在产业创新中，需要的则是企业家的创业素质，包含专业知识和创新精神等。例如，企业家具备的对市场的感知和把握、对资源的组织等；企业家有社会责任担当（如创造就业、保护环境）、承受风险、开拓精神、独立精神、创造精神等特质。企业家精神不断创新的动力也是支持产业创新的根本原因。最为典型的例子是美国硅谷。因此，保护企业家创新的动力，就可以使企业保持较为活跃的产业创新活动。产业创新过程需要重视发挥企业家特质，尤其是与创业相关的能力和精神，原因有以下几个方面：

第一，企业家能对市场需求做出动态判断。新产业的形成需要对消费者需求偏好变化以及现在与未来支付能力具有准确判断和预期。新兴产业的建立往往需要较高投入，因此厂商面临更高的风险，此时消费者的支付能力更为重要。消费者需求匹配则依赖于厂商对市场趋势的判断以及产品的设计能力。同时，新产业的产生和发展与市场机会密切相关，而企业家对技术和市场拥有相对充足的信息、成熟的认知以及关系网络等，从而能对客观存在的市场机会做出合理的主观判断，成立新的企业或产业[⑦]，并保证产业创新过程中的时机和方向正确。

---

① 芮明杰，吴光飙．全员激励盟约：一个适用于知识型企业的缔约规制[J]．复旦学报（自然科学版），2001(2)：134－137＋152．

② 姚凯，刘明宇，芮明杰．网络状产业链的价值创新协同与平台领导[J]．中国工业经济，2009(12)：86－95．

③ 同上。

④ 刘明宇，芮明杰．全球化背景下中国现代产业体系的构建模式研究[J]．中国工业经济，2009(5)：57－66．

⑤ 李新春，宋宇，蒋年云．高科技创业的地区差异[J]．中国社会科学，2004(3)：17－30＋205．

⑥ 隋广军，申明浩，宋剑波．基于专利水平地区差异的高科技产业化问题研究[J]．管理世界，2005(8)：87－93＋169．

⑦ 李新春，宋宇，蒋年云．高科技创业的地区差异[J]．中国社会科学，2004(3)：17－30＋205．

第二，企业家对利润的追求是产业创新的根本动力。企业家创新的动力首先是对创新红利的追逐以及谋求企业长期的竞争优势。此外，导致企业产业创新的内生动力还与企业家价值观、企业家梦想与追求等相关。产业创新成功仅有动力还不够，企业家还要具备产业创新所必需的综合能力以及领导企业推进持续的产业创新执行力。

第三，产业创新是有风险的，需要企业家对风险的把控。创新的风险可能来自外部市场和组织内部。① 产业创新过程中，外部市场和组织内部不断变化，每一次创新决策都可能影响企业发展，企业家作为决策者，也必须综合考虑决策的机会成本以及失败可能带来的影响。

第四，产业创新是一种知识创新。在产业创新过程中，企业家还是企业持续学习的最积极的参与者和领导者，推动企业开展组织学习与个人学习来进行知识积累、知识传递以及知识创新，使企业成为学习型组织，成为具有产业创新能力的组织，推动企业持续成长与发展。

(四)公平竞争的市场环境和政策环境

只有在公平竞争的市场环境下，企业才能有效地开展产业创新。产业创新面临较高的不确定性和风险，成本极高，在这种情况下，公平竞争的市场环境是产业创新能够成功的根本原因，是产业化发展的"土壤"。可以说，没有公平竞争的市场环境，企业的产业创新是不可能成功的。公平竞争的市场环境一方面依赖于市场机制的有效调节，另一方面依赖于政府的监管作用。由于市场也会产生缺陷，因此需要政府通过法律和政策来监管以及维护开放和公平竞争的市场环境，如反垄断保护竞争的法律、创新性幼稚产业的保护政策、相应的科技成果产业化推进政策(如产业准入政策的宽松)等。当市场环境的公平竞争得到保证后，企业将获得一个宽松的"制度环境"，如面临的恶意竞争的压力有所减少、产业化初期的配套扶植措施较为完善、市场的容错程度较高等。宽松的制度环境也意味着鼓励企业进行商业模式和市场开拓创新，并将容忍企业大胆创新追求商业利益，从而提高产业创新的积极性和效率。一方面，公平竞争的市场环境是产业创新的必需条件，改善市场环境将大幅提高产业创新活动；另一方面，产业创新过程中，需要注重如何应对市场环境的变化，考虑如何保护知识产权、公司产权等的策略。

政府在企业的产业创新成功方面可以有一些制度政策安排，例如制定反垄断法规、公平交易法、幼稚产业保护政策、行业准入政策等。② 首先，创新激励政策能够促进产业创新的动力、引导产业创新方向、培养市场需求、提高产业创新效率。其次，新兴产业扶植政策能够支持和保护新产业在初始阶段的创新与成长。新兴产业在创新初期盈利较少，更可能投入多于产出，此时政府的扶持政策可以帮助产业度过初创期，迎来成长与成熟期，提升市场竞争力，最后获得盈利。政府的制度政策设计应该是全方位、多环节的，例如在创新人才、金融、税收、政府采购等方面均要有相应的考虑。产业化初期的配套扶植措施较为完善，市场的容错程度较高。宽松的制度环境也意味着鼓励企业进行大胆创新，追求商业利益，容忍企业失败，从而提高产业创新的积极性和效率。

(五)知识产权保护

建立知识产权保护法律体系和实施策略，有助于产生公平竞争的科技创新、产业创新成

---

① 李新春．高科技企业的合约特征与企业家性质[J]．中国工业经济，2003(6)：77—83.

② 芮明杰．产业竞争力的"新钻石模型"[J]．社会科学，2006(4)：68—73.

果。因为只有创新获得的成果(知识产权)获得强有力的保护,创新主体进行科技创新、产业创新的积极性和效率才能持续。知识产权保护水平取决于知识产权法律法规的完善程度和执行程度。知识产权保护对产业创新的影响既可能促进,也可能阻碍。一方面,严格的知识产权保护是当前产业创新的基础。产业创新展开有时需要向外部搜索和交易知识产权,因为一个重大创新一定是在前人的创新成果基础上展开的,为此需明确界定他人创新的知识产权的范围、定价、使用权限、交易规则等问题,如果缺乏有效的知识产权保障支持,相关环节知识产权的交易市场将难以有效运行,企业和创新者难以开展有效的创新活动,产业创新将不得不延续使用内部创新,使创新效率和速度仍然无法提升。另一方面,在当前知识经济和产业结构背景下,产业发展依赖于专利、关键技术等核心知识产权,知识产权保护直接保护了科技创新成果、产业创新成果的商业利益,从而能够鼓励更多企业进行创新。也因为严格的知识产权保护,才有利于吸收全球创新成果的流入与流出,加快创新成果的涌现。

(六)创新制度与机制

众所周知,制度环境对产业创新至关重要,产业创新的制度安排可分为国家和产业两个层面。国家层面的制度主要有:法律制度、经济制度、知识产权制度和反垄断制度等。适当的反垄断制度既保证新企业获得公平竞争的市场环境,也保证了现有企业的创新动力。产业层面的制度主要有:产业公平竞争制度、产业进入和退出壁垒、资源配置安排等。①

产业创新主要包括产品创新、工艺创新、生产组织创新、市场创新四个环节。产业创新的主体是企业,其中,如何设立有效的机制促进我国规模巨大的国有企业成为我国当前产业创新的主体并做出重大的产业创新成果是十分关键的改革发展难题。尽管中小企业应该努力创新发展,但国有大企业没有理由不成为产业创新的主体,因为它们拥有的资源规模和品质都优于中小企业,它们与高校、科研院所的合作关系也优于中小企业。国有企业机制问题一直没有得到较好的解决,尤其是在创新激励机制方面、持续竞争力维持的机制方面、领导人选拔机制方面等都没有根本性的变化,产业创新成功需要新的合适的制度机制安排。

三、产业创新的服务支持

产业创新要获得成功还依赖于良好的创新服务体系,创新服务业是维持良好创新生态的关键。服务业与科技成果创新、产业创新密切相关。一方面,创新服务产业的完善促进了信息快速流通,帮助鼓励企业进行产业创新、提升产业化效率。例如,中介组织、法律行业、广告业等在科技创新和产业创新过程中起到一定的促进作用。另一方面,产业创新也包含服务产业创新这个方向。目前,为技术创新、产业创新企业提供行业研究和咨询、知识产权保护、法律顾问、投融资咨询、人才培养等服务产业,业态落后、服务水平低、商业模式简单,需要不断创新才能提升我国的服务业、创新服务业的竞争力,使之真正成为企业产业创新的好帮手。产业创新服务中首要的是金融服务体系与服务方式。

(一)金融对产业创新的重要性

新兴产业的建立和发展的速度依赖于资本的大量投入。② 一个完善而有效率的公平的资

---

① 金碚. 制度环境与高新技术产业[J]. 经济管理,2000(11):8-10.

② 赵小芸,芮明杰. 可产业化的高新技术成果评价体系构建[J]. 科学发展,2011(9):18-25.

本市场,对产业创新的成功、对新兴产业的发展是十分重要的。如何提高我国现有资本市场的效率、通过产业创新过程中金融服务的方式方法与质量,例如,商业银行增加面向新技术新兴产业发展的贷款数量,既能防范风险,又能降低贷款利率;增加风险投资基金的数量和规模等来帮助企业在产业创新初期获取足够的资金,将新技术、新产品快速转化为满足消费者需求的商品等,都有待改进。我国的金融服务体系落后于发达国家,本身也需要大力创新,推出新的金融服务产品。例如,基于互联网金融、移动支付技术方面的服务体系创新,基于"众筹"模式的新型融资方式,以及配合政府监管的民间融资公司等。总体来看,我国金融体系需要进一步改革开放,一方面,改进提升金融服务体系的服务的总体水平与质量,促进现有企业开展技术创新和产业创新;另一方面,金融服务体系改革也可以服务产业创新为目标,在产业创新过程的不同阶段提供相匹配的金融服务。例如,在产业形成初期提供大量资金,确保产业稳定成长;之后减少向产品创新投资、增加工艺创新投资,同时应加强金融监管、降低金融风险,以保证新兴产业稳定成长。

(二)互联网对产业创新的促进

互联网的首要功能是集聚知识与信息,可以把分散的知识与信息集中起来,促进信息与知识流动、降低知识与信息的不对称性,导致知识溢出的效应加大,进而帮助大家开拓思路、获得新知、提升创新思维。互联网的第二个功能是平台化,通过平台化可以把分散的创新要素、创新人员、创意集中在互联网创新平台上,从而使协同创新变动更加容易、效率更高,甚至形成广泛的开放式创新网络。显然,互联网的这两个功能对产业创新非常重要。互联网的第三个功能是以方便与成本低廉的方式获得信息数据和传递信息数据,这就为企业通过分析消费者留在互联网平台的各种数据信息,把握消费者的消费偏好以及变化奠定了可靠的基础,也为企业如何根据消费偏好与变化开发创新新产品创造了可靠的技术路径。

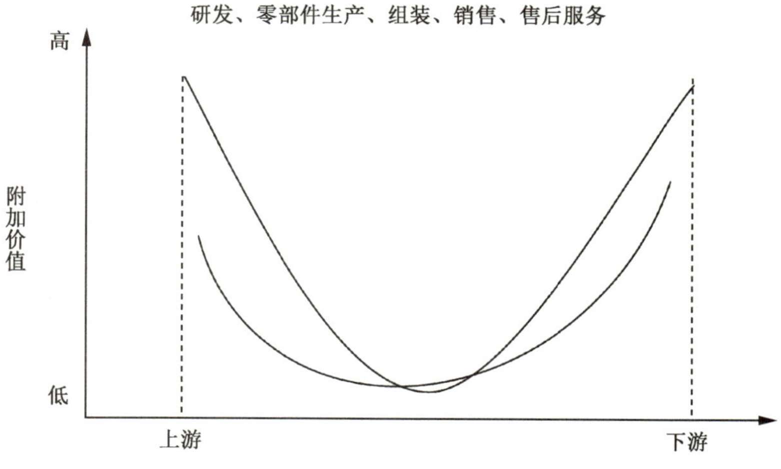

图 4—8　互联网对产业价值链的影响

1. 互联网有助于产品创新

由于消费需求转向个性化偏好,因此产品创新的顺序开始从厂商主导变为消费者主导,生产商开始向服务商转变,可以完全根据消费者个人的消费偏好开发与生产。互联网为此提供了重要帮助。因为通过互联网和大数据技术可以帮助企业收集客户需求，使产品更新更快、产品创新更贴近需求。互联网平台增强了产品创新的分工和协作功能，例如企业之间通过互联网产生创新共享平台、合作创新平台等，而非传统的直线创新流程。互联网技术下，产品的设计理念是便携、人性化，因为互联网技术发展本身要求降低信息的传递成本，并适合所有用户使用（如云计算、移动互联网等）。互联网使技术创新和产品创新的衔接更便捷，互联网将催生技术交易与传播市场，使技术创新主体和产品创新主体的联系更为紧密。

2. 互联网有助于工艺创新

互联网的引入可能完全改变现有产业流程。首先，基于互联网平台的生产流程，相对于传统生产流程的可控制程度更高。生产厂商通过互联网信息技术管控每个产品的生产、物流等环节；厂商可以通过互联网有效协同产品生产的每个环节，如供应、生产、库存、销售、周转等，极大地降低了信息、时间、空间等成本。

其次，互联网平台可以使各产业链价值链之间的线下流通变成网上交易，降低了交易费用、提高了流通效率。例如，原有供应商和生产商之间的谈判与签约受制于信息、时间、空间等因素，而现在通过网上交易平台，供应商和生产商关系形成新的供应关系。而生产商、经销商的销售环节也通过 B2B、B2C 等网上交易方式实现。

再次，互联网使生产流程每个环节的价值分配产生了变化。具体而言，互联网可能加剧环节之间的价值差异。微笑曲线显示，研发、零部件生产、组装、销售、售后服务等环节的附加值呈 U 形分布。互联网技术加入后，从纵向来看，该曲线两端的重要性增强了，而中间环节反而更加弱化了，因为在研发环节，互联网提升了研发能力和协作创新能力。在售后服务环节，互联网增强了需求的发掘能力以及需求的多样性。从横向来看，互联网技术使微笑曲线两端的联系更紧密了，压缩了两者间距离，产业链整体出现了聚拢的趋势，但横向的分工更细致了，因为互联网简化了协作难度，某个研发环节可能被细分成更多的子项目。同时，产业的总价值随着研发、生产、销售两端的提升也获得了整体提升，见图 4－8。然而，这样的变化可能导致某些厂商无法适应竞争，获得足够的利润而面临倒闭风险，同时也可能使厂商更聚焦于自身擅长的领域。

最后，互联网促进网络生产流程替代一体化生产流程。互联网简化了协作生产，催生企业将生产活动外包，与外部企业形成网络状的协作生产体系，原有一体化的生产流程随着生产效率的降低和成本的升高，无法适应新的生产模式，从而逐渐向价值网络生产模式转换。

3. 互联网有助于组织管理创新

首先，互联网可能给厂商的管理带来完全不同的改变。互联网技术的发展使管理流程得以简化、管理幅度得以增加，因此，厂商可能迎来扁平化的管理结构，分权程度有所增加，组织规模可能减小，非核心业务被外包，厂商内部可能出现自主管理、自负盈亏的经营体（小微体），组织内部运营由行政指导向内部市场化运作转变。

其次，互联网可能对产业协同的管理带来完全不同的改变。以往产业以一体化协同为主，管理模式为直线型；而在价值网络产业组织下，管理模式为网络状并行管理，管理难度增加，互联网技术使舵手企业能够同时对多个网络状协同生产厂商进行管理。

4. 互联网有助于市场创新

互联网平台已经彻底改变了产品的营销模式。一方面，互联网技术本质上缩短了厂商与消费者的信息传递距离，传统的线下分销渠道受到巨大冲击。例如，消费者使用移动手机、计算机终端进行线上消费时，厂商可以直接通过网络销售平台、广告平台和社交平台等网络媒介展开营销。另一方面，互联网平台帮助收集消费者消费偏好等数据信息，使企业通过大数据分析，可以更好地提升营销的准确性，使消费者的满意度和忠诚度都得到提高，使企业容易开展有效的市场创新。

复习思考题

1. 简述产业创新与新产业形成的关系。
2. 科学技术发展对产业创新的作用机制有哪些?
3. 为什么说工艺技术创新十分重要? 工艺技术创新主要有哪些表现?
4. 产业创新成功的条件有哪些? 怎样推动产业创新获得成果?

第五章

产业集聚

产业集聚是产业的重要特性之一，也是产业发展的重要表现形式。产业集聚是产业形成发展的历史现象，是伴随着人类社会的演化发展表现出来的产业在地域空间上集中分布现象。产业为什么会在某些地理空间集中，却难以在另外一些地理空间生存发展？产业集聚的空间形态是什么？是否能够应用产业空间集聚特性推动区域经济发展等问题很早就引起了经济学家们的注意，并开展了深入的研究探索。为此，本章主要对产业集聚效应、集聚的技术经济原因、产业集群形成发展、产业空间布局的理论与方法等进行论述。

第一节　产业集聚的缘由

一、何谓产业集聚

一些产业集聚于某些地理空间、不同的产业集聚的地理空间有所不同等现象，是伴随着人类社会及经济活动演化发展出现的。产业集聚的现象最早是产业内一些企业集中一起在某个地域空间进行生产分销活动的现象，这种现象在早期的欧洲大陆和中国的古代社会中就大量出现。到了近现代，特别是工业革命以来，这种现象就更为普遍，如美国的汽车产业集中于底特律、英国的纺织业集中于曼彻斯特、德国的鲁尔地区为煤炭产业集中之地等。我国改革开放后也出现了大量的产业中同一类型企业集中于一个区域的现象，如浙江台州的造船业、广东深圳的电子产业、江苏宜兴官林镇的电线电缆产业等。对于这些现象，早期的研究者如马歇尔(Alfred Marshall)认为，产业集聚的本质就是性质相同的中小厂商集中起来在一个特定地理空间生产，之所以这些企业甚至都是同一产业的竞争对手愿意集中在一起生产，是因为集中在一起能够带来生产的经济性。美国经济学家胡佛(Edgar Malone Hoover)在 1948 年出版的《经济活动的区位》中，将产业集聚视为生产区位的一个变量，并把企业群落集中一起产生的规模经济定义为某产业在特定地区的集聚体的规模所产生的经济。① 工业区位经济学家韦伯(Weber)认为，产业集聚是指集聚因素在经过初级阶段(仅通过企业自身的扩大而产生集聚优势)上升到高级阶段(各个企业通过相互联系的组织而实现地方工业化)后形成的产业同类企业集中。

① Hoover，Edgar Malone. The location of economic activity[M]. New York：McGraw-Hill Book Company，1948.

近现代以来,随着技术进步、产业分工深化和关联协同的需要,不同的有产业技术经济关联的产业企业开始到一个特定地理空间集中,形成地域空间上比较完整的生产销售分工合作体系,同时为之服务的相关服务产业体系也相伴而生。这样的产业集聚是原来单一产业在地域空间集中形态的进一步发展,例如,美国以互联网科技产业为核心的相关产业集聚于著名的硅谷、以商用飞机制造产业为核心的相关产业集聚在西雅图;我国的互联网科技产业主要集聚在浙江杭州、以半导体产业为核心的相关产业群集聚在上海张江等。这样一种新型产业集聚现象,经济学家 Baeattini 认为是基于社会网络的企业间分工与协作的互动关系而形成,并把产业集聚概括为"具有共同社会背景的人们和企业在一定自然地域上形成的社会地域生产综合体"。克鲁格曼教授则认为,此类产业集聚是建立在递增收益和简单的金钱外部性基础上的集聚和产业活动的集中过程。迈克尔·波特教授认为,此产业集聚是在某一特定领域中,大量产业联系密切的企业以及相关支撑机构在空间上集聚,并形成强劲、持续竞争优势现象,此类集聚的产业群可以称为产业集群。

根据专家们的研究表述,从总体上看,产业集聚可以定义为同一产业中众多企业或多个产业的不同企业基于不同原因在某个特定地理区域内高度集中,产业生产要素、生产分销在此地理空间范围内不断汇聚的过程。产业集聚本质为产业生产集中于某个区域空间的过程,这是一个需要时间的过程,这一过程是市场机制作用的结果,因为集聚可以给集中在一起的企业与其他机构带来集聚效应,可以带来规模经济和范围经济。产业集聚过程需要时间,过程中有先行者产业企业落户,然后才有后来者企业进入,有时甚至可能是多个相关产业的企业一起到某一地理区域落户生产分销。产业集聚的最典型表现就是在这个特定的地理空间区域内形成了集中的生产与分销,集中了大量的人财物资源。这个特定的地理空间就是产业集聚区,该区域集中的企业规模与数量决定了这个集聚区的产业产出规模和对当地经济的贡献大小,进而有可能成为当地区域经济与城市化发展的增长极。

产业集聚是不同于产业区或工业区的概念,产业区或工业区(industrial district)是产业生产之地,也可以是产业生产分销集聚之地。产业区或工业区的形成和发展与该区域内产业企业的生产经营活动集中是分不开的。历史上著名的工业区的形成和发展都是产业集聚的产物,例如,美国的钢铁工业主要集中分布于以芝加哥、底特律、克利夫兰、布法罗等为中心的大湖带南部,后人称之为"锈带区",即钢铁锈了的地区,意味着该地区集中的钢铁产业曾经的兴旺与如今的衰退;美国石油化工产业集中于墨西哥湾沿岸地区,该地区是美国最大的原油产地,当然也是石油化工产业最集中的地区,仅在科珀斯克里斯提—休斯敦—博蒙特地区就集中了全国石油化学工业的 40%,休斯敦的合成橡胶产量占全国的一半;等等。工业区内的产业一旦形成集聚规模,又会对下一轮集聚其他产业企业形成吸引,导致产业进一步的集聚,甚至使该区域边界不得不扩张。如今的产业开发区本质上就是希望产业首先能够集中于此空间的地域,其次是希望将来可以进一步集聚其他相关产业、扩大开发区的产出贡献。这是因为,当大量产业集聚于开发区时,意味着产业资本等生产要素也集聚此地,而生产分销的集中自然带来本地区更多的就业,也带来更多税收推动经济的增长。

二、产业集聚研究流派

研究产业集聚的经济学家从 18 世纪至今一直有很多,从亚当·斯密、大卫·李嘉图开始一直到今天的迈克尔·波特、保罗·克鲁格曼、藤田昌久等。他们从不同的角度研究产业集聚现象,探讨其背后的原因,解释其形成的机制,给后人留下了许多真知灼见,为后人进一步研究产业集聚提供了丰富的参考借鉴。仔细分析这些前辈学者的研究成果,大致可以发现他们的研究成果与理论观点可以分为三大流派:一是产业集聚内生流派。这一流派认为,产业集聚的产生与发展主要是由产业内企业生产经营互动追求集中一个区域空间生产所带来的经济性而导致的。二是产业集聚外生流派。这一流派认为,产业集聚的产生与发展主要是因为那个区域空间的特殊地理、气候以及生产、市场环境等外生因素促进或吸引众多企业集聚于此。当然,这两大流派也不是绝对区分,只是理论观点各有侧重点。三是产业集聚现代综合流派。这一流派认为,产业集聚的产生与发展主要是因为产业内企业之间、不同产业企业之间的内生性因素与区域空间的特殊地理、气候,以及生产、市场环境、政府政策等外生因素共同作用的结果。

(一)产业集聚内生流派

这一流派对产业集聚的研究及其成果可以追溯到18世纪。最早是亚当·斯密在其《国民财富的性质和原因的研究》一书中,对产业集聚现象进行了分析,认为产业聚集是由一群具有分工性质的企业为了完成某种产品的生产联合而组成的群体。[①] 大卫·李嘉图则根据其比较利益学说,研究了生产特定产品的区位问题,发现了产业在特定地理空间的聚集现象[②],并试图加以解释。

应该说,这一流派中阿尔弗雷德·马歇尔是产业集聚理论的奠基人。马歇尔在其《经济学原理》[③]一书中,首次提出了产业聚集及内部聚集和空间外部经济(external economies)的概念,论述了由于存在内部经济、外部经济与规模经济(scale economies),产业在地理空间上的聚集现象就可以理解了。所谓内部经济,是指产业内同类企业竞争协同合作导致的产业自身进步的经济;而外部经济是指该产业的形成和发展对其他产业、所在地理区域经济、城市发展等的影响。产业之所以集聚,在马歇尔看来,是因为生产过程中的企业、机构和基础设施在某一区域空间集中而形成的密切联系能够带来规模经济和范围经济,也能够带来一般劳动力市场的发展和专业化分工的深化,进而促进该区域市场发展,供应者和消费者之间增加相互联系、基础设施共享等导致的外部经济性。

尽管马歇尔看到了产业集聚对集聚区域有外生性,但在具体分析产业集聚的原因时,主要是从产业集聚的内生性来看的,他认为有三个具体导致产业聚集的原因:一是聚集能够促进企业专业化投入和服务的发展;二是企业聚集于一个特定的空间能够提供特定产业技能的劳动力市场,从而确保工人较低的失业概率,并降低劳动力出现短缺的可能性;三是产业聚集能够产生溢出效应,使聚集企业的生产函数优于单个企业的生产函数,使企业从技术、信息等的溢出中获益。因为有这些原因,所以同一产业的企业越是集聚在一个区域空间,就越有利于这些企业所需生产要素的聚集,这些要素包括劳动力、资金、能源、运输以及其他专业化资源等。而这一区域空间内生产要素的供给量越大,就越容易降低整个产业企业的平均生产成本,而且随

---

① Smith,Adam. The wealth of nations (1776)[M]. 1937.

② Ricardo,David. On the principles of political economy and taxation[M]. London,1817.

③ 阿尔弗雷德·马歇尔. 经济学原理:上卷[M]. 北京:商务印书馆 1964 年版.

着投入品专业化的加深，生产将更有效率，该区域空间企业内部虽然也有竞争，但相比较其他地区的企业将更具有竞争力。

近代以来，对产业集聚的内生性因素的研究也有所发展。20 世纪 70 年代初兴起的新产业区理论（the new industrial districts theory）就是其中的代表之一。这一理论是通过对一些产业区的研究发现，较小企业聚集于某个区域空间进行生产是基本的经济趋势，而且这种趋势的背后是该区域内的社会文化和制度规则。产业区内同一产业企业之间真正合作的例子并不多见，同类企业间的相互关系也许依赖于特定的情况或者文化氛围，而且这些企业行业的规则在不同的国家也不相同。道格林与弗莱克(1997)指出了两种情况下区域内上下游产业的企业出现合作的可能性：一是准时制(just in time)存货与配货系统的利用；二是区域产业集群内企业之间相互交易的速度与频率，企业之间的交易越频繁、越迅速，就会有越多的企业确定其生产的方向以及新的企业专业化产品，而同类企业由于存在相互竞争的企业，所以生产合作并不多。

迈克尔·波特在《哈佛商业评论》上发表了关于产业集群的研究文章，首次将产业集聚的形式表达为产业集群，并指出产业集群是相关企业和机构在某一特定区域的地理集中现象，即产业集聚。① 波特认为，多个企业在地理上的集中形成的产业集群从三个方面影响区域经济：一是提高区域内企业的生产率；二是竞争导致创新方向明确和提高创新速率；三是促进产业新企业的建立，从而扩大和加强集群本身。而产业集群一旦形成，企业数目集聚达到最初的关键多数时，就会触发自我强化的逻辑，即会强化集聚效应，形成新的吸引力，从而吸引更多产业企业集聚于此。波特教授的产业集群研究成果开创了产业集聚内生因素以及内在机制研究的方向，后人开始大量研究产业集群动态演化内在机制的问题，以及产业集群动态发展的外在条件。

现代学者从产业集群的内生性出发，形成了对产业集群的不同研究思路和观点：(1)从产业内竞争研究产业集群的观点主要有：一是认为产业集群的形成是竞争的结果，例如波特讨论了竞争产业结构，并指出在一定区域的产业集中指数并不能代表公司间的竞争程度，产业内的竞争风气要比产业集中指数更能说明这一点。而 Chintz 则最早进行了市场结构和地理集中的联系的分析，认为企业间的联系和产业间的组织共同影响着区域发展路径，公司结构和竞争区域的发展有着直接联系。二是认为企业间既竞争又合作的关系是产业集群产生的原因，强调在竞争中找合作。(2)从知识内生和知识扩散的角度来研究产业集群，认为知识和人力资本等因素可以扩展产业集群与经济增长的可能性边界，形成总体规模报酬递增的可能。(3)社会资本理论从网络、信任、信息等方面研究产业集群的发展，认为集群中个人之间的关系依赖于个人之间的信任关系，形成关系网络，提高生产效率。

(二)产业集聚外生流派

这一流派的经典观点就是产业区位理论。这一理论的核心观点是从地理空间的特殊区位因素来解释产业、企业集聚的现象，并进一步探讨如何利用不同的区位因素来集聚不同产业企业，推动当地的经济发展。这就是经典的产业集聚外生性因素影响形成的理论观点。时下世界各国以及我国各地的工业特区、产业园区等的规划建设的理论依据大部分来源于此。

---

① Porter, Michael E. Clusters and the new economics of competition[J]. Harvard Business Review, 1998.

这一流派最早可以追溯到杜能(1826)。杜能在其《孤立国同农业和国民经济的关系》[①]一书中,解释了德国工业化以前某典型城市周围的农业活动集聚导致的不同农业区发展的现象,用区位多种要素来解释农业聚集的现象,创造性地提出了一种强调区位运输差异的理论,开创了区位理论的先河。生产的区位不同,其产出品和要素投入的运输成本也不同,当然会导致生产成本不同进而导致生产收入不同,于是集聚就可能产生了。更重要的外生因素是,农业生产依赖的土壤气候水利等,这些对农业集聚生产十分重要。实际上在工业化之前,农业就已经因为特殊地理因素导致不同的地区农业生产集中,并且其生产效率高于其他地方。例如法国的波尔多、勃艮第地区的地理环境、土壤气候特别有利于种植葡萄,从而有利于酿出好酒;而我国的太湖流域、杭嘉湖平原是稻米生产最集中、亩产量最高的区域。

阿尔弗雷德·韦伯是工业区位理论的奠基人。他在《工业区位论》[②]一书中首次提出了工业聚集的概念,并从微观企业区位选址的角度提出了工业区位理论。韦伯认为,企业从追求利润最大化角度考虑,就会从企业最小生产成本出发,认为成本费用最小空间地理区位就是最好的区位,能使企业获得成本节约,于是大量的企业就会蜂拥而至,由此产生了产业集聚。韦伯进一步将区位因子分成适用于所有工业部门的一般区位因子和只适用于某些特定工业的特殊区位因子。一般区位因子有三个:运费、劳动费、集聚和分散。而特殊因子只对特别产业有影响,对其他产业则没有什么影响,如湿度、水对纺织工业很重要,易腐性对食品工业生产很重要,淡水资源对钢铁工业很重要等。这些区位因子对于企业生产和成本节约来说,与所选的生产之地有关,所以是外生性因素。韦伯认为,工业区形成的过程可以分为三个阶段:第一阶段是工业生产引向最有利的运费地点,就是由运费的这个区位因子勾画出各地区基础工业的区位网络(基本格局)。第二阶段是劳动费这个区位因子对上述网络产生修改作用,使工业生产有可能由运费最低点引向劳动费最低点。第三阶段是由单一的力(凝聚力或分散力)形成的集聚或分散因子修改基本网络,有可能使工业企业从运费或劳动费最低点趋向集中(分散)于其他地点。为此,韦伯还给出了具体寻找合适的有区位优势的工业集聚之地的方法,至今来看依然具有重要的参考价值。

韦伯之后的研究者则认为城市和城市发展是产业集聚重要的外生性因素。勒施(1940)将城市定义为非农业区位的点状聚集区域。[③] 他认为,城市是产业区位聚集的必不可少的要素,由城市导致的产业集聚分为自由聚集和受场所约束的聚集两种形式:所谓自由聚集,是指在任何场合都能发生的产业聚集,如围绕大规模个别企业的聚集、同类企业的聚集、不同类型企业的聚集、纯消费者的聚集等;而约束性聚集是指受社会场所约束的情况,它受历史上的人口密度、地形、财富等空间差异的影响,即受“沿袭”下来的因素的影响。这种沿袭下来的因素与原材料、水力、劳动、资本、适宜的气候、河流汇合点等因素有关,并以已有的空间区位为前提。也就是说,许多产业集聚的外生因素与城市的发展历史、社会人文传统融合在一起,成为城市与城市区位因素具体的差异,进而成为对不同产业产生不同的产业聚集的影响。胡佛则

① Von Thünen, Johann Heinrich. Der isolierte staat in beziehung auf nationalökonomie und landwirtschaft[J]. Gustav Fischer, Stuttgart (reprinted 1966), 1826.

② Weber, Alfred. Theory of industrial location[M]. San José State University Department of Economics: San Jose, CA, USA, 1909.

③ Lösch, August. The spatial organization of the economy[J]. Londres: Encyclopædia Britannica, 1940.

认为城市人口密集，城市的生活生产的基础设施较好，而且也有比较完善的公共投入与服务，这种供给的多样性形成了城市化经济的比较优势，并可以产生集聚效应，对产业集聚产生影响，吸引产业集聚于此空间生产分销。[①]

迈克尔·波特在其著名的《国家竞争优势》[②]一书中，通过对德国、法国、英国、日本、美国等许多国家的产业发展形成竞争优势的现象研究，试图解释为什么一些产业在某些国家或地区发展会有国际竞争优势而在其他国家或地区则没有，为此提出了著名的钻石(diamond)模型作为理论分析框架。他认为，产业之所以在某个国家或地区聚集生产会有竞争优势，取决于四个关键因素，即市场需求状况、生产要素条件、相关与支持产业以及产业内企业竞争合作状况。此外，还有两个因素也会对产业竞争优势状况产生影响：一个是当时产业的发展机遇，另一个是所在地政府的政策。这些因素中除了产业内企业竞争结构之外，其他因素都是该产业发展集聚的外生因素，有了这些因素加上产业内企业竞争互动，就会导致产业竞争优势产生。同样地，一个产业在不同的国家与地区会有不同的竞争力表现，既与适合这些产业发展集聚的外生因素有关，也与政府政策和该产业的市场机遇有关，这个结论十分重要，对后人开展产业国际竞争力创设研究有很大的参考价值。波特教授的这些研究，为其后来提出产业集聚的重要形式产业集群概念与理论奠定了基础。

近年来，以保罗·克鲁格曼、藤田昌久等人为代表的新经济地理学派(new economic geography)从全新的角度研究聚集经济和产业聚集现象，提出了一个普遍适用的分析框架与模型试图解释产业集聚形成与变化的过程。这个分析模型是以 Dixit-Stiglitz(D-S 模型)[③]的垄断竞争分析框架为基础，借助新贸易理论和新增长理论的核心假定——收益递增思想，建立了描述产业聚集的“中心—外围”模型(core-periphmy)。[④] 该模型的基本假定为：一个国家、两种产品(农产品和制造品)。假定农产品是同质的，则其生产是规模报酬不变的，密集使用的生产要素是不可移动的土地，因此农产品的空间分布在很大程度上由外生的土地分布情况决定；而制造业包括许多有差异的产品，其生产具有规模经济和收益递增的特征，使用土地很少。正是由于制造业生产规模经济的存在，因此每种制造产品的生产只需要在为数不多的地区进行，加上市场需求、运输成本等综合因素叠加，制造业必然选择空间上的聚集。仔细分析可见“中心—外围”模型推出的产业集聚的产生，主要依赖于生产集中的外部经济，即规模经济、收益递增以及运输成本和需求的相互作用。

(三)产业集聚现代综合流派

这一流派主要由产业集聚新区位理论与现代产业集群理论研究流派组成，新产业区的研究虽然是用新视角看产业集聚的区位因素，但其后来的发展也是在产业集聚的表现即产业集群上展开研究。所以这一流派的创始人自然要归结为波特教授，因为他首先提出产业集群概念，把产业集聚引向了具体有形的产业集群研究上面。波特认为，产业集群由一系列相关联的

---

① Hoover, Edgar Malone. Location theory and the shoe leather industries[M]. Harvard University Press, 1937.

② Porter, Michael E. The competitive advonioge of notions[J]. Harvard Business Review, 1990(73): 91.

③ Dixit, Avinash K. , and Joseph E. Stiglitz. Monopolistic competition and optimum product diversity[J]. The American Economic Review, 1977, 67(3): 297—308.

④ Krugman, Paul. Increasing returns and economic geography[J]. Journal of Political Economy, 1991, 99(3): 483—499.

企业和其他对竞争有重要影响的实体组成。后来的学者克劳奇和法雷尔进一步完善了产业集群的概念，他们认为，一个集群是指在某一特定领域，由于共同性和互补性，由相互联系的企业和相关的机构所形成的一个地理上集中的群体。[①] 这已经是现今学界普遍接受的观点了。

新产业区的概念是由意大利学者巴格纳斯科首先提出来的。巴格纳斯科认为，新产业区是具有共同社会背景的人们和企业在一定自然区域上形成的"社会地域生产综合体"。1990年，巴卡蒂尼进一步指出，新产业区是一个社会和区域性的实体，它是由一个在自然和历史所限定的区域中的人和企业集合的特征所决定。新产业区的首要标志是本地化网络，也就是区域内行为主体间的正式合作联系以及其在长期交往过程中所发生的非正式交流关系。巴卡蒂尼虽然提出了新产业区的概念，但是因为皮奥勒和撒贝尔提出了弹性专精理论后才让这一理论引起关注。皮奥勒和撒贝尔认为，以弹性专精为基础的产业集群应该具有以下特点：(1)柔性加专业化。所谓柔性，是指通过生产要素的再配置不断地改变生产过程；专业化是指这种资源的再配置是在有限范围内进行的，因为进入某一产业的企业都认为"它们的行业"是生产此领域内的产品而不是其他领域的产品。(2)限制进入。一旦形成产业集群区，则区外的生产者将无法享受区内的各种资源及制度性供给。(3)鼓励创新和竞争但限制过度竞争。这是因为，恶性竞争如工资等工作条件的竞争会阻碍技术进步。

应该指出，新制度经济学开启了产业集群研究的新篇章，威廉姆森用不确定性、交易频率和资产专用性来解释经济活动的制度结构，并且提出了"中间性体制组织"的概念。产业集群是一个"中间性体制组织"，是介于纯市场组织和纯层级组织之间的组织形式。因此，区域空间上的产业集群可以理解为：是基于专业化分工和协作的众多企业集合起来的介于纯市场与科层组织之间的中间性组织。它比市场稳定，比层级组织灵活。这一组织是通过企业间的分工与协作、交流与沟通来引起整体交易成本的降低，以达到追求区域范围经济的目的。这样一种解释有助于人们进一步认识产业集聚产生的原因，进一步理解产业集群的本质特性以及开创了产业集群治理的研究新方向。

三、产业集聚效应

产业集聚效应是驱动产业同类企业或不同产业相关企业集聚于某地理空间区域的经济性，站在所集聚的产业角度看，具体又分为内部经济性与外部经济性。内部经济性是指集聚企业本身带来的经济性，外部经济性是指所在区域给集聚产业企业带来的经济性。

(一)生产总成本效应

集聚企业的生产总成本可分解为可变成本和固定成本。可变成本包括原材料、公共设施消耗费用；固定成本包括人工费、车间经费、企业管理费、折旧费。产业中同类企业的生产总成本不一定相同，这是由于各企业的生产技术、生产组织、管理水平、资金运用状况等不同所导致的，不同产业的企业由于生产的产品并不相同，自然有各自的生产总成本水平。在企业生产的产品销售价格一定的条件下，生产总成本低则盈利空间就大，按照迈克尔·波特的说法，企业如果能够保持持续的低成本，则企业在市场上就具有竞争优势，这就是著名的企业竞争战略中

---

① Crouch, Colin, and Henry Farrell. Local production systems in Europe: rise or demise? [M]. Oxford University Press, 2001: 154－211.

三个通用竞争战略之一的低成本战略。另外,盈利可能性越大就越可能为企业的股东创造财富,也使得企业生存发展的状况比较健康。因此,企业从利润最大化目标出发,自然希望企业的生产运营成本可以控制性下降,如果到某一地理空间集聚生产可以节约生产总成本、有更大利润获取的可能,那么就没有理由不去那个地理空间进行生产。

导致集聚的生产总成本效应的原因可以分为两类:一类是所在区域的自然禀赋状况导致的生产总成本节约;另一类是由于集聚和集聚后企业之间的竞争与合作导致的生产总成本的节约。

1. 不同地理区域其自然禀赋状况是不同的

例如,有的区域地下有各种不同的资源,如有色金属矿产、石油煤炭资源、水资源丰富;有的区域一马平川适合耕种粮食,有的区域适合种植水果,有的区域适合放牧饲养家畜;有的区域邻近水运航道、陆路交通便利;有的区域地理环境空气清洁、风向自然、取水方便;有的区域人口总量大且密集生产所需劳动力丰富等,均可以导致产业的企业生产总成本下降。当产业中的企业分析研究后,就会考虑这些因素带来企业生产总成本的节约,就会选择这样的地理区域作为企业生产之地,有了先行者,特别是先行者竞争优势显现的示范效应,就会导致后来者继续进入,于是产业集聚就开始了。由于不同地理区域的地理生态环境是不同的,并且不同地理空间区域的自然禀赋也不相同,这就导致对不同产业的集聚吸附力不同,所以不同的产业及其企业应该综合考虑各种因素,选择能够使企业生产总成本最低的区域空间进行生产运营。例如,山东枣庄过去煤炭储量丰富,加上铁路线路畅通,因此比较适合煤炭的采掘业,也适合用煤炭发电的电力工业发展,适合煤化工产业的发展;而上海宝山位于长江口,无论是水运还是取水均较为便利,对于钢铁产业需要的大量铁矿石运输、生产所需大量水的取水成本来说自然节约不少,因此宝钢与上钢集聚于此生产运营就可以理解了。

2. 集聚和集聚后企业之间的竞争与合作也可以导致集聚企业生产总成本的节约

这里有两种情况:一种是一个产业的同类企业集聚于某一地理区域进行生产经营,如美国底特律的汽车产业、中国浙江永康的五金工具产业等;另一种是相关不同产业的企业集聚在某一地理区域进行生产经营,这些企业或因为是纵向产业链、价值链、供应链上下游关系,或因为是横向协作服务关系而集聚在一起,如美国硅谷的信息网络电子产业的集聚,上海张江集电港的半导体集成电路设计、制造、封装企业的集聚等。从前一种集聚来看,由于同类企业集聚于某地,导致该地的某产品生产总规模很大,因此对原材料、劳动力、零部件等的需求规模都很大,于是容易使这些供应品的价格下降,从而节约了生产总成本。另外,因为是同一类企业,所以其生产特点较为一致,于是对生产性服务的需求也比较一致,这样就有利于生产服务商提供标准化的专业性服务,服务价格也可以下降。

当相关不同产业的企业集聚在某一地理区域进行生产经营时,由于这些企业之间或有产业链、价值链纵向相关关系,或有横向协作配套关系,所以生产运营展开时相互之间的投入产出所需要的运输、信息沟通、技术合作活动等以及由此产生的费用就可以得到节约,从而可以降低生产总成本。另外,这种集聚还有利于企业之间知识与技术的溢出,从而提高生产技术协同效率甚至是协同创新的可能。

(二)交易费用效应

产业集聚的交易费用效应是指在某一区域集聚后的企业之间或企业与顾客之间的交易费

用节约带来的经济性。交易费用是指交易过程中发生的所有费用,包括交易前交易双方的交易信息搜寻的费用,交易双方交易过程中发生的费用如沟通、谈判、评估交易事项、签订合同等的费用,交易后合同履约或履约过程中纠纷处置费用共三部分。交易费用的大小与交易的不确定性、交易发生的频率、资产的专用性有关。交易的不确定性大,交易费用就大;交易频率高,交易费用就大。为此,如果交易双方可以长期合作,就能降低交易费用,因为可以通过签订长期合约来降低交易频率。而资产专用性是指合作双方生产设备、技术关联方面的相互依赖性,依赖性高的虽然可以减低交易频率,但可能导致交易破裂后的费用急剧增加。

当一个产业的同类企业集聚于某个区域时,虽然同类企业之间不会发生同类生产产品之间的交易,但会因为集聚导致该地区的同类产品生产规模大、分销量大、选择性好,于是生产信息容易扩散,促进交易并降低交易费用,例如法国波尔地区的红酒总体上给消费者高品质的感觉,成为红酒消费者追捧的产品,所以那里的酒庄红酒成交就比较容易,从而节约了交易费用。而当相关不同产业的企业集聚在某一区域进行生产经营,由于这些企业或因为是纵向产业链、价值链、供应链上下游关系,或因为是横向协作服务关系而集聚在一起,所以发生的交易会比较频繁,但由于这些相关企业的生产相关性强,容易形成长期合约,实际上许多相关企业就是因为长期合作关系而集聚于此区域的,所以交易费用自然就降低了。更为重要的是,这些相关企业长期合作关系可以更稳定、更有效率地得到供应商的服务,比较容易获得其他配套的产品和服务,降低交易的不确定性,形成资产的专用性,进而节约交易成本。例如,煤矿采掘、坑口电站、煤化工等集聚一地,交易通常来说较为长期,因此不确定性降低,从而节约交易费用、提高集聚企业的经济效益。

(三)生产效率效应

集聚的生产效率效应是指企业集聚于某个区域之后可以导致集聚企业生产效率提高。企业生产效率是指在固定的生产投入量下,生产的实际产出与可能最大产出者之间的比率,生产效率高即企业在既定投入条件下生产的产出最大,也可以是既定产出条件下生产总投入最小。企业生产效率一般取决于企业所采用的生产技术水平,其中特别包括所使用的生产机器设备的生产效率、企业的生产工人的生产技能水平以及企业的生产流程组织与生产管理水平,也取决于企业的生产协作方的协作效率,因为现今企业的产品生产实为社会化大生产,分工协作是十分重要的。既然如此,产业集聚能否给集聚企业带来生产效率的改善或提高呢?答案是肯定的。这可以从两个方面来论证:一方面,同类企业的某一区域集聚,由于大家是生产同类产品,所以对劳动力的生产技能要求基本一致,而因为集聚导致对同类劳动力的需求大,也导致这些劳动力流动费用的节约和便利,这就有助于劳动力生产技术水平提高,进而有助于劳动生产率提高,从而提高企业生产效率。另一方面,不同产业的相关企业集聚在一个区域生产运营,其市场效率的提高主要是相互协作效率的提高,因为在同一相对狭小区域集聚生产,由于生产所需要的协作信息沟通、协作展开、技术溢出等都会因为地缘的问题得到更好解决,因此能够提高集聚企业的生产效率,马克思就说过分工基础上的企业间的协作也是生产力。

生产效率的改善与提高最重要的还与生产技术工人、企业管理人员的技能和他们的工作努力程度有关。由于同一区域集聚企业多,一方面可提供比较多的就业机会和发展机会;另一方面会形成劳动力市场和人才市场,劳动力的流动性就会增强、岗位竞争就会形成,而劳动力市场的存在是企业生产技术工人工作努力程度提高的外在压力。同样地,人才市场的存在会对其他地区相关人才产生集聚效应,集聚企业容易获得比较合适的人才,并且发挥他们的作用来提高企业的生产效率。

(四)技术进步效应

技术进步效应是指集聚于一个区域的产业企业可以获得技术进步、技术创新带来的经济性。技术进步是指生产工艺技术、机器设备、中间投入品、生产制造组织的改进与提高,技术进步的直接表现是企业的生产技术水平提高了、生产效率提高了、生产的产品品质提高了,甚至产出了迭代的新产品。企业的技术进步通常与技术创新有关,创新可以分为两类:一类是模仿基础上的创新,实际上模仿后的改进完善提高,表现在生产技术方面就是现有设备的改造、工艺技术的完善以及生产流程的调整,从而导致产出效率提高、产品品质提高;另一类是原创性创新,即创造出了新的不同于过去的生产技术,包括新的生产设备即机器设备、新的生产流程,导致生产的产品品质有所提高、生产效率大幅度提高。

一个产业的许多同类企业集中于某个区域时,由于这些企业其实处在同一市场上,因此相互间一直在激烈地竞争。当本地一个企业生产效率高、生产成本低、产品品质好、有市场时,其背后的原因是比较容易为所在区域的其他同行企业认知的。由此相互间的公开或私下的模仿学习就不可避免,甚至通过模仿后进一步创新提高也成为私下的企业行为,于是区域产业技术进步的竞争和创新的竞争就开始了,就会提高这个区域产业的整体技术水平、生产效率和产品品质,进而在更大的市场上形成竞争力。

当不同产业的相关产业企业集聚时,这些企业间就形成产业链或价值链上一个或多个环节的分工合作,此时链上的领军企业可称之为链主企业。为了使链上其他企业的生产合作更为流畅有效,就会对产业链或价值链进行治理,而由于在同一区域空间,这样的治理就更为方便和有效。这样的治理有助于集聚的链上其他企业吸收知识溢出成果,从而推进自己企业的技术进步。例如,汽车整车厂作为汽车产业链的链主,一定会按照它的产品生产标准要求其他零部件厂商供应合适的零部件,甚至会指导合作厂商如何达到要求,这样就有知识和技术的溢出,从而推动这些企业技术进步技术创新。

全球经济一体化以来,由于从全球来看产业链、价值链所有环节未必分布在一个区域最为经济,于是跨国公司就充当价值链全球跨地域分布的领军者,结果经济成效十分显著。这一现象引起了美国学者格里芬(Gary Gereffi)①等人的注意,经过研究,他们提出了全球价值链治理的五种模型,奠定了价值链治理的理论框架。格里芬认为,价值链治理指的是通过非市场机制来协调在产业价值链上活动的企业间关系和制度机制。当价值链上的一些企业与另外一些企业发生非市场交易活动时,如作为链主的跨国企业为链上其他企业制定产品、技术、劳动、环保等标准或者代为培训员工时,知识溢出与价值链治理问题就发生了,因为希望链上其他企业遵循生产技术等标准,实现流畅的生产合作,如此知识溢出就一定会发生,链上其他企业生产技术水平按照要求就会提升,甚至生产技术工人的素质与技能也会不断提高。改革开放以来,我国的一些制造业企业加入了全球价值链分工,成为跨国公司的代工厂,按照他们的要求进行生产技术改造,按照标准进行生产,久而久之接受许多技术的溢出,最终提高了这些企业的生

---

① Gereffi, Gary, John Humphrey, and Timothy Sturgeon. The governance of global value chains: an analytic framework [J]. Review of International Political Economy, 2003, 12(1): 78—104.

产技术水平和生产工人的技能水平。

第二节　产业集群

因为有区域空间生产集聚效应的存在，产业中的企业趋于寻找适合自己发展利益最大化的区域空间进行生产合作，于是产业集聚过程就此展开。产业集聚及其之后演化的空间形式就是今天所谓的产业集群。

一、产业集群的概念与特点

产业集聚的空间形式最早被认为是工业区或产业区，即产业集聚之地可以称为工业区或产业区。虽然韦伯(1909)较早地讨论了工业集聚的现象，形成了著名的工业区位理论，但他的理论主要是分析地理空间的区位因素如何导致产业在某些区域空间上的集聚现象。韦伯(1909)认为，产业集聚可以分为两个阶段：一是通过简单的企业扩张带来的工业集中化；二是依靠企业的扩大生产带来的工业集中化(Weber，1909；Friedrich，1929)。韦伯并没有对产业在空间集聚后的那个区域形态以及区域发展问题进行深入研究。对这些问题的开创性研究，最早应该是马歇尔。马歇尔研究产业集聚与集聚区而提出“产业区”的概念，认为“产业区”是专业化的产业在地方上的集聚，这个集聚的区域中充满了“产业氛围”。以贝卡蒂尼(Becattini，1978[①]；Becattini，1989[②])等为代表的“新产业区”研究者提出了“新产业区”的概念与理论，他们认为产业集聚的所在地理空间形成了自己的区域特点，产业在具有一定的自然和历史层面有界的地理区域中，与当地具有共同社会性背景的居民和公司形成了一个经济综合体，形成了新的空间集聚形态，即“新产业区”。

产业集群概念最早由波特教授提出。波特(1990)早在其国家竞争优势理论中就指出，国家竞争优势是通过高度的地方化过程产生和保持的，强调了地理上的产业集聚对产业竞争优势形成的意义。波特(1998)在《哈佛商业评论》上发表产业集群研究文章，首次对产业集群进行了定义，认为产业集群是“在一特定地理区域内、因提供相关产品和服务上的相互依赖性而集聚的公司和机构群”。它包括一批对竞争起着重要作用的、相互联系的产业和其他实体；在结构上，产业集群经常向下延伸至销售渠道和客户，并从侧面扩展到辅助性产品的制造商，以及与技能技术或投入相关的产业公司；还包括专业化培训、教育、信息研究和技术支持的政府和其他机构。在这一概念中，作为产业集聚的空间形态的产业集群主要有三个构成要素：(1)地理要素。产业集群的一个基本特征就是这个群体成员在地理位置上的接近性，这种接近性是产业集群产生和获得集聚效应的基础。(2)价值创造。这是产业集群成立发展的基本目标，即通过集聚企业和地方机构的合作协同，为目标消费者创造价值。(3)商业环境。集聚的产业企业并不是一个产业集群内唯一存在的市场参与者，大学、其他机构以及地方政府在政

---

① Becattini，Giacomo. The development of light industry in Tuscany：an interpretation[J]. Economic Notes，1978，2(3)：107－123.

② Becattini，Giacomo. Riflessioni sul distretto industriale marshalliano come concetto socio-economico[J]. Stato e Mercato，1989：111－128.

策、技术、资金等层面同样对产业集群提供了不可或缺的支持，这些机构与作为生产主体的产业企业共同构成了集群的生产和创新体系。

根据产业集群的这个概念，可以明确产业集聚这样一个过程仅仅是产业集群形成的开始，仅仅是一些产业的企业集中于某个地理空间区域的过程，但这是产业集群形成的关键，没有产业集聚于这个区域空间，产业集群就不可能形成。产业中企业的空间区域上的集中会给这个区域带来外部效应，由于生产在一个特定区域集中后需要大量生产要素供给、需要大量生产过程服务、需要产品分销、需要开展技术合作生产技术创新等，因此直接创造该区域的大量工作需求和研究需求，引发相互之间密切的合作关系，在这个过程中，该区域良好商业环境形成，成就了该区域经济增长的乘数效应和新的集聚效应。此时，产业集群形成成为该区域产业集聚发展的重要空间形态。

从产业集群的上述概念来看，产业集群本质上是空间形态，也是一种空间组织，其内涵即围绕某一特定产业而产生的产业相关的企业、机构的集聚组织。产业集群不同于科层制组织或市场关联组织，它是一种介于两者之间的中间组织形态。产业集群这种中间组织由独立的、非正式联系的企业及相关机构形成，有着独特的治理机制与治理方式。波特认为，产业集群是一种能在效率、效益及柔韧性方面创造竞争优势的新型空间组织形式，它所产生的持续竞争优势源于特定区域的知识、联系及激励，是远距离的竞争对手所不能达到的。从理论上讲，现代社会有着更为开放的全球市场和更加快捷的交通运输与通信系统，应当削弱地理位置在产业集聚与区域产业竞争中的作用。事实上，产业集群就是位于某个地理区域内获得不同寻常的产业竞争优势的重要集合；今天的产业集群已经是国民经济、区域经济甚至是都市经济的显著特征，在经济发达的国家如此，在发展中国家也是如此。

改革开放以来，我国产业集群持续蓬勃发展，在区域分布与集群规模上都取得了明显的进步。从区域分布看，改革开放初期，我国产业集群大规模出现在东部沿海地区；近年来，中西部地区不仅承接了大量来自东部地区的产业集群转移，而且结合自身条件也发展培育出一系列具有自身特色的产业集群。经过多年发展，我国产业集群的分布范围已由先前的集中于东部沿海地区向全国范围扩展，东中西部均有代表性的产业集群分布，产业集群的区域分布范围十分广泛。根据中国社科联合研究中心在2007—2009年连续三年开展的“中国百佳产业集群”评选，我国东部地区的百佳产业集群在全国范围内具有明显的基础优势，尤其是长三角、珠三角地区的产业集群优势更为明显，浙江、江苏、广东是连续三年我国百佳产业集群最为集中的三个省份；与此同时，中西部地区的百佳产业集群数量在三年的评选中逐年增加，山西、新疆、陕西、贵州、安徽等中西部省份（自治区）均在2009年首次出现入选的产业集群。时下，产业集群已经成为我国区域经济、区域产业发展的重要选择形式，发展势头迅猛。

专栏5-1

二、产业集群的动态发展

产业集群的形成和发展是一个动态过程，产业集群其实也有寿命，随着科学技术进步、产业本身的变化、空间集聚效应的变化，集聚于此空间的产业与企业的发展状况就会发生变化，产业集群自然也会有变化，有成长、有成熟自然也会有衰退的那一天。

(一)产业集群动态发展过程。

有关产业集群动态发展的研究很多基于演化经济学的视角,相关理论主要包括产业集群理论、新产业区理论、产业升级路径理论和关系经济地理学等。又由于产业集群体现出鲜明的空间地理特征,故也是区域经济学和经济地理学的重要研究问题。20 世纪 90 年代以来,经济地理学方面的学者吸收演化经济学的思想并融合众多有关产业集群的理论,实现了经济地理学的"演化转向"[①]。这种演化经济地理学主张从动态演化的视角去理解产业、区域发展相关的问题,涉及企业、产业等多个方面,关注创新、新网络对区域经济系统演化的影响,重视产业集群的动态性,是一种非常有前景的研究范式。虽然与产业集群相关的众多理论研究的切入角度不同,但这些理论从不同的方面展示了一个重要的观点,即产业集群发展是一个渐进的系统演化过程,体现由量变积累到质变飞跃的过程。[②] 阮建青和石琦等学者根据已有的产业理论,提出并构建了一个产业集群动态演化的三阶段模型,包括数量扩张期、质量提升期和研发与品牌创新期。影响产业集群动态演化的因素非常复杂。产业集群的动态演化既受益,同时也受制于许多因素的影响,每个产业集群都有自身的演化规律和发展阶段。[③] 由于产业集群演化具有不确定性,因此产业集群最终的动态演化结果可能是繁荣、停滞或者是衰退。

产业集群尽管是产业企业与其他相关机构形成密切关系的综合体,但其核心是集聚的产业企业,没有它们的集聚生产运营,就没有相关机构的协同,因此产业集群动态发展的过程虽然与构成产业集群的其他机构如生产服务、创新服务、供应链服务、公共服务等的发展变化有关,但最重要的还是与集聚于此的产业的同类企业动态变化有关,或与不同产业的上下游企业的动态变化发展有关。一般而言,一个产业同类企业为主形成的产业集群,如汽车产业集群、煤化工产业集群、纺织产业集群、服装产业集群等,有的是大企业主导集聚,有的是中小企业集聚。而不同产业的以一个产业链或价值链的相关企业集聚为主的产业集群,通常是由该产业的链主主导,所以,产业集群的动态发展过程可以对比产业生命周期理论分析研究。

根据厄特拜克的理论,在产业发展的生命周期中,产品创新和生产过程创新是主导产业动态发展的主要力量,但这两者的创新并不同步,在不同阶段有着不同的发展特点。在产业诞生的初期,产品创新是拉动产业成长的核心力量,处在较高的水平;而生产过程创新在这一时期并不显著,水平较低。这一阶段覆盖了产业从诞生到快速成长壮大的过程,显著特征即革新性产品不断涌现带来的产业扩张。在产业具备一定规模后,便进入转型期,发展方式从不断推出新的产品转向生产运营管理的不断优化;在这一阶段,过程创新的水平不断上升,而产品创新则有所下降。在经历了强盛期后,产业的发展也逐渐走向衰退,两类创新的水平都不断减弱。作为产业集群的核心产业自然也遵循这个规律,因此当产业集群的核心主导产业的产品创新、过程创新发生变化,意味着此产业从成长、成熟发展至衰退,如此产业集群大概率也会从成长、成熟发展至衰退,因为对应的创新水平演变曲线是相似的。将产业发展的生命周期拓展到对产业集群的分析,可以发现,产业集群与产业发展周期的相似之处在于它们都会经历由诞生、成长、强盛到衰退的动态过程。

---

① 周灿.中国电子信息产业集群创新网络演化研究:格局、路径、机理[D].华东师范大学博士学位论文,2018.

② 雷小毓.产业集群的成长和演化机理研究[D].西北大学博士学位论文,2007.

③ 吴义杰,何健.产业集群的演化过程及形成机制[J].甘肃社会科学,2010(5):181-184.

但产业集群与产业在创新发生的形式、时间节点和整个生命周期的阶段划分上还有着显著的差异。首先，不同于产业诞生的单一性，产业集群的诞生主要是基于地理位置这一特定要素，以及围绕地理位置的诸多关键因素，如资源、配套、市场等。特别是在其发展的初期，产业集群在很大程度上依赖当地初始的商业条件，例如休斯敦油气开采产业集群的建立依托于当地丰富的油气资源。其次，由于产业集群具备主体的多元性，创新的引导者除了企业外，也可以是产业集群中的其他部门和机构，多方之间也可以促成一系列的合作。这就使得一个产业集群的发展，其关键动力既有可能是某个企业，也有可能是政府或科研院所，例如上海的张江软件园，其发展很大程度上依托当地科研院所的研究投入和政府推动校企联合的政策支持。最后，新产业的诞生往往意味着业界探索新的商业领域，而多由政府政策引导的产业集群则有可能出于发展地方经济的考量，聚焦已有的某个行业进行建设。简言之，产业集群的发展是一个依托地区位置条件、政府、高校科研机构等多方共同参与、多变的动态过程。许多学者认为，产业集群不是一种迅速产生和消失的现象，而是会随着时间推进而变化①，一旦集群开始形成，其内部自我强化的循环就会促进其发展。② 研究哪些因素会对产业集群的动态演化产生影响，有利于企业、集群以及政府为产业集群的发展制定各自的发展方案。

(二)动态发展的主要影响因素

产业集群动态发展的影响因素有很多，除了传统的空间地理区位因素之外，还有许多因为集聚生产而带来集聚效应因素，以及后来的政府政策、公共服务等因素。还有学者通过对中国农业集聚区、文化创意产业集群形成演化的影响因素研究发现，由血缘、地缘等关系构成的非贸易联系、文化传统、偶然历史事件在农业集聚区和文化创意产业集群演变的初期发挥着关键作用。市场当然是产业集聚产业集群形成发展的重要因素，市场机制的力量对于区域空间中那些产业集群会诞生、产业集群应该生产什么、创新的方向等都会产生重要的影响，有些开发区希望集聚大量产业企业然后建设成为产业集群，但因为忽视了市场因素，结果始终集聚不了几个企业、形成不了产业集群。总的来说，影响产业集群动态发展的因素可以分为以下两类：

1. 决定产业集群动态发展的内部因素

迈克尔·波特指出，产业集群有助于企业实现创新发展提高竞争力。这主要通过以下四种途径表现出来：(1)邻近效应。由于本地市场中企业与消费者的邻近特点(既包括地理空间邻近，也包括文化习俗邻近)，一方面便于本土企业更加敏锐地获取消费者需求信息，使得包括产品体验、信息沟通等在内的交易成本尽可能地降至最低；另一方面也便于本土企业使用更低的运输成本将产品送达消费者终端。(2)合作效应。地理上集聚的供应商和合作者有利于创新过程的共同参与，实现完善的公共投入共享，尤其是对需要大量研发投入、高资产专用性的创新产业，从而降低企业投资于创新的风险。(3)交易成本效应。集群内的企业可以以较低的成本进行试验，并可以降低制定合同或提供服务支持的费用。(4)竞争效应。产业集群也面对市场的压力，如竞争压力、同行压力、比较压力等，如此就可以增强企业的创新。因此，市场需求、供应商/合作者能力和市场竞争这些因素能够改变企业的创新行为，进而影响产业集群的

---

① Ketels, Christian H. M., and Olga Memedovic. From clusters to cluster-based economic development[J]. International Journal of Technological Learning, Innovation and Development, 2008, 1(3): 375—392.

② Porter, Michael E. Clusters and the new economics of competition[J]. Harvard Business Review, 1998.

演化。但同时,这些因素能够通过激发本地市场效应促进集聚效应产生。例如,产业集群的规模生产为本地市场提供了一个共享劳动力池,有助于改善本地劳动力市场的匹配质量,如专业化工人往往更容易在同一空间集群中找到新的工作机会。当本地市场效应得到充分发挥时,劳动力市场的高质量匹配能够降低企业成本、增加企业利润,从而促进更多的生产要素以及创新要素集聚,促进产业集群进一步发展。

当生产要素创新要素的集聚达到一定规模时,其产生的知识外部性,如产品设计思想、工艺技术诀窍、市场营销技巧等,能使集群中从事相似生产经营活动的同行企业、上游的供应商企业、下游的客户群体,都从中获得好处。在这个过程中,知识传播途径主要有三种:(1)创新要素集聚空间中的关键人员流动,如高素质人才在企业之间变换工作;(2)创新要素集聚空间中的创业技能知识传播;(3)创新要素集聚空间中的企业技能和市场信息的流动,通常伴随着企业兼并、重组等。知识可以细分为可编码知识(codified knowledge)和缄默知识(tacit knowledge)两类,而缄默知识是创新的重要源泉,且其产生的知识外部性存在明显的空间局限,因此,这种知识溢出的地方性恰恰成为作为空间组织形式的产业集群演化的重要因素。知识的流动、创新要素的集聚加速了高素质人才流动、创业技能知识传播、企业技能和市场信息流动,在一定空间范围内产生知识溢出效应,从而促进本地区域比较优势的动态变化,进而促进产业集群的升级和竞争力的提高。

2. 决定产业集群动态发展的外部因素

决定产业集群动态发展的外部因素主要包括:产业集群动态发展的生态环境和营商环境,政府相关政策与服务以及政府管理区域的水平。影响产业集群动态发展的生态环境主要是指地理空间区位条件、自然生态系统状况等,这些因素虽然随着科学技术进步,其重要性在下降,但对某些产业来说依然十分重要,绿色低碳已经成为时下的主流。产业集群发展的营商环境十分重要,已经成为产业集聚的关键因素之一,营商环境包括好的生产运营基础设施,也包括好的公共服务;更重要的是,有公平竞争的市场、有良好协作的创新氛围和平台。这个因素如今已经成为重要的产业集聚形成产业集群的因素。营商环境与当地政府的政策、管理水平、提供的公共服务密切相关,例如,新加坡政府在裕廊工业园区与产业集群发展过程中扮演了十分重要的角色,形成政府统一规划、专业化分工建设、管理和服务协调相配合建立园区优良营商环境的发展模式。这一模式的优点是:保证产业项目快速启动并尽快达到规模生产;快速并以较低成本获取私人土地并给出良好的基础设施;提供优质的公共服务即首创的"一站式"服务,以有效吸引跨国公司的投资集聚;推动产业集群动态发展。

从著名的班加罗尔软件产业集群的动态发展中,可以看到政府如何通过优惠政策有步骤地集聚软件企业,同时推动形成产业创新平台。班加罗尔于 1991 年 6 月建立了印度第一个计算机软件技术园区。通过税收大力度优惠、出口免关税、用工等政策大大刺激了国内外相关企业的集聚,世界上许多著名的信息软件业公司,如微软、英特尔、苹果、国际商用机器公司、西门子、惠普、康柏、摩托罗拉、奥瑞克公司、太阳微公司、得克萨斯仪器公司等都在此地设有研制中心和生产基地,一些公司甚至已经把它们在全球一半以上的软件研究和开发项目转移到印度进行,从而在班加罗尔形成了软件业的产业集群。在班加罗尔软件产业集群的带动下,马德拉斯、海得拉巴等南部城市的软件产业集群接踵而起,同班加罗尔交相辉映,成为印度南部著名的计算机软件产业"金三角"。如今,班加罗尔地区已发展成为印度的软件之都、全球第五大信息科技中心，被誉为“亚洲硅谷”，具备了向美国硅谷挑战的竞争力。

三、产业集群的类型

产业集群其实在世界各国尤其是发达国家早已有之，美国的产业集群类型多样、特点突出，是美国地区经济和产业发展中的一个非常重要的现象，并创造了显著的区域经济效益和社会效益。我国自改革开放以来，产业集群也如雨后春笋般在全国各地形成与发展起来，其形态和类别也是多种多样，推动了我国区域经济产业发展。对现有的产业集群进行分类研究，其分类标准不同就可以有不同的分类。如果从产业集群形成方式来看，可以将所有的产业集群分为三大类：自发形成、自发与政府结合形成以及政府主导形成。需要指出的是，上述三大类型主要是依照产业集群的最为主要的初始形成机制进行的划分，在各类产业集群的后续发展中，各类区位因素与政府政策等实际上表现出相辅相成的关系，共同塑造了时下产业集群多种多样的发展形态。

(一)自发形成型产业集群

自然形成型产业集群是指在地理空间区位因素、集聚效应等引导下产业自发集聚然后逐步自然发展形成的产业集群。这类产业集群的形成通常需要相当长的时间，在集聚效应的引导下依托市场机制，在当地的自然禀赋、地理环境或经济社会历史条件等作用下逐步形成，具有较强的地理空间根植性。具体来看，又可分为以下两种细分类型：

1. 基于地域空间的自然禀赋、地理环境等区位条件形成的产业集群

例如，美国加州的葡萄酒酿造业集群，依赖加州适合葡萄种植的土地与阳光，成为全球红酒酿造业的后起之秀。美国石油化工产业集群位于墨西哥湾沿岸地区，该地区是美国最大的原油产地，于是相关的石油化工产业便集中于此，仅在科珀斯克里斯提—休斯敦—博蒙特地区就集中了全国石油化学工业的40%，最终形成巨大规模的产业集群。美国的钢铁工业产业集群主要分布于以芝加哥、底特律、克利夫兰、布法罗等为中心的大湖带南部，这与当地地理区位因素有着极大的关系。美国的其他一些著名产业集群，如底特律的汽车产业集群、洛杉矶的国防和航空产业集群、好莱坞的电影娱乐业集群、纽约的金融产业集群等，均是在这些地理区域条件和市场机制作用下逐步发展形成的。

我国的产业集群形成开始于改革开放初期，我国东部沿海地区依托于其自然与历史条件，形成了一批具有当地特色的产业集群，涉及日用百货、服装鞋帽、五金器具、皮革塑料、木制家具等众多产业领域①；又如，台州的造船产业集群、东莞的电子产业集群、佛山的建筑材料产业集群、苏州的婚纱产业集群、宜兴的电线电缆产业集群等，都是在市场导向下自发形成的。例如，浙江永康的五金产业在历史上十分发达，有“春秋铸剑、汉造弩机、唐铸铜铳”的历史渊源，是中国著名的“百工之乡”，改革开放初期，永康出现了大量五金家庭作坊和生产企业，五金产业集群初具规模，并逐步发展壮大，产业分工不断拓展，产品范围在21世纪初已经涵盖了机械、日用、装饰、建筑、小家电等众多方面的一万多个五金品种②，同时衍生出防盗门等相关的

---

① 刘世锦．改革开放30年中国经济发展进入重要转折点[J].中国制造业信息化，2008(12)：10－13.

② 赵浩兴，刘俊涛．基于产业集群的企业合作营销模式探讨——以浙江永康五金产业集群为例[J].苏州市职业大学学报，2008，19(4)：41－45.

产业集群，产品远销海内外。又如，广东小榄镇自古即为珠江三角洲重要的交通要道和商贸集散地，历史上生产各类铁器、竹器等器具的作坊众多，五金产业也具有深厚的传统，自明代初期开始，制作农用器具成为风尚，并由最初的自给自足向商品化方向发展，在20世纪初其产品就已经远销海外，在此基础上，到了改革开放初期，以锁具、燃气具等为龙头的五金产业集群开始逐步加速形成。①②

2. 基于地域空间社会人文历史的条件自然形成的产业集群

这一类最具代表性的是意大利的产业集群。意大利著名的产业集群主要集中在以下几个产业：一是纺织、鞋、手包、旅游产品制造及其原料加工和机械配套产业；二是家居产品的生产以及相关的机械；三是珠宝等个人用品产业；四是食品和饮料以及相关的机械；五是金属纤维产品和特殊原料以及相关机械。这些产业大多属于传统消费品为主的传统产业。这些产业集群形成的缘由是当地的资源禀赋和社会人文历史传统，以及传统的手工业基础。意大利的经济实力和国家竞争力主要是由这些企业集群支撑的。据统计，1996年意大利199个中小企业产业集群在世界市场上有强大的国际竞争力，其制成品出口量占全国总量的43.3%，有的行业，如针织品、服装、皮革和鞋类、地板和墙体砖、家具、珠宝首饰、乐器、农具等，甚至超过60%。

我国的此类产业集群发展也有杰出代表，如江西景德镇的瓷器产业集群、江苏宜兴的紫砂产业集群均有千年以上历史，它们的发展形成与当地的自然禀赋、人文历史传统有密切的关系。以陶瓷闻名中外的江西景德镇，有着千年官窑史、六百余年御窑史，是世界上唯一以陶瓷产业支撑千年发展的城市。近年来，已经形成了艺术陶瓷、日用陶瓷为主，工业用瓷、高技术陶瓷多种类型产业集群，凸显了景德镇陶瓷产业集群发展的多元化格局，其陶瓷产业总值从2017年的372亿元上升到2021年的约516.2亿元，增长了38.8%，其中，景德镇文化创意陶瓷产值达到112.6亿元。宜兴紫砂陶产业始于北宋、盛于明清，产品以造型独特、工艺精湛、原料性能优异的特点闻名于世。宜兴市的紫砂壶生产主要集中在丁蜀镇，形成紫砂产业集群，现有相关的从业人员8万多人，在丁蜀镇已拥有5个紫砂专业村，甚至出现了家家制紫砂壶的现象。宜兴紫砂陶产业集群的形成和发展既源于独到的自然禀赋，因为宜兴的南部丘陵山区蕴藏着品种繁多、效能优异的丰富紫砂泥与其他陶土资源；也源于悠久的紫砂制造艺术创作的历史，历史上出现了许多著名的紫砂陶工艺大师，其作品典雅、造型独特，成为当时消费者的抢手之物。

（二）自发与政府结合形成型产业集群

所谓自发与政府结合形成型的产业集群，是指市场主导政府配套服务形成的产业集群。具体来说，这一类型产业集群开始时是自发，之后有政府协助。自发是指产业企业在区位因素市场机制导向下，由产业企业自发集聚，过程中政府有所介入，但主要是通过政策支持、基础设施建设、组织公共服务开展等工作协助产业集群形成和更好地发展。最典型也最为成功的是美国的硅谷产业集群。

---

① 陈朝隆，陈烈，金丹华．区域产业链形成与演变的实证研究——以中山市小榄镇为例[J]. 经济地理，2007(1)：64—67.

② 芦彩梅，梁嘉骅．产业集群协同演化模型及案例分析——以中山小榄镇五金集群为例[J]. 中国软科学，2009(2)：142—150＋172.

硅谷位于加州旧金山市东南部40英里，半个世纪前，硅谷地区只是生产苹果、核桃、杏仁等作物的农牧业区，随着20世纪60年代中期以来微电子技术高速发展，一些创业者以附近一些具有雄厚科研力量的美国一流大学如斯坦福、伯克利和加州理工大学等世界知名大学为依托开设创业公司，先后集聚了8 000多家电子科技公司和软件公司，它们融科学、技术、生产为一体，在20世纪80年代后期形成以个人电脑工业为主的计算机产业集群，发展起来了思科、英特尔、惠普、朗讯、苹果等大型高科技公司，成为举世闻名的产业集群的核心。硅谷现已成为世界信息技术和高新技术产业的中心，半导体产业集群发展迅猛。在高技术杂志《连结》(*Wired*)评出的全球最具影响力的高技术园区中，美国硅谷以其硬件、软件和网络开发领域的优势位列第一。现在硅谷已成为世界各国工业聚集区的代名词。

硅谷是典型的自发式即市场主导型形成的产业集群，其发展的动力其实源于市场力量以及合作创新的力量，是依赖于产业创新与市场互动的方式来完成的。也正因为遵循硅谷产业集群依据市场原则，使得集群内企业分工秩序良好、合作效率高、重复建设率低；同时，按照市场机制将高校、科研机构、中介服务组织、金融机构等重要机构黏合在一起，形成集群发展综合体，开展科技创新产业化发展，进而不断地保持了整个集群的整体竞争力。美国政府在硅谷的发展中是辅助性、间接性的，政府始终尊重硅谷内企业的主体地位。政府主要提供完善的配套基础设施、对符合国家要求的项目提供研发资助、咨询服务、调节集群成员间以及不同集群间信息的交流。政府也通过制定法律法规、政策措施来扶持硅谷的发展，例如在硅谷产业集群形成初期颁布《采购美国产品法》，这对产业集群的原创性产品起到了非常重要的支持作用。

我国北京中关村计算机产业集群的形成，也可以说是在市场主导与政府扶植支持的结合下的结果。北京中关村是大量高等院校与科研院所聚集的区域，20世纪80年代，许多高校的教师与中国科学院一些院所的研究人员在此创办企业，发展成为以经营计算机电子产品为主的“中关村电子一条街”，虽然规模较小、以贸易为主，也难以形成贸易与研发的大规模互动关系，但为后续产业集群的快速发展奠定了基础。1988年，北京市政府与国家开始大力支持中关村科技产业集聚发展，将中关村设置为国家级高新技术产业开发区，然后享受许多政策优惠，同时开始协助园区内基础设施、公共服务提供等，中关村的电子信息产业在政策作用下首先得到了快速发展，逐步集聚形成计算机产业集群，著名的联想集团就是其中的核心企业。产业集群的业务范围也从最初的贸易活动为主，向研发创新与生产制造活动等领域进行拓展。①② 随后，政府政策在其中的作用持续发挥，例如1999年国务院批准建立中关村科技园区、2009年国务院批复中关村科技园区建设国家自主创新示范区等，对中关村之后其他科技产业集群如生命科学与新材料产业集群、航空航天产业集群等的形成发展均起到了重要的促进作用。

(三)政府主导形成型产业集群

政府主导形成型产业集群通常是政府考虑生产集聚的区位条件后划定一块区域，成立政府派出的产业园区管理委员会，然后对园区区域内进行适合生产集聚的基础设施建设，提供公共服务，设置引导产业企业集聚的各类优惠政策如税收优惠，入区补贴等，按照既定发展规划

① 彭文治，徐华．政府支持科技创新的职能定位研究[J].科技资讯，2015，13(30)：253－254.

② 鞠鹏艳．中关村国家自主创新示范区规划建设发展实践[J].上海城市规划，2016(6)：22－28.

招商引资，产业企业入驻生产集聚，之后逐步形成产业集群。这样由政府规划产业或科技产业集聚区域，然后由政府出面进行园区内的产业生态环境、基础设施建设，并且政府出面邀请产业企业来此集聚，最后发展形成有竞争力的产业集群，已经成为后起国家或地区加速发展产业、发展经济的一种重要形式，得到普遍的运用。我国各地政府设立的开发区、科技园区、产业园区名目繁多，均希望通过政府主导下形成若干产业集群，利用产业集群发展壮大的外部效应，推动当地产业与经济快速发展。

这方面最早成功的典型案例是新加坡政府主持的裕廊工业园，这个工业园是亚洲最早成立的开发区之一。1961 年，新加坡政府在裕廊划定 6 480 公顷土地发展工业园区，并拨出 1 亿新元进行基础建设。1968 年，园区内的厂房、港口、码头、铁路、公路、电力、供水等各种基础设施建设基本完成；同年 6 月，新加坡政府成立裕廊镇管理局(JTC)，专门负责经营管理裕廊工业区和全国其他各工业区。在整个园区的开发过程中，园区的资金筹集、土地运用、招商引资等均采用一级政府经济发展局统一规划，专业化分工建设、管理和服务协调相配合的发展模式，甚至园区的初期开发建设资金都来自政府，后期发展资金的来源虽然呈现多样化趋向，但项目建设的初期投入资金仍然主要来源于政府。园区的产业发展、企业集聚都由经济发展局遍布世界的专业招商队伍统一负责招商引入。经过多年的运作，裕廊工业园取得了令人瞩目的成果，形成一批重要的产业集群，如石油化工产业集群、航空产业集群等，对新加坡经济发展起到了巨大的推动作用。其经验为亚洲各国或地区所借鉴，我国江苏省苏州市与新加坡政府合作，建立的苏州新加坡工业园区，发展也极为成功。

中国台湾的新竹科学工业园区也是由政府规划设立的，由政府机构规划打理园区基础设施，招商引资，政策协助进入园区的产业企业集聚生产合作，逐步形成多个高科技产业集群。园区自 1980 年年底成立至今，约有 380 家高科技厂商进驻，主要入园企业包括半导体业、计算机业、通信业、光电业、精密机械产业与生物技术产业等。经过多年的努力，其中半导体制造产业集群以台积电、联电、联发科、日月光等知名半导体公司为核心，已经发展成为全球著名的并且具有竞争力的产业集群。时下，新竹科学工业园区已成为世界上发展较为成功的科学园区之一，并缔造了扬名世界的中国台湾半导体产业发展奇迹。

上海的张江高科技园区是上海浦东开发开放的产物，成立于 1992 年 7 月，位于上海浦东新区中南部，被确认为中国国家级高新技术园区。园区设有政府派出的管理委员会，对园区产业、科技、生活等方面进行统一规划，制定入园优惠政策，建设基础设施，除了吸引规划产业的企业集聚之外，还大量引进全国一流科研机构、名牌理工科研究生院和大学(包括上海科技大学、复旦大学软件学院、复旦大学微电子学院、复旦大学药学院、复旦大学计算机学院、上海交通大学和西安交通大学信息安全工程学院、北大微电子研究院、清华微电子研究所、中国美术学院上海设计艺术分院、南洋理工大学、美国杜兰大学商学院、中国科学院上海各研究院、中国科技大学上海研究生院、上海中医药大学等)，形成科技产业创新发展集群。在政府主导下，经过近三十年的发展，张江高科技园区内已经形成了全国著名的生物医药产业集群、半导体集成电路产业集群、软件产业集群和半导体照明产业集群等。2019 年，张江高科技园区完成全口径工业总产值 2 834 亿元；2020 年，集成电路产业集群营收规模达到 1 285.40 亿元，占到全国 14.5%的比重。张江高科技园区及产业集群的形成与发展对浦东新区和上海市产业发展、科技创新及经济建设有很大贡献。

第三节　产业空间布局

产业要在某个区域空间落地生产，尽管某些区域空间具有特殊自然禀赋或特殊地理区位条件，但并不能对所有产业所有企业产生集聚吸引，因为产业的不同特性以及产业中的企业在选择区域空间落地生产运营时有自己的考虑，能够在一个产业集群里落户固然很好，但也不见得非要如此才行。另外，从该区域空间所在政府的角度来看，近期或者中长期什么样的产业对本地经济发展社会发展最为合适与有利，就成为政府推动经济增长不得不考虑关心的重大事项。产业的空间布局就在产业自身选择和地方政府选择的互动中展开。

一、产业空间布局的内涵

产业空间布局本质上是生产力的空间配置，因为产业是产出、是社会需求的供给方、是整个人类社会的生产力，所以对产业进行空间布局，本质上就是将生产力配置到最合适其发挥效率同时社会资源最节约的区域空间。进一步说，产业空间布局从静态上看，是指形成产业的各企业、各生产要素、各产业链价值链环节在空间上的分布态势和区域空间上的组合；从动态上看，产业空间布局则表现为各种资源、各生产要素甚至各产业和各企业为选择最佳区位而形成的在区域空间上的转移或重新组合的配置与再配置过程。这个概念的产生是由于人类生产经营活动开展过程中认识到产业在空间优化配置，可以得到资源的最佳利用效果。

现实中，具体的产业生产特性、生产运营要求并不相同，而一个国家或地区其自然禀赋是分布不均衡的，自然地理环境并不相同，人文历史社会经济基础也不尽相同，于是从资源配置优化的角度看，两者的适配性很重要，于是就有了生产力空间配置和优化配置的说法。生产力的空间配置和优化配置有两种方式：一种是依赖看不见的手即市场机制进行；另一种是依赖看得见的手即政府行政机制进行。历史上，产业的空间配置与配置优化主要是依赖市场机制进行，无论是早期的农业种植业或畜牧业的空间配置，还是手工业或服务业的空间配置都是如此，其中城市这个特殊的空间对手工业和服务业的发展特别有利。近代以来，特别是工业革命以来，发达国家形成的工业区就是市场与企业选择的结果。只是到了第二次世界大战之后，欠发达国家或地区的政府开始尝试用政府的行政力量、用产业开发区的形式，为产业和企业创造类似发达国家的局部优化产业发展环境与政策，从而吸引产业与企业投资落户，形成生产力并推动经济增长，结果取得了成功，出现了以日本为代表的亚洲经济奇迹，日本政府的产业政策甚至被认为是日本经济奇迹背后的关键。

然而，一个国家或地区由于种种原因所处的经济发展阶段并不相同，有的处在工业化初级阶段，有的处在工业化中高级阶段，有的处在工业化后期甚至已经到了后工业化时期，由于经济发展水平的高低导致社会发展水平的不同，进而改变了这个国家不同地区之间地理空间结构和很多的区位条件，甚至极大地缩小了地区之间人文科技、营商环境的差异，例如经济若处于较为发达阶段，一般而言全国各地的道路、机场、高铁等网络形成和通畅运作，各地人口收入水平较高、受教育程度均衡、公共服务品的质量良好等，导致空间区位条件对产业的空间布局影响下降。而其他如科技力量、教育机构、研究水平、资本文化、绿色环境等区域发展软因素，成为新兴高技术产业空间布局的重要因素。此时，产业空间布局的优化调整就成为一个国家或地区经济和产业持续发展的必要条件之一。市场机制进行产业空间布局调整的优点是尊重产业或企业的自然发展规律和它们的自主选择，缺点是调整优化所花时间较长，效果呈现比较缓慢；而政府出面进行规划调整的优点是集中资源见效快，缺点是未必可以准确判断调整的方向，并可能忽视产业和企业的选择与利益。

二、产业空间布局的理论

产业空间布局研究的流派很多，理论主张也各种各样，比较成熟的理论主要有：

(一)新区位理论

最早专门论述产业空间布局问题的理论是以杜能农业区位论和韦伯工业区位论为代表，这一理论从单一的产业企业出发，考虑在不同地理空间区位条件下，如何基于成本和运费的节约来布局产业企业。之后随着工业化的发展与劳动生产率的提高，发达国家的区域之间交通运输网络等逐步发展成型，第二、三次产业逐渐取代农业成为国民经济的主导部门，同时随着道路交通的迅速发展，运输因素不再是生产布局的决定性因素，市场消费需求因素成为产业能否盈利甚至生存下去的关键。于是就有了费特的贸易区边界区位理论、克里斯泰勒的中心地理论及廖什的市场区位理论，他们的理论认为，产业应该布局于人口密集、需求旺盛的城市地区。20 世纪 60 年代以后，随着世界范围内工业化、城市化进程的加快，着眼于区域经济活动的最优组织的新区位理论应运而生。新区位理论改变了静态孤立研究空间区位生产、价格与市场交易的因素，而是从动态关联的角度分析研究整个区域经济发展与空间结构变化，从而优化配置产业的问题，其中的代表理论是增长极理论。

增长极(growth pole)概念最早是由法国经济学家弗朗索瓦·普劳克斯(F. Perroux)提出的。20 世纪 50 年代初，他针对古典经济学家的均衡发展观点，指出现实世界中经济要素的作用完全是在一种非均衡的条件下发生的。他通过对实际经济活动的观察，认为"增长并非同时出现在所有地方，它以不同的强度首先出现在一些增长点或增长极上，然后通过不同的渠道向外扩散，并对整个经济产生不同的最终影响"。普劳克斯的增长极概念的原始含义是模糊不清的。他从抽象的经济空间出发，强调产业的部门联系，强调推动型企业对区域经济增长的作用。普劳克斯的增长极中的"极"，是指推动型的企业及与其相互依赖的产业部门，而不是地理空间中的"极"。他对经济增长的空间结构是重视不够的。

法国地理学家 J. 布德维尔(J. Boudeville)在 1957 年与其他许多学者一起将"极"的概念引入地理空间，并提出了"增长中心"这一空间概念。[①] 布德维尔强调经济空间的区域特征，认为"经济空间是经济变量在地理空间之中或之上的运用"；"增长极概念与推进型产业相关联。……把它作为经济活动在地理上集聚的极比作为不同于全国矩阵的部门复合体系统更为可取。总之，增长极将作为以拥有推进型产业的复合体的城镇出现。"1966 年，布德维尔给增长极下了一个简要的定义：增长极是指在城市区配置不断扩大的工业综合体，并在其影响范围内引导经济活动的进一步发展。这样，增长极包括两个明确的内涵：一是作为经济空间上的某种推动型工业；二是作为地理空间上的产生集聚的城镇，即增长中心。增长极具有"推动"与

---

① Boudeville, J-R. Le problème de l'agrégation[J]. Revue d'économie politique, 1957, 67(1): 64—95.

"空间集聚"意义上的增长的意思。

空间经济增长极的形成其实是产业空间集聚的结果，是生产要素和经济资源集聚的结果。当产业快速在一个区域点集聚导致此处经济高速发展，一方面不断吸纳周边地区的生产要素和经济资源，产生所谓的"虹吸现象"，使周围区域的劳动力、资金、技术等要素转移到核心地区，剥夺了周围区域的发展机会，使核心地区与周围区域的经济发展差距扩大，这种负效果被称为极化效果。瑞典经济学家缪尔达尔（Myrdal）在研究极化发展理论时把这一过程称为回流效应。他认为，增长中心无论最初扩展的原因是什么，其内部经济和外部经济的累积增长都会加强这个中心在区域中的地位。这一过程是通过资本、货物和服务等流动得以实现的。另一方面，也会通过不同的渠道不断向周围腹地扩散经济能量和技术知识，对其他地区起到促进、带动作用，提高其他地区的就业机会，增加农业产出，提高周围地区的边际劳动生产率和消费水平，引发周围地区的技术进步。这种外部效应被称为扩散效应。赫希曼在研究均衡发展理论时，把这一过程称为涓滴效应，也有人形象地把这一效应称为波及效应。

因此，不同地区在考虑本地产业空间布局时，尤其是工业化水平不高的地区，在生产要素与经济资源不够充分的条件下，产业的空间布局应该是集聚式布局，先形成区域空间上的经济增长极，然后利用扩散效应带动周边地区产业与经济的发展。这就是产业空间布局的不均衡发展思路与方法。

（二）比较优势理论

不同的国家或地区拥有的自然禀赋是不同的，生产的条件也不尽相同，因此如果选对了产业，其生产就有比较优势、就有竞争力，此时如果进行国际贸易实现产品交换，就会获得比较利益。这就是最早的比较优势理论下产业空间布局的一个思路。亚当·斯密认为，每一个国家或地区都有其绝对有利的、适于某种特定产品的生产条件，若每一个国家均按其"绝对有利的条件"进行专业化生产，然后彼此进行交换，将使各国的资源、劳动力和资本得到有效利用，对各国都有利。大卫·李嘉图在其《政治经济学及赋税原理》一书中提出了国际贸易的比较利益学说，认为任何国家都有其相对有利的生产条件，若各国都把劳动用于最有利于生产和出口相对有利商品、进口相对不利商品，将使各国资源都得到有效利用，使贸易双方获得比较利益。按照他们的说法，一个国家或地区进行产业空间布局时应该首先认清自己的比较优势是什么，然后据此选择合适的产业进行专业化和规模化生产，产品生产出来在国际市场上进行交换，如此各国就能获得比较利益。按照此理论，国际实践的结果就是出现了典型的"拉美现象"。这是因为拉美国家曾经信奉此理论，按照自己自然资源丰富、劳动力丰富等比较优势，发展种植业和采矿业，之后又开始引进国外先进技术，发展制造业，生产初级加工产品的出口，希望在国际贸易中获得比较利益，最后结果却是低收入、低回报，因为它们生产的产品附加价值低，而发达国家的工业产品、高科技产品等附加价值高、回报大。久而久之，拉美国家与发达国家的经济差距越来越大、经济发展越来越差、国民越来越穷。

20 世纪 60 年代后期，传统的比较优势理论越来越受到批评与挑战，于是新的理论应运而生。弗农（Raymond Vernon）提出产品如同生物一样有生命周期，并将这一周期划分为创新产品、成熟产品和标准产品三个阶段。[①] 产品在从发明、应用、推广到市场饱和、衰落，进而被其他产品所替代的过程中，产品生产所依赖的生产要素密集性质会发生变化，由技术密集型产品转变为资本密集型产品，再转变为劳动密集型产品；与此同时，该产品生产的比较优势发生相应的变化，比较优势也随之从技术力量雄厚的创新国转移到其他发达国家，最后转移到发展中国家。弗农的理论是从动态的角度揭示了产品生产比较优势在发达国家与发展中国家之间的转化过程，为发展中国家如何利用自己的优势进行相同产业的布局提供思路。20 世纪 90 年代以来，以澳大利亚华人杨小凯为代表的经济学家创立了内生比较优势理论。杨小凯把比较优势区分为内生比较优势和外生比较优势。所谓内生比较优势，是指一个国家或地区可以通过后天的专业化学习或通过技术创新与经验积累人为创造出来的比较优势，外生比较优势则是以一个国家或地区外生给定的技术和自然禀赋差异为基础的比较优势。发展中国家其实不仅缺乏外生比较优势，也缺乏内生比较优势，但是可以通过努力从内生比较优势的培育出发，逐步提高劳动力教育水平和创新能力，布局合适产业推动经济增长，建立国际竞争优势。

产业形成的国际竞争优势也是一种发展中的内生比较优势，是产业空间布局中很重要的思想。如今的产业空间布局已经重视利用产业集群中核心现有企业的竞争优势，并以此作为地区空间集聚的产业集群形成发展的基础。事实上，从产业集群的角度考虑产业空间布局，就是要从产业现有核心企业的竞争优势出发，因为核心企业有能力整合区域空间中产业与其他各种机构的力量，可以进行区域空间内各种资源之间的整合和协同，可以较快形成地区产业空间集聚效应，促进产业发展的良性循环，推动国家或地区经济较快增长。

（三）产业生态理论

产业在一个区域空间集聚布局后开始生产运营活动，尽管给当地经济发展带了巨大的正面效应，但生产过程中的排出物也会导致当地生态环境受到负面影响。这方面最为典型的例子就是英国伦敦发生的毒雾事件。1952 年 12 月 4—9 日，伦敦上空受高压系统控制，大量工厂生产和居民燃煤取暖排出的废气难以扩散，积聚在城市上空。当时，伦敦空气中的污染物浓度持续上升，许多人出现胸闷、窒息等不适感，发病率和死亡率急剧增加。在大雾持续的 5 天时间里，据英国官方的统计，死亡人数达 5 000 多人，在大雾过去之后的两个月内又有 8 000 多人相继死亡。此次事件爆发后引起了全世界及学界的高度关注，即区域集聚的产业其生产的排放物自然界没有可能自我清洁，于是积累下来，损害了人类生活工作的环境，导致经济发展的不可持续。

一个区域进行空间布局产业集聚并不是多多益善，因为在一定区域的基础设施和生产力水平下，产业生产集聚程度超过一定限度时，集聚带来区域经济与社会的好处会逐步下降，负面效应会不断增加。例如，当工业生产中的排放物超过该区域的环境承载力时，会造成环境质量急剧下降，影响环境的可持续发展，同时也降低环境对产业继续生产发展的支持能力。于是，产业空间布局不仅要考虑如何利用地区的比较优势、集聚效应，还要考虑所在国家或地区的自然生态环境、社会环境对产业集聚生产的承载力。产业生态学理论在这种情况下应运而生，美国国家科学院（1991）将产业生态学定义为“产业生态学是对各种产业活动及其产品与环

---

① Vernon，Raymond. Comprehensive model-building in the planning process：the case of the less-developed economies [J]. The Economic Journal，1966，76（301）：57－69.

境之间相互关系的跨学科研究”。国际电机与电子工程师协会（IEEE）在《可持续发展与产业生态学白皮书》(1995)中，对产业生态学的定义做了如下界定：“产业生态学是对产业和经济系统及其与基本的自然系统间相互关系的跨学科研究。它可看作‘可持续性的科学’。”耶鲁大学的托马斯·格雷戴尔（Thomas Graedel）教授与AT&T公司的艾伦比（B. R. Allenby）在《产业生态学》①中认为：“产业生态学是人类在经济、文化和技术不断发展的前提下，有目的、合理地去探索和维护可持续发展的方法。它要求不是孤立而是协调地看待产业系统与其周围环境的关系。”产业生态学是研究人类在经济、文化和技术不断发展的前提下，探索合理的方法，维持产业与生态环境的可持续发展。产业生态学要求不是孤立而是协调地看待产业系统与其周围环境的关系，是一种试图对整个物质循环过程加以优化的方法。产业生态学认为在产业布局优化中，必须将所有集聚的产业生产活动安排在当地区域环境承载力限度内。而且产业空间布局应该考虑该地聚集发展的各产业在相互关联上有利于形成良性的物质循环和能力流动，各产业主体之间相互依存、相互制约，形成一种协调进化的局面，即形成所谓的循环经济状况，进而保持生态环境的良好与可持续。现代产业体系的复杂性，使得不同性质的产业发展和产业集群模式所要求的空间结构、空间尺度、路网结构、市政设施等差别很大。不同的功能组合和空间模式，对特定产业集群的发展和产业空间使用的效率影响很大。例如钢铁冶炼、石油炼化项目和IGCC多联产项目之间可以构成产业间的循环经济系统，如果只是各自独立的发展或者分散布局，就会造成很大的效益损失。

人类与其他生物物种的生存、活动、生殖需要一定的空间、物质与能量。生物在长期进化过程中，逐渐形成对周围环境某些物理条件和化学成分，如空气、光照、水分、热量和无机盐类等的专门需要。各种生物所需要的物质、能量以及它们所适应的理化条件是不同的，这种特性称为物种的生态特性。任何生物的生存都不是孤立的：同种个体之间有互助、有竞争；植物、动物、微生物之间也存在复杂的相生相克关系。人类社会为满足自身的生存发展需要，不断影响甚至改变生态环境，于是变化了的生态环境反过来又阻碍人类社会发展。时下，随着人类社会生产生活活动范围的扩大与多样化，人类与环境的关系问题越来越突出，产业空间布局优化问题也是其中一个关键问题。产业空间布局需要考虑当地生态环境承载力，可以理解为某一区域自然生态环境在某一特定时期维持某种环境状态条件下所能提供的对产业集聚生产活动以及由此排放物自然消除的支持能力上限。它是描述环境状态的重要参量之一，即某一时刻环境状态不仅与其自身的运动状态有关，还与人类的作用有关，它反映了人类与环境相互作用的界面特征，是研究环境与经济是否协调的一个重要依据。

三、产业空间布局规划

（一）产业空间布局规划的主要内容

产业空间布局规划是指地方政府根据地区自然禀赋、区位条件、经济社会发展基础、环境状况等对所辖区域进行优化产业布局的谋划。这种谋划大则可以包括整个区域空间内的产业优化布局，小则可以就所规划的产业园区内的产业集聚优化布局。从静态上看，产业空间布局规划是指区域内或产业园区内如何形成产业的各部门、各要素、各链环在空间上的分布态势和

① Allenby, Braden R., and T. Graedel. Industrial ecology[M]. McGraw-Hill Education LLC., 2019.

地域空间上的组合;从动态上看,产业空间布局规划则表现为区域内各种资源、各生产要素甚至各产业和各企业为选择最佳区位而形成的在空间地域上的流动、转移或重新组合的配置与再配置即优化过程。如今的产业空间布局规划已经纳入国土空间规划体系,需要遵循国家的国土空间规划的法律法规。

2019 年 5 月国务院印发《关于建立国土空间规划体系并监督实施的若干意见》(以下简称《国土空间规划若干意见》),提出建立国土空间规划体系,科学布局"生产空间、生活空间、生态空间"。这三个"空间"布局有三条边界红线,即城镇开发边界红线、生态保护红线、永久基本农田保护红线。为此,《国土空间规划若干意见》提出"以国土空间规划为依据,对所有国土空间分区分类实施用途管制"。政府应该履行国土空间管制职责,一般基于管辖区域的资源禀赋、资源环境承载力、开发适宜性做出空间布局规划的评价,但因为产业空间的多元化、多样性和关联性,产业空间布局规划应对生活空间、生态空间、农业空间进行通盘考虑。可见,随着我国国土空间规划体系的建构,地区产业空间布局将与国土空间规划建立协调机制,均衡各方诉求,化解空间冲突,推动产业高质量发展和高效治理空间。因此,作为国土空间规划中的地区产业空间布局规划内容主要有:(1)根据国土空间规划的产业发展目标,拆解和对接本区域产业发展导向,制定产业分类指引;(2)谋划本区域产业体系,确定产业发展重点,主导特色产业集群发展方向;(3)通过测算本区域产业用地规模和开发强度,划定产业空间结构、产业用地边界及配套产业支撑体系;(4)确定本区域行政区划产业发展空间布局,如市或县级区域中的城区、乡镇、园区的产业集群发展和产业空间布局。

此外,地区产业空间布局规划还需要考虑产业空间集聚的基本规律、国家或本省(市)的近期与长期产业政策,设计与本地区产业发展和空间布局目标一致的产业政策、支持政策或法规,以便优化本地营商环境,使规划落到实处。一般而言,规划实施的产业政策可以分为两大类:一类是选择性产业政策,即政府向全社会表明现在至未来政府支持发展什么产业或不支持发展什么产业或限制发展什么产业的政策,有时也可以称为产业准入的清单;另一类是功能性产业政策,主要是指如何在本区域营造公平竞争市场、营商环境、鼓励创新、扶植新兴弱小产业等的政策。其中,支持性政策包括税收优惠政策、创新合作鼓励政策、新产品分销补贴、人才引进政策等。政府还可以考虑在产业于企业发展的不同阶段、在市场发展成熟的不同阶段,设计不同的支持政策,更好地促进本地区产业集聚、企业健康发展,推动本地区经济高质量发展,形成国际竞争优势。

(二)产业空间布局规划原则

产业空间布局规划是十分重要的工作,规划既要有科学性,又要有前瞻性,还要把握区域空间特性设计集聚的产业与环境相容的空间结构。为此,有几个重要的规划设计的原则需要遵循:

第一,充分发挥市场在地区经济资源配置包括产业空间集聚与发展中的决定性作用,尊重自然生态环境与人类社会和谐共存的基本要求,遵循产业空间集聚与发展的内在规律,保持政府在地方产业发展经济增长中的引导和调控职能。通过制订规划和相应政策,在市场选择和市场竞争的基础上调整和优化产业空间布局,选择培育重点产业,加快形成本地特色产业集群,实现区域经济的高质量发展。

第二,坚持地方经济与产业绿色发展理念,全方位全过程地推行绿色规划、绿色设计、绿色投资、绿色建设、绿色生产、绿色流通、绿色生活、绿色消费，使经济与产业发展建立在高效利用资源、严格保护生态环境、有效控制温室气体排放的基础上，统筹推进高质量发展和高水平保护，建立健全绿色低碳循环发展的经济体系，确保未来实现碳达峰、碳中和目标，积极推动经济增长方式的转变。要加强环境保护，充分考虑本区域资源与生态环境的承载能力，调整产业空间结构，形成节地、节水、节能和减少污染的现代产业循环利用生产模式。

第三，坚持产城融合的空间布局模式。产城融合是指产业与城市融合发展，以城市为基础，承载产业发展空间，城市化与产业化协同一致。为此，要求产业空间发展规划要与城市的空间规划相融合，“以产促城、以城兴产、产城融合”，实现生产、生活、生态功能的三生平衡发展，使产业的发展与城市的科研、生产、商务、服务功能有机组合，实现健康可持续发展态势。例如，苏州工业园区借鉴产城融合发展理念，大力推进金鸡湖、独墅湖等城市生态功能区与产业园区规划建设，一方面营造了更加适合人居和商务活动的优越环境，使该区域成为城市发展新区域，另一方面也使得该区域成为重要的产业集聚区、苏州城市新的经济增长极。

第四，规划要与区域自然禀赋、比较优势和经济发展基础相协调，符合国家或省市对区域产业分工的定位。(1)考虑发展与当地居民衣食住行相关的产业，以满足人们基本工作需求；(2)要适当超前发展基础产业，尤其是现代新基础产业，为未来技术进步创新和高技术产业布局奠定基础；(3)规划发展凸显本区域比较优势的低消耗、低投入、高产业关联度和高附加值的产业，培育有竞争力的产业集群，成为本区域经济增长新动能；(4)大力发展教育培养人才，大力推动科研机构落户本区域，规划良好的人才、创新服务平台。以上四个方面的空间布局考虑，就可以形成本区域特色产业体系与经济发展综合体，成就地区经济高质量发展。

第五，空间规划需要有科学的规划方法，除了测量区域土地使用变化的方法、区域空间影响因子层次分析法、产业生命周期判断等现有的规划方法外，还可以采用中国科学院地理研究所发明的城市产业布局空间优化分析的技术方法，其主要步骤包括：首先根据城市产业布局的影响因素，通过模糊隶属度模型、综合评估指数计算，确定城市主导产业布局的优选地址；其次根据城市产业空间布局多种方案，引入多目标决策方案优化的密切值分析模型，确定城市产业空间布局最优方案。该优选技术方法具有系统性、全面性和可操作性的特点，可为城市产业布局空间优化提供全面、客观和科学的定量优化决策与调控依据。

专栏5-2

复习思考题

1. 产业空间集聚与集聚效应的相互关系是什么？
2. 产业集群有哪些类型？可以做什么样的分类研究？
3. 我国产业集群发展的问题与挑战是什么？
4. 产业空间布局优化的关键举措是什么？

第六章

产业转移

产业转移是指产业从原来生产所在的地理空间位置转移到另外一个地理空间位置进行生产的经济现象，也是产业成长与发展过程中发生的阶段行为。产业转移不仅仅是产业本身成长发展的行为，本质上还是该产业的生产能力进行了区域转移，从转移出的区域来说是减少了生产能力，而从接受转移的区域来说则是增加了生产能力，甚至可能由此带来产业空间集聚效应，促进本区域产业体系形成、经济与社会高质量发展。产业转移十分重要，本章主要分析论述产业跨国跨区域转移的本质、原因、类型以及产业跨国跨区域转移的一般方式和基本效应等。

第一节　产业转移的本质特性

产业区域转移可以发生在全球不同的国家或地区经济体之间，也可以发生在一个国家内的不同地区之间。从历史上看，产业的区域转移现象是伴随着产业自身的发展、产业所在地区域区位条件变化以及当地经济社会发展状况变化等产生的，因此是一个十分复杂的经济现象。

一、产业跨国跨区域转移现象

工业革命之后，全球现代意义上的产业开始了快速的发展，生产规模有了极大的提高，价廉物美的工业产品充斥市场，人类生活和工作条件有了极大的改善。但是，工业化的过程在国家和区域空间上并不是均衡的，工业化开展早的国家取得先发优势，产品大规模生产并去拓展全球市场，获得收益导致该国经济不断发达，例如早期的英国。在英国的示范效应下，一些国家经过思想理念、社会制度、技术准备等一系列变革也开始了工业化过程，其中一些国家或地区工业化成功了，如美国、德国，后来是日本；一些国家或地区则不太成功，甚至失败，如一些拉美国家。在这个过程中，虽然那些国家的工业化成功与否均与该国的内生因素有关，但作为生产供给的产业，通过跨国跨区域转移，在其工业化过程经济增长过程中扮演了重要的角色。

(一)产业跨国转移浪潮

工业革命以来，人类历史上经历了四次大的产业跨国跨区域转移，直接推动全球工业化的进程和经济增长。

1. 第一次产业转移浪潮

第一次产业转移浪潮发生在第一次工业革命后期的 18 世纪末至 19 世纪上半叶，当时英国产业发展迅猛，生产技术全球领先，工业品产出量巨大，已经成为名副其实的“世界工厂”。那时英国的人口仅占世界人口的2%，但工业生产占了全球的1/3～1/2，工业品贸易占了世界贸易的1/5～1/4。为了进一步拓展全球市场，英国的制造业开始向海外转移，主要目的地是法国、德国和美国等。其中，美国是这次产业转移浪潮的最大受益国。美国当时尚未完全独立，作为英国的殖民地加上良好的自然和资源条件，吸引了众多的英国工业企业来此投资发展。美国的工业、制造业承接了英国产业转移的生产技术与资本等，导致美国工业化与生产技术进步的真正开始，并通过自身的不断努力，至19世纪末崛起成为世界第一工业强国，后来居上超过英国，接替英国成为新的“世界工厂”。可以说，第一次产业转移浪潮是制造业首次跨国跨区域转移，直接推动了世界制造中心的第一次变迁。

2. 第二次产业转移浪潮

第二次产业转移浪潮发生在20世纪第二次世界大战之后的50年代至60年代，主要是美国的部分产业转移到日本和联邦德国等国家或地区。作为第二次世界大战的战胜国，美国经济高度发达，科学技术全球领先，劳动力成本上升，集成电路、精密机械、精细化工、家用电器和汽车等资本和技术密集型产业不断发展，在这样的条件下，美国产业体系与产业结构进行了重大调整，将劳动密集型和部分资本密集型的制造业在本土生产基地如纺织、钢铁等转移到日本和联邦德国，进行海外投资和资本、技术输出。这次产业转移浪潮对世界经济的影响是深远的，第二次世界大战的战败国联邦德国、日本通过承接这些转移的产业，大大加快了工业化进程，工业竞争力迅速提高，联邦德国成为世界经济强国，“日本制造”开始畅销全球。据统计，1950—1959年间，日本引进的外国新技术达2 332件，并从1955年开始扩大更新设备，使最新设备在全部机械设备中所占比重迅速超过当时的欧美发达国家。经过此轮接受产业的转移以及后来的工业化推进，联邦德国、日本迅速发展成为世界经济强国和新的“世界工厂”。

3. 第三次产业转移浪潮

到了20世纪70年代，日本和联邦德国工业化取得了极大的成功，它们用20～30年时间走过了英美国家百年的工业化历程，加入了发达国家行列。正因如此，日本和联邦德国的产业体系产业结构也发生了巨大的调整，于是国内一些产业需要转移海外以获得进一步的市场。这次是将劳动密集型、资本密集型产业如纺织服装、初级工业品制造等大规模转移到亚洲“四小龙”地区。在这一轮产业转移浪潮中，日本产业向外转移经历了三次小高潮：第一次发生在70年代初，为确立资本密集型的钢铁、化工、汽车、机械等国内产业的主导地位，而促使劳动密集型的纺织业等轻纺产业向亚洲“四小龙”转移。第二次发生在20世纪70年代中期第二次石油危机之后，转移的产业主要是资本密集型的钢铁、化工、造船产业等，转移的目的地仍然是亚洲“四小龙”。第三次发生在1985年美、日“广场协议”之后，转移的产业不再局限于在国内完全丧失比较优势的劳动密集型产业，而是扩展到汽车、电子等已经实现了技术标准化的资本、技术密集型产业，转移的目的地既有亚洲“四小龙”，也有东盟四国和中国内地。

4. 第四次产业转移浪潮

这次浪潮发生在20世纪80年代至90年代，在这次国际产业转移过程中，亚洲“四小龙”起到了“二传手”的作用。亚洲“四小龙”通过承接第三次国际产业转移，加上原有的产业发展基础和资源禀赋，很快成为东亚地区崛起的一个新兴经济群体。但亚洲“四小龙”由于自身区域范围与人口规模的约束，导致进一步发展面临着境内市场狭小与生产能力扩张之间的矛盾、生产要素成本上升和企业追求更多利润的矛盾、产业发展与资源环境瓶颈的矛盾。这促使了第四次产业转移浪潮的发生。此时，美、日、德等发达国家大力发展新材料、新能源等高新技术产业，将产业体系产业结构重心向高技术化、信息化和服务化方向发展，进一步把劳动、资本密集型产业和部分低附加值的技术密集型产业转移到海外。而亚洲“四小龙”等新兴工业化国家或地区大量吸收发达国家的投资，承接美、日转移出来的重化工业和微电子等高科技产业，并且把部分失去比较优势的劳动密集型产业和一部分资本技术密集型产业转移到泰国、马来西亚、菲律宾等东南亚国家，也将很大一部分产业转移到中国内地，带动了这些国家经济增长和产业结构的升级，促进了这些国家的工业化进程。由于 80 年代，中国内地开始奉行改革开放政策，形成了珠三角经济圈和长三角经济圈等东部沿海区域首先承接亚洲“四小龙”的加工工业的转移，此外还以其广大的市场吸引了美、日、欧等世界主要经济体的大规模投资，称为以市场换技术，于是制造业首先得以迅速发展。到了今天，中国已经形成了门类最为齐全的产业体系，制造业产出规模多年稳居世界第一，成为名副其实的新一代“世界工厂”。

(二)产业跨区域转移兴起

在上述产业跨国转移的同时，一些产业实际上已经在所在国家进行区际的转移。例如，我国是一个地域辽阔和自然条件差异很大的国家，地区经济发展的差异并不是现在才出现的问题，而是在历史发展过程中逐步形成的。产业转移也不是现在才有的现象。新中国成立以后，我国出于国防安全和生产力布局的考虑，在中西部地区建立了一大批现代工业基地。“一五”时期建设的 694 个限额以上的工业建设项目绝大多数建在内地；20 世纪 60 年代中期开始的大小“三线”建设，沿海地区的一些战略产业向中西部转移，形成了以重庆为中心的常规兵器工业基地、以成都为中心的航空工业基地、以长江上游重庆至万县为中心的造船工业基地，在西北地区建立了航天航空工业、常规兵器、电子和光学仪器等工业基地。这些工业基地的建设，促进了西南和西北地区的经济增长。据统计，1953—1978 年陕西工业总产值年平均增长率达 20.1%，青海为 16.3%，四川为 11.8%，贵州为 11.2%，湖南为 12.2%，宁夏为 18.1%。

改革开放以后，东部沿海地区先行对外开放，凭借其独特的区位优势和人文优势，在利用外资和对外贸易中占据优势地位，国内外资金不断地汇集到沿海地区，促进了工业化进程的快速推进，保持了经济持续的高速增长。东部沿海地区经过二十多年的长足发展之后，许多经济发展水平较高的地区已经面临着水、电、原材料、燃料运输以及资金等生产要素的价格上涨，投资经营成本上升，劳动密集型产业成本的优势正在逐渐消失。而西部地区具有得天独厚的资源和劳动力价格低的优势，一些东部地区即将失去优势产业客观上要求的自身转移到中西部地区去以获得新的发展空间。特别是国家实施了西部大开发战略、东北老工业基地振兴战略和中部崛起的战略，促进沿海地区发达省份更多的产业向中西部转移。近年来，江苏、浙江、山东、福建、上海等省市有大批企业到西部各省区安营扎寨。仅上海一地就有 2 000 多家各类产业企业落户中西部，从纺织产业、电子制造产业到计算机、汽车制造业等都有相应企业向内地转移，极大地推动了当地经济社会的发展，也改善了我国产业的区域空间分布状况。

二、产业转移的本质与特点

产业转移是指产业从原来生产所在的地理空间位置转移到另外一个地理空间位置进行生产的经济现象。产业转移现象是伴随着产业自身的发展、产业所在地区域区位条件变化以及当地经济社会发展状况变化等产生的。例如，由于产业所在区域的交通运输、资源禀赋、市场需求以及政府政策等发展条件的变化，一些产业最初可能在这些有利于其发展的优势国家或地区设立并集聚发展起来，由此带来这些国家或地区的高速增长和繁荣，带来劳动者收入的增长和财富的增加。然而，随着当地经济的发展和科技的进步，交通运输、资源供给和产品需求等条件逐步发生变化，由此引起这些产业的生产成本优势或市场优势等发生了不利的变化，于是这些产业就会从一个国家或地区转移到另一个国家或地区。

本质上说，产业转移就是该产业的生产能力和生产产出进行了区域转移；从转移出的区域来说，是减少了该产业的生产能力和生产产出；而从接受该产业转移的区域来说，则是增加了生产能力和生产产出。生产和生产能力的背后是劳动力、资本和技术等投入与配置，一个产业的发展需要许多相关产业的配套协同、各种要素投入，也需要生产技术和市场，这样来看，接受转移产业的区域获得的可能不仅仅是这个产业的生产能力和产品产出，而是由此带来或增强产业空间集聚，进而带动本区域要素流动、生产技术水平提高和产出增长市场繁荣，促进经济与社会发展。对于转移出该产业的区域而言，表面上看该区域是丢失了某些生产能力和生产产出，好像是损失，其实也不尽然。

产业转移的经济现象对不同国家和地区产业发展和产业体系的形成十分重要，其实施区域转移时具有以下特点：

1. 要素转移组合性

与单个生产要素的流动不同，产业区域转移是该产业的生产能力和产品产出进行了区域转移，这样一种转型是生产所需的生产要素的综合性转移。其中，主要是资本和技术的转移，也包括部分人才劳动力的转移。因为生产换个地方但生产还是要继续，因此在产业转移过程中，一般要求高层次的管理人员、技术人员随之转移，有些产业也要求部分熟练工人随之转移。但在国际产业转移中，由于劳动力跨国界流动比较困难，因此劳动力转移的数量比较少，多局限于高层次的管理人员和技术人员的转移。

2. 转移主体异质性

无论是在国家之间还是在地区之间，产业转移的主体自然是产业本身，不同的产业都可能进行跨区域转移，但不同产业由于产业的自身特性，导致不同产业实现区域转移时目的要求等有所不同。农业如畜牧业生产可以进行跨区域转移，但对自然条件要求较高，现代种植业已经逐步摆脱了土地的约束，生产开始向工业化、室内化发展，于是跨区域转移正在逐步进行。最早进行产业跨区域转移的是制造业，因为制造业随着科学技术的进步，受地理空间的区位因素影响逐步降低，而受生产的协作条件、市场状况、消费能级、政策环境等影响更大，所以很早就开始了跨国跨区域的转移，并且获得成功。服务业的特点是生产过程就是消费过程，它的技术进步与大规模生产的可能也导致了跨国跨区域转移的可能，最经典就是作为服务业的连锁超市、连锁餐厅等的跨区域生产经营。

3. 生产转移分散性

产业转移可以是整个产业的转移，也可以是产业价值链中的某个环节的转移。产业价值链是指企业生产过程中不同价值环节关联协同形成的链条，在社会分工和生产专业化日益发展的条件下，产业价值链的某个价值环节的生产转移出企业所在地的现象越来越普遍，这叫做产业价值链全球区域分布。实际上，这就是产业产成品生产的一些环节分散性地进行跨国跨区域转移，母国的产业企业只控制产品设计、关键技术或者品牌、营销系统等，而将生产产品的"简单的组装—复杂的组装—零部件制造—主机和关键零部件制造—零部件研发—最终产品研发"等实际价值生产环节转移到其他国家或地区去。

4. 产业转移梯度性

产业转移往往源自其所在区域的区位条件、社会经济发展状况，以及生产所依赖的生产要素禀赋的变化和相对价格的变化，因为产业中的企业在利润最大化目标下，总是考虑追求生产总成本低下、谋求竞争获胜。因此有动力从生产要素比较昂贵的经济发达区域转移到生产要素比较廉价的经济落后区域，或从市场饱和的发达区域转移到新兴的市场国家或区域中。这样就或者获得低成本的要素，或者拓展了市场、延伸了产品的寿命，从而获益很大。一般而言，产业往往是从经济发达国家或地区向经济次发达国家或地区转移，再向不发达国家或区域转移，呈现区域转移梯度性的特征。

5. 产业转移贯序性

产业转移贯序性是指产业进行区域转移是按照一定的顺序展开的，呈现一定的规律。从历史上看，发达国家的产业实施向发展中国家转移时，产业区域转移的基本贯序是这样的：劳动密集型产业是首先转移的产业，其次是资本密集型产业，再次是一般技术密集型产业的区域转移。20 世纪 60 年代，随着发达国家的产业发展和产业体系升级，曾经在所在国高度发展的纺织、食品等劳动密集型产业向海外国家或地区转移；70 年代时，发达国家的产业发展和产业体系进一步升级，曾经的支柱产业如钢铁、造船、化工等资本密集型产业也开始向海外国家或地区转移；80 年代以来，随着发达国家高新技术产业的进一步发展，如汽车、家电等技术密集型产业又开始向海外国家或地区转移。

三、产业转移的经济效应

（一）产业转移对转出区域的影响

对某个区域而言，产业转移首先是特定产业生产能力的转移，即转移产业的生产能力从一个地区转移到另一个地区。对转出区域来说，产业转移的结果将会导致该产业生产能力的下降甚至消失，伴随着这种产业生产能力的转移，会降低转移产业的竞争力，在该产业就业的人数也将随之下降。

某个区域的产业转移是指特定产业的转移，并不是该地区全部产业的转移。产业转移往往是与该区域产业结构升级、产业转入联系在一起的。转移出去的产业通常是不适合在本区域发展的产业，有的是迫于产业结构调整和升级的压力而向外转移的。正是因为这些已不适合本区域发展的产业能够及时转移出去，这些区域才可以腾出更多的资本、劳动力和土地等生产要素，发展一些更高层次的、技术含量更高的新兴产业。同时，产业转移是一个动态过程，通常是在一个区域内经济技术发展到更高阶段后，劳动力素质有了很大提高，资本积累比较充足，技术发展水平比较高，产业结构也随着经济技术水平的提高而不断升级，并推动生产要素价格的上涨，这就迫使原来层次比较低的产业向另一个区域转移。因此，对转出的产业而言，其竞争力下降、产出能力降低、就业人数减少，但并不意味着该区域整个经济竞争力的下降和就业人数的减少。相反，如果转出区域产业结构升级、产业转入与产业转出同步进行，甚至步伐更快，转入产业和新兴产业快速成长所带来的就业和产出量增加大大超过产业转出所造成的就业和产出量下降，那么，该区域经济的综合竞争力不仅不会出现下降趋势，反而会得到进一步增强。

然而，如果转出区域产业结构升级、转入产业与转出产业没有同步进行；也就是说，某一区域的产业出现大规模的转移，而转入产业和新兴产业又没有及时发展起来，就可能导致该区域经济的衰退以及失业率上升。这种情况在一个国家内不同地区之间可能发生，在国家与国家之间也可能发生。近年来，有学者对某些国家或地区产业“空心化”的讨论，就反映了人们对这种情况的担心。产业“空心化”有狭义和广义之分。狭义的产业“空心化”，是指随着制造业生产基地向海外转移，国内制造业不断萎缩、弱化的经济现象。广义的产业“空心化”，是指随着制造业向海外转移而导致的第二次产业比重下降、第三次产业比重上升的非工业化的现象。一些学者认为，美国的产业“空心化”出现于20世纪60年代初。1958年欧洲共同体（EEC）宣告成立，对外实行共同关税。为了绕开关税壁垒、拓展欧洲市场，美国以汽车、电机产品为主导，大举向西欧国家进行直接投资。其结果是，美国对西欧各国的汽车、电机等产品的出口减少，而西欧国家的汽车、电机等产业有了较大程度的发展，反过来又向美国出口汽车、电机等产品，并对这些产业进行投资，从而使美国的汽车、电机等产品的生产厂家受到不利影响。

20世纪80年代之后，美国政府实行高利率政策，国内企业的竞争能力下降，出口商品的速度放慢，国内市场的进口商品越来越多。为了降低生产成本，美国企业对原材料、中间产品越来越多地依赖国外市场或通过对外直接投资的方式将生产基地转移到国外。当然，还有一些学者认为，美国这种产业“空心化”是产业结构升级和调整的必然结果，是产业结构演进的一般性规律。美国是目前世界上最大的投资国，也是最大的债务国，除个别年份外，主要表现为净国际直接投资流出国，转移出去的是技术相对陈旧、丧失竞争力的传统制造业，发展起来的是高新技术产业和服务业，从而弥补传统制造业转出后留下的产业空间。同时，转移出去的产业对国内就业的影响也是微乎其微。美国劳联产联在一项声明中表明，1966—1969年间美国在国外劳动密集型产业投资损失了50万个就业机会。但斯托鲍夫（Stobaugh）等人的研究表明，同期美国对外直接投资因出口刺激效应、投资国总部和辅助企业就业效应而创造的就业机会为60万人。美国关税委员会估计对外直接投资创造的就业机会为48.8万人。① 其他一些欧美国家也是如此，在进行大规模对外直接投资和产业转出的同时，也有大规模对内直接投资与产业转入，在相当程度上弥补了对外直接投资与产业转出留下的产业空间。例如，比利时和德国在1997—2001年引进外国直接投资分别高达4 537.2亿美元和3 097.6亿美元，相当于对外直接投资的99.8%和92.0%。

但是，在产业转移过程中，发达国家也发生过转入产业与产业结构升级不能同步进行的情况。例如，日本产业空心化就造成国内经济萧条和失业增加。首先是吸引的外来直接投资与产业转入规模无法弥补对外直接投资与产业转出留下的产业空间。例如，2001年日本吸引外来直接投资相当于对外直接投资的比率仅为16.1%，而美国为102.3%、德国为125.1%。2000年海外日资企业的就业规模高达345.3万人，而在日外资企业的就业规模却仅有33.6万人。其次是高新技术产业和服务业发展缓慢，未能及时弥补传统产业转出后留下的产业空间。进入20世纪90年代以来，美国产业结构的调整和升级顺利，创造了前景广阔、收益预期良好的投资机会，尤其

---

① 尼尔·胡德等. 跨国企业经济学[M]. 北京：经济科学出版社1994年版，第384—345页.

是信息网络业更是吸引了大批外国直接投资，而日本在这方面明显落后了。

(二)产业转移对转入区域的影响

产业转移对转入区域来说，不仅会提高转移产业的生产能力，而且可以通过传递扩散机制，提高整个地区的产业竞争力。

1. 产业转移提高了产业规模和产出能力，优化转入区的产业结构

经济欠发达区域的一个显著特点就是自然资源、劳动力普通要素丰富，而资本、技术、知识等高级要素短缺。从经济发达地区转入产业，往往伴随着大量的资本、技术的转移，也伴随着其他无形要素的进入，使欠发达区域迅速积累起相对稀缺的生产要素。这样，通过产业转移，不仅使欠发达地区某些产业产出的能力提高，而且使该地区产业结构中采用先进技术的部门在数量上和比例上有所增加，从而使区域产业结构体现出高级化的趋势。同时，产业转移还具有关联带动效应，不仅会带动与转入产业相关的投入品产业的发展，也会促进下游产业的发展，还会引起转入产业其他相关产业的一系列变化，如建筑业和服务业等。这样的实例在我国沿海地区比比皆是。例如，广东东莞原来的工业基础很差，但 20 世纪 90 年代以来，我国台湾等地的 IT 企业大量地向东莞转移产业，形成了大、中、小型企业分工合作、上下游联动、配套完善的 IT 企业集群。到 2000 年，东莞有 800 多家电脑资讯工业企业，年产值占全市工业总产值的 45%，占全市出口总额的 44%。[①] 即便是发展水平相近的地区之间产业转移，也会优化产业结构、提高产业竞争力。在不同地区，人才结构、产业链和产业集群具有很大差异，因此，在经济发展水平相近的地区，并不意味着同样的产业在两个地区都适宜发展。这样，通过产业转移，使不适宜在某个地区发展的产业转出该地区，吸引适宜发展的产业进入。

2. 产业转移带动了技术扩散

一般而言，经济发达区域与经济欠发达区域的产业转移，经济欠发达区域转入产业的生产技术水平一般要高于当地产业。在产业转移过程中，转入产业的先进技术很快就会被当地产业所模仿、消化和吸收，推动欠发达区域产业的技术进步。同时，转入产业的先进技术还会带动其上游产业的技术水平提高，因为这些上游产业要与转入产业相配套，就要在技术上与之相适应。转入产业也会促进下游产业的技术进步，因为如果转入产业提供的是中间产品，具有较高的技术含量，那么作为其下游的产业也会相应地对产品进行升级和更新。对于转入产业相同的当地产业，要在转入产业的竞争压力下生存发展，就不得不采用先进技术，或进行技术创新，通过新观念、新设计、新工艺、新产品等拓展市场。根据对跨国公司在中国的技术扩散问题进行的调研，超过 93%的外资企业在中国有技术扩散行为，即国产化行为，但大部分企业处于浅度国产化阶段，占 77.5%，有深度国产化行为即关键中间投入品国产化的企业占 16.25%，实现技术创新的占 6.25%。

3. 产业转移增加了就业机会

无论是一个国家内部的地区之间，还是国家与国家之间，对经济欠发达的地区而言，产业转移增加了资本流入、增加了本地产业规模，也相应地增加了就业机会。例如，1991—1999 年，我国在涉外企业就业的人员增加了 4 倍，利用外商直接投资的广东、福建、上海、天津等地，

---

① 臧跃茹. 外资并购国企的正负效应及其对策研究[J]. 中国证券报，2002 年 12 月 15 日。

在外资企业的就业人员达到就业总人数的10%。①

四、产业转移的基本类型

产业转移这类经济现象本质上是产业内企业的市场行为，由于产业的多样性导致了不同产业进行转移时此类市场行为的多样性，为了便于研究，可以将产业转移进行分类。基本上有以下三种分类标准：

（一）按照区域空间范围大小进行区分

按照涉及的区域空间范围不同，产业转移大体可分为产业跨国转移、产业区际转移和产业城乡转移三种类型。

1. 产业跨国转移

所谓产业跨国转移，是指产业从某些国家或独立经济体转移到另一些国家或独立经济体。它的基本特点是，产业的成长与发展通过跨国转移突破了国界限或关税界限的限制。产业跨国转移有三个特点：(1)产业跨国转移的主体是跨国公司。跨国公司生产规模大、技术水平高，具有雄厚的经济实力，而且拥有在全世界配置资源和开拓市场的优势，实施跨国产业转移成为公司进一步发展的关键。例如著名的IBM、GE、飞利普、东芝、松下、施耐德等均是开展跨国产业转移，同时也进行跨国生产运营的典范。(2)产业跨国转移首先是从制造业开始。从世界的历史来看，产业跨国转移首先是制造业的跨国转移。这是制造业技术进步导致的生产规模急剧扩张，导致国内市场需求远不能满足生产供给规模要求，于是开拓其他国家或地区市场就十分必要，市场一旦开拓，就地生产就十分合理与经济。前文所述的四次大的跨国产业转移浪潮，从中可以明确看到制造业成为产业跨国转移的最先领头产业。(3)产业跨国转移的难点是转移成功取决于各国所采取的贸易保护政策以及不同国家的制度环境。当产业跨国转移如果遇到较大关税壁垒，那么直接去目的国进行投资生产反而比较好，但投资生产一旦落实，就会受到所在国区域的制度环境约束，有时风险较大。

2. 产业区际转移

产业区际转移是指在一个国家或独立经济体内，某些产业由某个地区转移到另一个地区，从而使产业表现为在空间上移动的现象。产业区际转移的特点有：(1)产业区际转移的主体是国内的产业企业，可以是已经在国内的外商企业，也可以是本土的各类企业。这些企业通常具有较强的技术与生产能力，需要开拓不同的区域市场或享有不同区域的产业发展优惠政策。(2)市场导向的产业区际转移通常是经济发达地区向经济欠发达地区转移，欠发达地区特别是在生产的基础设施如交通条件、网络通信、供水供电等得到改善之后，且劳动力状况、营商环境等良好，则产业转移至本地区就容易得多。(3)产业区际转移的实现会导致产业在这个国家空间布局上的变化。产业空间布局的变化实为产业空间结构的调整以及一个国家产业产出在空间上的优化调整，这对全国不同区域经济的均衡发展十分重要。

3. 产业城乡转移

产业城乡转移是指某些产业由城市中心区向农村地区转移。它的主要特点是，产业转移发生在一个区域范围内，是伴随着城市的郊区化而产生的，其直接效果就是城市的扩张，间接

---

① 李金珊，郭敏. 我国外商直接投资政策的得失[J]. 中国经济快讯周刊，2002(35)。

效果就是助力农村经济振兴、推动城乡二元经济反差的逐步消除。产业城乡转移通常是城市的某些产业由于种种原因如城市环境要求、空间问题导致产业首先转移至城市的周边乡村区域进行生产，这是因为生产转移时需要企业的生产与管理人员相应进行转移，如果完全采用乡村的劳动力固然可以，但需要培训和时间，导致生产不能尽快开展，进而损失效益。在我国，随着城市化进程的不断推进，城市扩张的速度逐步加快，形成了众多的都市经济区，并在沿海地区出现了珠江三角洲、长江三角洲、京津唐、闽东南等大都市带。上海、北京、广州、武汉等大城市相继实行“退二进三”等战略，促进城市中心区制造业逐步向郊区以及周围小城镇转移扩散，而中心区侧重发展服务业和高新技术产业。近年来，在一些中小城市也开始实行“退二进三”等战略。例如，无锡市投资 100 亿元，把在城内所占土地 2 700 多亩的 50 多家纺织企业转移到离城区 5 公里的纺织产业城。可见，城乡产业转移日益成为大中城市产业转移的主流。

另外，有些与农业相关的产业从城市转移至乡村地区以帮助农村地区实现工业化是可能的。2015 年，我国借鉴日本学者今村奈良臣首倡的“第六产业”理念，以及日本政府推进的“六次产业化”行动，首次提出“推进农村一、二、三产业融合发展”的创新思路。“六次产业”是一个形象的说法，与我国一直提倡的让农业“接二连三”内涵一致，即鼓励农户搞多种经营，延长产业链条，不仅种植农作物(第一产业)，而且从事农产品加工(第二产业)与流通、销售农产品及其加工产品(第三产业)，以获得更多的增值价值，而在这个过程中需要相当多与农业相关的城市产业转移至农村地区，帮助实现一、二、三产业的融合，为农业现代化和农村的可持续发展、农民增收开辟光明前景，

(二)按照区域经济发展程度不同进行区分

按照区域经济发展程度不同，产业转移可以分为产业水平转移、产业垂直转移和混合式产业转移三种类型

1. 产业水平转移

产业水平转移是指某些产业在发展水平接近的地区之间的转移。产业转移受多种因素的影响，有的是为了开拓其他地区的市场，有的是为了更好地利用发达地区的人才、技术和信息等高级要素以增强自身的竞争力，有的是为了更好地利用不发达地区的土地、劳动力、原材料等初级要素以降低成本。因此，产业转移并非都从发达地区向不发达地区转移，也可以是发达地区向发达地区转移，还存在经济不发达地区向发达地区转移。实际上，发达国家或经济体的产业转移实际上主要是在发达国家或经济体之间进行，即产业进行水平转移。例如，从国际直接投资的量来看，进入 20 世纪 90 年代，国际直接投资进一步增长，直接投资资本流动已经从发达国家流向发展中国家和一些前殖民地为主的阶段，逐步演变成发达国家间的对流型移动，目前，发达国家间的双向投资比重仍在持续增长，美国对其他发达国家的直接投资占其对外直接投资总额的 70%以上。

2. 产业垂直转移

产业垂直转移是指某些产业在发展水平相差较大的地区之间的转移。尽管发达国家之间的产业转移成为直接投资资本流动的主流，但依然有大量资本进入发展中国家，产业进行垂直转移。但自 20 世纪 90 年代以来，国际产业的垂直转移的特点是转移的层次性，即发达国家某些产业首先转移到经济落差不大的新兴工业化国家或地区，新兴工业化国家或地区的某些产业则转移到欠发达国家和地区。例如，20 世纪 80 年代，产业垂直转移中，中国内地第一次是

承接了来自中国香港劳动密集型制造业的产业转移，第二次是承接了来自中国台湾劳动密集型制造业的产业转移，第三次是承接了来自日本、韩国制造业的产业转移，第四次是承接了来自欧美制造业的产业转移。在这几次产业转移过程中，首先是我国珠江三角洲的大发展，随后转向长江三角洲，带动了这些区域的经济增长。

3. 混合式产业转移

混合式产业转移是指产业区域转移时既存在水平转移，也存在垂直转移。在一个国家的不同地区之间的产业转移，也存在水平转移和垂直转移两种类型。例如，上海具有优越的区位优势和人才、技术密集的优势，沿海地区不少企业向上海及其周边地区转移，属于水平转移。沿海地区企业向中西部转移，属于垂直转移。水平转移和垂直转移一般是交叉进行的。例如，自 20 世纪 90 年代中期以来，浙江省的产业企业向西部地区的直接投资额达到 900 亿元人民币，对上海地区的直接投资额也达到 500 亿元人民币。

（三）按照区域自然禀赋特点不同进行区分

按照区域自然禀赋特点不同，产业转移可以分为区位条件导向型产业转移、要素导向型产业转移和市场导向型产业转移三种类型。

1. 区位条件导向型产业转移

区位条件导向型产业转移是指因为某区域的区位条件被发现或被改善导致对某些产业产生重要的诱导性吸引，于是有其他区域的这些产业转移过来。例如，某地区发现新的蕴藏量丰富的矿产资源，或新的开发区中相关产业已经集聚导致配套协作能力加强，于是就会有产业转移。这一类产业转移是企业为了保障自然资源的供给，克服某些资源投入的不足，通过产业转移来获取新的自然资源并建立生产保证体系。这种寻求自然资源的产业转移，一方面企业可以对资源进行有效的控制。我国最早的石油开采产业主要在玉门，后来大庆发现了储量很大的油田，于是石油开采产业主要转移至大庆。另一类产业转移是因为目的地区位条件的改善，生产运营可以更加有效。改革开放后，各地为了吸引区外产业转移至本地，大力改善本地的区位条件，设立了具备良好基础设施与公共服务的产业园区或经济开发区，再加上产业政策引导与提供优惠条件，的确导致不少产业进行跨国或跨区域的转移。例如，截至 2019 年 10 月，我国共有各类国家级开发区 628 个、省级开发区 2 053 个。目前，中国有各类产业园区 15 000 多个，对整个中国经济的贡献达到 30%以上。2013—2017 年连续 5 年，国家级经济开发区贡献的生产总值占全国比重在 22.4%以上。由此可见，产业园区成为产业跨区域转移的首选之地，其发展对区域和城市经济发展的贡献度较高，已经成为中国经济增长的“助推器”。

2. 要素导向型产业转移

要素导向型产业转移是指产业根据要素禀赋原则，以寻求廉价的生产要素、降低生产总成本为目的而进行的产业区域转移。生产要素价格之所以影响产业跨国跨区域转移，是因为有的生产要素不具有流动性或流动性比较弱。一般而言，资本和技术的流动性比较强，相对来说跨国流动难于跨区域流动，跨国劳动力的流动性也比较弱，跨区域相对容易。要素导向型产业转移又可以进一步分为劳动力导向型和资本技术导向型这两种类型。劳动力导向产业转移是指企业以寻求廉价劳动力、降低劳动成本、增加利润为目的的产业转移。经济发展比较落后的地区因为劳动力丰富、价格低廉，得到区外劳动密集型产业的青睐。劳动密集型产业往往先是在经济比较发达的地区进行集聚并发展起来，由此吸收当地大量劳动力推动劳动力价格的上升，随着生产成本不断提高、经营风险加大，于是迫使这些产业进行跨国跨区域转移。资本技术导向型产业转移通常发生在发达国家或经济体之间，因为这些国家或经济体由于工业化起步早、经济发展程度高，社会资本积累丰富技术水平也比较高，而资本密集产业和技术产业要求的资本和技术往往在经济欠发达国家较为缺乏，因此转移过去生产经营正常展开会困难得多。只有这些产业中的某些劳动密集、技术要求不高的生产环节，如制造业中某些产品的加工组装，可能愿意转移至欠发达国家或地区。

3. 市场导向型产业转移

市场导向型产业转移是指产业企业为了克服某些地区市场准入壁垒，扩大产品在市场上的销售规模而进行的产业转移。常见的做法是产业中企业将产品生产制造过程的某些环节转移到目标市场，就地进行加工组装、就地销售。这种以市场为导向的产业转移，有利于产业中企业绕过其他国家或地区的关税壁垒和非关税措施，在一国范围内则可以冲破一些地方保护主义、扩大市场份额、提高生产规模，从而降低生产成本、提高市场竞争力。时下，随着经济全球化的发展，国家之间关税壁垒和非关税壁垒在不断减少，甚至出现了大范围的跨国自由贸易区，市场导向型产业转移相对减弱。跨国产业转移主体的跨国公司正在进行全球产业整合，将具备供求关系的上、下游产业分布在世界不同的地方，以互相利用优势，实现战略资源的真正共享。因此，若干个国家或地区将成为跨国公司全球生产体系中的不同空间“配置点”，其功能不仅仅是为跨国公司提供市场，还可以向世界其他邻近地区的市场进行战略性供给，形成上、下游产业紧密结合的生产体系。随着我国对外开放的深入，我国加入 WTO 后不断开放市场，不断降低关税壁垒和非关税壁垒，扩大自由贸易区区域范围，我国开始进入全球产业分工体系，我国市场的全球性价值已经大大提高，成为跨国产业转移的关键目标之地。例如，《中国外资统计公报 2022》显示，2021 年中国实际使用外资规模稳定增长，全年实际使用外资 11 975.8 亿元人民币，同比增长 15.8%。投资行业结构不断优化，高技术产业实际使用外资 522 亿美元，同比增长 22.1%。其中，我国东中西部实际使用外资全面增长。主要投资来源地保持稳定，以实际投资金额计，排名前 15 位的国家（地区）基本保持稳定，合计实际投资 1 697.1 亿美元，占比为 93.8%。外商投资对中国经济社会发展贡献突出，运行总体良好。

专栏6-1

第二节 产业转移的成因

人类社会经济的发展是一种动态过程。在这个动态过程中，不同的社会经济因素之间具有彼此联系、相辅相成的关系，如果某个因素发生变化，会引起另一个因素变化，也会引起前一个因素发生变化，这样就会形成一种因果累积的循环闭环。市场的力量往往偏向于增大地区差异，于是国家与区域经济社会的发展不均衡由此逐步显现，特别是技术进步与工业化的进程进一步拉开了国家或区域之间经济社会差距。发达国家或地区因自身工业化程度高、资本与技术力量雄厚，加上市场成熟力量强大，从而产生了不间断的、累积的资本与知识加速增长。之后发达地区利用其本身的循环累积过程使这一优势得以强化，并由此增加了区域之间的不平衡。发达地区发展过程中以“回流效应”和“扩散效应”影响周边地区的经济发展。回流效应是指各生产要素从欠发达地区向发达地区流动，使得发达地区优势累积而愈加发达、落后地区愈加落后，区域差距扩大。扩散效应是指产业综合各生产要素从发达地区向落后地区扩散，这种扩散实为产业跨国跨区域转移，对周围落后区域的经济产生带动作用，进而使得区域差距缩小。产业跨国跨区域转移对全球经济发展十分重要，各国各地政府已经开始主动积极吸引其他区域或国家的产业到自己国家或地区来，连世界上经济最为发达的美国也于2008年金融危机后，开始积极引导他国制造业转移至美国，奥巴马称之为“再工业化”。产业跨国跨区域转移这种现象背后的经济逻辑，已经成为学界研究的重点。

一、自然禀赋不均衡及其变化

产业跨国跨区域转移的最基本原因是由于不同产业对自然禀赋的依赖程度不同，因此不同国家或地区的并不完全相同的自然禀赋对不同产业的适配性就不完全相同，加上自然禀赋也会因为技术进步教育、基础设施建设等有所变化，导致原来某产业不合适生产运营的地方变得比较适合生存发展了。例如，比较依赖水源的纺织产业应该位于水系丰富的江南地区发展，但当新疆的巴音郭楞地区的水源没有问题，加上新疆是最大的产棉区时，纺织业就开始从上海、江苏向新疆地区转移。当黑龙江大庆发现巨大油田时，原来位于玉门的石油采掘业就大量转移至大庆，大庆这个原来的农村地区也逐步发展成为一个大城市。最能够说明我国区域地理状况、自然禀赋状况导致地区经济社会发展程度不同的是我国地理学家胡焕庸先生研究发现的“胡焕庸线”，即“瑷珲—腾冲一线”(或称“爱辉—腾冲一线”)。这条线从黑龙江省瑷珲(1956年改称爱辉，1983年改称黑河市)到云南省腾冲，大致为倾斜45°基本直线。线东南方36%的国土居住着96%的人口(根据2000年第五次全国人口普查资料，利用ArcGIS进行的精确计算表明，按“胡焕庸线”计算而得的东南半壁占全国国土面积的43.8%、总人口的94.1%)，以平原、水网、丘陵、喀斯特和丹霞地貌为主要地理结构，自古以农耕为经济基础；线西北方人口密度极低，是草原、沙漠和雪域高原的世界，自古游牧民族的天下。因而划出两个迥然不同的自然和人文地域。“胡焕庸线”在某种程度上也成为我国目前城镇化水平的分割线。这条线的东南各省区市，绝大多数城镇化水平高于全国平均水平；而这条线的西北各省区，绝大多数低于全国平均水平。

首先，尽管最早的区域经济发展的差异源于不同区域或国家的自然禀赋，例如一个区域都是高原大山、土地贫瘠，而另一个区域则是平原大川、土地富饶，于是在农耕时代，这两个区域的经济状况就会有比较大的差异。随着人类社会科学技术的进步和工业化的开展，并未摆脱产业生产对所在国家或区域的区位条件依赖，特别是某些特定产业与自然禀赋状况有特别的适配性，一旦自然禀赋发生较大的变化，这些产业就不得不进行跨区域转移，到更合适自己发展的地方去生产运营。这种产业发展的初始条件对该国家或地区后来的工业化进程、产业体系形成以及在全球的竞争优势均有重要的影响(波特，1987)，进而影响了该国家或地区后来的经济发展程度。解释自然禀赋导致区域经济发展差异的理论可以追溯至比较优势理论，这一理论原来是用于解释国际贸易的原因，最早可追溯到亚当·斯密(A. Smith)的绝对成本说和大卫·李嘉图(D. Ricardo)的比较成本学说。赫克歇尔(E. F. Heckscher)和俄林(B. G. Ohlin)在比较成本学说的基础上，把各国比较成本的差异归结为要素禀赋的不同，以及生产不同商品需要不同的要素投入比例，创立了要素禀赋学说。

根据要素禀赋学说，一个国家应该生产与出口较密集地使用该国比较丰富的自然资源和生产要素的商品，去交换在该国需要用相对稀缺生产要素生产的商品。由于发展中国家普遍资本匮乏、技术水平低下和劳动力丰富，因此，发展中国家具有比较优势的劳动密集型产品，而资本密集型产品和知识技术密集型产品则不占优势。发达国家的情况则正好相反，具有比较优势的是资本密集型产品和知识技术密集型产品。之后一些经济学家提出，在一个国家的经济发展过程中，要把比较优势从静态向动态转化。所谓动态比较优势，就是通过各国的技术进步和产业体系转换使比较优势获得重新调整。一方面，一个国家随着产业体系的调整和升级，其所获取的贸易利益也会变化；另一方面，通过生产经验的积累，技术开发和技术转移，各国间的技术差距也会发生变化，进而引起一国贸易结构和贸易利益的变化。比较优势从静态向动态转化主要是依据这样的事实：随着经济的发展、制度变革、技术的革新与扩散，自然资源禀赋也会发生变化。在工业化初级、中级阶段，发展中国家在遵循比较优势原理发展劳动密集型产业的过程中，由于使用较多的廉价劳动力、减少使用昂贵的资本，所以其产品因相对成本较低而具有竞争力，资本积累的速度远远高于劳动力和自然资源的增加速度，资本将由相对稀缺逐渐变得相对丰富，资本的价格将由相对昂贵逐渐变得相对便宜，技术创新能力有了提高，市场经济制度也更加完善。这时，发展中国家的比较优势就由劳动密集型产品的生产逐渐转移到资本和技术密集型产品的生产乃至信息密集型产品的生产上来。

1965 年日本学者宇泽(Uzawa)等人就提出，不能把比较优势看成既定的、一成不变的，而是随着资本的积累和技术的进步而发展的。① 随着时间的推移，旧的比较优势将逐渐丧失，新的比较优势将不断产生。当一国的比较优势发生变化之后，其产业结构和贸易结构也将随之改变。发展经济学家金德尔伯格(P. Kindleberger)甚至认为："比较利益原理解释一国的现状比指导该国应朝什么方向发展可能更为有用。天赋要素并不是固定不变的，物质资本、人力资源甚至自然资源会随着时间和技术的进步而变化。② 它们也会由于资本和劳力的国际转移而变化。" 1977 年，日本经济学家小岛清(Kiyoshi Kojima)以日本的对外直接投资为研究对象，在国际贸易比较优势理论的基础上，建立了投资与贸易相统一的宏观理论，即边际产业扩张论。③

小岛清在归纳自己的投资理论时说："对外直接投资论是'小岛理论'的核心，集中于一点就是，对外直接投资应该从本国(投资国)已经处于或即将陷于比较劣势的产业——可称为边际产业(这也是对方国家具有显在或潜在比较优势的产业)——依次进行。" 小岛清的边际产业扩张论认为，投资国是否应该到东道国进行直接投资，最重要的是对两国的比较优势进行分析，只有满足了以下两个条件，才应该进行对外投资：第一个条件是东道国有比较优势，却没有得到充分开发。比如，东道国具有资源丰富、劳动力成本低等比较优势，却因缺乏资金、技术、管理技能等原因，使这些优势没有得到充分利用。在这种情况下，东道国较希望引进国外资

---

① Oniki, Hajime, and Hirofumi Uzawa. Patterns of trade and investment in a dynamic model of international trade[J]. The Review of Economic Studies, 1965, 32(1): 15—37.

② Kindleberger, Charles P. The rise of free trade in Western Europe, 1820—1875[J]. The Journal of Economic History, 1975, 35(1): 20—55.

③ Kojima, Kiyoshi. Direct foreign investment between advanced industrialized countries[J]. Hitotsubashi Journal of Economics, 1977, 18(1): 1—18.

本，因此，投资国应抓住机遇。第二个条件是投资国的比较优势已经丧失。例如，日本由于国民经济的快速增长，劳动密集型产业已逐渐丧失了竞争优势，而亚洲“四小龙”等周边国家和地区则正在形成比较优势（仅有劳动力成本低的条件是不够的，还要有良好的投资环境），日本就应把该类产业转移至这些国家和地区。这样，既可以充分发挥东道国的比较优势，又可以使投资国集中力量发展自己具有比较优势的产业。

小岛清依据上述基本理论，得出以下几个推论：(1)可以把国际直接投资和国际贸易从理论上统一到比较成本理论上来。在对外直接投资方面，按照比较成本原则行事，投资国应从趋于比较劣势的边际产业开始进行投资，这可以使东道国潜在的比较优势显现出来，并可以扩大两国间的比较成本差距：东道国的比较优势因利用了外资而得以增强，投资国的比较优势因集中了资源重点发展而不断提高。两国间比较成本差距的拉大，为更好地发展对外贸易和更多地获取比较利益创造了条件。(2)“边际产业”的概念可以扩大，一般称之为“边际性生产”。这主要是从下述情况考虑的：一是与发展中国家相比，日本的劳动密集型产业已经趋于比较劣势，成为“边际性产业”；二是同属劳动密集型产业，可能日本的大企业还能保持较强的比较优势，而中小企业则趋于比较劣势，成为“边际性企业”，因此，这类中小企业最应走在对外投资的前列；三是在日本各行业的生产过程中，某些环节如零配件的加工和组装，由于劳动高度密集或资源高度密集而处于比较劣势，成为“边际性部门”，因此要先以这种部门向外投资。把这些“产业”“企业”“部门”概括起来，可通称为“边际性生产”，在进行对外直接投资活动中应优先考虑。小岛清的边际产业扩张论可以在很大程度上解释随着一国或地区自然禀赋的变化导致产业跨国转移的动因。例如，20 世纪 60—70 年代，日本等发达国家把一部分失去优势的劳动密集型产业转移到亚洲“四小龙”地区，自己则重点发展资本密集型和技术密集型产业。自 20 世纪 80 年代开始，日本等发达国家又把失去优势的传统产业和一部分低附加值的技术密集型产业转移到亚洲“四小龙”和东盟，而亚洲“四小龙”却逐步将失去优势的劳动密集型的传统产业（如纺织业）向东盟和中国内地转移，自己则大力发展资本、技术密集型产业。

其次，在一个国家内部区际之间的要素禀赋与国家之间一样，经济发达地区资本相对丰裕、劳动力供给不足，而经济落后地区资本相对稀缺、劳动力资源丰富。假设与国家之间的情况一样，区际资本可以流动而劳动力不流动，即区际劳动力禀赋的变动主要由区内劳动力自然增长速度的差异所致，那么在经济发达地区先发展起来的劳动密集型产业由于劳动力价格的上升和劳动力供给不足的双重压力，就会逐渐丧失发展优势，必须逐步转移到经济落后但劳动力丰富的地区。但是，在一个国家内部，劳动力是一种非常活跃、流动性很强的生产要素，劳动力的流动不仅表现在产业之间，即由收益低的产业向收益高的产业流动，而且表现在区际之间流动。区际劳动力的主体流向是经济落后地区为输出区域，经济相对发达地区为输入区域。例如，中国改革开放以来，随着东部地区和中西部地区经济发展差距的日益扩大，数以千万计的中西部地区劳动力流入东部地区。劳动力区际流动的结果是，抑制了发达地区劳动密集型产业由优势向劣势转化，在一定程度上替代了劳动密集型产业由发达地区向落后地区的转移。

但是，劳动力区际流动并不会完全阻碍区际之间产业比较优势转化，也不能替代产业的区际转移。这是因为：(1)劳动力区际之间流动需要流动成本，如交通成本和生活费用的增加、子女教育成本的增加、居住成本的增加、寻找就业机会成本以及环境适应成本等。这样，劳动力区际流动要求比在当地就业更高的劳动报酬。因此，劳动力区际流动以及延缓发达地区劳动密集型产业由优势向劣势转化的进程,只能延缓劳动密集型产业由发达地区向落后地区的转移的时间。(2)土地要素具有固定性和有限性。随着发达地区经济的发展,土地资源的供求矛盾越来越突出,土地价格日趋上涨,也在很大程度上促进一些产业向经济落后地区转移。可见,区际之间的产业转移仍然存在,但劳动力流动成本和土地价格在区际之间产业转移中发挥了更为重要的作用。

区际之间的产业转移仍然存在,而且受到其他因素的影响,并根据不同产业而有所差异。由于产业所依赖的特定要素发生了变化,因此促进该产业向另一个地区转移。有的产业转移是受自然条件和自然资源指向的影响,即产业在空间分布上趋向于相关自然条件和自然资源集中的地方,如采矿业等;有的产业转移是受原料地指向的影响,即产业区位趋向于原料集中供给地,如高物耗的钢铁、建材、木材加工、农副产品加工业等;有的产业转移是受燃料动力指向的影响,即在生产过程中需要消耗大量的燃料或者需要获得稳定的动力供给,它们在选择区位时趋向于选择在或靠近燃料、动力供给地,如高耗能的火力发电、有色金属冶炼、电冶合金、稀有金属生产等;有的产业转移是受市场指向的影响,即在生产和经营过程中产品销售受市场影响大或产品不能长途运输,它们的区位趋向于市场,如服务业、部分食品业、部分化学原料工业等;有的产业转移是受运输指向的影响,即运输费用在成本中所占的比重高,或者为了方便地从不同的地方获得原材料、向许多地方发送产品,它们趋向于运输费用最低的地方,常常选择重要的交通枢纽。由此可见,自然地理区位指向是影响产业区际转移的一种重要力量。

二、区域发展不均衡及其变化

产业进行跨国跨区域转移的另一个基础原因是,不同国家或地区经济发展不均衡。由于不同国家或地区工业化和城市化程度并不完全相同,因此形成了经济势能的异质性或落差,抓住经济势能的异质性进行产业转移就是跨区域水平转移,抓住经济势能的落差进行产业转移就是跨区域垂直转移。世界银行按照各国人均GDP水平来区分不同国家经济社会发展程度。按世界银行公布的数据,2019年的人均国民总收入低于1 035美元为低收入国家或地区,在1 036～4 045美元之间为中等偏下收入国家或地区,在4 046～12 535美元之间为中等偏上收入国家或地区,高于12 536美元为高收入国家或地区。例如,美国2019年人均GDP是65 760美元,属于高收入国家;中国为10 410美元,属于中等偏上收入国家;印度为2 130美元,属于中等偏下收入国家;阿富汗为540美元,属于低收入国家。经济发展的不平衡有许多历史与现实的原因,我国曾经十分落后,但在1978年改革开放后,经济迅速发展,令世人瞩目,被称为“中国奇迹”。

(一)经济发展不均衡到均衡

国家或地区经济具有一定的阶段性,美国区域经济学家胡佛(E. M. Hoover)与费希尔(J. Fisher)在1949年发表的《区域经济增长研究》①一文中认为,任何区域的经济增长都存在“标准阶段次序”,经历大体相同的过程:(1)自给自足阶段。在这个阶段,经济活动以农业为主,区域之间缺少经济交流,区域经济呈现较大的封闭性,各种经济活动在空间上呈散布状态。(2)乡村工业崛起阶段。随着农业和贸易的发展,乡村工业开始兴起并在区域经济增长中起着

① Hoover, Edgar M., and Joseph L. Fisher. Research in regional economic growth[M]. NBER, 1949: 173－250.

积极的作用。由于乡村工业是以农产品、农业剩余劳动力和农村市场为基础发展起来的，故主要分布在农业发展水平相对比较高的地方。(3)农业生产结构转换阶段。在这个阶段，农业生产方式开始发生变化，逐步由粗放型向集约型和专业化方向转化，区域之间的贸易和经济往来也不断扩大。(4)工业化阶段。以矿业和制造业为先导，区域工业兴起并逐渐成为推动区域经济增长的主导力量。一般情况下，最先发展起来的是以农副产品为原料的食品加工、木材加工和纺织等行业，随后是以工业原料为主的冶炼、石油加工、机械制造、化学工业。(5)服务业输出阶段。在这个阶段，服务业快速发展，服务的输出逐渐成为推动区域经济增长的重要动力。这时，拉动区域经济继续增长的因素主要是资本、技术以及专业性服务的输出。

但是，经济增长不可能是完全平衡的，不同地区在客观上有着不同的增长率，存在着水平和发展速度上的差距，不同区域之间经济发展不平衡是一种普遍的现象。而且，根据赫希曼经济不平衡发展的理论，审慎地使经济不平衡发展是实现不发达国家经济增长的好途径。如果一个国家的经济增长率先在某个区域发生，那么它就会对其他区域产生作用。其作用表现在两个方面：一方面是“极化效应”。随着发达地区的发展，不发达地区的要素向发达地区流动。由于发达地区的经济增长对劳动力需求上升，特别是对技术性劳动力的需求增加较快，故导致不发达地区的劳动力在就业机会和高收入的诱导下向发达地区迁移。发达地区的投资机会较多，投资的收益率高于不发达地区，资金也会流入发达地区。另一方面是“涓滴效应”。发达地区吸收不发达地区的劳动力，缓解了不发达地区的就业压力，有利于不发达地区解决失业问题。在互补的情况下，发达地区向不发达地区购买商品和投资的增加，会给不发达地区带来发展的机会，刺激不发达地区的经济增长。特别是发达地区的先进技术、管理方式、思想观念、价值观念和行为方式等经济和社会方面的进步因素向不发达地区的“涓滴”，将对不发达地区的经济和社会进步产生多方面的推动作用。在区域经济发展中，“涓滴效应”最终会大于“极化效应”而占据优势，原因是发达地区的发展从长期来看将带动不发达地区的经济增长。尤其是发达地区的发展会出现土地价格上涨、劳动工资上涨等问题，这样，发达地区就会增加对不发达地区的投资。在发达地区带动不发达地区经济发展的过程中，根据梯度发展理论，很重要的机制就是发达地区的产业会向不发达地区转移。

(二)产业区位条件变化

韦伯(Alfred Weber)的工业集聚理论指出，工业区位的变化存在着集聚因子和分散因子两个因素。集聚因子就是一定量的工业生产集中在特定场所可以带来的生产或销售成本降低。[①] 分散因子是集聚的反作用力，是随着消除这种集中而带来的生产成本降低。集聚因子的作用分为两种形态：一种是由经营规模的扩大而产生的生产集聚，这种集聚一般是由“大规模经营的利益”或“大规模生产的利益”所产生；另一种是由多种产业企业在空间上集中产生的集聚利益，这种集聚利益是通过企业间的协作、分工和基础设施的共同利用所带来的。分散因子的作用主要是消除由于集聚带来的地价上升造成的一般间接费、原料保管费和劳动费的上升。由于存在着集聚因子和分散因子两个因素的作用，由分散走向集聚，再由集聚趋于分散已成为工业区位空间运动的一个规律，引导着产业跨区域转移。

---

① Weber，Alfred. Theory of industrial location[M]. San José State University Department of Economics：San Jose，CA，USA，1909.

在城乡产业布局上也存在着由分散走向集聚，再由集聚趋于分散的区位空间运动规律。工业发展先是向城镇集聚，获得集聚效应。随着城市规模的扩大、人口和产业集聚数量和密度的增加以及土地和劳动力价格上涨，城市拥挤和环境问题日益突出。这样，工业就会随着城市的扩张而逐步向城市周边的农村转移。自 20 世纪五六十年代以来，伴随着城市郊区化的不断推进，大城市的人口、制造业继而第三次产业出现了由中心区向郊区以及周围小城镇转移扩散的趋势。这种扩散的结果就是形成了都市经济区。所谓都市经济区，是以中心城市为点、以周边城镇体系为线、以大中城市经济影响区为半径，通过多种渠道、多种方式来实现的经济上紧密联系、生产上互相协作，在社会地域分工过程中形成的都市区域经济综合体。从经济联系程度上分，都市经济区包括三个层次：(1)中心城市。这是在一个特定区域经济范围内居于重要地位，是所在地区的交通枢纽、贸易中心和物资集散中心。(2)城镇体系。这是以大中城市为依托、以各级各类城镇为结点的城镇经济网络系统。(3)城市经济影响区。这是指城市对其周围地区的投资区位选择、市场分配、产品流通、技术转让、产业转移等多种经济因素共同作用所波及的最大地域范围。随着中心城市的扩大，中心城市的产业就会向周边城镇转移，随着周边城镇的扩大和产业集聚，有的产业就向都市辐射区内的农村转移。在产业转移过程中，就会在一个区域内出现许多大中城市和密集的小城镇，并相互连成一片，出现了被美国学者戈特曼(J. Gottmann)所称的大都市带。[①] 所谓大都市带，是由许多都市区连绵而成的巨大的、多核心的城市密集地域系统。都市经济区和都市带的形成过程，就是城市众多产业跨区域转移扩散的过程。

三、产业主体目标动机不同

产业是同类企业的集合，产业的产出就是产业内所有同类企业的产出，产业的跨国跨区域转移实为产业的主体企业的空间转移。产业的企业进行空间转移过程中，一方面是为了获得不同区域带来的成本节约或利益增加，另一方面是为了企业成长壮大，提高市场竞争优势。这种自利的商业行为的外部效应带动了目标区域的工业化进程和经济增长。企业从小到大，由区域性小公司到全国性公司、多国公司、全球性公司的成长过程中，企业的空间重心有可能由原来生产区域向其他区域或跨国区域转移，这就是产业转移的一种方式。

(一)企业的空间转移行为

企业的空间转移行为可以采用史密斯(D. M. Smith)的盈利空间界限理论来进行解释。[②] 在工业区位论研究中，韦伯引入了空间费用曲线，廖什导入了空间收入曲线。史密斯区位理论把这两条曲线结合起来，通过收益性空间界限来分析“最佳区位”“接近最佳区位”或者“次佳区位”，认为“能够得到最大利润的区位是总收入超过总费用金额最大的地点”。

在空间的任意一点，每生产一单位产品的费用由折线 AC(平均费用)或 TC(总费用)表示，该折线就称为空间费用曲线(space cost curve)。费用最小点用 A'表示。而在空间的任意一点，每一单位产品的收入是由折线 P(价格)或总收入 TR 表示，该折线就称为空间收入曲线

---

① Gottmann, Jean. Megalopolis or the urbanization of the northeastern seaboard[J]. Economic Ggeography, 1957, 33(3): 189—200.

② Smith, David M. A theoretical framework for geographical studies of industrial location[J]. Economic Geography, 1966, 42(2): 95—113.

(space revenue curve)。收入最大点用 B' 表示。M_a 和 M_b 表示平均费用和价格正好相等的区位，M_aM_b 以内地区收入大于费用，是有盈利的区域，M_a 和 M_b 就表示利润的可能性边界；相反，M_aM_b 之外的地区收入低于费用，则为亏损区域。在 M_aM_b 之间，P 和 AC 间的垂直距离表示生产各单位的平均利润。若把上述平均费用和价格用总费用和总收入表示的话，总收入 TR 和总费用 TC 间的垂直距离表示总利润。在 A 点的生产费用最低，B 点的收入最大，M_aM_b 之间表示能够获得利润，但在区位 A 空间收入和空间费用曲线的垂直距离比区位 B 大，即 $A''A'$ 之间的距离大于 $B''B'$ 之间的距离，因此 A 是最佳区位（见图 6—1）。可见，总收入和总费用的空间变化能够形成利润最大的最佳区位；与此同时，也可形成空间界限，即超过此界限就不可能得到利润。空间的费用和收入也能够反映出工业区位模型的形态，费用曲线或收入曲线的倾斜程度越大（即费用或收入的空间变化大），工业越集中；相反，则表现出分散的倾向。

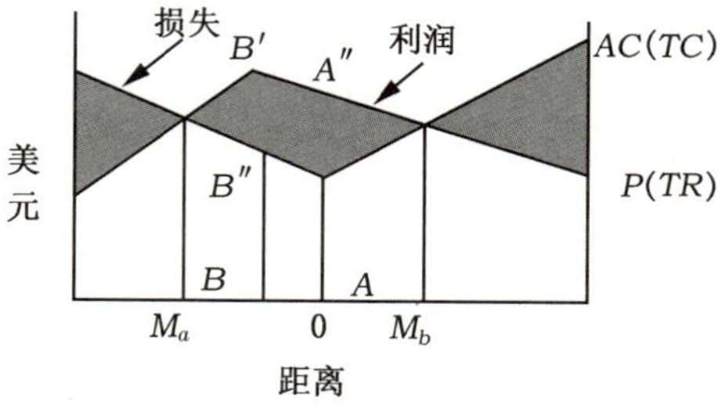

图 6—1　收益性空间界限的区位模型

产业转移的盈利空间受到许多因素的影响。其中，政府的区位补贴或高额税收等区位政策是一个重要的影响。一般来说，国家为了开发落后地区或为了某种政治需要，对在某些指定地区布局的企业给予各种优惠条件以吸引企业的投资；同时，也有相反的情况，即为了限制在某地区进一步发展工业，而制定一些区位投资限制政策来减少工业的集聚。结果出现了本来亏损的区位却能够盈利而应该盈利的区位却亏损的现象。如图 6—2 中的 EF 本应该是亏损区位，却也能获得利润；而 GH 本来利润最高，但如果在此布局则必然出现亏损。

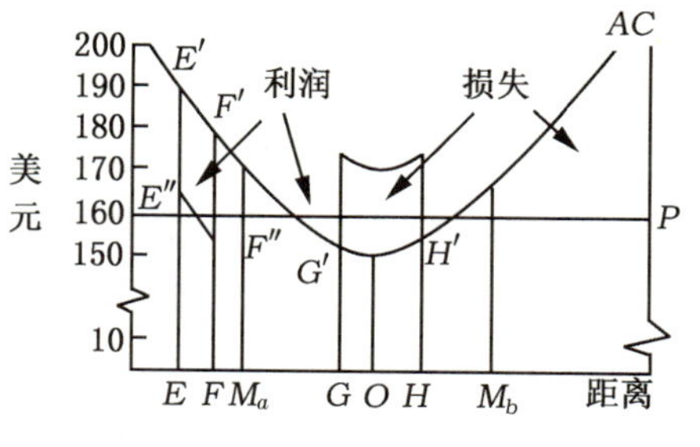

图 6—2　政府作用与收益性空间界限区位模型的变化

（二）企业成长阶段的区域移动

哈坎逊的企业全球扩张模式和迪肯的全球转移模式都认为，企业从诞生成长发展到全球性公司，在区域扩张方面要经历五个阶段：

第一阶段：企业建立成长的早期阶段。这一阶段中，企业与金融机构、供货商和客户的人际关系，对当地市场、环境熟悉以及当地区位变化等人文、地理环境和区位条件，通常成为企业生存并成长的主要影响因素。许多研究表明，企业创立者的生活或工作地、现存工业集聚地容易成为企业建立的选择地。这时，企业往往生产单一产品、具有一个工厂，活动空间和信息空间均限于当地。随着企业资本积累和市场需求的扩大，企业生产能力会逐步提高，并且主要就地增加规模。当这种增加受到场地的限制（或其他限制）时，区位变化（搬迁或新建分厂）就会出现，而且这种区位变化只限于原始区位所在区域。当然，企业可以通过兼并众多相邻小企业而形成单区域多工厂的空间布局，从而实现在市场空间上的连续向外扩张。

第二阶段：当地市场的增长速度通常落后于企业所期望的速度时，企业营销活动就会很快扩大至区域外的国内市场。在某些条件的诱惑下，企业可能跨区域建立分厂，也可能兼并众多跨区域小企业，形成跨区域多工厂的企业。有的企业销售渠道可以完全依赖中间商（如批发、零售商等）来批销其产品，有的企业建立自己的纵向营销系统。当产品为大宗或易腐的，或者这些产品缺乏标准化、需要安装或维修服务时，它们趋于建立自己的纵向营销系统，并使相关的销售机构（如零售店、销售部、维修车间、仓库等）在区位选择上尽量接近顾主和消费者。

第三阶段：随着国内市场的拓宽和销售量上升，企业具有进一步扩张的实力和能力，就会考虑向海外发展。一般情况下，企业会首先寻求在海外市场推销产品，先在一些出口看好的国家或地区建立销售代理商。代理商的固定成本较低，但随着销售量增加总成本上升比较快。与此相比，企业自己建立的销售机构虽然固定成本较高，但随着销售量增加总成本上升较慢。因此，随着销售量增加，企业在这些国家或地区建立自己的销售部，或者收购以前的代理商并改换成销售部。

第四阶段：随着出口量上升，海外市场进入限制（如关税壁垒和运输成本增加），将导致企业在这些国家或地区建立生产或装配厂家。如果有可能，对其他企业的购买、兼并通常是一种有吸引力的发展方式，因为它可以使生产能力快速增长，并很快进入被并购企业已形成的市场。只有在市场需求增长十分迅速且预计收益明显的情况下，企业才会考虑耗时且花费较高的新建策略。随着海外生产经营活动的发展，国内生产经营的重要性会出现下降，生产经营活动的中心转移到海外。例如，正大集团在中国建有 130 家企业，其生产能力已超过泰国；我国台湾顶新集团在中国大陆的业务已是台湾地区的 10 倍。

第五阶段：企业全球生产经营活动进一步扩展阶段。随着在全球市场的扩张，要求企业扩大生产规模，这时企业就要从全球的角度考虑生产布局，在不同国家或地区建立新的生产厂家或采取并购的办法获取多个国家或地区的生产设施。同时，对企业国内外生产经营的国际网络的组织和功能进行调整，使其趋于合理化。例如，合并某个国家或地区的多个工厂为唯一的大型工厂，其产品服务周边若干国家或地区的市场；也可能建立垂直一体化生产体系，使不同国家或地区的工厂各自集中于生产过程某一特定环节的生产，并在某个国家或地区进行最终产品的装配。

虽然并不是所有企业都能够如此成长，但这样的成长过程的确是伴随着企业跨国跨区域的空间移动或扩散，显示一种产业的空间转移。

(三)企业规模扩大导致空间分布变化

社会经济发展的地理空间扩散有两种规律:一种是接触扩散,即按照地理空间上的由近及远进行扩散;另一种是等级扩散,即沿着一定经济发达等级规模的地理区域依次进行扩散。企业空间扩张行为其实也是遵循这两种规律。研究发现,企业的销售区发展、新工厂建立以及兼并活动发生的区位也具有接触扩散和等级扩散特点。接触扩散在企业空间扩张中是较为常见的,尤其是在各地社会经济条件差别不大的情况下,企业常常就近扩大市场,进而建立生产机构。企业等级扩散通常按照市场规模,首先进入最大的市场(都市区),接着进入次大市场,以此类推,并不考虑这些市场的距离是否邻近。实际上,等级扩散是企业对环境(社会经济条件)区域差别所采取的对策。

随着企业规模的扩大,内部组织结构也日趋复杂化。但是,企业内部不同的组织功能不同,对区位的要求也不同,从而其空间布局调整也就不同。公司总部是整个公司的中心,其功能是制定影响公司发展方向的战略决策,其中最为重要的角色之一就是资金控制。在全球性公司中,总部的视野是全球性的;也就是说,要从全球角度出发,合理安排有限资源,抓住全球性机遇,进行全球性选择和部署,确定全球性战略目标。公司总部对区位条件的要求有:(1)有优越的国际流通性,具有便利的交通运输,便于主要决策者与相关人员之间有良好接触,掌握公司运营脉搏,及时发现问题、解决问题;(2)有良好的信息和通信设施,能够及时获取信息,包括市场变化信息、竞争对手信息、相关国家主要政治决策信息等;(3)便于与关键人员随时接触,包括国家立法机构和政府有关机构的主要人员、其他大型公司首脑、金融机构(包括证券市场)的决策人员等;(4)有训练有素的劳动力,特别是有多种语言能力的高素质劳动力;(5)有优越的生活环境,以吸引国际员工;(6)有较低的公司和个人所得税;(7)有发达的商业服务体系,包括法律、财会、公共关系等方面。根据这些条件,公司总部趋于选择主要大都市区,因为大都市区具有独特的优势,便于公司之间当面接触,提供金融、法律、广告等方面服务的便捷性,与其他大都市邻近。研究表明,大多数跨国公司的总部和区域总部位于少数主要都市,被称为"全球性城市"或"世界城市",是全球经济的地理控制点。根据联合国贸易和发展会议统计,最大的100家跨国公司的总部都设在发达国家,其中美国纽约、日本东京、英国伦敦三个全球性城市的跨国公司总部远远超过其他中心城市,集中了数量众多的大型跨国公司总部。

对全国性公司而言,其总部的区位也具有同样格局。根据对美国的研究,公司的总部区位与公司的地位有关,在全国经济中具有重要地位的大型公司总部趋于全国主要城市,中型公司总部的区位则比较分散。如哈珀对1984年美国367家大公司的总部区位进行分析的结果表明,纽约、芝加哥、旧金山、洛杉矶、费城—威尔明顿、底特律6个城市占全国大公司总部数量的50%以上和销售额的2/3以上。纽约的地位最为突出,所有公司总部数量占全国的26%。对澳大利亚的研究也表明,全国100家大公司的总部全部位于6个州的首府,其中两大城市悉尼和墨尔本分别有52家和38家。当然,随着公司的市场空间扩张及其公司经营环境的变化,公司总部的区位也会发生变化。但是,跨国公司一般很少将其总部从其母国移往他国,至多是将其总部的一部分迁往他国,或者设立地区总部。最常见的总部空间调整战略就是设立地区总部,这些地区总部一般设在可以提升公司在全球生产体系中的战略形象的城市。部分跨国公司倾向于将一些总部特殊的职能转移出去。目前,将母公司总部从一个国家转移到另一国家还比较少见,主要是由于不同国家的跨国公司跨国界兼并或合并所造成的。据统计,从2002

年1月到2003年3月，全球范围内已经有829个公司总部新建或重置，涉及52个国家，其中31个为发展中国家，绝大部分为建立地区总部。例如，日立、东芝、松下、本田、佳能等著名跨国公司推行“全球四总社制”的组织体制，即除国内保留总公司外，还在北美、西欧、亚洲建立独资的区域统管公司，以达到弱化事业部职能、强化地区决策、协调全球行动之目的。各区域统管公司实行一元化领导，统一指挥各区域统管公司的技术开发、采购、生产、销售等。

研究和开发机构对公司发展起着十分重要的作用，尤其是在技术发展日益迅速、技术创新的生命周期日益缩短的时代，技术对公司增长的作用更为重要。研究和开发机构对区位条件的要求有：(1)接近科研机构(如大学、科研院所等)和贸易组织，以获取市场需求信息和科技支持；(2)接近数量充足、高素质的劳动力(如科学家、工程师、技工)供应地，以满足研究、开发和试制生产等对劳动力的需求；(3)接近新产品的使用者，以便及时对样本和新产品的性能、消费者偏好提供反馈意见，并引导消费。根据这样的区位要求，公司的研究和开发机构的区位趋于大都市区和大科研集中区，倾向于公司总部所在地。对大型跨国公司来说，其母国更具有研究和开发机构的区位条件，多集中于母国，尤其是来自发达国家的跨国公司。但对不同类型的跨国公司，其研究和开发机构的区位分布也不同。根据贝尔曼和费希尔的研究，母国市场型公司、东道国市场型公司和世界市场型公司的研究和开发机构具有不同的布局。母国市场型公司很少在海外建立研究和开发机构，即使少量公司在海外建立研究和开发机构，也仅限于低层次的支持型实验室。东道国市场型公司，在公司母国建立研究和开发机构的同时，也趋于在海外市场建立较高层次的研究和开发机构。世界市场型公司(全球运营)具有全球取向，而不限于某一国家市场，这类公司趋于在适宜区位建立国际性和相对独立的特定研究实验室。跨国公司在海外建立的研究与开发机构，按照目的和功能分类，主要有两种类型：一种是为了从公司的竞争者以及国外大学获取信息，一般设在科技比较发达的地区；另一种是为了支持海外制造基地能够与当地需求相适应，一般设在较大的市场和制造工厂附近。根据一项调查表明，大约有45%的跨国公司研究与开发机构采用母国基地扩张型，其余55%则采用母国基地开拓型。随着跨国公司在我国投资力度的加强，自1994年加拿大北方电讯率先在北京投资设立研究开发机构后，截至2001年底，大型跨国公司设立的独立研发机构已经有124家。例如，IBM公司从1995—2003年在8所大学开展了20多项合作研究，在哈尔滨工业大学、四川大学和中山大学建立了合作实验室与实验中心。

一般认为，公司生产单位分布要远比公司总部和R&D机构分散。但是，不同生产活动具有不同的区位条件要求，同一生产部门的公司，由于生产技术和组织方式不同，也会出现不同的区位格局。迪肯(Peter Dicken)从一般工业公司总体生产组织的角度，得出4种生产单位区位格局特征：(1)全球集中生产型。这类公司将生产活动集中在一个区位(或一个区域，或一个国家)，通过销售网络，将产品销往世界各地市场。(2)市场地生产型。该类公司在每一个市场地(国家)均建立其生产厂家，这些生产厂家以服务各自的市场为主，没有或很少有跨越国界的销售发生。显然，这些厂家的生产规模受制于当地的市场规模。大型跨国公司中，该类型生产区位格局比较普遍。(3)专业化生产型。该类型公司具有多个生产区位(国家)，每一区位集中生产一种产品，服务于区域或世界市场。由于市场巨大，所以这些专业化生产厂家一般规模很大，从而生产的规模效益十分突出。(4)跨国横向一体化生产型。该类型公司按生产过程在不同区位(国家)进行专业化生产，每一空间区位只负责最终产品的一个生产过程。一个制造业工厂的产品，只是同一公司内另一个位于其他国家的工厂的生产原材料(投入品)，而最终的产品也许要运往第三国市场或跨国公司的母国市场进行组装分销。这些生产单位只是充当跨国公司“国际采购点”的角色。跨国公司横向一体化的跨国生产活动多为发达国家(或新兴工业化国家)的劳动密集型产业、成熟的高技术产业，因为此时这些产业的生产过程已经达到较高程度的标准化。

四、产品生命阶段历程不同

产业是产出、是供给，产业的形成源于产品的商业化成功，即可以大规模生产并受到消费者广泛欢迎。产品本身的状况反映了生产此产品的产业的状况，也影响该产业的空间配置和空间移动。美国哈佛大学教授弗农在其1966年发表的《产品周期中的国际投资与国际贸易》一文中，首次提出产品生命周期理论，之后经过他本人和其他学者的补充和完善。弗农认为，产品生命是指市场上的产品生命与人的生命一样，要经历形成、成长、成熟、衰退这样的周期，而这个周期在不同技术水平的国家里，发生的时间和过程是不一样的，其间存在一个较大的差距和时差。正是这一时差，表现为不同国家在技术上的差距，它反映了同一产品在不同国家市场上的竞争地位的差异，从而决定了国际贸易和国际投资地域的变化。

产品生命周期理论的核心是国际直接投资企业拥有非发达国家厂商所没有的产品和工艺上的特有优势。那么，为何发达国家企业就有条件拥有这样的优势呢？按照弗农的观点，发达国家有产生和推进新产品、新工艺的客观市场基础、需求基础、资源基础。一是因为历史和经济基础较好，发达国家的消费者对产品的要求较高，无论是品种、质量还是款式、服务、需求，都要变化得更快，因此，推动新产品、新工艺产生的往往是来自发达国家的消费市场压力。相应地，发达国家的企业对市场需求的这种变化的反应也要比不发达国家直接从事生产经营的企业来得更敏感、更快。二是因为发达国家劳动力价格相对较高，资本却相对较充裕，企业开发的新产品、新工艺更多的是基于节约劳动力投入的资本密集型，于是相对于其他国家，其产品、工艺的创新性更多、技术优势更明显。三是因为发达国家的市场运行机制相对较发达，企业之间的激烈竞争环境迫使厂商投入更多的研究开发资本，以保持在本国市场上的技术领先、创新领先。所以，发达国家厂商对外直接投资的“特有优势”基础产生于其高收入的市场。按照弗农的观点，一旦厂商获取以新产品、新工艺为载体的“特有优势”，便开始了其周期的生命循环。根据弗农的划分，产品生命周期分为新产品阶段、成熟产品阶段和标准化产品阶段。

(一)新产品阶段

在新产品阶段，产品开始在开发母国或投资公司所在国区域投资生产并推向市场。在这一阶段，新的创造发明技术刚刚从试验转入商业应用，产品和技术都不完善，还需要不断地改进。在这种情况下，最佳生产地点只能设在本国，不太成熟的生产技术垄断在本国企业手中，没有向外转移。由于产品没有形成大规模生产、在市场上尚没有竞争对手、替代产品少、产品附加值高、国内市场就能满足其摄取高额利润的要求等，因此绝大部分产品在国内销售，只有少量出口供收入水平相近的国家消费。在这一阶段，生产经营成本对厂商而言不是很重要，生产成本的差异对厂商生产的区位选择影响也不大，因为在新产品引入市场的早期阶段，没有或几乎没有标准化问题，生产商的主要精力放在为其非标准化产品在市场寻求保质、保量的适应原料和零部件稳定供给。同时，新产品主要是提供给国内少数高收入阶层消费，收入和价格弹性都较低，这为拥有创新垄断力的厂商采用“撇油定价法”创造了条件。

（二）成熟产品阶段

产品的质量已相对稳定，技术已成熟，零部件和其他投入品供给的不确定性显著下降，厂商开始扩大生产，谋求技术稳定、生产的规模经济和降低生产成本。同时，竞争者有了开发、生产替代产品的充分时间，国内的很多生产者进入这一部门，创新厂商的垄断力开始遭到削弱，市场的价格弹性趋于下降，产品的生产经营成本成为保持和增加竞争力的关键因素。由于消费的示范效应和新产品价格的逐渐下降，国内的需求增长很快，国外的需求也明显增加。该产品出口已不仅销往消费水平相当的一般发达国家，而且销往发展中国家。这时，也会有一些因素促进创新厂商到海外直接投资。第一种情况是因为进口地的市场份额比较大，但由于产品的大量出口引起进口地贸易壁垒的限制；第二种情况是因为进口地出现了有力的竞争者，并在生产上拥有本地生产优势；第三种情况是因为厂商出口产品在东道国市场达到比较大的份额，为当地客户提供便捷的服务需要在东道国建立生产设施，否则有可能因零配件的延迟供货而影响其市场份额；第四种情况是因为母国生产规模的进一步扩大导致大规模非经济，如原材料供应、运输设施不足及中间费用增加等，在消费地直接设厂生产更经济。因此，这一阶段是决定是否对外直接投资的关键阶段。由于除创新国以外的发达国家具有较高的收入、生产条件好、要素价格相对便宜，因此这些有较大需求的一般发达国家或地区是创新厂商优先考虑的海外投资地。通过在这些国家或地区的直接投资实现生产本土化，以满足当地消费者的需要，最大限度地获取利润。

（三）标准化产品阶段

在标准化产品阶段，产品的生产技术和产品本身都已高度标准化了，生产中使用标准化的产品生产流水线。这时对生产者技能的要求比以前减弱了，创新厂商的垄断技术优势已经消失，市场竞争激烈，替代产品不断增多，创新国和一般发达国家市场开始出现饱和，产品的附加值不断走低，成本、价格因素已经成为竞争的决定性因素。在这种情况下，选择在生产成本最低的国家投资设厂就更加重要了。于是，自然资源丰富、劳动力价格便宜的发展中国家便成为创新国和一般发达国家向海外转移生产场所的较理想的选择对象。此时，东道国或经济体开始大量承接该产品的国际直接投资，扩大当地生产规模，再将产品远销至别国和第三国市场，甚至返销到投资母国。这就是所谓的“反回头效应”。此时，母国的创新厂商在逐渐放弃这一老产品生产的同时，开始研制和开发新的产品，以便继续在新技术和新产品领域中保持垄断优势。

产品生命周期理论的立论基础是发达国家之间的横向直接投资，特别是建立在考察美国对欧洲的直接投资过程的基础上的，其过程如图 6－3 所示。t_0～t_1 表示新产品引入市场期，厂商拥有产品和工艺的创新垄断优势，生产只在美国国内进行，即曲线 L_1；t_1～t_3 表示产品和生产已相当成熟，美国的产量除满足国内市场需求外，还向欧洲出口，即曲线 L_2；值得注意的是，在欧洲当地还没有出现替代产品和模仿产品的情况下，为了给欧洲的消费者提供便捷的服务，美国创新厂商从 t_2 起就开始在欧洲直接投资，即曲线 L_3；从 t_3 开始，创新厂商进入国内生产萎缩期，直接投资企业不仅在欧洲当地生产满足当地市场需求，还将产品返销到美国。

产品生命周期理论的基础是要素禀赋论和比较成本论，只是该理论从微观角度进行分析，并引入创新、规模经济、新产品开发中的累积知识和风险的降低、跨国公司相互依存的市场关

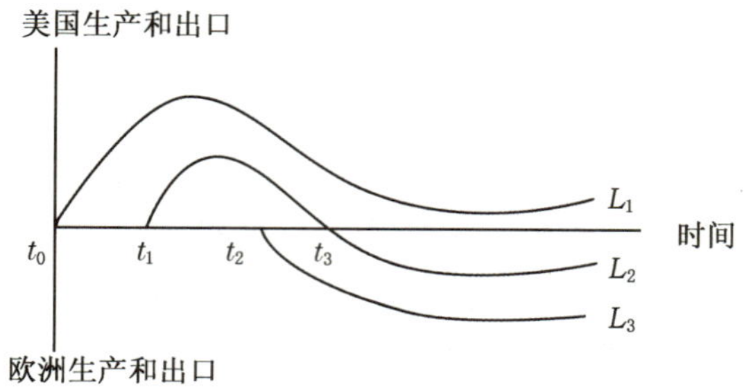

图 6—3　美国新产品生命周期和对欧洲投资

系等因素，使理论更能反映投资跨国跨区域的动态变化过程。该理论基本上反映了企业跨国经营方式是先实施跨国贸易，然后才进入跨国直接投资生产转移的阶段，反映了跨国企业从最发达国家到一般发达国家，再到发展中国家的产业生产转移和直接投资过程。产品生命周期理论也有局限性。首先，该理论过于注重产品在实际跨国直接投资中的作用，厂商的跨国经营方式的选择仅考虑其自身产品的成长及其市场发展状况，而没有意识到跨国企业之间日益增强的相互依存、相互制约和反应。其次，大多数跨国企业是多样化经营的国际综合联合企业，跨国经营方式选择、直接投资的时机和区位决策不可能只建立在一种创新产品之上。再次，该理论没有意识到，随着直接投资的出现，创新技术也随着生产地点的转移而以颁发许可证的形式向东道国的投资企业转移。如果这些分支企业实施进一步创新，那么原来产品在实现标准化生产之前就被打断或修改，并不会完成整个周期。

也有一些学者将产品生命周期理论引入国内区域经济发展研究中，探讨国内产业转移问题，建立了梯度推移理论。所谓区域经济发展梯度，是指不同区域在经济发展水平上所存在的差异。梯度推移说的基本观点是，无论是在世界范围还是在一国范围内，经济技术的发展是不平衡的，客观上已形成一种经济技术梯度；有梯度，就存在着技术经济推移的动力，就会形成产业的空间推移；应该根据区域之间的经济梯度来决定产业空间布局，首先重点发展高梯度区域的产业，其次依次向低梯度的区域进行转移，带动低梯度区域的经济发展。与产品生命周期相对应，一个地区可以把经济部门分为三类，即产品处于创新阶段的是新兴部门、产品处于成熟阶段的是停滞部门、产品处于标准化阶段的是衰退部门。推动经济发展的创新活动主要发生在高梯度区域，然后依据产品周期循环的顺序由高梯度区域向低梯度区域转移。具体的产业梯度转移有两种方式：一种是创新从发源地向周围相邻的城市推移；另一种是创新从发源地向距离较远的第二级城市推移，再向第三级城市推移，依次类推。这样，新兴产业就从发源地逐步转移到所有的区域。

第三节　产业转移方式

产业转移方式是指产业实施跨国跨区域转移的具体形式。总体上可以将产业转移方式分为两大类：一类是多个关联产业整体性协同一起进行跨国跨区域转移，称为群体性协同转移方式；另一类是单个产业的构成主体企业或一群同类企业的跨国跨区域转移，称为个别产业独自转移方式。

一、群体性协同转移方式

多个关联产业整体性协同一起进行跨国跨区域转移，虽然转移主体依然是企业，不过这是一个企业群，里面的企业分别属于不同产业，但这些产业有密切的投入产出技术经济联系，具体表现为产业链跨国跨区域转移，或价值链和供应链跨国跨区域转移。

（一）产业链、价值链和供应链

产业链、价值链和供应链是三个经常使用，同时又经常被混淆的三个概念。例如，产业链经常被等同于产业价值链。实际上，产业价值链有两种意思：一种是产业链上各个产业环节的价值表达式。比如玉米—养鸡—鸡粪有机饲料—蔬菜种植……每个产业链环节都产生价值，称为“产业链价值链”。另一种是把企业层面的某个产品或服务的生产过程称为“产业价值链”。这个层面用法比较不妥。这些价值环节是生产“特定产品”的活动。这些活动中的某些环节，可能独立出来成为一个单独的产业，如设计研发服务业、生产加工业；有些则没有。

（1）产业链（industrial chain，IC）是由不同质的产业构成的产业活动组织形式，可表达为 $IC=F(X_1, X_2, \cdots, X_i)$，$X_i$ 为不同性质的产业，$i=1, 2, \cdots, N$。N 取决于社会分工程度。F 为各产业相互间的函数规则。假设 $i=1$，一个最终产品形成所需的全部活动都由一个企业完成。

（2）价值链是由生产某产品或服务所需要的各个价值增值活动所构成，可表达为 $V=\sum_{i=1}^{k} v_i$，v_i 为每个环节的价值增值量。这些环节可以在一个企业内部全部完成，也可以全部或部分通过企业间分工与合作来完成。一个企业的典型价值链结构如图 6—4 所示。通常包括研发设计、原材料采购、制造加工、仓储运输、销售等几个环节。

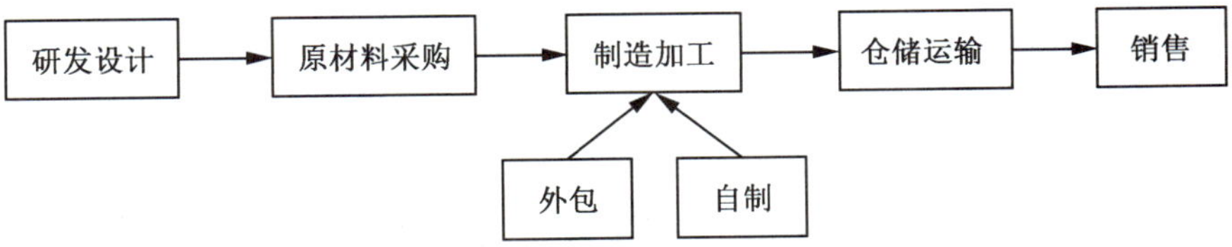

图 6—4　企业价值链结构

（3）供应链是一个为保证企业按计划生产所展开的系列职能活动。如供应商管理、物料管理、物流、仓储、品管等。供应链是生产企业的一个重要管理职能，供应链管理流程如图 6—5 所示。

区分产业链与价值链的一个界限是：在分工条件下，交易的产品或服务是否为不同性质。例如一个陶瓷茶杯，A 企业生产杯身，B 企业生产杯盖，C 企业组装。虽然 A、B、C 三家企业的生产工艺等过程完全不同，但是，它们并不构成严格意义上的产业链，只是价值链活动的分解。A、B、C 企业都是属于陶瓷制品企业。又如，IC 设计环节包括前端设计和后端设计，分别由不同的企业完成，仍同属 IC 设计业。

①产业链是处于“产业”层面，强调的是产业之间客观的投入产出关系，主要想表达每个地区的产业在整个产业链中的位置。

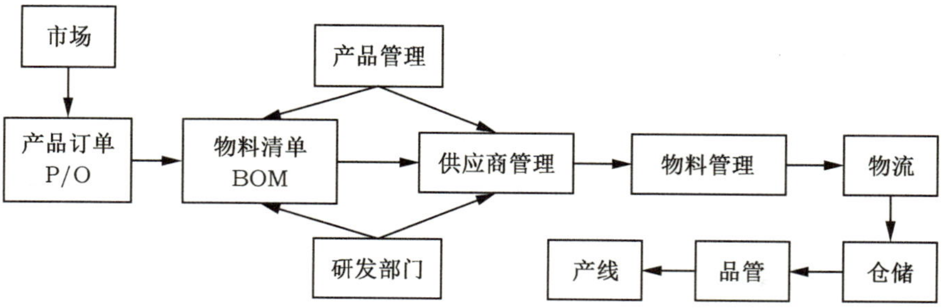

图 6—5　企业的典型供应链结构

②供应链是处于“物品”层面，强调的是如何有效低成本连接企业与企业之间物品，保证流畅生产销售。供应链的活动内容主要是在既定价值链结构之下，立足本企业内部的价值活动创造，对本企业内部和外部企业进行活动协调，旨在最小化企业生产总成本。

③价值链是处于“活动”层面，强调的是一个产品或服务最终得以生产、流动的整个价值活动，主要是用于区分不同的价值创造和实现环节。价值链是在既定产业链结构之下作为企业战略管理的重要分析工具，价值链治理的目标是最大化现有环节的价值或最大化整个价值链的价值，或企业要努力向高价值环节攀升。

产品在市场上的竞争力，依赖于生产该产品的价值链及其所嵌入的整个产业链的竞争力。这里有两个层面的意义：对企业来说，如何从整个产业链视角来进行治理，以提高各环节企业的持续竞争力，而不是只关注企业所在的产业/价值活动环节以及企业自身；对地方来说，一个地方某个产业的竞争力依赖于所在经济范围内产业链的整体竞争力，而不是只关注单个产业，产业链上各环节产业若竞争力差异较大，那么整个产业链的竞争力也不会很强。

(二)产业链与地区经济关系

产业链、价值链和供应链虽然在一个区域不一定需要完整性，可以跨区域协同，但这有一个前提，即市场是统一的，不存在区域市场的人为分割，或不存在跨国流动的障碍。但从交易费用的节约、运输成本的节约以及地区产业集聚效应来看，在统一市场条件下，产业链、价值链和供应链比较完整地位于一个区域，依然是经济的。产业链包括产业活动的分工、产业活动的协调(组织)和产业活动的空间(结构)分布三个维度，见图 6—6。

产业链是一个融合了产业活动分工、产业活动组织模式(协调)以及空间上的产业构成这三个基本维度的概念。它是产业与空间相互交织的一种分工与协调形式。

1. 空间(结构)维度

首先，伴随着城市群的发展，城市间产业分工开始向产业链分工方向发展。各城市按照产业链的不同环节进行专业化分工，形成不同类型和层次的城际产业链，产业链地域分工是产业空间组织演进的重要走向。其次，产业链的微观基础特征引致产业链上各环节的空间分布，同时，产业链的各环节又嵌入所在国家或地方产业政策环境中，因而其空间分布必然会受到政策环境的影响。例如，在政策下，强制性产业聚集而形成主导产业。产业链各环节，或集中分布于某一区域，或分散于各区域，产业链空间分布具有明显的指向性，构成产业链的各个产业在空间呈聚集的发展状态。由于产业链的各个产业会分布于相同或不同区位上，因此，产业链上

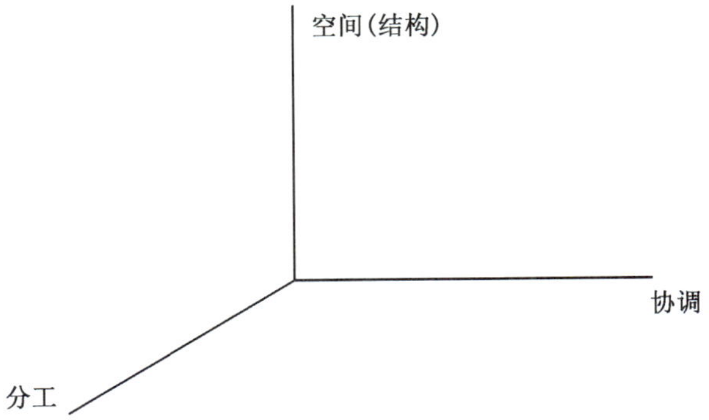

图 6－6 产业链的三个维度

不同产业在区位上的协同聚集状态会影响地区产业链结构的变迁。对区域(产业)竞争力有决定性支撑作用的往往不是单纯的产业集聚,而是产业链集聚。产业链由一系列异质性产业构成,产业的多样性会影响产业链的竞争能力。产业链上产业结构的多样性,既包括行业间的多样性,又包括行业内的多样性。例如,电子设备产业链,包括软件业、IC 产业、系统设备产业等不同质的产业,而软件业又包括基础软件、平台软件和应用软件等不同的细分行业。因此,产业链的空间(结构)维度,既要考虑产业在空间的聚集性质,又要考虑在空间聚集的产业构成。

2. 分工和协调维度

产业链是产业分工关系的客观表达,但是对于地区来说,有两个方面值得重视:

(1)产业链的分工程度。如果从微观层面看,分工受到诸多因素的影响,在这里,我们仅需要知道,产业链的分工程度在产业链系统内是动态变化的。产业链上某个环节的技术、设计方法、生产组织方式、市场规模等因素的变化,均会促进整个产业链的结构发生变化。例如,电子设备产业链中的 IC 产业链,如图 6－7 所示。该产品的生产过程包括以下环节:

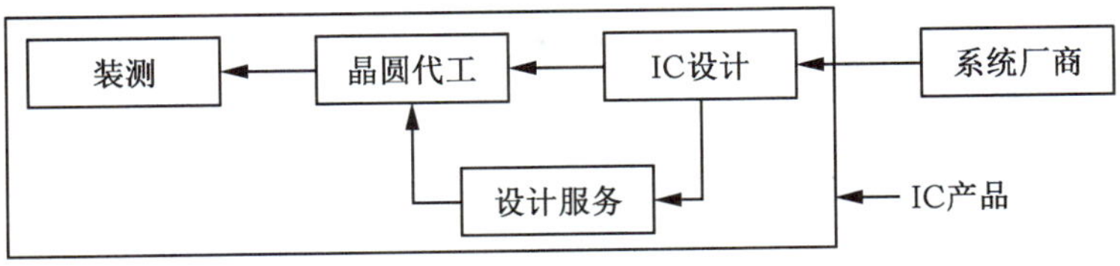

图 6－7 IC 产业链

IC 产业链的生产活动,既可以在一个企业内完成,业内称为 IDM 厂商,如英特尔、三星等;其中某个环节也可能市场化为独立的行业,例如晶圆代工,就有中芯国际、华虹 NEC、台积电、合舰等纯代工企业。随着 IC 产业链自身结构变迁,系统设备产业链的结构也在相应发生变化。例如,系统设备—电子器件—集成电路制造—IC 设计—IC 设计服务,见图 6－8。

(2)有分工、有协调的需要。现存的协调组织模式必然会对产业链的经济效率产生影响。从产业链上经济活动的关联方式看,每个产业生产过程的复杂性和分工程度不同,其所呈现的结构形态有较大差异,但是均表现出一个共同的趋向,即表现为网络状的结构特征,见图 6－9。[①]

① 李想,芮明杰. 模块化分工条件下的网络状产业链研究综述[J]. 外国经济与管理,2008,354(8):1－7＋17.

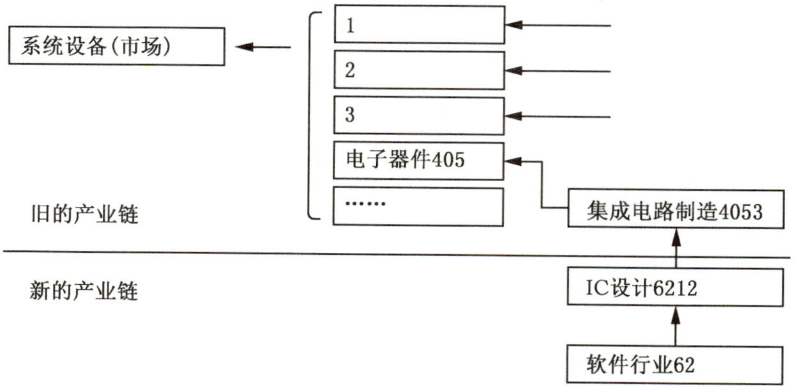

图 6—8 系统设备产业链结构变化图

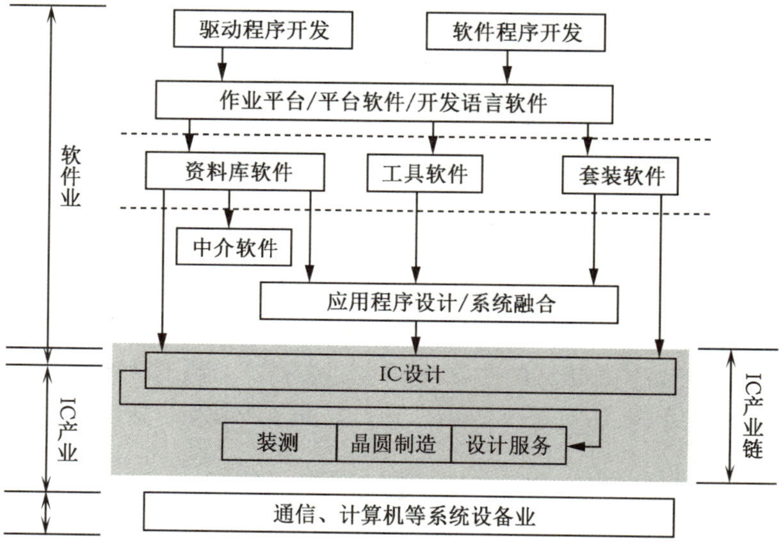

图 6—9 基于 IC 组件的电子设备产业链体系图

地区间产业链的异质性表现在三个方面:产业链分工(程度)、产业链协调(模式)和产业链在空间上分布和结构(状态),见图 6—10。

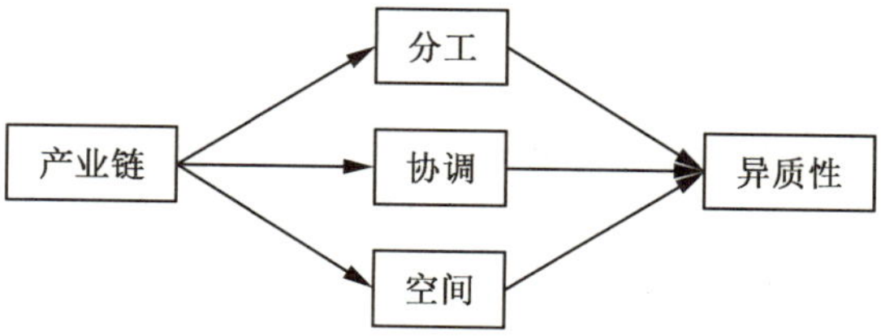

图 6—10 地区间产业链的异质性图

（三）产业链、价值链和供应链整体转移方式

转移的方式其实就是由某个产业链、价值链或供应链的链主企业联动主要的链上相关企业整体进行跨国或跨区域转移，具体表现为多个相关产业的公司与生产工厂一起或先后转移到同一个目的地国家或经济体。例如，2019 年在中美贸易摩擦升级为贸易战后，许多中国出口美国的产品关税被提高，导致一些产业的企业出口产品销售困难、生产困难，于是一些厂商及其相关供应商协作商一起把整个产业链从中国转移出去，转移到出口关税低的国家和地区。这看上去是贸易摩擦导致的一些产业供应链在全球范围内的转移，实际上也可以看做产业链、价值链和供应链原来所在区域的区位条件要素状况等发生了重大的变化，链上企业从自身的生存与发展角度考虑，只得进行必要的空间转移。同样，俄乌战争开始后，欧洲国家的能源价格暴涨，导致生产成本高企，一些产业链、价值链和供应链不得不开始从欧洲国家转移到美国。

产业链、价值链和供应链整体转移的原因有两种：一是出于区位条件变化和生产协作完整性考虑，链上领军企业与关联供应商进行整体跨国或该区域转移。链上领军的跨国公司要利润最大化，当然要寻找最有效率、最安全的产业供应商，安排自己的产业供应链，因为什么都自己做既不现实也无效率，且不经济。环境发生变化、生产要素资源状况发生变化、不同地区和国家营商环境发生变化、合作供应商有了很大变化等都可能导致企业进行现有产业供应链的调整。产业链、供应链全球转移就是企业在商业利益驱使下的经济行为，这些行为在特定条件下会受到一些国家政府政策影响，即便那些政府出台了直接政策，企业也未必都改变自己的产业链、价值链和供应链，因为将有效率的价值链、供应链跨区域转移改变成本是极大的，而且需要较长的时间。

二是出于产业链、价值链和供应链的安全性考虑，链上领军企业与关联供应商进行整体跨国或该区域转移以保持其安全。这次全球新冠疫情暴发，欧美许多企业也只能停工，这样中国企业也不得不停下来，于是许多产业链、价值链和供应链断裂，导致无法正常生产运营，自然损失很大。产业链、价值链和供应链原来是可以全球分布且没有安全问题的，而现在则不然，于是产业安全以及产业链、价值链和供应链安全成为一个显性问题。聪明人不能在同一地方摔两跤，为了防范未来风险，把企业自身需要的全球产业链、价值链和供应链变得更安全一些，必然是企业要考虑的问题，不仅国外的链上企业会考虑此问题，中国的企业也会考虑此问题，因为这是一项合理的企业经济行为。

改革开放以来，我们经济发展迅速，产业体系逐步完善，技术进步也很快，这些成果的取得一方面得益于改革开放国策的正确，另一方面得益于经济全球化和产业链、价值链、供应链全球分布变化。改革开放国策使国外企业可以走进来、我们的企业可以走出去，中国加入了全球产业分工体系，并在这个体系中不断发展。事实上，经过这么多年的发展，中国许多企业已经成为优秀的全球产业供应商，是全球产业链、价值链和供应链上的不可缺少者，中国的营商环境已大幅度改善，在全球排位提高很快。尽管如此，我们也应该看到，这些年由于劳动者收入水平的不断提高以及社会保障与福利要求的提高，使劳动力成本、生产成本有了比较大的增长，使一些企业继续一些低附加价值产品生产与分销的话，经营压力增加，再加上关税提高使出口变得困难，有一些产业的产业链、价值链和供应链进行跨区域转移十分正常。

二、个别产业独自转移方式

个别产业独自转移的主体是产业内的企业，这些个别产业内企业为了寻找更合适自己生

产发展的营商环境和更好更稳定的制度政策，以及能够降低成本获得更大市场进而更多盈利进行跨国跨区域转移。出于以上目的，以及对现实区域区位条件、政府政策、市场环境等多方面的考虑，企业在实施跨区域转移时会有多种转移的方式方法，形成了产业跨区域转型的多种类型。例如，实施产业区域转移的企业，其生产基地的变换区域所在地与该生产基地的所有权主体的转变没有必然的直接联系，产业区域转移主要是生产在空间分布上的变化，并不一定涉及转移主体的生产基地所有权发生变化。许多跨国公司把自己的生产基地从本国转移至发展中国家时，他们总是坚持自己绝对控股这个生产基地。

(一)投资新建式转移

企业新建投资是指企业通过直接投资，跨国或跨区域新建一个工厂或新建一个企业，形成新的生产基地，以实现生产能力不同区域扩张的行为，此类行为又称为异地投资。在此类生产转移中，企业往往通过新建投资，先在转入地建立生产销售基地，这些分支机构实施独立核算，产品生产销售服从于总公司内部的生产体系和市场战略。跨区域生产基地的重要生产要素，如高级管理人才、技术人员和先进生产技术由企业总部提供，并严格受企业总部的控制。随着企业跨区域生产销售基地的建立，逐步实现生产经营重心的转移，这是一种通过新建投资来实现产业转移的典型方式。

新建投资方式具有明显的优势，主要表现在：(1)初始投资规模较小、周期长、容易控制，一旦时机成熟，就可进入大规模扩张阶段；(2)企业可以选择适当的地理位置进行投资，并按照自己所希望的规模筹建企业，妥善安排工厂布局，对资本投入与支出实施完全的控制；(3)从组织控制的角度看，创建方式风险小；(4)企业可以进行机器设备、原材料、技术等投资；(5)不存在对原有企业制度适应的成本和建立新的信任的成本。但是，新建投资也具有明显的劣势，主要表现在：(1)投资新建有一个相当长的筹备期和投资建设期，所以具有市场生命的产品进入目标市场较为缓慢；(2)会涉及市场的重新分配，因而市场竞争十分激烈，经营的风险加大。

无论是国际产业转移，还是一个国家内不同地区之间的产业转移，投资新建式转移的一个重要问题是，到目的区域是采用独资企业还是合资企业形式。独资企业形式是指新设立企业的全部资本都由转出地企业所有，企业财产所有权属于出资人独家所有。合资企业是指新设立企业的资本由转出地企业与转入地企业共同投资并共同经营，所有权按照出资比例分享。采用合资企业和独资企业形式在跨区域直接投资中具有各自的优势。创建独资企业的优势是：(1)投资者拥有完全的经营自主权和决策权，可以对企业进行严密的控制，可以根据企业发展战略的需要随时调整其子公司或分支机构的经营活动，以保证获取最大的经济利益；(2)投资者拥有自主知识产权，对专利、专有技术、特许权和企业的经营管理实施严格的保密和垄断，有利于减少知识产权扩散而带来的损失；(3)投资者独自享有企业经营成果，免除共同投资者由于企业经营管理和利润分成而导致的摩擦和冲突。但是，创建独资企业也有不利的因素：(1)独资企业要求高度资本化运营，具有相对较高的经营风险；(2)独资企业在异地开拓生产与市场、处理企业与政府的关系、适应当地的风俗习惯等方面需要更长的适应过程；(3)在国际投资方面，独资企业在投资方向和经营范围上仍然会受到转入地一定的限制；(4)在许多发展中国家，对某些产业设立独资企业的条件要求严格，如要求投入高新技术、承担出口义务以及逐渐转让股权等。

合资企业的缺点有：(1)投资者的资本规模比较小，或者经营能力不足，采取合资的形式有利于较快形成规模经济，更多、更快地进入目标市场；(2)特定领域和特定产业的生产能力扩张，需要更多地投入资源，通过合资的形式，由当地企业提供资源，特别是在企业的创办期，由熟悉当地经营环境的合资伙伴协助，更便于获取当地某些重要的经济资源；(3)在国际直接投资中，由于许多国家对外资企业的所有权形式存在众多程度不同的限制，因此在许多领域和产业中，选择合资经营比选择独资经营能够更好地进入和扩大市场。但是，合资企业与独资企业相比，其经营管理的难度和经营实践中所面临的问题通常也更为突出，特别是投资者无法完全把握投资项目的重大决策权，对投资项目盈利前景和潜力难以发挥其决定性作用，容易产生合资双方的摩擦和冲突。统计资料显示，在国际直接投资中，合资经营的失败率很高，为30%～40%。研究表明，合资企业的高失败率与其组织的制度安排和体制运行有关，问题在于企业内部而不是外部。

在实践中，合资企业和独资企业的选择要考虑内外部具体因素。内部因素主要有：(1)企业在技术、产品、管理和市场销售等方面占有多大程度的优势，优势越大，采用独资的可能性就越大；(2)要根据企业产品战略的要求，执行产品多样化战略的企业更倾向于采取合资企业形式；(3)财力和资源是否充裕，实力比较雄厚的企业更倾向于独资企业形式。外部因素主要有：(1)要看转入地对外地企业的开放程度，开放程度越大就越倾向于独资企业；(2)要看转入地合资者的能力和经营效率，合资者的能力和经营效率越高就越倾向于合资企业；(3)要看转入地的市场结构及市场竞争程度，竞争越激烈就越适宜于合资企业。

(二)并购式转移

并购式转移方式是指产业中企业通过跨国或跨区域的收购兼并目标地区的企业，通过控制这个企业或重组这个企业，使之生产经营发生变化或实现生产经营扩张的行为。这样的行为往往伴随着并购方企业的资本、技术与管理的投入，实现原来地区被并购方企业生产经营重组，从而为当地产业发展经济增长做出贡献。从宏观上看，并购式转移方式实现的产业转移主要表现在通过并购重组导致转入国家或区域产业的升级或产业的转型或生产重组后的扩张等。

并购是兼并、合并与收购三者的合称。兼并(merger)的一般含义是指两个或两个以上的企业，通过法定方式重组，重组后只有一个企业继续保留其合法地位，相当于我国《公司法》规定的吸收合并；合并(consolidation)是指两个或两个以上的企业通过法定方式重组，重组后原有的企业法人资格都不再保留，而是组成一个新的公司，相当于我国《公司法》规定的新设合并；收购(acquisition)是指对企业的资产和股份进行收购，以获得对该企业控制权的行为，其特点在于目标公司经营控制权的转移，但目标公司法人地位并不消失。当兼并、合并与收购三个概念合在一起使用，即称为并购，一般泛指企业为了获得对其他企业的控制权而进行的产权交易活动。

并购具有不同的类型。按当事企业的行业关系，可以分为横向并购、纵向并购和混合并购。横向并购是指生产同类产品，或生产工艺相近的企业之间的并购，是商业上竞争对手之间的合并。纵向并购是指生产过程或经营环节相互衔接、密切联系的企业之间，或者具有纵向协作关系的专业化企业之间的并购，主要是加工制造企业与同它有联系的原材料、运输、贸易公司实行的并购。纵向并购又分为向前并购和向后并购：前者是生产原材料的企业通过并购向经营第二次加工阶段的业务扩展；后者是装配或制造企业通过并购向零部件或者原材料生产等业务扩展。混合并购是指横向并购和纵向并购相结合的企业并购，混合并购的主要目的在于减少长期经营一个行业所带来的风险。一般而言，混合并购又可以分为以下三种形式：(1)产品扩张型并购，即相关产品市场上企业间的并购；(2)市场扩张型并购，即一个企业为扩大其竞争地盘而对它尚未渗透的地区生产同类产品的企业的并购；(3)纯粹的混合并购，即那些生产和经营彼此间毫无联系的产品或服务的若干企业的并购。

按并购的实现形式，可分为出资购买资产式并购、出资购买股票式并购、以股票换取资产式并购和以股票换取股票式并购。所谓出资购买资产式并购，是指收购公司使用现金购买目标公司全部或绝大部分资产以实现并购。所谓出资购买股票式并购，是指收购公司使用现金、债券等形式购买目标公司一部分股票，以实现控制后者资产及经营权的目标。所谓以股票换取资产式并购，是指收购公司向目标公司发行自己的股票以交换目标公司的大部分资产。所谓以股票换取股票式并购，是指收购公司直接向目标公司股东发行收购公司的股票，以交换目标公司的股票。

从表面上看，并购是两个或多个企业之间存量资产的调整，与产业转移没有太大关系。实际上，跨区域并购是实现产业转移的一种理想和可行的方式。因为通过跨区域并购，投资者要投入现金，等于把企业的优质资产从一个区域转移到另一个区域的目标企业，并在并购成功后对目标企业进行改造，投入更多的资金、技术、人力资源等优质资产，并与目标企业的资源有效结合起来，从而实现生产中心的转移。不仅如此，与新建投资相比，通过跨区域并购实现产业转移，还具有以下优势：(1)并购可以节省新建投资的时间，迅速获得现成的管理人员、技术人员和生产设备，迅速建立生产基地和销售网络，较快进入目标企业所在行业和市场；(2)有利于投资企业获得市场上不易获取的经济资源，如目标企业先进的专利技术和技术诀窍，提高投资企业技术水平；(3)可以利用目标企业在当地市场的分销渠道和目标企业同当地客户建立的信用关系，迅速占领市场，还可以把其他子公司的产品引入该市场；(4)可以廉价购买资产，包括低价购买不盈利或亏损的企业等；(5)可消除争夺市场和资源的对手，扩大市场份额。当然，并购也存在明显的劣势，其主要表现在：(1)价值评估困难；(2)目标企业与投资企业在经营思想、管理制度和方法上可能存在较大差异，当投资企业缺乏合格且胜任的管理人员时，可能无法对目标企业实行真正的经营控制，甚至导致兼并失败；(3)目标企业的产品、工艺、技术、规模以及地理位置等同收购企业的意图不太符合，因而可能产生不必要的适应成本；(4)一个成功的并购要求在企业内部建立高度的信任关系，建立这种信任需要较长的时间以及付出一定的成本。

在各主要发达资本主义国家，并购在 19 世纪 80 年代就开始大规模地展开。现在人们普遍认为，至少已经发生过五次相对集中的并购浪潮，分别发生在 19 世纪末 20 世纪初以及 20 世纪 20—30 年代、60 年代、80 年代、90 年代。进入 20 世纪 90 年代以来，新建投资方式已退居次要地位，并购方式逐渐成为跨国公司进入东道国市场的主要方式。资料显示，在过去几年中，国际生产的增长大部分是由跨国并购而不是由新建投资推动的。从世界范围内来看，跨国并购交易总额在世界总产值和对外直接投资中的比例逐年增加。交易额超过 10 亿美元的巨额跨国投资增势惊人。在 1998—1999 年间，巨型跨国并购交易占跨国并购总值的 60%以上。在跨国并购中，兼并仅占并购总额的不到 3%，绝大多数是涉及由一家公司控制另一家公司的收购。同时，水平并购的比重稳步上升，1999 年占跨国并购总价值的 70%，主要分布在制药、汽车、国防、电信和银行业，其目的是通过整合资源以获得协同效应。垂直收购虽然有所增加，但是所占比例一直低于10%，所涉及的行业集中在电子和汽车工业，其目的在于降低生产链前向与后向关联的不确定性和交易成本以及获取范围经济收益。混合收购的重要性则大幅度下降，占并购价值的比例已由1991年的41%降至1999年的27%，其目的在于分散风险和深化范围经济。

(三)非股权方式转移

在产业转移中，非股权参与也是一种重要的形式。所谓非股权参与，是指转出地企业不以直接投资获取股权的方式，而是以签订合同的方式参与生产经营活动的各种方式的总称。非股权参与的形式有很多，包括许可证交易、特许授权经营、技术转让、管理合同、钥匙工程、制造合同、联合销售合同、国际生产分包和国际战略联盟等。从产业跨国跨区域转移的角度看，最主要的有以下几种：

1. 许可证交易

所谓许可证交易，是指企业通过与其他区域企业订立契约或合同，准许其进行某种经济活动或经营活动。在实践中，主要的许可证交易形式包括：专利许可证交易、商标许可证交易、版权许可证交易、商业秘密许可证交易、企业专有知识和技术许可证交易等。许可证交易实际上是在没有产权转让的前提下把企业生产的空间扩展到更大的区域，在合同有效期内把生产车间变相设在其他企业。许可证交易的优点是：(1)不需要直接参与生产、经营管理，因此风险大大下降；(2)不需要投入资本和其他有形生产要素；(3)仅以企业的品牌、技术等无形资产换取稳定的固定收益。许可证交易经营风险小，因此，许多企业在其经营扩张的过程中，以许可证交易形式作为直接投资的一种过渡方式。许可证交易也存在明显的缺点：(1)容易导致企业核心知识或核心能力资源外泄，不利于保持自己技术优势的领先地位；(2)要冒品牌声誉可能被破坏的风险；(3)合同期过长，有可能"扶持"起新的有力竞争对手；(4)对目标市场的占有效果明显不如通常的直接投资。那么，企业在产业转移过程中，如何在直接投资和许可证交易这两种方式之间进行选择呢？第一，要看生产过程所需的资本数量。如果生产过程需要投入的资本量大，而企业的经营资本相对短缺，就倾向于以技术、商标、诀窍等生产许可转让方式作为进入目标市场的先期尝试。一般而言，在其他条件相同的情况下，对资本密集型产业发生许可证交易的概率要高一些。第二，要看目标市场的规模大小。如果目标市场比较小，采取许可证交易方式进入更符合效率原则。从动态的角度看，如果目标市场本身需要一个较长的发展过程，那么在一定时期内可以采取许可证交易方式，然后采取直接投资方式。第三，要看在目标市场建立分支机构所承受的新建成本和长期管理成本。如果新建成本和管理成本比较大，而目标市场的容量在短期内又难以迅速扩大，这时就可以先采取许可证交易的方式。

2. 特许授权经营

特许授权经营是指作为特许人的企业将自己所拥有的商标、商号、产品、专利和专有技术、经营模式等以特许经营合同的形式授予作为其他区域被特许人的其他企业使用，被特许人按合同规定，在特许者统一的业务模式下从事经营活动，维护特许人在合同中所要求的统一性，并向特许者支付相应的费用。特许授权经营是许可证交易的演化形式，所不同的是，许可证交易是一方授权另一方执行某项特定功能，如授权制造某种产品或某种设备，但被许可人同时还能有其他业务，没有采纳和遵从某个统一模式或体系的义务。特许授权经营一般有两种类型：一种是商品商标型特许经营，是指特许人向被特许人转让某一特定品牌产品的制造权和经营权，在规定范围内使用，但对被特许者所从事的生产经营活动并不作严格的规定。另一种是经营模式特许经营不仅要求被特许人经营特许人的产品和服务，商店标志、店名、商标、生产工艺、经营标准、产品和服务的质量标准、经营方针等都要按照特许人规定的方式进行，因此被特许人购买的不仅是商品的销售权，而且是整个模式的经营权。特许授权经营的优点是：为作为特许人企业提供了一种低成本和低风险进入目标市场、迅速扩张资本和实现规模经营的有效方法和途径，扩展了企业知识资产的价值开发和溢出效应。但是，由于双方都是独立的实体，因此特许人对被特许人的生产经营活动不能有效进行控制和有效监督，难以防止被特许人可能超越授权协议所规定范围和期限泄露或扩散无形资产，同时也有可能为自己培养潜在的竞争对手。

3. 合同生产

合同生产又称合同制造，是企业与其他区域企业签订供应合同，要求后者按照合同规定的技术要求、质量标准、数量和时间生产所需要的产品，前者主要负责产品销售。合同制造能使企业较快地进入目标市场，而且风险极小，有助于企业同其他区域制造商建立合作关系，提高企业产品的竞争能力。但是，采用这种方式，企业难以控制产品制造过程和制造过程产生的潜在利润的损失。

4. 分包或转包合同

国际转包又称国际分包(international subcontracting)，是指跨国公司通过合同将生产过程中的一部分转移到国外，由当地的独立企业承担。最常见的国际转包形式是，当地承包企业根据发包人(跨国公司)的订单，加工制造元器件和零部件。由于承包企业生产的产品并非最终产品，其规格、数量、性能等都是按照合同规定加工出来的，必须符合发包人的需要，因此承包企业的生产一般处于跨国公司的影响或控制之下。事实上，国际转包是许多跨国公司进行跨国生产的一条重要途径。国际转包的优点是：(1)无须设立专厂来供应元器件、零部件，可以节省大量的固定资产投资，并充分利用国外廉价的劳动力，从而降低生产成本。这种形式的转包一般称为"经济转包"(economy subcontracting)。(2)可以根据市场销路调整订单的数量，即调整元器件、零部件的订货数量，从而在生产容量或能力方面具有适应市场的灵活性。这种形式的转包通常称为"容量转包"(capacity subcontracting)。(3)可以利用某些国家特有的技术专长或技能以及其他有利的条件。这种转包可以称为"专长转包"(specialty subcontracting)。也就是说，总承包商与其他区域企业订立长期或短期的生产某一种部件、配件或者负责某一地域业务活动的合同，后者负责生产部件或组装产品，最终产品由总承包商在市场上销售。目前，在国际上流行的订单生产就是一种国际分包生产体系。随着产品各生产步骤及分工的细化，随着每一道工序中新技术或专有技术的要求越来越高，任何企业都不可能全部以规模经济的水平来生产其所需的所有投入品，而分包、转包方式是最好的生产分工联系方式之一。这种方式的优点是：灵活，期限可长可短，质量要求、规格都可以灵活规定。例如，一架大型商用飞机有1万多个零部件，这些零部件基本上分散在世界各地转包生产，其中日本是国际航空收受转包的生产大国，转包合同金额每年达到100亿美元。2002年，欧洲工业收受转包合同总金额超过4 000亿欧元，共有约800万欧洲人在从事工业转包贸易及生产活动。

无论是许可证交易、特许授权经营，还是合同制造、分包或转包合同，都是一种产业中企业的市场行为，节省了所在国企业跨国跨区域建立自己的销售网络、附属机构、生产分厂与开拓市场的投资费用,能够突破单个企业的资源限制而在更大空间上实现资源的优化配置。无论哪种形式的非股权参与,都要以要素禀赋为导向,使生产经营活动在最具有比较优势的区域进行。从宏观角度看,不同产业中的企业的这些商业活动,促进相应产业产品的生产和分销向不同区域转移,进而促进了当地的就业、收入和产业发展。

复习思考题

1. 产业为什么会进行空间区域转移?
2. 产业转移的最新趋势是由于产业技术进步所导致的吗?
3. 产业链整体转移的特点是什么?
4. 产业安全是否也是产业转移的重要原因?
5. 企业跨区域转移的基本规律是什么?

第二篇

产业结构

第七章

产业体系

产业体系是产出体系，是国民经济的总产出、总供给。产业体系的状况决定了产出品的数量和产出品的质量，决定了产出的增长、价值的增长和社会财富的增长，甚至在很大程度上影响国民经济发展和人民生活幸福状况。产业体系的静态状况取决于所有的产业及其相互的关联结构，产业体系的动态状况则取决于产业体系内不同产业与企业动态发展状况及其互相影响。产业体系及其构成变化和发展是有规律的，是产业经济学研究的主要内容之一。本章主要论述产业体系本质特征、产业体系基本构成、产业体系不同分类、产业体系的结构及其影响因素等内容。

第一节　产业体系的构成

产业体系是众多产业构成的体系，是社会总产品或服务产出的体系，是经济增长的核心力量。从历史上看，产业体系是随着人类社会发展而变化的，从只能够生产提供所需求的生活日常消费品，逐步发展到可以生产提供时下极为复杂的科技产品和互联网服务，产业体系的产出品类规模、生产技术水平、产业之间的关联复杂性均有了较大的变化。

一、产业体系的本质特性

(一)产业体系概念

所谓产业体系，就是所有产业相互关联衔接的系统，它既是全社会所有产品投入产出相互关联的体系，也是所有产品供给流通与消费的一体化体系，还是不同产业分布区域空间的体系，它是国民经济发展的核心。作为国民经济的总产出、总供给，产业体系状况决定了产出品的数量与产出品的质量，决定了产出的增长、价值的增长和社会财富的增长，甚至在很大程度上影响国民经济发展和人民生活幸福状况。

产业体系还可以分为现行与现代两种定义。现行产业体系是指目前正在运行的产业体系；现代产业体系是指全球领先的代表未来发展方向与竞争力的新型产业体系。现代产业体系的现代化是一个动态的与时俱进的概念，但一定带有这个国家或地区先天的自然资源禀赋或后天的知识技术资源、产业存量、发展路径、社会文化、生态环境等方面的烙印。改革开放以来，我国现行产业体系发展取得了很大的成就，形成了世界各国中最为完整的产业生产体系，生产协同配套能力强大，许多产品产出量为全球第一，产品的品质也有了极大的提高，成为全球消费者喜爱的产品，涌现出一大批诸如华为这样的科技领军大企业，以及许多优秀的作为产业“隐形冠军”的中小企业。现行产业体系中的重要组成部分新兴高技术产业，如高铁的车辆制造、智能手机、5G通信、半导体芯片、智能装备制造等，都在快速发展，有的已经成为国际上有竞争力的产业，如新能源汽车、北斗卫星导航等，成为我国现行产业体系的亮点。

一般而言，产业体系可以从三个角度进行观察：(1)从产品或服务生产的关联角度观察，产业体系表现为所有产业相互关联衔接的系统，它既是全社会所有产品投入产出相互关联的体系，也是所有产品供给、流通与消费的一体化体系，形成产业体系的部门分工结构。(2)从产品或服务生产的空间分布角度观察，产业体系表现为所有产业在自己国家或地区甚至在全球不同国家或地区的空间分布状况与关系，形成产业体系的空间结构。(3)从产品或服务生产的技术水平角度观察，产业体系表现为所有产业整体在全球市场或国内市场上的竞争力，形成产业体系的技术创新结构。这三个结构实为产业体系十分重要的关系结构，被称为产业结构。产业结构调整优化，就是要对产业体系的这三个方面的结构进行优化调整，以适应社会发展的需求、消费者消费需求的变化以及国际市场竞争的需要。

(二)产业体系基本特性

人类社会发展至今，现行的产业体系已经相当复杂，其内部相互关联，投入产出关系、技术经济联系也十分复杂。尽管如此，其基本特性还是比较明显的，主要体现在以下几个方面：

1. 产业体系的系统性

产业体系构成了国民经济生产供给的一个整体、一个系统。产业体系的基本构成要素是产业，是产出不同产品或服务的不同的产业。产业是生产分工的产物，例如产品分工、零部件分工、工艺分工都形成了不同的产业，如飞机、汽车、发动机、轮胎、纺织、服装产业等。由于产品的复杂性，产品生产的完成需要其他相关产业提供协作配套，于是产业体系中作为一个系统组成的要素即产业之间必定存在着某种相互依赖和相互作用的关系，这种关系静态地看就是产业结构。在产业体系系统中，这种相互依赖和相互作用的关系具体体现为产业间的投入产出技术经济联系。这样一种投入产出技术经济联系既是生产顺利进行的必要，也是产业产品构造导致分工协作的必要，而这些其实也是社会消费需求及其变化对生产体系的映射。并不是所有国家或地区的产业体系完全一样，这是因为并不是所有产业都适合某个国家或地区的成长与发展，因为毕竟自然禀赋、社会制度对不同产业的成长有重要影响。尽管如此，不同国家或工区的所有产业还是会由于相互之间的这种联系，组成了一个其整体功能大于各产业功能简单之和的产业体系。

2. 产业体系的层次性

层次性是产业体系主要生产特性。所谓层次性，是指在产业体系内不同的产业由于其所依赖的生产要素比重的不同，形成了主要取自自然资源的产业，如农业、矿业等，对取自自然资源的物品进行加工的产业，如酿造业、家具业、家用电器产业等，还有就是对这些产业进行服务的产业。这三种类型的产业反映了产业体系中产业与自然资源的关系，也反映了人类社会发展进步的层次递进。人类社会最早的生产就是从自然界中采集大自然提供的物品，随着人类社会的发展，人类的生产才逐步开始对采集的物品进一步加工以适应更多更好的生活需求。尽管人类社会的科学技术已经十分发达，生产也越来越复杂，但任何一个产业体系中，这三个层次性产业总是存在的。更重要的是，取自自然资源的物品是有限的，有限资源条件下如何配置使用好有限的资源成为现代产业体系和社会资源有效配置的关键。另外,对取自自然的物品加工深度越深,人类附着在此生产过程中的劳动越多,其附加价值就越大,因此产业体系中,随着需求变化,生产的三个层次比例会发生变化。在产业体系内,层次性的特征要求各产业发展应当在一国经济发展的总目标下,不断追求整个产业体系的生产价值合理化。如果不是按照这种层次性的特性一味追求某一产业的发展,将使产业体系内部严重失衡,给整个国民经济的发展带来负面效应。

3. 产业体系的有序性

产业体系的有序性是指产业体系内各产业之间的关联能够约束其他关联产业的运行,使整个体系的生产运行在总体上保持一定协调,呈现一定的规律性。这是因为,某一产业的生产规模受到市场需求的约束,于是该产业生产运行对其他相关产业的需求也就有一个限定,如此在产业体系中不同产业各自产业生产就有约束,于是整个产业体系运行就表现为有序性,除非在运行过程中发生其他重要的市场变化。产业体系生产运行的有序性有时成为一种惯性,导致产业体系转型升级的困难。产业体系生产有序性的变化在很大程度上是因为突破性创新导致新兴产业诞生发展,从而打破了原有的有序性均衡,促进产业体系内发生变化,带动整个产业体系的演进。应该说,产业创新推动了新兴产业的诞生与发展。现有的产业,如汽车、互联网、计算机,都是从根本性的技术与产品的创新开始的,获得了商业化的成功,形成了大家追逐和消费者欢迎的新兴产业。特别是当新兴产业在经济发展的不同阶段,作为主导产业广泛影响和带动其他产业的发展时,新的有序性均衡就会逐步形成,而这就是整个产业体系的演化发展过程。

二、产业体系的两部分构成

产业体系的定义已经大致说明了产业体系的构成。产业体系是所有产业相互关联衔接的系统,它既是全社会所有产品投入产出相互关联的体系,也是所有产品供给流通与消费的一体化体系,还是不同产业分布区域空间的体系,它是国民经济发展的核心。产业体系是社会生产体系,由不同的产业构成就是由生产不同产品或服务的部门构成。在消费需求发生重大变化以及新技术革命已经爆发的今天,一个国家现行产业体系实际上可以按照适应新需求、新技术进步的发展势头迅猛的新型产业和现有的已经发展成熟的产业来做大致的划分,前者可以称为新兴产业,后者可以称为传统产业。当一个国家的产业体系中新兴产业逐步发展成为国民经济的支柱以及国民经济发展的主要力量时,就可以把产业体系认定为新型体系,反之则仍是传统体系,需要进一步调整转型以及创新驱动。

(一)传统产业

传统产业是指在工业化进程中,相对于新兴主导产业来说,前一个阶段主导产业高速增长后保留下来的一系列产业。[①] 从生产要素密集度来看,传统产业大多是劳动密集型产业或资本密集型产业,其以传统生产技术为主导,进行传统产品的生产。[②] 我们的传统产业概念包括三次产业在内,即传统农业、传统工业和传统服务业。其中,传统农业主要是指在自然经济条

---

① 孔祥敏. 中国经济发展方式转变中的动力缺失及对策[J]. 北京行政学院学报,2010,70(6):66—70.

② 赵强,胡荣涛. 加快传统产业改造和升级的步伐[J]. 经济经纬,2002(1):28—31.

件下，采用人力、畜力、手工工具、铁器等为主的手工劳动方式或初级农业技术与机械，靠世代积累下来的传统经验发展，以自给自足的自然经济居主导地位的农业。传统工业主要是指在中国工业化发展进程中发挥重要作用的能源产业（如煤炭、原油开采、电力等）和原材料工业（如钢铁、有色金属、建材、化工原料或材料等）等传统基础性产业以及食品、饮料、纺织、服装等加工制造型产业。传统服务业有两层含义：一是指需求是"传统"的（其需求在工业化以前就广泛存在）；二是指生产方式是"传统"的（"前资本主义生产方式"，如家仆服务和传统商业等），典型行业如商贸业、餐饮业、住宿业、旅游业等。

（二）新兴产业

新兴产业有广义和狭义之分。广义的新兴产业是指那些在先进技术革命成果的基础上建立起来的对经济发展具有战略意义的新产业，这些产业创新性突出，是科技创新活动最为集中的领域；狭义的新兴产业是指那些依靠科技革命成果衍生出来的高新技术企业。[①] 这样的产业也包括新农业、新工业和新服务业，如互联网产业、平台产业、机器人产业等。新兴产业的发展处于产业生命周期的初创期或成长期，具有良好的市场前景，并代表着产业未来发展的方向。本书使用广义的新兴产业的概念[②]，即新兴产业主要包括现代农业、先进制造业和新兴服务业。其中，现代农业主要是指应用现代科学技术、现代工业提供的生产资料和科学管理方法的社会化大农业，是最新技术发展阶段的农业。先进制造业主要是指以当前与未来领先技术为核心的制造业，主要包括战略性新兴产业和高新技术产业，如节能环保、新一代信息技术、生物、高端智能装备制造、新能源、新材料、新能源汽车等产业，以及光机电一体化、航空航天、核应用及地球、空间、海洋工程等技术领域新兴产业。新兴服务业是伴随着社会分工的细化和消费需求升级而新形成的服务行业，以及用现代新技术、新业态和新的服务方式改造提升传统服务业而产生的服务业，主要是指互联网、科技服务、现代金融、电子商务、文化创意、现代物流、总部经济、信息服务等消费与生产服务业领域的新兴服务业。

（三）新兴产业与传统产业是相对的，又是关联的

经济与产业发展的不同阶段、技术进步的不同阶段，新兴产业与传统产业的内涵是不同的，钢铁、汽车、造船、纺织等产业曾经都是新兴产业，而在今天已经成为传统产业。今天的智能装备产业、数据分析产业、互联网平台产业等的确是全新的产业，正在快速成长与发展，并且影响着其他新兴与传统产业的转型升级。传统产业与新兴产业都是现行产业体系的组成部分，相互之间依然有密切的技术经济联系，并不完全割裂。正因如此，可以观察到的是在市场机制作用下，新兴产业的知识与技术会溢出至传统产业，改造乃至淘汰过时落后的传统产业，从而使产业体系得以转型升级，成为新型的体系。然而，新兴产业是如何从一个传统产业占绝对比重的产业体系中脱颖而出发展起来，成为未来经济发展的新动力、新增长点？这才是应该特别关注的重点，也是现代产业体系构建的关键。

三、我国现行产业体系的挑战

在全球资源价格上升、汇率波动、贸易保护主义抬头、智能化、信息化、技术进步快速和劳

---

① 黄南．世界新兴产业发展的一般规律分析[J]．科技与经济，2008(5)：31－34．

② 芮明杰，王小沙．中国产业发展年度分析报告[M]．上海：上海财经大学出版社 2015 年版．

动力成本加大等因素的影响下，中国经济与产业体系面临严重挑战，我国现行产业体系运行困难，低端产业产能严重过剩，高端产业核心技术缺乏，迫切需要转型调整。同时，新技术革命正在全球发生，按照德国“工业 4.0”的说法，人类社会即将迎来的恰恰是以信息物联系统为代表的新产业革命。在这样的背景下，要求我们重新思考过去 40 年的发展，深刻规划未来如何科学发展。因此，研究符合我国现在与未来需要的现代产业体系及其发展模式和相应的政策支持体系，是奠定中国未来经济社会可持续科学发展的关键之一，也是谋求中国经济在未来有国际竞争力的关键所在，意义十分重大。

(一)现行产业体系的运行逻辑

在全球价值链(GVC)分工条件下①，以跨国公司为代表的主导企业，一方面通过工序的分解将低附加值的环节转移到有比较优势的国家和地区生产，降低成本；另一方面，通过专利池、战略隔绝、品牌强化和零售市场并购等多种手段来提高设计、研发和营销等高附加值环节的进入壁垒，阻碍发展中国家企业进行功能升级和产业链、价值链的升级，这正是发展中国家企业融入全球分工体系后陷入“悲惨增长”的根源。② 近年来，随着中国经济发展水平的提高，工资成本、环境成本等已经大规模上升，中国的劳动密集型产业不得不面对来自低收入国家的挑战，而在产业升级发展高技术的新兴产业过程中又会遭遇发达国家的“阻击”。这就是我国目前产业体系遇到的最大困难，也是目前供给侧结构改革的关键所在。如果我们无法跨越这些挑战，我国的发展就会陷入比较优势的“断档”期，陷入所谓的“中等收入陷阱”，从而引发中长期经济衰退。③ 我国现行产业体系运行的系统动力学模型如图 7－1 所示，资源、环境、劳动力成本的上升，使原本建立在自然禀赋基础上的以价值链低端为主的生产加工竞争力减弱，最终使得原来的正向增强的反馈环无法进行下去，这就是我国现行产业体系的运行逻辑。

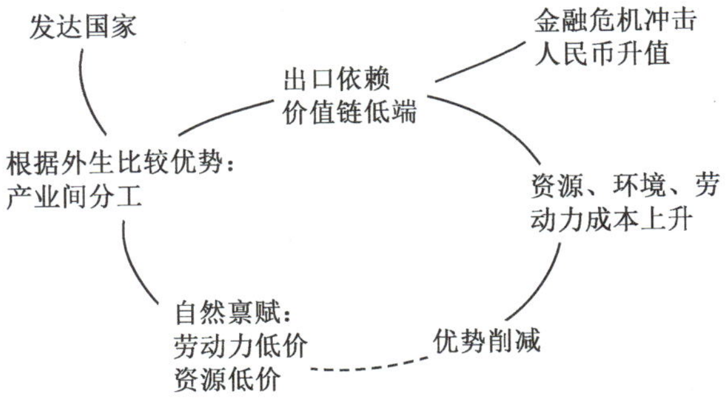

图 7－1 现行产业体系运行的系统动力学模型

(二)现行产业体系的效率挑战

进一步分析研究现行产业体系发展状况，就会发现问题和挑战有很多，例如从产业体系生产效率来看，2018 年我国制造业全员劳动生产率约为 2.8 万美元，是美国的 19.3%、日本的

---

① Gereffi, Gary. Development models and industrial upgrading in China and Mexico[J]. European Sociological Review. 2009, 25(1): 37－51.

② 卓越，张珉．全球价值链中的收益分配与“悲惨增长”——基于中国纺织服装业的分析[J]. 中国工业经济，2008(7): 131－140.

③ 张其仔．比较优势的演化与中国产业升级路径的选择[J]. 中国工业经济，2008(9): 58－68.

30.2%、德国的27.8%。也就是说，我国制造业全员劳动生产率与发达国家制造业全员劳动生产率相比差距较大。按照全员劳动生产率的计算公式可以发现，全员劳动生产率低有三个可能：一是技术装备与劳动力技能差导致生产效率低；二是生产的产品附加值低；三是生产效率低，同时产品附加值也低。我国制造业全员劳动生产率比较低，总体来看属于第三种情况，就是技术相对落后、个人技能不高、生产的产品低端、附加价值低。从全要素生产率状况来看，有证据表明，我国产业现在的全要素生产率水平相当于美国的43%。2010年以前，我国全要素生产率增长率大约每年平均4.4%，情况较好，然而从2010年到2019年，其增长率已经降到年均2.1%，说明最近10年我国全要素生产率增长速度大幅度放慢，其中就是制造业的技术进步贡献放慢了、配置效率对经济增长的贡献下降了。这是一个值得重视的问题。

从产业体系竞争力来看，我们传统制造业产品虽然在全球市场上受到欢迎，竞争力较高，但总体而言产品附加价值不高，属于中低端产品，并且正在面临劳动力成本上升导致收益下降，同时还面临其他发展中国家（如一些东南亚国家）激烈的市场竞争。而正在大力发展的新兴高科技产业，其发展速度虽然很快，但目前整体国际竞争力不高，因为这些产业在我国是刚开始成长的幼稚产业，正在发展中，尚有许多技术短板约束了竞争力的提高，如半导体芯片产业、新材料产业、商用大飞机制造业等。这些产业恰恰是发达国家的优势产业，于是为了维持他们自己的利益，必然会对我国相应产业进行打压"卡脖子"。另外，全球科学技术进步加快，智能化、数字化、创新速度加快、人才稀缺等也给我国新兴高技术产业发展带来新的挑战。虽然可以自主创新解决"卡脖子"问题，但需要大量投入、需要时间，还需要有技术创新人才，在短期内必然造成我国现行产业体系运行困难。

现行产业体系的发展状况表明，只有直面技术进步和全球竞争，重新思考过去40年产业体系发展经验，深刻规划建设符合我国现在与未来高质量发展需要的现代产业体系，才是奠定中国未来经济社会新发展格局的基础，也是谋求中国现代产业体系在未来有国际竞争力的关键所在，意义十分重大。

专栏7-1

第二节 产业体系动态演化

中国现行的产业体系在发达国家主导的全球产业分工格局中，处于价值链的低端，中国正在承受着普莱维什（R. Prebish）所说的外围国家的成长烦恼——有规模扩大、无收益增长的情况。因此，亟须借助新一轮工业革命与技术进步的历史机遇，建立面向未来在全球产业经济中有持续竞争力的新型现代产业体系，改变中国现在与未来在全球产业分工格局中的地位。

一、产业体系的三个列阵

从上文可知，一个国家现行产业体系实际上可以分为两部分：一部分是适应消费新需求和新技术进步的发展势头迅猛的新型产业；另一部分是现有的已经是发展成熟的产业，前者称为新兴产业，后者称为传统产业。当一个国家的产业体系中新型产业逐步发展成为国民经济的支柱、成为国民经济发展的主要力量时，就可以把产业体系认定为新型的现代体系，否则还是传统体系,需要进一步调整转型,需要创新驱动。

从现行产业体系转型升级为现代产业体系来看,有三个方面内容需要关注:一是对现行产业体系中部分传统产业进行数字化、智能化等高技术改造转型升级,以适应国民经济新发展格局和现代化产业体系建设目标的要求;二是对时下国内已经或正在发展的新兴高技术产业进行产业链、价值链和供应链完善,解决"卡脖子"技术难关,加大产品创新力度,不断提高全球竞争力;三是对目前刚处于技术萌芽状态,要在未来若干年后才有可能成熟的前瞻产业进行布局与扶植,争取率先取得全球领先地位。以上三部分建设内容其实都很重要,第一部分内容是对现行传统产业的更新改造转型升级;第二部分内容是加快发展时下新兴产业,使之成为国民经济的主导力量和具有国际竞争优势的产业;第三部分内容是考虑未来产业的布局,这是考虑产业体系未来发展的问题,只是未来产业的不确定性很大,需要中长期谋划。这三部分内容也可以看做面向未来产业体系演化发展的三个列阵。显然,这三个列阵在国民经济中比重的变化,就是产业体系动态变化的一种表现,其背后实为技术创新、产业创新、劳动力素质提高、资源配置效率提高等诸多因素综合作用的结果,也是市场竞争和价格机制作用的结果。

从我国现有的科学技术突破来看,未来前瞻产业的布局对我国现代化产业体系早日建成更为重要。未来产业是指未来相当长时间(15～30 年)中形成的新兴产业。未来产业是面向未来人类社会美好需求的、由未来突破性关键技术驱动的、未来可能会发展成战略性和前瞻性的新产业。它代表未来科技和产业发展的新方向,对人类经济社会可持续发展具有促进和引领作用。《中华人民共和国国民经济和社会发展第十四个五年规划和 2035 年远景目标纲要》中特别提出,要前瞻谋划未来产业,"在类脑智能、量子信息、基因技术、未来网络、深海空天开发、氢能与储能等前沿科技和产业变革领域,组织实施未来产业孵化与加速计划,谋划布局一批未来产业"。这样的未来产业将来应该是我国现代化产业体系和未来国民经济中的核心部分,是我国目前发展的战略性新兴产业阵列之后的面向未来的中长期发展新产业群。也就是说,今天布局的未来产业应该是未来 15～20 年之后替代今天的战略性新兴产业,成为那个时代的战略新产业群,在那个时代引领国民经济、产业体系发展,为当时消费者提供高质量高品质的产品与服务,同时在那时全球市场上具有强大的竞争力,成为全球产业发展的领先产业。

在建设现代化产业体系的三部分内容过程中,所有企业都是最重要的建设主体。因为现行的大企业或中小企业一定是在一个或多个产业中发展的,这些企业本身的状况很大程度上决定了其所在产业的生产、产品、技术、研发等方面的状况,即决定了这些产业的发展质量。因此,如果现行的企业无论是产业领军大企业还是广大相关的中小企业,能够顺应技术进步趋势,顺应市场需求变化,抓住机遇突破创新,不断提高自己的竞争力,就会导致它们所在的产业发生变化,实现产业的转型升级,推动产业高质量发展,最终能够在国际国内市场竞争中脱颖而出,这样才能够对建设具有全球领先竞争力的现代化产业体系做出贡献。

二、决定产业体系动态演化的因素

显然,产业体系的动态演化方向是适合国情的具有动态比较优势支持的国际领先有国际竞争力的现代产业体系。导致产业体系动态演化,最主要是其内生因素集聚形成的动力机制,但也离不开产业体系外生因素的影响,如市场需求、科学技术、社会制度环境,甚至是自然生态要求等。影响产业体系构建与发展的因素很多,除了消费需求新变化、科技进步两个重要因素之外，还有诸如产业发展的要素基础、生态环境、人口结构、政府政策、世界经济等，都是影响产业体系发展演化的重要因素，而且还会交叉影响。然而，目前在所有影响因素中，消费需求变化和科学技术进步是两个最重要因素。

(一)科学技术正在酝酿重大突破

人类历史上每一次重大技术变革与创新必然导致产业的创新发展，甚至导致所谓的工业革命。今天这些技术又可归为两大类：基础产业类新技术和智能制造新技术。这些技术变革及其将来发展的趋势将决定新型工业化的走向，也是决定我国产业体系转型升级与发展的关键要素之一。

1. 基础产业类新技术构成了现代产业体系的技术装备与产品基础

主要包括：(1)互联网与物联网信息技术。传统的认识中，互联网信息技术仅仅是人与人沟通的工具。随着互联、数字、智能化的融合，智能工厂将孕育而出，成为新工业革命的发展方向，而其核心正是互联网信息技术。互联网信息技术下的物联网、WiFi 技术、云计算技术打破了人指挥机器的传统模式，让机器学会学习、学会交流、学会自主变化，人只要提要求，机器就能自己完成制造。(2)信息、大数据分析技术及其影响。工业生产中形成的大数据成为工业大数据，它是由一个或多个产品制造流程或者一个工业体系生产过程中带出的数据。工业大数据分析研究以及应用可以给产品带来更高的价值，每一个产品的生产过程的信息最后都能回馈至生产者手中，从而反过来影响之后的生产者决策与行为，也能提前为生产者应对突发情况做出提示，使得生产过程不断优化迭代。工业大数据的采集分析系统是成为新一代智能制造装备或工厂的核心部分。(3)新能源技术及其影响。目前的经济与社会发展模式、人们的生产方式与生活消费方式基本依赖于化石能源的生产与使用，然而化石能源使用后对环境的污染已经相当严重，人们开始用以太阳能、风能技术、海洋能技术、核能技术为代表的清洁新能源来替代原有化石能源。新能源技术的发展给人类生产与生活方式的改变带来了巨大的冲击，新能源生产、新能源汽车、新能源住房等领域都在深化发展，并且正成为主流的工业品与消费品。(4)新材料技术及其影响。新一代材料诸如碳纳米管、陶瓷基纳米复合材料和新型碳纤维等，会使未来的产品比现有制成品更硬、更轻、更节能、更耐用。例如，高分子材料与新型制造技术的结合将可以在原子精确度的条件下操控分子，形成前所未有的新材料。未来许多物质可以轻易地被准确操作，进而改变其物理特性以及化学特性，由此带来全新产品与新型产业发展。基础产业技术的革新改变了制造的方式，由人指挥机器向机器提出要求，变为机器智能自行生产转变，使得产品的制造更简单、更高效、更个性化。

2. 形成智能生产服务系统的核心技术

主要包括：(1)人工智能制造装备技术。人工智能制造装备是实现定制化生产的基础“工人”。目前，智能制造装备的前沿是 3D 打印装备和高端智能制造机床。以 3D 打印为例，产品是根据在三维产品模型进行连续中融化材料叠加制成的，称为增材制造。生产这些产品使用的是动力金属、塑料液滴和其他材料——是新材料类似于激光打印机的色粉盒。这一技术可在不使用任何工具或固定装置的情况下制造消费者个性化需要的物品，同时在制造过程中不会产生任何废料，也不会因为产品复杂而产生额外费用。高端智能制造机床实际上是一个超级一体化智能制造中心，它甚至可以成为一个智慧全自动制造工厂。(2)嵌入式电子、智能系统与软件控制。智能化生产系统和过程，以及网络分布式生产设施的实现，需要嵌入式电子、智能系统与软件控制的帮助。它们是智能制造装备的“指挥”。未来,各个工厂将具备统一的装备、电器和通信标准。以物联网和服务互联网为基础,配备感测器、无线和RFID通信技术的智能制造设备可以对生产过程进行智能化生产与监控。由此,智能工厂能够自行运转,且工厂间零件与机器可以相互交换信息,修正各自行为保持高度匹配,同时可以结合大数据技术,对正在进行的生产与调整做出有效的提示。(3)智能定制生产与在线控制体系。智能定制生产体系需要操作系统,这就是与通过基础设施如互联网技术,大数据技术等综合而成的软件控制系统。这个系统是智能制造设备运行的前提,也是运行质量的“监控者”。操作系统是软件,是智能工厂、智能装备、智能生产的核心,决定了生产的效率与生产的安全性。操作系统需要根据每个在制产品承载的整个供应链和生命周期中所需的各种信息,对其进行生产加工与服务的自组织优化调整,使所生产的产品本身是智能产品,也是消费者个性化需要的产品或服务。此外,这个系统还能够辅助操作步骤与监测周围环境,实现生产的自我调整、透明化生产和个性化制造。(4)资源与产品、服务配送技术与系统未来。“配送系统”将与定位技术结合得更加紧密,实现资源与产品服务的运转监管,进而实现零库存,以及实时响应的供应链系统。这一系统是物联网的进一步运用,可以帮助监控实物的具体数据、运输的具体位置,实现实时生产、智慧快速送达的目标。与之对应,未来的交通系统也会受其影响,产生相应的革新。

以上所列举的一些新技术、新方式现在与未来的发展变化,必定会对时下与未来全球产业分工、产业发展与新型产业体系形成产生的重大影响,必须关注并深刻研究。

(二)人们美好生活需要的现在与未来变化

任何在人类社会发展中获得成功的新技术、新业态、新模式都是对人类现在或未来需求的满足。以生产与管理等诸多方面技术与方法支持的产业体系实为满足消费者需求的生产服务体系,需求与供给应相互关联,今天正在发展创新的新技术新模式,实为消费者现在与未来的需求变化和消费习惯变化所准备的。消费者的消费需求与消费习惯今天与未来的可能变化正在引导技术的进步、引导方法与模式的创新,进而成为推动产业体系的动态演化的最重要的影响变量。

随着人类知识的增加、人均收入的提高,以及人类对新生活方式、幸福生活的追求,人类的消费需求、消费理念、消费习惯正在发生巨大的变化。这些变化有三个重要的方面:消费需求的个性化、集成化与便利化。

1. 消费需求的个性化

个性化是指消费者按照自己的需求与消费偏好,消费仅仅为自己定制的产品与服务。个性化消费是人们最终最高的追求,也是幸福与满意的最高级阶段。迄今为止的人类生产方式与技术仅仅是尽可能满足大众化一般的需求,至于个性化,那是非常奢侈的个例。然而,如今由于互联网与智能生产服务系统的技术发展,海量消费者的不同需求数据能够被快速地收集与处理,进而由云计算进行数据处理,然后由智能生产服务系统完成快速的个性化生产。目前,符合个性化需要的大规模定制生产在技术上已经成为可能,部分已经成为现实。

2. 消费需求的集成化

集成化是指对消费者服务需求一揽子要求的满足。目前,生产与服务分工日益深化,各类企业提供专业化的产品与服务,效率提高了,但对消费者的需求而言可能需要多个企业多方面提供才有可能,结果使消费者感到不方便和麻烦。消费者越来越希望能够提供系统的一揽子消费品或服务。正是有如此需求，随着信息技术、数据分析技术的发展，为消费者的服务分工已经多方面趋向融合，越来越倾向于集成。

3. 消费需求的便利化

便利化是指消费者总是追求经济且有效率方便的消费方式。应该说，由于信息技术与智能互联服务系统等技术的进步，企业一方面能够便捷地获取消费者想要的商品与服务信息，另一方面也可以或是快速直接为消费者提供他们所需要的商品和服务。消费便利化在今天已经有了长足的发展，未来还可以进一步期待。

(三)新技术发展与消费需求变化的综合影响

新技术发展与消费需求变化导致新技术发展与革命有以下几个方面本质变化，将综合影响产业体系的发展方向。

1. 生产方式的变革

以“工业 4.0”为核心的新技术革命导致新的生产方式的产生，即“以互联网为支撑的智能化大规模定制生产方式”。这一生产方式本质上是创造一种为消费者个性化消费生产服务且可以大规模进行的全新模式，现在的生产方式是机器生产机器的大规模标准化生产，它已经不能适应新的消费者的上述消费新变化。相比大规模、大批量、标准化的生产方式，新的生产方式有诸多优势：(1)生产效率高，资源节约，如智能生产在原材料使用仅为传统生产方式的三分之一，能源消耗也可以大幅度降低；(2)总成本降低，表现在新型智能生产成本、利用互联网信息沟通、交易成本低和定制无库存成本等诸多方面；(3)由于个性化产品与服务的供给，提高了消费者的幸福感与满意度。

2. 生产组织方式的变革

现行产业体系的生产组织方式为“集中生产、全球分销”。例如，制造业生产是先买一块地盖厂房，然后让全世界原料送进来，生产产品后再运到全世界销售。这种生产方式往往导致大量的运输成本以及较高的信息搜寻与交易成本，这一生产过程中不少资源被耗损浪费。在“工业 4.0”条件下，基于新的智能系统，在线控制体系，产品不再需要集中生产以追求大规模流水线生产所带来的平均成本降低，也不需要依靠全球性的分销系统追求最大化利益，而是依靠新的智能生产服务系统为满足消费者的个性需求，进行“分散生产、就地销售”。原材料与产出品的物流方式也不需要集中的、大批量的运送，而是“分散取送、网格配置”。

3. 社会组织方式的变革

生产方式变化必然导致人们的工作方式变化，未来人们的工作方式与应该履行的职责等都可以通过互联网与云计算在任意地点完成。人们可以分散工作地点与时间，社会交流也更加自由，根据兴趣导向，组建虚拟社团。在这种工作方式下，道路交通，能源消耗都得到了节约，人们没有必要集中到城市生活，而是“偏好使然、分散居住、就地工作”。这种变化就是一种社会组织方式的变化。

三、产业体系演化方向：现代产业体系

(一)现代产业体系构建的目标模式

现代产业体系的现代是一个动态的与时俱进的概念，但一定带有这个国家或地区先天的自然资源禀赋或后天的知识技术资源、产业存量、发展路径、社会文化、生态环境等方面的烙

印。为此,中国现代化产业体系的建设目标应该是面向未来的带有中国社会制度文化、自然资源禀赋、人力资源、产业存量、知识技术资源、消费倾向、生态环境等特色的,基于新的比较优势基础的,可持续科学发展的先进的具有国际竞争力的新型产业体系。这样的产业体系具有资源节约、低碳绿色、自我创新发展、智能数字技术复合、产业价值链优化、空间布局合理、内外向结合、开放先进等特征。

中国新型产业体系的目标模式为:该产业体系的主导生产方式为以互联网为支撑的智能化大规模定制生产方式;该产业体系的主导生产组织是统一市场条件下的"平台+分散生产+就地服务"的模式;该产业体系是从目前与发达国家的垂直分工转变为水平分工,即由外生比较优势决定的产业间分工,转变为规模定制主导下的产业内分工;该产业体系的基本生产系统为智能互联生产服务一体化系统,包含了智能工厂与智能产品部分;该产业体系运行依赖的核心要素禀赋为人力资本、知识信息、数据;该产业体系与生态自然环境和谐相处,是绿色生产、绿色使用和资源节约的体系。①

实现这个建设目标至少包括三个环节:(1)通过知识和经验的积累,实现我国产业高质量发展依赖的禀赋升级,即从劳动力为主的禀赋升级为知识和智力资本为核心的要素禀赋,这是改变国际分工格局的关键,也是我国新兴高技术产业发展并且在全球有竞争力的关键。(2)抓住新工业革命与技术重大进步的历史机遇,通过科技创新与产业创新培育有全球竞争力的产品服务、生产体系、新型产业,同时基于创新造成生产率提高的内生比较优势,能够随着技术与知识的逐步发展而不断演进,形成持续竞争优势。(3)进一步深化体制改革扩大开放,创造良好的创新创业制度环境,建立良好的市场体系,发挥市场配置资源的决定性作用,激发产业体系主体企业高质量发展的积极性,最终建立一个体系开放、结构合理、布局优化、具有内生创新动力、不断动态演化的中国现代化产业体系。

建设现代产业体系建设需要对现行产业体系进行大规模的转型升级,这不是一个容易的过程,现行产业体系中几乎所有的产业需要改造、需要技术进步、需要实现数字化转型,还需要加快发展当今世界发达国家暂时领先的新兴高技术产业,甚至还要超前布局未来能够领先的产业,并能够使之成为现代产业体系的核心组成部分。原因在于:第一,随着人民收入水平不断提高,由此对未来美好生活的需要不断增强,产生对现行产业的产出供给品有更高的要求,于是现行传统产业必须进行转型提高。例如,现行的纺织服装产业、食品产业、种植业、建筑业、玩具业、零售业、交通运输业和能源产业等在现代产业体系中依然会有一席之地,但一定要经过不断地技术进步转型升级之后。第二,全球的技术进步速度加快,新兴高技术产业全球竞争激烈,我国需要大力发展新兴高技术产业并跟上全球新兴产业发展的步伐,谋求提升我们的新兴高技术产业逐步获得国际竞争优势。例如,需要大力发展半导体芯片制造业、软件产业、人工智能应用产业、数据分析产业、医疗设备产业、飞机引擎制造产业和新型材料产业等,使之成为现代产业体系中的核心部分。第三,在科学技术上超前投入,尤其是在基础研究上加大投入,进行科学发现、技术发明和产品创新,布局未来能够领先于世界的科学技术与未来产业,使之成为现代产业体系中的前瞻组成部分。如今竞争未来已经是各国的长期战略,他们都在为之努力并加大投入,我国也不可掉以轻心。

---

① 芮明杰. 中国新型产业体系构建与发展研究[M]. 上海:上海财经大学出版社 2017 年版.

（二）现代产业体系的特征

现代产业体系是一个动态的与时俱进的概念，现代产业体系是指当代领先的具有竞争优势的又面向未来发展趋势的产业体系，对我国而言也可以称为新型产业体系。这样的产业体系一定带有这个国家或地区的先天的自然资源禀赋或后天的知识技术资源、产业存量、发展路径、社会文化、生态环境等方面的烙印，具有强大的国际竞争力。建设中的现代产业体系有五大本质特征：

第一，现代产业体系是低碳、环保、智能化、互联网化的投入产出体系，是互联网、大数据、智能技术与实体产业的融合，并以互联网为基础的大规模智能化定制生产方式为主导的体系。现代产业体系是与环境友好的、与城市发展相互依赖的，是以低碳、环保为特征的体系；同时，随着全球化与信息化的快速发展，互联网、人工智能、数据分析等已成为现代产业体系的基础性产业，渗透到各个产业，同时生产方式需要及时的信息交流、处理与沟通，包括人与人、人与机器、机器与机器之间的信息交流和沟通，从而支持大规模定制化的生产模式。

第二，现代产业体系是实现全球资源有效配置的体系。现代产业体系是高度开放的产业体系，产业体系能够进行全球资源配置，这个资源包括资本、服务、创新、信息、文化等方面。现代产业体系中的部分核心产业在全球分工条件下，具有产业链、价值链的控制力，创新能力强、附加价值高；具备关键环节的核心竞争力，能够作为“链主”掌握产业链，成为全球产业领先标识。

第三，现代产业体系是新型的产业跨界融合的体系，是智能制造与智慧服务融合为一体的体系，形成不同于现行产业体系的结构。现代产业体系的结构是数字基础上的制造业服务化、服务业制造化的智能融合结构，是各类纵向产业链或价值链与各类横向产业链或价值链交织而成的网络状结构，其中心节点是各类互联网多边平台。

第四，现代产业体系的产业组织体系是形成以各类平台为基础的产业生态圈、大企业主导的生产服务协作网络，以及中小企业组织群等有序有效组织体系。根据现代产业协同发展、企业合作竞争的发展趋势，现代产业体系的微观基础就是核心产业组成的产业群、产业生态圈、生态体系。围绕这些核心产业的领军企业形成了一系列中小企业协作网络，网络开放分工合作，投入产出效率高，能实现较高的社会资源配置效率。

第五，现代产业体系是动态演进的产业体系，动态演进的核心是强大的技术进步与产业创新能力，动态演进的结果就是产业体系不断自我更新、不断进行技术进步与新兴产业的诞生与发展，具备现代领先技术的各类产业生产服务体系。因此，现代产业体系应该是全球创新与高技术产业发展高地，在技术进步、产业创新方面与时俱进，同时拥有完整、高效率技术进步与产业创新的服务体系。

（三）建立现代产业体系的核心：建立新比较优势

现行的产业体系静态看，是指当前一国产业发展及其之间的联系；动态看，是指其供给运行的状态。现代产业体系的现代是一个动态的与时俱进的概念，现代产业体系是指具有竞争优势的、当代领先的，同时面向未来技术发展趋势与消费趋势的产业及其产业间的新型构成系统。显然，现代产业体系既与本国先天的要素禀赋带来的路径依赖有关，也与后天要素禀赋升级和专业化分工产生的动态比较优势形成有关。

要素禀赋的差异决定了不同生产部门的贸易，而专业化分工决定相同生产部门的不同产品之间的贸易，发达国家与发展中国家的贸易主要由要素禀赋的差异所决定。由于发展中国家依赖于初级的资源禀赋，所以只能生产劳动密集型与初级加工产业生产技术要求低的初级产品，初级产品在国际市场上接近于完全竞争，没有产品的定价权，附加价值很低；而发达国家则依赖于高级的资源禀赋，进入高技术产业生产附加价值高的产品与服务，这些高附加值产品的市场结构一般是垄断竞争或者寡头垄断，直接掌控产品与服务定价权。这样的状况造成了发达国家与发展中国家之间的贸易价格存在"剪刀差"，贸易的比较利益更多地被发达国家占有。随着国际贸易中初级产品和工业制成品交换的贸易条件日益恶化，发展中国家最终会掉入"后发优势陷阱"。①

不过，初级的要素禀赋并不必然决定该国的竞争优势，因为要素禀赋是动态变化的，也是可以升级的。迈克尔·波特把生产要素分为基本要素（basic factors）和高级要素（advanced factors）两类。② 基本要素包括自然资源、气候、地理位置、非熟练劳动力、债务资本等一国先天拥有或不需要太大代价便能得到的要素；高级要素包括现代化电信网络、高科技人才、高精尖技术等需要通过长期投资和后天开发才能创造出来的要素。既然基本要素禀赋的劣势可以通过战略和技术发明予以改变，那么产业分工格局就不是完全被动的。

我国现行产业体系虽然已经加入了全球产业分工体系，但所依赖的是初级的要素禀赋，近年来，随着劳动力收入水平的提高以及土地等其他生产要素价格的上升，产业体系的供给问题日趋严重，实体企业状况日趋困难。我国面向未来的战略新型产业这些年也有所发展，但由于要素禀赋升级的困难，战略性新兴产业发展依然比较多的是在这些产业的价值链低端发展。从发达国家的经验来看，面向未来竞争优势的现代产业体系的构建必须进行要素禀赋的升级，这就是所谓的高级要素禀赋。高级要素禀赋的核心是高端的人力资本，或称为智力资本的要素，它是我国现代产业体系拥有的新比较优势核心。

第三节 产业分类

产业体系是由众多产业构成的体系，对产业体系内所有产业进行一定的分类，其目的有三：(1)可以对产业体系内不同类别产业发展规律、互相之间的关联关系以及这些投入产出技术经济关联关系的动态变化进行分析研究，进而发现产业体系内产业变化发展如何最终影响产业体系转型升级，以及对国民经济增长的影响。(2)便于建立统一的产业发展统计体系，从而可以对全球范围内各国和独立经济体产业发展状况进行统计与比较分析，进而发现各自产业发展中的不同，以及可能的不同原因和问题。(3)因为产业分类是科学地进行产业研究的前提条件，所以产业分类可以形成多层次、多类型的产业概念和产业关联结构，从而为建立产业结构概念和进行产业结构研究奠定基础。基于上述目的，于是就有了便于统计比较的标准产业分类，也有了人们为了满足不同需要而根据产业的某些相同或相似特征将产业分成不同的集合。例如，可以基于产业研究和分析的目的不同，将产业体系分为不同的类别，以便开展特

① 洪银兴．从比较优势到竞争优势——兼论国际贸易的比较利益理论的缺陷[J]．经济研究，1997(6)：20—26.

② Porter，Michael E. The competitive advonioge of notions[J]. Harvard Business Review，1990(73)：91.

别的研究。由于产业分类标准是根据产业研究和分析的目的而定的，因此，形成了多种多样的标准。不同的产业分类标准会形成不同的产业分类方法，具体的运用如表7—1所示。

表7—1　　产业分类标准与产业分类方法

产业分类标准	产业分类方法
产品的最终用途不同	马克思两大部类分类法
物质生产特点不同	农、轻、重产业分类法
产业发展层次顺序及其与自然界关系不同	三次产业分类法
工业生产的特点不同	霍夫曼产业分类法
生产要素集约程度不同	生产要素集约分类法
统计标准	标准产业分类法

一、马克思两大部类分类法

这是以产品的最终用途不同作为分类标准的分类方法。马克思通过对社会再生产过程进行剖析，揭示了资本主义生产的本质和剩余价值产生的秘密。马克思在分析社会资本简单再生产和扩大再生产的实现条件时，根据产品再生产过程中的不同作用，在实物形成上将产业体系生产的社会总产品分为两类：生产资料与消费资料。马克思将生产生产资料的部门称为第Ⅰ部类产业，将生产消费资料的部门称为第Ⅱ部类产业；在价值形成上，将社会总产品分为不变资本C、可变资本V和剩余价值M三大部分。

马克思的两大部类产业分类法揭示了社会再生产顺利进行时两大部类产业间的实物和价值构成的比例平衡关系，得到一个重要结论：即社会扩大再生产得以延续成功，在于生产资料生产必须优先增长。这个重要结论长期以来影响着许多国家的工业化进程，成为重要的产业发展规律之一。它不仅是研究资本主义社会再生产过程的理论基础，也是产业结构理论的基本来源之一，它对于研究资本主义再生产关系和指导社会主义经济实践具有重要的理论意义。马克思关于两大部类产业的分类方法对于研究现代市场经济条件下如何通过政府宏观调节来正确处理两大部类之间的关系，如何实现社会再生产的总量平衡和结构平衡，以保持国民经济持续、快速、健康发展具有重要的现实意义。

马克思的两大部类生产分类在现时的产业结构实际分析应用中也存在着一些局限性，主要表现为：(1)它没有涵盖所有产业，不利于对产业体系的全面分析。这种分类法只包括物质生产部门，非物质生产部门如商业、运输等均没有包括在内。这样，运用两大部类分类法来分析产业体系与产业结构问题就很不全面。(2)许多商品难以归类，给产业研究工作带来困难。大部分商品具有多种用途，既可用于生产资料的生产，又可用于消费资料的生产。这些商品很难归属到第Ⅰ部类或第Ⅱ部类，所以两大部类分类法难以直接应用于实际工作中，否则会导致产品划分界限的困难，或者出现产品划分范围上的重复问题。(3)这种分类方法不够细化，不能深入地分析产业结构变化对经济增长的影响。影响经济增长的结构因素非常繁杂，只研究两大部类的结构变化无法从深层次揭示经济发展的内在规律性，不能达到产业结构研究的预期目的。

二、农、轻、重产业分类法

这是以物质生产的不同特点为标准的分类方法。这里所讲的生产特点，主要是指劳动对象、劳动资料、生产过程、加工方式和劳动产品的不同。农、轻、重产业分类法主要是将经济活动中的物质生产部门分成农业、轻工业、重工业三大产业。农、轻、重产业分类法的应用实践表明，这种分类方法具有直观、简便、易行的特点。它在研究和安排工业化发展进程中具有很大的实用价值，如重化工业化进程。

农、轻、重产业分类法来源于苏联，在社会主义国家曾被广泛应用。在新中国成立后至改革开放前的相当长的一段时期内，我国曾长期使用该方法来制定国民经济发展规划。目前，农、轻、重产业分类法不仅为社会主义国家所应用，而且也被一些实行其他经济体制的国家和世界组织所采用。如联合国工业发展组织(简称"工发组织")认为"按轻、重工业来考察制造业产值，有助于说明制造业各部门的发展情况"①，并在其研究报告中采用农、轻、重产业分类法。

另外，这一分类方法也是马克思两大部类分类理论在实际工作中的应用，是两大部类的改进和提高，比两大部类分类法的应用更加广泛。尽管如此，这一分类方法仍然存在着一些局限性：(1)它仍然是针对物质生产领域的，没有涵盖非物质生产部门，不利于对产业结构问题进行比较全面系统的研究。(2)随着科学技术的快速发展，传统的农、轻、重界限越来越模糊，相当多的产业特别是新兴产业难以归类到哪一部门。(3)农、轻、重产业分类法也不够细分，一方面很难从深层次揭示农、轻、重结构变化对经济发展的影响；另一方面也难以对统计结果进行比较，这些都给产业经济的分析和研究工作带来了困难。为此，这种分类方法只适用于工业化程度较低的发展阶段，而不适用于工业化程度较高的发展阶段。随着产业体系与结构的不断高度化，农、轻、重产业分类法在实际中的应用将越来越少。

三、三次产业分类法

这是以产业发展的层次顺序及其与自然界的关系作为标准的分类方法。三次产业分类法就是把全部的经济活动划分为第一次产业、第二次产业和第三次产业。三次产业分类是根据社会生产活动历史发展的顺序对产业结构的划分，产品直接取自自然界的部门称为第一次产业，对取自自然的产品进行再加工的部门称为第二次产业，衍生于前者之上并为生产和消费提供各种服务的部门称为第三次产业。它是世界上通用的产业结构分类，但是各国的划分不尽一致。三次产业分类是西方产业理论中关于产业分类的最重要的分类法之一。澳大利亚经济学家费歇尔是三次产业分类法的创始人，英国经济学家、统计学家克拉克在继承费歇尔的研究成果的基础上，使三次产业分类法得到广泛普及。当 1971 年诺贝尔经济学奖获得者库兹涅茨运用这一方法系统研究和揭示三次产业在国民经济中的变化规律之后，三次产业分类法逐渐为各国所接受，并成为世界通用的统计方法。

费歇尔在 1935 年所著的《安全与进步的冲突》②一书中，系统地提出了三次产业的分类方法和分类依据。费歇尔认为，与人类经济活动的发展阶段相对应，可以将人类经济活动的发展

① 联合国工业发展组织. 世界各国工业化概况和趋向[M]. 北京：中国对外翻译出版公司 1980 年版，第 81 页.

② Fisher, Allan George Barnard. Clash of progress and security[M]. 1935.

划分为三个阶段：在第一阶段即初级生产阶段，人类的主要生产活动是农业和畜牧业；第二阶段开始于英国工业革命（18 世纪 60 年代开始的第一次产业革命），以机器大工业的迅速发展为标志，纺织、钢铁及机器等制造业迅速崛起和发展；第三阶段开始于 20 世纪初，大量的资本和劳动力流入非物质生产部门，包括商业、旅游、运输、贸易、娱乐、文化艺术、教育、科研、保健和政府的活动。在此，费歇尔将处于第一发展阶段的产业称为第一次产业，处于第二发展阶段的产业称为第二次产业，处于第三发展阶段的产业称为第三次产业。

三次产业分类法是一种有效的产业经济分析方法，它之所以闻名于世并被许多国家广泛采用，并非因为这种分类方法本身的科学性，而是因为克拉克和库兹涅茨等经济学家运用它来解释经济发展的条件和结果。库兹涅茨的分类法表现为，将国民经济活动划分为 A 部门（农业产业）、I 部门（工业产业）和 S 部门（服务产业），简称“AIS 分类法”。其中，A 部门包括农业、林业、狩猎业和渔业；I 部门包括矿业及采掘业、制造业、建筑业、电力、煤气、供水、运输和通信；S 部门包括商业、银行、保险、房地产、住房的所有权、政府及国防、其他服务。库兹涅茨运用三次产业分类法系统研究并揭示了三次产业在国民生产总值中所占份额随经济增长所发生的变化规律，因而使三次产业分类法更具实用性。

从产业经济学的角度来看，从研究伴随着经济发展的资源分配结构的变化趋势来说，三次产业分类法是一种简明的较实用的经济分析工具。但事实上，三次产业分类法本身存在着较大的局限性：（1）有些产业的归类尚存在争议，如第二次产业的采掘业和矿业是直接从自然界获取产品，是直接依赖对自然资源的开发和利用来进行的生产活动，并且在自然资源所在地进行，理应归入第一次产业；第二次产业的煤气、电气、供水等产业归入第二次产业或第三次产业似乎均有道理。（2）第三次产业的内容过于繁杂，难以科学地总结它们的特点和发展规律来为政府制定政策服务。第三次产业的不同行业差别很大，可以包括最简单的修鞋、补衣服到最复杂的航天、科研；可以包括技术要求最为简单的劳动密集型产业到技术要求最为繁杂的高知识密集型产业等。这种传统产业分类法已经很难适应当今经济发展的需要。（3）三次产业分类法试图对“全部经济活动”进行最简明的分类，并把除家庭内部活动以外的一切社会经济活动都视为能够创造国民收入的生产部门，社会再生产过程被描述得过分笼统与简单。

为更好地反映我国三次产业的发展情况，满足国民经济核算、服务业统计及其他统计调查对三次产业划分的需求，2012 年，国家统计局根据国家质检总局和国家标准委颁布的《国民经济行业分类》（GB/T 4754-2011），对 2003 年《三次产业划分规定》进行了修订。对产业体系的产业进行了分类，确定三次产业的范围：第一次产业是指农、林、牧、渔业（不含农、林、牧、渔服务业）；第二次产业是指采矿业（不含开采辅助活动），制造业（不含金属制品、机械和设备修理业），电力、热力、燃气及水生产和供应业，建筑业。第三次产业即服务业，是指除第一次产业、第二次产业以外的其他行业。第三次产业包括：批发和零售业，交通运输、仓储和邮政业，住宿和餐饮业，信息传输、软件和信息技术服务业，金融业，房地产业，租赁和商务服务业，科学研究和技术服务业，水利、环境和公共设施管理业，居民服务、修理和其他服务业，教育，卫生和社会工作，文化、体育和娱乐业，公共管理、社会保障和社会组织，国际组织，以及农、林、牧、渔业中的农、林、牧、渔服务业，采矿业中的开采辅助活动，制造业中的金属制品、机械和设备修理业。随着产业分工深化与技术进步导致新兴产业发展，2018 年，国家统计局根据国家质检总局和国家标准委颁布的新《国民经济行业分类》（GB/T 4754-2017）标准，对《三次产业划分规定

(2012)》中的行业类别进行了一定的对应调整和增减。

四、霍夫曼产业分类法

霍夫曼产业分类法是指由德国经济学家霍夫曼在对工业化进程进行分析和考察时运用的一种分类方法。他出于研究工业化发展阶段的需要把产业分成三类，即消费资料工业、资本资料工业和其他工业。其中，消费资料工业是指居民生活消费品工业，如纺织服装、食品、家具制品、酒业、日用品工业等；资本资料工业包括冶金及金属制品业、一般机械工业、运输机械业、化学工业等；其他工业包括木材加工业、造纸工业、橡胶工业、印刷工业等。霍夫曼运用这种分类方法的目的是分析消费资料工业净产值与资本资料工业净产值的比例（即霍夫曼比例）问题。他按照霍夫曼比例的大小来划分工业化的发展阶段。为了避免某些产品既可以作消费资料又可以作资本资料，他就将产品用途有 75%以上属于资本资料的产业划分为资本资料工业，难以用以上标准划分的产业则被列入其他工业。这一划分法的缺点是，他确定的 75%的划分界限在实际工作中是难以划分和度量的，特别原来是资本资料产业的汽车制造业，后来逐步变为居民家用消费品产业，产业性质变化很大，导致霍夫曼产业分类法有了时代的局限性，因而这一分类方法在特定条件下才有实际应用价值。但这一分类是他关于工业化过程中工业结构演变规律及工业化阶段理论的基础。

五、生产要素集约分类法

这是根据不同的产业在生产过程中对生产要素的需求种类和依赖程度的差异，即以生产要素集约程度的不同作为标准划分产业的一种分类方法。任何人类的经济活动都要投入一定的生产要素，包括土地、资本、劳动、知识等。由于不同种类的产品，其原料构成不同、技术要求不同、特征不同、性能不同，因此其所投入的生产要素的比重也不同。根据所需投入生产要素的不同比重和对不同生产要素的不同依赖程度，可以将全部产业生产部门划分为劳动密集型产业、资本密集型产业、技术密集型产业和知识密集型产业。

生产要素集约分类法的优点为：(1)这一分类法能比较客观地反映一国的经济发展水平。知识密集型产业的比重越大，说明该国的经济发展水平越高；劳动密集型产业的比重越大，说明该国的经济发展水平越低。(2)生产要素分类法也反映了产业体系及其结构的高度化趋势，即劳动密集型产业占主导地位的产业结构向资本密集型产业占主导地位的产业结构过渡，最后过渡到知识密集型产业为主导的产业结构。这有利于一国根据产业结构变化的趋势制定相应的产业发展政策。(3)有利于研究产业之间对生产要素依赖程度的差异，对于求得最佳宏观经济效益和制定经济发展战略具有重要的意义。

但是，生产要素分类法也有它的局限性。它的划分界限比较模糊，也比较容易受主观因素影响。另外，技术进步越快，知识老化也越快。随着知识的老化，原来是知识密集型产业也会变为劳动密集型产业。所以，资源的密集程度是相对的，也是动态变化的。

六、标准产业分类法

标准产业分类法是为统一国民经济统计口径而由政府权威部门制定和颁布的一种产业分类方法。全面的、精确的、统一的产业经济活动统计对经济理论的探讨和整个国民经济问题的研究，对政府制定经济政策和进行国民经济的宏观管理都是十分必要的。国民经济管理的经济统计的基础就是产业分类的标准化，即进行标准产业分类。

国家标准分类法是指一国（或一地）政府为了统一该国（或该地）产业经济研究的统计和分析口径，以便科学地制定产业政策和对国民经济进行宏观管理，并根据该国（或该地）的实际而编制和颁布的划分产业的一种国家标准。这种分类法具有如下一些特征：(1)它是由一国或一地的地方政府或其技术标准管理部门编制和颁布，而不是由个人或产业研究机构自己编制的，因而具有整体性、广泛性和权威性的特征；(2)它是一国或一地的国家标准，在运用上具有强制性和代表性；(3)它具有明确的目的性，它的目的就是为了统一统计口径和分析口径，以便科学地制定产业政策并对国民经济进行宏观管理；(4)它具有特殊性，它是针对一国或一地的具体实际编制的，只适用于该国或该地的产业分类，其他国家只能做参考和借鉴；(5)它具有较高的科学性，基本能够反映该国或该地的产业发展和变化情况，也能够适应其产业发展和变化的需要。

1. 我国的标准分类

世界上许多国家有各自的国家标准分类法，中国也有自己的对产业进行科学分类的国家标准，即由中国国家标准局编制和颁布的《国民经济行业分类》(GB/T 4754-2017)。它把中国全部的国民经济划分为 18 个门类、96 个大类、300 多个中类和更多的小类。这 18 个门类依次是：

A. 01 农业；02 林业；03 畜牧业；04 渔业；05 农、林、牧、渔服务业。

B. 采矿业：06 煤炭开采和洗选业；07 石油和天然气开采业；08 黑色金属矿采选业；09 有色金属矿采选业；10 非金属矿采选业；11 开采辅助活动；12 其他采矿业。

C. 制造业：13 农副食品加工业；14 食品制造业；15 酒、饮料和精制茶制造业；16 烟草制品业；17 纺织业；18 纺织服装、服饰业；19 皮革、毛皮、羽毛及其制品和制鞋业；20 木材加工和木、竹、藤、棕、草制品业；21 家具制造业；22 造纸和纸制品业；23 印刷和记录媒介复制业；24 文教、工美、体育和娱乐用品制造业；25 石油加工、炼焦和核燃料加工业；26 化学原料和化学制品制造业；27 医药制造业；28 化学纤维制造业；29 橡胶和塑料制品业；30 非金属矿物制品业；31 黑色金属冶炼和压延加工业；32 有色金属冶炼和压延加工业；33 金属制品业；34 通用设备制造业；35 专用设备制造业；36 汽车制造业；37 铁路、船舶、航空航天和其他运输设备制造业；38 电气机械和器材制造业；39 计算机、通信和其他电子设备制造业；40 仪器仪表制造业；41 其他制造业；42 废弃资源综合利用业；43 金属制品、机械和设备修理业。

D. 电力、热力、燃气及水生产和供应业：44 电力、热力生产和供应业；45 燃气生产和供应业；46 水的生产和供应业。

E. 建筑业：47 房屋建筑业；48 土木工程建筑业；49 建筑安装业；50 建筑装饰和其他建筑业。

F. 批发和零售业：51 批发业；52 零售业。

G. 交通运输、仓储和邮政业：53 铁路运输业；54 道路运输业；55 水上运输业；56 航空运输业；57 管道运输业；58 装卸搬运和运输代理业；59 仓储业；60 邮政业。

H. 住宿和餐饮业：61 住宿业；62 餐饮业。

I. 信息传输、软件和信息技术服务业：63 电信、广播电视和卫星传输服务；64 互联网和相关服务;65 软件和信息技术服务业。

J. 金融业:66 货币金融服务;67 资本市场服务;68 保险业;69 其他金融业。

K. 房地产业:70 房地产业。

L. 租赁和商务服务业:71 租赁业;72 商务服务业。

M. 科学研究和技术服务业:73 研究和试验发展;74 专业技术服务业;75 科技推广和应用服务业。

N. 水利、环境和公共设施管理业;76 水利管理业;77 生态保护和环境治理业;78 公共设施管理业。

O. 居民服务、修理和其他服务业:79 居民服务业;80 机动车、电子产品和日用产品修理业;81 其他服务业。

P. 教育:82 教育。

Q. 卫生和社会工作:83 卫生;84 社会工作。

R. 文化、体育和娱乐业:85 新闻和出版业;86 广播、电视、电影和影视录音制作业;87 文化艺术业;88 体育;89 娱乐业。

S. 公共管理、社会保障和社会组织:90 中国共产党机关;91 国家机构;92 人民政协、民主党派;93 社会保障;94 群众团体、社会团体和其他成员组织;95 基层群众自治组织。

T. 国际组织:96 国际组织。

2. 国际的标准分类

国际标准产业分类法是联合国为了统一世界各国的产业分类,于 1971 年编制和颁布的《全部经济活动的国际标准产业分类索引》。国际标准产业分类法实际上同三次产业分类法是一致的,并且比后者更细致。它同三次产业分类法的三次产业相对应。国际标准产业分类中的大项产业很容易组合成三次产业:第 1 大项为第一次产业;第 2～5 大项为第二次产业;第 6～10 大项为第三次产业。这样,国际标准产业分类法就与三次产业分类法保持一致,从而有利于对产业结构的分层次深入研究。

联合国 1971 年颁布的国际标准产业分类法将全部经济活动分为大、中、小、细四个层次,并规定了相应的统计编码。它先将全部经济活动分为 10 个大项,再将各个大项细分为若干个中项,然后将各个中项细分为若干个小项,最后将各个小项细分为若干个细项。其 10 个大项是:(1)农业、狩猎业、林业和渔业;(2)矿业和采掘业;(3)制造业;(4)电力、煤气、供水业;(5)建筑业;(6)批发与零售业、餐馆和旅店业;(7)运输业、仓储业和邮电业;(8)金融业、不动产业、保险业和商业性服务业;(9)社会团体、社会及个人的服务业;(10)不能分类的其他活动。

以编号 3 的大项产业制造业为例,其所属的中项产业如下:

31. 食品、饮料、烟草;

32. 纺织、服装、制革;

33. 木材与木制品;

34. 造纸与纸制品、印刷与出版;

35. 化工产品和药品、石油加工、煤炭加工、塑料制品、橡胶制品;

36. 非金属矿产品(除石油、煤炭加工产品以外的);

37. 冶金工业;

38. 金属制品、机械和工业设备；

39. 其他制造业。

同理，它还可将以上各中项继续细分下去，直至细项为止。

第四节 产业结构

一般来说，体系是指若干有关事物互相联系而构成一个整体。产业体系是指一国国民经济中产业因各种相互关系而构成的整体。产业结构是构成产业体系的各产业之间的联系及联系方式。要研究产业体系内在的各种复杂的关联关系，实际上就是研究产业体系的结构，即产业结构。从理论上说，产业结构有时间结构与空间结构两种形态。

一、产业结构的时间形态

产业结构是指产业体系内产业之间的联系与联系方式、产业间的比例关系等。产业结构的时间形态就是从时间的角度来看产业体系内产业间的联系和联系方式。从时间的角度来看产业体系内产业间的联系和联系方式，可以从静态即某一时间点来看，也可以从动态即从中长期时间过程来看。

（一）两大部类比例结构

相应于两大部类的产业分类法，物质生产部门可分为两大类产业：生产消费资料的产业即第Ⅱ部类，生产生产资料的产业即第Ⅰ部类。从静态的角度看这两大部类的联系和联系方式，主要是看这两大部类产品的价值构成和实物构成如何在简单再生产和扩大再生产过程中形成一定的比例关系，从而使双方的价值顺利得到实现，社会再生产得以顺利进行下去。这两大部类产业间联系和联系方式如果是正常的话，必然符合简单再生产的条件和扩大再生产的条件。

如果从动态的角度来看两大部类产业间联系和联系方式，是指随着经济的发展和时间的推延，第Ⅰ部类产业和第Ⅱ部类产业间关系的发展变化，这种发展变化在马克思主义看来就是第Ⅰ部类的生产是不是要优先增长。列宁运用马克思两大部类原理及社会总资本再生产的理论和图式，把资本有机构成提高的因素引进来进行分析，阐述了在社会总产品的增长过程中，第Ⅰ部类生产即生产资料生产的增长比第Ⅱ部类生产即消费资料生产增长得更快。

（二）三次产业结构

根据三次产业分类法，三次产业划分是一种非常重要的划分。在这种分类下，三次产业间的联系和联系方式是十分重要的一种产业间关系。从静态的角度看，三次产业间的联系和联系方式就是看三次产业各自所创造的国民生产总值在一国当时总的国民生产总值中所占的比重及比例关系，以及看三次产业各自所用劳动力在总的劳动力就业量中所占的比重及比例关系。而从动态的角度看，三次产业间的联系和联系方式是看三次产业在国民生产总值、劳动力就业中所占的比重及比例关系随时间的推延和经济发展的进步所发生的变化及其趋势。这种变化和趋势可以看作三次产业结构的演变规律。

（三）产业生产部门结构

从标准产业分类法可知，产业部门划分得很细。这样一种很细致的产业分类，将较为深入地引导我们观察产业内深层的联系和联系方式。从静态的角度看，运用投入产出表可以反映产业间的最终需求与最终产品去向的多部门关系，这些关系将比较深刻地揭示社会再生产过程中，中间产品的生产、分配、流通和消费的循环过程和最终产品的生产、分配、流通和消费的循环过程。从动态的角度看，多部门产业间的联系和联系方式主要表现在多部门中哪些部门具有先导发展性质、哪些产业在发展中逐步衰退、这些产业之间的关系变化，以及哪些产业形成比较密切的关系、这种密切的关系对产业体系发展有些什么作用等。所有这一切的关系都是产业结构中的重要方面。

（四）产业的技术结构

产业的技术结构首先是指产业技术物化形态的内部构成，这种构成有两个层次：第一层次主要是指产业体系内当时的先进技术、适用技术以及落后技术这三种不同技术在产业中的地位关系；第二层次是指每一产业内部技术中究竟以何种技术为主进行生产经营活动。其次是指产业中劳动力的技术水平构成，劳动力的技术水平可以分为三个层次：普通技术运用型、工艺过程熟练型和科学技术创造型。这三种类型劳动力在产业中的分布及各自在总劳动力中的比重，形成了产业技术结构的第二个方面。

从静态的角度看产业技术结构，实际上就是考察某一时点各产业间在上述两个方面的比例关系，从而揭示当时产业体系内产业技术运用的先进程度和劳动力技术素质高低的状况。从动态的角度看，产业技术结构主要是揭示随着经济的发展、科学技术的进步、教育文化的普及，产业间上述两个方面比例关系的发展演变和趋势。

（五）产业的组织结构

产业的组织结构是指产业间通过一定的联系和联系方式以达到对资源进行有效的组合协作，实现经济的良好发展。这种联系和联系方式带有一定的管理目的，以达到一定的效果。实际上，产业的组织结构可以从两个方面考察：一是对产业进行组织构成分析，产业的组织结构与管理体制、管理模式有关；二是考虑产业内各组成部分如何进行组织，以便达到良好的产出效果。产业组织结构的两个方面都可以从静态和动态两个角度来研究。对产业进行组织的结构方面，静态是看其现实的结构是如何组成的；动态则要揭示这种结构的发展变化趋势。同样地，产业内组织结构方面，静态是要看其内部构成状况，动态则要看这种构成将随着什么条件发展变化。

（六）产业的产品结构

产业的产品结构是指产业体系内各产业生产的产品及其价值在总产品和总产品价值中的比例关系。根据这一定义，产业的产品结构又是产业体系的供给结构，因为产品生产出来无非是供当时生产与生活消费之用。从静态的角度看，产业体系的产品结构无非就是在现时条件下，产业体系所生产的产品品种、数量以及性质如何。从动态的角度看，则是产业的产品结构即产业体系的供给结构应该适应人民消费结构的发展演变。但是，产业体系的供给结构又不能完全适应当时的消费结构，它必须有一定的超前性，以便引导消费者消费结构趋向更为合理的方向。新的产品出现，一方面将改变原有的产品结构；另一方面又预示着新产业的出现，新产业的出现又将改变现有的产业间联系和联系方式。所以，产品结构是产业结构的另一种表现形式。

专栏7-2

二、产业结构的空间形态

产业结构的空间形态又称为产业的空间结构。所谓产业的空间结构，是指产业间联系及联系方式在区域空间上的表现。这种表现的层次主要表现为以下几个方面：

（一）三次产业结构的空间分布

三次产业结构的空间分布是指第一次、第二次、第三次产业在各区域的分布，以及它们分别在各区域上构成的联系及联系方式。每一次产业是由一些同类企业所组成的，这些企业当然是分布在各个不同的区域，由于每一次产业在各个不同的区域都有分布，于是三次产业将在每一区域形成一定的联系和联系方式，这种联系和联系方式就是三次产业的空间结构，或称为空间分布。

由于每一区域中的三次产业的国民生产总值贡献，在当地国民生产总值中所占的比重及比例关系并不一定与三次产业总体上的国民生产总值比例关系相一致，因此会出现这样或那样的偏差。当然这种偏差也许是符合地区经济条件的，但更多的是，可能与地区经济发展要求不一致。所以，即使三次产业结构从时间的角度、从整体的角度看是合理的，但一旦分解至各区域，则很可能是不合理的。因此，在研究三次产业结构的时间形态时，仍有必要对其空间形态即空间分布进行分析研究。

（二）轻、重工业的空间分布

轻、重工业比例关系的空间分布是指轻、重工业在各区域中的联系和联系方式，这种联系和联系方式将受到该区域自然资源、经济条件、人口状态等因素的影响，应该显示该区域的特点。显然，这种区域因素影响下的当地轻、重工业比例关系，应与轻、重工业总的时间结构有所不同。但也正是这种各区域轻、重工业的不同比例关系，通过组织最终构成总的产业的轻、重工业比例关系。所以，各区域应具有什么样的轻、重工业比例关系，以及通过有效组合从而构成产业体系的合理的轻、重工业比例关系，就成为研究产业空间结构第二层次的重要对象。

（三）多部门产业的空间分布

多部门产业关联的空间分布是指按标准产业分类而区分的各产业间联系和联系方式在各区域的表现，这种区域表现形成地区产业结构的重要方面。显然与上述两个层次的区域分布一样，多部门产业关联的空间分布也受到当地资源、经济条件、人口、政治文化等因素的影响，故地区的多部门产业联系将带有地区的特点，而并不一定与总的多部门产业联系，而且这些区域多部门产业联系最终又有效地构成总的产业体系的多部门产业联系，这是一个非常重要的研究领域。因此，对多部门产业联系的地区分布要在总体多部门产业联系的发展演变中，根据本区域的具体情况来把握区域多部门产业联系的发展与演变。

（四）产业内企业的空间分布

产业内企业关系的空间分布是指产业组织在各区域中的表现。很明显，由于并不是一个产业在每一个区域中都有，所以这里所说的产业组织的区域表现，是指区域中所有的产业内企业关系的状态。产业组织的区域表现是产业组织的空间结构，这种结构状态将影响该地区的市场结构和市场效果。

（五）产业产品生产的空间分布

这是指产业供给结构在各地区的不同表现。各地区由于社会文化、生活习惯、人口、收入水平、气候等方面的不同,使得当地人的消费结构带有地区特点,并且有一个特定的发展演变趋势。从理论上说,产业产出供给的区域分布应基本适应本地区人们的消费结构及其变化,同时又必须适应本地区比较优势可以发挥的产业发展方向。这是因为区域产业的产品结构实际上反映了区域产业的分布,而区域产业间的联系又是整个产业体系中产业间联系的一部分,故各地区产品结构既不能完全相同,又不能完全脱离本地区人们的消费结构及其发展趋势。

三、产业结构的影响因素

产业结构的变动受到诸多因素的影响,了解这些影响因素有利于全面把握产业结构的现状、产业结构的变动趋势和规律,为产业结构政策的制定、调整产业结构、促进经济发展等提供依据。

(一)需求因素对产业结构的影响

这里所说的需求因素主要是指居民消费需求、中间需求和最终需求的比例以及消费与积累的比例这三个影响因素。

1. 居民消费需求

"消费的需求决定着生产。""因为消费创造出新的生产需要,因而创造出生产的观念上的内在动机,后者是生产的前提。"居民消费欲望和消费结构强烈地影响着消费资料产业的发展,从而间接地影响着生产消费资料产业所需的生产资料的产业的发展,进而影响产业结构的变动。恩格尔定理很好地揭示了这一内在机理。在恩格尔定理中,随着人们收入水平的提高,支出结构由购买吃穿为主转向大量购买耐用消费品、娱乐、社交,于是耐用消费品工业和第三产业迅速发展起来,这不仅影响了生产消费资料产业的构成,而且将影响和改变整个国家的产业结构。

2. 中间需求和最终需求的比例

中间需求主要是指各个生产部门对一次性转移自身价值的生产资料需求,如原材料、零部件、能源等劳动对象的需求。最终需求是指人们用于最后消费和投资之用,不再进入生产过程的产品的需求,如固定资产投资、个人消费、库存、出口、政府采购等方面的需求。中间需求的结构决定了生产中间产品的产业的内部结构。一般来说,随着专业化分工的深化,产业体系不断得以扩展,中间需求的比重会逐渐提高,从而决定了中间需求生产规模的扩大。最终需求的大小反映了对最终产品需求的多少,从而决定了生产最终产品的产业部门的规模大小。最终需求的结构变动对国民经济的发展起着十分重要的推动作用。中间需求与最终需求之间的比例关系在一定程度上反映了一国产业体系的结构是否合理,并影响到一国的整个国民经济的经济效益。

3. 积累与消费的比例

积累与消费是影响产业结构变动的重要因素。积累是扩大再生产的源泉。在技术条件一定的情况下,生产规模的扩大意味着对生产资料的需求增加。因此,如果积累在国民收入中所占的比重过大,就会造成对生产资料需求的过快增长,从而刺激生产生产资料的产业部门的发展。刘易斯、钱纳里等人指出,伴随着收入水平提高而出现的边际消费倾向递减以及边际储蓄倾向递增的现象,是发展中国家工业化过程的启动以及制造业中资本密集型部门逐步增加的基本因素。当积累占国民收入比重过高时,就会导致"重型化"的产业结构,当消费占国民收入比重过大时，在消费需求的拉动下会促使生产消费资料的产业部门的快速发展，从而造成“轻型化”的产业结构。

（二）供给因素对产业结构的影响

1. 自然资源禀赋

自然资源禀赋在很大程度上制约着一个国家的产业体系与结构。那些自然资源丰富的国家往往首先发展本国可以利用的自然资源，以此带动国民经济其他部门的发展，如中东各国由于石油资源特别丰富，从而形成了以石油开采与加工为主的资源开发型和资源加工型的产业结构，这些国家的产业结构带有本国资源结构的特征；而资源匮乏的国家就不能形成资源开发型的产业，最多只能成为资源加工型的产业结构。例如，日本是一个资源十分匮乏的国家，其产业结构是以高度加工型的结构为特征的产业结构。自然资源对产业结构的影响是相对的，随着科技水平的提高，将使原来难以采掘的资源得到开发，并能开展综合利用和节约代用天然原料，从而缓解自然资源对一国产业结构的影响。

2. 人力资源供给状况

从供给的角度看，人力资源供给主要是指劳动力的供给程度。这里的劳动力是指具有劳动能力和技能的健康劳动者，是体力劳动者和脑力劳动者的总和。劳动力是最主要的生产要素，劳动力的数量、素质和价格等劳动力的资源状况及其变化是决定和影响产业结构形成和变动的重要因素。人力资源充裕的国家，劳动力的供给量大、价格低廉，使投资者更倾向于能充分利用劳动力资源的产业，即劳动密集型产业的发展，使一国的产业结构呈现以劳动密集型为主导地位的产业结构；而对于人力资源贫乏的国家，劳动力资源稀缺，相应于一定的需求，价格上扬，投资者则会用资金代替劳动力，使一国的产业结构呈现以资金密集型产业为主导的产业结构。

3. 资本供给状况

资本供给状况主要是指可供投资的资金的稀缺或充裕状况。资本是重要的生产要素，是产业维持和扩张的重要条件。资本供给的总量规模、增长速度、充足程度、价格水平，直接影响产业的形成和发展。在资本有机构成不变的情况下，投入某产业资金的多少，决定了该产业的生产规模大小和发展速度的快慢。资本对产业的供给状况主要受一国的经济发展状况、社会发展水平、储蓄率、资本积累、政府的投资倾斜政策、投资者的投资偏好、利率、资金回报率等方面的影响。资本短缺往往成为发展中国家经济发展的重要瓶颈，由于资本短缺使这些国家的产业结构呈现对资本依赖度较低的产业，而资本供给充裕的工业先行国深加工度的、附加价值更高的一些资本集约型产业得到更快的发展。由此可知，资金的投入规模与产业结构高度化的发展进程成正向的变动，是影响产业结构演变的直接因素。

4. 技术供给状况

技术的供给状况是影响一国产业结构变化的最重要的因素之一，技术的供给变化必然会引起产业结构的变动。因此，技术创新与进步是产业结构发展、走向高级化的根本动力。创新导致技术进步，技术进步直接改变了产业的技术基础和生产的技术结构，并可以通过产业创新使一些新兴产业不断地形成和发展、传统产业加速了改造或衰退的进程，从而推进了产业结构的高级化。随着生产技术的不断提高和新产品的开发，使消费品升级换代，不断引发人们新的需求，从而使新的需求成为新产业部门成长的动力，进而影响产业结构的演变。由于各产业部门生产技术进步速度的不均衡，决定了比较劳动生产率的不同，从而影响比较劳动生产率的差异，而产业结构的转换主要取决于部门之间生产率速率的差异，因此，技术的供给状况直接影响着产业结构的变动。

（三）环境因素对产业结构变动的影响

1. 政府的产业政策

产业政策是政府通过经济杠杆和行政手段对资源在某些产业或各产业间配置过程干预的政策。通过产业政策的制定，对所有产业或其中某些产业予以支持、保护、扶植或限制，直接调整产业结构来达到既定的政策目标。例如，产业结构政策、产业调整政策、重点产业部门的选择和扶植政策等对一国的产业结构产生直接的影响，从而改变了原有的产业体系及其结构。同时，由于产业政策具有强烈的波及效果，能够控制大多数影响产业结构的因素，因此对产业结构产生间接影响。例如，通过政府投资、产业管制，制定财政、货币政策，通过立法、协调等手段来调整要素供给结构、消费需求结构、国际贸易结构和国际投资结构，进而影响产业结构。

2. 国际贸易

根据比较优势理论，各个国家由于所具有的资源条件、经济优势不同，因此形成了国际分工和国际贸易。国际贸易也就是资源、劳务、技术、产品等在国与国之间的交换。随着经济全球化和国际分工步伐的加快，各国对国际市场的依赖度也越来越强烈。国际市场和国际贸易越来越成为制约一国产业结构发展的重要因素。按照国际分工的原理，国际市场对一国具有比较优势的产品的需求，往往会影响该国出口结构的变化，从而影响劳动力、资金、技术在一国产业体系内部的重新配置，进而影响产业结构的变动。根据赤松要的雁行产业发展理论，一国进口某些国外新产品、新技术借以开拓本国市场，有助于为本国发展同类产业创造条件，而新兴产业的形成和发展对本国产业结构的高度化也产生了较强的推动作用。

3. 国际投资

随着经济全球化的变化以及新一轮国际产业结构调整在全球范围内进行，国际投资在国与国之间越来越频繁。跨国公司在开放的大环境下进行跨国投资，国际资本以直接投资或间接投资的方式进行流动，国外的生产方式、生产技术、管理手段等影响着国内产业的发展，也影响了国际、国内市场的供应结构和需求结构的改变，从而影响一国的产业结构的变动，使一国产业结构呈现一种开放式的系统，并将其纳入国际产业分工的大系统中，进而参与国际分工和国际市场的竞争。

复习思考题

1. 产业体系的本质特性是什么？
2. 建设现代化产业体系应该从哪些方面考虑？
3. 产业体系与产业结构的关系怎么把握？
4. 产业分类有哪些？怎样对产业分类开展研究？

第八章

三次产业结构

产业结构的发展和演变是任何一个国家经济发展过程中必然发生的经济现象。现代经济发展的历程显示,一个国家经济发展的过程,不仅体现为国民生产总值的增长,而且伴随着产业结构的演化。三次产业发展演变的过程也是一个国家经济发展的过程。本章主要探讨经济增长与产业结构演变的内在关系、三次产业结构演变的趋势以及演变的动因等问题。

第一节　经济增长与产业结构演变

产业结构演变与经济增长具有内在的联系。考察现代经济增长,其最显著的特点是经济总量的高增长率和经济结构的高变动率。随着社会分工日益细化,产业部门增多,部门之间的资本流动、劳动力流动、商品流动等联系也越来越复杂,部门与部门之间的依赖程度增大,结构效益上升到非常重要的地位,成为现代经济增长的基本支撑点。同时,现代经济持续高增长主要取决于资源(人力、资金、技术等)的动员及其有效配置,而结构状态在很大程度上决定了资源配置的效果。许多经济学家对于经济增长与产业结构演变的内在关联进行了深入研究。其中有代表性的经济学家是西蒙·库兹涅茨和罗斯托。

一、西蒙·库兹涅茨的经济增长与产业结构理论

库兹涅茨在一系列关于经济增长的著作中提出,经济增长因素主要是知识存量的增加、劳动生产力的提高和结构方面的变化。在第三个重要因素——结构变化研究中,不仅考察了产业结构变动与总量增长的一般关系,而且分析了结构变动在不同总量增长时点上的状态。① 库兹涅茨对 57 个国家的原始资料进行了处理,分别做了截面分析和历史分析,从中得出的结论是:在按人口平均产值的较低组距内(70～300 美元),农业部门的份额下降显著,非农业部门的份额则相应地大幅度上升,但其内部(工业与服务业之间)的结构变动不大。在按人口平均产值的较高水平组距内(300～1 000 美元的基准点价值之间),农业部门的份额与非农业部门份额之间变动不大,但非农业部门内部的结构变化则较为显著。为此,库兹涅茨认为,如果不去理解和衡量生产结构中的变化,经济增长是难以理解的。发达国家在现代经济增长时期的总体增长率和生产结构变动率都比以前高得多。概括来说,首先,假如按人口平均产值和生

---

① 库兹涅茨.各国的经济增长[M].北京:商务印书馆 1997 年版.

产率的高增长率与新知识和技术革新大规模地应用于产业生产相联系时，生产结构的变动率大致上也是高的。其次，新知识和技术革新大规模地应用于产业生产按人口平均产值和生产率的高增长率导致生产结构的高变动率。那么，为什么人均产值的高增长率与生产结构的高变动率是相互关联的呢？其原因主要可归纳为以下几点：

第一，当按人口平均的收入水平与物品供应不断上升时，消费者的需求结构会发生变化，需求结构的高变动率对现代经济增长中生产结构的高变动率起到重要的作用，它会引起创造新产品的技术革新与发明，促进新产业的形成与发展，产出更多满足人们需求的产品，又会促进现代经济增长的加速。

第二，全球经济一体化和国际贸易深化。全球经济一体化提高了全球生产要素的流动性，全球技术变革的经常涌现减少了跨国产品交易的运输及通信费用，从而扩展了国际贸易的范围，而各国产品生产的相对优势变动以及各国进出口产品结构的不断变动，会促进一国产出结构的改变，加快经济增长。

第三，技术创新及其扩散加快。创新产品、创新技术可以创造出新的需求，引起消费者生活的新的变化，而新产品、新技术的导入产业，会促使现行产业结构发生变化。这是因为，技术创新、产品创新是现代产业成长的主要依赖支撑，产业的生产效率和生产结构的变动与技术进步有必然关系。一般来说，技术创新首先出现在个别或少数行业，它的影响是随着时间过程从某一部门或行业逐步向另一部门或行业扩散。某个产业的一项发明形成后，如果要完成商业化成功，就需要一系列相关产业实现与之配套的发明和创新，这样就会引起现行产业结构相当大的变动。

相反，不发达国家经济结构变动缓慢，结构因素对经济增长的影响比较小，这表现在：不发达国家传统产业结构束缚着60%以上的劳动力，使之聚集在传统的农业部门，而传统的生产技术和生产组织方式阻碍着生产效率提高，于是农业部门生产增长缓慢。欠发达国家有限的制造业限于市场需求、技术约束、国际竞争以及资源禀赋，其生产的产品只能满足消费者有限的需求，并且由于人均收入水平低导致整体消费水平低，又约束了产业的升级与转型，使产业结构处在长期低水平状况，不能形成对经济增长的强有力促进。

二、罗斯托的经济增长与产业结构转型理论

罗斯托认为，现代经济增长在本质上是产业部门变化的过程，它植根于现代技术所提供的生产函数的累积扩散之中，这些发生在技术与组织之中的变化只能从产业经济部门的角度来加以分析。离开了对现代经济增长中产业经济结构的分析，也就不能解释经济增长发生的原因。原因有以下几个方面：

第一，现代经济增长对技术创新的吸收本来就是产业经济部门的形成过程。这是因为，技术创新并非抽象的产值指标所能概括的，事实上它是具体的，总是与某一特定产业经济部门紧密相连。技术创新具有强烈的渗透性、明显的超前性和可分享性，使其在改变着“人的因素”（特定产业经济部门中特定的技术创新要求劳动者具有现代科技知识和技能，由简单的体力型转变为智力型）的同时，改变着“物的因素”即工具，造成了生产的急剧扩张，改造了相应的产业部门，导致一系列新兴产业部门的出现。这样，产业经济部门越来越依赖于技术创新并同时成为技术不断创新的载体。因此，技术创新能否出现和是否行之有效，是由某特色产业经济部门

中广泛的关系及特点所决定的。

第二，现代经济增长是主导产业经济部门依次更替的结果。这是因为“增长的完整序列就不再仅仅是总量的运动了，它成了在一连串的部门中高潮的继起并依次关联于主导部门的序列，而这也标志着现代经济史的发展历程”①。在产业结构的各个发展阶段，都有一个或若干个与之相应的主导产业部门存在，它率先采用新技术，本身具有较高的经济增长率，其发展能够带动其他产业部门和整个经济的发展。主导产业部门同经它带动而增长的有关部门一起构成一个主导产业部门综合体系，这一综合体系内各产业部门之间以主导产业部门为中心和纽带紧密联系、相互依存，给一国经济增长带来很大的好处：增强了生产能力，扩大了国内外市场，增加利润积累，促进主导产业部门所在地区的经济繁荣，扩大对其他产业部门产业的需求。主导产业部门之所以能够带动其他部门经济增长，不仅因为它本身有相当高的增长率，而且由于它具有回顾效应、旁侧效应和前向效应。

所谓回顾效应，是指主导产业部门对那些向它提供生产资料和人力部门的带动性。罗斯托指出：“根据其技术特点，新部门处于高速增长阶段，会对原材料和机器产生新的投入要求，这些投入反过来又要求现代设计观念和方法的发展。”所谓旁侧效应，是指主导产业部门对其周围地区经济发展的良好影响。罗斯托认为：“主导部门还引起它周围的一系列变化，这些变化趋向于在广泛的方面推进工业化进程。新主导部门的出现常常改变了它所在的整个地区。例如，棉纺织业革命改变了曼彻斯特、波士顿，汽车工业改变了底特律……这种影响远远超出了新活动本身和投入所直接引起的狭窄影响。”所谓前向效应，是指主导部门对新工业、新技术、新原料、新能源、新运输途径等的出现的刺激与诱导作用。罗斯托写道：“主导产业部门不仅在技术上而且在原材料供给上都具有前向效应。踏入新疆域开发新的铁路，在沿线各地可以连接丰富的矿物资源，又建立起一条部门扩张的长链。”因此，“主导产业部门产生了一种刺激力，并为更大范围的经济活动提供了可能性，有时候甚至为下一个重要的主导部门建立起台阶”②。

上述三种效应表明，在经济增长过程中，主导产业部门并不是孤立存在和发展的。它既是相关部门得以产生和发展的原因，又以相关部门的发展作为其进一步扩充的条件。主导产业部门的成长与更替，对一国的经济起着重大的带动作用。

第三，引进新的重要技术或者进行技术创新，可以进一步促进产业经济结构彼此联系、相互作用，使产业结构转型升级。主导产业的创立和发展，主要是由于新的重要技术采用，进而形成新产品新市场，大规模地集结和组合新生产要素，引起产业体系与结构的变动，同时也可以导致传统产业的改造与更新。因此，经济增长并不是脱离产业体系与产业结构而单独发生的经济过程，恰恰是产业体系与产业结构不断变化而使其质量不断地提高。

三、库兹涅茨与罗斯托对现代经济增长本质问题的争论

产业体系及其结构的演进与经济增长之间的内在联系已经被许多经济学家认同，他们通过大量的统计分析，确认了现代经济增长不仅是一个总量增长的过程，也是一个产业体系与产

---

① 罗斯托. 经济增长的阶段[M]. 北京：中国社会科学出版社 2001 年版.

② 同上。

业结构成长、演进的过程，两者具有相辅相成的内在关联。但对于如何分析和研究这一内在联系的方法和角度有很大的分歧。为此，库兹涅茨与罗斯托对经济增长的本质进行了争论，他们的争论反映了两种具有代表性的不同的观点。

库兹涅茨认为："经济增长是一个总量的过程，部门的变化都与总量的变化相互联系，而且，只有把部门的变化结合到总量的框架中时，才可能对它们加以适当的权衡比较；缺乏所需要的总量变化就严重地限制了内含的战略性的部门变化的可能性。"[①]在他看来，经济增长本质上是一个总量增长的过程，只有总量的高增长率才导致生产结构的高变换率，没有总量的足够变化将会对结构的演变起到严重的制约作用。其依据是消费者需求结构的变动直接拉动生产结构的转换，这是因为高新技术不断涌现后，所反映的按人口平均产值的高增长率将产生新的巨大的潜在需求，从而影响了产业体系与结构的演变。同时，在开放的条件下，由于高新技术的迅速发展，生产条件得到了巨大的改善，带来的按人口平均产值的高增长率可以使一国在国际贸易中的相对优势发生变化，而国际市场需求的扩大也促使一国国内生产结构发生变化。因此，人口平均产值的增长率越高，消费需求结构的变动就越大。其逻辑顺序是：总量的高增长率引起需求结构的高转移率，需求结构的高转移率则引起生产结构的高变动率。

罗斯托则持与库兹涅茨截然相反的观点。他指出，就其自身而言，并不是要否认总量的概念，而只是强调经济增长实质上是一个部门的过程，它根植于现代技术所提供的生产函数的累积扩散之中。这些发生在技术和组织中的变化只能从产业部门的角度去分析和理解。罗斯托主要从创新和主导产业部门的角度去论证这一观点。其依据是：(1)对于高新技术的吸收本身就是一个产业部门的形成过程。吸收新技术并不是出现在经济学家所说的国民生产总值或投资这类指数抽象物中，也不是出现在我们称为农业、工业或服务业这类指数抽象物中。[②] 技术创新总是与某一特定产业部门中的经济问题相联系，同时也会遇到这个部门在制度上和社会上的所有问题。(2)引进新的重要技术或创新于某个产业部门之中，是这个产业部门与其他产业部门以及与整个经济运转相联系的纵横交错的复杂过程。这一过程显示了由于创新在一个产业部门的出现，通过与其他部门的复杂关联，从而推动和影响了产业体系与结构的演变。(3)由于新技术的引进或创新，使具有新的生产函数的主导产业部门发出各种扩散效应，从而使经济增长产生飞跃。因此，经济增长是主导产业部门依次更替的结果。

第二节　三次产业结构的演变趋势

许多经济学家对三次产业结构的变动做了大量的研究，得到了三次产业结构演变的一般趋势和规律。在这些理论中，最具代表性的是配第-克拉克定理、库兹涅茨对产业结构演变规律的研究以及工业结构重工业化的霍夫曼定理。

---

① 库兹涅茨.各国的经济增长[M].北京：商务印书馆1997年版，第23页.

② 罗斯托.经济增长的阶段[M].北京：中国社会科学出版社2001年版，第157页.

一、产业结构演变规律的理论

(一)配第-克拉克定理

英国经济学家科林・克拉克(Colin Clark)在威廉・配第(William Petty)研究成果的基础上,深入分析研究了劳动力在三大产业间分布结构的演变及其趋势后得出的定理,同时提出了一些带有普遍性的经验总结。克拉克认为,他的发现只是印证了配第的观点,故称为配第定理,后人则统称为配第-克拉克定理。该定理的前提条件是:(1)该定理是以若干国家在时间的推移中发生的变化为依据。这种时间序列意味着一个国家的人均国民收入一般是要变化的,故应把不断提高的人均国民收入与时间序列相对应。(2)该定理首先使用了劳动力这一指标来分析产业结构的演变,考察了伴随着经济发展,劳动力在各产业中的分布状况所发生的变化。后来,克拉克本人、美国经济学家库兹涅茨和其他人又从国民收入在各产业的现实状况,对产业结构做了进一步的研究,发现了一些新的规律。(3)该定理使用的产业分类法是三次产业分类法,即将全部经济活动分为第一次产业、第二次产业和第三次产业。

根据以上三个前提,克拉克收集与整理了若干国家的统计资料,按照年代的推移,分析劳动力在三次产业之间移动的趋势,如表 8—1 所示。

表 8—1　　依据 1958 年人均 GNP 分组的 59 个国家当年劳动力的生产部门份额

	8 组国家(依据 1958 年人均 GNP 递增次序排列)							
	1	2	3	4	5	6	7	8
1. 国家数(个)	5	6	6	18	6	6	6	6
2. 人均 GNP(美元)	72.3	107	147	218	382	588	999	1 501
3. 主要部门的劳动力份额(%)								
(1)A(第一次产业)	79.7	63.9	66.2	59.6	37.8	21.8	18.9	11.6
(2)I(第二次产业)	9.9	15.2	16.0	20.1	30.2	40.9	47.2	48.1
(3)S(第三次产业)	10.4	20.9	17.8	20.3	32.0	37.3	33.9	40.3

注:A 为第一次产业:农业(种植业)、林业、渔业;I 为第二次产业:矿业、制造业、建筑业、电力、煤气、供水、运输、邮电等;S 为第三次产业:商业、银行、保险、不动产业、政府机关、国防及其他服务业。

资料来源:库兹涅茨.各国的经济增长[M].北京:商务印书馆 1997 年版,第 207 页,经简缩。

由表 8—1 可得出如下结论:随着经济发展和人均国民收入水平的提高,劳动力首先由第一次产业向第二次产业移动,当人均国民收入水平进一步提高时,劳动力便向第三次产业移动。劳动力在产业间的分布状况是:第一次产业减少,第二次、第三次产业将增加。克拉克认为,劳动力在产业间的变化移动,是由于在经济发展中各产业之间出现收入(附加价值)的相对差异所造成的,即人们总是向高收入的产业移动。通过克拉克的研究印证了劳动力产业间移动不仅可以从一个国家经济发展的时间序列分析中得到印证,而且可以从处于不同发展水平上的国家在同一时点的横断面比较中得到类似的结论。人均国民收入水平越高的国家,农业劳动力在全部劳动力中所占的比重相对来说就越小,而在第二次、第三次产业中劳动力所占的比重相对来说就越大;人均国民收入水平越低的国家,农业劳动力在全部劳动力中所占的比重就越大,而第二次、第三次产业中劳动力所占的比重则越小。

导致劳动力产业间移动的深层原因主要有以下几个方面：

第一，第一次产业国民收入及劳动力的相对比重趋于减少的原因。(1)第一次产业主要是为人们提供生活的农产品，而生活必需品的需求特性是人们的生活水平、收入水平达到一定程度后，个人收入中用于支付生活必需品的比例减少，从而导致第一次产业的需求收入弹性趋于减少。随着这种消费结构发生变化，国民收入在三次产业间的分配也发生了变化。在第一次产业的国民收入份额减少的情况下，该产业的劳动力也相应地减少。(2)由于技术进步的原因，第二次产业的投资多产生“报酬递增”效应。由于第二次产业的技术进步比第一产业的技术进步迅速，因此随着投资的增加、劳动生产率提高，使其在国民收入的相对比例中处于有利地位。第一次产业则由于其产品生产周期长等本身的生产特点，技术进步相对缓慢，投资出现“报酬递减”效应，使其在国民收入增长中处于劣势地位。(3)由于整个社会的绝对劳动生产率在不断提高，而第一次产业具有低收入弹性的特点，必然释放出大量的劳动力转入第二次、第三次产业，从而使第一次产业劳动力比重减少。

第二，第二次产业不仅因消费结构的变化趋势使其收入弹性增大，而且国民收入中支出与投资部分的增长也在不断扩大工业品市场。随着投资的增加、技术的进步、生产的扩张和新产品的大量涌现，人们的生活方式得到了很大的改变，在消费支出中用于耐用消费品的支出的比重不断上升。由于需求高增长的产业比较容易维持较高的价格，从而获得较高的附加价值，导致该部分产业收入弹性的增大。因此，无论是消费结构还是投资结构，在国民收入的支出结构的演变中都支持第二次产业的高收入弹性，使第二次产业所实现的国民收入在全部国民收入中的比重有所上升。

第三，第三次产业劳动力相对比重上升的原因在于，第三次产业主要从事的是服务业和信息等产业。随着人们收入水平的不断提高，个人收入中用于支付生活必需品的比例减少，用于多元化服务消费的非物质化的支出在不断地增加，这导致第三次产业需要大量的劳动力去满足这种消费结构的变化趋势。此外，随着信息数字产业的发展，以及在国民经济中地位的不断提升，也需要大量的、智能型的劳动力去满足这些产业的迅速扩张。同时，信息数字产业是一个获得高附加价值的产业，产业的收入弹性相对于其他产业占有优势地位。由此导致第三次产业国民收入的比重不断趋于有利地位，并吸引更多的劳动力向第三次产业转移。这种趋势在后工业化国家更为明显。

(二)库兹涅茨提出的产业结构演变规律

美国著名经济学家“GNP之父”库兹涅茨擅长国民经济统计，尤其是国民收入的统计。他在克拉克研究成果的基础上，结合国民收入，对产业结构演进做了进一步探讨，从而把产业结构演变规律的研究转移到深入研究三次产业所实现的国民收入的比例关系及其变化上来。库兹涅茨把三次产业分别称为“农业部门”“工业部门”“服务部门”，他从国民收入和劳动力在产业间的分布两个方面，收集和整理了20多个国家的庞大数据，对伴随经济发展的产业结构变化做了时间序列分析，并应用比较劳动生产率的概念，通过对40多个发展程度不同的国家进行横断面的比较研究，得出了一系列结论，如表8－2所示。

表 8—2　　产业发展形态的概括(三部门的构成)

	(1)劳动力的相对比重		(2)国民收入的相对比重		(3)=(2)÷(1)相对国民收入(比较劳动生产率)	
	时间序列分析	横端面分析	时间序列分析	横端面分析	时间序列分析	横端面分析
第一次产业	↓	↓	↓	↓	↓	(1以下)—
第二次产业	≌	↑	↑	↑	↑	(1以上)↓
第三次产业	↑	↑	≌	—	↓	(1以上)↓

注:≌表示不确定;—表示稳定或几乎不变。

资料来源:宫泽健一.产业经济学[M].1973年,第57页。

比较劳动生产率又称为相对国民收入,它表示某产业的国民收入的相对比重与该产业的劳动力的相对比重的比值。用公式表示为:

$$\text{某产业的比较劳动生产率}=\frac{\text{该产业的国民收入的相对比重}}{\text{该产业的劳动力的相对比重}}$$

通过时间序列和横截面的分析,库兹涅茨从中发现了一些问题,并得出了以下结论:

第一,农业部门创造的国民收入占全部国民收入的比重(国民收入的相对比重)与农业劳动力占全部劳动力的比重(劳动力的相对比重)一样,均处于不断下降之中,并且比较劳动生产率低于1,这一下降趋势表明:在劳动力相对比重和国民收入相对比重下降的情况下,国民收入相对比重下降超过劳动力相对比重下降的程度。由此看来,在大多数国家农业劳动力减少的趋势仍然存在。农业劳动力相对比重减少,反映了农业实现国民收入相对比重的减少,这是任何国家在经济发展的一定阶段上普遍存在的现象。

第二,工业部门国民收入的相对比重总体趋势是上升的,但工业部门劳动力的相对比重则大体不变或略有上升。这一结论表明,特别是进入20世纪后,工业先行国家工业部门相对国民收入(比较劳动生产率)是上升的,劳动力相对比重一直保持着大体不变的情况。它反映了工业化达到一定水平后,第二次产业不可能大量吸收劳动力。但同时,相对国民收入唯独只有第二次产业是上升的,它表明在一个国家的经济发展中,在国民收入特别是人均国民收入的增长方面,第二次产业具有突出贡献。

第三,服务部门的劳动力相对比重,几乎在所有的国家中都呈现上升趋势。但国民收入的相对比重在有些国家出现了不与劳动力相对比重同步上升的现象。综合来看,大体不变或略有上升。这一结论表明,第三次产业具有很强的吸纳劳动力的特性。但根据各国经济发展水平的不同,劳动生产率提高的水平各不相同。一般来说,在工业先行国家中,第三次产业是三次产业中规模最大的一个产业,无论是劳动力的相对比重还是国民收入的相对比重,都超过总量的一半。

专栏8-1

(三)工业结构的重工业化——霍夫曼定理

由上述分析可知,第二次产业是国民收入的主要源泉,是一个国家经济发展的最重要部门,因此对第二次产业内部结构的演变规律做更深层次的探讨研究是极为必要的。对此,德国经济学家霍夫曼在这个领域做了开拓性的研究,其代表作是《工业化的阶段与类型》。霍夫曼依据近20个国家的时间序列数据,着重分析了制造业中消费资料工业和资本资料工业的比例

关系。这一比例关系就是消费资料工业的净产值(或附加值)和资本资料工业净产值之比,即"霍夫曼比例"。用公式表示为:

$$霍夫曼比例=\frac{消费资料工业的净产值}{资本资料工业的净产值}$$

根据这一比例进行测算,便得出"霍夫曼定理",即在工业化进程中,霍夫曼比例不断下降的规律。同时,霍夫曼根据霍夫曼比例的变化趋势,把工业化进程分为四个阶段:第一阶段,霍夫曼比例为 5;第二阶段,霍夫曼比例为 2.5;第三阶段,霍夫曼比例为 1;第四阶段,霍夫曼比例为 1 以下。

霍夫曼认为,在工业化第一阶段,消费资料工业的生产在制造业中占据主导地位,资本资料工业的生产是不发达的;在第二阶段,与消费资料工业相比,资本资料工业获得了较快的发展,但消费资料工业的规模要比资本资料工业的规模大得多;在第三阶段,消费资料工业和资本资料工业的规模达到大致相等的状况;第四阶段,资本资料工业规模将大于消费资料工业的规模,如表 8—3 所示。①

表 8—3　　霍夫曼对工业化阶段的划分

霍夫曼系数的范围	工业化阶段
5.0(±1.0)	第一阶段
2.5(±1.0)	第二阶段
1.0(±1.0)	第三阶段
1 以下	第四阶段

虽然霍夫曼定理自问世以来的几十年中,保持着广泛的影响,但并不意味着霍夫曼定理就十分完美。不少经济学家纷纷质疑,例如,梅泽尔斯指出,霍夫曼比例在实际运用中有两个明显缺陷:一是仅从工业内部比例关系分析工业化过程是不全面的;二是霍夫曼比例忽略了各国工业发展中存在的产业间生产率的差异。库兹涅茨认为,"在美国的经济发展过程中,看不出存在什么霍夫曼定理"。日本经济学家盐野谷裕一指出,霍夫曼的分类法是不科学的,霍夫曼比例中未包括既不是资本资料又不是消费资料的中间资料。霍夫曼以 75%以上的用途作为划分消费资料与资本资料工业的归属,但实际中有些行业很难确定,并且他又无意识地使用了轻、重工业的划分方法,但轻、重工业的分类与消费资料、资本资料工业的划分并不等同。

对此,一些经济学家对霍夫曼定理做了一定的修正,得出的结论是:在霍夫曼定理提出的年代,重工业是资本资料工业的代名词。因此,霍夫曼定理所描述的生产资料工业优先增长现象说明了工业结构的重工业化过程。然而,在以后的年代里,由于重工业内部的消费资料生产和资本资料生产比例发生了较大变化,重工业内部的消费资料的生产日益占据较大的比例,重工业不再是仅指资本资料工业。例如,汽车和家用电器等耐用消费品在机械工业产品结构中的比重越来越大就是很好的例子。在这种情况下,虽然会出现消费资料生产对资本资料生产的比例关系保持不变,但重工业化率会大大提高。由此可知,尽管霍夫曼比例的含义在现代经济条件下有所变化,从而使霍夫曼定理的适用性受到影响,但是,重工业化是客观存在的,不论

① 霍夫曼. 工业化的阶段与类型[M]. 北京:中国对外翻译出版公司 1980 年版.

是对已经实现工业化的发达国家，还是对正在实现工业化的发展中国家都是如此。

二、三次产业结构的演变趋势

（一）三次产业结构演变的一般趋势

综观世界各国产业结构发展的历程，呈现的主要趋势是三次产业结构有由“一、二、三”向“三、二、一”转变的趋势。这种趋势分别反映在劳动力结构、产值结构等方面。

1. 三次产业劳动力比重变化趋势

根据《世界发展报告》的统计资料，世界各国在1960—1980年世界经济普遍增长的情况下，发展水平不同的各个国家或地区类型的三次产业的劳动力结构，都呈现向“三、二、一”转变的趋势。第一次产业的劳动力都有所下降，其中，中等收入国家或地区下降得尤为明显。第三次产业的劳动力都有所上升，其中，发达国家或地区上升得尤为明显。第二次产业的劳动力在低收入和中等收入的国家或地区的比重有所上升。随着经济发展水平的提高和人均收入水平的增加，第二次产业的劳动力在发达国家或地区的比重有所下降，而第三次产业则空前发展，极大地吸引了第一次产业和第二次产业的劳动力向其转移，从而形成劳动力产业分布的“三、二、一”格局。

同时，在进行同一时点的不同发展水平的国家类别横向比较时，三次产业的劳动力分布比重也存在着向“三、二、一”演变的趋势。从1960年和1990年两个时点的横向比较中可以注意到，一国经济处在低收入阶段，其第一次产业的劳动力比重占据绝对地位；而一国经济进入高收入阶段时，其第三次产业劳动力比重位居第一。即当人均国民收入水平进一步提高时，第三次产业对劳动力转移吸引力最大，从而形成劳动力产业分布的“三、二、一”格局。

2. 三次产业国内生产总值比重变化趋势

根据《世界发展报告》的统计资料，世界各国在1960—1990年，发展水平不同的各个国家或地区类型的三次产业的国内生产总值结构都呈现向“三、二、一”转变的趋势。从不同收入的国家类型的时间序列中可以观察到，第一次产业的国内生产总值的比重持续下降，第三次产业的国内生产总值的比重持续上升，而第二次产业的国内生产总值的比重先升后降。这必然使国内生产总值的比重次序由“一、二、三”演化为“三、二、一”。

同时，在进行同一时点的不同发展水平的国家类型横向比较时也可注意到，三次产业占国内生产总值比重的次序也存在着向“三、二、一”演变的趋势。人均收入较低的国家或地区，第一次产业的国内生产总值的比重较高，而第三次产业的国内生产总值的比重较低。与此相反，人均收入水平较高的国家或地区，第一次产业的国内生产总值的比重较低，而第三次产业的国内生产总值的比重较高。

（二）三次产业结构演变的新趋势

1. 三次产业的融合性趋势

由于科技进步，尤其是三次产业中服务业的发展，三次产业之间出现了融合的趋势。三次产业之间的界限逐渐模糊，同时服务业中的生产性服务业又迅速向第一次、第二次产业扩张和渗透，即随着农业科技的加速进步和农业生产服务体系的建立，第一次产业加快了同第二次、第三次产业的融合。农业产业化进程加快使得农业与加工工业、服务行业出现了加速渗透融合的趋势；而第三次产业对第二次产业需要的生产性服务的提供使第二次产业和第三次产业也出现了密切的融合趋势。目前，互联网、信息数字技术已经成为服务提高第一次产业和第二次产业的产品尤其是制造业产品竞争力的主要手段，数字经济大规模的发展已经成为体现第三次产业向其他产业渗透的大趋势。例如，2021 年我国数字经济发展取得新突破。根据中国信通院的测算，2021 年我国数字经济规模达到 45.5 万亿元，同比名义增长 16.2%，高于同期 GDP 名义增速 3.4 个百分点，占 GDP 的比重达到 39.8%，数字经济在国民经济中的地位更加稳固、支撑作用更加明显。数字产业化规模达到 8.4 万亿元，同比名义增长 11.9%，占 GDP 比重为 7.3%，与 2020 年基本持平。其中，ICT 服务部分在数字产业化的主导地位更加巩固，软件产业和互联网行业在其中的占比持续小幅提升。产业数字化规模达到 37.2 万亿元，同比名义增长 17.2%，占 GDP 的比重为 32.5%。各行各业已充分认识到发展数字经济的重要性，工业互联网成为制造业数字化转型的核心方法论，服务业数字化转型持续活跃，农业数字化转型初见成效。

2. 生产服务业在服务业中成为主导性产业

第三次产业可以划分为消费者服务业和生产者服务业两部分，这两者的此消彼长反映了一个国家或独立经济体经济发达程度和三次产业结构进一步变化的趋势。时下，三次产业贡献 GDP 的比例在发达国家中已经有了进一步的变化，发达国家产业比重结构排序是“三、二、一”，甚至，第三次产业比重会高达 70%，一、二次产业加起来也远远不及第三次产业对 GDP 的贡献。比如，日本、德国、美国的第三次产业占 GDP 的比重都超过 70%。当前，日本的第三次产业占 GDP 的比重已超过 70%，美国第三次产业占比甚至高达 81%。其中，发达国家的服务业中的生产者服务业特别发达，在服务业创造的 GDP 中占了 70%或 70%以上，而消费者服务业虽然也很发达，但其创造的 GDP 为服务业创造的 GDP 的 30%左右。相反，在一些发展中国家，服务业对 GDP 的贡献虽然不断增长，但其中的生产者服务业贡献的比例不高，背后的原因是这些国家制造业中生产制造与生产服务分工不够深化以及制造业发展程度不高。因此，生产者服务业的发达状况已经成为一个国家三次产业结构进一步转型升级的重要趋势，也是衡量制造业发展状况的重要指标之一。

3. 三次产业结构的数字化趋势

发达国家由于在科技领域居绝对优势的地位，因而大规模的互联网信息技术、数字技术和人工智能技术等被应用，数据已经成为新的生产要素，美国政府认为，大数据是“未来的新石油”、数字经济中的“货币”，是“陆权、海权、空权之外的另一种国家核心资产”。一方面，数字经济各行业都离不开数据，智能制造需要用户数据进行个性化定制，区块链技术对数据进行加密，车联网通过有效利用车辆动态信息提供不同的功能服务……数据资源将是产业的核心实力，谁掌握了数据，谁就具备了优势。另一方面，数字素养成为对劳动者和消费者的新要求。与农业经济和工业经济相比，数字经济时代要求劳动者具有双重技能——数字技能和专业技能。在各国数字技术人才普遍不足的情况下，40%的公司表示难以找到他们需要的数据人才，具备较高的数字素养成为劳动者在就业市场胜出的重要因素。对消费者而言，若不具备基本的数字素养，将无法正确地运用数字化产品和服务，从而成为数字时代的“文盲”。提高数字化知识水平既有利于数字消费，也有利于数字生产，是数字经济发展的关键要素和重要基础。正因如此，大大降低了三次产业生产服务过程中生产资源和劳动力在投入要素中的比重，生产场景甚至可以虚拟化控制，从而使三次产业的劳动生产率迅速提高，导致整个产业结构带有数字化特征。

上述三次产业结构的演变趋势表明，在经济发展过程中，依次产生第一、二、三次产业，而三次产业结构转变首先集中在农业向工业的转变上，即所谓的工业化过程。在这个过程中，又细分为重工业化—高度加工化—技术集约化三个阶段。随后数字经济开启了新工业化的过程。数字经济已经越来越受到全球关注，并将推动三次产业发生质的改变。

(三)我国三次产业结构的演变

新中国成立后，我国产业结构发生了一系列重大变化，呈现由低级到高级、由严重失衡到基本合理的发展轨迹。总体来看，我国已由传统的农业国变为门类齐全、初步实现工业化的发展中国家，产业结构已基本上改变了一个时期以来严重失衡的状况，并初步完成了合理化的任务，进入产业结构升级和高级化的阶段。我国三次产业结构的演变大致经历了两个重要的历史阶段，即新中国成立至改革开放前的自力更生工业化阶段和改革开放后的全面赶超阶段。

1949—1952 年，我国用 3 年时间进行恢复性建设。到 1952 年，国民经济基本恢复到新中国成立前的最高水平。1953—1980 年，我国在产业结构方面发生了两次大的超前转换和一次大的被动调整，使国民经济重大比例关系严重失衡，农、轻、重产业比例关系由 1957 年的 43.3∶31.2∶25.5 转变为 1960 年的 21.8∶26.1∶52.1。在经过 5 年的被动调整，初步扭转了产业结构的失衡状况后，1976—1978 年，在经济上又出现了“急于求成”，通过大规模引进国外成套设备，进行了第二次产业结构的超前转换，加剧了各产业间、轻重工业间、重工业内部的结构性矛盾和比例关系失调，造成生产与消费的严重失衡。

改革开放后的三次产业结构的演变状况可从国内生产总值和就业人数两方面加以考察：

(1)从三次产业国内生产总值来看，1990—2009 年，我国宏观经济总量及其各个产业都呈现快速发展的态势，GDP 年均增长 10.1%。其中，第一次产业增加值年均增长 4.7%，第二次、第三次产业增加值分别增长 11.3%和 10.2%。三次产业增加值在宏观经济总量中的比例关系由 1978 年的 28.1∶48.2∶23.7 转变为 2008 年的 11.3∶48.6∶40.1。

(2)从三次产业的就业人数来看，随着农业富余劳动力向非农业产业的转移，我国第二次、第三次产业就业比重继续提高。“十五”期间，我国第一次产业就业人员由 2005 年的 33 970 万人减少到 2009 年的 29 708 万人，年均减少 1 066 万人；第二次产业就业人员从 2005 年的 18 084 万人增加到 2009 年的 21 684 万人，年均增加 900 万人；第三次产业就业人员从 2005 年的 23 771 万人增加到 2009 年的 26 603 万人，年均增加 708 万人。我国三次产业就业人员的比重由 2005 年的 44.8∶23.8∶31.4 转变为 2009 年的 38.1∶27.8∶34.1，第一次产业年均下降约 1.7 个百分点，比“十五”时期多下降约 0.7 个百分点；第二次产业年均上升 1 个百分点，比“十五”时期多上升近 0.8 个百分点；第三次产业年均上升 0.7 个百分点，略低于“十五”时期 0.8 个百分点的升幅。

(3)2010 年至 2021 年我国三次产业增加值中，第一次产业增加值从 2010 年的 38 430.8 亿元增长至 2021 年的 83 086 亿元，对 GDP 的贡献从 2010 年的 9.3%跌至 2021 年的 7.2%；第二次产业增加值从 2010 年的 191 626.5 亿元增长至 2021 年的 450 904 亿元，对 GDP 的贡献比例从 2010 年的 46.5%跌至 2021 年 39.3%，下降速度较快。第三次产业增加值从 2010 年的 182 061.9 亿元增长至 2021 年的 609 680 亿元，对 GDP 的贡献从 2010 年的 44.2%增加至 2021 年的 53.2%，GDP 总量和贡献比例的增速都很快。这说明我国三次产业结构在 21 世纪第二个十年中发生了突破性的变化，第三次产业的 GDP 贡献已经超过了 50%，开始进入中等收入国家应该有的三次产业结构状况。与之相关，可从以下数据观察我国三次产业结构劳动力的分布变化，进而可以推测三次产业比较劳动生产率的变化趋势。

2010—2021 年，我国三次产业吸纳的劳动力以及劳动生产率也有了较大的变化，2010 年我国第一次产业的劳动力就业人数为 28 890 万人，占全国劳动力就业人数的 38%；到了 2021 年则为 17 072 万人，占比也下降至 22.8%；第二次产业的劳动力人数 2010 年为 21 080 万人，到 2021 年稍有增加，为 21 712 万人；但第三次产业吸纳劳动力 2010 年为 25 857 万人，而到了 2021 年已经增加至 35 868 万人，增加了 1 亿多人。与之相关的是，这三次产业的劳动生产率也发生了重要的变化，见图 8—1。

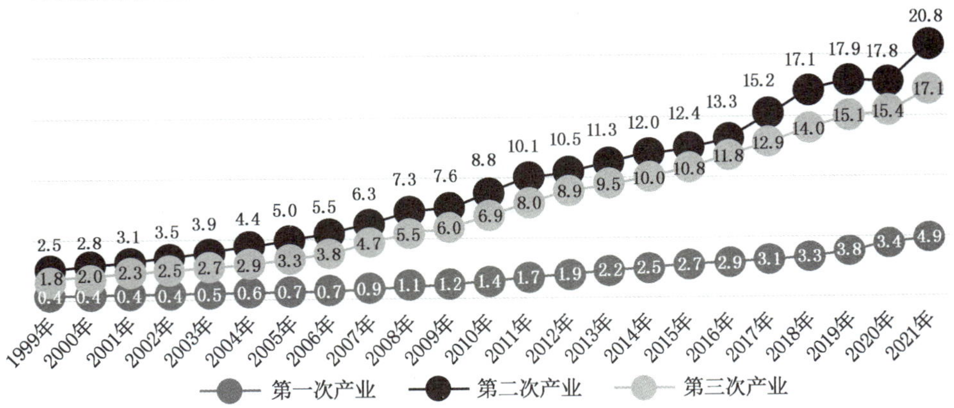

数据来源：根据国家统计局公布的数据绘制。

图 8—1　我国三次产业劳动生产率变化

从图 8—1 中可以看到，第三次产业劳动生产率近 10 年来提高非常快，这应该归功于互联网信息技术、通信数字技术以及其他技术的快速进步对第三次产业的重要影响；也正因如此，劳动力流动趋势符合库兹涅茨效应（劳动力流向高产业生产率的效应）。相反，第二次产业的劳动生产率提高的幅度并没有特别高。

上述三次产业结构的演变反映了以下几个特点：

（1）我国三次产业结构的演变基本符合世界范围的产业结构演变规律，即随着经济的增长、人均 GDP 的增加，第一次产业对 GDP 贡献比重下降，第二次、第三次产业比重上升。从增加值的比重来看，我国三次产业结构在 20 世纪 80 年代中期发生了标志性的变化——第三次产业比重于 1985 年开始超过第一次产业，国民经济总量增长从主要由第一次、第二次产业带动转为主要由第二次、第三次产业带动。

（2）在 1990—2009 年期间，我国第二次产业工业产值的增长成为中国经济快速增长的主要动力之一。按可比价格计算，在 1990—2009 年 GDP 增长的 10.1%中，有 5.8 个百分点来自第二次产业，3.6 个百分点来自第三次产业，0.7 个百分点来自第一次产业。

专栏8-2

(3)近十年来,我国三次产业结构发生了重大的变化,2021 年第三次产业增加值的比重已经超过 50%,并且还在持续增长,这说明我国经济发达程度在逐步提高,已经进入中等收入国家行列。技术进步对第三次产业增加值比重持续上升贡献很大,也导致从事第三次产业的劳动力比重持续上升。

第三节　三次产业结构的演变动因

三次产业结构的演变趋势是随着经济发展、劳动力和国民生产总值在第一、二、三次产业之间移动而进行的。三次产业结构的演进主要受需求结构的拉动和供给结构的推动影响所致。

一、三次产业结构的演变动因

(一)第一次产业国民收入及劳动力的相对比重趋于减少的原因

第一,第一次产业是广义的农业,其中,种植业是第一次产业中的主要部分。农产品主要是解决人们的吃、穿问题的消费资料,最终都构成人们的生活必需品。德国社会统计学家恩格尔指出:随着家庭收入的增加,其总支出中用在食品上的开支比例就越小,这就是恩格尔定律。其中,食品支出金额占总支出金额的比例称为恩格尔系数,用公式表示为:

$$\text{恩格尔系数}=\frac{\text{食物支出金额}}{\text{总支出金额}}$$

按照恩格尔定律,随着人们收入水平的提高,恩格尔系数就会下降,人们对食品尤其是农产品的消费将相对减少;也就是说,随着人们收入水平的不断提高,对食品消费的增加便落后于对其他产品如工业品消费的增加。这种消费结构的变化,使第一次产业产品的消费额在人们的消费总额中不断下降,导致国民收入的支出结构发生变化,这是国民收入在产业间的相对比重发生变化的动因之一。

与此同时,随着国民收入的增加,对各个产业的产品和提供的服务所造成的需求的增加程度(收入弹性)是有差别的。用公式表示为:

$$\text{某一产业的产品收入弹性系数}=\frac{\text{某一产业的产品需求增加率}}{\text{人均国民收入的增加率}}$$

由于产业间收入弹性上的差异还影响价格,所以从供求关系和价格关系来看,需求高增长的产业就比较容易维持较高的价格,从而获得较高的附加价值;反之,需求低增长的产业只能维持较低的价格和附加价值。因此,农业的低收入弹性使农产品在价格和获得附加价值上处于不利地位,这必然使农业所实现的国民收入的份额趋于减少,而其他产业的份额趋于增加。然而,在第一次产业所提供的国民收入比重下降的同时,不可否认,第一次产业的技术水平和劳动生产率都在提高,于是原集中于第一产业的劳动力就不得不从中释放出来,否则相对国民收入(比较劳动生产率)就要减少。这是造成第一次产业的劳动力向其他产业转移的直接原因。

第二,技术进步和收入需求弹性在第一次、第二次产业之间的差异造成了在这两个产业间国民收入贡献和劳动力吸纳的相对比重的变化。由于农业的生产周期比较长,又受到自然气候等方面的影响，因此其生产技术的进步要比工业困难得多，尤其是由于土地的数量无法改变，仅靠其他投入要素的增加和改进，农业的边际报酬也一定会递减，因而对农业的投资很容易出现所谓的“报酬递减”的现象；也就是说，随着产量的增加，单位产量的生产费用(成本)反而上升，以至于增产不增收。相反，工业则不然。在工业的生产函数中，几乎所有的投入要素都是可以改变的，并且工业生产受气候等自然条件的影响很小，其技术进步又比农业生产迅速，且往往处于“报酬递增”状态，随着工业投资的增加和产量的扩大，单位成本下降的潜力较大。由于农业处于报酬递减状态，同时其产品需求收入弹性又低，造成了处于低价格、低附加价值的处境，从而使第一次产业的国民收入贡献的相对比重减少。

第三，农业劳动生产率提高是第一次产业劳动力相对比重下降的重要原因。随着生产力的发展，大机器生产逐步引入第一次产业，使得农业劳动生产率也得到较快的提高。然而，农业存在着土地的有限性和低收入弹性的特点，必然要求从农业中释放出大量的劳动力转入其他产业，这样也使得农业劳动力的相对比重不断减少。一般来说，农业劳动力相对比重的下降速度落后于国民收入相对比重的下降速度，因而农业的相对国民收入总是比其他产业要低。

(二)第二次产业国民收入的相对比重上升的原因

对于第二次产业国民收入的相对比重上升的原因，除了前面的阐述外，还可以从下面两部分进一步论证。人们的消费结构变化不仅使工业产品的需求量增加，也使工业品的需求收入弹性处于有利地位；而且，国民收入中用于投资部分的增长在不断扩充生产资料的工业品市场，工业品市场的扩大又给工业的增长和工业提供国民收入的增长创造了机会。这样，整个国民收入的支出结构都支持着工业的高收入弹性，于是第二次产业实现的国民收入在全部国民收入中的比重上升也就成为必然。

相对于工业部门的国民收入相对比重的上升，该部门的劳动力相对比重上升得不多。一种比较让人信服的解释是，工业化推进到一定的阶段之后，工业技术的进步使得工业部门的资本有机构成不断提高、技术水平不断提升，于是产生排斥工业部门本身的劳动力的力量。与此同时，工业部门内部的行业扩大与增加又产生了吸纳劳动力的力量。当这两种力量趋于均衡时，第二次产业的劳动力相对比重便趋于稳定。可见，第二次产业是提高国民经济效益、增加国民收入的主要源泉，但当经济发展达到一定水平后，它不可能大量吸收新的劳动力。

(三)第三产业劳动力相对比重上升及国民收入相对比重上升的原因

随着经济的发展，第一次产业中的大量剩余劳动力开始向第三次产业转移，使第三次产业的劳动力相对比重大幅度提高。同时，又由于人均国民收入的上升，人们对非物质的消费需求不断扩大，服务产品比农产品具有更高的收入弹性。这样就使相对国民收入(比较劳动生产率)的数值大于1。形成这一状态的主要原因在于：传统的第三次产业由于行业的特点，使其劳动力和资本投入的壁垒比较低，为劳动力大量进入这一产业提供了可能。但由于产品差异化程度小，往往形成产业内激烈竞争，不易出现垄断，从而使这种服务产品的价格与工业制造产品的价格相比附加价值较小，使它在国民收入中的相对比重上升不多。但值得注意的是，第三次产业的相对国民收入的比重是随着一国经济发展水平的不同而不同的。在经济发展到一定程度后，第三次产业的国民收入相对比重要比第二次产业的国民收入相对比重大甚至大得多。这是由于随着消费市场的扩大，需求收入弹性上升，不仅使第三次产业吸纳大量的劳动力，而且由于信息产业、金融业等现代第三次产业的产生，使其产品的附加价值随着价格的不断提高而提高，导致其国民收入相对比重上升的速度快于劳动力相对比重上升的速度，从而使第三次产业在国民经济中的地位显得愈发重要。

二、新一轮技术革命对三次产业结构演化影响

每一次重大技术变革与创新必然导致产业的创新发展，甚至导致所谓的工业革命，进而影响三次产业结构。2010 年以来，以工业“4.0”、人工智能、数字技术为代表的新技术革命及其发展趋势已经深刻影响人类社会的发展。按照德国人对“工业 4.0”的说法，人类社会即将迎来的恰恰是智能信息物联系统为代表的新技术新工业革命。智能信息物联技术是目前与未来众多技术变革引导下的产物。

重大的科学技术进步是影响人类社会发展与进步的最为重要的因素，也是经济增长与产业发展的关键因素，历史已经证明每一次重大技术变革与创新必然导致产业的创新发展，进而影响经济增长和三次产业结构的变化。近年来，由于信息通信技术、互联网技术、新能源技术、数字技术以及人工智能技术的快速发展，已经对全球经济、社会、产业、企业发展产生了极大的影响，导致全球各界一直在讨论新一轮工业革命是否已经来临，产业发展与结构变化的未来方向在哪里等问题。时下至可以预见的未来，全球最为重要的科学技术进步可以归纳为五个大的方面：

1. 人工智能与机器学习

人工智能(AI)和机器学习是当前科技领域最热门的话题之一。AI 已经在语音识别、图像识别、自然语言处理等领域取得了重大突破，而机器学习作为 AI 的核心技术，使得计算机能够自主学习和改进。未来，AI 和机器学习将在自动驾驶、智能家居、医疗诊断等领域发挥更大的作用，并有望为人类带来更为便利的生活。

2. 量子计算与量子通信

量子计算和量子通信是未来计算和通信技术的重要发展方向。量子计算利用量子比特进行计算，有望在密码学、优化问题等领域带来突破。而量子通信利用量子态进行信息传输，具有高度的安全性和可靠性。随着量子技术的发展，未来人们有望享受到更加安全、快速的网络通信服务。

3. 生物技术与基因编辑

生物技术和基因编辑的快速发展为人类带来了革命性的影响。基因编辑技术如 CRISPR 已经可以实现精确地修改生物基因，有望治愈一些遗传性疾病。同时，生物技术还在农业、食品、环保等领域发挥重要作用，如合成生物学可以用于生产生物燃料和生物材料。未来，生物技术和基因编辑将继续发挥重要作用，为人类带来更加美好的生活。

4. 区块链与加密货币

区块链和加密货币是近年来出现的创新性金融技术。区块链技术通过去中心化、分布式账本的方式，保证了数据的安全性和透明性，已经在数字货币、供应链管理等领域得到广泛应用。而加密货币如比特币的出现，使得金融交易更加便捷和安全。未来，区块链和加密货币将继续改变金融行业的格局，为人们提供更加灵活和安全的金融服务。

5. 太空探索与宇宙研究

太空探索和宇宙研究一直是人类科技发展的重要方向之一。随着科技的进步，人类已经

能够实现载人航天、探测器登陆火星等壮举。未来，太空探索将更加深入和广泛，有望发现更多的宇宙奥秘和资源。同时，宇宙研究也将在暗物质、暗能量等领域取得突破，进一步揭示宇宙的奥秘。

上述五大技术中人工智能的现在与未来发展，应用前景极为广泛，将极大地影响未来三次产业发展以及三次产业结构的巨大变化。图 8—2 展示了人工智能的产业链，其中包括基础支撑、关键技术及应用场景。基础支撑指的是芯片、传感器、数据服务和云计算等计算机基础设施服务，以满足人工智能所需要的计算性能。而人工智能的关键技术发展主要有：(1)语音识别和自然语言处理；(2)机器学习和数据分析；(3)计算机视觉图像分析；(4)自动化和智能控制；(5)智能助手和虚拟人物；(6)聊天机器人和语音助手；(7)智能推荐和个性化设置等。产业链下游为应用场景方面。为了促进人工智能技术在诸多方面应用以促进我国经济、产业高质量发展，2022 年 7 月 29 日科技部等六部门专门印发了《关于加快场景创新以人工智能高水平应用促进经济高质量发展的指导意见》，特别"鼓励在制造、农业、物流、金融、商务、家居等重点行业深入挖掘人工智能技术应用场景，促进智能经济高端高效发展。制造领域优先探索工业大脑、机器人协助制造、机器视觉工业检测、设备互联管理等智能场景。农业领域优先探索农机卫星导航自动驾驶作业、农业地理信息引擎、网约农机、橡胶树割胶、智能农场、产业链数字化管理、无人机植保、农业生产物联监测、农产品质量安全管控等智能场景。物流领域优先探索机器人分流分拣、物料搬运、智能立体仓储以及追溯终端等智能场景。金融领域优先探索大数据金融风控、企业智能征信、智能反欺诈等智能场景。商务领域优先探索多人在线协同会议、线上会展、盘点结算等智能场景。家居领域优先探索家庭智慧互联、建筑智能监测、产品在线设计等智能场景。消费领域积极探索无人货柜零售、无人超市、智慧导购等新兴场景。交通运输领域优先探索自动驾驶和智能航运技术在园区内运输、摆渡接驳、智能配送、货车编队行驶、港区集装箱运输、港区智能作业、船舶自主航行等方面的智能应用场景"。

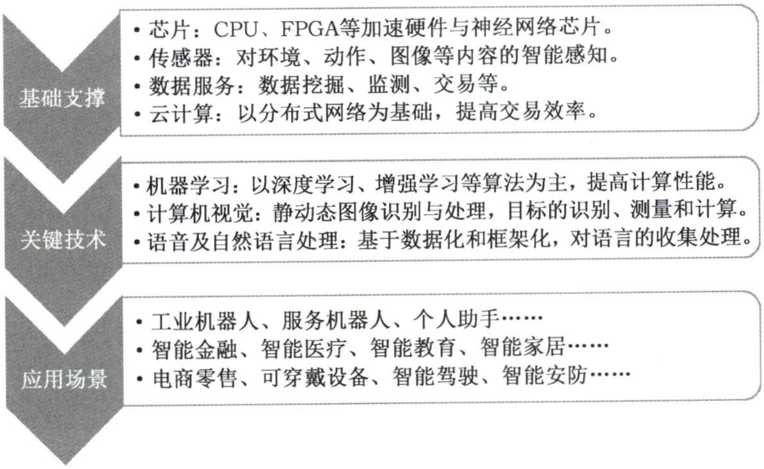

图 8—2　人工智能产业链构成

这些新技术、新方式目前的发展变化以及未来的发展变化，一定会带来现行三次产业结构与未来三次产业结构的变化。

复习思考题

1. 三次产业结构变化的规律是什么?
2. 产业结构变化对经济高质量增长有相关性影响吗?
3. 产业结构转型升级主要依赖什么条件?
4. 我国三次产业结构演化的趋势以及背后的影响因素是什么?

第九章

制造业结构演变

制造业通常称为工业，是国民经济的主要部门。自 18 世纪 60 年代英国工业革命以来，世界经济的发展过程主要表现为工业化演化的过程，之所以要称为工业化，是因为在此经济发展过程中，工业一直是各国经济发展的“火车头”。因此，对工业化过程中制造业结构演进规律的研究就十分重要。本章主要分析工业化过程中制造业及其结构演进的基本规律，以及制造业结构演进的动因。

第一节　制造业结构与工业化

一、制造业内部分类

制造业在工业化过程中即现代经济发展中占据举足轻重的地位，它代表了一个国家的经济实力。对制造业内部产业之间的结构关系进行研究，是研究制造业（工业）演化的起步。制造业分类主要有两种方法：

（一）轻、重工业分类法

轻、重工业分类在东西方国家的含义稍有差异，但是不存在本质上的差别。在市场经济国家，轻工业一般是指所生产的产品的相对重量比较轻的工业部门，如食品、服装、首饰行业等，而重工业是指所生产的产品的相对重量比较重的工业部门，如汽车制造业、机器设备、钢铁业等。在我国，轻工业是指生产生活资料的工业部门，而重工业是指生产生产资料的工业部门，这一分类是按照产品用途来进行的。

（二）霍夫曼分类法

德国经济学家霍夫曼在对工业化过程进行考察和分析时，把工业部门分成消费资料工业、资本资料工业和其他工业三类。其中，消费资料工业包括食品工业、纺织工业、皮革工业和家具制造业；资本资料工业包括冶金及金属制品工业、一般机械工业、运输机械工业和化学工业；而其他工业则包括橡胶工业、木材加工业、造纸工业和印刷工业等。为了避免出现生产某产品的工业既属于消费资料工业又属于资本资料工业的情况，霍夫曼在进行产业分类时定下了一个划分的原则。霍夫曼规定，当某产业产品的用途有 75% 是消费资料时，即把该产业划入消费资料工业；反之，当某产业产品的用途有 75% 是资本资料时，就把该产业归入资本资料工业。而那些难以用上述原则进行划分的产业，则全部列入其他工业之下。霍夫曼正是根据这一分类，通过研究提出了著名的霍夫曼系数和霍夫曼定理。

二、工业化阶段与工业结构

简单地说，工业化是指机器大工业和机器大工业生产方式在国民经济中占据统治地位，经济增长迅速，经济结构变动剧烈，由农业国变为工业国的过程。工业化的实质是以机器大工业生产方式所代表的先进生产力逐步取代传统生产方式的过程，由于机器大工业生产方式及机器大工业的发展，加速了社会分工，使工业内部的各产业部门不断分化或诞生，从而使原有的产业间关系即工业内部结构发生了较大的变化。工业化是一个过程，是经济发展中的一个特定阶段，即工业发展为主导产业的阶段。工业化过程可以划分为起步、成长和完成三个阶段。

(一)起步阶段

工业化起步阶段的时间长短受到各方面因素的影响。例如，当事国的资源状况、资金供给、技术水平、市场容量、对外开放程度等都会影响起步阶段的时间长短，而该国推行工业化时的起步方式影响更大。工业化的起步方式有两种：一种是以发展轻工业为重点、以市场需求引导供给的起步方式；另一种是以发展重工业为重点、以资源推动供给的起步方式。一般来说，前者所花时间长，后者所花时间短。

起步阶段的主要特征有：(1)人均国民生产总值接近或达到 300 美元；(2)大机器工业体系正在建立成长之中，大机器工业生产方式尚未完善并且仅限于工业生产领域；(3)农业在国民经济中的比重依然很大；(4)工业内产业间联系不够紧密，但呈现轻工业为主的状况；(5)工业内技术水平较低，传统技术占绝对大的比重。

(二)成长阶段

在工业化的成长阶段，经济发展呈现两个重要特征：(1)人均收入水平迅速提高，给予工业化进一步展开以资金和市场的准备；(2)工业结构转换的速度加快，制造业发展迅速。人均收入水平提高是工业化推进的结果，同时又是进一步推进工业化的前提。钱纳里等人认为，人均收入水平与工业结构变化的相关程度在这一阶段是比较高的。成长阶段的时间一般不长，日本、韩国等只用了二三十年时间就完成了成长阶段。

成长阶段的主要特征为：(1)人均国民生产总值为 300～2 000 美元；(2)机器大工业体系健全，工业部门门类齐全、联系密切，机器大工业生产方式已经开始进入其他生产领域，如交通、商业、邮电等；(3)工业结构变动迅速，在此期间大致完成了重工业化过程；(4)工业已在国民经济中占据主导地位；(5)工业基础设施和技术水平有了较大的改善。

(三)完成阶段

经过成长阶段的高速发展，工业化将进入完成阶段。完成阶段的主要特征有：(1)人均国民生产总值一般为 2 000～4 000 美元；(2)第三次产业在国民生产总值中的比重迅速上升，开始超过或接近于工业在国民生产总值中的比重；(3)工业结构变化很快，已完成“高加工度化”过程，并呈现“高技术化”倾向；(4)机器大工业生产方式已进入农业领域，农业劳动生产率有了较大提高，农业生产中机器使用程度较高；(5)工业技术水平已基本达到当时国际先进水平。

工业化完成之后，经济发展就进入所谓的“后工业化”阶段，此时最大的特征是第三产业开始替代工业成为当时经济发展的“推进器”，工业结构的演进则开始进入“高技术化”过程。

(四)钱纳里对工业化阶段的划分

钱纳里等人从结构转变过程的角度将各国的人均收入水平划分为六个变动时期，其中第二至第五个时期为工业化时期。也就是说，工业化按人均收入水平可以分为四个阶段。从表9—1可以看出，由于国际美元币值的变动，工业化阶段以人均GDP的不同年份美元来反映有很大的差别。以1970年美元计算，人均GDP在280～560美元为工业化的第一个阶段，2 100～3 360美元为工业化的结束阶段；而以1996年美元来衡量，人均GDP在1 240～2 480美元才进入工业化的第一个阶段，到9 300～14 880美元才是工业化的最后阶段。

根据钱纳里等人的研究，以1970年美元来衡量，准工业国家在工业化起步阶段时，人均收入的一般国家或地区是350美元，大国是300美元，初级产品出口导向国家是500美元。换算为1996年美元，进入准工业国家的一般大国的人均收入水平为1 860美元。

表9—1　　人均收入水平变动所反映的工业化阶段　　单位：美元

工业化阶段	人均GDP			
	1964年	1970年	1982年	1996年
1	200～400	280～560	728～1 456	1 240～2 480
2	400～800	560～1 120	1 456～2 912	2 480～4 960
3	800～1 500	1 120～2 100	2 912～5 460	4 960～9 300
4	1 500～2 400	2 100～3 360	5 460～8 736	9 300～14 880

注：1970年与1964年美元的换算因子为1∶4，1970年与1982年美元的换算因子为2∶6，取自钱纳里等人的研究结果；1964年与1996年的换算因子为6∶2，系根据美国GDP减缩指数计算，并参照钱纳里等人的方法加以适度调整得出。

资料来源：(1)钱纳里等. 工业化和经济增长的比较研究[M]. 上海：上海三联书店1989年版，第71页；国际经济和社会统计资料(1950—1982)[M]. 北京：中国财政经济出版社1985年版；国际统计年鉴(1998)[M]. 北京：中国统计出版社1998年版。

(2)转引自郭克莎. 中国工业化的进程、问题与出路[J]. 中国社会科学，2000(3)：61。

第二节　制造业结构演变的基本规律

根据对发达国家工业化过程的总结，人们发现各国制造业结构的演进基本上有以下的规律。

一、制造业结构的重工业化过程

所谓重工业化过程，是指在经济发展过程中制造业结构由以轻工业为主转向以重工业为主的过程。

对工业化过程中制造业结构演进规律进行了开拓性研究的德国经济学家霍夫曼，在他1931年出版的《工业化的阶段和类型》一书中，对工业化过程中的重工业化问题做了周密的统计分析。霍夫曼利用近20个国家的时间序列数据，分析了消费资料工业和资本资料工业的比例关系，得出了著名的霍夫曼定理。如果将消费资料工业净产值与资本资料工业净产值之比称为霍夫曼系数，那么所谓霍夫曼定理就是：随着工业化的进程，霍夫曼系数是不断下降的。也就是说，随着工业化的进展，资本资料工业规模与净产值不断上升，这就是重工业化过程。

在提出霍夫曼定理时，霍夫曼曾详细地测算了一些国家所提供的数据。通过对这些数据的测算，霍夫曼认为当时（指 20 世纪 20 年代）的样本国家在工业化阶段可以进行如下的划分：处于第一阶段的国家有巴西、智利、印度和新西兰等；处于第二阶段的国家有日本、荷兰、丹麦、加拿大、匈牙利、南非联邦和澳大利亚等；处于第三阶段的国家有英国、瑞士、美国、法国、德国、比利时和瑞典等；还没有一个国家进入工业化的第四阶段。从一些工业先行国家的工业化过程来看，在它们完成了重工业化的任务之后，其重工业化率（重工业占制造业的比重）在60％～65％之间。

霍夫曼定理的提出，给制造业结构演进规律的研究带来了新思维。然而，霍夫曼的理论也遭到了一些经济学家的诘难，如梅泽尔斯和库兹涅茨等人就对霍夫曼定理提出过异议。但正是许多经济学家对霍夫曼定理的修正研究，才使制造业结构演进的理论提到了新的高度。在对重工业化问题做进一步的研究中，日本学者盐野谷裕一做出了较大的贡献。

库兹涅茨发现，在美国经济中资本形成占国民生产总值的比例是长期稳定的，他认为资本资料优先的结论是没有根据的。他宣称："在美国的经济发展过程中，看不出存在什么霍夫曼定理，因此，根据美国的经验不得不放弃它。"

梅泽尔斯认为，霍夫曼系数在运用时有两个问题：一是仅从工业内部比例关系来分析工业化过程是不全面的；二是霍夫曼系数忽略了各国工业在发展过程中必然会存在的产业之间的生产率的差异。例如，处于同一工业化阶段的日本和荷兰，其霍夫曼系数是相同的，但很难说这两个国家是处于同一个工业化阶段。

盐野谷裕一在其 1964 年发表的《美国和瑞典的工业增长模式》一文中，针对霍夫曼在产业分类时出现"其他产业"（既非消费资料又非资本资料的产业）的缺陷，运用"商品流动法"的原则，对产业分类进行了重新划分，将全部产业的产出不分行业地分别归属于消费资料和资本资料两大类，再对此进行霍夫曼系数的计算。

从修正后数据的计算结果（见表 9－2）中，盐野谷裕一得出了以下结论：(1)从美国、瑞典等先行工业化国家的长期时间序列分析来看，制造业中资本资料生产的比重大体处于稳定的状态；(2)从轻、重工业的比例来看，普遍存在重工业比重增大的现象；(3)日本霍夫曼系数明显下降的事实说明，霍夫曼定理对工业化初期阶段是适用的。盐野谷裕一进一步指出，凡人均国民收入超过 200～300 美元（以 1950 年美元价格计算）、工业化水平达到较高水平的国家，消费资料工业和资本资料工业的比例（按照产品用途来划分）是稳定不变的，处于这个水平以下的、正在进行工业化的国家，霍夫曼系数将下降，然后在一定时期又趋于稳定。

表 9—2　　霍夫曼系数的估计值

美国	年份	1869	1879	1889	1899	1904	1909	1914	1919	1929	1937	1947	1954
	霍夫曼系数	2.8	3.6	2.8	2.8	2.7	2.7	3.0	3.1	2.2	2.4	2.3	2.0
日本	年份	1909—1914	1914—1919	1919—1923	1921—1925	1923—1927	1925—1929	1927—1931	1929—1933	1931—1935	1933—1937	1935—1939	1937—1940
	霍夫曼系数	11.4	9.6	7.2	7.9	7.8	7.4	6.5	6.3	5.6	4.8	4.7	4.6

续表

瑞典	年份	1864	1873	1882	1889	1897	1906	1913	1926	1938	1948		
	霍夫曼系数	2.9	2.6	2.4	2.5	2.4	2.6	2.3	2.7	2.0	1.8		
丹麦	年份	1930	1935	1939	1947	1949	1953	1958					
	霍夫曼系数	2.5	2.9	2.9	2.9	2.7	2.3	2.5					

资料来源：盐野谷裕一．美国和瑞典的工业增长模式[J]．一桥大学《经济研究》，1994，5(1)。

在对重工业化的研究中，另一个问题是，当霍夫曼系数大体稳定时，为什么重工业化率仍可上升？其主要原因是重工业的内涵发生了变化。在霍夫曼定理提出的年代，重工业与资本资料工业的内涵是一致的。然而，随着经济的发展，两者的内涵逐渐开始不同。在重工业（特别是在被视为传统的重工业部门——机械工业）内部，消费资料生产的比重逐渐上升，弥补了轻工业中消费资料生产比重的部分下降。因此，当工业化发展到一定阶段，尽管霍夫曼系数呈现大体稳定的状态，但重工业化率则仍可继续上升。这一解释也同时说明了在工业发展到一定阶段后，重工业化主要是靠机械工业的增长来支持的。

霍夫曼定理及其修正主要揭示了工业化的第一阶段，即"重工业化"阶段的结构演化规律，至于第二阶段的"高加工度化"以及第三阶段的"技术集约化"，则是之后的一些学者提出和总结的。随着一些发达国家工业进入更高阶段，有些学者又提出了一些新的概念，如丹尼尔·贝尔(Daniel Bell)的"超工业社会""后工业社会""信息社会"等。

二、制造业结构的高加工度化过程

在工业发展的重工业化过程中，制造业结构又表现为以原材料工业为中心转向以加工、装配工业为中心的发展趋势，这就是所谓的高加工度化过程。

由于加工度越深，附加价值也越大，所以高加工度化过程也被称为高附加价值化过程。在重工业化的初期阶段，制造业结构表现为以原材料为重点的结构关系，这时的工业产品多为初级产品和粗加工产品。随着生产力的发展和重工业化水平的提高，原材料工业所占比重逐渐缩小，而加工、组装工业所占比重逐步提高，以至于当重工业化进展到一定时期后，或者说当原材料工业发展到一定水平后，制造业结构就会发生由原材料为中心的结构向以加工、组装工业为中心的结构转换。高加工度化意味着工业产品结构和产品内部结构的复杂化和精度化，意味着工业分工协作的进一步深化。制造业的高加工度化过程意味着随着工业化的进程，工业产品的加工程度不断加深；也意味着当原材料工业发展到一定阶段以后，其增长速度将被加工装配型工业所超越。由此可见，重工业化的过程可分为以原材料工业为重点的阶段和以加工组装工业为重点的阶段。

原材料工业与加工组装工业是相对而言的。如纺织对服装、装饰来说，前者是原材料工业，后者是加工组装工业；木材对家具、木器而言，前者是原材料工业，后者是加工组装工业；同理，钢铁、有色金属冶炼工业是原材料工业，各类机械工业是加工组装工业。根据这样一种划分，可以考察日本的制造业结构状况。表 9—3 反映了日本第二次世界大战后工业中有关原材料工业、加工工业和装配工业的结构状况。表 9—4 反映了各类工业在制造业结构中的地位的变化。数据表明，第二次世界大战后日本工业化进程的演变就是一个典型的高加工度化过程的例子。

表 9—3　　第二次世界大战后日本制造业结构状况表　　单位:%

	1956 年	1958 年	1960 年	1962 年	1964 年	1966 年	1968 年
原材料工业	50.5	43.5	43.0	39.0	39.3	38.9	36.5
加工工业	39.3	42.0	41.3	43.5	44.6	45.4	45.2
装配工业	10.7	14.5	15.7	17.5	16.1	15.8	18.3

表 9—4　　日本制造业结构的高加工度化

	出厂销售总额(10 亿日元)			职工人数(千人)		
	1955 年	1975 年	1975 年/1955 年	1955 年	1975 年	1975 年/1955 年
纺织	1 096	6 457	5.89	1 061	996	0.94
服装、服饰	85	2 180	25.65	144	531	3.69
木材	274	3 618	13.20	383	465	1.21
家具、木器	65	1 974	30.37	145	315	2.17
钢铁	650	11 306	17.39	276	500	1.83
有色冶金	280	3 909	13.96	99	209	2.11
普通机械	312	10 611	34.01	383	1 103	2.83
电气机械	251	10 821	43.11	233	1 214	5.21
运输工具	371	14 881	40.11	322	945	2.93
精密仪器	56	1 729	30.88	79	239	3.03
金属制造	219	6 573	30.01	358	855	2.39

资料来源:日本通产省.工业统计表——产业篇[R].1955 年,1975 年。

一般来说,虽然原材料工业与加工装配工业之间的比例关系不会是一个常数,但加工装配工业比例上升的趋势也从一个侧面反映了一个国家工业化的进程。因为随着工业加工程度的加深,工业增长对原材料的依赖度将逐渐下降,中间产品的利用能力将不断增加,最终产品中附加价值的比重将日益提高,其结果既大大提高了制造业的经济效益,又使制造业结构得到了改善和演进。

三、制造业结构的高技术化过程

(一)制造业结构的高技术化过程

在制造业发展初期,轻工业在整个制造业结构中占据主要地位,而轻工业的增长主要是依靠劳动力的投入来实现的。因此,在制造业发展初期,劳动力是最主要的生产要素,在制造业生产中起着重要的作用。例如,当时的支柱产业——纺织工业——就是一个典型的依靠劳动力的投入而获得增长的工业部门。

随着工业化的发展,制造业结构开始了重工业化的过程,煤炭、钢铁、石油等重工业部门纷纷崛起。而这些重工业部门均是一些典型的资本密集型工业,其增长对资本的依赖度很大,不对其进行大规模的投资，这些部门便不能获得发展。也就是说，工业化的进程已进入资本密集化的阶段，资本已取代劳动力成为工业增长的主要生产要素。

由于工业化的进一步发展，这种以大规模的资本投入为基础、以大型设备和大批量生产体制为特征的制造业结构逐渐显示出一系列的问题，如资源的大量消耗、环境的日益恶化等。在此背景下，制造业先行国家开始了新一轮大规模的结构转化过程，迎来了工业化进程中高加工度化的阶段。在高加工度化阶段，制造业的增长越来越多地依赖于技术，技术开始取代资本，日益成为制造业增长的主要生产要素。

由上可见，制造业的发展过程在其重心由轻工业向重工业转移、由原材料工业向加工装配工业转移的同时，从生产厂家的角度而言，还经历了由劳动力密集型向资本密集型进而向技术密集型工业转移的过程，这就是制造业结构的高技术化过程。

从工业化进程来看，高技术化过程大约始于 20 世纪 70 年代。在整个制造业中，一些利用微电子技术、计算机技术、新材料技术、信息技术、激光技术、航天技术、核技术、海洋技术和生物工程技术等新技术的所谓高技术工业获得了惊人的发展。一些资料表明，在一些制造业先行国家，高技术工业的净产值已经超过了传统工业，成为制造业乃至整个制造业结构的支柱。

（二）制造业结构的制造服务化过程

与制造业结构高技术化过程密切相关的是整个经济和产业结构的软化。“软化经济”的概念是日本经济结构变化与政策问题研究会于 1983 年首次提出来的。产业结构的软化有两个层次的含义：一是指在产业结构的演进过程中，软产业（主要是第三次产业）的比重不断上升，出现了所谓的“经济服务化”趋势；二是指随着制造业结构的高加工度化过程和高技术化过程，在制造业结构中对管理、技术和知识等“软要素”的依赖度大大加强，并且制造业生产过程与生产服务业的结合越来越密切，这就是制造服务化的开始。

所谓产业的“硬化”和“软化”，是由软化率指数来划分的。软化率指数的计算一般有以下两种方法：

$$软化率=非物质投入\div(非物质投入+物质投入) \tag{9-1}$$

$$软化率=(非物质投入+工资费用)\div生产额 \tag{9-2}$$

在日本，人们把按公式（9－2）计算出的软化率指数小于 40％的产业称为硬产业，把软化率指数为 40％～60％的产业称为低软化产业，而软化率指数大于 60％的产业就是高软化产业。

显然，产业结构软化的第一层含义就是软化产业，特别是高软化产业在整个产业结构中占据一定的比重。当然，比起第一次产业和第二次产业，第三次产业的软化率是比较高的。而第三次产业主要以服务业为主，因此，也常把产业的软化过程称为“经济服务化”过程。

产业结构软化的第二层含义是在所谓的制造业这样的硬产业中，其“软要素”所起的作用也越来越大，而相对来说生产等职能在产出中的作用则日趋减少。这在企业中的一个明显表现是，直接生产人员的比例下降而非直接生产人员如研发、分销和服务人员的比例则有所增加。

专栏9-1

第三节　制造业结构演变的动因

制造业结构随着工业化展开后的阶段性演化规律具有相当多推动这种变化的内在因素。导致制造业结构的演变随经济发展呈现重工业化、高加工度化、高技术化趋势的主要因素是什么？可以从下列几个方面分析探讨。

一、社会需求结构的变化对制造业结构的影响

随着人均国民收入水平的增长，社会的需求结构、人们的消费结构都将发生变化。这不仅是国民经济中产业结构发生变化的原因，而且是制造业结构发生变化的一种动因。社会需求对制造业结构的影响在社会需求总量和社会需求结构两个方面得到反映。作为社会需求的两个组成部分，消费需求的变化会引起投资需求很敏感的反应，投资需求和消费需求的变化必然直接导致生产总量和结构的变化，从而改变产业结构和制造业结构。根据马斯洛的需要层次理论，人们的消费结构可划分为以下三个阶段：

（一）生理性需要占统治地位的阶段

在人们还处于较低收入水平的阶段，消费结构中的主要部分是解决温饱问题：一是要吃饱，二是要穿暖。从消费欲望及其结构的发展阶段来说，此时是处于“生理性的需要占统治地位的阶段”。此阶段整个消费结构中食品和纺织品占消费结构的主要部分，其他消费品需求量尤其是耐用品消费支出相对较少。然而，正如恩格尔定理所指出的那样，随着人们收入水平的提高，消费结构中用于食品的部分将减少，这意味着人们开始需求更多的其他消费工业品，这是工业化能够起步在需求结构上的反映。食品支出比重的减少，自然使人们的消费需求首先移向穿和用。这是工业化首先从轻工业，特别是从纺织工业起步在需求结构上的反映。

（二）追求便利和机能的阶段

随着人均国民收入水平的进一步提高，人们的消费结构将进入“追求便利和机能的阶段”。这种消费欲望和结构的变化意味着人们要求逐步增加耐用消费品的消费。与此同时，人均国民收入的提高还意味着为资本大量积累提供了可能。消费品需求与结构的变化导致对资本密集型的原材料工业需求的增加，如此必然要求资本资料工业的大发展。这两者是工业化过程中制造业结构必然出现重工业化趋势在需求结构上的反映。

（三）追求时尚与个性的阶段

人们的消费结构演变的第三个阶段是“追求时尚与个性的阶段”。人们的消费欲望出现多样性和多变性，此时工业生产方式也由少品种、大批量的大量生产方式，发展到多品种、小批量的大量生产方式。消费需求的这种特点，正是制造业结构的高加工度化必然出现的一种根据。

人们对某产业产品的需求或对某商品的需求随着人均国民收入的增加而增加的相关关系，在经济学中用“需求的收入弹性”（简称“收入弹性”）来描述。弹性在数学上的意义是两个变量变化率之极限的比$(dy/y)/(dx/x)$。这个比值就称为弹性系数，如果弹性系数大于1，即认为是富于弹性；小于1则认为是缺乏弹性的。收入弹性是指在价格不变的前提下，产业的产品（或某一商品）需求的增加率和人均国民收入的增加率之比，公式表示如下：

某产业产品的收入弹性系数＝某产业产品的需求增加率÷人均国民收入的增加率

通过对收入弹性系数的观察，得出的结论是，生产高收入弹性的产品的产业将在产业结构中能够占有更大的份额。一般来说，农产品的收入弹性不断低于工业品；轻工业产品的收入弹性又不断低于重工业产品。在工业化的不同阶段，不同产业产品的弹性系数是不相同的。这种现象还可以通过对人均国民收入不同水平的国家的比较中看出来，见表9—5。

表9—5　制造业各行业的收入弹性

	综合	不发达国家	高收入国家
制造业平均	1.369	1.89	1.30
食品、饮料、卷烟	0.978	1.72	0.93
纺织	1.205	2.12	0.75
服装、鞋类	1.361	1.95	1.25
木器	1.531	1.71	1.51
纸张、纸制品	2.035	2.36	1.86
印刷、出版	1.718	1.24	1.64
皮革制品	0.893	2.01	0.91
橡胶制品	1.982	1.94	1.46
化工产品	1.547	1.80	1.12
有色金属矿产品	1.157	2.37	1.14
钢铁	1.991	2.98	1.16
机械	1.984	2.23	1.87
其他制造业	1.847	2.05	1.88

资料来源：联合国．工业发展的研究[R]．1963年。

因此，在表9—5的同一时点上，不同工业部门的产品在收入弹性上的差异，显示在这一时点上工业结构变化的趋势和方向；而各工业部门之间在不同时点上收入弹性的显著变化，则显示工业化的阶段性和制造业结构质的变化。

二、供给结构对制造业结构的影响

所谓供给结构，是指资源（包括劳动力、资本、自然资源）的保有量及相对价格的结构、生产技术的水平和状况等。一定的供给结构是制约一个国家制造业结构的重大因素，一定的供给结构反映了一个国家工业化的阶段等。

在一定的供给结构下，在制造业各部门中形成的生产率上升率的差异对制造业结构产生影响。这种在经济发展过程中必然会出现的生产率上升率在产业、制造业各部门中出现差异的现象，称为生产率上升率不均等增长现象。造成生产率上升率不均等增长的原因是多方面的。其中，最突出的因素是不同产业之间技术进步的速度。

除去垄断造成的垄断价格的因素，生产率上升较快的产业，即技术进步的速度较快的产业，大致与该产业生产费用（成本）的较快下降是相一致的。在这种情况下，这一产业就可能在相对国民收入上占有越来越大的优势，资源要向这个产业移动。因此，具有较高生产率上升率的制造业部门就将在制造业结构中占据更大的比重。根据经验性的大致观察，显然，制造业比农业、重工业比轻工业、组装加工工业比原材料工业，在生产率上升率上能够形成更大的优势，而这就是工业化、制造业结构重工业化和高加工度化的一个重要的依据。据1961年联合国对若干制造业发达国家的统计分析，在被调查的所有国家中，重工业的生产率上升率都比轻工业高。其中，日本的重工业的生产率上升率为12.5%，轻工业为7.8%；美国则是重工业为4.5%，轻工业为3.1%。

造成生产率上升率差异的主要因素即技术进步的速度是很难用数字来计算的。不过，现在有一种利用所谓生产函数从生产的增长率中扣除劳动力和资本的增加率，以求出“技术进步率”的办法。其计算公式是：

技术进步率＝生产增长率－a×劳动力(工资)的增加率－(1－a)×资本的增加率

式中，a 是工资额占净产值(附加价值)的比例，又称劳动分配律。

这种办法称为技术进步率的剩余计算法。从制造业各行业的技术进步率的比较来看，总的来说，重工业各行业要比轻工业高。据日本经济调查协议会1966年对日本1952—1961年间技术进步率在各行业中的情况所做的分析，结果如表9－6所示。

表9－6　制造业各行业的技术进步率

食品工业	1.4	纺织工业	4.4
木材家具	9.4	印刷出版	2.0
皮革	3.7	化工	18.8
石化	8.8	冶金	5.1
机械工业	11.8	运输工具	11.8

需要注意的是，生产率上升率较高的制造业部门未必都在重工业，轻工业所属各行业又未必都是生产率上升率较低的部门。因此，无论是重工业还是轻工业，都有一些制造业部门在制造业结构中占据较大比重；或更准确地说，可能使它在制造业结构中的比重增大。只是从总体上说，重工业比轻工业生产率上升率要高。

三、供给结构和需求结构的双重影响

从供给结构和需求结构两方面分析制造业结构变化的动因是不够的，因为供给结构和需求结构这两个方面不是孤立存在的。

首先，从供给方面看，如果仅有较高的技术进步率，未必能支持较高的生产率上升率，较高的生产率上升率是以较好的销售条件为基础的；也就是说，要以不断扩大的需求为基础。如果没有需求的扩大，其生产费用的下降与价格下降同步，则生产率上升率也不会增加。

其次，从需求方面看，需求的收入弹性较高的部门，意味着它有广阔的市场，广阔的市场是大批量生产的先决条件。而制造业部门的技术进步和大批量生产存在着必然的联系。同时，大批量生产带来的生产成本下降又是扩大需求必不可少的条件。

由于供给结构和需求结构即需求的收入弹性和生产率上升率之间存在上述内在的联系，

因此，制造业部门在收入弹性和生产率上升率上表现的特性往往是一致的，要么都高，要么都低。

总之，制造业结构趋向于高收入弹性、高生产率上升率为主的结构，这是工业化过程中制造业结构重工业化、高加工度化乃至技术集约化的内在依据。

四、国际贸易对制造业结构的影响

在当今世界，几乎没有哪一个国家可以完全封闭自给自足、没有国际贸易的。因此，国际贸易对一个国家的制造业结构也会产生程度不同的影响。除去李嘉图的国际分工理论，关于国际贸易对制造业结构的实际影响的研究还有两个比较著名的学说：一个是雁行产业发展形态说；另一个是产品循环说。

(一)雁行产业发展形态说

日本经济学家赤松要从日本棉纺工业的发展史中发现如下现象。日本在明治初年(即19世纪60年代末到70年代初)，现代化的棉纺工业尚未发展起来。因此，向西方开放了门户的日本，就出现西方棉纺产品大量涌入日本市场的情况。西方棉纺产品的涌入迅速开拓了日本棉纺产品的市场，并使这一市场不断扩大。这一棉纺产品市场的形成，为日本国内棉纺工业的发展准备了市场条件。这时，近代技术和低工资成本相结合的本国棉纺工业就应运而生，并使其规模不断扩大。

当本国棉纺工业的规模达到了一定的程度，规模经济得到了充分的利用，就必然会使生产成本大大下降。由于后起国具有低工资优势，因而使日本的棉纺产品获得了价格上的国际竞争力。这样，就迎来了日本棉纺产品出口的新局面。而国际市场的开拓又将使日本的棉纺工业得到进一步的发展，如图9—1所示。

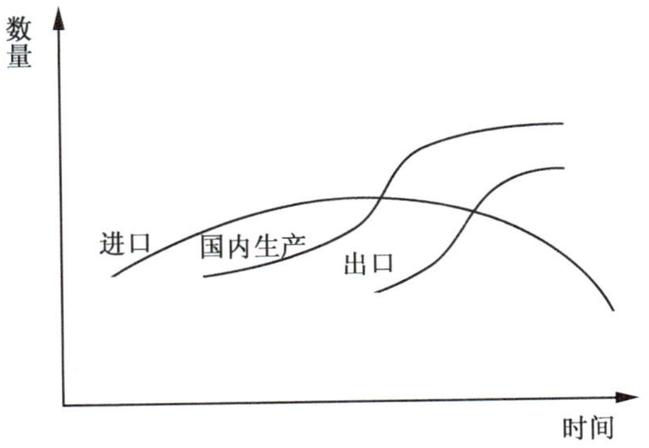

图9—1 赤松要的“雁行形态模式”

上述进口、国内生产和出口的进展过程，在图形上像三只大雁在飞翔，故将上述过程称为雁行产业发展形态。第一只雁是进口的浪潮，第二只雁是国内生产的浪潮，第三只雁是出口的浪潮。雁行产业发展形态说表明后发展的工业国在开放性国际贸易的影响下制造业发展变化以及实现工业化的过程。

(二)产品循环说

这是由美国麻省理工学院的跨国企业问题专家弗农提出来的。弗农总结的是国际贸易对于像美国这样高度发达的工业先行国的工业结构的影响。弗农的出发点与赤松要的不同，他是以本国工业开发的新产品在市场上的出现为出发点的。所谓产品循环，表现为以下过程：从新产品问世、扩大本国市场直至饱和，这是第一个过程；尔后这一产品将出口到国外，开拓国外市场，这是第二个过程；随着国外市场的形成，便有了资本和技术的出口，促成资本和技术与当地的廉价劳动力和其他资源相结合，这是产品循环的第三个过程；国外生产能力的形成，又会使这种产品以更低的价格打回到本国市场，这就使开发了新产品的工业先行国不得不放弃这种产品的生产而去开发更新的产品，这就是第四个过程。新产品开发国内市场形成—出口—资本和技术出口—进口—开发更新的产品……按照这种顺序不断循环上升，这就是产品循环。

把“雁行发展形态”和“产品循环”加以对照可以发现，雁行发展形态的三个过程与产品循环的第二、三、四个过程是一致的。

这种由于先行国在海外的投资使先行国的已有产业受到国外竞争压力的威胁的现象，就称为反回头效果(boomerang effect)，从以上两个循环过程可以发现所谓的后起国优势。后起国可以回避风险多、花费大的技术开发过程，可以利用先行国的资本和技术，再加上本国低工资优势打回先行国市场。这就有可能缩短后起国家工业化的过程。对后起国而言，问题的关键是善于利用后起国优势和具备利用后起国优势的条件，充分发挥和利用自己的后发优势，获得更大的比较利益，推动本国经济的快速发展。

第四节　中国制造业结构的演变

一、中国的工业化与制造业发展进程

20 世纪 50—70 年代末，中国工业化战略的基本特点是：在封闭经济条件下进行自力更生的工业建设，以高关税、高估本币等方式推进进口替代；工业生产以供应国内市场为目标。经过二十多年的发展，初步奠定了工业化的基础，建立起初步工业化的产业体系。

20 世纪 70 年代末，中国工业化进程进入改革开放的新时期。这一时期中国工业化战略的基本特点是：实行对外开放，利用国内、国际两个市场和国内、国外两种资源，特别是鼓励利用外资；以逐步降低关税和本币较大幅度贬值(以及实行双轨制汇率)等方式推进出口替代战略。到 80 年代末，基本完成了从主要出口初级产品向出口工业制成品的转变。在这一阶段，市场经济以其强大的力量迅速消灭了几乎所有传统消费领域中的工业品短缺现象，填补一般制造业“空白”和“短线”的历史任务均告完成。各传统制造业进入成熟阶段，中国成为世界瞩目的工业生产大国。

从 20 世纪 90 年代中期开始，中国工业化过程发生了一系列深刻的变化。这一阶段工业化战略的显著特点是：积极参与国际分工和国际竞争；国内市场和国际市场趋向一体化，即国内市场开放成为国际市场的组成部分；以不断降低关税(少数产业的有限保护)和有管理的浮动汇率(汇价保持基本稳定)等方式，推进我国产业参与国际化分工。这一阶段工业化的主要任务是增强工业国际竞争力，为将中国建设成为制造业强国而奋斗。表 9－7 是对中国工业化进程前期的一个总结。

表 9—7　　中国工业化的进程

	20世纪50—70年代末	20世纪70年代末—90年代中期	20世纪90年代中期以来
工业化战略	封闭经济,自力更生,进口替代	对外开放,利用外资,出口替代	参与国际分工和国际竞争,走向工业现代化
工业化的主要任务和成就	初步奠定工业化基础,建立较完整的工业经济体系	告别短缺经济,成为工业生产大国	增强工业国际竞争力,为建设成为工业强国而奋斗
市场条件	国内市场	国内、国际两个市场	市场一体化,国内市场成为国际市场的组成部分
汇率政策	固定汇率,高估本币汇价	双轨制汇率,本币大幅度贬值	有管理的浮动汇率,汇价保持基本稳定
关税政策	高关税壁垒	保持关税壁垒,逐步降低关税水平	低关税,少数产业的有限关税保护
进出口商品结构	出口商品以初级产品为主,进口商品以工业制成品为主	出口商品以工业制成品为主;进口商品也以工业制成品为主,进口工业制成品比重高于出口工业制成品	出口商品以工业制成品为主,进口商品以工业制成品为主,出口工业制成品比重高于进口工业制成品
国际资源配置	国内外资源配置处于分隔状态	发挥国际经济比较优势,依赖资源禀赋,获取比较利益	在利用比较优势的基础上,更注重增强竞争优势

资料来源:金碚.中国的新世纪战略:从工业大国走向工业强国[J].中国工业经济,2000(5):27—34。

改革开放后,经过四十多年的发展,我国的工业化取得了举世瞩目的成就,我国制造业在世界上所占据的份额持续扩大。1990年我国制造业占全球的比重为2.7%,位居世界第九;2000年上升到6.0%,位居世界第四;2007年达到13.2%,位居世界第二;2010年占比进一步提高到19.8%,跃居世界第一。这些年我国制造业经历了一个在规模上追赶和超过主要发达经济体的过程。1980年我国制造业增加值远远低于美国和德国,与法国、英国相当。自1990年以来,中国制造业增长较快,制造业增加值先后超过德国、美国等世界制造业强国,2010年成为世界制造业第一大国,目前约有220种制造业产品的产量位居世界第一。近十年以来,我国开始大力发展战略性新兴产业,进行制造业结构高技术转型升级,基本构建了规模大、体系全、竞争力较强的产业体系,拥有41个工业大类、207个工业中类、666个工业小类,覆盖联合国产业分类中全部的工业门类,已成为全球产业链供应链的重要组成部分。在这个过程中,逐步形成了具有中国特色的工业化道路,经济社会发展取得很大的成就,人民生活水平有了极大的提高。

与其他发展中国家相比,我国的工业化进程具有明显的特殊性,主要表现在以下几个方面:

1. 我国是在人均收入水平很低的条件下迅速推进工业化的

我国是一个人口众多的特大发展中国家,经济发展水平低和人口数量巨大使人均收入水平很低。1952年开始工业化时,我国的人均GDP只有119元人民币,按当时平均汇率换算,大体相当于50美元。在改革开放前的26年中,我国的工业化一直是在人均收入水平很低的条件下大幅度推进的,工业比重的迅速上升几乎与人均收入水平的变动失去了联系。到1978年,我国的人均GDP只有379元人民币,按平均汇率换算只有223美元,明显低于一般模式中作为工业化起点的人均收入水平。即使按照麦迪森①偏高的换算指数折算为1990年国际美元,达979美元,也低于一般模式中进入工业化第一阶段的人均收入水平。而这一年我国工业在GDP中的比重为44.3%,与1952年的17.6%相比上升了26.7个百分点。如果按麦迪森调整过的数字②计算,我国工业在GDP中的比重由1952年的9.9%上升为1978年的34.7%,也提高了24.8个百分点,远远快于一般模式中工业化演进的速度;同时,工业比重也上升到高于其他准工业化国家的水平。这个工业比重提高与人均收入水平上升相分离的特殊现象所带来的影响一直持续到现在。

2. 我国是在市场经济落后的条件下迅速推进工业化的

市场经济国家在工业化开始时市场化已经得到较大进展,第三次产业的比重较高,随着工业化阶段的演进,市场经济继续发展,第三次产业的比重以低于工业化率的速度继续上升。而我国在工业化起点时市场化程度和第三次产业比重相对较低,特别是在工业化迅速推进的过程中,市场经济没有得到相应发展,第三次产业的比重也没有逐步提高。改革开放前的26年,GDP结构中第二次产业尤其是工业的比重大幅度上升,而第三次产业的比重却有所下降,由1952年的28.6%下降为1978年的23.7%,降低了4.9个百分点,如果按麦迪森调整过的数据计算,则由29.8%下降为28.3%,降低了1.5个百分点。市场化远远滞后于工业化进程的状况,导致了改革初期产业结构中第二次产业尤其是工业比重偏高而第三次产业比重偏低的结构性偏差。这种结构性偏差在20世纪80年代有所好转,但90年代以来又趋于加深。

3. 我国的工业化在计划经济时期打下基础并产生了滞后影响

计划推动的工业化与市场推动的工业化的不同特点,就是产出结构的变动与需求结构的变动相分离,并且阻碍了工业化过程中市场机制的形成和作用。这不仅表现为在人均收入水平很低的条件下强制性高速推进工业化,以及工业比重片面提高而第三次产业比重偏低的结构偏差,而且留下了以下几个方面的影响:(1)工业化与城市化脱节,在工业产值比重很高的同时,农业的就业比重仍然居高不下,农业剩余劳动力不能转移出去;(2)计划推动的工业化任务基本上由国有工业来承担,造成国有工业的产业分布很宽,而国有企业难以从衰退产业中退出、缺乏有效的淘汰和破产机制,制约着工业结构的升级和工业化阶段的演进;(3)计划推动的工业化与市场化进程的分割以及计划经济的滞后影响,导致第三次产业中的很多部门至今仍在国有企业中居于垄断地位,市场机制不能发挥有效的调节作用,使第三次产业的发展不能与工业化的进程相协调。

二、对我国工业化阶段的基本判断

(一)郭克莎③在2000年从三个角度对中国的工业化阶段进行了判断

第一,从人均收入水平看,对我国的人均GDP或GNP美元数,国内外有很多不同的测算数据。表9—8列出了三种较有影响的数据,并按照人民币与美元1∶2的购买力平价增加了以1990年不变价格测算的美元数据。从表9—8可以看出,与一般模式的人均收入水平所反

---

① 安格斯·麦迪森. 中国经济的长远未来[M]. 北京:新华出版社1999年版,第262页.

② 同上书,第257—258页。

③ 郭克莎. 中国工业化的进程、问题与出路[J]. 中国社会科学,2000(3):60—71+204.

映的四个工业化阶段相比(见表 9—1),我国按世界银行方法计算的人均 GNP 美元数还没有进入工业化的第一阶段;按估算的人均 GDP 美元数,大概自 1993 年以来进入工业化的第一阶段;而按照世界银行 PPP 方法测算的现值国际美元和麦迪森测算的 1990 年美元数,则从 1994 年以来已经进入了工业化的第二阶段。总的来说,我国人均 GDP 美元数所反映的工业化阶段,大概只处于钱纳里等人按人均收入水平划分的第一至第二阶段之间。

表 9—8　　中国人均收入水平(美元)的不同测算数据

年份	世界银行图表集人均 GNP 当年美元	世界银行 PPP 方法人均 GNP 现值国际美元	麦迪森人均 GDP1990 年美元	按 1∶2 的 PPP 值换算人均 GDP1990 年美元
1990	370	1 950	1 858	817
1992	470	1 910	2 098	993
1993	490	2 330	2 277	1 114
1994	530	2 510	2 475	1 241
1995	620	2 920	2 653	1 356
1996	750			1 470
1997	860	3 570		1 582
1998				1 688

注:按 1990 年不变价格计算的人均 GDP 人民币换算为美元。

资料来源:(1)世界银行,《世界发展报告》相应年份;安格斯·麦迪森. 中国经济的长远未来[M]. 北京:新华出版社 1999 年版,第 262 页;中国统计摘要(1999)[R]. 北京:中国统计出版社 1999 年版。

(2)转引自郭克莎. 中国工业化的进程、问题与出路[J]. 中国社会科学,2000(3):63。

第二,从产业结构水平看,由于结构偏差的存在,我国第二次产业在三次产业的产出结构中一直占据最大比重。1996—1998 年,第二次产业的年平均比重以当年价格计算为 49.3%,以不变价格(1990 年价格)计算为 54.7%,均高于一般模式中工业化完成阶段的第二次产业比重;而第一次产业的比重在 1995 年以后便下降到 20%以下,1996—1998 年的当年价格比重为 19%,不变价格比重为 17.2%,这标志着工业化进入了中期阶段。总的来说,我国三次产业的产出结构所反映的工业化阶段已经处于工业化的中后期。

第三,从工业结构高度看,我国经过改革前的重工业化以及 20 世纪 80 年代后期的“补课”,已基本完成了以原材料工业为重心的重工业化阶段,但在向高加工度化阶段转变的过程中,消费品工业过度扩张,而重加工工业尤其是装备工业没有得到应有的较快发展,从而影响了工业的技术进步和结构升级,导致高加工度化阶段一直停留在以一般加工工业为重心的时期,不能逐步升级并向技术集约化阶段转变。从这个角度看,我国的工业结构所反映的工业化水平,只处于工业化的中期阶段。

在工业化阶段演进过程中,人均收入水平的变动决定着需求结构的变动,是工业化阶段演进的基本动因,因而人均收入水平反映的工业化阶段是一个较为客观的指标;而三次产业结构和工业内部结构的变动受到一个国家经济资源状况、发展战略、结构导向机制(市场或计划)以及宏观产业政策的影响,其反映的工业化阶段往往包含了一定的主观因素,特别是我国产业结构偏差（工业比重过高）的特点使产业结构水平难以直接作为判断工业化阶段的依据。因此，如果以人均收入水平指标为主要依据、以产业结构水平和工业结构高度两个指标为辅助依据来判断我国的工业化进程，郭克莎认为，在三阶段的划分中，2000 年我国大概处于工业化中期阶段的上半期；在四个阶段的划分中，我国目前大概处于工业化的第二阶段。

（二）我国目前的制造业发展水平

改革开放以来，我国制造业发展取得了举世瞩目的成就，我国制造业增加值从 1980 年的 1 330 亿美元增加到 2019 年的 39 019.60 亿美元，占世界制造业增加值的比重从 4.78%增加到 28.1%。我国制造业经历了一个在规模上追赶和超过主要发达经济体的过程。1980 年我国制造业增加值远远低于美国和德国，与法国、英国相当。但自 1990 年以来，中国制造业增长较快，制造业增加值先后超过德国、美国等世界制造业强国，2010 年成为世界制造业第一大国。在这个过程中，我们逐步形成了具有中国特色的工业化道路，经济社会发展取得很大的成就，人民生活水平有了较大的提高。

2019 年，我国三次产业增加值占 GDP 的比重分别为 7.1%、39.0%和 53.9%，我国第三次产业占比已经超过第二次产业，但与发达国家 GDP 中第三次产业增加值高达 70%相比较，我国的产业结构依然有进一步调整演化的空间。按照钱纳里教授的经济发展与工业化的标准模式来看，我国还仅仅处于工业化后期的前期阶段，工业化还没有完成。因此，随着工业化进一步发展，我国三次产业结构比例还会进一步调整。其中，特别要发展高技术的新型制造业，加速发展服务业，尤其是与新型制造业相匹配的生产服务业。2022 年，中国全部工业增加值和货物贸易进出口总值双双突破 40 万亿元。制造业增加值占全球比重接近 30%，货物贸易出口国际市场份额接近 15%。

一般来说，工业化后期是服务经济时期，服务业将成为经济发展的主导产业，其中，生产性服务业尤其是高端生产服务业需要大发展。我国相对制造业发展的生产服务业长期发展迟缓，甚至落后于制造业发展的状态，这是我国产业体系产业结构存在问题的一个重要原因。但是，发展生产性服务业的目标是促进我国制造业高端发展。制造业高端化发展不应该是简单地仅仅考虑原有制造业的转型升级，还需要引进发展一些战略性新兴产业。发展战略性新兴产业不应该在老的制造业生产方式制造模式里面兜圈子，而应该是目标要远大，要瞄准能够引领未来新一轮技术革命工业革命的新生产方式的方向方面转变，进行新型制造业与现代生产服务业融合协同发展。

专栏9-2

复习思考题

1. 工业化的概念是什么？怎样判断工业化的阶段？
2. 制造业结构变化的基本规律是什么？
3. 战略性新兴产业在制造业发展中的作用是什么？
4. 我国制造业发展迅速的主要动因是什么？

第十章

服务业结构分析

服务业就是第三次产业，是一个内涵十分庞大的产业，包括：为居民生活服务方面的产业，如餐饮、交通、娱乐、旅游、教育、法律咨询等；为社会生产服务方面的产业，如物流、咨询、人才选拔、资产评估等；以及为居民和社会生产等诸多方面服务的产业，如金融、保险、信息等。随着社会经济的发展，服务业的发展非常迅速。从目前来看，一个发展完善的服务业已经成为经济现代化的重要标志之一。本章从服务业与经济增长入手，探讨了服务业发展的历程、服务业结构及其演化的内在因素等内容。

第一节　服务业与经济增长

一、经济增长中的服务业演化

经济增长与产业结构变迁的关系，有众多的学者通过不同的理论对其进行了研究，其中涉及服务业的产生与发展。著名的有罗斯托的经济发展阶段理论、配第-克拉克定理、丹尼尔·贝尔的后工业社会理论等。

（一）罗斯托的经济发展阶段理论

李嘉图最早用发展阶段来描述经济发展过程，随后马克思将其拓展到对社会发展阶段的描述。最有影响的经济阶段划分方法来自罗斯托，他将经济划分为五个阶段：传统社会阶段、为起飞准备条件阶段、起飞阶段、成熟社会和高消费社会。

在罗斯托的划分阶段里，传统社会是指人类对世界有科学认识以前的社会，在传统社会里，人们的一切活动都受到自然资源的限制，经济发展主要依靠土地和人口的增长，因此，农业是这一时期最重要的部门。在“为起飞准备条件阶段”，人类已经开始使用科学和知识改造社会。在这个阶段，除了科学知识对生产力开始进行改造外，社会价值观也在不断改变，同时人类开始进行制度建设。此时，社会商业化开始出现，金融、交通、通信等服务性行业已经产生。这是一个转型时期、从传统社会向起飞阶段过渡的时期。在经过过渡时期的经济准备，同时又经过了社会观念的较大转变之后，社会发展的各个环节基本上达到了统一和协调，经济开始进入快速增长的稳定时期，即进入“起飞阶段”。推动起飞阶段经济增长的主要因素是技术进步。在这一时期，产业结构的变化主要表现为现代制造业的增长，机器大工业的生产方式大幅提高了工业生产率，而分工的细化导致生产性服务业的繁荣，传统的农业也在技术进步的改造下有了新的形式和内涵，社会结构的变化表现为制度建设逐步完善。“起飞阶段”之后，是“成熟社会”。“成熟社会”的标志是稳定的社会政治结构和文化结构。在这一阶段，社会和经济发展依靠技术不断进步，达到了高度物质文明阶段。在“高消费社会”，大部分人在基本生活需求之外有了更高的精神生活要求，同时人口高度城市化，就业人口从事的工作也以脑力劳动为主。由于物质产品的极大丰富和技术的高度发达，资源的分配开始出现社会福利化的方式，人类的经济发展已经在某种程度上超越了单纯的个人领域。

(二)配第-克拉克定理与服务业

克拉克在《经济进步的条件》一书中，考察了 20 世纪 30 年代初到 40 年代世界主要发达国家的 12 个部门的劳动力组成结构，总结认为：“劳动人口由农业转移到制造业，再从制造业移向商业和服务业。”[①]这就是著名的配第-克拉克定理，它揭示了伴随经济进步而产生的劳动力在产业之间转移的演进规律。克拉克的分析结果主要有以下几个方面：

(1)农业劳动力所占比重与国家的经济发展水平成反比。工业化国家的农业就业比重平均水平在 20%～30%，而矿业就业水平与经济发展水平关联不大。

(2)在工业化国家，制造业的就业比重普遍高于发展中国家。但在工业化国家之间，情况各有不同。在法国、荷兰、德国、瑞士、英国等欧洲国家，20 世纪 20—30 年代工业就业比重基本在 40%以上，到达高峰；但在美国和加拿大，工业就业比重一直在 40%以下。对此的解释一般是认为美国和加拿大是后起之秀，其工业劳动生产率高于其他老的工业化国家，因此，其工业就业比重低于这些国家。

(3)交通运输的就业比重体现了一个国家的经济开放程度。在开放程度低的国家，交通运输就业比重低于开放程度高的国家，并且在开放程度高的国家，交通运输的生产率也非常高。例如，19 世纪中叶美国经济处于起飞阶段，其交通运输的劳动生产率高于制造业数倍，20 世纪初，美国的交通部门就业比重达到 7%。

(4)经验研究表明，商业和金融业是与经济发展水平相关程度最高的行业。1930 年日本商业和金融业的就业比重达到 21.8%，商业和金融业的发达为日本的工业化提供了坚实的基础。而美国除了商业和金融业发达之外，还有一个特殊之处是专业服务业就业比重特别高。在 20 世纪 30 年代，其专业服务业就业几乎是欧洲国家的两倍。美国专业服务业的从业人员特点是年龄层次低、受教育程度高，这也为美国经济的走强提供了一个有力的解释。

配第-克拉克定理后来被许多经济学家所证实，如库兹涅茨、富克斯、钱纳里等。

(三)丹尼尔·贝尔的后工业社会理论

美国社会学家丹尼尔·贝尔(Daniel Bell)提出了以“后工业社会”理论为核心的人类社会发展的三阶段理论。[②] 贝尔的分析方法是在分析经济结构的基础上分析社会和文化结构，认为经济结构决定了社会结构和文化现象。因此，他首先详细分析了后工业社会的经济结构，他认为后工业社会有四个特征：(1)后工业社会是服务社会；(2)知识、科学和技术在社会生活中占据主要地位；(3)专业人员和技术人员具有突出的重要性；(4)价值体系和社会控制方式的变

---

① 科林·克拉克. 经济进步的条件[M]. 北京：中国人民大学出版社 2020 年版.

② Bell, Daniel. The coming of the post-industrial society[C]. The Educational Forum. Taylor & Francis Group, 1976, 40(4): 574—579.

化。他还具体提出了人类社会发展的三个阶段理论。

第一阶段为前工业社会。该阶段类似于罗斯托的“传统社会”阶段，人类的发展受制于自然资源，生产主要是为了满足基本生活需要。

第二阶段为工业社会。即商品生产的社会，这一社会的基础是大机器生产。

第三阶段为后工业社会。这个社会的基础是服务，财富的来源不再是体力、能源，而是信息。

贝尔列出了与上述发展阶段相对应的人均收入水平：(1)前工业化社会：人均收入 50～200 美元；(2)早期工业化：人均收入 200～600 美元；(3)工业化：人均收入 600～1 500 美元；(4)发达工业化：人均收入 1 500～4 000 美元；(5)后工业社会：人均收入 4 000～20 000 美元。

贝尔认为，“后工业社会”的本质特征是“服务社会”。贝尔认为，从工业社会向后工业社会转移的过程中，服务业经历了三个转变，“‘服务’这个词包含了不同的事物，在从工业社会向后工业社会过渡的过程中存在不同的阶段。第一，在工业发展阶段，由于商品移动的需要和对能源提高的要求，交通和公共设施作为其辅助服务必然有所扩展，并且存在非制造业但仍是蓝领工人(服务业中的蓝领)的增长。第二，由于大规模的商品消费和人口增长，在流通、金融、房地产和保险等领域，传统白领就业上升。第三，随着国民收入的提高，就像恩格尔定理所显示的那样，人们发现用于食物的钱将减少，其边际的增加首先用于耐用品(如衣服、住房、汽车)，然后用于奢侈品、休闲之类。因此，随着人们寿命的延长和需求、口味的变化，第三部门，即个人服务开始增长，包括旅馆、酒店、自动服务、旅游、娱乐、休闲、运动等”。服务业的发展历程大体为：个人服务和家庭服务，交通通信及公共设施，商业、金融和保险业，休闲性服务业等。

二、服务业与经济增长的一般规律

(一)服务业增长的原因

1. 福克斯的观点

福克斯是最早对服务业增长的原因进行统计分析的学者，他认为，服务业就业增长的原因可以总结为以下三点：一是服务的最终需求的快速增长；二是服务中间需求的增长；三是服务业人均产出增长较低，即服务业的劳动生产率比较低。

在对服务业就业增长的解释问题上，富克斯认为，工业产品与服务的收入弹性不同不足以解释服务业就业的增长。他计算工业产品(不包括食品和烟草)的收入弹性为 1.05，服务的收入弹性为 1.12，服务业的收入弹性更为充足。随着收入的提高，服务业比重应该上升，但实证研究表明，1929—1965 年间服务的产出比重不仅没有上升，反而下降了 2.4%，而根据弹性计算服务业的比重应该是上升 2%。原因在于，服务业的价格上升太快，这段期间上升了 14%，造成替代效应大于收入效应。而中间需求的增长只能解释服务业就业增长的很小一部分，如根据美国 1947 年和 1958 年的投入产出表计算，中间需求只能解释服务就业增长的 10%。除了收入增加、中间需求增加外，剩下的解释只有生产因素，即服务业的生产率增长缓慢，因而就业人数增长较快。

2. 区域分工理论

李(Lee，1984)的研究发现，在英国工业化最鼎盛的维多利亚时代，一些地区的服务业发展远远超过工业的发展，而且这些地区的收入水平远远超过工业区的收入水平。服务业的发展并不必然由工业带动，而有可能是收入以及金融、贸易等需求带动。李把服务业分为六个主要部门，将不同地区的服务业发展水平指数与工业发展指数进行相关分析，研究结果发现，交通、商业和金融业的发展与工业发展相关关系不显著，而专业化服务、政府部门的发展则与工业负相关。李认为，在维多利亚时代，英国存在经济结构和收入水平的不平衡发展，在一些地区工业较为发达，在另外一些地区服务业较为发达，但这些服务业并不一定是为英国工业服务的，而是吸引了大量外国资本。例如，国际贸易和金融的发展在这一时期最为迅速，但这种发展与英国内部工业化关联并不明显。这种区域分工表明，服务业的发展并不局限于本地区乃至本国的工业发展支持。

3. 服务业发达是全球经济一体化的体现

这种观点认为，某一国家或者地区服务业的发达是经济分工的体现。对服务业区域分布的研究发现，除了零散的生活服务业，总体而言，服务业的聚集性比工业更强，更加易于集中于少数的大城市中心区域。研究者据此认为，某些类型的服务业如金融保险可能集中于少数地区，在这些地区形成专业化的服务中心，这些地区的服务业发达是源自经济一体化，发达国家的产业调整和转移促进了这一过程。这一观点与前面的区域分工理论有相似之处。

（二）发达国家服务业的发展

1. 发达国家服务业增加值比重与就业比重变化

表10—1列示了1960—1995年发达国家服务业变化的情况。

表10—1　1960—1995年OECD国家服务业占GDP和就业比重　单位：%

年份	1960	1968	1974	1985	1990	1991	1992	1993	1994	1995
GDP	52.6	55.7	57.5	62.6	65.3	66.2	67.1	68.0	68.1	68.2
就业	43.1	48.0	52.1	60.1	62.8	62.2	63.1	63.8	64.2	64.6

注：GDP比重为可变价比重。

资料来源：OECD，Historical Statistics[R]. Paris，1997。

服务业在20世纪后半叶有了迅速发展，大部分发达国家服务业占增加值比重从20世纪60年代的约50%上升到1995年的约70%。就业数据上升速度更快一些，考察每个国家的数据也会发现这一趋势是完全相同的。这一发展速度要远远快于制造业，同样上升20个百分点，美国工业占GDP比重从16%上升到36%用了100年时间。

2. 发达国家服务业内部结构变化

发达国家服务业内部结构变化情况如表10—2所示。

表10—2　OECD国家1970—1992年服务业内部增加值结构变化　单位：%

年份	1970	1975	1980	1985	1992
经济网络型服务	24.8	25.7	26.1	26.4	27.2
其他为生产者服务	2.8	4.2	3.5	6	7.5
交易成本服务	13.1	11.2	11.7	10.4	10.3
最终需求服务	17.7	18.3	20.4	20.6	22.9

续表

年份	1970	1975	1980	1985	1992
其中:住房	8.5	9.2	9.9	10.4	10.6
医疗	2.9	3.5	3.7	4.3	5.3
其他	6.3	5.6	6.8	5.9	7
服务业总计	57.9	58.2	61.5	61.9	66

注:(1)所有比重按照各国1990年不变价美元计算。

(2)经济网络型服务包括商业、交通、通信和金融;其他为生产者服务主要为经营服务;交易成本服务主要为政府服务。

资料来源:黄少军.服务业与经济增长[M].北京:经济科学出版社2000年版,第281页。

经济网络型服务占服务业内部增加值中权重较大,而且自20世纪70年代以来呈现不断上升的态势,经营服务比重也不断上升,到1992年达到7.5%。经济网络型服务和经营服务都属于中间需求型服务(即生产型服务),表明工业化国家在基本进入后工业化时期的60年代后期到90年代,中间需求型服务是其服务业的主要组成部分。最终需求型服务在GDP中所占比重比经济网络型服务低5～7个百分点,在最终需求型服务中,最主要的组成部分是住房和医疗,而其他服务需求如教育、娱乐、休闲等以及生活服务业加总占7%左右。

除住房和医疗以外的最终需求型服务业在GDP比重中基本没有上升,尤其是其中包含教育、娱乐等人们通常认为的随着收入增长增速比较快的产业。对这些产业,一般认为应该是随着GDP增长速度比较快的。对此,一种比较有说服力的解释是,从需求和收入弹性的角度来看,根据萨莫斯的估计,服务业中娱乐教育和政府部门的收入弹性都小于1,医疗的收入弹性最大,为1.458,其次是一般消费服务,住房消费比一般消费服务略低;但一般消费服务的替代弹性比较大,为－0.682,而住房替代弹性只有－0.474。因此,随着服务产品价格上涨,一般消费服务在GDP中的比重增加很慢,而几乎没有替代品的住房服务增长速度则要快得多。

(三)发展中国家服务业的发展

1. 发展中国家服务业增加值和就业比重变化

具体参见表10－3、表10－4。

表10－3　　中低收入国家服务业占GDP比重变化　　单位:%

年份	1965	1970	1980	1990	1992	1995	1997
低收入国家	28	33	32	35	40	35	42
下中等收入国家	50	42*	—	50	42～46*	49	46
上中等收入国家	42	42*	43	51	42～46*	53	56

注:*为近似值。由于口径变化,故世界银行每年报告同一数据会出现不同。

资料来源:黄少军.服务业与经济增长[M].北京:经济科学出版社2000年版,第5页。

表10－4　　中低收入国家服务业占就业比重变化　　单位:%

年份	1965	1981	1991
印度尼西亚	20	30	33.8

续表

年份	1965	1981	1991
菲律宾	27	37	38.7
泰国	13	15	21.8
土耳其	15	33	31
玻利维亚	22	26	74
智利	53	62	54.6
厄瓜多尔	25	31	50.8
萨尔瓦多	23	28	60.2
危地马拉	20	24	31.8
洪都拉斯	20	17	42.3
委内瑞拉	46	55	61
埃及	29	20	36.8
突尼斯	27	33	40.6
孟加拉国	10	15	19.6
印度	15	16	52.3
巴基斯坦	21	23	32.7
中非共和国	4	8	16.5
平均	22.9	27.8	41.1

资料来源：黄少军. 服务业与经济增长[M]. 北京：经济科学出版社 2000 年版，第 6 页。

从表 10—3 和表 10—4 可以看出，在发展中国家，服务业占 GDP 比重同样在不断上升，但服务业的就业增长速度更快。

2. 发展中国家服务业内部结构变化

发展中国家服务业内部结构变化可参见表 10—5。

表 10—5　　发展中国家服务业内部结构　　单位：%

类别	年份	0	1	2	3	4	5	6	7	8	9	服务总计
低下中等收入国平均	1980	7.7	23.6	7.2	16.4	1.2	5.7	14.5	6.7	8.5	4.3	41.9
	1985	7.4	21.6	6.2	17.2	1.7	5.4	16.1	7.3	7.9	5.4	44.4
	1990	7.2	19.9	6.9	18.3	1.8	5.1	16.4	7.1	8.0	5.3	44.1
	1993	7.4	18.8	6.1	18.1	2.1	5.3	16.5	7.6	8.5	5.9	46.2
低收入国平均	1980	7.2	29.2	4.8	13.0	1.3	5.5	13.0	6.4	8.6	3.0	38.3
	1985	7.4	27.6	5.6	13.0	1.5	4.9	14.0	6.9	8.6	3.0	40.2
	1990	7.4	25.8	7.9	13.3	1.7	4.4	14.0	6.4	8.5	3.0	39.5
	1993	7.3	25.5	8.1	12.7	1.7	4.1	14.7	7.1	8.4	3.1	40.9

续表

类别	年份	0	1	2	3	4	5	6	7	8	9	服务总计
下中等收入国平均	1980	8.0	19.8	8.7	18.7	1.1	5.9	15.5	6.9	8.5	5.2	44.3
	1985	7.4	17.6	6.5	20.0	1.8	5.6	17.5	7.6	7.5	6.9	47.2
	1990	7.0	16.0	6.3	21.6	1.9	5.7	18.0	7.6	7.7	6.8	47.2
	1993	7.5	14.3	4.9	21.6	2.3	6.1	17.7	8.0	8.6	7.7	49.7

注:低收入国包括尼日利亚、肯尼亚、印度、巴基斯坦、喀麦隆、斯里兰卡;下中等收入国家包括埃及、印度尼西亚、菲律宾、摩洛哥、厄瓜多尔、哥伦比亚、秘鲁、泰国、土耳其。

产业分类为:0. 其他;1. 农林牧渔;2. 矿产;3. 制造业;4. 电、气、水;5. 建筑业;6. 商业、酒店、旅馆;7. 交通、仓储、通信;8. 金融、保险、房地产、经营服务;9. 社会、社区和个人服务业。最后一栏"服务总计"为6、7、8、9、0 的加总。

资料来源:黄少军. 服务业与经济增长[M]. 北京:经济科学出版社 2000 年版,第 292 页。

表中选取的研究样本是人均 GDP 在 250～3 000 美元之间的低收入和下中等收入国家。观察它们的产业结构情况,可以发现:

(1)农林牧渔在低收入国和下中等收入国的比重都在降低,但低收入国的农林牧渔所占比重较高,该项是三次产业结构中与下中等收入国差距最大的。而且随着时间延续,差距将进一步扩大。

(2)低收入国的矿业比重还在上升,而下中等收入国比重在不断下降,从两者平均情况来看,总体是在下降的。

(3)低收入国的制造业保持不变甚至略有下降,而下中等收入国比重在上升,总体平均是在上升;而且下中等收入国的制造业比重要远远高于低收入国。也就是说,下中等收入国的制造业在国民经济中的地位高得多。

(4)平均而言,两种国家的电、气、水比重都在上升,而建筑业比重在下降。

(5)服务业中商业、酒店、旅馆和交通、仓储、通信比重都在增加,其中商业、酒店、旅馆在下中等收入国家中明显偏高。但是,金融业没有看到较快的上升,增加最快的是第九类的社会、社区和个人服务业。服务业内部结构中,发达国家和发展中国家差别较大,金融服务业在发达国家中增长很快,而在发展中国家中增长不明显,并且在低收入国家中,金融业的比重略高于下中等收入国家。

(6)总体来看,在经济发展的初期阶段,发展中国家随着收入增加,制造业的重要性要高于服务业。而在服务业内部结构中,随着收入增加,首先增长的是商业、酒店、旅馆以及社会、社区和个人服务业,而金融业则相对滞后。

三、服务业研究中存在的争议和问题

(一)服务业产出的计量

服务产品的性质与一般商品存在很大不同。服务产品有两个重要的特性:一是生产与消费的同一性,即这些产品生产的过程同时也是消费的过程,如理发、美容、餐饮、戏剧、观光、用车、购物等,这些服务一方面在生产,另一方面就是消费者在接受服务进行消费,没有消费就没有必要进行生产。消费工业品则可以生产与消费过程分开,可以是生产结束后消费的,如手机、照相机、日用品等。二是不可储存性,即服务产品一旦生产就必须消费掉,它是不能够储存的,例如不能够把理发、美容、餐饮、戏剧、观光、用车、购物等这些服务储存起来,以供将来使用。尽管餐饮的一些炒菜可以做成成品或半成品进行储存,但已经不是那个现场烹制的食物及其服务了。食品工业产品是制成品,虽然有保质期限,但还是可以储存、可以延期消费的。其实生产服务业的服务产品也有如此的特性,制造业企业不开工,生产服务就不能进行,生产服务产品也是不能储存的。正因如此,学术界对服务产品的分析没有统一的基准,因此对服务产出与消费的计量存在很多争议,有很多经济学家认为目前的产出计量不合理。这也造成了在现行的国民经济核算体系下,服务业生产率增长难以准确衡量。

(二)服务业劳动生产率的衡量

一直以来,服务业增加值占经济总量比重增长速度较慢,而从业人数比重却以更快的速度不断增加。如果扣除价格因素,以不变价格衡量,服务业增加值有时甚至是负增长。因此,服务业对国民经济增长的贡献引来极大的争议。关于这一争论,服务业理论有两种主要的观点进行解释:一种观点从古典经济学家的视角出发,认为服务业本身的属性就是生产率低的行业,其内在含有不利于生产率增长的因素,其对国民经济的贡献主要是吸收就业和维持国民经济的稳定,因此称服务业为就业的"蓄水池";另一种观点则认为,现行的国民经济统计方法是工业化时期的产物,在度量无形产品方面存在问题,而服务产品属于无形产品,无法进行准确计量。另外,还有一些服务产品没有纳入统计体系,或者不存在市场价格,使得对服务产品的全面衡量更加困难。

(三)服务业内部各产业之间存在发展的不均衡

服务业内部包含着各种各样的产业,从街头零售、互联网电子商务到系统的企业诊断和咨询,都属于服务业的范畴。随着现代工业的发展,服务业内部各行业之间的发展不可避免地差异越来越大。这种差异主要体现在增加值贡献、生产率提高以及从业人员素质三个方面。从增加值贡献来看,金融、保险、房地产等行业在国民经济中占据非常大的经济总量,并且仍在不断上升,咨询、设计等知识服务业虽然基数不大,但增长速度最快,而商业零售、饮食等传统服务业则保持不变甚至有所下降。从生产率的提高来看,也是互联网产业、知识服务业和金融保险业等有较快的增长,传统服务业增长缓慢。从就业人员素质来看,互联网产业、知识服务业和金融保险业集中了相当一部分最优秀的人才,他们的收入也是所有从业人员中最高的,而传统服务业则承担了吸收就业的功能,其人均生产率较低,从业人员素质也低于新兴的服务业以及制造业。

第二节 服务业分类及演变趋势

一、服务业分类

在费希尔提出的三次产业分类法中,第三次产业是以非物质产品为主要特征的服务业,包括商业在内。库兹涅茨把三次产业分别称为农业部门、工业部门和服务部门。他对二十多个国家的产业结构变化分析的结果表明,服务部门的劳动力相对比重几乎在所有国家中都呈现上升趋势，但是占国民收入的比重则未必与劳动力的相对比重上升同步。

中国对第三次产业的内涵界定是在20世纪80年代中期，由于第三次产业包含的行业众多、范围广泛，因此通常将其再分为两大部分和四个层次。[①] 两大部分是流通部门和服务部门。四个层次分别是：第一层次为流通业，包括交通运输、邮电通信、商业、饮食业、物资供销和仓储；第二层次是为生产和生活服务的行业，包括金融、保险、地质普查、房地产、公共事业、居民服务、旅游、咨询、信息服务和各类技术服务；第三层次是为提高科学文化水平和居民素质服务的各个行业部门，包括教育、文化、广播电视、科学研究、卫生、体育和社会福利等；第四层次是为社会公共需要服务的行业部门，如国家机关、政党机关、社会团体和军队警察等。

服务业内部结构是产业结构的重要组成部分，不同的服务部门在不同的经济发展阶段有着不同的增长，与整体经济增长关系密切。从服务业的功能角度以及服务业在经济发展阶段的不同特点考虑，服务业的结构分类包括不同的内容。

(一)具体化服务和非具体化服务

出于对服务业聚集区位分析的便利，服务业划分为两类：一类称为具体化服务(embodied services)，这类服务要求供求双方在空间上相互接近，如批发与零售业、交通运输业、餐旅业、教育与科学服务、医疗业等，即所谓的传统服务业；另一类称为非具体化服务(disembodied services)，这类服务要求供求双方不必在空间上接近，可以长距离提供和消费，如通信业、银行业、保险业等。[②]

(二)流通服务、生产者服务、社会服务和个人服务

经济学家辛格曼(Singlemann)使用了一种四类分类法[③]，主要是按照服务的功能进行分类。这种分类法同样反映了经济发展过程中服务业内部结构的变化，参见表10－6。

表10－6 **辛格曼的服务业分类**

流通服务	交通运输业、仓储业 通信业、批发业 零售业(不含饮食业) 广告以及其他销售服务
生产服务	银行、信托以及其他金融业 保险业、房地产 工程和建筑服务业 会计和出版业、法律服务 其他营业服务
社会服务	医疗和保健业、医院 教育 福利和宗教服务 非营利机构 政府、邮政 其他专业化服务和社会服务

① 杨公朴，夏大慰. 现代产业经济学[M]. 上海：上海财经大学出版社2003年版，第7页.

② 吕玉印. 城市发展的经济学分析[M]. 上海：上海三联书店2000年版，第151页.

③ Singelmann, Joachim. From agriculture to services: the transformation of industrial employment[M]. Sage Publications, 1978.

续表

个人服务	家庭服务 旅馆和饮食业 修理服务、洗衣服务 理发与美容 娱乐和休闲 其他个人服务

(三)新兴服务业、传统服务业与生产性服务业

这种分类法是依据各服务业在不同经济发展阶段的特点进行的。随着驱动经济发展的主导要素的变化,除了第一、二、三次产业的比重发生变化外,每一个产业内部构成也发生了重大变化。服务业的变化也很明显,一些传统的服务业日益萎缩,而一些新兴服务业则蓬勃发展。

新兴服务业是指工业社会后期对制造产品有大量需求以后,出现的需求加速增长的服务业,主要包括教育、医疗、娱乐、文化和公共服务等。"新兴"并不代表这些行业是新出现的,它们以不同的具体消费形式和特点存在于人类社会任何发展阶段,但之前的需求量非常小,只有在工业化后期才成为具有普遍性消费需求的行业,并且出现加速增长的态势。这些行业的特点是收入弹性较大,因而与人均收入水平的关联性最强。

传统服务业主要包括家政服务和传统商业等,在此不做赘述。新兴服务业和传统服务业都是从直接面对消费者的终端需求来讨论的,生产性服务业则是相对于制造业而言的。生产性服务业的发展与工业化密切相关,其需求来自工业生产的中间需求。随着工业化程度的提高和制造业分工的深化,生产性服务业从制造业中独立出来并迅速发展起来,主要包括金融、物流、交通、信息通信和商业。

新兴服务业、传统服务业和生产性服务业的分类对服务业研究的意义主要有两点:一是表明服务业贯穿于人类社会的整体发展阶段,并非所有的服务业都是后工业社会特有的;二是服务业内部结构的变化是随需求(包括中间需求与最终需求)的变化和技术条件的变化而改变的,并非都由最终需求带动。

(四)经济网络型服务、最终需求型服务、生产者服务和交易成本型服务①

黄少军在《服务业与经济增长》一书中,将上述辛格曼分类中的流通服务以及生产者服务中的金融业归结为经济网络型服务,把生产者服务中的会计、法律和企业管理服务以及社会服务中的政府部门归结为交易成本型服务,其中会计、法律和企业管理服务属于企业制度交易成本类型,政府部门为政府交易成本类型。工程与建筑服务、R&D、设计、信息处理等归结为不能准确归类的生产者服务,其余服务部门就是最终需求型服务。参见表 10—7。

表 10—7　　黄少军的服务业分类

经济网络型服务	物资网络	交通仓储、批发、零售(不含饮食)、广告业
	资本网络	银行、信托、其他金融业、保险
	信息网络	通信业、出版业

① 黄少军.服务业与经济增长[M].北京:经济科学出版社 2000 年版,第 152 页.

续表

经济网络型服务	物资网络	交通仓储、批发、零售(不含饮食)、广告业
	资本网络	银行、信托、其他金融业、保险
	信息网络	通信业、出版业
最终需求型服务	个人服务	家庭服务、旅馆和饮食业、修理服务、洗衣服务、理发与美容、娱乐和休闲、其他个人服务、房地产
	社会服务	医疗和保健业、医院、教育、福利和宗教服务、非营利机构、邮政、其他专业化服务
生产者服务	工程和建筑服务业、R&D、设计、信息处理等其他经营服务	
交易成本型服务	政府(含市场管理)	政府
	企业	会计、法律服务、管理服务

除了上述几种对服务业结构的分类以外,还可以根据不同服务业的特性进行各种分类,如按照人力资本的密集程度分类、按市场化程度分类等。

二、服务业发展阶段

服务业涵盖的行业十分广泛,既有饮食服务、零售服务等传统的服务部门,也有知识密集型的咨询、研究与发展等现代服务业。在分析服务业发展规律时,必须考虑服务业的这一特点。因此,在经济发展过程中,服务业内部的发展呈现不均衡的特点,传统落后的服务业随着人均收入的提高并没有什么发展,而技术含量高的服务业则随着经济发展而迅速扩大规模。一般而言,服务业的发展大体经历了以下四个阶段:

(一)传统生活服务业的企业规模小,结构散乱阶段

这一阶段服务业发展以服务传统的最终需求功能为主要目的。此时服务业在国民经济中的地位很低,旅馆业、饮食业、修理业、理发业、医疗卫生业等几个传统服务行业在服务业总体结构中占据主导地位,为人民生活提供消费品和必须的日常服务。这时的服务业谈不上财富创造量,只是社会总体经济稳定发展所需的一个必要环节;在就业提供量上,吸收的都是素质比较差的就业人员,当然更谈不上生产率的衡量了。这时服务业产业的组织也非常松散,以个体手工业劳动者为主。这一阶段一般存在于经济尚不发达的社会中,生产率低、剩余劳动多而素质差,因此服务业主要为个人服务和家庭服务。

造成这些特点的原因主要有:(1)由当时的社会分工状况所决定的。这时社会分工体系尚不健全,整个社会其他产业生产水平较低,尤其是物质产品的生产没有达到一定的水平,剩余产品增长缓慢。没有健全的社会分工体系,服务业不可能在结构和规模两方面产生突破。(2)由当时的平均消费能力和一般消费模式决定。在服务业发展的初期阶段,人均消费能力一般较低,由于工农业物质产品的匮乏,人们对服务商品需求仅限于必要的日常生活需求,"奢侈型"的服务消费是人们无法想象的。由于需求的乏力,因而供给也不可能超出需求的范围。投资者不会在服务领域进行投资,这样,服务业只能由低水平的私有制经济占据统治地位。因此,服务业的产生和发展主要是由于社会分工和社会消费活动的客观需求制约。

(二)规模扩大,服务业内部结构初步转换

随着对服务产品的需求迅速扩大,相应的服务产品的供给量和供给种类增速加快,体现在

就业人数占社会总就业比重明显上升、服务业投资的资金量开始增加、生产技术水平和技术结构发生了一定程度的变动、生产效率有所提高、服务企业的规模开始增大、内部的专业化分工开始明确、较大型服务企业开始出现。另外，由于需求的增加，传统服务产品种类增加的同时，一些相对新兴的服务行业开始出现萌芽。

形成服务业发展第二阶段特点的主要原因有：(1)社会分工的发展。社会分工的发展使得各产业分工日渐成熟，各经济实体之间联系日益密切，中介部门、流通部门等新的服务行业逐步发展起来，成为保证全社会生产、流通和消费顺利进行的重要部门。社会分工的发展产生的专业化不仅提高了生产效率，而且进一步提高了产业利润率，使得服务业具备独立发展的可能性。(2)城市化进程的加快。城市经济正是专业化分工的产物，但城市经济不仅仅是分工的高度专业化，在分工的基础上更突出了产业的高度聚集性，因此对服务业提出了更高的要求。随着城市逐渐成为社会经济总体的核心，服务业的发展有了更广阔的平台和更多的机会。

(三)服务业结构发生质变，现代生产性服务业出现

这一阶段的主要特点是：(1)服务业需求增长速度明显加快，就业人数和财富创造量都迅速增加；服务业内部结构发生了重要变化，较大型的企业开始占据大部分行业的主导地位，成为左右服务业经营趋势和服务产业结构的主要力量，而且经营形式也出现了创新，出现了连锁企业和特许经营这种可以跨地区甚至跨行业经营的先进的企业组织形式。(2)服务业的生产率有了较大程度的提高，技术条件有了较大改进。(3)服务企业内部所有制结构发生一定程度的变化：一是出现了各种所有制服务企业同时并存，不仅仅是原有的私有制企业，还有股份制服务企业产生；二是为制造业服务的生产性服务业大量出现。生产性服务业包括金融、交通、信息通信、物流等随着制造业分工深化，其发展已进入一个新的历史发展阶段，生产服务业正在发生量和质的变化。

服务业发展第三阶段的特点和主要促进因素有：(1)随着生产方式和生活方式的改变，就长期趋势而言，传统服务业的比重逐步下降。有些传统服务性行业日渐衰落，因为传统服务业在工业化过程中或逐步高级化而演化为现代服务业，或被新型工业产品替代其服务功能，如个人计算机的出现替代了许多传统文秘工作。但是，由于需求的扩展，所以传统服务业的下降并不影响服务业整体的上升趋势。(2)现代企业制度的建立和企业发展的进一步成熟。这一阶段，工业企业组织形式发生巨大变化，股份制的现代企业成为主导力量，跨地区、跨行业的企业集团开始出现，生产方式上以大机器工业为主要形式。生产方式的进步和企业制度的完善促进了流通规模、流通结构和社会分工体系的变动，直接促进了与市场竞争活动有关的中介服务、流通服务等行业规模的扩大。(3)对信息和人才需求的增加。社会分工的专业化和市场竞争的激烈化，促进了企业信息和人才需求的增加，因而信息咨询服务业和技术咨询服务业的需求迅速扩大，对人才的需求则导致了教育、培训消费等需求的增加，教育和培训也成为人们提高自己在市场上的竞争能力的重要保证条件。(4)经济发展对基础设施的需求。互联网、运输、通信、银行、教育、保健和公用事业等服务业是每个国家基础设施的主要组成部分，这些服务业部门是经济发展的“瓶颈”问题，成为经济发展的前提条件。

专栏10-1

(四)服务业在经济发展中占据突出地位

第四阶段有如下特点：(1)服务业在国民经济中的地位迅速上升，服务业的经济贡献开始超过农业和工业，成为最重要的产业。在很多发达国家，服务业的增加值超过了农业和工业的总和，其占 GDP 的比重达到 70%甚至更高；(2)新兴服务业如教育、医疗、娱乐、旅游、房地产等，其消费需求随着工业化进程的加快而不断增加，消费总额也随人均收入水平的上升而不断上升；(3)对服务业的投资迅速增加，现代新兴服务业从业人员的素质迅速提高，在金融、咨询等生产性服务业中，吸引了大量优秀的人才，新兴服务业和传统服务业的企业组织结构、从业人员构成以及对经济的贡献等差距逐渐扩大。

推动服务业进入第四阶段的主要因素有：(1)社会分工的专业化，提高了生产和服务的效率，生产效率的提高为产业分工的细化提供了基础，服务业也在分工细化的作用下不断提高效率、扩大规模。(2)近年来，居民消费观念、消费结构和消费能力发生了很大变动。物质生活的丰富使居民在对生活必须服务精益求精的同时，对精神生活消费需求也有了更高的要求。因此，教育、医疗、娱乐、旅游等服务产品的消费需求开始与物质产品的消费匹配，需求的增长直接拉动了服务业的发展。(3)服务业所起的中间环节作用已经在经济发展中不可或缺，特别是通过生产者服务向商品或其他服务生产提供中间投入的那些服务环节，充当基础设施的一些服务同样属于这一类。物流、保险、贸易、数据服务、会计、研究与开发、工程、建筑、法律服务和广告等服务也很重要。所有这一切都是作为生产者服务提供中间投入，通过其与工业活动和其他服务业相互作用，中间投入的效能将影响经济竞争力的提高。

(五)服务业呈现新经济特点，知识密集型服务业日渐突出

在这一阶段，服务业的主要特点是：(1)以金融、保险、物流、房地产为主的生产者服务增长速度最快，而零售、餐饮等传统服务增长速度缓慢或者基本保持不变。1987—1997 年 OECD 国家中，金融、保险、房地产和商业服务业在 GDP 中的平均比重从 15.4%增加到 17.6%，上升了 2.2 个百分点；其次是教育、卫生、社会服务及其他在 GDP 中的平均比重从 8.6%增加到 10.1%，上升了 1.5 个百分点，其他有所变化，但是幅度很小。(2)知识密集型服务行业发展最为迅速。主要包括咨询、研究与发展、高等教育和终身教育、设计、媒体和广告产业等。研究发现，1994 年东京知识服务业占增加值的比重已经超过 17%，1990 年纽约知识服务业增加值比重超过 20%。[1]

知识服务业的发展是由经济进入高质量发展阶段所决定的，知识信息服务业的主要特点是附加价值高、成长速度快，更适宜在大城市发展。在工业化后期，由于科学技术研究与发展、互联网、信息数据、设计、咨询等产业成为经济发展中最活跃、最重要的部分，可以预见在未来的经济增长中，知识信息数据、互联网服务业的地位将会越来越重要。

专栏10-2

第三节 服务业发展演变动因

著名经济学家科林·克拉克认为，劳动力在产业间的配置主要受人均收入增长的影响，具体有两点：一是需求因素，二是效率因素。对于前者，他指出："随着人均收入的增加，很明显，

① 高汝熹，张洁. 知识服务业——都市经济第一支柱产业[M]. 上海：上海交通大学出版社 2004 年版，第 93 页.

对农产品的相对需求一直在下降，而对制造品的相对需求先上升然后下降，而让位于服务业。”①他进一步指出：“服务业所提供的产业，其受益对象不仅包括一般消费者，而且包括企业。若把为企业提供的服务考虑进来，服务业就会有很高的边际需求，其相对需求上升就是必然的。”

一、服务业在都市经济中的发展

城市是服务业的载体和重要发源地。近 10 年来，服务业在大都市产业中的比重日益增大，许多发达国家大城市服务业的增加值在 GDP 中的比重已经达到 85%以上。

（一）服务业已经占据大都市的首要经济地位

近年来，世界经济向“服务化”趋势发展，第三次产业在国民经济中的比重不断上升，尤其是发达国家，第三次产业经济总量远远超过了工业。例如，1996 年美国的三次产业比重分别是 1.8∶26.8∶71.4，这一现象在城市经济中更为明显，无论是纽约、东京等国际中心城市，还是香港、新加坡等区域经济中心城市，第三次产业均已在经济总量中占据了 70%以上的比重，其中香港已经达到 85%。

第三次产业的重要地位是与城市经济的特点紧密相连的，由于都市土地和水资源的稀缺，因此占地面积小、耗用水资源少、附加价值高的产业更适宜在城市发展，这些产业包括占用土地和水资源少、附加价值高的工业，也包括服务产业。工业如服装业、印刷业等，但更多的是服务业，如金融保险、咨询、广告、批发等，它们成为城市经济的支柱产业，甚至上升为该城市的标志型产业。

（二）服务业在都市经济中呈现聚集的特点

城市的竞争优势主要体现于其在银行、金融、保险、咨询、广告、设计等领域以及便利的生活服务业、良好的教育、文化、医疗服务、公共交通等所提供的全面服务。一般而言，处于区域经济中心地位的城市，其生活服务业、金融保险业总是占据举足轻重的地位，而信息咨询、广告、设计由于其附加价值高、聚集度高、辐射能力强的特点，因此在城市经济中日益显示出非凡的魅力。

服务业在城市的聚集首先源于城市本身具有的空间聚集的经济特点。由于不同行业之间特有的关联效应和行业本身的聚集效应，使得某些产业部门在空间分布上表现出明显的城市集中趋势。这些产业部门具有如下共同特征：(1)需要空间上的密集成群。例如，日本的金融业主要集中在东京都，而东京都又主要集中在都心三区。东京都心三区的面积仅占东京都的 2%，但银行存款占东京都的 64%，批发业的营业额占东京都的 76.9%。(2)高附加值，即高的劳动生产率。只有具备高附加价值，才能支付城市高额的地租与房租。(3)耗费自然资源少。聚集必然限制空间，在有限的空间内，自然资源就显得更为稀缺，与之相适应，就要求产业部门尽量少地占用自然资源。

从以上这些特征可以看到，服务业空间区位在不同规模等级的城市分布和变化不是随意的，而是有规律可循的。有些必须配置在大城市，有些需要配置在小城镇，还有一些是各种规模等级的城市都有。在服务业配置的过程中，聚集经济规律发挥着重要的作用，成为获取竞争

---

① 科林·克拉克.经济进步的条件[M].北京：中国人民大学出版社 2020 年版.

优势的主要来源，产生了外部经济效应、空间交易成本节约效应、学习与创新效应、品牌与广告效应等正的外部性效应。而相对于制造业，服务业的集聚更容易实现、成本更低，聚集的外部性也更明显。

同样地，对聚集效益的追求是城市服务业聚集的最主要的动力源泉。在都市中心区，不同行业之间特有的关联效应和行业本身的聚集效应，使得某些服务行业在空间分布上表现出明显的集中趋势。几乎世界范围内所有的大城市已经由过去传统的“工业中心”转向“第三次产业中心”。城市中心区以它为其他任何地域无法替代的空间效率正吸引着服务业的集中发展。

(三)数字经济背景下的都市服务业

在数字经济时代，知识与数据不仅成为人类财富与文明的主要动力和源泉，而且渗透到社会经济活动的一切领域，成为未来社会的主要标志和重要特征。今天，以知识化、信息化、数字化、全球化为特征的新的经济增长点正在使全球经济产生巨大的变化。一方面，表现为知识、数字对传统产业的高度渗透，即农业和工业生产中知识含量不断增加；另一方面，表现为以知识和数字为基础的新兴产业群迅速崛起。城市是知识经济和数字经济的载体和重要发源地，知识要素和数据要素对城市主导产业渗透的直接体现是知识服务业和数据分析服务业的兴起，知识与数据服务业作为数字经济的代表已经成为未来经济发展主流的产业形态，其首先是在都市中得以萌生和发展起来的。

1. 数字经济背景下都市的服务业面临新的挑战

都市的服务业分为消费性服务业和生产性服务业两个部分。首先，是消费性服务业，它主要包括教育、文化娱乐、出版以及与居民生活相关的信息服务等。近年来，居民衣食等消费支出在下降，服务方面支出在增长。例如，2022 年上半年全国居民人均食品烟酒消费支出 3 685 元，同比增长 4.2%，占人均消费支出的比重为 31.3%；人均衣着消费支出 725 元，同比下降 2.3%，占人均消费支出的比重为 6.2%；人均居住消费支出 2 807 元，同比增长 6.0%，占人均消费支出的比重为 23.9%；而人均生活用品及服务消费支出 670 元，同比增长 0.1%，占人均消费支出的比重为 5.7%；人均交通通信消费支出 1 493 元，同比增长 2.6%，占人均消费支出的比重为 12.7%；人均教育文化娱乐消费支出 1 037 元，同比下降 7.4%，占人均消费支出的比重为 8.8%；人均医疗保健消费支出 1 041 元，同比增长 2.6%，占人均消费支出的比重为 8.9%；人均其他用品及服务消费支出 298 元，同比增长 4.5%，占人均消费支出的比重为 2.5%。①

其次，更直接地体现知识数据要素对城市产业调整的是生产性服务业的迅速发展，生产性服务业具有第二、第三次产业相互交叉、相互融合的特征，主要包括金融、现代物流、工程技术、管理咨询、研发等。生产性服务业在工业经济时代大部分附属于制造业，而在数字经济时代，由于需求的迅速扩大、专业化分工的要求提高，因此这些产业独立出来后成为真正独立运作的产业。目前，如何促进生产性服务业的高质量发展，是数字经济时代城市经济面临的新课题。

2. 服务业与制造业的融合是产业发展的重要趋势

服务业与制造业的融合成为城市服务业的重要发展趋势之一。越来越多的制造业企业在日益重视服务的基础上，进一步在服务业领域打造自己的核心能力，企业的经济活动由以制造

① 数据来源于华经产业研究院，2022 年上半年全国居民人均收入和消费支出情况统计及结构占比。

为中心逐渐转向以服务为中心，如转型以服务为宗旨的蓝色巨人 IBM。服务业和制造业的直接结合点是生产性服务业。生产性服务业是从制造业内部生产服务部门分离出来，进而独立发展起来的服务业，为生产、商务活动提供现代服务。生产性服务业一般作为中间投入服务产业，用于商品和服务的进一步生产过程。从产业链的构成角度看，金融、研发、营销、物流、信息、数据技术服务等生产性服务业，组成一个循环的、完整的生产服务产业链。

现代制造业的生产不仅是物质产品，更是服务产品。据估计，相当一部分制造业产品的价值有 70%～80%来自服务。首先，任何一个产业都不可能脱离产业链的组合单一地获得发展。从服务业的服务对象看，生产性服务业服务的对象是企业，为生产活动和企业经营提供支撑，尤其是为制造业企业提供专业化服务。据统计，金融、保险、物流、律师、广告、中介等生产性服务业企业的营业收入有 70%以上来自企业客户。其次，从现代企业的发展趋势来看，制造业和服务业将有更紧密的融合。生产性服务业的发展直接影响了制造业的发展，由制造业延伸形成的生产性服务业，反映了市场容量的扩大和分工专业化程度的不断提高。最后，生产性服务业的发展水平，体现了都市的经济聚集能力，直接代表了都市所处的经济能级。

随着经济全球化的发展，企业面对的是全球范围内的消费者，地理位置、知识水平、风俗习惯等的差异要求产品开发朝小批量、多样化、个性化的方向发展，同时更新、更快、成本更低。科技制造企业根据目标顾客的不同而进行积极调整。一个明显的特征是，除了重视知识密集型产品的生产，出于追逐利润的需要，科技制造企业越来越重视与产品销售相关的知识密集型服务。通用电气(GE)由制造业公司转变为服务业公司，并已经进行了战略调整，其服务业占比已经由 1980 年的 15%上升到了 1990 年的 67%。制造业的生产加工则转移或外包，这种跨国公司战略结构的调整也在很大程度上促进了制造业的跨国转移。

3. 数字经济时代都市服务业的产业特点

在数字经济时代，服务业快速增长的原因有：一方面，城市经济中产业结构的调整、产业的进一步分化体现在生产性服务业的迅速发展中；另一方面，由于城市功能的不断完善、聚集能力的增强，也进一步巩固了服务业在城市产业中的地位。具体来说，有以下三个方面①：

(1)高集聚性。由于城市本身经济基础较好，技术、文化交流广泛，信息流动性强，需求集中(包括企业需求和居民需求)，通常对产业的自然资源消耗量如水、土地等有较高的要求，体现为较强的空间聚集性。当然，并不是所有的城市服务业都具备聚集的特性。例如，与居民人口密度密切相关的零售业、社区服务业等，虽然这些产业在人口密集的城市里较为发达，但这类服务业辐射市场区间有限。

都市生产性服务业在发挥聚集效应的同时，还存在辐射效应的问题。生产性服务业主要是为制造业企业服务，尤其是围绕企业的决策中心和资金中心服务，因此其对制造产业和企业的辐射影响体现在对企业决策和资金中心方面，在都市空间资源昂贵的现实条件下，企业受空间制约小，生产性场所大部分已经分流外出，所以有些生产性服务也会跟着走。

(2)高成长性。需求的迅速扩大带动了产业的迅速成长，而产业的成长则进一步激发了需求。20 世纪 90 年代以来，全球生产性服务迅速发展起来。1997 年，包括咨询、广告、法律、会计、营销、设计等专业服务业，在发达国家成熟的市场经济中，其就业人口占总人数的 17%，全

---

① 高汝熹，张洁. 知识服务业——都市经济第一支柱产业[M]. 上海：上海交通大学出版社 2004 年版，第 90 页.

球总收入约为7 000亿美元，比1996年增长15%，以远远超过一般GDP增长率的增长速度持续增长。例如咨询业，1997年全球收入为600亿美元，据估计，未来10年将在此基础上以20%的速度继续增长。事实上，今天的服务业增长率已经普遍高于制造业的增长率，制造业甚至出现了萎缩现象。

(3)高收益性。以个性化为特色的服务业能够充分提供顾客需要的不同种类的商品和服务，而且其核心能力不易被以产量取胜的竞争者模仿。服务产品及其生产过程很难被标准化，个性化的服务是获得高附加值的关键。对香港地区1985—1999年专业服务业的研究发现，其附加价值平均占到产业产值的66%，而一般的工业附加价值比重在30%左右。

生产性服务业的产出品多数为无形产品或者很少依赖于有形物质的高技术产品，大量产品是以服务形式出现的，利润最丰厚的部分也来自服务业，如通信行业、互联网行业其远程服务是收益最高的部分。研究发现，在现代企业中，高利润不是来自规模和产量，而是来自不断地了解消费者的需求并满足其需求。一般意义上的“物质产品”和“服务”的区分已经没有意义，因为这些企业所创造价值中的相当一部分来自服务，而且它们独有的核心能力也是服务，其中所包含的知识正成为长远的可持续竞争优势的唯一来源。

二、服务业结构演变的动因

从传统的生活服务业到知识密集型服务业，从散乱的家庭作坊式的组织形式到今天现代化的大规模银行和咨询公司，从只有最低层次就业人员到今天拥有最优秀的人力资源，服务业的发展经历了一个又一个飞跃，在现代经济中的角色也越来越重要。引起服务业现代发展以及结构变化的原因有很多。

(一)技术进步

技术进步是任何产业变革发展的基本源泉。技术进步导致制造业内部结构变化，同样对服务业内部结构产生了巨大影响。由于服务业包含的行业众多，有最传统的小商贩，也有现代化的大企业，因此技术进步对服务业内不同行业的作用也是参差不齐的。有些传统行业如理发、餐饮等，受技术进步的影响要远远低于金融、物流等生产性的服务业。但是，服务业整体由于技术进步的作用，产生了新的业态和变化，出现了附加价值明显高于传统服务业的新兴知识密集型服务业，这些新兴种类更进一步提高了服务业在国民经济中的地位。

(二)分工专业化程度的提高

著名的产业组织理论学者斯蒂格勒认为，劳动分工的动态性和范围经济的作用是新产业部门产生的主要原因。劳动分工的演进对服务业的发展既有直接推动，如交易费用的增加和交易部门的增长；也有间接的作用，如通过劳动分工作用于服务业，进一步反馈到对技术进步的推动。分工专业化的推动作用主要体现在三个方面：

1. 交易部门的增长和人力资本部门的增长

从经济发展的历史来看，在工业化的早期，流通部门如贸易和运输的就业人数和产出总量占整个社会经济的比重非常低，存在的不多的产出大部分是由工业企业和农业内部自己完成的，几乎没有专门化。社会劳动分工的深化和泛化，必然引起生产者之间所交换的商品数量和规模的扩大，为此，也会带来各种交易费用的直接上升，交易费用体现在生产性服务业和政府部门的迅速增长。交易费用的增长伴随着生产效率的提高。根据微观经济学的观点，只要劳动分工的边际收益大于交易费用增长的边际损失，那么劳动分工的进一步细化就会继续进行下去，直至二者相等。

分工的细化衍生出对金融、保险、交通运输、邮电通信的大量需求。具体来说，社会化大生产引发的大规模制造业的兴起，导致企业组织形式和金融市场的创新，贸易、金融、保险、房地产等就业领域急剧增加。企业组织形式的改变和现代企业制度的建立引起了企业中所有权与控制权的分离，大批专业管理人员进入企业的管理层，促进相关企业服务业的兴起，如会计、法律、广告、研究开发等；劳动分工越复杂，市场需求越大，交易活动就越频繁，供求平衡机制也就越脆弱。金融活动稳定性越重要，对交易活动的管理和仲裁就越有必要。

现代服务业的增长是劳动分工演进的结果。由于专业化分工的发展，生产的链条拉长，交易环节增多，引起交易活动的非线性的增加，交易部门和生产中间环节迅速扩大。分工细化虽然造成了交易费用提高，但效率比分工之前有显著提高。由于环节的细化，大量的新生知识伴随分工产生，推动了人力资本部门和知识生产部门的增加，人力资本和知识生产是专业化分工的必然支撑。在经济增长过程中，从最初依赖于自然资源、劳动力，到依赖于物质资本，最后归结为依赖于人力资本和知识资本。知识资本和人力资本进入生产过程，使生产过程变得越来越迂回化和专业化，而这正是现代服务业发展的方向。

2. 对技术进步的进一步推动

经验分析发现，服务业就业增长速度快于其在 GDP 中比重增长速度。很多研究者认为，这是由于第二次产业技术进步速度是三次产业中最快的，而对制造产品的需求增加相对技术进步则显得缓慢，因此第二次产业就业增长停滞甚至就业人数减少；服务业的技术进步速度较第二次产业滞后，但其社会需求增加迅速，因此出现了服务业就业增长速度快于在 GDP 中比重增长速度的现象。

但是，对这一假设的实证研究一直存在争议，如根据 1975—1984 年的统计资料，加拿大制造业的生产率每年平均增长 1.5%，但服务业中的贸易、交通与公用事业的年平均增长率为 2.8%。库兹涅茨认为，尽管服务业吸纳的劳动力越来越多，但生产率不变或者下降的原因是：(1)对服务的中间需求的扩大，这是与工业化生产方式相联系的。尤其是当消费水平提高、对零售业需求增加时，贸易、金融等在具有比较固定特性的生产和比较零散的需求之间的桥梁作用便逐渐体现出来。(2)工业化进程加快，需求、销售等各个环节越来越复杂，对政府的协调和监督作用要求大大增强，因此政府机关、环保、卫生等部门迅速膨胀起来。(3)消费者收入的增加使得对娱乐、教育的需求增加，而消费者对耐用消费品的需求增加使得对修理等服务的需求也有所增加。库兹涅茨认为，这些服务产品大多数是劳动密集型的，因此，其就业人数显著增加，而劳动生产率却难以提高。

无论是什么原因引起了这一现象，有一点是可以肯定的，就是服务业在推动工业生产率的进步中起到了至关重要的作用。随着分工的深化，这种关系从长期来看更为显著，服务业中的金融、交通、贸易、信息通信等是工业生产率得以提高的基础，它们构成了工业企业组织正常运行的逻辑基础。而医疗保险、文化、教育等都是提高工业生产率的保障。因此，制造业部门生产率上升是制造业和服务业可能还有农业等多方面综合作用的结果。在这一过程中，服务业和制造业共同发展，分工不断深化，领域不断拓宽，产业结构不断发生新的变化。解释服务业的发展对理解产业结构变化是非常重要的一环。

3. 城市化的趋势

城市里大量人口的集中使得商业以及生活服务业繁荣，在人口较为稀少的小城镇，这些产业一般都是分散性的，规模不会很大，服务半径和服务的人口数目是有限的。在总人口数很大的城市里，商业和生活服务业会在巨大需求的支撑下，在规模和种类上都有所突破，如出现大型娱乐中心、商业中心、餐饮一条街等。

此外，随着经济的发展，人们的物质生活水平不断提高，对物质以外的精神生活追求越来越重视，因此为提高人们的精神愉悦以及提升人力资本价值服务的各种服务业应运而生。例如，教育服务、娱乐、艺术技艺和文艺体育技能的指导与培训服务、职业选择的咨询与信息服务等。随着生活水平不断提高，新的需求就会不断出现，新的服务行业也就适应这种需求而不断产生，从而推动着与生活密切相关的服务业的发展。

城市的空间里除了人口的集中外，更重要的是企业的集中，尤其是生产性服务性产业的集中，生产性产业本身辐射范围大的特性促使金融保险、信息、会计、法律以及中介等在城市中聚集，而居民与企业在城市空间中的集中也为人力资源的培养以及流动和产业分工的细化提供了条件，与产业发展形成正反馈。而城市大量的基础设施建设，有助于居民与企业的生活和发展，这样也就为科技、中介、设计等服务业的起步发展提供了机会。

专栏10-3

复习思考题

1. 服务业对国民经济发展的重要性表现在哪些方面？
2. 服务业内部结构的变化规律是什么？
3. 试比较生产性服务业与消费服务业的异同。
4. 生产性服务业大发展的原因是什么？

第十一章

产业结构规划

自配第-克拉克定理提出以来，人们逐渐开始意识和了解到产业结构演变是有规律的，认识到产业结构的演变是一个不断地从低级向高级转变的过程，是经济发展历史和逻辑序列顺向演变的过程。一国的经济发展、各产业间结构的演进一般都按照这一规律进行。因为有了这样的规律，所以许多国家政府开始进行产业结构规划，直接或间接地指导着一国产业结构优化，加快经济增长。本章主要探讨经济增长目的下产业结构规划的目标和内容，以及主导产业的选择、支柱产业的振兴、幼稚产业的保护和衰退产业的调整等问题。

第一节　产业结构规划目标和内容

由于资源是稀缺的，人们在进行生产活动时，就会受到资源的约束，这就产生了对生产要素投入方向的决策问题，特别是产业结构演化是有规律的，于是就有了产业结构规划问题。特别是发展中国家在加快本国经济增长的前提下，其产业结构规划就是要寻找最优的结构模式，设计产业结构优化的内在机制，形成资源配置的优化。

一、产业结构规划的理论基础

郝希曼的不平衡增长理论认为，由于发展中国家资源的稀缺性，全面投资和发展一切部门几乎是不可能的，只能把有限的资源有选择地投入某些行业，以使有限资源最大限度地发挥促进经济增长的作用。郝希曼认为，有限的资本在社会资本和直接生产资本之间的分配具有替代性，因而有两种不平衡增长途径：一是“短缺的发展”；二是“过剩的发展”。总体来看，不平衡增长理论基本上符合发展中国家的国情，至于选择哪一条不平衡增长途径，应视经济发展不同阶段的瓶颈而定。

罗斯托的主导部门理论是根据技术标准把经济成长阶段划分为六个阶段，如表11－1所示。

表11－1　罗斯托的经济发展阶段与相应的主导产业

经济发展阶段	相应的主导产业
传统社会阶段	以农业为主体
为起飞创造前提阶段	以农业为主体

续表

经济发展阶段	相应的主导产业
起飞阶段	纺织、铁路、建筑
向成熟社会推进阶段	钢铁、电力
高额群众消费阶段	汽车
追求生活质量阶段	服务业、城郊建筑业

在表11—1的六个阶段中,每个阶段的演进都是以主导产业部门的更替为特征的,经济成长的各个阶段都存在相应的起主导作用的产业部门,主导部门通过回顾、前瞻、旁侧三种影响带动其他部门的发展,主导部门序列不可任意变更,任何国家都要经历由低级向高级的发展过程。罗斯托提出的主导部门通过投入产出关系带动经济增长的观点,以及主导部门并非一成不变的观点,都是有现实意义的。

筱原三代平的两基准理论是指主导产业选择需要考虑收入弹性基准和生产率上升基准,收入弹性基准要求把资源投向收入弹性大的行业或部门;生产率上升基准要求把资源投向生产率上升最快的行业或部门。该理论成立的前提是:该国基础产业相当完善,不存在瓶颈制约,或者即使存在一定程度的瓶颈制约,但要素具有充分的流动性,资源能够在短期内迅速向瓶颈部门转移,尽快缓解瓶颈状态;产业发展中不存在技术约束和资金约束。这个前提要求对发展中国家而言是相当高的,发展中国家往往是基础产业薄弱、技术水平低下,资本也相当缺乏。

二、产业结构规划目标

产业结构规划就是各国政府根据本国的具体国情,按照一定的产业结构变化规律,对产业结构的演变过程制订一个较为长期的发展计划,通过设计产业结构的合理化与高级化的方案以及一系列具体的政策和措施,直接或间接地指导一国的产业结构演化,实现经济的快速增长。

因此,产业结构规划的目标是使本国有限的资源在较长时期内得到有效配置,通过对未来不同经济社会发展阶段中产业发展的选择与支持,使本国的产业结构遵循产业结构演变的规律,在一定时期内达到优化升级,实现资源在产业之间的优化配置和高效利用,促进产业体系协调、稳定、高效演化,以确保国民经济的持续快速增长。一国产业结构优化升级是市场机制作用下产业主体的贡献,是产业结构演变规律综合作用的产物,也可以是在市场机制的基础上产业主体按照产业结构规划运行的结果。

三、产业结构规划内容

产业结构规划的内容主要是对产业结构规划的对象制订中长期计划,使各产业在发展中保持适当的比例关系,在一定时期内实现产业结构优化升级和经济增长的目标。产业结构规划主要是规划未来时期内不同产业如何按照资源配置有效性和产业结构合理优化的要求进行投资与发展。规划只具有指导性,实施则依赖市场机制。具体包括以下几方面的内容:

(一)资源供给结构规划

资源供给结构是指在一定的社会生产技术组织和市场条件下,作为生产要素的资本、劳动力、自然资源等在国民经济各产业部门间供应的比例，以及以这种供给关系为联结纽带的资源与产业发展的关联关系。资源供给结构规划主要是规划好一国一定时期的资本结构、投资结构、劳动力供给结构，以及资源禀赋、自然条件和资源供应结构的比例关系和量化指标，制订中长期产业体系、产业发展的资源供给优化目标和计划。

（二）消费需求结构规划

消费需求结构是指在一定的收入水平下，社会各个消费群体对各产业部门的产品和服务的需求比例关系，以及由此所决定的产业间关联结构。消费需求结构的规划主要是规划好一国在一定时期的政府（公共）需求结构、企业需求结构和家庭需求结构，最终产品需求结构、中间产品需求结构以及中间产品需求与最终产品需求的比例关系和量化指标，制订中长期需求结构优化目标和计划。

（三）国际贸易结构规划

国际贸易结构是指国民经济各产业产品或服务的进出口比例，以及以这种进出口关系为纽带的产业关联关系。国际贸易结构规划主要是规划好一国在一定时期的进出口产品和服务结构的比例关系和量化指标，它包括高附加值的深加工、精加工制成品和低附加值的初级加工制成品的比例结构，消费资料和生产资料的比例结构，原材料、能源的基本品和机器设备等投资品比例结构，高技术含量产品、低技术含量产品和服务比例结构，制订中长期国际贸易结构优化目标和计划。目的是通过国际贸易的展开提高本国产业在国际市场上的竞争力，同时促进本国产业发展资源的全球化配置和本国产业结构优化升级。

（四）技术结构的规划

技术结构是指国民经济各产业部门间的生产技术结构、劳动生产率结构、技术对生产的贡献结构、技术创新和技术引进结构、产品和服务的技术含量结构等，以及由此引起的产业间技术关联结构。技术结构规划主要是以优化技术结构为目标，在一定时期内制定出结构比例关系和量化指标。这些结构包括产业间和产业部门间的技术装备结构、技术创新能力结构、劳动生产率结构和资源使用效率结构等。

发展中国家在产业结构规划时大多是以赫希曼的不平衡增长理论、罗斯托的主导部门理论和筱原三代平的二基准理论作为理论依据，在规划好一国的供给结构、需求结构、国际贸易结构以及技术结构的同时，根据国民经济所处的不同的发展阶段，对一国的产业体系做出长远规划，制定出选择主导产业、振兴支柱产业、扶植幼稚产业和调整衰退产业的政策措施。

四、产业结构规划的程序

产业结构规划是一项复杂、严谨的工作，是在各方面专家如产业经济学家、经济学家、社会学家、生态学家以及企业界、政府部门的代表共同努力下完成的。许多国家如日本、韩国、英国、法国等把产业结构规划工作作为日常工作之一，专门设立了产业结构规划的机构，以便有效开展这一工作。

产业结构规划设计除需要专门的组织机构之外，还必须遵循科学的设计程序，这一程序大致为：

（一）准备工作

主要是收集国内外有关产业结构发展的最新动态、产业结构演变趋势等有关信息，以及本国现实经济发展现状、变化趋势、拥有的资源状况、社会发展状况、产业结构状况，产业国际竞争力等信息。

(二)分析工作

主要通过已掌握的信息、资料对本国及各地区产业结构现状进行分析，确定产业结构中的瓶颈问题，并在此基础上确定一国在特定时期内产业结构合理化与高级化的实质性内容。与此同时，依据一国产业结构的演变趋势，确定在特定时期内主导产业、支柱产业、衰退产业和幼稚产业的发展与保护的计划。

(三)设计工作

根据产业结构规划的各项内容，即产业间的供给结构、需求结构、国际贸易结构和技术结构，设定各结构的发展方向、演变目标、途径和方法等，排定各结构内部以及结构与结构之间的比例关系，排定产业发展顺序，以及制定相应的产业结构政策和推动产业结构演变的措施等。

(四)审定工作

由产业结构规划部门专门组织专家、政府官员和企业界代表等进行规划的审定工作，以保证规划的科学性和可行性，增强规划的可操作性。通过审定，评价产业结构规划是否符合一国的国情以及产业发展的国际竞争优势和竞争战略。

五是修订工作。这是规划得以准确实现必不可少的一个过程，主要目的是加强产业结构规划的准确性和科学性，修正实施过程中可能出现的失误。这一过程同样必须由专家、政府官员和企业界人士组成的专门小组来执行。

一旦产业结构规划被正式确定，应由国家权威机构正式予以公布与实施，为了保证规划的持续有效性，应不受任何政府换届的影响，必须由专门的机构负责规划实施与管理。

第二节 主导产业选择

在一个国家工业化演进的过程中，带动国民经济增长的主导产业是更替变化的。在工业化的不同时期，其主导产业也是不同的。产业结构规划的关键问题就是按照产业结构高度化的发展规律规定各产业部门在产业发展中的地位和作用。因此，首先要选择和确定一定时期的主导产业，通过主导产业的发展来带动或推动国民经济各产业部门的发展。

一、主导产业及其特征

主导产业是指在一国经济发展的某个阶段，若干产业部门对产业结构演化和经济发展起主导作用的产业。主导产业在产业结构中占有一定比重，其技术先进、增长率高、关联性强，能够最迅速、最有效地吸收创新成果，满足不断增长的市场需求，并获得较高的和持续的发展速度。在工业化进程中，主导产业对一些国家的经济起飞发挥过重要作用，其特征主要有：

(一)具有良好的发展前景

主导产业技术创新能力强，并能创造新的市场需求。由于技术创新能力强，主导产业富有生产增长潜力，其技术进步速度较快导致生产率上升，反映了当代世界科技新趋向，同时具有大规模生产的市场需求可能性，因此具有较高的产出能力和产出增长率，是极具发展潜力的产业。

(二)具有关联扩散效应特性

主导产业与其他产业之间的关联性较强,对其他产业的发展有较强的带动作用。其关联扩散效应主要体现在:(1)前瞻效应。即对新产业、新技术的出现产生诱导作用。由于引入了创新,因此主导产业能引起新兴产业的诞生,为下一个重要的主导产业建立平台。(2)回顾效应。由于主导产业处于高速增长阶段,因此会对各种生产要素产生新的投入要求,从而刺激为其提供投入物的产业和部门的发展和人力资源质量的提高。(3)旁侧效应。即主导产业的高速度发展往往带动为其服务的相关产业发展,如生产服务业、物流业、供应链管理、信息服务业、金融业等发展,甚至引起这些相关产业的一系列变革创新与发展。

(三)具有序列更替特性

从历史的角度看,对于不同的国家和地区而言,由于特定的条件不同,主导产业部门随着技术、市场、资源等因素的重大变动而不断更替,导致产业结构变革与升级。例如,第二次世界大战后日本的主导产业发生过四次重大更替,分别是:电力工业;石油、化工、钢铁、造船;机械工业,尤其是汽车和家用电器;电子工业、生命科学、新材料等。不同发展阶段的主导产业在更替的同时又相互作用,前一时期的主导产业为后一时期的主导产业奠定了发展的基础。

二、主导产业的发展特征

综观世界技术革命与主导产业部门的变迁历史,工业化国家的主导产业转换与发展经过了五个历史阶段,见表11—2。

表11—2　　主导产业发展的五个历史阶段

阶段	主导产业部门	主导产业群体或综合体
第一阶段	棉纺工业	棉纺织业、早期机器制造、炼铁业、铁路业
第二阶段	钢铁工业 铁路修建业	钢铁工业、采煤工业、造船工业、纺织工业、机器制造、铁路运输业、轮船运输业及其他工业
第三阶段	电力、汽车、化工和钢铁工业	电力工业、电器工业、机械制造业、化学工业、汽车工业以及第二个主导产业群各产业
第四阶段	汽车、石油、钢铁和耐用消费品工业	耐用消费品工业、宇航工业、计算机工业、原子能工业、合成材料工业以及第三个主导产业群各产业
第五阶段	数字信息产业	新材料工业、新能源工业、生物工程、宇航工业等新兴产业,以及第四个主导产业群各产业

工业化过程中主导产业的发展特征大致可归纳为以下几点:

第一,新兴主导产业的形成一般要滞后于技术革命爆发时期。这是因为,一种新技术的出现至产业化的形成需要一个过程,为此,主导产业部门的更替也需要一个周期。目前,随着新技术涌现速度的加快,这一更替的周期也在不断缩短。

第二,每一时期主导产业的构成由早期的几个产业向产业群发展,早期的主导产业与技术革命之间的紧密的单向联系,在现代已出现多维平行交互发展的状态。新技术革命的多个重大发明和突破,产生了广泛的新技术群,导致主导产业部门具有多维化的特征。

第三，主导产业的演化是沿着从劳动密集向资本密集演进，进而向资本技术密集和知识技术密集发展的路径发展。同时，主导产业的演变具有从低附加价值向高附加价值，进而向更高附加价值发展的产出特征。

三、主导产业的选择基准

选择主导产业需要遵循一定的产业发展的准则，产业经济学家为此做出了不懈的努力，提出以下重要的选择准则。

(一)收入弹性基准

需求收入弹性基准是由日本产业经济学家筱原三代平提出的选择主导产业的基准之一。该基准以产品的收入需求弹性大小作为标准来选取收入弹性大的产业作为主导产业。收入需求弹性反映了该产品的社会需求随着国民收入的变化而变化的趋势，表现为需求收入弹性大，则在人均收入提高的情况下，人们对该产品的需求增长幅度高于收入水平增长幅度，这意味着该产业产品具有良好的市场前景。收入弹性基准的计算公式为：

某产业的收入弹性＝该产业产出的人均需求增长率÷人均国民收入增长率

或　　某产业的收入弹性＝该产业产出的需求增长率÷国民收入增长率

通过对筱原三代平的需求收入弹性系数的观察可知，在工业化的不同阶段，不同产业的产品其弹性系数是不同的。这种现象可以通过不同人均国民收入不同水平的国家的比例看出来。表 11—3 显示了在某一时点上，不同工业部门的产品在收入弹性上的差异，显示出在这一时点上工业结构变化的趋势和方向；各工业部门之间在不同时点上收入弹性的显著变化，反映出工业化的阶段性和工业结构的变化。

表 11—3　　制造业各行业的收入弹性

	综合	不发达国家	发达国家
制造业平均	1.369	1.89	1.30
食品、饮料、卷烟	0.978	1.72	0.93
纺织	1.205	2.12	0.75
服装、鞋类	1.361	1.95	1.25
木器	1.531	1.71	1.51
纸张、纸制品	2.035	2.36	1.86
印刷、出版	1.718	1.24	1.64
皮革制品	0.893	2.01	0.91
橡胶制品	1.981	1.94	1.46
化工产品	1.547	1.80	1.12
有色金属矿产品	1.157	2.37	1.14
钢铁	1.991	2.98	1.16
机械	1.984	2.23	1.87
其他制造业	1.847	2.05	1.85

注：根据对 1953 年与 1958 年约 50 个国家的数据整理，不发达国家是指人均国民收入低于 200 美元的国家。
资料来源：联合国. 工业发展的研究[R]. 1963 年。

在开放经济中，应以在国民收入水平的提高过程中需求增长率最快的产业群作为主导产业，这些产业群的发展能对出口起到较大的促进作用，同时未来也有较好的市场前景。

(二)生产率上升基准

生产率上升基准也是由筱原三代平提出的主导产业选择基准。该基准是从供给的角度选择主导产业。这里的生产率是指全要素生产率，即产出对全部投入要素之比。全要素生产率的上升主要取决于技术进步。生产率上升的差异可以通过技术进步的变化速度(技术进步率)加以考察，而技术进步率的测算则可以利用生产函数变换求得。其中，技术进步率的剩余计算法的计算公式为：

$$技术进步率=生产增长率-\alpha\times劳动力(工资)的增加率-(1-\alpha)\times资本的增加率$$

式中，α 是工资额占净产值(附加价值)的比例。

在国民经济中，当某产业技术取得了突破性进展，那么该产业的生产率就能提高到一个较高的水平，意味着发展快、未来的前景好，国民收入的相对比重也会随之增加。选择全要素生产率上升快的产业作为主导产业，有利于提高一国产品的出口竞争力和资源的利用效率。这是因为，技术进步速度快的产业不仅可以降低生产成本，获得比其他产业更快的发展速度，而且技术进步快的产业可以通过技术的扩散，促进整个产业结构系统的技术进步。

(三)关联度基准

产业关联度基准就是根据产业联系效应强度选择主导产业的准则。主要有赫希曼基准和罗斯托基准。赫希曼在研究中发现，在产业关联链中必然存在一个与其前向产业和后向产业投入产出关系中关联系数最大的产业，应首先发展该产业，将其作为主导产业。罗斯托认为，选取联系效应强的产业作为主导产业，可以通过其后向、旁侧和前向的影响，去诱导、带动和促进其他产业的发展，从而促进整个经济的成长。

在工业化过程中，轻工业表现为后向关联度较高，而重工业则表现为前向关联度较高。因此，在经济增长率较高时，后向关联度较高的轻工业的发展对重工业及其他产业的发展起到推动作用，而前向关联度较高的重工业一般表现为发展速度较快。前、后向关联度均大于 1 的产业是对经济增长率的变化最为敏感的部门，国民经济总量和总量的变动对它们具有强烈的反应，这些产业在经济发展中处于战略地位。

(四)过密环境基准和丰富劳动内容基准

过密环境基准和丰富劳动内容基准是 20 世纪 70 年代由日本产业结构审议会提出的。过密环境基准要求选择能提高利用效率、保护环境、强化社会防止和改善公害，并能补充由于经济高速增长而引发社会资本短缺、缓解生产集中带来的人口密度过大问题的产业作为主导产业。过密环境基准的着眼点在于因工业的迅速发展所带来的工业化与环境保护、经济发展和社会成本之间的矛盾，协调经济可持续发展与社会利益的关系。这一准则如今表现为要选择低碳绿色环保产业作为主导性产业，形成可持续发展的产业结构。

丰富劳动内容基准要求选择能提供更多舒适安全和稳定劳动场所的产业。该基准显示了随着生产力的发展，人们意识到发展经济的最终目的是提高劳动者满意度，这在一定程度上反映了一国经济已经发展到较高的水平。这两个基准对发展中国家选择主导产业具有很好的借鉴作用。

(五)就业功能基准

这一基准主要是针对发展中国家在经济转型时期特别是产业结构转换时期所面临的巨大

的就业压力及其经济和社会影响而提出的。就产业的要素密集度而言，劳动密集型产业的就业功能强，资本密集型产业的就业功能弱。技术密集型产业分为两种情况：劳动—技术密集型产业的就业功能相对较强，资本—技术密集型产业的就业功能相对较弱。但各产业的实际就业功能及其差别还取决于产业的发展水平、趋势和特点。

从产业的相对就业密度看，可以从两方面来分析：一方面是每亿元工业增加值或产品销售收入所对应的就业人数；另一方面可以从产业的资本与劳动力比率来分析提供一个就业机会所需要的资本量。这可以使用三个指标：第一个指标是资产合计与劳动力的比率，反映的是一个就业岗位所对应的全部有形和无形资产（能以货币计量的所有经济资源）的数量；第二个指标是资本总额与劳动力的比率，反映的是一个就业岗位所对应的生产过程中实际投入的资本量（固定资产净值年平均余额和流动资产年平均余额之和）；第三个指标是固定资产与劳动力的比率，反映的是一个就业岗位所对应的生产过程中实际投入的固定资产净值（年平均余额）。

（六）比较优势基准

产业结构演化是在本国的自然禀赋、技术状况、经济发展状况的基础之上，是不同发展阶段的有序过程。在选择主导产业时，除了要依据上述几个基准外，还必须结合各国在一定时点上的国际、国内经济发展的条件和环境，即考虑本国的国情如自然禀赋、技术条件、劳动力状况等，选择在全球产业竞争中具有比较优势的产业作为主导产业。为此，要正确选择主导产业，就必须对当时所处的经济发展阶段和将要经历的阶段有一个正确判断；确立的主导产业要充分利用本国的比较优势，进而才能在开放经济中获得比较利益，获得后发优势，加快本国产业体系建设和产业结构转型升级，并有利于解决经济发展中的“瓶颈”。

专栏11-1

第三节 支柱产业振兴

支柱产业是指那些在国民经济中占有较大比重、对经济增长起着举足轻重作用的产业，在一定时期内能够支持社会发展在一定水平上增长，或在社会经济上新台阶时期能够稳定地成为 GDP 贡献的主要产业。这类产业构成一国产业体系的主体，提供大部分国民收入，是整个国民经济的支柱。支柱产业也是一国的优势产业，有着很强的实力，在目前以及今后一段时间内对国民经济的发展起到重要的影响作用。

一、支柱产业振兴目标与途径

第一，促进主导产业的迅速发展，使之及时向支柱产业转移。随着科学技术突飞猛进的发展，新兴主导产业不断崛起，主导产业的更替速度不断地加快。例如，日本产业结构的演变给我们提供了一个很好的范例。第二次世界大战后，日本通过三次主导产业变迁以及产业结构的转换，使日本经济在较短的时期内赶上了欧美发达国家，而每一次结构变迁都出现了一批新兴的主导产业群，原有的主导产业演化为新的支柱产业群。因此，支柱产业的振兴必须以主导产业的不断更新演化为基础。

第二，增强本身的技术开发能力，以延长支柱产业的生命周期。有些支柱产业之所以衰退，并不是该产业不能创造更多的国民收入，而是它们的技术开发落后于国际平均水平，缺乏竞争能力，从而出现有些产业在某些国家可以成为支柱产业而在另外一些国家则不能成为支柱产业，此类支柱产业的振兴关键在于对技术和产品进行不断创新，使产业不断地更新和升级。所以，支柱产业的振兴也可以以延长产业的生命周期作为突破口。

第三，重视产业结构演变规律，有目的地培育新兴支柱产业。一般来说，可以采取两种途径：一种是通过培育新的支柱产业群来替代原来的支柱产业群，即整体替代；另一种是通过对原来支柱产业群进行分化以形成新的支柱产业，即部分替代。这两种途径都必须以产业所处阶段和发展趋势为根据。

第四，瞄准世界科技发展的制高点，以适度跳跃来振兴支柱产业。在现代信息社会，如果按部就班，就会落后于飞速发展的时代。对我国一些经济较发达地区，支柱产业振兴必须立足求实、重在创新，跟踪世界产业发展的最新动态，迅速优化产业结构，特别是通过高科技的发展来加速主导产业向支柱产业的转换，振兴、发展新型支柱产业。

在现代经济中，支柱产业通常是以一个支柱产业群的面貌出现，而不是特指一两个产业。所谓支柱产业群，就是一些产业关联相对密切的产业集合，它们同时在一国的国民经济增长中承担主要责任。这样一个支柱产业群的产生和出现是很重要的，它们是现时产业体系中的主要构成部分，它们的演化就是产业结构的演化。支柱产业群的整体水平决定了一国产业结构高级化的阶段。国家的经济发展和产业结构的合理化、高级化，一方面要选择若干主导产业或产业群并使之发挥先导作用；另一方面要振兴支柱产业使之继续成为国民经济的支柱。随着社会经济的发展，一些主导产业逐渐演变为支柱产业，而一些支柱产业也可能演变为衰退产业。产业结构呈现的就是这样一个演变过程。通过这种演变和转换，即不断地培育形成新的主导产业群来代替原来的支柱产业群，不仅能使一国的产业结构不断地趋于合理化和高级化，而且能使国民经济得到持续、稳定的发展。

二、支柱产业振兴的依据

支柱产业的振兴依据可以通过对其特征的分析来确定。

第一，支柱产业应该在国民经济中承担主要责任，即能对一定时期一国的经济增长做出较大的贡献。从产业所提供的国民生产总值在全国国民生产总值的比重以及其产品的市场需求前景来看，该产业是否符合一般支柱产业特征，具体可以用两个指标来测算并加以衡量：

$$\text{某产业的产值比重}=\frac{\text{该产业一年提供的国民生产总值}}{\text{全国的国民生产总值}}$$

$$\text{某产业的产品需求收入弹性}=\frac{\Delta Q}{Q}\div\frac{\Delta M}{M}=\frac{\Delta Q}{\Delta M}\cdot\frac{M}{Q}$$

式中，Q 代表需求量，ΔQ 代表需求的变动量，M 代表收入，ΔM 代表收入的变动量。当产业的产值比重在 5%左右及以上，且其产品需求收入弹性较高时，可考虑确认为支柱产业。

第二，支柱产业应具有较大的市场份额。较高比例实现的国民生产总值只有通过该产业具备较大的市场份额才能得以实现，或者说才能在国民经济中起到“支柱”作用。支柱产业已处于成长阶段或处于成长期向成熟期过渡的阶段，应该是具有相当大的市场份额，有着长期发展的可能。另外，作为支柱产业，其技术比较成熟，并已达到相当稳定的阶段。但如果产业的产品需求弹性低、增长弹性差，即使处于成熟阶段，也不可能成为支柱产业，很有可能正处于由支柱产业转换为衰退产业的转换阶段。

第三，支柱产业应该具备相对成熟和比较高的技术水平，即处于技术更新周期比较稳定的阶段。只有当某产业的生产技术、固定资产和设备已处于更新周期的稳定阶段，才不至于因飞速发展的技术进步而导致生产经营产生过度波动，从而保证国民经济增长的基本稳定。反之，那些虽然对目前国民生产总值贡献颇大，但其本身的生产技术处于更新改造的阶段，而改造又需要大量投资的产业不能作为支柱产业。

第四，支柱产业应该同时具有国际竞争力和国内适用性。随着经济全球化步伐的加快，世界经济已经越来越一体化。在开放式的经济体制下，各国产业结构也必然纳入世界产业分工体系的框架。为此，一国振兴支柱产业，不仅要考虑本国的具体国情，同时必须从世界的角度考虑世界性的科学技术进步和产业结构高级化的趋势，以提高支柱产业的国际竞争能力，真正成为国民经济相当长一段时间内的支柱产业。

三、中国支柱产业的振兴

经济理论、国际经验和中国的实践表明，产业结构调整升级与经济的持续快速增长具有很强的相关性。在很大程度上，经济增长与产业结构调整升级是同一过程的不同表现形式，只有结构的调整升级产生一批高增长性的支柱产业，才能带动整个国民经济较快增长。根据中国的实际国情，在选择支柱产业时，不仅要以其市场份额、需求收入弹性、技术水平等作为支柱产业选择的依据，而且吸引外资的密度也将成为一个重要的参考参数。这是因为，随着经济全球化的发展，我国经济也纳入了世界经济发展的轨道，这种开放式的经济为我国产业结构调整升级提供了机遇，为解决我国产业结构升级和新兴支柱产业发展的制约瓶颈问题提供了可能。由于大量掌握着先进技术的跨国公司来我国进行投资，使我国支柱产业的发展打破了“技术瓶颈”“研发瓶颈”和“全球化经营与管理能力瓶颈”等，这些瓶颈曾制约了许多发展中国家产业结构升级和经济持续增长的能力，而我国正因为抓住了这一机遇，使我国的产业结构继续升级和经济保持持续较快增长成为可能。

经济的开放性为我国支柱产业的更替和转换提供了巨大的机遇，20 世纪 90 年代我国纺织产业的转型与振兴，进入 21 世纪我国汽车产业以及后来的互联网产业逐步成为新兴支柱产业等，都是十分重要的例证，可以说，自改革开放以来，我国产业的发展取得了举世瞩目的成就，这与开放条件下市场机制的作用密不可分。

第四节　幼稚产业保护

所谓幼稚产业，是指工业后发国家相对于工业先行国家成熟产业而言的、新建立起来的并仍处于幼小稚嫩阶段的产业。幼稚产业的保护是指某种产业由于技术经验不足、劳动生产率低下、产品成本高于世界市场价格而无法与国外企业竞争，但通过保护一段时期，能够在自由贸易条件下获利，达到其他国家同一产业发展水平而自立。幼稚产业的保护目标是，通过发展民族工业，建立起本国的产业体系，为实现工业化和提高产业增长后劲奠定基础，以利于更有效地参与今后的国际竞争。

一、传统幼稚产业保护理论

当产业革命在英、法两国深入发展时，欧美其他国家的工业尚处于萌芽状态或正处于生长期。这些国家要求保护本国产业的呼声日益高涨，于是形成了与自由贸易理论相对立的保护贸易理论，其主要代表人物是美国的亚历山大·汉密尔顿(Alexander Hamilton)和德国的弗里德里希·李斯特(Friedrich List)。

18 世纪末，美国独立后的第一任财政部长亚历山大·汉密尔顿在向国会提交的《关于制造业的报告》中，着重阐述了保护制造业的必要性，提出了用关税保护国内"幼稚产业"的主张。19 世纪，德国经济学家李斯特在汉密尔顿学说的基础上，形成了一套系统的幼稚产业保护理论。他认为，工业化处于后进序列的国家，有可能通过国家产业政策的保护和培育，发展新的优势产业，后起国家只有以这种优势产业参与国际分工，才能打破旧有的国际分工秩序。这就是"扶植幼稚产业说"。在李斯特看来，如果在其他国家用较低生产成本生产的商品不必在本国生产，那么落后国家的幼小工业就永远得不到发展，就会长期处于落后和从属地位。因此，他主张用保护贸易的政策来扶持幼小产业部门。幼小产业部门一般代表新兴产业的萌芽状态，经过政府的扶持和保护，可以很快成为具有竞争力的主导部门，并在出口中发挥更大的作用。发展中国家应积极扶持幼小产业。

20 世纪 80 年代初，以克鲁格曼(Paul Krugman)为代表的一些经济学家提出战略性贸易政策。该理论认为，假定存在规模经济，全部产业都存在动态的外部经济，那么政府可以对其未达到规模经济的行业进行保护，直至该行业达到最佳规模，并在与国外竞争对手竞争时占有优势为止，同时再转向对下一个行业进行保护。这样，可以使本国厂商拥有更大的市场份额，从而达到转移垄断租金的目的。

此外，对幼稚产业予以扶持还引发了一系列观点，如先行者利益学说。该学说认为，工业先行国家由于其首先获得了发展，从而在与工业后发国家的幼小产业竞争中占据了先行者利益。先行者利益在以下两个方面表现得尤为突出：

第一，对于规模经济较为显著的产业领域，由于工业先行国家首先获得了发展，已经占有了较大的市场份额，从而在与工业后发国家的幼小同行竞争中占据了相对有利的地位。它们可以利用规模经济壁垒，以较低的成本(有时甚至不惜降低利润率)将工业后发国家的幼小同行扼杀在摇篮里(如图 11－1 所示)。

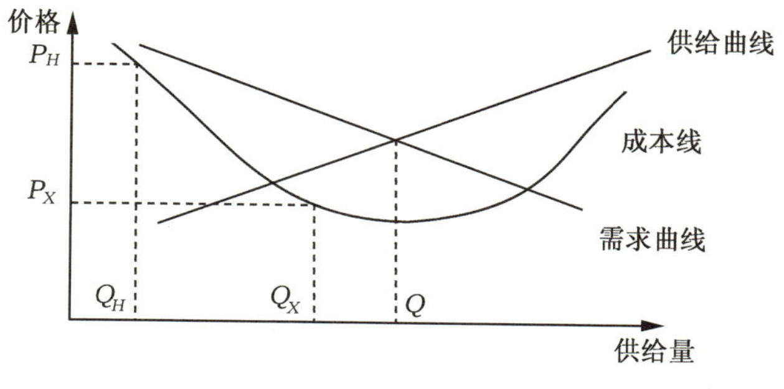

图 11－1　规模经济与先行者利益示意图

在图 11－1 中，设某产品的生产具有显著的规模经济性，因此有 U 形的成本曲线。社会的总供给量由需求和供给两条曲线决定，其总供给量为 Q。假设总供给量 Q 由两部分组成：一部分由工业先行国家提供，数量为 Q_X；另一部分由工业后发国家提供，数量为 Q_H。由于工业先行国家首先进入市场，已经占据了主要的市场份额，故已享有相当的规模效益，生产成本较低(在图 11－1 中表现为 P_X)。而工业后发国家由于刚步入市场，没有规模效益，故具有较高的生产成本(如图 11－1 中的所示)。在没有外来干涉的市场竞争中，工业后发国家的幼小产业显然不是工业先行国家同行的对手，在巨大的成本差异下，唯一的结果是被迫退出市场。

第二，根据比较优势理论，各国都只需发展自己相对优势更大的产业。但工业先行国家可利用已取得的市场优势，在国际分工中选择技术更为先进、附加值更高的产业进行发展。随着这样的垂直型分工的深化，马太效应愈发显著，工业先行国家和工业后发国家的差距也就越拉越大。

二、传统幼稚产业保护理论面临的修正

从幼稚产业保护实践来看，世界上最发达的国家如美国、德国和日本都是通过贸易壁垒保护走上工业化道路的。美国和德国在 19 世纪对制造业实施了高关税保护，日本在第二次世界大战后规划赶超战略时，果断采取了扶植幼小产业的行动，以发展本国生产。日本学者在日本产业发展实践中，进一步丰富了扶植幼小产业的理论，把扶植政策当作产业结构政策，并在实践中取得了良好的效果，一直到 20 世纪 70 年代都对进口实施相当广泛的管制。此外，韩国等国家在其汽车、电子等产业的发展初期也都采取了各种幼稚产业保护政策，使这些国家的新兴产业在一定时期内能顺利成长起来。但是，随着整个世界局势的变化、经济全球化的迅猛发展以及跨国公司的兴起、整个国际环境发生了很大的变化，各国都面临着参与国际竞争的机遇和挑战，自由贸易的各种规则迫使那些把自己纳入世界产业结构的国家去遵循各种规则，打开自己的门户参与国际市场的竞争。尽管从国际规则来看，WTO 也专门列有保护幼稚产业的条款，但毕竟幼稚产业保护可操作的空间已变得越来越小。这主要体现在：

第一，传统幼稚产业保护造成资源的极大浪费。由于市场逐步完善，许多来自国际市场的竞争被排斥在国门外，使一国的企业难以通过竞争达到产业组织优化、国际竞争力提高的目的。许多发展中国家以幼稚产业保护理论作指导，对本国的幼稚产业施行保护政策，但成功的不多，有些甚至付出了高昂的代价。这些国家用传统的幼稚产业保护手段保护本国的幼小产业，结果使这些幼小产业失去了在国际市场竞争环境中不断学习先进的经营管理手段、优化产业组织的机会，大批高成本的企业不仅得以生存，而且通过垄断利润求得利润最大化，造成资源的极大浪费。用传统的贸易壁垒来保护幼稚产业是一种陈旧和被动的手段，其代价是昂贵的，往往使施行幼稚产业保护政策的国家达不到预期目标。

第二，传统幼稚产业保护造成产业结构的长期滞后。高新技术的迅猛发展令世界范围内的技术传播速度大大加快，技术更新的时间越来越短，世界产业结构升级的速度也随之不断加快，传统的幼稚产业保护方式使本国幼稚产业脱离世界市场，必然阻碍本国幼小产业与世界产业发展的接轨，阻碍自我创新机制的建立，使本国幼稚产业的发展长期滞后于世界同行产业的发展。而且，幼稚产业保护期限也会随着世界产业结构升级速度的加快而变得越来越难以把握。

第三，幼稚产业保护面临跨国公司的挑战。一般来说，幼稚产业受保护的程度越高，对外

资的吸引力就越大。这主要是贸易保护程度越高，两国的交易费用就越大，外商通过直接投资以达到将这种高昂的交易费用内部化的目的。通过用关税壁垒和非关税壁垒对幼稚产业进行保护，可以限制一定的进口产品，但无法阻止成熟产业的资本进入本国，这在鼓励外资进入的条件下更难达到。跨国公司在全世界范围内进行资源配置，并在全球进行生产要素的优化组合。这些跨国公司以更低的成本、成熟的技术和优秀的经营管理手段抢占市场份额并非难事，导致出现一些幼小产业还未成长起来就萎缩的局面。

第四，幼稚产业保护面临贸易自由化的冲击。20 世纪 90 年代，在 GATT 与 WTO 的推动下，世界各国贸易政策不断趋于自由化，自由贸易政策成为国际贸易政策的主流。随着自由贸易区的不断建立，资源在世界范围内的流动将变得越来越通畅，产业、产品已越来越难以分辨其国籍。就关税壁垒的削减而言，发达国家的平均关税水平 1997 年降至 3.9%，发展中国家的平均关税也降至 12.5%。非关税壁垒则随着世界贸易组织"禁止数量限制"原则的实施，将被不断削减或取消。目前，经济合作与发展组织的进口自由化已经达到 95%以上。受自由贸易化的冲击，传统的幼稚产业保护政策的实施空间将越来越小。进入 21 世纪以来，跨国跨区域的自由贸易区普遍实施零关税，导致保护幼稚产业困难重重。

三、幼稚产业保护政策

概括地说，幼稚产业保护政策可分为国际贸易保护政策和国内生产扶植政策两部分。

(一)国际贸易保护政策

国际贸易保护政策主要是通过采取关税与非关税壁垒限制国外成熟产品进口或削弱这些产品在本国市场的竞争力，并对本国有关产业产品的出口通过给予优惠和补贴手段予以扶植，其目的是为本国幼稚产业的生存和发展提供一个良好的环境，具体包括关税壁垒、非关税壁垒和外汇管制等方面的措施。

1. 关税壁垒

它是指一国以提高关税的办法限制外国商品进口的措施。关税壁垒的目的是抵制外国商品进入本国市场，最大限度地削弱外国商品在本国市场上的竞争能力，保护本国商品的竞争优势，垄断国内市场。关税是进出口商品经过一国关境时，由政府所设置的海关向进出口商征收的一种税收。征收关税的目的有两个：一是增加财政收入，称为财政关税；二是保护本国产业，称为保护关税。这种关税以保护本国经济发展为主要目的，其特征是税率高，有的高达百分之几百。由于保护关税税率高，进口产品成本大，以此限制甚至阻碍非必需品进口或给予必要的出口补贴等政策措施，保护本国的幼稚产业，发展进口替代，改善贸易条件，平衡国际收支，因此起到扶植本国有关产业发展的作用。征收保护关税和给予出口补贴是实行贸易保护政策的重要措施之一。

2. 非关税壁垒

它是指各国政府实行关税以外的限制外国商品进口的各种措施。它是在世界市场竞争尖锐化的条件下产生和发展起来的。第二次世界大战后，无论是工业先行国还是工业后发国，为了抵消因关税不断下降所产生的各种负面影响、保护民族经济和本国的幼稚产业，都广泛采用了各种非关税措施。非关税壁垒比关税壁垒更能直接达到限制进口的目的。非关税壁垒如进口配额等预先规定进口数量和金额，超过限额就直接禁止进口，这样就能把超额的商品拒之门外,达到关税未能达到之目的。直接的非关税措施主要有进口配额制、"自动"进口配额制、进口许可证制等。间接的非关税措施是对进口商品制定严格的条例,间接限制商品进口,如实施进口押金制、进口最低限价、繁杂的技术标准和卫生安全检验等措施,并在实施中对进口商品设置各种障碍,使外国产品难以适应,以达到限制进口的目的。

3. 外汇管制

国家通过对国际结算和外汇交易实行管制的办法来控制商品进口量、种类和国别。在外汇管制下,出口商必须把出口商品所得到的外汇卖给国家,而进口商所需外汇必须向国家申请,得到批准后才能向国家购买外汇。在这个过程中,国家可以实施进出口限制。实行外汇管制是由于一国的国际收支长期失衡、黄金外汇储备不足以及为扶持国内幼稚产业成本需要等特殊环境所决定的。一旦一国的国际收支得以平衡、国内产业已成长为成熟产业、国际竞争力增强之后,一般都会放松管制并逐步取消外汇管制,实行货币自由兑换。

(二)国内生产扶植政策

国内生产扶植政策目的主要是通过对国内市场的有效保护,在有限的贸易保护期内迅速增强本国的幼稚产业的竞争力和市场占有率,使产业实现规模化和集约化,使一国资源得到有效配置,从而使产业结构得到优化。其政策主要有财政扶植政策、金融扶植政策、技术扶植政策和直接规制政策。

1. 财政扶植政策

财政扶植政策主要是通过财政税收制度,使幼稚产业通过享有有关税收优惠政策以扩大产品生产,增强自我积累和提高竞争能力;通过财政补贴,使幼稚产业在产业刚进入成长期的初始阶段,特别是因新产品的研究与开发出现暂时亏损时予以财政补贴;通过特别折旧方法,使幼稚产业的技术装备实行加速折旧,加速其升级换代,缩短其成长期所需的时间。

2. 金融扶植政策

金融扶植政策主要是通过商业银行和专业银行,为幼稚产业的有关发展项目进行融资,在资金上保证幼稚产业的顺利发展,如对其贷款实行政策担保、贴息等优惠政策;通过资本市场为幼稚产业进行融资,并采取鼓励重点、促进一般的倾斜政策;通过吸引外资,促进以出口为导向的幼稚产业的发展,为其走向国际市场、提高国际竞争力提供了有力的金融援助。

3. 技术扶植政策

技术扶植政策主要是通过一系列的扶植幼稚产业技术发展规划和政策措施的制定,如技术开发政策、技术结构政策、技术改造政策和技术引进政策等,规划幼稚产业的技术创新发展,在政策措施上为幼稚产业能在一定时期内技术水平赶上成熟产业的技术水平提供支持。

4. 直接规制政策

这是为了消除有关幼稚产业政策实施过程中的障碍而采取的带有强制性的政策管理措施。例如,为了使幼稚产业的生产能够达到规模经济的效应实行股份制改造,使其能在开放的经济环境下具有一定的国际竞争力,更迅速地成长起来。

四、幼稚产业保护措施

(一)培育国内市场充分竞争的有效机制

随着经济全球化的发展,许多国家的国内市场和国际市场的界限已经非常模糊,产业和产品的国籍也很难辨认。在此，一国幼稚产业的发展要在国际竞争中站住脚，首先必须适应国内市场的竞争环境，否则扶植起来的幼稚产业很快便会夭折。培育国内市场充分竞争的环境，同时适当引入国际竞争，这样不仅能提高幼稚产业的竞争能力，而且能使产业在此过程中得到进一步的优化，资源得到更有效的配置。

（二）贸易政策和产业政策有机结合，扶植需要保护的幼稚产业

美国经济在20世纪90年代以来的持续增长，充分证明了将贸易政策与产业政策有机结合对国内产业的保护起到了积极的效果。美国政府通过产业结构调整、扶植和优先发展高新技术产业，不断提高整个国家的总体竞争实力。我国高新技术产业的发展不能用传统的关税壁垒予以保护，而是应该采取积极的产业政策进行扶植，通过财政政策和金融政策扶植引导这些产业加大对高新技术研究与开发的投入，走规模经济的道路，缩小与国际同行的差距，并鼓励外资对这些产业进行投资，使我国高新技术产业更有效地参与国际竞争。

（三）运用WTO规则对幼稚产业予以保护

GATT专门为发展中国家规定的第18条C段中明确，“为促使某项工业建立以提高其人民生活总水平，需要政府援助，而实现此目标并无符合本协定其他规定的措施可循”者，可以背离GATT规定，采取限制贸易措施。这就是通常所说的国际贸易组织有关“幼稚工业”的条款。保护幼稚产业一定要运用WTO有关规定，选择最佳保护时期，运用灵活的保护手段，尽可能不通过提高关税来达到保护本国幼稚产业的目的。对国内市场竞争不充分的产业可适当引入竞争，但要灵活采取临时措施，防止过度竞争。这些措施的选择应在WTO框架下进行，如保障措施条款，采取反倾销、反补贴等措施，采取高环境标准，保障人、动植物生命安全等措施。

第五节　衰退产业调整

衰退产业是指在正常情况下，一个国家或地区的某一产业由于技术进步或需求变化等因素致使市场需求减少、生产能力过剩且无增长潜力的产业。衰退产业是产业演进的一种基本形态，衰退产业调整是资源存量在产业间和企业间的再配置，也就是将资本、劳动力等生产要素从衰退产业和低效企业向成长产业和企业转移的过程。钱纳里认为，经济发展的充分条件是进行全面的结构转变，结构转变的实质是资本和劳动因不同经济发展阶段在产业间的不断组合。结构转变只能建立在资源有效配置的基础上，离开了资源从衰退产业向新兴产业或成长产业的转移，结构转变是难以实现或难以彻底进行的。因此，衰退产业调整是产业结构转变成败的决定因素之一。

一、衰退产业的内涵及特征

（一）衰退产业的定义

产业衰退是产业从兴盛走向不景气进而走向衰败的过程。产业有其生命周期，即任何产业都经历了形成期、成长期、成熟期和衰退期四个阶段。衰退期的出现是客观必然的，是产业经济新陈代谢的表现。产业衰退有自然衰退和偶然衰退两种类型。自然衰退是指衰退自然而然地到来，是内在因素主导下发生的衰退，体现出一种客观必然性。主要是产业本身内在的衰退规律起作用而发生的规模萎缩、技术陈旧、产品老化或退化等功能减退状况，在这种情况下，产业物质实体在缩减。偶然衰退是外在特殊因素起决定作用而导致的结果。由于新技术带来了生产替代产品的新产业的出现，新产业具有更高的生产率和更强的竞争力，或者由于新的主导产业对原有产业的关联效应下降等原因，使得老产业的产品市场需求萎缩、产量急剧下降，新产业夺走了老产业原先的市场，使老产业不得不步入生命周期中的衰退阶段。

产业衰退是产业发展过程和产业兴衰的最后一个阶段。现代创新理论认为，创新是产业形成、产业发展的根本动力。产业衰退就是创新能力不足或衰退，从而导致该产业竞争力的下降。产业衰退也是生产要素的退出过程。如果是正常衰退，其要素退出是合理有益的退出，它意味着资源在产业间的重组。在理论上，产业衰退与要素退出是紧密相连的，但在实际中，产业衰退并不意味着要素退出，衰退与退出之间的关系中还有许多因素在起作用。产业衰退是对产业自身的否定并孕育新产业和新产品的过程，老产业衰退与新产业形成并存使产业体系不断地推陈出新，从而推动产业经济和国民经济不断发展。

（二）衰退产业的特征

第一，该产业处于产业生命周期的最后阶段，即衰退阶段，生产的产品陈旧过时、技术落后。

第二，产业的产品需求量已大幅度下降，销售量下降速度较快，其提供的国民生产总值占总的国民生产总值的比重大幅度下降。

第三，该产业的增长弹性和收入弹性指数非常低，已无大规模增长的可能，其技术进步率下降，生产技术水平低下且没有大规模改造的必要。

第四，该产业的产品需求量虽然下降，但在国民经济发展中仍具有一定的不可替代性，但产业的产品需求量长期处于不断下降趋势，已呈现衰退的趋势。

二、衰退产业的调整

随着一国的经济发展，产业结构在高度化发展过程中总会出现这样的局面，即在一些新兴产业出现的同时会伴随着一些产业的退出。但一个完整产业的集中性退出，由于生产技术的原因将涉及大量难以转移的资产报废和对劳动力需求的结构性调整。如果对这种产业的更替完全依赖市场作用的支配，由于信息的不对称，会使衰退产业的资本转移发生波折，资源不能有效地实现再配置，从而导致极大的浪费。另外，在无序的衰退产业撤让中，大部分衰退产业生产能力将纷纷转向其他产业，造成其他产业生产能力的变化，使原有的经济秩序遭到破坏，反映一定经济秩序和规律的经济指标将发生较大的变化，从而出现经济的和社会的不稳定。为此，各国政府在整个衰退产业的调整中扮演了非常重要的角色。衰退产业的调整是一个很复杂的、存在着许多现实障碍的艰难过程，调整中存在各种壁垒。针对不同衰退产业类型，选择合适的调整援助路径以减少这些产业调整所引起的社会震荡、提高资源再配置和转移的效率，构成政府进行衰退产业调整的全部内容。

就衰退产业调整来看，一般存在着两种形态：消极型调整和激进型调整。消极型调整是指产业因偶然衰退而迫使产业衰退时，政府为了防止衰退部门工作人员的失业，采取向该部门订货增加生产或发放资金援助等政策措施。由于它是当某一产业部门发生衰退时才给予调整和援助，是一种应急性措施，所以称为消极型调整。激进型调整是指因自然衰退促使衰退产业生产要素转移以培植新的竞争优势，或者将资源转向具有需求增长潜力的产业部门的政策措施。综观各国政府对衰退产业的调整，具体措施一般分为两类：一类是对资本的调整援助，另一类是对劳动的调整援助。

（一）资本调整援助的基本内容

1. 加速资本折旧

政府鼓励用高新技术改造传统产业，通过法律手段进行规制，规定有关衰退产业设备的报废及报废时间，采取折旧税制，对因设备而产生的损失提供部分补偿，并对因设备报废而产生的更新活动借款提供信用保证等。

2. 促进转产

通过制定限制相应产品的进口来保护本国市场，以免因进口急速增加而妨碍国内生产，引起市场混乱；同时，在政府采购中优先购买国内产品，为衰退产业的调整创造时机。

3. 建立退出基金

通过财政、现有产业和银行保险等金融机构共同筹集资金，用于克服退出障碍支出、在退出产业领域导入新产业的资金支撑，以及用于劳动力的再培训等。

4. 促进转移

通过立法规定对某些衰退产业部门实行停产、限产或转产，结合倾斜的金融和财政政策，提供转产贷款和信用保证，减免税收或发放转产补贴等促进衰退产业资产转移，加速衰退产业的转移。

5. 技术援助

政府通过对衰退产业转产目标所需的技术、专利等予以提供和协调，并建立一定的咨询机构以解决转产中的各种技术和经营问题。同时，为了促进某些在国民经济中具有重要地位的衰退产业的技术进步、提高产业效率的创新性行为，给予一定的财政补贴或发放低息贷款。

（二）劳动调整援助的基本内容

1. 建立职业介绍机构

对衰退产业进行产业转移提供就业信息指导、职业介绍等，以减少因衰退产业的撤让所带来的一系列负面效应，保证社会的稳定。

2. 人员的转岗培训

利用政府的公共教育和培训设施，对衰退产业的员工进行再培训，提高员工的知识结构、劳动技能、技术技能和整体素质，为转岗员工再就业提供必要的知识、技术和技能支撑。

3. 建立社会保障体系

对因衰退产业撤让而引起的失业等劳动力安置问题，可以通过社会保障体系的建立发放失业救济金以及延长就业保险金的支付，以减轻因衰退产业的退出所带来的巨大的社会压力，同时通过各种渠道尽快疏散、重新配置失业人员。

三、衰退产业的调整路径

根据产业演进的趋势分析，衰退产业调整的路径主要有以下两个方面：

(一)流程再造,产品迭代,技术创新

衰退产业是产业体系新陈代谢的产物,但衰退产业并不一定是夕阳产业而必须撤让,如纺织业在我国国民经济中就占有不可替代的位置。这些产业的一时衰退是由于技术创新不足或停滞造成的。因此,通过流程再造来加强技术创新能力、促进产品迭代升级是克服产业衰退的根本途径。产业流程再造实质上是新技术、先进的生产工艺和设备以及新的组织形式和管理手段在产业中的应用过程,也是高新技术在产业间的扩散过程。流程变革是技术进步的直接要求,技术创新只有通过流程变革才能转化为生产力。目前,一个明显的趋势就是用高新技术来改造日益衰退的传统工业设备和工艺,从而产生新的方法和新的产品。例如,纺织工业中使用气流纺、无梭织布等新工艺,钢铁工业中发展连铸、炉外精炼工艺,铁路运输业中开发重载列车运输、提高行车密度等工艺技术等,这些都是通过流程再造实现了衰退产业升级和再生的例子。产业流程再造还可以从两方面促进衰退产业的产品结构升级:首先,产业流程再造可以促进产业内分工的合理化。分工是产业演进的基本动力之一,分工与技术水平、管理水平有显著的相关性。分工不合理是衰退产业的普遍现象,是由于技术陈旧、管理手段落后造成的。其次,产业流程再造是衰退产业适应技术进步的调节机制。

(二)存量资产调整,实现资源重组

由于有些衰退产业其产品已经被高效率、高效益的新兴产业的产品所替代,这些衰退产业的继续生存必将导致资源的浪费或破坏自然环境,因此必须被淘汰,这已成必然。对此,可采取积极调整的手段,帮助这类产业有秩序地收缩,使存量资产和相关资源向其他产业部门有效转移。资源重组是优化存量资产配置的重要途径,它完全可以成为衰退产业调整的一个主要途径,是解决生产能力过剩的有效方法。一方面,通过资源的重新配置,将一些尚为优质的存量资产转移到具有市场前景的产业和企业中去,实现资源有效配置;另一方面,鼓励企业通过购并重组,使自己的资产与资源从低效企业和衰退产业流向高效企业或新兴产业,尤其是应该借助发达的资本市场,以企业购并为主的重组方式,使企业成功地退出衰退产业,进而实现衰退产业的有序退出。

复习思考题

1. 产业结构转型升级的重要性表现在哪些方面?
2. 地区主导产业应该怎样选择?
3. 支柱产业振兴的基本内容有哪些?
4. 为什么要保护幼稚产业? 应如何保护?

第三篇

产业关联

第十二章

产业关联的经济学基础

社会经济系统中所有的产业形成一个体系，产业与产业之间有着比较复杂的相互关系，这些关系对产业本身的发展很重要，对产业体系和经济体系的发展与演化也很重要。研究这些关系是产业经济学的重要内容之一。本章主要阐述产业关联与投入产出的经济学基础，为之后的产业关联及投入产出分析奠定理论基础。

第一节　产业关联与投入产出

产业关联就是产业间的联系，只是产业关联理论中所涉及的产业间联系是从产业与产业之间的投入与产出关系方面来分析的，而且这里的产业分类一般比较细，大多采用标准分类法来对产业部门进行划分。因此，产业关联理论可以称为投入产出理论，对产业关联进行分析可以称为投入产出分析。

一、投入产出经济学的起源与发展

投入产出经济学的创始人是美国著名经济学家瓦西里·列昂捷夫（Wassily Leontief）。他原籍俄国，20 世纪 20 年代在列宁格勒大学和德国柏林大学攻读经济学。1927—1930 年，在德国基尔大学世界经济研究所工作。其间，1929 年，列昂捷夫来中国担任国民党政府铁道部顾问。1931 年，列昂捷夫到美国定居，先是在美国全国经济研究所工作。1932 年以后，任教于哈佛大学经济系，1974 年退休。列昂捷夫是 1970 年度的美国经济学会会长，1973 年获得诺贝尔经济学奖。1974 年夏，列昂捷夫与哈佛大学教授加尔布雷思、耶鲁大学教授托宾一起来我国访问。

列昂捷夫于 1931 年开始研究“投入产出分析”，并用来研究美国的经济结构。他利用美国国情普查的资料编制了 1919 年和 1929 年的投入产出表，分析研究美国经济结构中的数量关系，从宏观上研究美国经济的均衡问题。这一成果最早发表在《经济学和统计学评论》1936 年 8 月号上，文章题目为《美国经济制度中投入产出的数量关系》，这是投入产出方面的第一篇论文。[①] 1941 年，他出版了《美国的经济结构 1919—1929 年》，详细地阐明了“投入产出分析”的

① Leontief, Wassily W. Quantitative input and output relations in the economic systems of the United States[J]. The Review of Economic Statistics, 1936.

内容。[①] 1953 年,列昂捷夫与其他经济学家合作,出版了《美国经济结构研究》,阐述了"投入产出分析"的基本原理及其发展[②],至此可以说"投入产出经济学"基本形成了。投入产出经济学主要包括投入产出原理和投入产出分析两个部分。

专栏12-1

投入产出分析最早的实际应用是在 20 世纪 40 年代的美国,美国劳工部劳动统计局曾在列昂捷夫的主持和指导下,于 1942—1944 年编制了美国 1939 年的投入产出表。美国空军及战备和裁军总署等机构在第二次世界大战期间及战后,曾利用投入产出分析法及其有关资料,制订战时军备生产计划和研究裁军对国民经济的影响。此后,美国劳工部劳工统计局、商业部、农业部等政府机构,先后编制了 1947 年、1958 年、1963 年及 1966 年的投入产出表。其他西欧国家如法国,制订"指导性计划"的重要工具是投入产出模型,英国和日本等国家也进行了大量理论研究工作和实际应用工作,多次由官方机构组织编制全国的投入产出表。后来,一些发展中国家也利用投入产出表来编制经济计划。到目前为止,已有 89 个国家和地区编制过各种类型的投入产出表,不少国家的统计机构中设有专门的投入产出统计部门。联合国也于 1968 年推荐将投入产出表作为各个国家的国民核算体系的组成部分。

苏联、东欧一些国家从 20 世纪 50 年代末开始研究和应用投入产出法,这些国家除定期或不定期编制投入产出报告表以外,还编制投入产出计划表。苏联从 20 世纪 60 年代开始,十分重视投入产出法、最优规划等经济数学方法在经济研究和计划工作中的应用,并且与系统法、经济控制论等现代社会经济计划管理方法的研究相结合。1947 年苏联国家计委制定和公布的《苏联编制全国国民经济发展计划的方法指示》中,专门列有"部门联系平衡表"一章,将其纳入计划方法论体系,作为国民经济计划平衡体系的一个重要组成部分。我国于 1974 年编制了包括 61 种实物产品的"1973 年投入产出表",之后一些省(市)也先后编制了本省(本)市的投入产出表。

自投入产出经济学发端至今已经有了较大的发展,这主要表现在两个方面:一是经济理论及经济模型向深度方面发展,如外生变量的内生化、静态模型向动态模型的发展、投入产出模型与线性规划模型的结合、消耗系数变动的预测等;二是在广度方面即应用范围的扩展,如从产业结构分析扩展至核算环境污染、收益分配、国际贸易和世界模型、人口、教育模型等。

二、投入产出与产业经济分析

投入产出法作为一种理论和一种科学分析方法,国内外有过各种名称,如投入产出分析、投入产出技术、产业关联、部门联系平衡法等。作为一种方法,它是研究经济体系中各个产业部门间投入与产出的相互依存关系的数量分析方法,然而又不仅仅局限于分析产业间联系,它可以利用产业间投入与产出的有关数量比例去研究国民经济中的其他方面的问题。

投入产出法中的投入是指产品生产所消耗的原材料、燃料、动力、固定资产折旧和劳动力;产出是指产品生产出来后所分配的去向、流向,即使用方向和数量,又叫流量。例如,用于生产消费、生活消费和积累。投入产出法就应用于国民经济体系中产业联系而言,是通过已编制的

---

① Leontief, Wassily W. Structure of American economy, 1919—1929[M]. 1941.

② Leontief, Wassily W. Studies in the structure of the American economy[M]. 1953.

投入产出表和建立的相应的线性代数方程体系，来分析产业间各种重要的比例关系。各种投入与产出的对比系数，就是用投入产出法进行的产业经济分析。

投入产出法在进行产业经济分析时，有以下几个极为鲜明的特点：

第一，它从国民经济是一个有机整体的观点出发，综合研究各个具体产业部门间的数量关系（技术经济联系），既有综合指标（社会总产品、中间产品、国民收入、积累基金、消费基金等），又有按产业部门的分解指标，两者有机结合。可以利用它较好地解决国民经济的全局和局部的关系，分析研究产业间各种关系。

第二，由于投入产出表是棋盘式的，因而它能从生产消耗和分配使用两个方面来反映产品在产业部门之间的运动过程，即同时反映产品的价值形成过程和使用价值运动过程。因为每个产业部门同时具有生产者和消费者的双重身份，它既产出产品，按社会需要分配（当然要通过交换），供其他部门和领域的消费，又要消费其他产业部门的产品，通过本身的生产消费过程才能把产品生产出来。这就是马克思所指出的生产和消费（生产性消费）的同一性。

第三，产业关联分析中将通过各种系数（如物资消耗系数、劳动消耗系数、生产基金占用系数、生产性积累占用系数等经济参数），一方面反映在一定技术水平和生产组织条件下，国民经济各产业部门间的技术经济联系；另一方面用以测定和体现社会总产品与中间产品、社会总产品与最终产品之间的数量联系，既反映部门之间的直接联系，又反映部门之间的全部间接联系。系数的测定与分析在这里是十分重要的。

第四，投入产出表本身是一个矩阵，由此建立的线性方程组完全可以由计算机进行运算，这不仅可以保证分析的准确和及时，而且可以进一步扩展与数学规划和其他数量经济相结合，发展成经济预测和计划择优的经济数学模型。因此，产业经济分析的手段是现代数学与计算机的结合，这是一个很重要的特点。

可以说，投入产出经济学的投入产出法为进行深入的产业经济分析提供了重要手段，因此，这里涉及的投入产出仅是在产业经济分析方面的运用，并不完全包括投入产出经济学中投入产出原理及分析方法的全部内容，因为投入产出经济学本身就可以成为一门学科。

三、投入产出的基本工具

投入产出法是通过编制投入产出表，并建立产业部门间联系平衡的关系式（线性代数方程组），来反映国民经济各个部门或各个部门之间投入与产出的复杂技术经济联系数量表现的一种方法。因此，投入产出的最基本工具就是投入产出表及该表所反映的基本均衡关系式。

投入产出表是一种棋盘式表格，其最简化的形式如表12－1所示。

表12－1纵横交错构成四个部分，反映了部门之间的技术经济、投入产出关系。表中第Ⅰ部分是核心，反映了部门间生产技术和经济联系，是对产业间联系进行分析研究的基础；第Ⅱ部分反映了最终产品的供给与分配；第Ⅲ部分反映了各产业部门对国民经济的贡献（从价值的角度）；第Ⅳ部分一般是空白的。

表 12—1　　　　投入产出表的简化形式

产品的分配去向（产出） 产品的消耗来源（投入）		中间产品					最终产品			总产品
		部门1	部门2	…	部门n	合计	积累	消费	合计	
物质消耗	部门1 部门2 ⋮ 部门 n 合　计	Ⅰ					Ⅱ			
毛附加价值	折　旧 劳动报酬 纯收入 合　计	Ⅲ					Ⅳ			
总产值										

从表中可以发现纵横两个方面的均衡关系式。

横向方面为：

总产品＝中间产品＋最终产品

纵向方面为：

总产值＝物质消耗＋折旧＋净产值

或　　总产值＝物质消耗(中间消耗)＋毛附加价值

所谓投入产出数学模型，基本上是由上述两个均衡关系展开而得到的线性方程组。

第二节　投入产出与一般均衡理论

关于投入产出经济学在理论上的渊源，列昂捷夫本人强调的是瓦尔拉的“一般均衡理论”，他的成名作《美国的经济结构 1919—1929 年》，其副标题是“均衡分析的一个经验性的运用”，意思很明显，他的投入产出分析是将“一般均衡理论”用以分析现实的经济问题。事实上，投入产出经济学在理论上的确吸收了不少“一般均衡理论”的思想。因此，有必要简单回顾一下一般均衡理论的基本思想和原理。

一、一般均衡理论的基本思想

一般均衡理论是由洛桑学派创始人法国经济学家莱昂·瓦尔拉斯(Leon Walras)在 1874 年出版的《纯粹政治经济学纲要》一书中首先提出来的。他把所描述的国民经济分为两个部分，即由两大部门构成：一是追求最大限度的效用的消费主体——家计部门(居民)；二是追求最大限度的利润的生产主体——企业部门。这两者都是经济主体，前者要求企业提供各种消费资料，并以自己所拥有的生产要素——资本、劳动——去交换。企业则从居民那里购得这些生产要素，进行生产活动，将产品再提供给居民，这样就形成了一种经济循环(见图 12—1)。

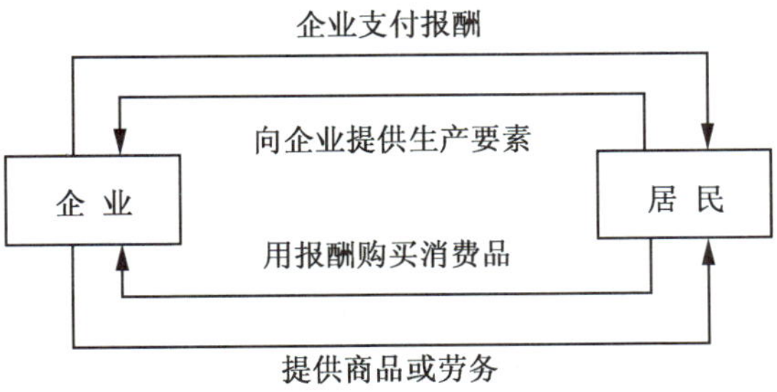

图 12—1

其中,企业之间还要进行中间产品——原材料、零部件等的交易。于是,居民、企业及企业与企业之间就这样在消费资料、生产要素和原材料上通过各自的市场实现其循环。此时,由于各经济主体各自追求其经济活动最佳化的结果,将达到消费主体(居民)的边际效用相等和生产主体(企业)的边际生产力相等。也就是说,消费者在一定的收入预算制约下,如果采取追求最大限度的效用的行为,就必然使最后得出的一个单位货币使所有购进的财货的边际效用达到均等,即实现家计(居民)均衡;而生产者为了以最小的费用进行生产,就必须使最后为购进生产要素而支付的货币实现生产要素的最佳组合,即边际生产力相等,也就是企业均衡。这时,市场均衡,即消费资料、生产要素和原材料的供求均衡都取决于所有生产要素、消费资料和原材料的价格。也就是说,由于居民、企业、企业与企业之间的联系,相对于他们的市场也是密切相关、密切联系的,理论上不存在孤立的市场。因而,瓦尔拉斯可以把各消费资料、生产要素和原材料的供求函数表现为所有价格的函数,并联结为联立方程体系。

所谓一般均衡,就是市场均衡、企业均衡、家计均衡的总和。一般均衡是在国民经济的所有财货(消费资料、生产要素、原材料)市场上,消灭了供求失调、价格调整到供求全部一致时才能形成,此时的价格就称为一般均衡价格。一国如果形成了一般均衡的经济,则任一市场发生了供求失调,价格就会马上发生变动,而且会波及其他市场。因此,在一般均衡理论看来,任何市场的变动,只有了解了全部市场时才能澄清。

二、瓦尔拉斯的一般均衡模型

瓦尔拉斯把经济区分为两大部分,即供给生产要素而需求产品的居民,以及需求生产要素而供给产品和劳务的企业。他假设该经济有 $1,2,\cdots,n$ 种商品和 $1,2,\cdots,m$ 种生产资源。

用 $x_1,x_2,\cdots,x_n$ 代表每种商品的数量;$P_1,P_2,\cdots,P_n$ 代表每种商品的价格;$Q_1,Q_2,\cdots,Q_m$ 代表每种生产资源的数量;$W_1,W_2,\cdots,W_m$ 代表每种生产资源的价格。

瓦尔拉斯一般均衡模型由四组方程共同组成,其中两组需求方程、两组供给方程。

(一)对商品(最终产品)的需求方程组(共有 n 个方程)

$$x_1=f_1(P_1,P_2,\cdots,P_n,W_1,W_2,\cdots,W_m)$$
$$x_2=f_2(P_1,P_2,\cdots,P_n,W_1,W_2,\cdots,W_m)$$
$$\vdots$$
$$x_n=f_n(P_1,P_2,\cdots,P_n,W_1,W_2,\cdots,W_m)$$

上列方程组假定:(1)每个人对所有各种商品的嗜好(偏好)是已知和既定的,这就可以写出每个人对每种商品的需求方程,对每种商品的个人需求总和便是对该商品的市场需求。(2)它假定人们对每一种商品的需求不仅取决于该商品价格,还取决于其余所有各商品的价格。$W_1, W_2, \cdots, W_m$ 是生产资源的价格,因而代表生产资源所有者的收入,它表示人们对一种商品的需求还取决于人们的收入。

(二)对生产要素的需求方程组(共有 m 个方程)

$$Q_1 = a_{11}x_1 + a_{12}x_2 + \cdots a_{1n}x_n$$
$$Q_2 = a_{21}x_1 + a_{22}x_2 + \cdots + a_{2n}x_n$$
$$\vdots$$
$$Q_m = a_{m1}x_1 + a_{m2}x_2 + \cdots + a_{mn}x_n$$

此方程组假定:(1)生产技术是既定不变的,即生产系数 a_{ij}(又称技术系数)是已知和固定不变的;(2)规模报酬不变是指投入要素增加 1 倍,产量也增加 1 倍。其中,a_{ij} 表示生产一个单位的商品 i 所能耗用的要素 j 的数量,故 a_{ij} 表示产出 x_i 耗用的要素 j 的数量。故第 i 个方程表示生产出 $x_1, x_2, \cdots, x_n$ 等 n 种商品一定数量所耗用的资源 i 的数量。

如果把方程式右边代表厂商对要素的需求,那么方程式左边的 $Q_1, Q_2, \cdots, Q_m$ 代表每种生产要素的均衡量值。

(三)成本(包括正常利润)方程(厂商的供给方程)组(共有 n 个方程)

$$P_1 = a_{11}W_1 + a_{21}W_2 + \cdots + a_{m1}W_m$$
$$P_2 = a_{12}W_1 + a_{22}W_2 + \cdots + a_{m2}W_m$$
$$\vdots$$
$$P_n = a_{1n}W_1 + a_{2n}W_2 + \cdots + a_{mn}W_m$$

方程组中任一方程的右边表示生产出一个单位的商品所费成本,这种成本又由 m 个生产资源消耗的费用所构成,这就是方程的左边。由于假定产品市场是完全竞争,因而长期均衡的产品价格($P_1, P_2, \cdots, P_n$)等于各种产品每一单位的成本,故 $P_1, P_2, \cdots, P_n$ 实际上是表示每种产品的均衡价格。

(四)生产要素的供给方程组(共有 m 个方程)

此处假定,任何一种生产要素的供给决定于该要素的价格、其他要素的价格和各种商品的价格,记为下列方程组:

$$Q_1 = g_1(P_1, P_2, \cdots, P_n, W_1, W_2, \cdots, W_m)$$
$$Q_2 = g_2(P_1, P_2, \cdots, P_n, W_1, W_2, \cdots, W_m)$$
$$\vdots$$
$$Q_m = g_m(P_1, P_2, \cdots, P_n, W_1, W_2, \cdots, W_m)$$

以上四个方程组合计有($2n+2m$)个方程,方程的未知数也是 $2n+2m$ 个。但是($2n+2m$)个方程中相互独立的方程只有($2n+2m-1$)个。这是因为,首先,我们假定生产要素所有者的收入全部用来购买产品,即要素收入=产品销售价格。其次,第 1 组方程(共 n 个方程)的 $x_1, x_2, \cdots, x_n$ 乘以各自的价格,再加总求和便为 $x_1P_1 + x_1P_2 + \cdots + x_nP_n$,即全部产品的销售价值。而第 2 组方程(共 m 个方程)的 $Q_1, Q_2, \cdots, Q_m$ 乘以各自的价格再相加,即是所有要素的收入。故有:

$$Q_1W_1 + Q_2W_2 + \cdots + Q_mW_m = x_1P_1 + x_2P_2 + x_nP_n$$

上式意味着，当它左边的 m 个方程之和已知时，右边 n 个方程之和也已知，因而其中必然有一个方程可以从其余的$(n-1)$个方程中得出；也就是说，第 1 组的 n 个方程中只有$(n-1)$个方程是独立的。

三、投入产出法与一般均衡理论的区别

从某种意义上说，列昂捷夫的工作是使瓦尔拉斯的一般均衡模型变成可以计量的体系，使之简单化的一项工作。列昂捷夫的简化工作大致有三方面内容：(1)将经济主体的活动以生产工艺的相似性为根据，归纳为若干产业部门以及集合为家计和其他非生产性部门；(2)突出了诸部门之间在生产活动中的结构性相互关系，将通过中间产品的交易形成的相互关联，从投入和产出两个方面以生产技术系数(投入系数)的形式固定下来；(3)与此同时，将生产方面的这种关系同支出方面即最终需求在各产业的结构以及分配方面的附加价值在各产业内的分布连接起来，形成了以供求平衡、收支平衡为轴心的体系。

这种简化的结果，使列昂捷夫的模型和瓦尔拉斯的模型出现了两个较大的区别：(1)在瓦尔拉斯的模型中，生产要素间存在着可替代性；而在列昂捷夫的模型中，生产要素间失去了可替代性，成了一些固定的系数，因此，生产系数就能以线性关系来表现。(2)列昂捷夫模型中省略了瓦尔拉斯一般均衡模型的一个核心思想，即价格对经济主体在追求最佳化过程中必然产生影响的思想。

投入产出分析对经济分析具有重大贡献，因为它一方面清楚地显示出社会经济中各部门之间相互联系的复杂性；另一方面表明一些看起来难以对付和处理的问题，借助已有的数学工具是完全可以解决的，因而有很大的实用性。投入产出虽然源于一般均衡理论，但绝不是一般均衡理论原来的翻版。

第三节　马克思再生产理论与投入产出

波兰著名经济学家兰格(O. Lange)等提出“列昂捷夫的产业间联系的理论是马克思再生产理论的发展”，并做了多方论证。他认为，从列昂捷夫的生平看，他学生时代在列宁格勒大学和柏林大学攻读经济学学位。据介绍列昂捷夫生平的有关资料记载，他在去德国基尔大学世界经济研究所就职之前，曾在苏联计委工作。兰格认为：“列昂捷夫的投入产出分析，从历史的角度去考察，也许是在马克思的再生产理论和苏联的物资平衡实践的影响下产生的。列昂捷夫既精通马克思的著作，又熟悉苏联的经济文献。列昂捷夫于 1925 年发表他的最初想法，当时他还住在苏联。”①兰格所说 1925 年发表的文章，即为 1925 年在德国基尔的《世界经济》杂志上发表的短文《俄国经济的平衡——一个方法论的研究》。兰格还从马克思在《资本论》第二卷中记述的再生产图式出发，试图证明可把“列昂捷夫的部门间流出入分析看作马克思图式的一定发展”。兰格所说的发展可能是比较牵强的，而列昂捷夫投入产出的思想却极有可能从马

① Lange, Oskar. Marxian economics and modern economic theory[J]. The Review of Economic Studies, 1935, 2(3): 189－201.

克思的再生产理论中产生。

一、马克思的再生产图式

马克思在分析总资本运动时，把社会总产品从实物形态上分为生产资料和消费资料两大部类，这两大部类产品从价值形态上又各自分为转移价值、劳动力价值与剩余价值三个组成部分。要使社会再生产顺利进行，就必须使两大部类之间从实物和价值两方面都保持一定的比例。为此，马克思提出了著名的再生产公式。

马克思指出，在简单再生产条件下，第一部类新创造的价值应等于第二部类的转移价值。因为只有这样，才能使两大部类产品在实物与价值形态上都得到补偿，简单再生产才能继续进行。以公式表示为：

$$\text{Ⅰ}(v+m)=\text{Ⅱ}(c)$$

将两大部类产品分开进行考察，则第一部类产品的全部价值为 W_1，$W_1=c_1+v_1+m_1$。其中，第一部类所需补偿用的生产资料可以在本部类内部得到。由于在简单再生产条件下，假设工人所创造的剩余价值全被资本家消费掉了，所以第一部类的(v_1+m_1)需要通过与第二部类的交换，才能获得供工人及资本家消费用的消费品。而第二部类的产品价值为 W_2，$W_2=c_2+v_2+m_2$。供第二部类工人及资本家消费用的消费品(v_2+m_2)可以在第二部类内部得到，而第二部类所需补偿用的生产资料 c_2，则要通过与第一部类的交换才能得到。以下图式可以表示两大部类产品的交换情况：

$$c_1+\underline{v_1+m_1}$$

$$\swarrow\!\nearrow$$

$$\underline{c_2}+v_2+m_2$$

在扩大再生产条件下，在两大部类产品生产中，工人所创造的剩余价值不能全部被资本家消费掉，需要将其中的一部分变成追加的不变资本与追加的可变资本。这样剩余价值就分成三个组成部分：$m=\overline{m}+mc+mv$。式中，$\overline{m}$ 表示剩余价值中用于资本家消费的数量；mc 表示用于追加不变资本的剩余价值；mv 表示用于追加可变资本的剩余价值。于是，两大部类总产品价值可以写成：

$$W_1=c_1+v_1+\overline{m}_1+m_{1c}+m_{1v}$$

$$W_2=c_2+v_2+\overline{m}_2+m_{2c}+m_{2v}$$

其中，$(c_1+c_2+m_{1c}+m_{2c})$是属于对生产资料的需求，它应与第一部类的生产总量相等，即：

$$c_1+c_2+m_{1c}+m_{2c}=c_1+v_1+\overline{m}_1+m_{1c}+m_{1v}$$

简化得：

$$c_2+m_{2c}=v_1+\overline{m}_1+m_{1v}$$

这表明两大部类产品在扩大再生产的条件下相互交换与补偿的情况，用图式来表示为：

$$c_1+m_{1c}+\underline{v_1+\overline{m}_1+m_{1v}}$$

$$\swarrow\!\nearrow$$

$$\underline{c_2+m_{2c}}+v_2+\overline{m}_2+m_{2v}$$

马克思的扩大再生产公式$(v+m)>\text{Ⅱ}(c)$表明，第一部类的新创造价值要比第二部类的转移价值大。只有当第一部类的生产能保证两大部类追加生产资料的需要时，扩大再生产才能进行。

二、投入产出表与马克思再生产图式

如果简略地看列昂捷夫的投入产出表，则它与马克思再生产图式极为相像，见表 12－2。

表 12－2　　列昂捷夫的投入产出表与马克思再生产图式比较

实物产品价值构成	中间产品		最终产品			合　计
	Ⅰ	Ⅱ	消费	积　累		
				Ⅰ	Ⅱ	
第Ⅰ部类	c_1	c_2	0	Y_1Ⅰ	Y_2Ⅰ	W_1
第Ⅱ部类	0	0	Y_2	Y_1Ⅱ	Y_2Ⅱ	W_2
v	v_1	v_2				
m	m_1	m_2				
合计	X_1	X_2				

表 12－2 省略了非生产性部门，并把其余的部门分为两大部类：Ⅰ是生产资料的生产部门，Ⅱ是消费品的生产部门。横行表示两大部类产品的实际用途，纵列表示两大部类产品的价值构成。表中最终产品栏是指暂时离开生产领域供消费与积累的产品。在表左上方的方框内，表示两大部类在生产中的分配与使用。由于第二部类是消费品，在两大部类生产过程中并不消耗它，故在第Ⅱ部类内填上零。

在简单再生产的条件下，由于第一部类不提供积累用的产品，所以最终产品栏等于零(即 Y_1Ⅰ$+Y_2$Ⅰ$=0$)。表 11－2 中横行的合计应等于纵列的合计，故第一部类可写成下列方程：

$$c_1+c_2=c_1+v_1+m_1$$

即：

$$c_2=v_1+m_1$$

第二部类可写成下列方程：

$$Y_2=W_2=c_2+v_2+m_2$$

由于在简单再生产条件下，$Y_2=v_1+m_1+v_2+m_2$，所以有 $v_1+m_1+v_2+m_2=c_2+v_2+m_2$，这样就有：

$$c_2=v_1+m_1$$

在扩大再生产的条件下，Y_1Ⅰ是第一部类用于本部类积累的产品；Y_2Ⅰ是第一部类用于第二部类积累的产品；Y_1Ⅱ是第二部类用于第一部类追加工人所需的消费品；Y_2Ⅱ是第二部类用于本部类追加工人所需的消费品。同样使横行合计等于纵列合计，则第一部类的平衡方程为：

$$c_1+c_2+Y_1\text{Ⅰ}+Y_2\text{Ⅰ}=c_1+v_1+\overline{m}_1+m_{1c}+m_{1v}$$

因为 Y_1Ⅰ$=m_{1c}$，Y_2Ⅰ$=m_{2c}$，所以上式就是 $c_2+m_{2c}=v_1+\overline{m}_1+m_{1v}$。第二部类的平衡方程为：

$$Y_2+Y_1\text{Ⅱ}+Y_2\text{Ⅱ}=c_2+v_2+\overline{m}_2+m_{2c}+m_{2v}$$

Y_2 为全部消费量，$Y_2=v_1+v_2+\overline{m}_1+\overline{m}_2$；$Y_1\text{Ⅰ}=m_{1v}$，$Y_2\text{Ⅱ}=m_{2v}$。

所以，$v_1+v_2+\overline{m}_1+\overline{m}_2+m_{1v}+m_{2v}=c_2+v_2+\overline{m}_2+m_{2c}+m_{2v}$，于是同样得到：

$$v_1+\overline{m}_1+m_{1v}=c_2+m_{2v}$$

通过上述分析可见，表 12—2 这样简单的投入产出表实际上与马克思再生产图式相一致，这就说明投入产出法与马克思经济理论仍有一定的继承关系。然而，在通用的投入产出表中，由于增加了一些在马克思看来是非生产性部门的产业部门，而且产业部门分类较细，使得它所能揭示的国民经济中方方面面的关系及数量比例远远超过马克思再生产图式所能反映和揭示的内容。这是投入产出法较其他经济分析方法更实用的重要方面之一。

复习思考题

1. 简述瓦尔拉斯一般均衡理论的基本思想。
2. 马克思再生产理论的基本思想是什么？
3. 投入产出法分析的对象是什么？
4. 投入产出法分析的基本特点是什么？

第十三章

投入产出原理

从一个很重要的角度研究一个产业体系的产业间的关联关系，就是研究它们相互之间的投入与产出关系。产业间投入与产出关系的数量化研究的基础是投入产出表和投入产出数学模型。本章主要介绍投入产出表、投入产出模型的基本原理，以及可能的应用方面。

第一节　投入产出表

投入产出表的基础表式是以实物单位计量的实物型投入产出表，而广泛运用的则是以价值表现的价值型投入产出表。

一、实物型投入产出表及平衡关系式

实物型投入产出表是指以产品的自然单位或标准单位进行计量的、能够把各部门主要产品的投入与产出关系都概括进去的矩阵表。它的任务在于，表明国民经济中重要产品的生产和使用情况，以及它们之间在生产消耗上的相互联系和比例。

表 13－1 是一个简化的一般实物型投入产出表。

表 13－1　　简化的一般实物型投入产出

产出 投入	单位	中间产品 产品 1	 产品 2	 …	 产品 n	 合计	最终产品	总产品
产品 1		x_{11}	x_{12}	…	x_{1n}	U_1	Y_1	X_1
产品 2		x_{21}	x_{22}	…	x_{2n}	U_2	Y_2	X_2
⋮		⋮	⋮		⋮	⋮	⋮	⋮
产品 n		x_{n1}	x_{n2}	…	x_{nn}	U_n	Y_n	X_n
劳动力		L_1	L_2	…	L_m	L	—	L

在表 13－1 中，x_{ij} 是指第 j 种产品生产时消耗 i 种产品的数量，或者 i 种产品提供给 j 产品生产的需要量；Y_i 是指 i 产品用作最终使用的数量；X_i 是指 i 产品的生产总量；L_j 是指 j 部门生产产品的劳动力需要量；L 是指各种产品生产所需要的劳动力数量之和。

表中的每一个元素 x_{ij} 既表现为一个部门产品生产对另一个部门产品所需求的投入量，又表现为另一部门的产出分配在这一部门的产品数量。例如，表中的 x_{21} 既表现为生产第一种产品所需要第二种产品投入的数量，又表现为满足第一种产品生产需要第二种产品产出的数量。

表的横行方面实际上反映了各类产品和劳动力的分配使用情况，其中包括作为中间产品的分配作用和作为最终产品的分配使用。表的纵列方面反映了各类产品在生产过程中所消耗的各种产品数量和劳动力数量，反映了整个社会主要最终产品的构成和各种产品的总量。由于采用实物单位计量，因此表的纵列各项元素不能相加，也就不能反映产品的价值运动。因为从经济意义上考察，实物表只反映具体劳动而没有反映抽象劳动，具体劳动只形成产品的使用价值，抽象劳动才形成产品的价值。

实物表中的平衡关系式主要有两个。

总产品＝中间产品＋最终产品，用公式描述为：

$$X_i = \sum_{j=1}^{n} x_{ij} + Y_i \quad (i=1,2,\cdots,n)$$

劳动力总量＝各重要产品生产所需劳动力数量之和，用公式描述为：

$$L = \sum_{j=1}^{n} L_j$$

总的来说，两者就构成一个方程组：

$$\begin{cases} \sum_{j=1}^{n} x_{ij} + Y_i = X_i \\ \sum_{j=1}^{n} L_j = L \end{cases} \quad (i=1,2,\cdots,n)$$

有的实物型投入产出表把最后一行劳动力省去，使之成为完全的实物产品投入产出表。我国曾经编制了一张“1973 年实物型投入产出表”，它包括 61 类主要产品。这张表把农业分成 6 种主要产品，轻工业分为 10 种主要产品，重工业包括 43 种主要产品，运输业和建筑业各为 1 种产品。具体的产品目录见表 13－2。

表 13－2　　我国 1973 年实物型投入产出表产品目录

类别		产品数目	产品编号	产品名称
Ⅰ农业		6	1～6	粮食，棉花，油料，糖料，烟叶，猪肉
Ⅱ轻工业		10	7～16	棉纱，化纤，棉布，食油，糖，卷烟，原盐，缝纫机，自行车，手表
Ⅲ重工业	燃料动力	4	17～20	电，原煤，原油，汽煤柴润重油
	冶金产品	9	21～29	铁矿石，生铁，铁合金，废钢铁，钢，钢材，铜，铝，焦炭
	化工产品及建筑材料	10	30～49	木材，水泥，硫酸，烧碱，纯碱，合成氨，化肥，农药，橡胶，轮胎外胎
	机电产品	20	40～59	发电设备，水泥设备，石油设备，矿山设备，冶金设备，化工设备，锻压设备，起重设备，机床，交流电动机，变压器，泵，拖拉机，手扶拖拉机，内燃机，汽车，机车，货车，民用钢质船舶，轻工机械
Ⅳ运输业		1	60	铁路货运
Ⅴ建筑业		1	61	建筑安装工程

二、价值型投入产出表

价值型投入产出表是指用统一的货币单位计量投入产出表，是投入产出分析中最常用的表。此表的一般简化形式见表 13—3。

表 13—3 **价值型投入产出表**

分配去向 投入来源		中间使用					最终产品 Y								总产品
								积累 K			消费 W				
		部门 1	部门 2	…	部门 n	小计	固定资产更新与大修	生产性积累	非生产性积累	小计	个人消费	社会消费	小计	合计	
物质消耗	部门 1	x_{11}	x_{12}	…	x_{1n}	$\sum_{j=1}^{n} x_{1j}$	G_1	$K_1$①	$K_1$②	K_1	$W_1$①	$W_1$②	W_1	Y_1	X_1
	部门 2	x_{21}	x_{22}	…	x_{2n}	$\sum_{j=1}^{n} x_{2}$	G_2	$K_2$①	$K_2$②	K_2	$W_2$①	$W_2$②	W_2	Y_2	X_2
	⋮	⋮	⋮	⋮	⋮	⋮	⋮	⋮	⋮	⋮	⋮	⋮	⋮	⋮	⋮
	部门 n	x_{n1}	x_{n2}	…	x_{nn}	$\sum_{j=1}^{n} x_{nj}$	G_n	K_n①	K_n②	K_n	W_n①	W_n②	W_n	Y_n	X_n
	小计(不包括折旧)	$\sum_{i=1}^{n} x_{i1}$	$\sum_{i=1}^{n} x_{i2}$	…	$\sum_{i=1}^{n} x_{in}$	$\sum_{i=1}^{n}\sum_{j=1}^{n} x_{ij}$	$\sum_{i=1}^{n} G_1$	$\sum_{i=1}^{n} K_1$①	$\sum_{i=1}^{n} K_1$②	$\sum_{i=1}^{n} K_1$	$\sum_{i=1}^{n} W_1$①	$\sum_{i=1}^{n} W_1$②	$\sum_{i=1}^{n} W_1$	Y	X
	固定资产折旧合计(包括折旧)	D_1 C_1	D_2 C_2	…	D_n C_2	D C									
新创造价值	劳动报酬 社会纯收入合计	v_1 m_1 N_1	v_2 m_2 N_2	…	v_n m_n N_n	V M N									
合计		X_1	X_2	…	X_n	X									

表中各种元素分别用下列符号表示，并有其特定的经济含义：

x_{ij} 表示 j 部门在 1 年内的生产中所消耗 i 部门产品数量的价值；

X_i 表示国民经济中第 i 个产业部门以价值计算的年产品总量；

Y_i 表示国民经济中第 i 个产业部门以价值计算的它所提供的年最终产品数量；

D_j 表示国民经济中第 j 个产业部门全年提取的折旧基金；

C_j 表示国民经济中第 j 个产业部门全年生产的转移价值总量；

N_j 表示国民经济中第 j 个产业部门在 1 年内所创造的国民收入；

V_j 表示第 j 部门劳动者 1 年内的劳动报酬；

M_j 表示第 j 部门劳动者在 1 年内为社会劳动新创造价值，即社会纯收入。

表 13—3 中，纵向方面包括转移价值和新创造价值两部分，反映了社会产品的价值构成；横向方面包括中间产品和最终产品两部分，反映了社会产品分配和使用的去向。两个方向纵横交叉，构成了相互联系的四个部分，即表中用黑线隔开的四大块，见图 13—1。

Ⅰ	Ⅱ
Ⅲ	Ⅳ

图 13—1 价值型投入产出表图例

(一)投入产出表四个组成部分及其意义

图 13－1 指出的投入产出表的四大块就是这里所说的投入产出表的四个组成部分。

1. 第Ⅰ部分

第Ⅰ部分是中间需求部分，又称为内生部分，这是投入产出表的“心脏”。这一部分主要反映一个国家在一定时期内(如 1 年)在各个产业之间发生的相互提供中间产品的交易关系。因此，在这一部分的横向和纵向排列着互相一致的产业名称。此处，横向的数字反映某一产业向包括本产业在内的产业提供中间产品的状况，也就是所有产业所需该产业产品的状况，即中间需求的状况；纵向的数字反映某一产业向包括本产业在内的各产业购进中间产品的状况，也就是所有产业向该产业的中间投入状况。这部分反映的是各产业替代的中间产品(产出)和各产业购进的中间产品(投入)的数额，并不是各产业之间发生的全部交易额，因为产业之间还存在着买卖资本货物的交易，而且当产业间交易发生后，还可能产生出口一栏。消费部分具体可分为个人消费和社会消费两部分：前者反映库存的变化，是家庭消费总和；后者是指各种社会性消费，如公共设施、社会保障、政府、企业行政性支出等。因此，在投入产出表中，各产业的产品作为资本货物部分分布到了哪些产业是读不出来的。所以，为了了解上述情况，作为投入产出表的附件，需另外编制“固定资产形成矩阵表”以反映因设备投资引起的资本货物在各产业间的交易状况。

2. 第Ⅱ部分

第Ⅱ部分是最终需求部分，又称为外生部分。这一部分反映各产业生产的产品和服务成为最终产品的部分。最终产品的去向，也就是最终需求的内容大致可分为三类：消费、投资和出口。表 13－3 中未设出口栏，而有些表在认为有必要时可以增设。投资部分是由固定资产更新与新增固定资产两部分构成，其中新增固定资产又可分为生产性固定资产和非生产性固定资产。在有出口栏的投入产出表中，出口部分除了一般商品的出口外，还可以把外国使领馆、外国船舶、外国航空机构在本国的采购，以及外国外交官和旅游的购买也计算在内。

3. 第Ⅲ部分

第Ⅲ部分是毛附加价值部分，这也是该表的另一个外生部分。这一部分实际上包括两个部分：一是各产业部门提留的折旧；二是各产业部门在一定时期(1 年内)实现的净产值(附加价值)。在净产值部门中，又具体由劳动者报酬和社会纯收入组成。该部分反映提取的折旧基金的价值和各部门创造的国民收入的价值构成，以及国民收入在各部门间生产的比例。

4. 第Ⅳ部分

第Ⅳ部分反映国民收入再分配的某些关系。由于这一部分的经济内容比前几部分更加复杂，并且它的研究和运用还不够成熟，因此编表时通常将这一部分省略。

(二)投入产出表中的均衡关系

价值表可以按行和按列分别建立平衡关系，这是优于实物表的一个重要方面。具体来说，有以下几种平衡关系：

1. 按行建立的平衡关系

按行建立的平衡关系与实物型投入产出表所建立的平衡关系相类似，它也是反映各部门产品分配去向的。即：

$$中间产品+最终产品=总产品$$

用公式表示为：

$$
\begin{gathered}
x_{11}+x_{12}+\cdots+x_{1n}+Y_1=X_1 \\
x_{21}+x_{22}+\cdots+x_{2n}+Y_2=X_2 \\
\vdots \\
x_{n1}+x_{n2}+\cdots+x_{nn}+Y_n=X_n
\end{gathered}
$$

采用和式符号可写成：

$$\sum_{j=1}^{n} x_{ij}+Y_i=X_i \quad (i=1,2,\cdots,n)$$

2. 按列建立的平衡关系

按列建立的平衡关系说明各部门产品的价值形成过程，反映生产与消耗之间的平衡情况以及各部门投入的来源。即：

生产资料转移价值＋新创造价值＝总产值

用公式表示为：

$$
\begin{gathered}
x_{11}+x_{12}+\cdots+x_{n1}+D_1+N_1=X_1 \\
x_{12}+x_{22}+\cdots+x_{n2}+D_2+N_2=X_2 \\
\vdots \\
x_{1n}+x_{2n}+\cdots+x_{nn}+D_j+N_j=X_n
\end{gathered}
$$

也可写成：

$$\sum_{i=1}^{n} x_{ij}+D_j+N_j=X_j \quad (j=1,2,\cdots,n)$$

3. 行与列之间的平衡关系

价值表中除了行与列分别存在着上述平衡关系外，在行与列之间还存在着如下平衡关系：

(1)横行各物质生产的总产出与对应同名称的纵列物质生产部门的总投入量相等，用公式描述为：

$$\text{当 } i_0=j_0 \text{ 时：} \sum_{i=1}^{n} x_{ij0}+D_{j0}+N_{j0}=\sum_{j=1}^{n} x_{i0j}+Y_{i0}$$

(2)最终产品总量与国民收入总量加提取折旧总量相等，即第Ⅱ部分与第Ⅲ部分在总量上相等，用公式表示为：

$$\sum_{j=1}^{n} D_j+\sum_{j=1}^{n} N_j=\sum_{j=1}^{n} Y_i$$

第二节　投入产出模型的建立与求解

投入产出模型是建立在投入产出表及其基本平衡关系式基础之上的，是由系数、变量、函数关系所组成的数学表达式。在函数关系明确之后，确定了模型的系数，建模工作才算完成。

一、直接消耗系数的确定

无论是实物型还是价值型投入产出表，表中的数据都只是反映一定时期的投入与产出的流量，反映一定时期产品之间的生产技术联系和部门之间的技术经济联系，这两种联系通常是通过计算直接消耗系数来实现的。直接消耗系数又称为投入系数，其经济含义为生产单位 j 产品所直接消耗的 i 产品的数量，也可以说是用各生产部门的总产品去除它所消耗的各种投入要素分量。直接消耗系数用公式表示为：

$$a_{ij}=\frac{x_{ij}}{X_j}\quad(i,j=1,2,\cdots,n)$$

用矩阵形式表示为：

$$A=Q\hat{X}^{-1}$$

式中，

$$A=\begin{pmatrix} a_{11} & a_{12} & \cdots & a_{1n} \\ a_{21} & a_{22} & \cdots & a_{2n} \\ \vdots & \vdots & & \vdots \\ a_{n1} & a_{n2} & \cdots & a_{nn} \end{pmatrix};Q=\begin{pmatrix} x_{11} & x_{12} & \cdots & x_{1n} \\ x_{21} & x_{22} & \cdots & x_{2n} \\ \vdots & \vdots & & \vdots \\ x_{n1} & x_{n2} & \cdots & x_{nn} \end{pmatrix};$$

$$\hat{X}^{-1}=\begin{pmatrix} \frac{1}{X_1} & 0 & \cdots & 0 \\ 0 & \frac{1}{X_2} & \cdots & 0 \\ \vdots & \vdots & & \vdots \\ 0 & 0 & \cdots & \frac{1}{X_n} \end{pmatrix}。$$

矩阵 A 就是直接消耗系数矩阵，用以说明国民经济各部门间技术经济联系和产品之间的技术联系，有时还用来进行国际上的对比和分析。

运用计算直接消耗系数的方法，还可以计算其他各种直接消耗系数，主要有以下几种：

1. 实物表中直接劳动消耗系数，即某部门生产单位产品所要投入的劳动力数量，计算公式为：

$$a_{lj}=\frac{L_j}{X_j}\quad(j=1,2,\cdots,n)$$

式中，a_{lj} 表示 j 部门生产单位产品所要投入的劳动力数量。

2. 价值表中的直接折旧系数，即某部门生产单位产品中所提取的直接折旧费用的数量，用公式表示为：

$$a_{Dj}=\frac{D_j}{X_j}\quad(j=1,2,\cdots,n)$$

式中，a_{Dj} 表示 j 部门生产单位产品所报取的折旧费用的数量。

3. 价值表中的国民收入系数，或净产值系数，即某产业部门生产单位产品所创造的国民收入的数量，用公式表示为：

$$a_{Nj}=\frac{N_j}{X_j}\quad(j=1,2,\cdots,n)$$

式中，a_{Nj} 表示 j 部门生产单位产品所创造的国民收入的数量。

4. 价值表中的劳动报酬系数，是指某产业部门生产单位产品所要付的劳动报酬数量，用公式表示为：

$$a_{Vj}=\frac{V_j}{X_j}\quad (j=1,2,\cdots,n)$$

式中，a_{Vj} 表示 j 部门生产单位产品所要付出的劳动报酬数量。

5. 价值表中的社会纯收入系数，即某产业部门生产单位产品所提供的社会纯收入数量，用公式表示为：

$$a_{mj}=\frac{M_j}{X_j}\quad (j=1,2,\cdots,n)$$

式中，a_{mj} 表示 j 部门生产单位产品为社会创造的纯收入数量。

上述 5 个系数可以用一个统一的矩阵式表示为：

$$A\sigma=\begin{Bmatrix} a_{D1} & a_{D2} & \cdots & a_{Dn} \\ a_{V1} & a_{V2} & \cdots & a_{Vn} \\ a_{M1} & a_{M2} & \cdots & a_{Mn} \\ a_{N1} & a_{N2} & \cdots & a_{Nn} \end{Bmatrix};\ Q\sigma=\begin{Bmatrix} D_1 & D_2 & \cdots & D_n \\ V_1 & V_2 & \cdots & V_n \\ M_1 & M_2 & \cdots & M_n \\ N_1 & N_2 & \cdots & N_n \end{Bmatrix};\ \hat{X}^{-1}\text{ 与前面相同。}$$

二、投入产出模型的建立

有了各种直接消耗系数后，便可根据前面所述的各种平衡关系建立投入产出数学模型。

1. 根据，$a_{ij}=\frac{x_{ij}}{X_j}$，则有 $x_{ij}=a_{aj}X_j$，将其代入前文按横行建立的平衡关系式，就得到按行建立的投入产出模型：

$$\begin{gathered} a_{11}X_1+a_{12}X_2+\cdots+a_{1n}X_n+Y_1=X_1 \\ a_{21}X_1+a_{22}X_2+\cdots+a_{2n}X_n+Y_2=X_2 \\ \vdots \\ a_{n1}X_1+a_{n2}X_2+\cdots+a_{nn}X_n+Y_n=X_n \end{gathered}$$

用和式符号表示为：

$$\sum_{i=1}^{n}a_{ij}X_j+Y_i=X_i\quad (i=1,2,\cdots,n)$$

移项得：

$$X_i-\sum_{j=1}^{n}a_{ij}X_i=Y_i\quad (i=1,2,\cdots,n)$$

写成矩阵式则为：

$$(I-A)X=Y$$

式中，$(I-A)=\begin{bmatrix} 1-a_{11} & -a_{12} & -a_{13} & \cdots & -a_{1n} \\ -a_{21} & 1-a_{22} & -a_{23} & \cdots & -a_{2n} \\ \vdots & \vdots & \vdots & & \vdots \\ -a_{n1} & -a_{n2} & -a_{n3} & \cdots & 1-a_{nn} \end{bmatrix};X=\begin{Bmatrix} X_1 \\ X_2 \\ \vdots \\ X_n \end{Bmatrix};Y=\begin{Bmatrix} Y_1 \\ Y_2 \\ \vdots \\ Y_n \end{Bmatrix};$

$$I=\begin{Bmatrix}1 & 0 & 0 & \cdots & 0\\0 & 1 & 0 & \cdots & 0\\\vdots & \vdots & \vdots & & \vdots\\0 & 0 & \cdots & & 1\end{Bmatrix}。$$

$(I-A)$矩阵是一个经济内容十分丰富的矩阵，人们习惯上把它称为列昂捷夫矩阵。在$(I-A)$矩阵中，从纵列看，说明了每种产品投入与产出的关系。负号表示投入，则矩阵内每一列都说明为生产一个单位产品所要投入的各种产品数量；正号表示产出，对角线上各元素则是各种产品扣除自身消耗后的净产出。显然，由于$(I-A)$矩阵把X与Y的关系提示了出来，因此它提示了总产品与最终产品之间的相互关系。

2. 将$x_{ij}=a_{ij}X_j$代入按列建立的平衡关系式，又可以得到按列建立的模型：

$$\begin{gathered}a_{11}X_1+a_{21}X_1+\cdots+a_{n1}X_1+D_1+N_1=X_1\\a_{12}X_2+a_{22}X_2+\cdots+a_{n2}X_2+D_2+N_2=X_2\\\vdots\\a_{1n}X_n+a_{2n}X_n+\cdots+a_{nn}X_n+D_n+N_n=X_n\end{gathered}$$

用和式符号可以写为：

$$\sum_{i=1}^{n}a_{ij}X_j+D_j+N_j=X_j\quad(j=1,2,\cdots,n)$$

然而，从前文得知有：$a_{Dj}=\dfrac{D_j}{X_j}$，则$D_j=a_{Dj}X_j$，将其代入上式有：

$$\sum_{i=1}^{n}a_{ij}X_j+a_{Dj}X_j+N_j=X_j\quad(j=1,2,\cdots,n)$$

整理后有：

$$X_j-\sum_{i=1}^{n}a_{ij}X_j-a_{Dj}X_j=N_j\quad(j=1,2,\cdots,n)$$

$$(1-\sum_{i=1}^{n}a_{ij}-a_{Dj})X_j=N_j\quad(j=1,2,\cdots,n)$$

写成矩阵形式为：

$$(I-\hat{C})X=N$$

式中，I为单位矩阵，同前；X矩阵也同前。

$$\hat{C}=\begin{Bmatrix}\sum_{i=1}^{n}a_{i1}+a_{D1} & 0 & \cdots & 0\\0 & \sum_{i=1}^{n}a_{i2}+a_{D2} & \cdots & 0\\\vdots & \vdots & & \vdots\\0 & 0 & \cdots & \sum_{i=1}^{n}a_{in}+a_{Dn}\end{Bmatrix},N=\begin{Bmatrix}N_1\\N_2\\\vdots\\N_n\end{Bmatrix}。$$

$(I-\hat{C})$矩阵也是一个经济内容十分丰富的矩阵。$\hat{C}$矩阵各元素描述了转移价值系数，即物质消耗加折旧，$(I-\hat{C})$矩阵中各元素揭示了总产值与国民收入之间的函数关系。$(I-\hat{C})$

系数与国民收入系数之间的关系为：

$$(I-\hat{C})I=A_N$$

式中，$I=\begin{Bmatrix}1\\1\\\vdots\\1\end{Bmatrix}$；$A_N\begin{Bmatrix}a_{N1}\\a_{N2}\\\vdots\\a_{Nn}\end{Bmatrix}$。

3. 以上是投入产出模型中两个最重要也是主要的模型，除此之外，应分析研究需要还可以建立以下几种模型：

(1)各产业部门间物资消耗流量模型，即中间产品流量模型。具体来说：

由前 $A=Q\hat{X}^{-1}$，在此式两边同时乘一个 $\hat{X}$，得：

$$Q=A\hat{X}$$

此为中间产品流量模型。

(2)劳动力流量模型，由前 $a_{Lj}=\dfrac{L_j}{X_j}$，移项得：

$$L_j=a_{Lj}X_j \quad (j=1,2,\cdots,n)$$

写成矩形式为：

$$L=A_L\hat{X}$$

式中，$L=(L_1,L_2,\cdots,L_n)$；$A_L=(a_{L1},a_{L2},\cdots,a_{Ln})$。

(3)价值表第三部分流量模型是国民生产总值流量模型，由前式 $A\sigma=Q\sigma\hat{X}^{-1}$，在等式两边同乘一个 $\hat{X}$，得到国民生产总值流量模型为：

$$Q\sigma=A\sigma\hat{X}$$

上述一系列模型都是投入产出模型，并且随着投入产出表设计的改变，还可能产生其他一些模型，不能单纯认为投入产出模型仅为 $(I-A)X=Y$ 这样一种模型。

三、完全消耗系数的确定

完全消耗的经济含义是指为了得到某产业部门单位产品而对各产业部门产品的直接和间接消耗量的总和。因为各种产品和产业间在生产过程中除了有直接联系外，还有间接联系，从而各种产品在生产中除了直接消耗外，还存在着间接消耗。完全消耗系数则是这种直接消耗联系与间接消耗联系的全面反映。

完全消耗系数有两种计算公式：一种是由列昂捷夫提出的，即 $(I-A)^{-1}$，习惯上称它为列昂捷夫逆阵；另一种是由俄国数理经济学家德米特里耶夫提出的，即 $[(I-A)^{-1}-I]$，此为从列昂捷夫逆阵中减去一个单位矩阵。列昂捷夫定义的完全消耗系数的经济含义是生产单位最终产品对总产品的消耗，系数中包括该单位最终产品；而德米特里耶夫定义的完全消耗系数则不包括单位最终产品，它是反映生产单位最终产品对各种中间产品的完全消耗。

列昂捷夫定义的完全消耗系数可由式 $(I-A)X=Y$ 的两边同时乘一个矩阵 $(I-A)^{-1}$ 求

得，即 $X=(I-A)^{-1}Y$。

德米特里耶夫定义的完全消耗系数为：

$$AX=[(I-A)^{-1}-I]Y$$

前者说明在已知最终产品 Y 的条件下，对总产品 X 的需求额；后者则说明在已知 Y 的情况下，对各种中间产品的需求额。

现在大家所说的完全消耗系数指的是德米特里耶夫定义的完全消耗系数，用符号 b_{ij} 来表示，而把列昂捷夫定义的完全消耗系数称为列昂捷夫逆系数或完全需要系数，用符号 A_{ij} 来表示。根据德米特里耶夫定义的完全消耗系数，其计算公式可表示为：

$$b_{ij}=a_{ij}+\sum_{k=1}^{N}b_{ik}a_{kj} \quad (i,j=1,2,\cdots,n)$$

式中，K 为中间产品部门；$\sum_{K=1}^{N}b_{ik}a_{kj}$ 表示通过 K 种中间产品而形成的 j 产品对 i 产品的全部间接消耗。上式用矩阵可表示为：

$$B=A+BA$$

式中，$B=\begin{pmatrix} b_{11} & b_{12} & \cdots & b_{1n} \\ b_{21} & b_{22} & \cdots & b_{2n} \\ \vdots & \vdots & & \vdots \\ b_{n1} & b_{n2} & \cdots & b_{nn} \end{pmatrix}$；$A=\begin{pmatrix} a_{11} & a_{12} & \cdots & a_{1n} \\ a_{21} & a_{22} & \cdots & a_{2n} \\ \vdots & \vdots & & \vdots \\ a_{n1} & a_{n2} & \cdots & a_{nn} \end{pmatrix}$。

可以证明完全消耗系数矩阵 B 与列昂捷夫逆矩阵 $(I-A)^{-1}$ 之间存在着如下简单关系：

$$B=(I-A)^{-1}-I$$

证明：

因为，$B=A+BA$

$B-BA=A$

$B(I-A)=A$

$B=A(I-A)^{-1}$

设：$A=I-I+A=I-(I-A)$

$B=[I-(I-A)](I-A)^{-1}=(I-A)^{-1}-I$

所以，$B=(I-A)^{-1}-I$。证毕。

完全消耗系数在投入产出分析中起着重要的作用。它能深刻地反映了一个部门的生产与本部门和其他部门发生的经济数量关系。因此，它比直接消耗系数更本质、更全面地反映部门内部和部门之间的技术经济联系，这对正确分析国民经济、产业结构是十分重要的。除此之外，它对经济预测和计划计算也有很大的作用。因为如果只考虑直接消耗，而不考虑或者计算不出间接消耗，就难以知道完全消耗，也就谈不上进行真正的综合平衡，就有可能出现严重的“短缺”和经济比例失调，造成经济效益的低下。

四、投入产出模型的求解计算

按行建立的投入产出模型 $(I-A)X=Y$ 和按列建立的投入产出模型 $(I-\hat{C})X=N$，这两个数学表达式都是具有 n 个方程、$2n$ 个变量的线性联立方程组。在已知各部门产品的总产量时，通过公式$(I-A)X=Y$就可以求得各部门最终产品的数量。而在已知各部门总产值的情况下，就可以通过公式$(I-\hat{C})X=N$求得各部门的新创造价值N。如果相应地把最终产品Y和新创造价值N作为外生变量，由模型给定，则通过计算$(I-A)$和$(I-\hat{C})$的逆阵，就可以用这两个模型求出总产量X，即：

$$X=(I-A)^{-1}Y$$

$$X=(1-\hat{C})^{-1}N$$

其中，$(1-\hat{C})^{-1}$可以直接写为：

$$X_j=\frac{N_j}{1-(\sum_{i=1}^{n}a_{ij}+a_{Dj})} \text{或} X_j=\frac{N_j}{a_{Nj}} \quad (j=1,2,\cdots,n)$$

用矩阵表示为：

$$\begin{bmatrix} X_1 \\ X_2 \\ \vdots \\ X_n \end{bmatrix}=\begin{bmatrix} \frac{1}{1-(\sum_{i=1}^{n}a_{i1}+a_{D1})} & 0 & \cdots & 0 \\ 0 & \frac{1}{1-(\sum_{i=1}^{n}a_{i2}+a_{D2})} & \cdots & 0 \\ \vdots & \vdots & & 0 \\ 0 & 0 & \cdots & \frac{1}{1-(\sum_{i=1}^{n}a_{in}+a_{Dn})} \end{bmatrix}\cdot\begin{bmatrix} N_1 \\ N_2 \\ \vdots \\ N_n \end{bmatrix}$$

或者：

$$\begin{bmatrix} X_1 \\ X_2 \\ \vdots \\ X_n \end{bmatrix}=\begin{bmatrix} \frac{1}{a_{N1}} & 0 & \cdots & 0 \\ 0 & \frac{1}{a_{N2}} & \cdots & 0 \\ \vdots & \vdots & & 0 \\ 0 & 0 & \cdots & \frac{1}{a_{N2}} \end{bmatrix}\cdot\begin{bmatrix} N_1 \\ N_2 \\ \vdots \\ N_n \end{bmatrix}$$

而$X=(I-A)^{-1}Y$的计算，主要是计算出列昂捷夫逆阵$(I-A)^{-1}$的结果，在已知$(I-A)$的情况下，求解$(I-A)^{-1}$，通常可能有下面三种方法：

1. 根据逆矩阵的性质求$(I-A)^{-1}$

$$(I-A)^{-1}=\frac{1}{|I-A|}(I-A)^{*}$$

式中，$|I-A|$表示$(I-A)$矩阵的行列式，$(I-A)^{*}$是矩阵$(I-A)$的伴随矩阵，即矩阵$(I-A)$各元素代数余子式的转置矩阵。

2. 运用矩阵的初等变换求$(I-A)^{-1}$

为此，先构造一个$(I-A)$矩阵的扩展矩阵R，然后对矩阵

$$R=\begin{bmatrix} 1-a_{11}-a_{12}\cdots-a_{1n} & \vdots & 1 & 0 & 0 & \cdots & 0 \\ -a_{21}-1a_{22}\cdots-a_{2n} & \vdots & 0 & 1 & 0 & \cdots & 0 \\ \vdots & \vdots & \vdots & \vdots & \vdots & & \vdots \\ -a_{n1}-1a_{n2}\cdots1-a_{nn} & \vdots & 0 & 0 & 0 & \cdots & 1 \end{bmatrix}$$

进行初等变换，使得矩阵 R 的左边变成一个 n 阶单位阵，即：

$$R'=\begin{bmatrix} 1 & 0 & \cdots & 0 & \vdots & A_{11} & A_{12} & \cdots & A_{1n} \\ 0 & 1 & \cdots & 0 & \vdots & A_{21} & A_{22} & \cdots & A_{2n} \\ & & \vdots & & \vdots & \vdots & \vdots & & \vdots \\ 0 & \cdots & \cdots & 1 & \vdots & A_{n1} & A_{n2} & \cdots & A_{nn} \end{bmatrix}$$

则：

$$\begin{Bmatrix} A_{11} & A_{12} & \cdots & A_{1n} \\ A_{21} & A_{22} & \cdots & A_{2n} \\ \vdots & \vdots & & \vdots \\ A_{n1} & A_{n11} & \cdots & A_{nn} \end{Bmatrix}=(I-A)^{-1}$$

3. 运用级数求 $(I-A)^{-1}$

$$(I-A)^{-1}=I+A+A^2+\cdots+A^k+\cdots$$

证明：

直接消耗系数矩阵具有条件 $0\leqslant a_{ij}<1$，当 $k\to\infty$ 时，$A^k\to0$，因而级数 $I+A+A^2+\cdots+A^k+\cdots$ 是收敛级数。

由于 $(I+A+A^2+\cdots+A^k+\cdots)(I-A)=I-A^{k+1}$，将此式两端乘以矩阵 $(I-A)^{-1}$，则得 $(I+A+A^2+\cdots+A^k+\cdots)(I)=(I-A)^{-1}-A^{k+1}(I-A)^{-1}$，当 $k\to\infty$，$A^{k+1}\to0$ 时，$I+A+A^2+\cdots+A^k=(I-A)^{-1}$。

第三节　投入产出模型的假定与求解条件

建立投入产出模型有一些必要的前提条件，而求解也要有一些条件。因为模型既要符合经济活动现实，又要满足一定的数学要求。

一、投入产出模型的假定与产业分类

投入产出法的基本假定有两个：一是同质性假定，即要求各个产业部门用单一的投入结构来生产单一的产品，并要求在不同部门的产品之间没有自动代用的现象；二是比例性假定，它要求每一产业部门的各个投入是该部门产出水平的唯一线性函数，即任何部门所消耗的各种投入的数量与该部门的总产出成正比例变动。这两个假定对于投入产出法的运用是极为重要的，不满足这两个假定的要求，就会导致不正确的结果。这两个条件从数学意义上讲，是为了保证直接消耗系数 a_{ij} 的稳定性和线性函数的唯一性；从经济意义上讲，是为了使模型能反映各部门产品的不同用途，并按不同的用途说明其使用的去向，以及能准确反映各部门产品的物

质消耗构成，这样就对产业分类有一定的要求。

然而，由于国民经济中产品品种较多，如果要完全按照上述假定进行产业分类，那么势必使一种产品变成一个产业，于是产业种类会非常多，投入产出表将非常庞杂，变量将成倍增加，不仅使各种消耗系数的测算非常难，而且使计算工作异常复杂。那么，具体怎么来进行产业分类，并尽量满足上述两个假定呢？

为满足“同质性假定”这一要求，同时又不使表的编制变得过于繁杂，就必须进行一些技术性的处理。此时在划分产业的原则上用“技术上的相似性”这一原则来取代。因为如果以企业的集合为基础的产业概念是根本无法满足同质性要求的，而用产品分类代替产业分类，则产业数目又太多了，尽管这种分类满足同质性假定。日本的做法是先设 5 000 个产业分类，然后根据技术上的相似性原则并与日本标准产业分类的第 4 级的数目相对应，压缩到 400 个左右，这些产业分类就称为基本部门分类。

为了满足比例性原则，理论上说应要求各产业部门的投入量和该产业部门的产出水平形成线性函数关系，即某一产业的生产增长至 2 倍，那么它所使用的原材料的投入量也要增长至 2 倍。因此，各产业应不存在“规模经济”，即不存在扩大生产规模带来的节省。然而，现实生活中并非如此，好在投入产出分析中所考虑的时间往往是过去一年的情况，因此从这个角度来说，不妨认为各产业部门不存在“规模经济”。

由于投入产出模型有上述两个假设条件，因此在运用此模型和建模时就要注意它的局限性。

二、投入产出模型的求解条件

投入产出模型求解时要满足一定的条件，这些条件可分为经济条件和数学条件两个方面，前者由经济过程的客观实际所决定，后者为数学处理所必需的条件。

(一)经济条件

投入产业模型求解的经济条件主要有四项：

第一，所有产业部门的总产值不能出现负值和零。这表明国民经济所有产业部门的生产活动都必须是有经济意义的，即要有产出的产品和相应的产值，即使受到特大自然灾害的影响或一些不正常因素的影响，某些产业部门生产瘫痪，也只能是生产停止，所以 $X_i>0$。

第二，消耗本部门产品的直接消耗系数 $a_{ij}<1$。因为，如果一个部门的生产成果都被自身生产所消耗，而不能为社会提供任何产品，那么这种生产是毫无意义的。如果 $a_{ij}>1$，部门净产出 $1-a_{ij}<0$，如果 $a_{ij}=1$，部门净产出 $1-a_{ij}=0$，故只要是有意义的生产，就一定存在着 $a_{ij}<1$ 的条件。虽然在实物表中由于计量单位不同，a_{ij} 在 $i\neq j$ 时，有可能大于或等于 1，但是作为对自身产品消耗的系数 a_{ij} 则一定小于 1。

第三，价值型投入产出表中所有的直接消耗系数 a_{ij} 都必须小于 1 且大于或等于 0，即 $0\leqslant a_{ij}<1$。因为在价值表中采用了统一的计价单位，系数所度量的实物量不受计量单位的影响。如果生产中 j 部门消耗了 i 部门产品，系数 a_{ij} 就会大于 0，但实际上它必须小于 1，否则物质消耗大于生产的成果，生产过程就无法进行下去。如果 j 部门没能直接消耗 i 部门产品，则系数 $a_{ij}=0$，所以直接消耗系数矩阵 A 是一个非负矩阵。

第四，直接消耗系数每一列元素之和 $\sum_{i=1}^{n} a_{ij} < 1$，转移价值系数 $c_j < 1$。因为在单位产品价值中，转移价值系数与新创造价值系数之和等于 1，即：

$$\sum_{i=1}^{n} a_{ij} + a_{Dj} + a_{Nj} = 1$$

移项得：

$$\sum_{i=1}^{n} a_{ij} + a_{Dj} = 1 - a_{Nj}$$

且 $a_{Nj} \neq 0, 0 < a_{Nj} < 1$；所以，$\sum_{i=1}^{n} a_{ij} + a_{Dj} < 1, c_i < 1$。

（二）数学条件

从前文已知，模型求解中首先要求解 $(I-A)^{-1}$ 和 $(1-\hat{C})^{-1}$ 矩阵。而要解这两个矩阵，从线性代数角度来看，需要 $(I-A)$ 和 $(I-\hat{C})$ 是满秩矩阵，否则就不能求其逆。因此，模型求解的数学条件便是这两个矩阵是满秩的。事实上，这两个矩阵的确是满秩的，但需要在数学上加以证明。

1. $(I-\hat{C})$ 是满秩矩阵

证明：若 $|(I-\hat{C})| \neq 0$，则 $(I-\hat{C})$ 必满秩。

根据上述经济条件，我们已知 $c_l = \sum_{i=1}^{n} a_{ij} + a_{Dj} < 1$，且：

$$|I-\hat{C}| = \begin{vmatrix} 1-c_1 & 0 & \cdots & 0 \\ 0 & 1-c_2 & \cdots & 0 \\ \vdots & \vdots & & \vdots \\ 0 & 0 & \cdots & 1-c_n \end{vmatrix}$$

因为，$1-c_j = 1-\sum_{i=1}^{n} a_{ij}(a_{ij} - a_{Dj} - a_{Nj}) > 0$，且 $\neq 0$；所以，$|I-\hat{C}| = \sum_{j=1}^{n}(I-c_j) \neq 0$，这样就证明了矩阵 $(I-\hat{C})$ 的确是满秩的。

2. $(I-A)$ 是满秩的

此处只证明价值型投入产出表 $(I-A)$ 是满秩的，而实物型表同理可证。

如果直接消耗系数矩阵 A 满足条件 $a_{ij} \geqslant 0$，且 $\sum_{i=1}^{n} a_{ij} < 1$，则列昂捷夫矩阵 $(I-A)$ 必满秩。证明如下：由 $\sum_{i=1}^{n} a_{ij} < 1$，有 $\sum_{i=1}^{n} a_{ij} < 1 - a_{jj}$。

考虑到 $a_{ij} \geqslant 0$ 的条件，且 $\sum_{i=1}^{n} a_{ij} < 1 - a_{jj}$ 等价于 $\sum_{i=1}^{n} |a_{ij}| < 1 - a_{jj}$，因此：

$$(I-A) = \begin{bmatrix} 1-a_{11} & -a_{12} & \cdots & -a_{1n} \\ -a_{21} & 1-a_{22} & \cdots & -a_{2n} \\ \vdots & \vdots & & \vdots \\ -a_{n1} & -a_{n2} & \cdots & 1-a_{nn} \end{bmatrix}$$，满足于 $\sum_{i=1}^{n} |-a_{ij}| < 1 - a_{jj}$ 条件。

下面用反证法：假定我们否认$(I-A)^{-1}$存在，即$(I-A)$矩阵为降秩矩阵，则必然有$|I-A|=0$，那么根据线性方程组的理论，下列齐次线性方程组应为：

$$(X_1,X_2,\cdots,X_n)\begin{bmatrix}1-a_{11} & -a_{12} & \cdots & -a_{1n}\\ -a_{21} & 1-a_{22} & \cdots & -a_{2n}\\ \vdots & \vdots & & \vdots\\ -a_{n1} & -a_{n2} & \cdots & 1-a_{nn}\end{bmatrix}=(0,0,\cdots,0)$$

该方程组有非零解$\overline{X}_1,\overline{X}_2,\cdots,\overline{X}_n$。

取$|\overline{X}_n|=\max|\overline{X}_j|(j=1,2,\cdots,n)$，设$(1-A)$各元素为$\lambda_{ij}$，则方程组中第$k$个方程可描述为：

$$\lambda_{1n}\overline{X}_1+\lambda_{1k}\overline{X}_2+\cdots+\lambda_{kk}\overline{X}_k+\lambda_{k+1,h}\overline{X}_{h+1}+\cdots+\lambda_{nk}\overline{X}_n=0$$

移项得：

$$\lambda_{1kk}\overline{X}_k=-\lambda_{1k}\overline{X}_1-(-\lambda_{2k}\overline{X}_2)-\cdots(-\lambda_{k-1h}\overline{X}_{k-1})-\lambda_{k+1h}\overline{X}_{h+1}-\cdots(-\lambda_{nk}\overline{X}_n)$$

两边取绝对值，得：

$$|\lambda_{kk}|\ |\overline{X}_k|=|\lambda_{1k}\overline{X}_1+\lambda_{2k}\overline{X}_2+\cdots+\lambda_{kk}\overline{X}_n|\leqslant|\lambda_{1k}|\,|\overline{X}_1|+|\lambda_{2k}|\,|\overline{X}_2|+\cdots+|\lambda_{nk}|\,|\overline{X}_n|$$

两边同时除$|\overline{X}_k|$，则有：

$$|\lambda_{kk}|\leqslant|\lambda_{1k}|\frac{|\overline{X}_1|}{|\overline{X}_k|}+|\lambda_{2k}|\frac{|\overline{X}_2|}{|\overline{X}_k|}+\cdots+|\lambda_{nk}|\frac{|\overline{X}_n|}{|\overline{X}_k|}$$

$$\leqslant|\lambda_{1k}|+|\lambda_{2k}|+\cdots+|\lambda_{k-1,k}|+|\lambda_{k+1,k}|+\cdots+|\lambda_{nk}|=\sum_{i=1}^{n}|\lambda_{ik}|$$

考虑到原式$(I-A)$，则$|\lambda_{kk}|=|1-a_{ij}|$，那么

$$\sum_{i=j}^{n}|\lambda_{jk}|=\sum_{j=i}^{n}|-a_{ij}|$$

又因为$1-a_{ij}>0$，于是有：

$$1-a_{ij}\leqslant\sum_{i=j}^{n}|-a_{ij}|$$

这与$\sum\limits_{i=j}^{n}|-a_{ij}|<1-a_{ij}$的条件相矛盾，故原假定矩阵$(I-A)$为降秩是错误的。因此，矩阵$(I-A)$必为满秩。证毕。

三、投入产出模型的其他问题

投入产出模型中还有一些其他问题需要考虑，这些问题大致包括：

（一）计价问题

在现实生活中，产业间互相提供的产品都是实物的，然而较为实用的表大多为价值型表，因此，这里就有一个如何用货币单位来计量实物消耗与实物产出的问题。于是又产生了一个问题，即在各产业间实物的交换是以什么价格作基准，是用生产者价格（即不包括流通费用在内的价格），还是用购买者价格；是对同一商品用同一种价格，还是用实际价格（因为在实际生活中同一商品可能有多种不同价格）？是用产品完税前的价格，还是用完税后的价格？等等。这些在建立投入产出表与模型前就应仔细考虑，否则将影响分析的准确性。

由于在使用何种价格作基准上的差异，故实际上投入产出表有如下几种：(1)使用生产者统一价格；(2)使用生产者实际价格；(3)使用购买者统一价格；(4)使用购买者实际价格。这四种表各有其短处与长处，第(1)种用的是生产者价格，而且是统一价格，因此最富于分析能力。第(4)种用的是购买实际价格，因此最忠实地反映了经济中的交易状况。除上述四种产出表外，还有一种所谓使用基本价格的投入产出表。所谓基本价格，是指生产者价格与产品税之差，用此表便于进行国际比较。

(二)金融交易问题

投入产出表尽管相当详细地反映了社会再生产过程，但此表只反映一定时期内生产出来的产品和服务的生产与交换关系，因此，它不能反映在此时期以前已有的财产和旧货的交易。此外，购买力的流动也只是在同上述产品和服务直接相关的范围内才予以反映。因此，一切金融交易不能反映在此表上，这是一个缺憾。

(三)商业、运输部门的处理问题

商业是各产业间流通的中介部门，因此，在实际经济运动中几乎所有商品在产业间的交易都要通过商业。如果要投入产出表如实地反映这个过程，就会使表变得非常复杂。因此，只得将商业部门单独设立为一个部门，用计算商业盈利的办法汇总起来。运输部门情况与商业部门的情况类似，故表中对运输部门做与商业部门同样的处理。同样，金融交易不能反映，但也可以把金融部门独立出来做上述同样的处理。

(四)如何编制投入产出表

这个问题从实际操作角度来说，就是要说明它的编制程序。具体来说，大致有以下几个步骤：

第一，设计好栏目，即确定产业分类，使表中纵横产业名称对应排列。

第二，在表中各栏目和各方格中填写数字。填写数字是一件非常艰苦的工作，需要做许多调查、统计和调整工作，以保证这些 X_{ij} 等数字确实可靠，即确实是对当时经济生活中的反映。

第三，对表中的数字进行调整以满足表的纵横两个方面的均衡关系。这个工作也很重要，而且较为复杂，因为一个数据的调整会影响到其他一系列数据。

编制一个精确度较高的投入产出表，除了需要众多人力、大量物力、财力和时间外，还需要具备其他三个条件：(1)要有一个完备的基础统计资料为依据；(2)要为表的编制进行专门的统计调查；(3)进行耐心细致的数字分配和调整，使这些数字既符合实际，又使表的均衡体系保持完善。在此基础上，才有可能使投入产出模型更加科学，使之确实能够说明问题。

复习思考题

1. 直接消耗系数的经济含义是什么？
2. 完全消耗系数的经济含义是什么？
3. 列昂捷夫逆阵的经济含义是什么？
4. 分析产业间的投入产出关系有何意义？

第十四章

产业关联分析

产业关联是指产业间的错综复杂的生产技术联系和经济联系，这种联系随着社会化大生产的不断发展和国民经济的不断发展，也在不断地深化与发展，静态观察产业间的这种联系和联系方式就是产业结构分析，因此，所谓产业关联分析就是产业结构分析。不同的是，本章的产业关联分析是依据投入产出表和投入产出模型对产业间联系做一些较为深入的数量分析，这可以是对前一篇产业结构分析的深化与补充。在这里，产业间的联系和联系方式是分析的出发点。

第一节　产业关联方式及关联类型

一、产业关联方式

(一)双向关联和单向关联

一般来说，在第一部类即生产生产资料部类内部，许多产业部门之间的关联是双向的，即甲、乙两个产业部门相互消耗、相互提供对方产品的关联。例如，煤炭生产部门为电力部门提供煤炭作为燃料，而电力部门也为煤炭生产部门的生产提供电力作为动力源。这种关联，就是双向关联。

单向关联是指甲、乙、丙等一系列产业部门中，或者是先行产业部门为后续产业部门提供产品，或者是后续产业部门向先行产业部门提供产品作为生产性消耗。无论是上述哪一种，其特点都是接受对方产品供给之后，自己的产品不再返回去作为它们生产时的直接消耗。例如，生产资料部门为消费品生产部门提供原材料、设备等；而消费品生产部门的产品是消费品只能进入消费领域，而不能进入其他部门的生产过程，如棉花→棉纱→胚布→色布→服装，棉花可以进入消费领域，但服装并不进入棉花的生产过程。

(二)顺向关联和逆向关联

从国民经济这个有机整体角度来看，所有的产业部门的关联最终将形成一个蛛网式或连锁式的封闭关联。具体进入有机整体内，可以发现产业间的关联可分为顺向关联和逆向关联两种。

所谓顺向关联，是指某些产业因生产工序的前后而划分得到的，故这些产业中，前一产业部门的产品为后一产业部门生产的要素，这样一直延续至最后一个产业的产品，主要是最终产品，提供到市场为止。例如，采矿→冶炼→机械加工→产品组装出成品，这些产业部门的关联就是顺向关联。

逆向关联是指后续产业部门为先行产业部门生产提供产品作为生产消耗。例如，机械设备行业生产的设备与零部件为矿山采掘业所使用就是一种逆向关联。在现实经济中，一些部门的顺向关联与这些部门内某些部门的逆向关联，或与其他一些部门的逆向关联，就构成了一些不同的关联环或交错关联环。例如，甲、乙、丙、丁四个产业部门存在顺向关联：甲→乙→丙→丁；而乙、丙、丁同时存在逆向关联：乙←丙←丁；或丙、丁与甲、乙产业部门存在着逆向关联；于是便有甲→乙、丙、丁和甲→乙→丙、丁等的关联环。

（三）直接关联和间接关联

所谓直接关联，是指两个产业部门之间存在着直接的互相提供产品、提供技术的关联。例如，采矿业与冶金业之间的关联便是直接的关联，前面所讨论的双向和单向、顺向和逆向关联都是直接的关联。然而，现实的产业间关联除了直接关联外，还有间接关联。所谓间接关联，是指两个产业部门本身不存在直接的生产技术关联，它们之间如果有关联的话，是通过其他一些产业部门的中介作用发生的。例如，汽车工业与采油设备制造业并没有直接关联，但实际上它们仍存在一定的关系，即汽车需要汽油作燃料，而汽油与石油开采有关，石油开采又与石油采油设备制造有关，这样汽车工业的发展就会通过这些中介产业部门最后影响到石油采掘设备制造业，像这样一种关联就是间接关联。

上述这些关联方式在国民经济中相互结合，形成了产业间错综复杂的关联关系。反过来说，产业间的复杂关联关系可以最终还原成上述几种关联方式，这样就为分析产业间的关联关系打下了良好的基础。

二、产业间关联类型

产业间关联类型主要是指产业间的关联以什么为依据或依托，依托或依据不同就成为产业间关联的不同类型。

（一）产品、服务关联

产业间关联最基本的依托是产业间相互提供产品和服务，无论是双向关联方式、单向关联方式，还是顺向关联方式、逆向关联方式，都是以产业双方或多方之间提供产品或服务为对方在生产过程中应用。所以，产品、服务关联是产业间关联的最基本的类型，直接关联方式和间接关联方式就是以此为分类标准的，而且投入产出表中的第Ⅰ部分实际上就是这种关联的具体反映。由于产业间存在产品、服务互相或单一提供的关联，这就为产业间的其他关联奠定了基础。

（二）生产技术关联

由于产业间存在产品、服务方面的关联，这就使得产业间必然存在着生产技术关联。因为需要为其提供产品、劳务的产业部门并不是单纯地接受而已，而是它必须根据本产业部门生产技术的特点、产品结构特性对所需求的产品和劳务提出各种生产工艺、技术质量等特定要求，以便保证本产业部门的产品质量、技术特性等。而这样一种要求使得产业间的生产工艺、操作技术等方面有着必然关联，即两个有关联的产业部门其生产技术必须具有互为服务的特点，不能完全脱离地发展。更何况，在此基础上，该产业对其他产业需求产品服务的比例，如直接消耗系数的变化本身就是对它们之间生产技术关联的变化的证明。当然,产业间的关联方式不同,它们之间的生产技术关联也会有所不同。

(三)价格关联

产业间产品和服务关联的存在,使得产业间生产的产品或服务存在着价格上的关联。因为产业间的产品服务关联是作为对方生产性消耗而存在的,因此提供的产品或劳务的价值量的货币表现为价格,以及费用总和(单位产品价格乘以实际提供量),当然就成为需求方产品成本中的组成部分,这样两者产品之间就存在着价格关联,这就是所谓的产业间的价格关联。显然,产业间的直接关联方式使两者价格关联更为明显;而间接关联则不甚明显,至少如果不利用投入产出表所得的完全消耗系数是不可能观察到的。其他几种关联方式实际上都是直接关联,故由此产生的价格关联是显然的,同时也呈现多种方式,如双向或单向、顺向或逆向等。

(四)劳动就业关联

由于产业间存在关联,因此某一产业的发展就依赖于另一些产业的发展,或某一产业的发展可以导致另一些产业的发展。这样产业间就存在着发展方面互相促进、互相约束的关系,故这些产业中的劳动就业机会也就有了必然的关联。一个产业的发展需要相应增加一定的劳动就业机会,而它因为依赖其他产业的发展,故它要发展就必然要增加其他产业一定的劳动就业机会,这样全社会就业机会就会有较大的增加。这种关联效应在经济学中被描述为投资乘数在就业中的作用,因为产业的发展是增加投资提高投资效果的结果。

(五)投资关联

既然产业间的关联通过产品或劳务的相互需求为基础,那么产业间就有发展方面的互相关联,而发展又要靠新增投资,故产业间就必然存在投资关联。这种关联最典型的例子是投资乘数作用的反映,增加的收入中用于消费的比例越大,投资引起的产业间的连锁反应就越大,总收入增加就越多。同时,某一产业需要一定投资以维持其发展,而由于产业间存在着发展上的依存性,那么就必须增加其他投资以保证相关产业的发展。这也就是某一产业直接投资必然会导致大量其他产业的相关投资,故衡量某一项目投资不能仅以直接投资为准。

由于产业间存在着上述关联关系,所以某一产业在发展中有什么变化必然会波及影响其他一切相关产业。

第二节 产业关联分析原理

产业关联分析就是通过投入产出表、投入产出系数及模型对产业间关联关系的特征及比例关系进行分析,这一分析主要从数量方面补充和深化产业结构理论中对产业间关联的研究。

一、产业关联分析的基本工具

从产业关联分析的定义可知,产业关联分析的基本工具是投入产出表和投入产出模型。然而,这两者分别有实物型与价值型之分,因此必须在使用这些工具前,对工具本身做一定的分析。

(一)实物型投入产出表及模型

实物型投入产出表及模型是根据国民经济中的大类产品来制定的,所以它具有以下三个方面的优点:

第一,可以利用现行生产、计划和统计工作中的许多定额资料,并可使其与现行的生产、计划、统计工作相结合。因为实物型投入产出表及模型中的产品与实际生活中的产品是一致的,所以实际经济工作中所积累的大量定额资料,是编制实物型投入产出表的基本资料。反之,为适应编制的要求,可以使实际定额管理工作向这方面靠拢,最后相统一。

第二,由于实物型投入产出表和模型是用各类产品的实物量作为计算单位,不以价值为计算单位,这样就可以在模型中避免引入价格变化以及价格背离价值等因素,从而如实反映产品生产中的生产技术关联。例如直接消耗系数 a_{ij}、完全消耗系数 b_{ij} 等都不受价格可能背离价值等造成的偏差影响,因而比较准确。

第三,实物型投入产出表和模型对一个国家经济发展计划来说非常有用,因为它可以作为计划工作中实物平衡的重要工具。并且,它不仅能作为单项产品的平衡,而且能作为各类产品的综合平衡,这对避免今后经济发展中可能出现的供给与需求的重大缺口有重要作用。

当然,实物型投入产出表及模型也有其局限性。首先,不是所有产品都可以用恰当的实物量作为计量单位,有些产品需要用价值单位来表示其生产量。如仪器、仪表、零配件等,由于它们的品种规格太多,相互间的差别又很大,因此一般只能用价值单位来计量。其次,实物型的投入产出表及模型不论包括的范围有多广,由于受表格规模的限制,也不可能将国民经济中的全部产品都包括进去。因此,只能进行主要产品间的生产与消费使用的平衡,而无法对国民经济整体进行综合平衡。最后,实物型的投入产出表及模型中,每一列数据因计量单位不同而无法相加,因此无法计算各类产品生产中物质消耗的总量,也无法计算劳动消耗的总量,这就限制了实物型投入产出模型的作用。

(二)价值型投入产出表及模型

价值型投入产出表及模型是按照部门并以价值为计量单位来编制的,与实物型投入产出表及模型相比,它具有下列几个优点:

第一,价值型投入产出表及模型可以包括国民经济中所有的产业部门,故与实物模型只包括大类产品相比,范围更广,因此可以用来反映国民经济中各部门间的生产和分配使用的全貌。而且价值型模型具有统一计量单位的特点,还可以根据分析问题的需要与资料取得之可能,将产业部门进行合并和分解,故相当灵活。

第二,价值型模型中因为统一计量单位,所以每一列也可以相加,且各列的流量可以相加,如设 a_{ij} 为 j 部门的物质消耗系数,则 $a_{ij}=\sum_{i=1}^{n}a_{ij}$;设净产值系数为 n_j,则 $n_j=\frac{N_j}{X_j}(j=1,2,\cdots,n)$。显然,当物质消耗系数与净产值系数相加时,则有 $a_{ij}+n_j=1$。

第三,价值型模型可以同时从产品的使用价值与价值两方面反映国民经济各部门产品的再生产运动。这里除了如前所述价值模型建立了国民收入生产与最终使用的平衡外,还可以建立组成最终产品的各个具体项目与相应各部门生产总量之间的平衡,以及最终产品具体项目与劳动报酬之间的平衡关联,从而使再生产的各环节之间建立有机的关联。

价值型投入产出表及模型也有其不足之处。首先,由于在价值模型中引入价格因素,因此就有可能使模型不能全部反映部门间的生产技术关联。其次，价值型模型是按部门划分的，产业部门之间可以有合并与分解的灵活性，但也会相应造成由部门划分的粗细的不同，从而使得模型反映的各产业部门间关联比例不同。最后，价值型模型还有一些比较复杂的方法论方面的问题，需要探索，如前文指出的计价问题等。

总之，由于两种表和模型各有优劣之处，故在条件允许的情况下，应尽量同时制定两种模型，以作为分析时的相互补充，使分析结果尽可能准确。

二、产业关联分析

产业关联分析是用投入产出表和投入产出模型对产业间关联关系进行定量的分析，这种分析需要运用一定的公式，并从以下五个方面进行：

(一)分析产业间的关联程度

分析产业间的关联程度可从两个方面入手：一是利用已有的直接消耗系数 a_{ij} 和完全消耗系数 b_{ij} 来分析各产业部门间的直接关联和完全关联。当 $a_{ij}=0$ 时，表明 i 部门与 j 部门两者之间没有直接关联，但由此并不能断定这两个部门没有完全关联。事实上，任何两个或多个产业部门之间可以没有直接关联，但完全关联情况要看 b_{ij} 是否等于 0。二是分析各产业部门在生产过程中的关联程度，这里是通过计算投入产出表各列中各流量(即产业间的直接消耗)在总的直接消耗中所占比重，用以分析各产业部门之间关联程度的高低。其计算公式为：

$$r_{ij}=\frac{x_{ij}}{\sum_{i=1}^{n}x_{ij}}\quad(i,j=1,2,\cdots,n)$$

式中，分母为 j 部门生产过程中总的直接消耗量，分子为 j 部门生产时对 i 部门产品的直接消耗量，r_{ij} 则为两者之比。显然，当 r_{ij} 值较大时，表明 j 部门在生产过程中对 i 部门产品消耗量大；消耗量大就说明 j 部门与 i 部门的关联程度要大一些，反之则小一些。通过计算所有的 r_{ij}，便可从直接关联角度深刻反映产业间关联程度的高低。

(二)分析产业间关联的广度

分析产业间关联的广度首先要将投入产出表第Ⅰ部分中产业部门排列秩序重新排列一下，具体做法是根据每一行含 0 元素数目的多少按顺序排列，当部门划分较细、部门数目较多时，表中非 0 元素会近似地排列成一个下三角矩阵，见图 14－1。

显然，经过这样排列后，可以看出越是位于矩阵下面的产业部门，它与其他国民经济产业部门关联越广。因为非 0 元素最少，而 0 元素多，表明部门与部门之间没有直接关联的情况就多，因此关联广度也就差了。反之，越是位于矩阵上面的产业部门，其关联广度就越差。

还可以从另一个角度来分析这个三角矩阵。上三角中一些元素都是 0，这表明越是上层的产业部门越带有最终产品产业性质，因为它的生产对中间产品的需求最大，其产品却最少有产品供其他产业生产需求。同样，越是下三角阵下层的产业部门它的生产对中间产品的需求越小，其产品却最多地为其他产业部门生产所需求，即该产业越带有中间产品的产业性质。

根据这样一种排序，产业部门之间还可以划分出相互之间相对独立的产业群。因为在国民经济的各产业部门之间，除了有各种相关联方式的方面外，实际上还存在着亲疏程度有异的一面。有人将产业的关联程度和关联广度进行分析并重新排列，发现诸如以下若干内部产业

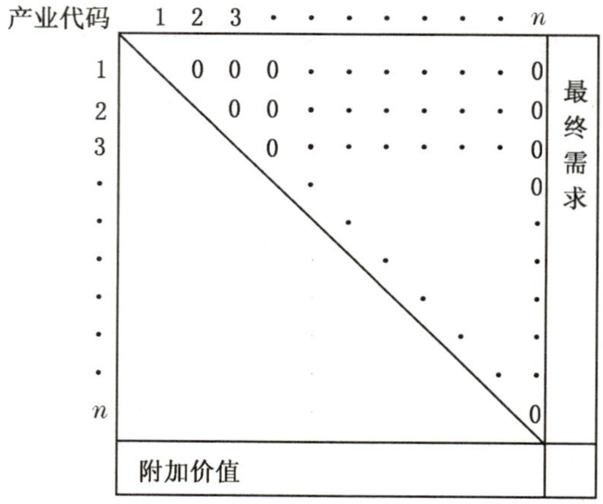

图 14—1　重新排列后的下三角矩阵

关系密切，但与其他产业群的关联具有相对独立性的产业群：(1)非金属系最终产品；(2)金属系最终产品；(3)金属系中间产品；(4)非金属系中间产品；(5)服务；(6)能源。

(三)分析国民经济各部门对整个国民经济的影响程度

这种影响程度的测算，通常用一个影响系数来反映，其公式为：

$$r_j=\frac{\sum_{i=1}^{n}b_{ij}+1}{\frac{1}{n}\sum_{i=1}^{n}\sum_{j=1}^{n}b_{ij}+1}\quad(j=1,2,\cdots,n)$$

式中，r_j 为 j 部门对国民经济的影响程度；b_{ij} 为完全消耗系数。

公式中分子的含义是$(I-A)^{-1}$ 矩阵中各列元素之和，因为 $B=(I-A)^{-1}-I$ 表示矩阵中各列元素之和，因为 $B=(I-A)^{-1}-I$，故 $B+I=(I-A)^{-1}$；而式中分母含义为所有完全消耗系数之和的$\frac{1}{n}$再加上 1。

r_j 有三种情况：$r_j=1$，$r_j<1$，$r_j>1$。

$r_j<1$，说明 j 部门对整个国民经济的影响超过平均水平；$r_j=1$，说明 j 部门对整个国民经济发展的影响水平与平均水平相同；$r_j<1$，说明 j 部门对整个国民经济发展的影响水平小于平均水平。具体还可以将 r_j 从大到小或从小到大按顺序排列，借以研究各部门增加产品生产对整个国民经济的影响，如表 14—1 所示。

表 14—1　　1984 年我国部分产业的影响系数排列

	农业	能源	重工业	轻工业	建筑业	其他
r_j	0.743 0	1.133 1	1.131 9	0.987 7	1.045 2	0.959 2

(四)分析各产业部门产品的分配去向

各产业部门产品的分配去向，即求各产业部门产品的分配系数，公式为：

$$d_{ij}=\frac{x_{ij}}{X_i}\quad(i=1,\cdots,n)$$

式中，d_{ij} 表示第 i 部门产品分配使用在第 j 种用途上的比重；X_{ij} 与 X_i 同前投入产出表中说明。

这一分析，主要是看该产业部门的产品流向及其比重，这样一种流向和比重对国民经济其他部门的发展影响是相当重要的。

(五)分析各产业部门的"中间需求率"和"中间投入率"

所谓中间需求率，是指该产业部门产品为其他产业部门所需求（中间需求）和整个国民经济对该产业部门产品总需求之比。其计算公式为：

$$G_i=\frac{\sum_{j=1}^{n}x_{ij}}{\sum_{j=1}^{n}x_{ij}+Y_i}\quad(i=1,2,\cdots,n)$$

式中，G_i 为 i 产业部门的中间需求率；$\sum_{j=1}^{n}x_{ij}$ 为 i 产业部门产品为其他产业生产中作为中间需求的总和；$\sum_{j=1}^{n}x_{ij}+Y_i$ 为 i 产业部门的总产出；Y_i 为 i 产业部门产品中作为最终需求的总和。

这个指标反映了各产业部门的产品有多少作为中间需求为其他产业所需求。中间需求率越高，该产业部门就越带有原材料产业的性质。由于 1－中间需求率＝最终需求率，故一个产业中间需求率越低，则最终需求率就越高，这个产业也就越带有提供最终产品的性质。换句话说，这个产业的产品主要供最终需求，或居民消费，或投资消费，或出口。

中间投入率是各产业部门在生产过程中的中间投入量与总投入量之比。其计算公式为：

$$F_j=\frac{\sum_{i=1}^{n}x_{ij}}{\sum_{i=1}^{n}x_{ij}+D_j}\quad(j=1,2,\cdots,n)$$

式中，F_i 表示 j 部门的中间投入率；D_j 表示 j 部门生产中的全部折旧费（1 年）；x_{ij} 同投入产出表中解释。

中间投入率指标反映各产业部门在自己的生产活动中，为生产单位产值的产品需从其他产业购进的原料在其总投入中所占比重。

1－中间投入率＝附加价值率（净产值率）

附加价值率＝附加价值÷总产值

因此，中间投入率越高，该产业的附加价值率就越低。高中间投入率产业就是低附加价值部门，反之则反是。

钱纳里、渡边等经济学家曾根据各产业的中间需求率和中间投入率的差异做了如下归纳，见表 14－2。

表 14－2　　中间需求率与中间投入率的差异

	中间需求率小	中间需求率大
中间投入率大	Ⅲ. 最终需求型产业 日用杂货、造船、皮革及皮革制品、食品加工、粮食加工、运输设备、机械、木料、木材加工、非金属矿物制品、其他制造业	Ⅱ. 中间需求型产业 钢铁、纸及纸制品、石油制品、有色金属冶炼、化学、煤炭加工、橡胶制品、纺织、印刷及出版

续表

	中间需求率小	中间需求率大
中间投入率小	Ⅳ. 最终需求型基础产业 A. 渔业 B. 运输、商业、服务业	Ⅰ. 中间需求型基础产业 农业、林业、煤炭、金属采矿、石油及天然气、非金属采矿、电力

从产业分类的规范上说，表 14—2 中所列四组产业部门虽然不够严密，Ⅰ部分多为第一次产业（如果把矿业看作第一次产业的话），Ⅱ、Ⅲ部分大体为第二次产业，Ⅳ则是第三次产业，但这四个部分在社会再生产过程中形成一个立体结构。其中，Ⅰ、Ⅱ、Ⅲ部分是一国经济的物质生产部门，Ⅰ、Ⅱ部分的基本属性是中间产品生产部门，它们将自己的大多数产品出售给Ⅲ部分的产业。Ⅲ部分加工来自Ⅰ、Ⅱ部分的中间产品，然后投放到最终需求中。Ⅳ部分是产品移动的中介部门（除渔业以外）。

第三节 产业关联分析的宏观应用

如果说上一节是描述产业关联分析在产业上的应用的话，那么产业关联分析还可以在宏观上应用，即分析国民经济中的主要比例关系。

一、分析两大部类比例关系

马克思主义再生产原理明确指出，要使社会再生产顺利进行，就必须使两大部类产品在生产与分配使用之间保持一定的比例。这里不仅是指两大部类产品在价值形态上要得到补偿，而且在实物形态上要顺利地实现交换。因此，现实经济中两大部类比例关系如何仍然非常重要。投入产出表和投入投出模型为此也提供了良好的数量分析基础，因此，就应该借用这方面工具进行定量分析。尤其是实物型投入产出表是以产品为产业分类的，故区分产品是供生产资料生产之用还是单纯的消费品比较容易，这比一般使用产业分类后再归结为两大部类要方便得多。具体分析计算过程为：

第一，计算生产资料与消费资料的总量。在投入产出表中，生产中的消耗（中间产品消耗）是生产资料，用于扩大再生产而组成生产性固定资产积累与流动资产积累的产品也是生产资料，为此可在表中最终需求栏下设置固定资产积累、企业固定资产更新改造栏目，这样计算起来就方便了。其他的如个人、社会消费的产品都是消费资料。由此计算出两大部类各自的生产总量，即生产资料总量与消费资料总量。

第二，计算各产业部门的劳动报酬系数与社会纯收入系数，其计算公式为：

$$a_{uj}=\frac{u_j}{X_j} \quad (j=1,2,\cdots,n)$$

$$a_{mj}=\frac{m_j}{X_j} \quad (j=1,2,\cdots,n)$$

式中，a_{uj} 为每生产单位 j 部门产品所需要支付劳动报酬的数量；a_{mj} 为每生产单位 j 部门产品所能提供社会纯收入的数量；u_j 为 j 部门生产时所需支付的劳动报酬；m_j 为 j 部门生产时所能够创造社会纯收入的数量。

上述计算完毕，根据直接消耗系数 a_{ij}，计算各产业部门的物质消耗系数 a_{cj}，其公式为：

$$a_{cj}=\sum_{i=1}^{n}a_{ij}+d_j\quad(d_j\text{ 为 }j\text{ 部门的折旧费})$$

第三，计算第二部类产品的价值构成。这里主要是计算第二部类产品产值中的 $c+v+m$ 的构成，具体计算公式为：

$$\text{Ⅱ}c=\sum_{j=1}^{n}a_{cj}W_j$$

式中，W_i 为 j 产业部门产品用于消费的数量(价值量)。此公式计算出第二部类总的转移价值。

$$\text{Ⅱ}v=\sum_{j=1}^{n}a_{uj}W_j$$

式中，W_i 的含义同上。此公式是计算第二部类总的劳动报酬。

$$\text{Ⅱ}m=\sum_{j=1}^{n}a_{mj}W_j$$

式中，W_i 的含义同上。此公式是计算第二部类总的社会纯收入量。

第四，计算第一部类产品的价值构成，即计算第一部类产品的产值中 $c+v+m$ 的构成，具体计算公式为：

$$\text{Ⅰ}c=\sum_{i=1}^{n}\sum_{j=1}^{n}x_{ij}+\sum_{i=1}^{2}\sum_{j=1}^{2}y_{ij}-\text{Ⅱ}c$$

式中，y_{i1} 表示固定资产积累；y_{i2} 表示企业固定资产更新。

这样，前两者为所有生产资料的总和，用它减去第二部类生产资料，余下为第一部类转移价值所表示的实物构成。

第一部类的劳动报酬：

$$\text{Ⅰ}v=\sum_{i=1}^{n}v_i-\text{Ⅱ}v$$

第一部类的社会纯收入：

$$\text{Ⅰ}m=\sum_{i=1}^{n}m_i-\text{Ⅱ}m$$

第五，通过上述计算，便可分析得出过去年份(投入产出表是利用过去某一年限的数据编制的)两大部类在产值与实物方面的比例关系，是否符合马克思所指出的简单再生产的扩大再生产所必须满足的实现条件和前提条件。如果不符合，今后应该怎么调整？这才是分析的真正目的所在。

二、分析农、轻、重的比例关系

农、轻、重的比例关系一直是一个国家经济发展中极为重要的关系。许多实践证明，这三者关系如果处理得不好，会导致国民经济比例失调、产业结构失调。投入产出表和投入产出模型也为定量分析这三者比例关系提供了充分的依据。

一般来说，农业与轻工业生产的主要是消费品，重工业在过去主要生产的是生产资料(目前仍有这样的看法）。根据这种看法，农、轻、重三者的比例关系即为两大部类比例关系的具体化。但实际上，轻工业中也有部分产品作为生产资料；重工业中也有部分产品作为消费资料，因此这三者关系的分析并不能代表两大部类比例的分析。过去往往是通过农业、轻工业、重工业在国民经济中所占的比重及其发展速度等方面来分析三者的比例关系，这种分析只能从时间序列上、动态变化中来分析比较不同时期的农、轻、重比例情况，或者从长期发展趋势中来了解农、轻、重比例是否协调，或者从不同国家的对比中来了解这个比例的状况，而不能从社会再生产的角度来了解农、轻、重之间的内在必然关联，也就无法提出确切的农、轻、重比例是否合适的数量界限。

然而，有了投入产出表及投入产出模型，不仅可以分析农、轻、重三者的内部比例，了解它们各自的具体部门构成，而且可以计算出这三个部门产品的价值构成，从社会再生产的角度来研究分析它们之间的必然关联。具体来说，有以下几个步骤：

第一，利用投入产出表可以计算出农、轻、重部门产品的分配使用情况，借以了解这三个部门产品满足各种社会需要的状况，以及农产品、轻工业品、重工业品组成两大部类的情况。

第二，利用投入产出模型所提供的各种直接消耗系数及完全消耗系数，可以了解农、轻、重部门之间内在关联，也可以利用本章第二节的公式分析这三个部门的各种关系。

第三，可进一步把农、轻、重比例具体化，即细化这三个部门内的产业分类，并考察它们内部更为细致的比例关系及关联程度。显然，分类较细的投入产出表及投入产出模型为此分析提供了前提条件。

第四，可以利用投入产出模型来探求反映农、轻、重比例关系是否协调的数量标志，如果从生产能否满足需要的角度来看，农、轻、重比例关系协调的标志，可以是农业及轻工业产品在扣除生产中对它们的消耗后能否满足人民生活水平提高的要求、重工业产品在扣除生产中的消耗后能否满足扩大再生产的需要。

三、分析积累与消费的比例

在任何经济条件下，积累与消费的比例关系都极为重要，因为它对经济的发展、人民生活的改善以及国家、集体、个人关系处理得当与否都有很大影响。同样，在市场经济条件下，政府在宏观上把积累与消费的比例看作经济稳定、持续、协调发展的重要方面。实际上，分析这两者的比例关系，不仅要看积累率的高低，还应该结合各个具体时期经济发展的情况，具体衡量两者比例关系是否适当、是否与国民经济发展的需要与实际生产可以提供的可能相适应。决不能教条主义地把某一时期合适的比例看作永恒的、不变的，在任何条件下都可适用的。

有了投入产出表及模型，就能直接了解构成积累与消费的物质内容和价值构成。如模型与表中部门划分较细，就可以详细了解在一定的生产结构下，积累与消费是由哪些部门的产品来提供的，这样就能在积累的安排与所需各类生产资料的供应同消费的安排与所需各类消费资料的供应之间建立平衡。因此，可在投入产出表第Ⅱ部分中分为积累与消费两大栏，从而分析两者的比例及构成。

利用实物型投入产出表可以在积累与消费的实物构成与社会总产品或最终产品之间建立关联。用 h_{ij} 表示最终产品实物构成系数，即每单位积累或消费所需 i 部门产品的数量，其计算公式为：

$$h_{ij}=\frac{y_{ij}}{Y_i} \quad (i=1,2,\cdots,n;j=1,2)$$

式中，Y_i 为 i 部门最终产品的总量；y_{ij} 为 i 部门所能提供 j 项最终产品的数量；$j=1$ 为积累项，$j=2$ 为消费项。

此公式可写成矩阵形式：

$$Y=H\cdot L$$

式中，$Y=\begin{pmatrix}Y_1\\Y_2\\\vdots\\Y_3\end{pmatrix}$；$H=\begin{pmatrix}h_{11}&h_{12}\\h_{21}&h_{22}\\\vdots&\vdots\\h_{n1}&h_{n2}\end{pmatrix}$；$L=\begin{pmatrix}L_1\\L_2\end{pmatrix}$。$L_1$ 表示积累，L_2 表示消费。

将 $Y=(I-A)X$ 代入上述矩阵式，便有：

$$(I-A)X=H\cdot L \tag{14-1}$$

$$X=(I-A)^{-1}H\cdot L \tag{14-2}$$

利用式(14—1)，可以在已知各部门总产品 X 及最终产品系数 H 的情况下，计算积累与消费的总量。利用式(14—2)，可以在已知积累、消费总量及各部门最终产品系数的情况下，计算所需各部门的总产量。

以上三个国民经济宏观比例的计算，实际上与产业结构状况是极为密切的，这里利用投入产出表及投入产出模型对三大比例的定量计算，补充了产业结构篇中对此分析无数量上说明的不足。

复习思考题

1. 试比较实物型投入产出表与价值型投入产出表的异同。
2. 产业体系中有不同的产业群吗？请举例说明。
3. 产业纵向关联是单向关联还是双向关联？产业链是什么类型的关联？
4. 国民经济宏观比例关系为什么需要关注和调整？

第十五章

产业波及效果分析

如果说对产业间的关联关系分析是产业关联分析的重要内容之一，那么产业波及效果分析则是产业关联分析中用来分析在什么样的产业关联结构下的产业间的动态效应。换句话说，前者只是对产业间关联的静态方式、结构、比例的一种分析；后者则是在特定的产业间关联状态下，分析某些产业的发展变化如何通过这种关联影响到其他产业。本章是产业关联分析中的另一个重要内容，分析研究一个产业的变化波及影响其他产业的方式与效应。

第一节　产业波及效果及分析工具

一、产业波及效果

所谓产业波及效果，简单地说，就是在一定的产业间关联的状态下，某些产业发展变化导致其他产业部门变化的状况，这种变化会导致其他方面的变化就称为波及。产业波及效果分析，就是分析某些产业发展变化可能导致其他产业部门发生怎样的变化与效应。在利用投入产出表和投入产出模型的前提下，产业波及效果分析又具体为对投入产出表中某些数据的变化会导致其他数据变化可能的状况进行研究。

专栏15-1

产业波及效果在投入产出分析中有两种情况：一种是当最终需求（具体指某一产业的某一个或各个最终需求项目，如消费需求、投资需求、出口需求等）发生了或将要发生变化时，对国民经济各产业部门的生产活动发生了或将要发生多大的影响。因为一定的最终需求应该与各产业部门一定的生产水平相关联、相对应。所以，最终需求的波及效果就是最终需求变化后对各个产业部门各种技术水平的生产过程的影响，包括本产业在内的各个产业部门进行了何种水平的生产活动的变化。关联到投入产出表，可知这种波及效果实为表的横行方面由第Ⅱ部分数据的变化以及将要发生的变化，通过第Ⅰ部分的产业间中间关联波及各个产业部门。

另一种是当毛附加价值（折旧费＋净产值）发生或将要发生变化时，具体地说，是某一产业或某些产业的毛附加价值部分的构成项目如折旧、工资、利润等发生了或将要发生变化时，会对国民经济各产业部门的产出水平发生或多或少、或大或小的影响。这种影响即可看作由于在分配方面的变化（如提高工资水平）导致对其他产业部门的产出水平的影响，也可以看作由于价格的变化导致对其他产业部门产出的影响。这样一种波及效果从投入产出表来看，显然，表中第Ⅲ部分中的某一或某些数据的变化是通过第Ⅰ部分产业间中间关联而导致对国民经济各产业部门的影响及影响状况。

上述两种波及效果都是通过已有的产业间关联关系状态所发生的，那么这些波及必然是依产业间的关联方式和关联类型所规定的线路一轮轮的影响下去的。例如，有些波及是沿产业间的单向关联线路进行，有些则是沿双向关联线路进行，还有一些可能是逆向波及，即沿产业间逆向关联线路进行的波及。可见，产业间关联的方式规定了产业间波及效果具体通过的线路所得到总效果。由于产业间关联方式不同，因此任一产业无论是由于最终需求项目中发生了变化导致的波及还是毛附加价值项目中发生了变化导致的波及，其效果是各种各样的，其引起国民经济其他产业产出水平的变化也不一样，但与该产业和其他产业的关联方式有关，与该产业与其他产业的关联程度和广度有关。

从产业关联的类型来说，产业间的波及效果必然也会在产业关联的各个类型上反映出来，否则这种波及效果就无法衡量。具体地说，某一产业的发展变化，它必将导致本产业部门生产技术、产品技术性能、成本开支、价格水平等各方面的变化，哪怕是细微的变化；而这些变化就会依据产业间存在着的生产技术、价格等方面的关联波及其他产业部门中去，于是就有技术波及效果、价格波及效果等。

二、波及效果分析的工具

对上述波及效果进行分析和研究，主要使用以下三种基本工具：

（一）投入产出表

投入产出表已在前文做过说明，为分析做准备，最好有实物型和价值型两种。

（二）投入系数表

投入系数表是各个产业之间生产技术上的关联关系结构的一览表。这个表的着眼点是投入产出表纵向的费用结构，即投入结构。投入结构以中间产品的投入形式反映了各个产业部门之间的生产技术上的关联关系。编制投入系数表要用价值型投入产出表，具体做法为将各产业部门的纵向的原材料投入额（中间产品投入额）除以相应的各个产业的产值（总产出或总投入）。用公式表示为：

$$a_{ij}=\frac{x_{ij}}{X_j}$$

式中，a_{ij} 为投入系数；x_{ij} 为投入 j 产业部门 i 产业的生产物；X_j 为 j 产业部门的总产出。

a_{ij} 的含义是：某一产业生产一个单位的生产物需要从 j 产业部门投入的中间产品的投入量。有人也称它为生产技术系数或物资消耗系数。这个系数是进行波及效果分析的基础概念。当所有的 a_{ij} 求出后，便有了一张投入系数表，投入系数表实际上就是直接消耗系数表。

有了投入系数表就有了进行产业波及效果分析的基本工具。例如，某一产业的最终需求增加三成，这个产业部门就必然要增加这三成的生产。因此，它需要增加可生产三成产品的原材料投入量，这样向该产业提供原材料、中间产品的产业，就是遵循投入系数的比例增加生产以便满足需要。而这些产业的生产扩大又使得向它们提供中间产品的产业部门不得不增加中间投入，为此该产业部门不得不增加自己的生产。依此可以不断地类推下去。总之，可以通过投入系数把某一产业最终需求变化对各产业的生产所产生的影响追踪下去。当然，投入系数表还向我们显示了各个产业部门每生产一单位的生产物需要投入多少原材料这一重要的经济信息。

(三)逆阵系数表

逆阵是指列昂捷夫逆阵$(I-A)^{-1}$;逆阵系数是指具体的$(I-A)^{-1}$矩阵。逆阵系数表在这里是专门用来计算波及效果总量的系数表。$(I-A)^{-1}$中每一元素就是逆阵系数,其含义就是当某一产业部门的生产发生一个单位变化时,导致各个产业部门由此引起的直接和间接地使产出水平发生变化的总和。关于逆阵系数的求法,我们在第十三章中已经做过介绍,这里不再赘述。

专栏15-2

三、产业波及效果分析注意的问题

由于波及效果分析主要凭借投入产出表、投入系数和逆阵系数,而逆阵系数又由投入系数即直接消耗系数得到,因此投入系数本身如果有问题就必将影响到波及效果分析的科学性及准确性。

(一)投入系数的稳定性

投入系数就是直接消耗系数,投入系数的稳定性也就是直接消耗系数的稳定性。投入系数是从投入产出表中计算得到的。投入产出表只是依据过去某一时期产业间生产技术关联的数据而得出的,因此,它反映的是过去这一特定时期产业间关联。所有这样的数据都是对过去情况的反映,故由此计算的投入系数也只是反映过去那个时期产业间的投入状况。这样,用此种投入系数来预测或计算在此以后发生的事,就必须考虑投入系数的有效性问题。这是因为,随着国民经济的发展和生产技术水平的提高,投入系数必然要发生变化,而且要随经济规模的变化而变化。这种变化如果是非常大的,那么就会使依据过去投入系数进行将要发生的波及效果估计出现较大的偏差,从而失去分析的意义。反过来说,如果投入系数变化无常也不行,因为这样使得投入产出对波及效果和未来产业间的关联变化失去了意义,而且此时投入产出表及模型本身也无法成立。好在实际的情况是,投入系数虽有变化,但仍有一定的相对稳定性。尽管如此,仍有必要采取以下措施:

1. 估计投入系数在时间迁延中的稳定性

这个问题的研究者甚多,也提出了种种方法分析投入系数随时间的迁延发生变化的状况和程度。综合其研究成果表明:尽管投入系数随着时间的推移逐步变化,但从已知的投入系数向前估计5~10年,不必担心精确性被现在还没有问世的技术进步所降低。因此,在进行短期波及效果的分析中,不必过多地考虑投入系数变动所带来的影响。

2. 预测投入系数的变化

尽管投入系数变化在中、短期波及效果分析中问题不大,但如要用于长期的波及效果分析,就有必要对投入系数变化做一预测,并在此基础上对已有的投入系数进行修正,然后进行波及效果分析。其中,最常用的预测投入系数即直接消耗系数变化的方法是斯通所建议的R、A、S法。[1]

(二)波及效果的时滞现象

所谓时滞,就是某一产业某些方面的变化在导致其他产业变化时有一个时间过程。换句

① 理查德·斯通.社会科学中的数字和其他论文[M].北京:北京经济学院出版社1994年版.

话说，最终需求的变化并不是立即反映在产出量的变动上，而是有一个时间过程。这个时间过程的长短，往往因不同的产业、不同的经济循环周期中的阶段（繁荣时期和萧条时期）而有不同的表现。这种差异往往是由于“库存”的存在和进口的存在而发生的。当需求增加时，可能首先是库存的减少，然后可能是进口的增加，这样，由需求变动造成的波及效果因库存的存在或进口而被中断或减弱。反过来，当库存不足以满足需求的增加，生产又不能引起增加时，需求变动造成的波及效果可能表现在价格的上升上，或从通货膨胀现象得到观察。所以，在分析时，要注意波及效果的时滞，以免得出错误结论。

第二节　产业波及效果现状分析

所谓产业波及效果现状分析，就是对现时的产业间波及效果进行分析，它基本上不涉及对未来情况的分析。具体来说，是利用一些系数来认识现实的产业间波动效果。

一、产业的感应度系数和影响力系数

任何一个产业部门的生产活动通过产业之间的关联方式和关联类型，必然要影响到或受影响于其他产业的生产活动。这种影响就是波及。在这里，把一个产业影响其他产业的程度称为影响力，把受其他产业影响的程度称为感应度。每个产业都有自己的影响力和感应度，而且数值不一定相同。测算各个产业的影响力和感应度主要利用$(I-A)^{-1}$矩阵。

专栏15-3

$$(I-A)^{-1}=\begin{bmatrix} A_{11} & A_{12} & \cdots & A_{1n} \\ A_{21} & A_{22} & \cdots & A_{2n} \\ \vdots & \vdots & & \vdots \\ A_{n1} & A_{n2} & \cdots & A_{nn} \end{bmatrix}$$

在$(I-A)^{-1}$矩阵中，产业部门i的横行上的数值是反映该产业受到其他产业影响程度，即感应度的系数系列。也就是说，其他产业的生产发生变化时，使该产业的生产发生相应变化的程度的系数系列。而纵列上的数值则是反映该产业影响其他产业的程度影响力的系数系列，即该产业的生产发生变化使其他产业的生产发生相应变化的程度的系数系列。横行系数的平均值可以看作该产业受其他产业影响的一般的平均趋势；纵列系数的平均值是该产业对其他产业施加影响程度的一般的平均趋势。

根据上述说明，可以提出计算任一产业的感应度系数和影响力系数的公式。

（一）感应度系数公式

$$S_i=\frac{\frac{1}{n}\sum_{j=1}^{n}A_{ij}}{\frac{1}{n^2}(\sum_{i=1}^{n}A_{ij}+\sum_{j=1}^{n}A_{ij})}=\frac{\frac{1}{n}\sum_{j=1}^{n}A_{ij}}{\frac{1}{n^2}\sum_{i=1}^{n}\sum_{j=1}^{n}A_{ij}}\quad(i=1,\cdots,n)$$

式中，S_i表示i产业部门受其他产业部门影响的感应度系数；A_{ij}为$(I-A)^{-1}$中第i行第j列元素。

某产业的感应度系数如果大于 1 或小于 1，表明该产业的感应度必定在平均水平以上或以下。

（二）影响力系数公式

$$T_j=\frac{\frac{1}{n}\sum_{i=1}^{n}A_{ij}}{\frac{1}{n^2}(\sum_{i=1}^{n}A_{ij}+\sum_{j=1}^{n}A_{ij})}=\frac{\frac{1}{n}\sum_{i=1}^{n}A_{ij}}{\frac{1}{n^2}\sum_{i=1}^{n}\sum_{j=1}^{n}A_{ij}}\quad (j=1,\cdots,n)$$

式中，T_j 表示 j 产业部门的影响力系数；A_{ij} 为 $(I-A)^{-1}$ 中第 i 行第 j 列的元素。

某产业的影响力系数如果大于 1 或小于 1，表明该产业的影响力居于平均水平以上或以下。

一般来说，各个产业的感应度系数和影响力系数，在工业化的不同阶段及由于不同国度在产业结构上的差异而有所区别。一般是重工业大多表现为感应度系数较高，而轻工业则大多表现为影响力系数较高。因此，在经济增长率较高时，感应度系数较高的重工业一般表现为发展较快，而影响力系数较高的轻工业的发展则对重工业及其他产业的发展速度起到推动作用。

日本一些经济学家根据 1970 年日本的投入产出表计算了一些产业的感应度系数。感应度较高的产业有纸浆纸、基础化工产品、炼铁和炼钢、钢铁一次加工等，这些产业即为基础产业集团，而且这些产业的感应度系数也较高。而影响力系数较高的产业有肉和奶制品、服装服饰、皮革制品、化纤产品、纸浆与制纸、运输工具、工业机械和设备等。这些产业大多属于或接近最终产品产业部门。也有一些产业的影响力系数和感应度系数都大于 1，如机械工业。因此，机械工业在经济发展中处于战略地位，是对经济增长速度最敏感的产业。

二、生产诱发系数及生产的最终依赖度

生产诱发系数及生产的最终依赖主要是用来测算各产业部门的最终需求项目对生产的诱导作用，以及各产业部门生产对最终需求项目的依赖程度。显然，生产诱发系数和最终依赖度是波及效果分析中极为重要的。

（一）生产诱发系数的计算

生产诱发系数的计算首先要求计算出各个产业的最终需求项目，如消费、投资、出口等的生产诱发额。为此，要使用逆阵 $(I-A)^{-1}$，已知 $(I-A)^{-1}$ 为：

$$(I-A)^{-1}=\begin{bmatrix}A_{11} & A_{12} & \cdots & A_{1n}\\ A_{21} & A_{22} & \cdots & A_{2n}\\ \vdots & \vdots & & \vdots\\ A_{n1} & A_{n2} & \cdots & A_{nn}\end{bmatrix}$$

而

$$X=(I-A)^{-1}Y$$

则某一产业的某一最终需求项目的生产诱发额，为该最终需求项目的数值乘以逆阵中同各产业栏下纵向各系数，并求其和，用公式表示为：

$$生产诱发额\ Z_{il}=y_{il}(\sum_{i=1}^{n}A_{ij})\quad (i=1,2,\cdots,n;j=1,2,\cdots,n;l=1,2,\cdots,m)$$

式中，Z_{il} 为第 i 产业部门第 l 项最终需求项目的生产诱发额；y_{il} 为第 i 产业部门第 l 项最终需求项目；A_{ij} 是矩阵 $(I-A)^{-1}$ 中的任一元素。

计算出各产业各最终需求项目的生产诱发额后，就可以计算生产诱发系数，即将某一产业的各最终需求项目的生产诱发额，用相应的最终需求项目的合计去除所得商。用公式表示为：

$$W_{il}=\frac{Z_{il}}{\sum_{i=1}^{n}y_{il}}\quad(i=1,2,\cdots,n;j=1,2,\cdots,n;l=1,2,\cdots,m)$$

式中，W_{il} 为第 i 产业部门第 l 项最终需求项目的生产诱发系数；Z_{il} 解释同上；$\sum_{i=1}^{n}y_{il}$ 为 l 项最终需求项目所有产业的合计。

通过逐一对每一产业各最终需求项目的计算，就可得到一张生产诱发系数表。该表的功用在于认识国民经济中各最终需求项目对诱发各个产业部门生产的作用的大小。

（二）最终依赖度的计算

最终依赖是指产业生产与最终需求的依赖关系。前文所说的最终产品型产业和中间产品型产业，前者是依赖最终需求的产业，后者是依赖中间需求的产业。只是这里考虑的是直接的依赖，而未考虑需求间接的影响。而此处最终依赖度的测算，则是考虑了各最终需求项目对各产业生产的影响。具体计算以各产业各自的生产诱发额合计分别除该产业各最终需求项目的生产诱发额，就可求出各产业的生产依赖各最终需求项目的系数。其计算公式为：

$$Q_{il}=\frac{Z_{il}}{\sum_{l=1}^{m}Z_{il}}\quad(i=1,2,\cdots,n;j=1,2,\cdots,n;l=1,2,\cdots,m)$$

式中，Q_{il} 为 i 产业部门生产对 l 项最终需求项目的依赖度；Z_{il} 为 i 产业部门 l 项最终需求项目的生产诱发额。

通过计算，可以得到生产的最终需求依赖度系数表。该表把各个产业的生产最终依赖消费还是投资，或是依赖出口而存在的问题搞得一清二楚。据此还可以把各产业部门分为依赖消费型产业、依赖投资型产业和依赖出口型产业等。

三、综合就业系数和综合资本系数

利用 $(I-A)^{-1}$ 矩阵除了可以计算出上述系数外，还可以计算随着各产业部门生产的增长而最终需要投入的就业人数和资本。这样就需要计算综合就业系数和综合资本系数。计算综合就业系数和综合资本系数的公式为：

$$\text{综合就业系数}=\text{就业系数}\times\text{逆阵中相应系数}$$

$$\text{综合资本系数}=\text{资本系数}\times\text{逆阵中相应系数}$$

其中，就业系数就是每单位产值所需的就业人数，即：

$$\text{某产业就业系数}=\frac{\text{该产业的就业人数}}{\text{该产业的总产值}}$$

资本系数就是每单位产值所需资本，即：

$$\text{某产业资本系数}=\frac{\text{该产业的资本量}}{\text{该产业的总产值}}$$

因此,综合就业系数的意义是某一产业为进行 1 个单位的生产,在本产业部门和其他产业部门直接和间接地共需要多少人就业。

表 15—1 是 1965 年日本劳动省统计调查部发布的资料。从表中可以看出,第一次产业的就业系数最高,其次是第三次产业,第二次产业最低。就业系数在各产业部门趋向下降,这反映劳动生产率的上升,因为就业系数的倒数是以产值计算的劳动生产率。再从综合就业系数看,可以发现各产业综合就业系数差距(从倍数看)同就业系数相比是缩小的。这是因为,一般就业系数较高的产业,中间投入率相对较低而附加价值率高,因此,对其他产业的波及效果也相对较小,而就业系数较低的产业则正好相反。

表 15—1　　日本雇佣系数和综合雇佣系数

部　门	雇佣系数(直接劳力需要量)			综合雇佣系数(直接、间接劳力需要量)		
	1955 年	1960 年	1963 年	1955 年	1960 年	1963 年
第一次产业	383.1	284.6	228.6	499.5	357.9	287.1
矿业	190.8	146.5	102.2	253.1	196.0	140.8
制造业	104.3	69.0	57.3	267.5	179.2	144.1
建筑业	124.3	87.9	72.5	267.0	197.8	159.8
运输、邮电、公共事业	136.6	87.1	67.5	230.6	130.6	101.2
商业、服务业	187.4	150.8	126.8	227.7	188.7	156.9
40 个部门平均	141.8	101.2	82.3	276.9	189.8	152.7

综合资本系数的意义是,某一产业为进行 1 个单位的生产,在本产业部门和其他产业部门直接和间接地共需要多少资本。从资本系数计算来看,一般来说,电力、运输、邮电通信、煤气供应等公共事业或基础性事业投资的资本系数都较大,而在制造业中资本系数较高的产业有水泥、钢铁、化工、造纸等原材料工业。而且与综合就业系数的情况相类似,一般从各个产业综合资本系数的比较中可以发现,其差距也是缩小的。

第三节　产业波及效果分析的其他应用

产业波及效果分析除了对现状进行分析之外,还有以下一些方面的应用:

一、特定波及效果分析

特定波及效果分析是指对一些特定变化导致其他产业或国民经济发展方面的影响进行分析。

(一)对特殊需求的波及效果的分析

这种特殊需求往往是指某些特大型投资所造成的特殊需求。由于这一特大型投资对国民经济发展的影响很大,而且这种投资一旦履行,就会增加大量的需求,而这些需求将直接或间接地最终影响到其他产业部门,这就是一种波及效果,故也可用波及效果来分析。具体做法为:将这项投资所需最终产品按产业分类进行分解,然后将这些需求视为相应的各产业的最终需求 Y_{il} 的增加额,再用波及效果分析模型 $X=(I-A)^{-1}Y$ 来分别计算生产诱发额。这些生产诱发额就是这项投资对各产业将要产生的影响。

在进行这种分析时需要注意两个问题:一是此分析要求使用产业分类很细的投入产出表,否则不能保证计算的精度;二是具体投资中的各种消耗系数只能依据过去的资料,因此不一定十分准确。

(二)对特定产业的波及效果分析

之所以要对特定产业的波及效果进行分析,实际上关系到是否应选择何为主导产业,应发展什么样的产业问题。因为在发展某一产业部门的时候,需要了解这个产业部门的兴起会对各个产业产生什么样的波及效果,以及对整个国民经济增长产生多大影响等。这种分析不仅包括投资本身的波及效果,而且包括在投产以后产生的波及效果,也就是原材料的消费造成的生产波及效果。具体做法为:

第一,如果这个国家原本没有这一产业,这时需要根据这一新产业可能达到的生产水平,依据有关信息分解投入为各产业的产品,然后将作为最终需求放到模型中进行计算,就可算出这个产业建立对各原有产业的波及效果。

第二,如果这个国家本来有这一类产业或这个地区有这一类工厂,并且投入结构也是相同的,那么有一种简便的计算方法。先从原投入产出表所得的 $(I-A)^{-1}$ 表上算出一个次逆阵系数。计算方法是,将该产业下的纵列各系数除以该产业横行和纵列交叉点的系数,其各商数就是这个产业生产1个单位时对各产业生产的波及效果。这种方法可以用来计算任何产业对其他产业的波及效果系数。表15—2是日本汽车工业对其他产业的波及效果系数表。

表15—2 汽车生产的波及效果

波及产业部门				
	次序	A	次序	$(I-A)^{-1}$
铸、锻件	1	0.063	1	0.091
动力机械、锅炉	2	0.064	2	0.090
批发	3	0.039	3	0.84
橡胶制品	4	0.032	7	0.045
其他工业机械设备	5	0.029	6	0.048
轻电气机械产业	6	0.025	4	0.054
扳金及电镀产业	7	0.018	9	0.044
其他制造业	8	0.018	10	0.035
有色金属制造产业	9	0.018	—	0.026
其他金属制品	10	0.009	—	0.017
热轧钢材	—	0.009	5	0.053
粗钢	—	0.000	8	0.046
石油产品	—	0.002	—	0.030

其中,$(I-A)^{-1}$ 符号栏目下的系数并非一般的逆阵系数,而是将汽车工业部门下的纵列各系数除以汽车工业系数(即横纵交叉点的逆阵系数)所得的商。

(三)价格的波及效果分析

价格的波及效果分析需要利用实物型投入产出表,并根据投入产出模型的纵向方程式进行计算。由于实物型投入产出表没有第Ⅲ部分，因此纵向不能相加，但如果将实物量乘上它们相应的价格，就可能利用投入产出模型的纵向方程式。设 P_i 为 i 部门产品的单价，设实物型投入产出表的直接消耗系数为 $\overline{a}_{ij}$，根据投入产出模型的纵向关系便有如下方程式：

$$\begin{aligned}P_1&=\overline{a}_{11}P_1+\overline{a}_{21}P_2+\cdots+\overline{a}_{n1}P_n+d_1+v_1+m_1\\P_2&=\overline{a}_{12}P_1+\overline{a}_{22}P_2+\cdots+\overline{a}_{n2}P_n+d_1+v_2+m_2\\&\vdots\\P_n&=\overline{a}_{1n}P_1+\overline{a}_{2n}P_2+\cdots+\overline{a}_{nn}P_n+d_n+v_n+m_n\end{aligned}$$

式中，P_i 为 i 部门每实物单位产品的价格；$\overline{a}_{ij}$ 为实物型投入产出表的直接消耗系数；d_i 为 i 部门每实物单位产品提取的折旧；v_i 为 i 部门每实物单位产品的劳动报酬；m_i 为 i 部门每实物单位产品提供的社会纯收入。

将上述方程式写成矩阵形式为：

$$P=[(I-\overline{A})^{-1}]^T[D+V+M]$$

$$P=(\overline{A})^TP+D+V+M$$

移项，整理有：

$$P=\begin{pmatrix}P_1\\P_2\\\vdots\\P_n\end{pmatrix}\quad D=\begin{pmatrix}d_1\\d_2\\\vdots\\d_n\end{pmatrix}\quad V=\begin{pmatrix}v_1\\v_2\\\vdots\\v_n\end{pmatrix}$$

$$M=\begin{pmatrix}m_1\\m_2\\\vdots\\m_n\end{pmatrix}\quad (A)^r=\begin{pmatrix}\overline{a}_{11}&\overline{a}_{21}&\cdots&\overline{a}_{n1}\\\overline{a}_{12}&\overline{a}_{22}&\cdots&\overline{a}_{n2}\\\vdots&\vdots&&\vdots\\\overline{a}_{1n}&\overline{a}_{2n}&\cdots&\overline{a}_{nn}\end{pmatrix}$$

从价值表来看，存在下列关系：

$$\sum_{i=1}^{n}a_{ij}+a_{Dj}+a_{Vi}+a_{Mi}=1$$

实物型投入产出表直接消耗系数 $\overline{a}_{ij}$ 与价值表直接消耗系数 a_{ij} 之间存在下列关系：

$$a_{ij}=\overline{a}_{ij}\frac{P_i}{P_j}$$

当价格调整后，由于 P_i 和 P_j 的变动幅度不一致，就会引起直接消耗系数的变化，设调价后的直接消耗系数为 a_{ij}^* 且 $a_{ij}^*=a_{ij}\dfrac{1+\Delta P_i}{1+\Delta P_j}$。

而价格调整后，工资和折旧通常并不需做调整，但调价部门的劳动报酬系数和折旧系数也会发生变化。设调整后的折旧系数和报酬系数为 a_{Dj}^*、a_{Vj}^*，则：

$$a_{Dj}^*=a_{Dj}\frac{1}{1+\Delta P_i}$$

$$a_{Vj}^*=a_{Vj}\frac{1}{1+\Delta P_j}$$

调价后的各列系数依然存在着下列关系：

$$\sum_{i=1}^{n} a_{ij}^{*} + a_{Dj}^{*} + a_{Vj}^{*} + a_{mj}^{*} = 1$$

进行价格波及效果分析是在上述基础上展开的，看一看某一产业部门产品价格变化后，对其他产业部门产品价格的影响，具体计算方法如下：

设第 K 个部门的价格提高 ΔP_k，则对其他各产业部门价格的影响可用下式测算：

$$\begin{bmatrix} \Delta P_1 \\ \Delta P_2 \\ \vdots \\ \Delta P_{k-1} \\ \Delta P_{k+1} \\ \vdots \\ \Delta P_n \end{bmatrix} = \left[\begin{bmatrix} 1-a_{11} & -a_{12} & \cdots & -a_{1k-1} & -a_{1k+1} & \cdots & -a_{1n} \\ -a_{21} & 1-a_{22} & \cdots & -a_{2k-1} & -a_{2k+1} & \cdots & -a_{2n} \\ \vdots & \vdots & & \vdots & \vdots & & \vdots \\ -a_{(k-1)1} & -a_{(k-1)2} & \cdots & 1-a_{(k-1)(k-1)} & -a_{(k-1)(k+1)} & \cdots & -a_{(k-1)n} \\ -a_{(k+1)1} & -a_{(k+1)2} & \cdots & -a_{(k-1)(k-1)} & 1-a_{(k+1)(k+1)} & \cdots & -a_{(k+1)n} \\ \vdots & \vdots & & \vdots & \vdots & & \vdots \\ -a_{n1} & -a_{n2} & \cdots & -a_{n(k-1)} & -a_{n(k+1)} & \cdots & 1-a_{nn} \end{bmatrix}^{-1}\right]^{T} \begin{pmatrix} a_{k1} \\ a_{k2} \\ \vdots \\ a_{k(k-1)} \\ a_{k(k+1)} \\ \vdots \\ a_{kn} \end{pmatrix} \Delta P_k$$

式中，$\begin{pmatrix} a_{k1} \\ a_{k2} \\ \vdots \\ a_{k(k-1)} \\ a_{k(k+1)} \\ \vdots \\ a_{kn} \end{pmatrix} \Delta P_k$，说明 K 部门提价对其余($n-1$)个部门产品价格的直接影响。

整个等式右边说明对其余 $n-1$ 个部门产品价格的全部影响。

$$\Delta P_i (i=1,2,\cdots,k-1,k+1,\cdots,n)$$

表 15—3 列出了 1970 年日本 160 个部门投入产出表计算原油价格提高 3 倍时，对其他产品价格的影响。

表 15—3 **原油价格的波及效果**

部 门	价格上升率	部 门	价格上升率
石油产品	1.118	涂料	0.108
电力	0.226	航空运输	0.104
有机基础化学药剂	0.202	合成树脂	0.102
城市煤气	0.167	其他基础药剂	0.100
采土采石业	0.165	玻璃制品	0.092
无机基础化学药剂	0.159	合成纤维织物	0.084
水泥	0.144	铁合金	0.084
合成纤维原料	0.132	捕鲸业	0.083
公路货运	0.110	化纤原料	0.082
远洋运输	0.108		

二、预测分析及计划编制

除了进行上述的波及效果分析外，投入产出表及投入产出模型可以用来进行预测分析及计划编制，这是经济管理中必要的工作之一。

(一)预测分析

预测分析主要利用投入产出模型 $X=(I-A)^{-1}Y$ 及其他一些模型(参见第十四章)。例如，已知未来某年由于人民生活水平的提高和投资的需求导致的最终需求为 Y，则可以利用 $(I-A)^{-1}Y=X$ 测算出各产业的总产值、总产量以及中间产品与最终产品的比例等，而未来的最终需求状况可以用其他方法预测得到。反过来，已知未来某一时间的总产量和总产值，同样可以利用 $(I-A)X=Y$ 计算出各产业的最终需求量。

可以利用 $(I-\hat{C})X=N$ 对国民收入或总产值进行预测，可以利用 $L=A_L\hat{X}$ 模型预测劳动力需求变化，还可以利用 $A\sigma=Q\sigma\hat{X}^{-1}$ 模型来预测国民生产总值等。尽管投入产出模型有如此大的作用，但由于受到直接消耗系数稳定性的影响，因此用投入产出模型进行预测时，其时间跨度不宜超过向前 10 年，否则结果的可靠性将大大下降。

(二)计划编制

计划编制过去一直以为只是计划经济国家的事，其实并不然。利用投入产出表和投入产出模型进行计划编制，这在日本、法国等也是常事；而利用投入产出表和投入产出模型进行计划编制在美国也不是一件新鲜的事。

在进行计划编制时，可以有以下几种方法：(1)从最终产品出发的方法，即从最终产品的平衡出发来安排国民经济计划，具体可利用 $X=(I-A)^{-1}Y$ 等投入产出模型先确定最终产品的总量和构成，然后计算社会总产品量并进行平衡；再对中间需求和投入进行推测与平衡等，最终使计划平衡。(2)从社会总产品出发的方法，即从全部产品出发，全盘考虑所有部门按比例发展，考虑计划期的相互关系以及各部门自身发展的能力和趋向，提出各部门产品质量计划方案。这种方法是从 $Y=(I-A)X$ 模型入手，然后进行反复模拟平衡比较，确定计划期总产量和最终需求量。(3)从最终产品和社会总产品各选部分量入手的方法，这一方法是由上面两种方法结合而成。(4)从国民收入生产量入手的方法，该方法所采用的模型为 $(I-\hat{C})X=N$ 和 $Y=(I-A)X$。这种方法的运算步骤是从对国民经济各产业部门分别进行新创造价值量的预测入手，运用上述模型求出 X 向量，再求出最终产品向量 Y。然后，运用 $Q_t=A_t\hat{X}$ 进行生产部门的物力平衡，根据向量 Y 来安排积累和消费的比例及其构成等。

复习思考题

1. 什么是产业的波及效果？
2. 利用投入产出系数可以进行哪些波及效果分析？
3. 进行国民经济计划平衡就是实施计划经济吗？
4. 市场经济条件下需要进行国民经济重大比例关系协调吗？

第四篇

产业组织

第十六章

产业组织理论发展

产业组织理论的英文是 theory of industrial organization，英国等欧洲国家称为 industrial economics。按照我国目前普遍接受的关于产业经济学学科领域的概念，产业组织理论只是产业经济学领域中一个相对独立的分支。随着我国经济体制改革的日益深入，市场机制的作用也不断得到强化，市场竞争及政府规制日益具有突出的地位。因此，产业组织理论越来越重要。那么，何谓产业组织呢？不同的经济学家给出了不同的界定。理查德·施马伦西(R. Schmalensee)为权威的《新帕尔格雷夫经济学大辞典》撰写的"产业组织"条目的定义为："产业组织(或产业经济)现在可以广泛地定义为与市场关联着的经济学领域，它不易用一般教科书的竞争模型来分析。"①更具体地，他在另一篇综述性文章中指出：

"它可根据三个方面的主题作出最为合适的界定……

企业行为、规模、范围和组织的决定因素……

不完全竞争……市场行为和绩效是如何决定于相对稳定的可观察变量……即市场结构，以及如何在广泛的意义上界定市场结构？……

针对企业的公共政策。"②

围绕着上述主题，可以说产业组织的研究领域是相当广泛的。而从理论发展的渊源来说，产业组织理论仍然根植于微观经济理论，并特别关注处于两种极端的市场结构——完全竞争和完全垄断——之间的不完全竞争市场的分析。在对市场结构的相关概念进行分析的基础上，产业组织理论分析厂商的策略性行为，以及各种竞争行为的均衡结果，并对其相应的市场绩效做出评价。进一步地，站在作为社会利益的代表者的角度，考察政府对市场的规制政策及其相应的效果。作为一门应用性经济理论，产业组织理论的研究目的在于，通过对经济运行过程中产业组织状况的分析，通过对市场竞争策略及市场绩效的分析和判断，为企业的竞争策略制定提供理论背景，同时为政府制定产业组织政策提供理论依据和实证支持。

---

① 约翰·伊特韦尔等编. 新帕尔格雷夫经济学大辞典：第 2 卷[M]. 北京：经济科学出版社 1992 年版，第 867 页.

② Schmalensee，Richard. Industrial economics：an overview[J]. The Economic Journal，1988，98(392)：643—681.

第一节　产业组织理论的历史渊源

一、产业组织理论发展的轨迹

产业组织理论的渊源可以追溯到亚当·斯密，可谓源远流长。之后，从马歇尔开始，其研究重点出现了理论和经验分析的分歧。一方面，推理流派以推理为主，在给出假定条件后，对市场结构和企业行为进行模型推导，他们的研究可以看作对微观经济学中的市场理论和厂商理论的进一步完善；另一方面，以哈佛学派为代表的实证研究则偏重于实证的检验，他们的工作主要是对产业和企业的发展历史与实际行为进行经验分析，并力图从中归纳出具有理论意义的结论。而自20世纪70年代之后，博弈论方法的引入导致了新产业组织理论的产生。这一理论发展的基本轨迹可以用图16－1来表示。

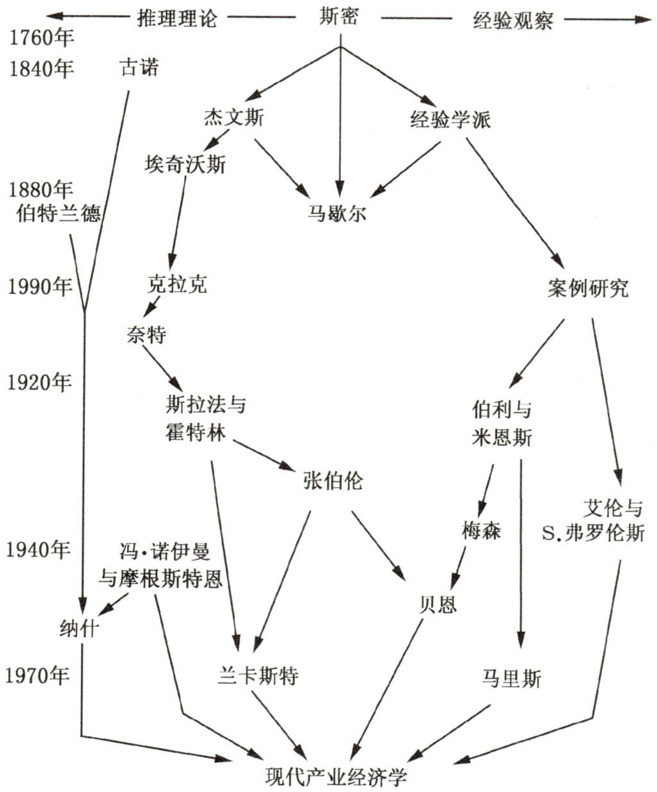

资料来源：晏智杰.经济学中的边际主义(历史的批判的研究)[M].北京：北京大学出版社1987年版，第6页。

图16－1　产业组织理论的发展

二、早期的产业组织思想

早期的理论主要以市场中的自由竞争作为研究对象。竞争包括两层含义：个体主义和竞争规则。一方面，以个体主义为中心的思想早在中世纪就已经出现，而在斯密那里得到了进一步发挥。斯密将分工产生的动因归结为市场自由交换的结果，实际上已经将以个体为中心的自由交换和竞争作为财富形成的主要条件。此后，以杰文斯、门格尔、瓦尔拉斯等为代表的边际效用主义者则论证了只有在自由市场竞争的定价制度下，才能实现社会总收益的最大化。[①]另一方面，竞争规则是一种“秩序”和“制度”，古典主义者和边际主义者都天然地假定自由竞争规则，即斯密的“自然秩序”，但这种信念被19世纪末的资本主义发展所打破。经济危机的出现宣告了自由竞争理论时代的结束。早期的理论关于竞争和规则的研究是分离的，甚至是互相排斥的，这反映出资本主义从开始到成熟、从成熟到危机的历史过程。

价格机制是早期理论最为关注的领域，许多学者对此进行研究，在价值和价格的相关概念上也存在很多分歧。亚当·斯密首先比较完整地论述了市场供求关系。他明确地指出，商品的价格水平受到供求关系的影响，并因此发生波动，最终趋向于“自然价格”水平。约翰·斯图亚特·穆勒提出了需求与供给数量和价格之间的函数关系，并描述了需求曲线和供给曲线，这成为马歇尔供求理论的重要来源之一。边际革命将定价过程的考察重点从绝对均衡转向局部均衡，并提出了作为微观经济学基础的理论模型——完全竞争模型，虽然他们还没有对这一模型提出更为细致的条件。从总体上看，早期的理论倡导自由竞争，认为竞争会给经济带来价格的均衡。

就市场结构方面来说，早期的理论主要涉及竞争和完全垄断两种极端状态的讨论。早期关于垄断的讨论是与特许和专利关联在一起的，将垄断等同于行政垄断，并把垄断作为批判的对象。斯密认为，在垄断和特权条件下，价格将在很长时间内高于自然价格。“垄断价格，在各个时期，都是能向买者榨取的最高价格，或者是想象中买者愿意支付的最高价格，而自然价格或自由竞争的价格，却是卖者一般能接受的最低价格。”[②]1838年，古诺出版了一本重要著作，更为详尽地分析了垄断模型，并提出了双寡头产量竞争模型，该模型被认为是奠定了现代经济学中不完全竞争以及博弈理论的基础。[③] 马歇尔不仅专门考察了垄断定价问题，而且对垄断组织的形式如企业联盟和托拉斯进行了分析，认为垄断者的利益在于获得最大限度的纯收入。马歇尔指出，在规模经济的条件下，垄断者并不只是着眼于当前收入，而是考虑未来发展，有降低价格的倾向，这有利于消费者的福利。尽管早期的理论还不能对垄断进行明确的定义，但它们对垄断问题的分析为后来的垄断竞争理论的产生奠定了坚实的基础。

虽然早期的理论倡导自由竞争的思想，但从重商主义到垄断出现的漫长时间里，政府的微观干预或多或少还都存在。重商主义者认为，财富是从贸易中获得的，因此，他们主张君主对贸易进行管制，以保证财富的积累。但由于管制实施过程中的过高成本和无效率，到斯密时，

① Hay, Donald A., and Derek J. Morris. Industrial organization economics: theory and evidence[M]. Oxford University Press, 1991.

② 亚当·斯密. 国民财富的性质和原因的研究[M]. 北京：商务印书馆1988年版，第56—57页.

③ Cournot, Antoine Augustin. Researches into the mathematical principles of the theory of wealth[M]. New York: Macmillan Company, 1927 [c1897].

重商主义的管制制度已经基本没落。斯密强调自由竞争，反对国家干预，认为国家只需要行使必要的职能即可。穆勒继承了斯密的自由竞争的思想，但他更为深入地讨论了政府干预的积极作用，认为除了必要职能，“为了某种巨大的好处的需要”，政府也可以实施例外职能的管制，如环境保护、普通教育、公共设施调节和消费者保护等。

尽管早期理论对于竞争和市场结构还有很多模糊的认识，对于企业的认识也仅局限于一般意义的分析，但自由竞争思想和完全竞争的模型，为产业组织理论的产生提供了理论起点，关于垄断的讨论则为进一步分析市场结构提供了宝贵的思想财富。早期关于管制政策的制定和实施的分析也为现代管制制度理论的发展提供了深刻的思想。

三、“马歇尔冲突”与“垄断竞争革命”

产业组织问题真正进入经济学研究的视野是在19世纪末20世纪初。在这个时期，资本主义世界发生了许多深刻的变化。企业规模越来越大，兼并和联合不断发生，广告、研发等新的竞争手段大量出现，垄断和寡头垄断已经成为市场结构的主要形式。经济社会实践中所发生的这种深刻变化，或早或晚必将在经济理论的研究中得以反映。

首先把产业组织概念引入经济学的是马歇尔。在与其夫人合写的《产业经济学》一书中，马歇尔第一次把产业内部的结构定义为产业组织。之后在其名著《经济学原理》中，马歇尔不仅对以前的经济学家的理论进行了新古典综合，还根据当时的经济现实，提出了许多新的问题。这对产业组织理论的发展具有重要的理论意义。

马歇尔用“代表性企业”表示一个普通的企业，根据为代表性企业设定的特点，从代表性企业出发，提出了单个企业的均衡，其条件是边际收益等于边际成本。进一步地，马歇尔从单个企业均衡推出了产业均衡，在这种特殊均衡下，产业内厂商数量不再发生变化，从而产业本身就可以由若干个代表性企业的加总来体现。马歇尔首先比较正式地提出了“产业组织”的概念和问题，并将组织作为第四种要素参与生产和分配。[1] 有效的组织具有规模经济，包括内部经济和外部经济。外部经济是生产规模扩大、企业间有效分工；内部经济则是个别企业的资源、组织和经营效率的经济。由于企业规模扩大会增加其内部经济和外部经济，从而使企业可以花费在比例上较以前减少的劳动和代价来制造货物，因此大规模的生产可以为企业带来收益的递增。

在此，马歇尔实际上提出了一个之后被称为“马歇尔冲突”的问题。大规模生产一方面为企业带来规模经济，使企业单位产品成本不断下降、均衡产量增加，从而提高消费者福利；另一方面，企业规模的扩大必然导致市场结构中垄断因素的增加，垄断的形成会阻碍竞争和扭曲资源配置，从而降低社会福利。由于马歇尔的垄断问题和完全竞争模型是完全割裂的，因此，在面对这一矛盾时，马歇尔自己只能试图用任何企业的发展都有“生成—发展—衰退”来说明垄断不会无限蔓延，从而规模经济和竞争可以获得某种平衡。

专栏16-1

1926年，斯拉法发表了《竞争条件下的收益规律》一文，对马歇尔的纯粹竞争价格理论进行了尖锐的批评，并初步建立了不完全竞争经济学的体系。斯拉法认为，由于现代大企业多数

① 前三种要素是由萨伊提出的，包括劳动、资本和土地。

是在收益递增条件下经营的，因此作为传统经济学信条之一的产品价格等于产品边际成本的原理不能表述现代大企业的均衡条件。斯拉法的观点构成了对传统经济学的一次冲击。

随着现实经济中各种无法用完全竞争和完全垄断所解释的现象日益普遍，以及经济理论的进一步发展，不可避免地导致了所谓“垄断竞争革命”。1933 年，几乎同时出版的两本著作是这一“革命”的标志。同年，剑桥大学教授罗宾逊夫人出版了《不完全竞争经济学》，哈佛大学教授张伯伦出版了《垄断竞争理论》。他们的著作进一步分析批判了马歇尔的完全竞争模型，勾勒出垄断竞争的框架。张伯伦以产品差别程度的强弱为依据，对市场形态做了分类，并在此基础上清楚地表明，在垄断竞争条件下，其均衡价格水平介于垄断和纯粹竞争之间。罗宾逊夫人讨论的不完全竞争问题实际上与张伯伦的垄断竞争所针对的问题基本相同。但罗宾逊夫人是从垄断分析入手，更加关注市场竞争的不完全性。垄断竞争和不完全竞争的市场结构模型极大地丰富和完善了市场结构的讨论，为实证的产业组织理论的形成提供了直接的思想来源。

四、实证产业组织理论的形成

产业组织理论形成的过程是与实证研究分不开的。20 世纪 20 年代早期，理论上开始出现以描述企业与产业历史发展、产业结构与行为的实证研究，但这些研究主要局限于单个企业或单个产业的个案描述，很难由此得出一般性的结论，因此很少被人关注。① 尽管张伯伦的垄断竞争学说开创了经济理论研究从规范到实证的转变，但产业组织理论体系中的一些实证研究的方法和判别标准，得益于 30 年代以后一些西方学者实证研究的成果。

伯尔和明斯对经济力集中进行了实证研究，并于 1933 年出版了《近代股份公司和私有财产》一书。他们所研究的问题涉及股份制的发展使资金集中到大企业手中，从而造成经济力集中、扼杀竞争、价格刚性等方面，其启发性成果为贝恩所借鉴和吸收。勒纳和卡莱基对垄断指标进行了探索，贝恩在他们的研究基础上，提出以利润率度量垄断度，使垄断度成为推测市场结构和市场行为的重要因素。

克拉克“有效竞争”概念的提出和对其度量标准的研究，对产业组织理论的发展和体系的建立产生了重大影响，推动了贝恩产业组织理论体系的形成。所谓“有效竞争”，简单地说，就是既有利于竞争又有利于发挥规模经济作用的竞争格局。克拉克在 1940 年发表的《论有效竞争的概念》一文中指出，在不完全竞争中，最重要的问题是直接的短期性压力和长期均衡条件不协调，这种不协调反映了市场竞争与规模经济的矛盾。因此，探索有效竞争的出发点就在于以现实中形成的条件为基础，寻求协调竞争与规模经济的方法和手段，其中，公共政策将成为协调两者关系的主要方法和手段。

克拉克之后，很多产业组织理论学者对什么是有效竞争、怎样才能实现有效竞争进行了研究。后来，美国经济学家 E. 梅森将众多学者提出的关于有效竞争的定义和条件的论述概括为以下两类：一类是寻求维护有效竞争的市场结构及形成这种市场结构的条件，即市场结构基准；另一类是从竞争中可望得到的市场绩效出发，寻求市场的有效性，即“市场结果基准”。这就是有效竞争标准的二分法。两种基准各有利弊，因此，梅森指出，要把握有效竞争，比较现实的做法是将两种基准综合起来加以考虑。

---

① 多纳德·海和德里克·莫里斯. 产业经济学与组织[M]. 北京：经济科学出版社 2001 年版，第 9 页.

继梅森的研究之后，一些经济学家将有效竞争的标准从二分法扩展为三分法，即市场结构、市场行为和市场绩效标准，并用三分法概括了有效竞争的标准。

市场结构标准：集中度不太高；市场进入容易；没有极端的产品差别化。

市场行为标准：价格没有共谋；产品没有共谋；对竞争者没有压制政策。

市场绩效标准：存在不断改进产品和生产过程的压力；随着成本大幅下降，价格能向下调整；企业与产业处于适宜规模；销售费用在总费用中的比重不存在过高现象；不存在长期的过剩生产能力。

实证的产业组织理论体系的出现，标志着产业组织理论研究进入了一个新的阶段。梅森、贝恩等人从企业的视角出发，着重分析市场结构与企业行为的关系，而且进一步分析利润的福利效应，他们的产业组织理论并不是理论的推导，而是用实证的方法进行演绎的结果。实证的产业组织理论作为一种流派产生，曾经长期占据产业组织理论的主流地位，但它并不代表产业组织理论的全部思想。

第二节　结构—行为—绩效研究范式

一、结构—行为—绩效范式的形成

比较完整的产业组织理论体系，大约是 20 世纪 30 年代以后在美国逐步形成的。1938 年，梅森在哈佛大学建立了一个有关产业组织的研究小组，在继承张伯伦等人研究成果的基础上，梅森提出了产业组织的理论体系和研究方向。之后，贝恩、凯维斯、谢勒等人都对产业组织理论的形成与发展做出了重要贡献。其中，贝恩作为梅森的弟子，继承了梅森的理论研究成果，并对产业组织理论体系的形成做出了重大贡献。贝恩在 1959 年出版了第一部系统论述产业组织理论的教科书——《产业组织》，这标志着传统产业组织理论体系的最终形成。由于以梅森和贝恩等为代表的开创性研究主要是以哈佛大学为中心展开的，因此这一主流学派也被称为产业组织理论的哈佛学派。

哈佛学派的产业组织理论在承袭前人一系列理论研究成果的同时，以实证研究为主要手段，把产业分解成特定的市场，按结构、行为、绩效三个方面对其进行分析，构造了一个既能深入具体环节，又具有系统逻辑体系的市场结构（structure）—企业行为（conduct）—市场绩效（performance）的分析框架，简称 SCP 范式。

贝恩的这一研究方法为个别产业的具体分析和实证研究提供了理论基础和研究路径，其中尤其是对作为市场结构形成要因的产业集中、产品差别化、进入壁垒、规模经济性的有关研究与市场结构和市场绩效关系的分析，直接推动了其后许多国家众多相关研究成果的发表，为丰富产业组织理论提供了大量案例。继贝恩之后，1970 年谢勒出版了《产业市场结构和经济绩效》一书，系统而完整地总结了有关市场行为，尤其是价格形成、广告活动和研究开发方面的成果，系统阐释并强调了产业基本条件对市场结构和市场行为的影响，并进一步揭示了市场行为对结构和基本条件以及结构对基本条件的反馈效应，最终完成了以结构、行为和绩效为基础的产业组织理论研究范式。同时，凯维斯在为贝恩当助理教授和继梅森之后担任哈佛大学教授期间，在对美国及主要国家产业组织的实证研究方面、在国际经济学与产业组织理论的结合等方面进行了许多卓有成效的研究，对产业组织理论的体系化也做出了重要贡献。

SCP 范式所依据的微观经济理论，是将完全竞争和垄断作为两极，将现实的市场置于两极之间进行分析的新古典学派的价格理论，与新古典学派的思想一脉相承。SCP 范式将市场中企业数量的多寡作为相对效率的改善程度的判定标准，认为随着企业数量的增加和向完全竞争状态的接近，经济基本上就能实现较为理想的资源配置效率。由于贝恩等人将市场结构作为产业组织理论的分析重点，重视结构对行为和绩效的作用，因此该学派又被称为结构主义学派。

二、SCP 范式的研究思路

在哈佛学派的 SCP 范式中，产业组织理论的基本分析思路是按照“市场结构→企业行为→市场绩效→产业组织政策”来展开的。在这里，结构、行为、绩效之间的因果关系占据了主导地位，即市场结构决定企业在市场中的行为，而企业行为又决定市场运行的经济绩效。因此，为了获得理想的市场绩效，最重要的是要通过公共政策（产业组织政策）来调整和改善不合理的市场结构。SCP 研究范式的大致框架如图 16－2 所示。

一般意义上，产业的价格水平和边际成本在短期内并不始终保持一致。但从长期角度看，如果一个产业的价格水平高于平均成本，就会存在一定的超额利润，也必然会导致其他厂商进入该市场去瓜分这些剩余。如果进入的厂商数目足够多，在给定的技术条件下，超额利润就会被耗散，竞争会使得高于平均成本的价格下降，并趋向于最优定价水平，即边际成本，这是一个一般的竞争均衡过程。贝恩认为，在某些产业部门中，长期存在着高于平均成本的价格，但同时潜在进入者也不愿意进入该产业。这就意味着现有企业可以在没有进入者竞争的条件下长期获得超额利润。这种非均衡问题产生的原因和条件就成为贝恩的产业组织理论分析的逻辑起点。

第一，贝恩在经验性研究中，认为市场结构是造成这种非均衡的主要原因，结构在时间上是稳定的，是可观察的变量，决定市场结构的因素主要包括买卖双方的市场集中度、产品差别化程度和进入壁垒的高低。集中度是市场结构的主要因素，卖方集中被认为是有利于非竞争的，而买方集中则被认为会导致非竞争行为难以维持。产品差别化是指在同一产业内，不同企业或以不同品牌生产的同类产品，由于在质量、款式、性能、销售服务或信息提供等方面存在着差异，从而导致产品间不可完全替代的状况，产品差异性可以使卖主的各自行为彼此分隔，并使对手的注意力由价格竞争转向非价格竞争。进入壁垒是指在特定产业中各种阻止新企业进入的不利因素或障碍，进入越容易的产业，在位企业获得高于成本的价格和赚取超额利润就越难。

贝恩将进入壁垒视为决定市场结构的核心变量。他在 1956 年出版的著作中指出：“目前的工作主要是确定产业市场结构和市场绩效相关的程度和特征，这涉及市场结构策略性行为——进入壁垒，或者新竞争进入企业的难易程度的条件和特征。从另一个角度看，这是寻求产业间可能的竞争，或者进入者威胁等各种压力，来解释它们是否或者如何影响在位企业的市

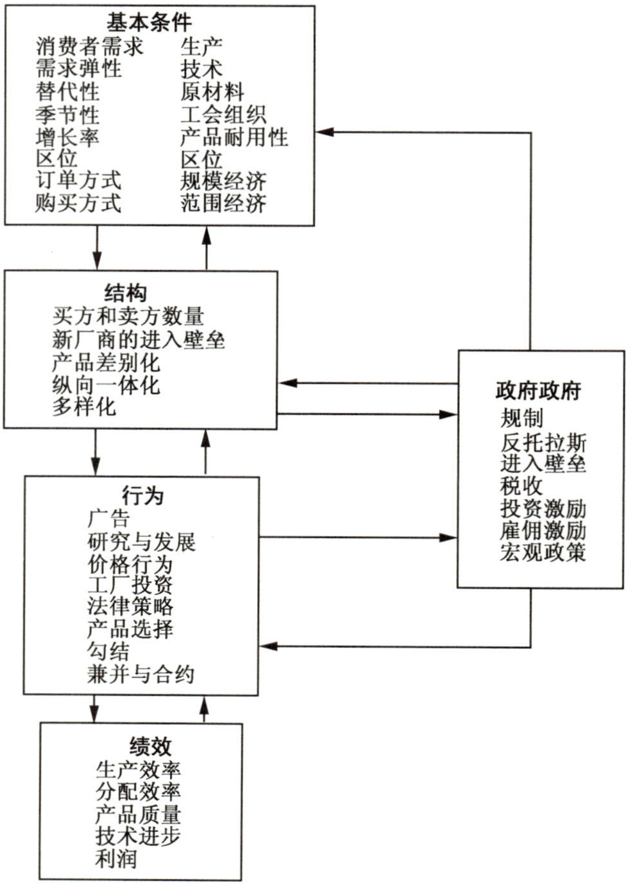

图 16—2　市场结构与行为绩效的关系

场绩效的因素。”[①]谢勒也认为，如果没有市场进入壁垒，企业很难通过定价行为来影响市场绩效。贝恩根据企业获得超额利润的能力的大小定义了进入壁垒的概念。贝恩认为，所谓进入壁垒，是指现有企业（在位者）的定价水平能高于最低的平均成本，同时在这个水平上该产业并没有进入者愿意进入。贝恩指出，现有企业的这些能力包括规模经济、必要的进入资本需求量、政府限制（如专利和费率）以及绝对成本优势（如更好的技术、低成本的原料供应和学习效应）。因此，在 SCP 范式中，市场结构的决定因素并不取决于内生的变量，而是取决于市场外在的环境变量。

第二，市场行为是指企业在充分考虑市场的供求条件和其他企业的关系的基础上采取的各种决策行为。行为主要包括产品定价行为和非价格行为，非价格行为又包括产品决策、广告策略、研究开发和排挤竞争对手等行为。此外，卡特尔和暗中协调等行为也属于市场行为的范畴。贝恩强调市场结构影响单个厂商的经济行为，包括直接和间接两个方面：直接影响，如厂商的内部组织结构，包括用工策略、工作条件等；间接影响，如厂商内部资源配置及其产品定价

① Bain, Joe S. Barriers to new competition: their character and consequences in manufacturing industries[M]. Harvard University Press, 1956.

和竞争策略。由于认为是市场结构决定企业的行为，因此以贝恩为代表的传统产业组织理论的一个重要特征是，对于企业行为及其对市场结构影响的研究不够重视，而是把研究重点放在这些市场行为会带来什么样的市场绩效方面。

第三，市场绩效是指在一定的市场结构和市场行为条件下，市场运行的最终经济效果，主要从产业的资源配置效率和利润率水平、与规模经济和过剩生产能力相关的生产相对效率、销售费用的规模、技术进步状况与X非效率、价格的伸缩性以及产品的质量水准、款式、变换频度和多样性等方面，直接或间接地对市场绩效优劣进行评价。如果按照这些评价标准判定市场绩效低下，就需要对市场结构进行政策介入。

第四，总的来说，结构—行为—绩效范式最具开创性的意义是建立了产业组织理论的分析框架和分析范围，在大量的经验性分析中运用主流微观理论的推论并提出了问题，从而大大深化了厂商理论的微观经济研究。

从分析方法上看，结构主义强调经验性的检验过程，通过对现象的分析得出解释。贝恩代表的SCP范式从美国制造业的经验性分析中得出市场结构，尤其是进入壁垒与高利润率有着显著的正相关关系，从而构建出市场结构差异性的主要因素，并以此解释高利润形成的条件。在分析视角上，结构主义强调如何改善资源的低效率配置，讨论市场势力形成的固有的结构条件，认为市场结构差异性的主要因素是技术性的，如规模经济、必要资本、绝对成本和产品差别等。这些结构性因素的存在导致市场均衡不仅在短期内难以实现，而且从长期来看也很难实现。在政策含义上，SCP范式认为高壁垒、高利润的行业降低了社会资源的配置效率，企业会通过阻止性定价来抑止新企业的进入，因此，强调政府对高集中度产业的反托拉斯干预。在方法论的角度上，结构主义明显带有经验主义色彩，强调历史和现实，由此导致一些基于历史和现实的描述。正如黑格尔所言，一切经验主义者所具有的典型缺点就是只相信经验、墨守成规，始终没有意识到自己采纳这些知觉的时候就在形而上学地思考。

三、集中度—利润率假说

在SCP范式中，市场集中度和产业利润率之间关系的研究处于最重要的地位。贝恩等人认为，在集中度较高的产业中，由于少数企业间的串谋、协调行为以及通过高进入壁垒限制竞争的行为削弱了市场的竞争性，因此其结果往往是产生超额利润，在产业利润率较高的同时，损害了资源配置效率。反之，贝恩认为，市场中若持续存在超额利润或经济利润，一般就说明市场存在垄断因素，利润越高，垄断性就越强。这就是集中度—利润率假说。

市场集中度是表示在某个具体产业或市场中，买者或卖者所具有的相对规模结构的指标，是市场结构的主要决定因素之一。市场结构最初是由勒纳指数来度量的。价格减去边际成本和价格之间的比率为勒纳指数(Lerner index)。在完全竞争的条件下，价格等于边际成本，勒纳指数为0；在垄断条件下，勒纳指数趋近于1。一般来说，勒纳指数的值越大，竞争程度越低，市场支配力量就越大。由于边际成本难以观测，同时价格与质量有密切关联，因此，勒纳指数在实际应用中较少使用。除了勒纳指数，衡量集中度的其他重要指标还有贝恩指数、行业集中度指标和赫芬达尔指数。

价格理论认为，竞争的市场机制本身能保证资源的有效配置，此时价格和边际成本相等，所有的企业只能获得正常利润，各产业利润率趋于平均化。因此，利润率可以作为衡量资源配置效率的指标，而产业间平均利润率的形成则可以看作资源配置的优化得以实现的基本标志。但现实中，利润率往往偏离正常利润率，这是因为存在“意外利润”“创新利润”“风险利润”和“垄断利润”。由于前三种都是短期的，不可能长期存在，因此在哈佛学派看来，如果某一产业的利润率长期高于正常利润水平，一般就认为与该产业的垄断因素有关。

在对集中度—利润率假说的检验中，贝恩对美国制造业的集中度与利润率关系做了实证分析，结果如表 16—1 所示。

表 16—1　　美国制造业的集中度与利润率　　单位：%

产　业	集中度 CR_8（>70%）	利润率	产　业	集中度 CR_8（<70%）	利润率
油毡	100.0	9.0	屋面材料	68.2	7.4
香烟	99.0	14.4	地毯	68.2	4.7
打字机及部件	99.3	15.8	钢铁	63.8	4.9
口香糖	97.3	16.9	肉制品加工	63.5	3.6
玉米加工	95.0	9.3	铸铁管	63.0	8.6
汽车	94.2	16.3	石油精炼	58.9	6.8
轮胎	90.4	8.2	金属线	54.0	7.5
人造丝加工	90.2	12.1	食用香料	54.0	1.8
农器具	87.7	9.1	雪茄	50.7	6.9
石膏	86.4	10.1	金属门	49.0	18.3
制管及生铁制品	85.6	9.1	印刷机械	47.4	2.2
照相机及照相器材	84.9	12.9	水泥	44.7	5.4
烟丝	84.3	11.7	面粉	37.0	7.6
铁道车辆	84.0	2.8	皮革	34.3	0.8
铝	83.7	9.7	车床加工	32.9	8.2
肥皂	83.1	15.2	鞋	30.8	7.5
钢笔、圆珠笔	82.8	12.3	水果与蔬菜罐头	30.4	7.4
锌	82.2	4.7	人造丝制造	27.1	8.4
洗衣机	79.7	14.0	纸制品	23.7	12.4
飞机及部件	72.8	20.8	糕点	19.9	17.0
蒸馏酒	71.4	14.2	木制品	7.6	9.1

资料来源：贝恩. 产业集中度与利润率的关系[J]. 经济季刊，1951(8)。

从表 16－1 中可以看出，随着集中度的提高，利润率也有所提高，但集中度和利润率之间的相关关系并不明显（相关系数为 0.28）。如果把这 42 个产业分成两组：一组是 $CR_8>70\%$ 的 21 个产业；另一组是 $CR_8<70\%$ 的 21 个产业。上述结果转变为在这两个不同集中度的产业群之间存在着很大的利润率差异，前者平均利润率为 11.8%，后者平均利润率只有 7.5%。

哈佛学派强调经验性的产业研究，通常运用回归分析找出各个变量之间的关系。这种描述性统计研究无疑是很有意义的，它可以让我们对各个经济变量之间可能存在的关系有所了解。但其缺陷在于，对回归结果往往缺乏因果关系的逻辑解释。我们知道，变量之间拥有良好的计量统计指标，并不意味着这些变量之间就具有因果关系，一些毫不相关的变量之间可能具有很强的相关性。这个方法逻辑上的缺陷导致集中度—利润率假说受到质疑，统计相关并不能说明产业高利润是来自垄断势力还是来自大企业的高效率。

第三节　产业组织的芝加哥学派

一、芝加哥学派的方法与范式

以斯蒂格勒为代表的一批经济学家对贝恩的产业组织理论范式进行了整体性批判，由于这些经济学家如德姆塞茨、波斯纳、佩尔兹曼、布罗曾等人都具有芝加哥大学的背景，因此称他们为芝加哥学派。从大量的文献中可以看出，芝加哥学派尽管缺乏比较完整和严密的逻辑体系，所提供的也仅仅是一些分析问题的方法以及对某些问题的观点，但他们更多的是从企业行为出发，对市场结构、市场绩效等问题进行剖析，提出了许多独到的见解，因此也有人称为行为主义学派。

芝加哥学派在理论上继承了奈特以来的芝加哥传统的自由主义经济思想，信奉自由市场经济中竞争机制的作用，强调新古典学派价格理论在产业活动分析中的适用性。他们坚持认为，产业组织及公共政策问题仍然应该通过价格理论的视角来研究，力图重新把价格理论中完全竞争和垄断这两个传统概念作为剖析产业组织理论问题的基本概念，从而与哈佛学派在产业分析过程中更重视价格理论难以解释的问题，并把这些问题用产品差别和进入壁垒等新的概念来加以说明的做法，在方法论上形成鲜明对照。

与哈佛学派重视经验性研究的方法不同，芝加哥学派更重视对结构—行为—绩效的理论分析，其主要理论范式是竞争性均衡模型。以斯蒂格勒为代表的芝加哥学派认为，即使市场中存在着某些垄断势力或不完全竞争，只要不存在政府的进入规制，长期的竞争均衡状态在现实中也是能够成立的。对于那些集中度较高的产业，如果是由于采取秘密卡特尔等共谋或协调行为而获得高利润率，那么这种高利润率只能是短期现象，或者说是一时的不平衡。只要不存在政府进入规制，那么这种高利润率会引诱新的企业进入或使卡特尔破裂，从而令高利润率难以长期为继。因此，如果一个产业持续出现高利润率，完全可能是由于该产业中的企业高效率和创新的结果，而不是哈佛学派所指出的因为产业中存在垄断势力。芝加哥学派更注重市场结构和企业行为是否提高了效率，而不是像结构主义者那样只注重是否损害了竞争。

二、进入壁垒的重新定义

斯蒂格勒将进入壁垒定义为“一种生产成本（在某些或每个产出水平上），这种成本是打算进入某一产业的新厂商必须负担，而已在该产业内的厂商无须负担的”①。

---

① G. J. 斯蒂格勒. 产业组织和政府管制[M]. 上海：上海三联书店 1996 年版.

从这一定义出发,传统的作为形成进入壁垒的许多因素将不再被看作进入壁垒,而是实现经济效率性的手段。例如,资本需要量在哈佛学派中被看作进入壁垒,但按照斯蒂格勒的定义,既然现存厂商也必须满足这一点,这就不是进入壁垒。“自由”进入是指与现存厂商相比,进入的新厂商不会蒙受成本上的不利,自由进入和巨额资本需要量是不矛盾的,尽管后者也许是规模经济的一个来源。又如,产品差异常常被视为进入壁垒,但按照斯蒂格勒的处理方法,只有当这一差异(设计、广告等)的成本对新厂商更高时,产品差异才是进入壁垒;否则,产品差异只可能是规模经济的一个来源。

在斯蒂格勒看来,由纯粹的经济力量形成的壁垒是很少见的,或者即使有影响也不大,因此不会成为损害竞争的重要因素。真正的壁垒大多是由于政府干预造成的。例如,在一些营业执照数量受限制的部门中,新进入者或者要花很长的时间、烦琐的手续申请,或者需要从老厂商那里买执照。这些都是老厂商无须承担的,因此,对于新进入者来说,是实实在在的进入壁垒。

三、企业“生存检验”的法则

芝加哥学派在理论上秉承了奈特以来的芝加哥传统的自由主义经济思想和社会达尔文主义,信奉自由市场经济中竞争机制的作用,相信市场力量的自我调节能力,认为市场竞争过程是市场力量自由发挥作用的过程,是一个适者生存、劣者淘汰,即所谓“生存检验”的过程。

在结构主义者看来,企业的最优规模是外生给定的变量,每一个产业都存在确定的最优规模。通常估算厂商最优规模的方法,包括比较不同规模厂商的实际发生成本和资本回报率,或者根据技术资料计算不同规模厂商的可能成本。斯蒂格勒认为,用这些方法来确定厂商的最优规模是有问题的,最大的问题是它仅仅是对过去的归纳,无法提供在变化的条件下企业的有效规模。通过利用生存技术测定,斯蒂格勒发现了不同时期的厂商最优规模的确定方法。

生存技术测定最优规模的基本假定使得不同规模厂商的竞争会筛选出效率高的企业。其程序是:先将某一产业的厂商按规模分类,然后计算各时期各规模等级的厂商在产出中所占比重。如果某一等级的厂商所占的生产份额下降了,说明该规模效率较低,一般来说,效率越低,份额下降得越快。斯蒂格勒重新定义了有效规模,认为有效率的厂商规模是可以使企业家能够应付他在实际经营过程中出现的所有问题的规模。从这一定义出发,用生存技术来确定最佳规模水平实际上表明了长期竞争中得以生存的规模都是最佳规模。因此,在不同类型和市场差异条件下,企业的有效规模、最佳规模存在多种形式,这为大厂商的规模经济体提供了必要的条件。

斯蒂格勒对钢铁、汽车等行业进行了实证分析,发现在生存趋势稳定时期,最优规模基本上是稳定的。利用生存技术测定的方法,他对48个产业进行了产业间和产业内最优规模的比较分析,结果表明,在一些产业间的比较中,不同产业的规模效率是不同的,一些产业最大规模和最小规模效率均较低,但另一些产业的最大和中等规模效率较高。在产业内的比较分析中,效率是决定企业规模的主要因素,规模较小和规模较大的厂商都是有效率的,小公司的消亡归因于小公司的相对低效率。

四、寡占市场的串谋

在一定条件下,市场集中化是一个必然趋势,集中化表现为几个大厂商共同占有市场的形态，即寡占的市场。在这个条件下，市场的串谋行为就成为衡量市场价格稳定和均衡的关键。如何衡量大厂商之间这些行为的福利效应？结构主义者认为，市场结构的集中化将会给社会带来福利损失。斯蒂格勒在批判了规模经济外生决定的同时，引入了信息，对企业行为问题进行了深入研究。

在串谋的情况下，每个厂商的最佳策略是把自己的秘密削价限制在对手不能发现的范围，这样既可以享受价格协议的好处，又可以通过削价来增加市场份额和盈利。斯蒂格勒认为，顾客的流动会暴露秘密削价的行为，某厂商顾客增加就说明它在削价。秘密削价而不被对手发现的可能性在于：即使没有削价也会发生顾客的流动；同时，想要区别正常流动和削价引起的流动是困难的。在对手没有发现的前提下，通过削价能增加的销售额越高，秘密削价的动机就越强烈，削价行为就越容易发生，一旦这种行为普遍化，价格协议就会瓦解。

所以，尽管寡占市场经常可见串谋行为，但在长期过程中，由于需求变动和消费者的流动，厂商的行为仍然可能是竞争性的。从方法论上，斯蒂格勒将信息问题引入了寡占理论。

五、对集中度—利润率假说的质疑

对集中度—利润率假说的否定是芝加哥学派的一个主要贡献。芝加哥学派与哈佛学派争论的一个主要焦点在于：高集中度的市场结构中通常具有的高额利润究竟是来自垄断势力还是来自大企业的高效率。结构主义者更多地认为是市场势力在起作用。芝加哥学派则认为，即使市场中存在着某些垄断势力或不完全竞争，但只要不存在政府的进入管制，这种不均衡状态在现实中就只能是暂时的，高集中度产生的高利润率会因为大量新进入的企业或卡特尔的破裂而难以长期为继。

芝加哥学派主张国家应该尽量减少对市场竞争的干预，并认为市场均衡不能通过人为的政策干预加以实现，而只能通过市场竞争过程强迫经济主体不断适应这种本身也在不断变化的市场均衡，尽管这样的市场均衡在现实中难以实现，但是不受人为干预的竞争过程始终趋向这种均衡。在高集中度的市场上，企业获得高利润是市场处于非均衡状态时的暂时现象，会随着市场趋向均衡而消失。既然高集中部门获得高利润不是长期的稳定现象，也就不存在高额垄断利润和作为垄断基础的垄断势力。

芝加哥学派还通过许多实证研究批判了哈佛学派的集中度—利润率假说。德姆塞茨等人通过大量的实证研究表明，高集中度产业中的高利润率与其说是资源配置非效率的指标，不如说是生产效率的结果。高集中度与利润率的正相关很可能并不反映高集中度产业内主要大企业相互勾结提高价格的行为，而是更倾向于反映高集中度产业内主要大企业的更高效率和更低的成本。通过比较不同集中水平、规模的企业，他们发现，最小资产规模的企业的利润率并没有随不同产业集中程度的上升而提高。这表明，高集中度导致企业垄断、勾结定价从而获得垄断利润的假定并不符合实际情况。布罗曾的研究也表明，贝恩 1951 年最初研究的 42 个产业中，高集中的产业群（$CR_8>70\%$）和较不集中的产业群（$CR_8<70\%$）之间存在 4.3%的利润差异，到 20 世纪 50 年代中期，已经降到了 1.1%。因此，在芝加哥学派看来，如果高集中度的市场上长期出现高利润率，这只能说是市场中大企业高效率经营的结果，因为不是建立在高效率经营基础上的高利润水平都会导致其他企业的大量进入而使利润很快降到平均水平。正是各个企业通过合理选择采取最优行为的结果，在适者生存的法则下，效率高的企业的市场占有

率不断扩大，才导致高集中度市场的出现。从这一立场出发，芝加哥学派认为结构和行为或绩效的逻辑应该反过来，与其说市场结构决定市场行为进而决定市场绩效，不如说是市场行为或市场绩效决定了市场结构。

产业组织理论的争论持续于20世纪五六十年代，这一时期正是西方经济发展的“黄金时代”。以大厂商、大制造业为代表的生产方式日益成为制造业产业组织的主导力量。市场结构的急剧变化导致在理论上对原有的市场效率标准充满了疑惑。芝加哥学派和哈佛学派的争论最终以各得其所而告终，贝恩范式成为产业组织理论分析的基本框架，结构、行为和绩效成为产业组织理论分析的核心问题。芝加哥学派则获得了结论上的支持，促使三要素之间的逻辑关系更加复杂。应该说，产业组织理论的争论为新产业组织理论的出现奠定了深厚的和广阔的基础。

第四节　新产业组织理论的发展

20世纪70年代之后，博弈论、信息论和新制度经济学等分析方法的引入，带动了产业组织理论的全面变革，产业组织理论出现了新的变化。这些新变化主要表现为信息不对称、有限理性以及交易成本等重新构造了市场不完全竞争的假定；可竞争市场理论扩展了可充分实现市场绩效的市场结构的范围；借用博弈论对寡占和垄断理论进行重新解释，为分析企业行为找到了合适的分析工具。

一、新产业组织理论的新假定

新产业组织理论首先是从扩展传统产业组织理论的假定开始的。传统的不完全竞争理论解释市场竞争不完全的原因包括：市场存在价格操纵、卖者人数少、不能自由进入与退出市场、产品差别化等。但实际上，这几个条件并不是市场竞争不完全的必要条件，即使不存在价格操纵、卖者人数以及进入和退出市场的条件，市场竞争的不完全由于信息、交易成本以及有限理性的原因仍然广泛地存在。

（一）不完全信息

传统的市场结构不完全竞争的假定忽略了市场中的信息因素，即使在市场人数众多的条件下，垄断也会由于信息成本而存在。信息是进行决策和执行决策的先决条件，完全竞争的市场结构先验地假定了价格能够完美地反映信息状况。在此条件下，交易双方都能够准确地把握有关交易的所有信息，不需要其他任何补充机制，市场机制就会自发地实现供求均衡。事实上，信息的不完全甚至不对称是广泛存在的现象。信息经济学的研究表明，由于理性的局限，人们不可能预见一切，由于外界环境的复杂性和不确定性，人们的信息也不可能无所不包。从信息流的过程看，由信息不对称和不完全导致的成本主要表现为搜寻成本、决策成本、交易成本和监督成本等。因此，从信息角度看，经济生活中面临的根本问题是如何最好地利用分散在整个社会中的不同信息。信息结构的变化会影响市场的竞争性，信息越完全和对称，价格机制的作用就越明显，市场竞争性的程度就越高；反之，价格机制就无法实现资源的有效配置，也无法均衡市场供求，市场的竞争程度就越弱。

(二)交易成本的存在

传统的不完全竞争假定只关注市场结构的生产过程,而忽略了交易过程。如果在交易过程中,交易双方产权不明晰或者没有界定,就会削弱市场的竞争程度。交易成本可以被视为产权界定、实施和监督的成本。从产业组织分析视角来看,在市场上进行的交易可看作缔约双方之间关于产权的部分或全部转让。这些转让可以通过不同的合约安排进行,但转让以及各种作为生产要素投入的相互协调都是有成本的,其中包括合约制定过程中当事人之间讨价还价的成本以及执行合约条款的成本。因此,一项合约安排必须减少:(1)与产权转让有关的成本,如产权界定的费用、用于交易的产权选择费用等;(2)与合约本身有关的成本,如在合约的谈判、拟定、执行及争议仲裁等环节发生的费用;(3)选择成本。因此,根据交易成本的类型不同,交易成本对市场竞争性程度的影响也不同。外生的交易成本会增加市场范围,增加市场的竞争程度;但内生的交易成本,特别是随着产权界定成本增加,市场范围会缩小,市场的竞争性会随之减弱。

(三)有限理性

企业利润最大化假定来自厂商的完全理性,即所有企业都有无限的计算能力,通过有效的、没有代价的执行方式来实现自身的利益最大化。传统理论在假定厂商理性时,最大的问题是隐含地假定厂商可以完全预见到未来发生的所有可能情况,并且有足够的能力和信息来加以解决。早在贝恩时期就有人对此提出批评,认为利润最大化并不符合实际。企业时时刻刻面临着不确定性,市场环境是动态的,企业并不具备获得市场上瞬时变化的所有信息的能力和途径。在不确定条件下,企业不可能做出无条件的最大化决策,只可能在尽可能降低不确定性的条件下,或者在将不确定化解为可以用概率表示的确定条件下寻求给定条件下的最大化。因此,许多企业在实际中采取成本加成的方式来定价。

西蒙从行为主义角度强调了理性的边界,即知识的不完备性、评价的不充分性和选择的有限性。[①]西蒙将这种不是无所不知的理性特征称为有限理性(bounded rationality)。有限理性的假定扩展了新古典理论关于市场竞争不完全的讨论空间。它不仅体现了市场决策人偏好的不完全性和易变性,而且更主要的是讨论了在存在信息成本的条件下,个人在收集、处理数据和实施计划中的有限能力,因此,在给定有限理性的假定中,市场的价格信息就不能完全地反映买卖双方真实的偏好。

二、可竞争市场理论

作为对传统的 SCP 范式的批判,鲍莫尔、帕恩查和韦利格等人在芝加哥学派产业组织理论的基础上,于 1982 年合作出版了《可竞争市场与产业结构理论》,系统地阐述了可竞争市场理论(the theory of contestable market)。该理论认为,良好的生产效率和技术效率等市场绩效在传统哈佛学派理想的市场结构之外仍然是可以实现的,而无需众多竞争企业的存在。它可以是寡头市场,甚至是完全垄断的市场。只要保持市场进入的完全自由,且不存在特别的进出市场成本,潜在竞争的压力就会迫使任何市场结构条件下的企业采取竞争行为。在这种环境条件下,包括自然垄断在内的高集中度的市场结构是可以与市场效率并存的。

---

① 西蒙.管理决策的理论基石[M].北京:北京经济学院出版社 1989 年版.

(一)完全可竞争市场

所谓完全可竞争市场,是指当市场内的企业从该市场退出时,完全不会产生不可回收的沉没成本,从而企业进入和退出是完全自由的市场。完全可竞争市场是相对于传统的完全竞争的概念所提出的一种理念型的市场概念。与完全竞争必须满足存在大量且小规模的买者和卖者,而且不存在产品差别化和进入壁垒等市场结构条件不同,完全可竞争市场可以不依存于原子型的这种特殊的市场结构。在存在着新企业随时进入市场的潜在竞争压力的条件下,即使市场上仅有一个企业独家垄断,并没有其他竞争对手,但这家垄断企业所能获取的资本收益率也不会高于完全竞争市场众多企业所能获取的正常收益率。这是因为,任何能使垄断企业获取高于资本正常收益的利润的价格,都会立即招致其他竞争者的进入。因此,完全可竞争市场条件下理想的竞争,可以作用于所有的市场结构形态。

按鲍莫尔等人的定义,在完全可竞争市场中,不存在斯蒂格勒意义上的进入壁垒,即不存在在位企业进入时不用负担的新的费用,而只有其后进入的新企业必须负担的费用。新企业进入时不仅能够获得必要的生产技术和充分的需求,而且不存在政府管制等人为的进入障碍。从这一定义出发,市场是不是完全可竞争的,仅仅取决于是否存在沉没成本,而与产业内企业数量的多少无关。

(二)沉没成本

沉没成本是指企业进入市场所投入的资本,当企业退出该市场时不能收回的部分。例如,退出企业所持有的生产设备和厂房建筑物,即使可以出让或改变用途,但由于出让价格比较低,或使用价值的降低而不能回收的投入费用部分,或难以回收因而只能做废弃处理的有形资产的未折旧部分,以及在研究开发、广告、员工教育培训等无形资产的支出中,由于专用性而不能转作他用,因而难以回收的费用部分等。沉没成本的沉没程度主要依存于所投入资本向其他市场转移或资产出让回收的可能性,而与所投入固定费用的大小无关。无论固定费用或资产的未折旧部分有多大,只要能回收,就不是沉没成本。民用航空飞机就是一个典型的例子。如果进入、退出不存在人为的管制,原来往返于两个城市之间的飞机可以很容易从该航线(市场)退出,而进入以这两个城市中的任何一个城市为起点的新航线,而在原有航线中并无费用沉没。同样地,运输业中卡车的资产流动性也比较大。另外,金融业的经营诀窍和研究开发所形成的技术知识等无形资产,由于存在较大的可应用性,因此其沉没成本也比较低。

(三)"打了就跑"策略

沉没成本的大小决定了企业从市场退出的难易程度,从而影响着企业的进入决策。因为企业一旦进入后再退出时的沉没成本越大,企业退出市场就越困难,企业的进入决策就越应小心谨慎。因此,沉没成本越大,市场进入压力就越小,进而现存企业的压力就越小。在这一点上,鲍莫尔等人的可竞争市场理论与传统的产业组织理论中将规模经济性、产品差别化和绝对费用差别等作为进入壁垒的决定因素有很大差别。

在完全可竞争市场中,由于沉没成本为零,因此潜在的进入者为了追求利润,会迅速地进入任何一个具有高额利润的部门,并能够在现存厂商对进入做出反应前,无摩擦地快速撤出,而且并不因此耗费特别的成本。这种进入形式通常被称为"打了就跑"策略(hit and run entry)(这种攻击性行为使进入市场的企业在该产业中滞留时间的长短,在通常情况下依存于在位企业的反应时间)。但是,即便是一个短暂的获利机会,也会吸引潜在的进入者进入。而当在位企业做出报复反应，使价格下降到无利可图时，他们会带着已获得的利润离开市场。

（四）可维持价格

由于在完全可竞争市场中，"打了就跑"这种闪电般的进入、退出压力经常存在，因此，无论是垄断市场还是寡头市场，任何企业都不能维持带来垄断的超额利润的价格和低效率的生产组织。如果在位企业不是保持最有效率的生产，并把价格维持在竞争水平的话，其利润和需求就会被突如其来的进入者夺去。因此，即便是独家垄断的企业，也只能制定超额利润为零的可维持价格，以防止潜在的竞争者进入市场与发生竞争。潜在的竞争压力的存在，迫使在位企业无论处于何种市场结构形态中，都只能遵循可维持定价原则；而完全可竞争市场的均衡，就是在在位企业的价格和市场地位的可持续（sustainable）条件下达到的。这时，有效率的产业组织就成为一种内生的结果。

三、博弈论与新产业组织理论

博弈论是一种方法，是描述和检验其他理论的分析工具，博弈论的引入给新产业组织分析提供了新的重要理论工具。博弈论强调数学模型技术，通过描述局中人行为（决策）对另一个局中人预期反应的影响来反映企业之间与个人之间的冲突和合作。在博弈中，企业之间的竞争被视为策略性的博弈，或者企业行为的计划。它主要包括局中人的支付函数、相互策略性行为和规则治理的状态。博弈论最适合于寡占条件下对厂商行为的分析，为产业组织理论构造了大量经典的分析模型，包括古诺（1838）的双寡头价格竞争模型、伯特兰德（1883）的双寡头数量竞争模型、豪泰林（1929）的空间竞争模型、斯塔克尔博格（1934）的领导者博弈模型和斯切尔林（1960）的地区竞争模型等。纳什（1951）均衡构成了博弈论的基础概念。

博弈分析与其他分析工具相比，从总体上看具有以下几个特征：（1）博弈均衡是行为均衡的概念。在新古典经济学中，均衡是与市场结构相关的，但在博弈论中均衡则是与企业行为相关的。在古诺均衡中，每个企业对产出水平的选择共同构成了均衡，给定竞争对手的选择，没有企业可以通过改变产出来提高利润。在这种条件下，产出就是一种策略性变量。在伯特兰德模型中，其竞争性的决策变量则是价格。更一般地，在给定对手策略性选择条件下，博弈者所选定的最优策略组合即构成纳什均衡（Nash equilibrium）。（2）博弈论主要研究相互依赖的企业行为。博弈论的基本工具是支付矩阵，它表明局中人的策略性变量、每个局中人的支付函数都依赖于竞争对手的策略性选择。更为基本的博弈形式是只有两个局中人的双人博弈，它被广泛运用于双寡头市场中。这种相互依赖的企业行为策略可更一般地通过反应函数来表示。（3）从博弈分析的结果看，博弈模型依赖于对企业行为的不同假定和不同支付函数的设定。根据博弈分析假定的不同，它可以分为零和博弈和非零和博弈、静态博弈和动态博弈等多种类型。

博弈论对产业组织的重要贡献在于，它为解释和分析不完全竞争的市场提供了较好的行为分析工具。传统的边际分析工具由于受到假定条件的限制，不能给不完全竞争条件下的厂商行为进行很好的解释，如在位企业阻止进入者进入的动机、在寡占模型中寡占双方产品的价格和数量的决定条件以及均衡存在、价格歧视的福利含义、合谋的行为分析、非价格决策（质量、广告和技术进步）对市场结构和绩效的影响等。而博弈论在有限局中人行为分析方面具有很大的优势，它通

专栏16-2

过对各种反应函数的分析，使得关于厂商策略性行为对市场绩效和结构影响的解释更有逻辑性和合理性，并将传统的结构、行为和绩效的单向关联机制演绎成复杂的双向或多重关联机制。

复习思考题

1. 产业组织理论是关于什么的理论？
2. 产业组织研究中哈佛学派与芝加哥学派核心观点有什么不同？
3. 交易费用的高低与市场结构有关系吗？
4. 新产业组织理论的核心观点是什么？

第十七章

博弈论与市场竞争

直至1994年诺贝尔经济学奖被授予对现代博弈论具有重要贡献的三位经济学家约翰·海萨尼(John Harsanyi)、约翰·纳什(John Nash)以及莱茵哈德·泽尔腾(Reinhard Selten),国内经济管理领域研究者才对博弈论(game theory)工具予以足够重视。尽管20世纪五六十年代我国部分应用数学家(主要是运筹学专家)对博弈论(当时称为对策论)有过深入的研究,但是,一方面,他们所用的数学语言过于抽象;另一方面,他们对经济社会活动中的实例,尤其是企业经营战略实践缺乏必要的了解,因此其成果对经济学界的影响微乎其微。

博弈论学科的奠基者是约翰·冯·诺伊曼(John Von Neumann)与奥斯卡·摩根斯特恩(Oskar Morgenstern),他们于1944年合作出版了《博弈论与经济行为》(*Theory of Games and Economic Behavior*),奠定了现代博弈论的理论基础。之后,经济学家开始求解博弈的解(即均衡)。其中,纳什(1950)提出对应于完全信息静态博弈的纳什均衡(Nash equilibrium)的概念,成为博弈论的核心概念;而泽尔腾(1975)进一步提出对应于完全信息动态博弈的子博弈精练纳什均衡(subgame perfect Nash equilibrium)的概念;海萨尼提出了对应于不完全信息静态博弈的贝叶斯纳什均衡(Bayes Nash equilibrium);作为综合,泽尔腾提出对应于不完全信息动态博弈的子博弈贝叶斯精练纳什均衡(subgame perfect Bayes Nash equilibrium),而拉丰(Laffont)、梯若尔(Tirole)与克雷普斯(Kreps)等人提出序贯均衡(sequential equilibrium)和颤抖手均衡(trembling equilibrium)的概念。①

本章介绍博弈论基本原理及其在企业市场竞争中的应用。首先,介绍博弈论的基本概念,特别是界定博弈规则并区分合作博弈与非合作博弈;其次,介绍博弈的表示方式;再次,介绍博弈均衡的概念及其求解方法;最后,通过几个实例来说明博弈论思维方法在企业市场竞争策略制定中的应用。

第一节　博弈规则与博弈的分类

一、博弈规则

博弈本质上就是游戏,打桥牌、下象棋、踢足球、打篮球都是博弈。游戏需要游戏规则。博

① 南秉军,骆品亮．企业战略管理中的对策论思想[J].科学学与科学技术管理,1996(11):11－14.

弈规则界定了博弈的要素，可以说是博弈的定义。一般来说，一个博弈包含以下六个要素[①]：

要素 1：参与人(players)。一般用 $k(k=1,2,\cdots,n)$ 来表示一个特定的博弈参与人。关于参与人，有两点值得注意：其一，博弈是有关双方或多方的互动游戏，有时候表面上只有一个参与者，通常会引进"自然"作为"虚拟"参与人；其二，通常假定参与人是理性的，即谋求其自身效用最大化。诚然，参与人是有限理性的，有时候也会犯错误，因此，就有了颤抖手均衡(trembling equilibrium)的概念，此乃后话。

要素 2：参与人的行动集(action set)。一般记参与人 k 的行动为 a_k，其可选择的所有行动构成行动集 A_K，即 $a_k \in A_K(k=1,2,\cdots,n)$。所有参与人的行动组成的行动向量称为行动组合(profile)，即行动组合 $a=(a_1,a_2,\cdots,a_n)=(a_k,a_{-k})\in \Pi_A$，其中 Π_A 为行动组合集。

要素 3：行动的先后顺序。一般来说，参与人"同时"行动的博弈称为静态博弈(static game)；参与人"先后"行动的博弈称为动态博弈(dynamic game)。但是，这种定义还不是很严谨，先后顺序并不是指物理时间上的先后，而是指"信息时间"上的先后。因此，需要引入信息要素。

要素 4：信息结构(information structure)。信息结构是指信息在参与者之间的分布结构，即是否存在私有信息(private information)。信息结构这个要素说明的是博弈参与人在行动时知道了什么。从这个意义上讲，如果后动者(物理时间意义上是动态)在选择行动时并不确切知道先动者的行为，那么这种博弈应归为静态博弈。现实中，博弈参与者之间存在许多信息不对称，例如，进入者不知道在位者的实力或成本。

要素 5：战略(strategy)。与行动集的定义类似，参与人 k 的战略 $s_k \in S_K(k=1,2,\cdots,n)$；战略组合 $s=(s_1,s_2,\cdots,s_k)=(s_k,s_{-k})\in \Pi_S$。关于战略与行动，应该明确予以区分。参与人 k 的战略应说明 k 在各种可能情况下的行动方针，如甲与乙下一盘象棋，甲自始至终的行动计划称为"战略"；而每一步棋称为"行动"。兵书所云"兵来将挡、水来土掩""以不变应万变"及"以静制动"均为战略，其明确制定了在各种情形下的行动策略。因此，战略是行动指南。当实际情况出现后，依据"战略"确定的具体措施即为"行动"。

要素 6：支付(payoff)，即所得。在战略组合 $s=(s_1,s_2,\cdots,s_k)=(s_k,s_{-k})$ 下，参与人 k $(k=1,2,\cdots,n)$ 的所得记为 $U_K(s_1,s_2,\cdots,s_n)=U_K(s_k,s_{-k})$。

总之，一个博弈应规定谁在什么时候行动、行动时知道了什么、有什么可供选择以及各种选择下的所得。一般将参与人有限及每个参与人的行动集合是有限集的博弈称为有限博弈。而将博弈规则视为共同知识(common knowledge)的博弈称为完全信息博弈。所谓共同知识，是指参与人 i 知道参与人 j 知道上述博弈规则，而参与人 j 也知道参与人 i 知道上述博弈规则；进一步地，参与人 i 知道参与人 j 知道自己知道规则，反过来参与人 j 也知道参与人 i 知道自己知道规则；……$(i,j=1,2,\cdots,n)$。

博弈规则对现实生活有许多启示。首先，有权参与制定规则比参与博弈更重要。这大概可以解释为什么我国必须加入 WTO。其次，熟悉规则比遵守规则更重要。不论是在体育竞技场上还是在国际市场竞争中，我们都要充分利用游戏规则创造竞争优势。规则是与时俱进的，所以我们必须掌握新规则、适应新规则。例如，2000 年奥运会后，世界乒乓球比赛改用大

---

① Gibbons, Robert S. Game theory for applied economists[M]. Princeton University Press, 1992.

球及无遮挡发球等新规则,许多乒乓球运动员一时不能适应。最后,遵守规则的人游戏比不遵守规则的人游戏更重要。在游戏规则面前人人平等,要杜绝滥用职权凌驾于规则之上的事情发生。发达国家跨国企业曾经一度难以与我国企业特别是民营企业进行合作,究其根源,我国企业所遵守的游戏规则与发达国家的企业所信奉的规则迥然不同是一个重要原因。因此,就不难理解为什么美国的许多著名商学院愿意"义务"为我国的商学院承担师资进修成本了。事实上,这是美国政府的一种战略性投资,旨在让我国商学院教师了解美国的商业游戏规则,并将其传播给企业界,恪守相同的商业游戏规则。

此外,博弈规则对于企业制定竞争策略也具有重要的指导意义。企业可以通过改变博弈规则以提升竞争优势,包括改变参与人或称为局中人(如制造商可以通过让供应商竞争来压低采购价,而让批发零售商竞争来降低最终零售价等)。例如,在改变局中人方面,可口可乐公司改变生产中间产品 Nutrasweet 的供应商来压低采购价格。Nutrasweet 是生产可乐的一种中间品,原来由孟山都公司获得专利后垄断供应。在专利快到期的时候,可口可乐公司鼓励荷兰糖果公司(HSC)进入生产,让供应商竞争从而降低价格。与此类似,Lin 广播公司改变了顾客结构。1989 年美国的蜂窝状电话行业兴起收购狂潮,Mclaw 最初愿意以 120 亿美元的价格收购 Lin 公司,林说服 BellSouth 参与收购竞争,最后迫使 Mclaw 以 130 亿美元的价格收购 Lin 公司,且 Mclaw 答应付予 BellSouth 2 250 万美元的退出补偿金。BellSouth 的加入使得 Lin 的公司价值增加了 10 亿美元,而 Lin 自己也从中获利 1 亿美元。在改变支付函数方面也有成功的例子。例如,游戏软件公司 Nintendo 正是通过降低顾客的附加价值来增加其垄断利润。Nintendo 的主要顾客是像沃尔玛(Wal-Mart)这样的大零售商,由于购买量较大,因此这些零售商具有较强的讨价还价能力。如果大量生产、供应充裕,批发商会利用讨价优势降低批发价格。Nintendo 的策略是:在预测市场需求为 4 500 万份游戏软件时,只生产 3 300 万份,让多数大零售商未得到满足。当顾客排长队还不能买到游戏软盘时,就会抱怨连锁店的服务不好。因此,各大零售商都愿意以较高的价格购买更多的游戏软盘。结果是,Nintendo 只生产 3 300 万份比生产 4 500 万份赚得还多。[①]

二、博弈的分类

(一)合作博弈与非合作博弈

根据博弈参与人的目标是否冲突,可分为合作博弈(cooperative game)与非合作博弈(non cooperative game)两种。在合作博弈中,博弈各方共同决策,谋求总体利益最大化(即帕累托最优),例如石油输出国组织形成的卡特尔、亚太经贸合作组织(APEC)、公共产品(public goods)乃至合资企业(如股份制研究型企业)等。合作博弈的均衡通常可以通过协调、谈判及磋商来实现。

在合作博弈中,最著名的例子是纳什讨价还价模型(Nash,1950)。[②] 其基本思想为,以 X_1、X_2 表示进行合作的利益主体 1 与 2 的利益分配,则最优的分配机制为:

---

① 南秉军,骆品亮. 企业战略管理中的对策论思想[J]. 科学学与科学技术管理,1996(11):11—14.

② Nash Jr,John F. Equilibrium points in n-person games[J]. Proceedings of the National Academy of Sciences,1950,36(1):48—49.

$$\text{Max}\{(X_1-D_1)(X_2-D_2)\}$$
$$\text{s. t. } X_1+X_2\leqslant 1$$

其中，目标函数称为纳什乘积；D_1、D_2 分别为利益主体 1 与 2 的初始禀赋或投资（也可理解为股权），博弈论中称为威胁点（threat point）。上述博弈均衡的求解可以通过图 17－1 来说明。纳什乘积类似于无差异曲线（或效用曲线），约束条件类似于预算约束线，则最优解由纳什乘积与预算约束线的切点求得。

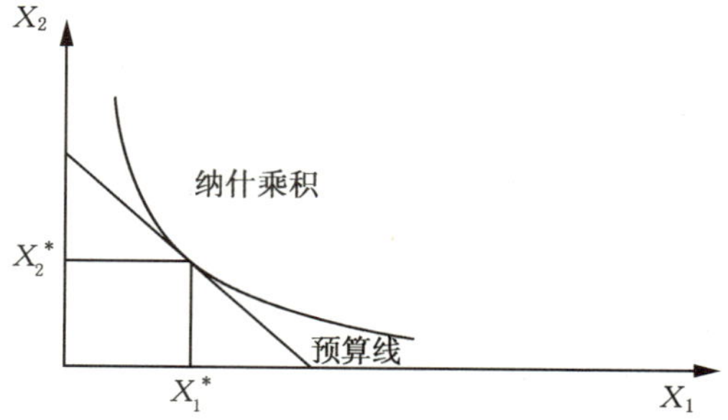

图 17－1　纳什讨价还价模型

特别地，当 $D_1=D_2$ 时，有 $X_1^*=X_2^*=1/2$，即双方各得一半。值得注意的是，上述讨价还价博弈模型中，均衡与初始禀赋有关。进一步地，可以通过产权配置改变利益主体的初始禀赋 D_1、D_2，从而改变利益分配均衡。

非合作博弈是指博弈参与者并不谋求共同利益最大化，而是各自寻求个体利益最大化。非合作博弈的参与者之间通常不进行谈判磋商。非合作博弈包括零和博弈（即对抗性博弈）与非零和博弈两种。零和博弈是指博弈参与者之间的所得之和为零，即“我所得乃你所失”。例如，赌博，其结果是财富的转移。而非零和博弈是指博弈参与者的所得之和不等于零，其结果不仅仅是财富转移，而且伴随着财富总量的变化，如股市、经济竞赛、价格战等。应该说，现实中的博弈大多数是非零和的非合作博弈。

（二）动态与静态博弈

按照参与人行动的先后顺序，可分为静态博弈与动态博弈两类。静态博弈系参与人“同时”行动的博弈，所谓“同时”，是信息意义上的概念而非物理时间的概念。即使参与人行动从物理时间上讲有先后之分，但后动者并不知道先动者的行动选择，此种博弈仍属静态博弈。动态博弈是指参与人的行动有先后之分，即一些参与人在观测到其他参与人的行动后再做选择的博弈。例如，在拍卖中，同时报价（一般是各个投标者将报价同时写在信封里交给公证人）的密封拍卖即为静态博弈；而一轮一轮喊价的公开拍卖则为动态博弈。又如，20 世纪初，孙中山先生曾经实施以下政策：地主自动申报地价，然后由政府决定是照价收购还是依地价征税。此乃政府与地主的动态博弈，政府首先公布政策，然后地主自报地价，政府在观测到地主申报的地价后再决定是征税还是收购。

（三）一次性博弈与重复博弈

按照博弈发生的次数，可分为一次性博弈与重复博弈（repeated game）两种。重复博弈是指同样的博弈发生多次。长期合约（long term contract）是一种典型的重复博弈，如重复购买、长期雇佣等。如果将两个人出一次牌(每个人可以选择出红牌或出黑牌)称为一次博弈的话，那么，这两个人重复玩出牌游戏即为重复博弈。重复博弈包括有限重复博弈与无限重复博弈两种。例如，上述两个人一共玩了100次出牌游戏，则他们一共进行了100次有限重复博弈。理论上，无限重复博弈要求他们玩无穷多次游戏，但现实中，只要他们不知道什么时候结束游戏，或者说他们每玩一次游戏都不知道这是不是最后一次游戏了，那么就可以称为无限重复博弈。

在一次性博弈中，参与人容易采取短期行为；但在重复博弈中，其短期行为将以长期利益损失为代价。因此，重复博弈可以在一定程度上制约参与人的短期行为，比如在一个合作组织中成员的背叛行为。重复博弈对短期行为的制约力取决于博弈次数、参与人对贴现因子的评价等综合因素。①

第二节 博弈的表示方式

一、矩阵博弈

博弈通常有两种表示方式，即矩阵博弈(matrix game)和博弈树(game tree)。② 矩阵博弈可以用于描述两个或多个参与人的静态博弈。当博弈参与人超过两个时，需要用多个矩阵来表示。最为著名的矩阵博弈是囚徒困境(prisoner's dilemma)，如图17－2所示，A、B两个犯罪嫌疑人被隔离审查(意味着A与B之间存在信息不对称，即静态博弈)，A与B的支付如下：若两个均招供，支付均为－5；若一个招供、另一个抗拒，则依据“坦白从宽、抗拒从严”的政策，抗拒的参与人支付为－10，坦白的参与人支付为0；若两个均抗拒，则支付均为－2。

		囚犯A	
		招供	抗拒
囚犯B	招供	-5 -5	-10 0
	抗拒	0 -10	-2 -2

图17－2 囚徒困境

囚徒困境博弈在现实中广泛存在。例如，生产团队中每个成员决定各自精力投入的博弈、卡特尔组织(如OPEC)的产量决策以及竞争对手之间的价格维持协议等。图17－3显示可口可乐与百事可乐之间价格竞争的囚徒困境。

---

① Abreu, Dilip. On the theory of infinitely repeated games with discounting[J]. Econometrica: Journal of the Econometric Society, 1988: 383－396.

② 张维迎. 博弈论与信息经济学[M]. 上海：上海三联书店、上海人民出版社1996年版.

		百事可乐	
		提价	折扣
可口可乐	提价	3, 3	0, 5
	折扣	5, 0	1, 1

图 17—3 价格竞争的两难

二、博弈树

博弈树常用于表示参与人先后行动的博弈。博弈树类似于决策树，由结点（包括开始结点与决策结点）、树枝（代表行动）组成，并将参与人在各种战略组合下的支付用向量的形式表示于树梢。如图 17—4 所示的市场进入博弈（entry game）反映了在位者（incumbent）与潜在进入者（entrant）的博弈[①]，在进入者进入前，在位者控制市场并赚取垄断利润 3。如果进入者选择进入策略，则在位者可以选择封杀或者容让策略：若封杀则两败俱伤，进入者亏损 3 而在位者亏损 1；若容让则由于顾客忠诚度不高或者进入者的渗透策略奏效，进入者得到 1.5 而在位者得到 1（注意，独家垄断利润大于双头垄断的产业利润总和）。这类博弈在现实中普遍存在，可以理解为可口可乐与百事可乐的恩怨，也可以理解为肯德基与麦当劳的狭路相逢，还可以理解为沃尔玛与家乐福或者联华与华联的斗智斗勇。

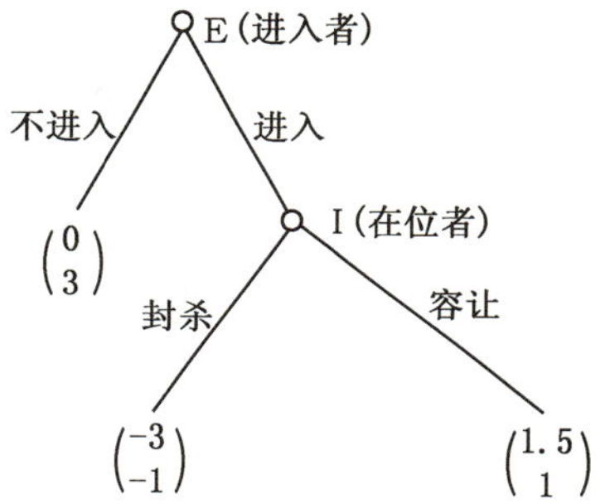

图 17—4 市场进入博弈

再举一个航空公司价格竞争的例子来说明博弈树。20 世纪 90 年代初，欧盟成员国的国内航线通常由本土航空公司经营，一些国际航线也由于进入规制而由个别老牌航空公司垄断经营。例如，巴黎至伦敦航线由法国航空公司垄断经营，来回程票价为 490 美元。随着欧盟经济一体化进程的加快，欧盟航空业的进入与退出变得非常频繁。中陆航空公司获准进入巴黎至伦敦航线进行竞争性经营，而且随着海底隧道列车的开通，对巴黎—伦敦航线降低票价形成压力。图 17—5 用博弈树的形式表示当时中陆与法航的空中争夺战。中陆航空首先确定其在巴黎至伦敦航线的票价，既可以维持 490 美元的高价，也可以调低价格，如 380 美元（由市场均衡确定）；之后，法航在观察到中陆的定价后确定其在该航线的价格；支付则取决于中陆与法航

① Besanko, David, et al. Economics of strategy[M]. John Wiley & Sons, 2009.

的定价，见图 17—5 的最后一行。

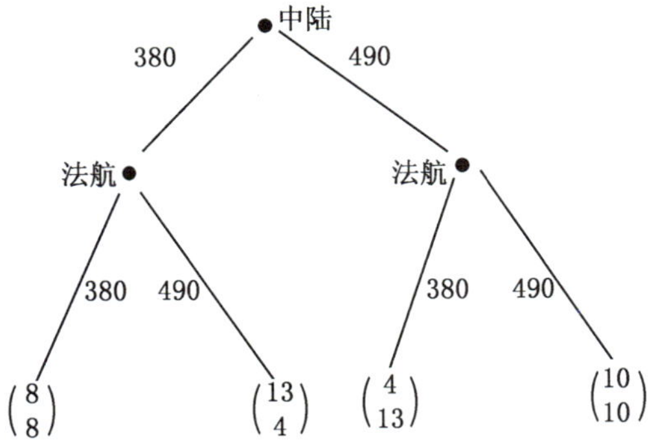

图 17—5 航空公司价格竞争博弈

当然，博弈树也可以用来表示静态博弈，但是需要引入信息集的概念。参与人的信息集是指参与人无法区别到底自己是处于信息集中的哪个决策结点。如图 17—6 所示，B 的信息集中有两个决策结点，说明当轮到 B 决策时，他并不知道自己处于哪个结点，即他不知道 A 是招供还是抗拒。

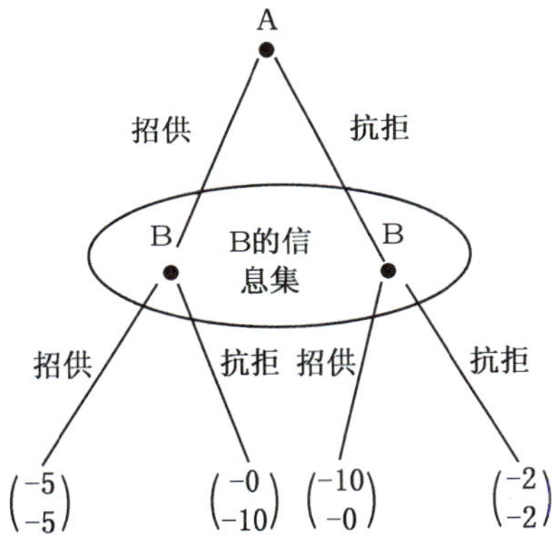

图 17—6 信息集

第三节 博弈均衡

均衡(equilibrium)是博弈论的核心概念。所谓均衡战略，是指达到一种稳定状态，没有一方愿意单独改变战略。按照博弈的分类，均衡可以分为四种基本类型。对应于完全信息静态博弈的均衡乃纳什均衡(Nash equilibrium，NE)；对应于完全信息动态博弈的均衡为子博弈精练纳什均衡(subgame perfect Nash equilibrium，SPNE)；对应于不完全信息博弈的均衡为贝叶斯纳什均衡(Bayes Nash equilibrium，BNE)，其中不完全信息动态博弈的均衡称为子博弈精练贝叶斯纳什均衡(perfect Bayes Nash equilibrium，PBNE)。我们主要介绍纳什均衡与子博弈精练纳什均衡的概念。

一、纳什均衡

(一)纳什均衡的定义

纳什均衡是最基本的均衡概念。战略组合 $s^*=(s_1^*, s_2^*, \cdots, s_n^*)$ 为纳什均衡战略，当且仅当：给定其他参与人选择均衡战略组合中的战略，那么，对任何一个特定的参与人来说，选择均衡战略组合中的战略是最优的，即对 $k=1,2,\cdots,n$，有 $s_k^* \in \arg\text{Max}\{U_k(s_k^*, s_{-k}^*)\}$。也就是说，在均衡战略下，如果他人不改变战略，任意参与人都不会单方面改变战略。

关于纳什均衡战略的存在性，纳什(1950)证明了：每个有限博弈至少存在一个纳什均衡。① 那么，如何求解纳什均衡战略？下面介绍两种基本方法。

(二)纳什均衡的求解

第一种方法简称画线法，以囚徒困境为例(见图 17—7)。由于囚犯 A 在决策时并不确切知道囚犯 B 是否招供，因此 A 的战略应界定在 B 招供的情形下选择什么，而在 B 抗拒的情形下又该选择什么。站在 A 的角度看，如果 B 选择招供，则 A 的最优选择是招供，因为招供得到 −5 而抗拒得到 −10，−5 比 −10 大，在 −5 下面画线；如果 B 选择抗拒，A 的最优选择也是招供，因为招供得到 0 而抗拒得到 −2，同样在 0 下面画线。对称地，我们可以站在 B 的角度进行分析。至此，我们检测图表中的四个象限，同时画线的象限所对应的战略组合即为纳什均衡战略，即 A、B 均选择招供，记为(招供，招供)。

		囚犯A	
		招供	抗拒
囚犯B	招供	-5 / -5	-10 / 0
	抗拒	0 / -10	-2 / -2

图 17—7 囚徒困境

关于囚徒困境，有三点值得注意：

第一，无论 B 选择什么，A 的最优选择均为招供；反之，无论 A 选择什么，B 的最优选择也是招供。我们称“招供”是 A 与 B 的占优战略(dominant strategy)。更一般地，在具有占优战略的博弈中，参与人的占优战略组合一定是纳什均衡战略组合。

第二，纳什均衡结果(Nash equilibrium outcome)为(−5，−5)，即双方的支付均为−5。我们发现，囚徒困境博弈存在帕累托改进的可能，即若双方均选择抗拒，则均衡结果为(−2，−2)。但遗憾的是，按照上面的定义，(抗拒，抗拒)不能构成纳什均衡战略组合。事实上，即使双方事前攻守同盟，给定 A 遵守合谋协议而选择抗拒，则 B 的最优选择是招供而非抗拒。B 的背叛行为为自己获得 2 个单位的收益，却使得对方损失 8 个单位。如果缺乏使得这种负的外部性内部化的机制，B 必然选择招供。同样，理性的 A 也会选择招供。此即个人理性与集体理性冲突的根源，也是其被称为“囚徒困境”的原因。

---

① Nash Jr, John F. Equilibrium points in n-person games[J]. Proceedings of the National Academy of Sciences, 1950, 36(1): 48—49.

第三，那么，囚徒如何走出困境？这就需要从改变博弈规则入手。一种被广泛使用的方法是引进博弈参与人以实现外部协调机制。在企业竞争中通常是行业管理部门作为第三方，而在团队生产中通常是委托人或项目经理，在上例中通常是黑社会组织头目。设想一下，如果黑社会组织规定，一旦成员招供即将被追杀，则支付结构将如图 17－8 所示。容易看出，(抗拒，抗拒)将成为纳什均衡。另一种思路是改变一次性博弈为重复博弈(repeated game)以制约参与人的短期行为。如果博弈参与人要长期共事，则其在重复博弈进行中的某次短期行为将以长期利益损失为代价，最起码由于信誉受损后在以后合作中将碰到困难。关于这一点的讨论，我们将在第十九章中有关合谋的介绍中做进一步的技术分析。

		囚犯A	
		招供	抗拒
囚犯B	招供	-∞ -∞	-10 -∞
	抗拒	-∞ -10	-2 -2

图 17－8 囚徒困境

二、子博弈精练纳什均衡

需要特别注意的是，对于动态博弈，纳什均衡的概念是不够的。以市场进入博弈为例，我们很容易得到两个纯战略纳什均衡，即(不进入，封杀)和(进入，容让)。进一步分析发现，(不进入，封杀)在均衡路径上是最优的，但在非均衡路径上(右枝)不是最优的。实际上，若进入者真的选择进入，在位者的最优选择将是容让而非封杀。可见，(不进入，封杀)是不合理的纳什均衡战略，它是基于一个难以置信的(in-credible)威胁而形成的(见图 17－9)。那么，如何剔除基于不可置信威胁的不合理的纳什均衡？泽尔腾(1975)①引入了子博弈精练纳什均衡(SPNE)的概念。

子博弈(sub-game)的特点是：(1)始于单结点信息集的决策结点；(2)包括该决策结点的所有后续结点与终结结点；(3)不能切割信息集。一个纳什均衡战略要成为子博弈精练纳什均衡必须满足两个条件：第一，必须是原博弈的纳什均衡战略；第二，在每个子博弈上均构成纳什均衡战略。

子博弈精练纳什均衡的求解方法通常采用回溯法(backward)，此即第二种求解纳什均衡的方法。以航空公司的价格竞争博弈为例，先从后动者即法航的决策开始，在见到中陆定价 380 的情形下，法航的最优定价为 380，我们将表示定价 380 的那条树枝用粗线表示；在见到中陆定价 490 的情形下，法航的最优定价也为 380，我们同样将表示定价 380 的那条树枝用粗线表示(见图 17－10)。可见，定价 380 是法航的占优战略。现在回到博弈的第一阶段，即中陆的决策，在预见到法航的“对策”后，中陆的最优定价为 380(获得 8 个单位，多于定价 490 的情形下获得 4 个单位)。我们看到，航空公司价格竞争博弈也是一个囚徒困境，如果双方能够维

① Selten, Reinhard, and R. Selten Bielefeld. Reexamination of the perfectness concept for equilibrium points in extensive games[M]. Springer Netherlands, 1988.

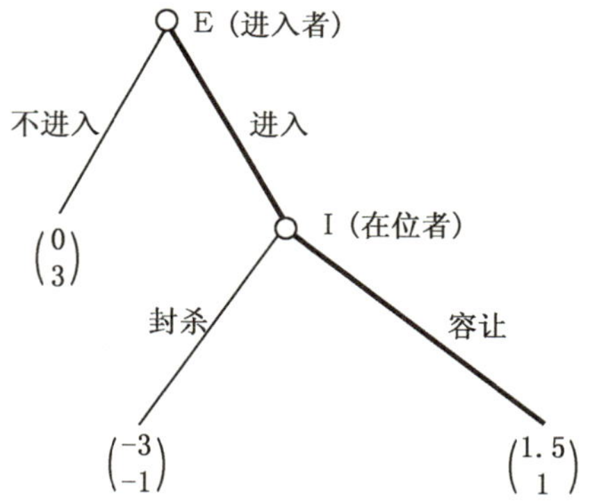

图 17—9 市场进入博弈

持价格协议,即定价 490 将分别获得 10 个单位的利润。

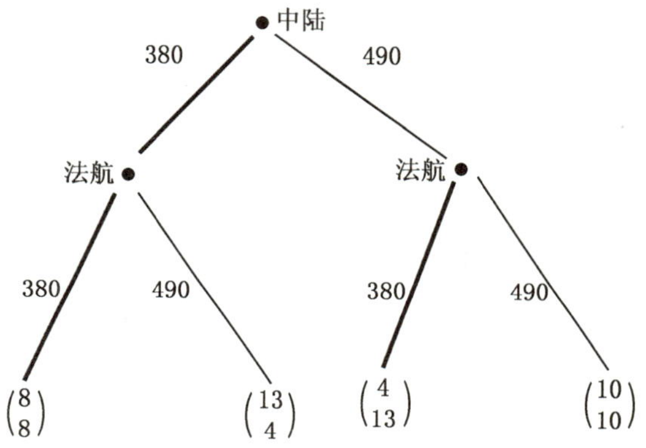

图 17—10 航空公司价格竞争博弈

总之,动态博弈回溯法的一般求解过程为:首先,由后动者(假定为参与人 2)的决策 $\mathrm{Max}_{a_2 \in A_2}\{U_2(a_1,a_2)\}$求解其反应函数 $a_2=R_2(a_1)$;其次,将此反应函数代入先动者的目标函数,由 $\mathrm{Max}_{a_1 \in A_1}\{U_1(a_1,a_2(a_1))\}$求得先动者的最优战略 a_1^*;最后,由反应函数 $a_2=R_2(a_1)$得到后动者的最优战略 $a_2^*=R_2(a_1^*)$,从而得到子博弈精练纳什均衡战略组合(a_1^*;$R_2(a_1^*)$)。

关于市场进入博弈的均衡分析,有一个著名的连锁店悖论(paradox of chain store)问题。请注意,在上面市场进入博弈的分析中,我们并不考虑重复博弈的情形。在一次性博弈中,在位者的封杀威胁是难以置信的,因为当进入者真的进入后,理性的在位者宁可容让也不愿封杀。但是,将其推广至重复甚至是无穷次重复博弈的情形,结论还成立吗?

假设上述市场进入博弈重复 100 次,或者理解为在位者(如沃尔玛)已经在 100 个市场确立垄断地位,潜在进入者(如家乐福)想依次进入这 100 个市场,而每个市场的支付结构均为图 17—9 所示,并且这种支付结构为在位者与进入者的共同知识。为便于分析,不考虑贴现因素。那么,在位者是否应该采取"杀鸡儆猴"策略,即在前面几次(如连续 5 次)博弈中采取封杀战略以教训进入者,使得进入者在余下的博弈(余下 95 次博弈)中不敢进入市场?此种逻辑初看起来是有道理的。简单计算，如果进入者每次都采取容让战略，而进入者每次都进入，则在位者在100个市场的总利润为100；而如果在位者连续封杀5次使得进入者知难而退，则在位者在100个市场的总利润为(－5＋3×95)＝280。可见，“杀鸡儆猴”策略非常具有吸引力。但是，此种策略成为有效“威胁”的前提条件是在位者与进入者存在较大的实力差距，即进入者“耗不起”。如果在位者与进入者实力相当，那么，谁又知道在连续封杀5次以后进入者是否会“知难而退”？在此种情况下，如果在位者采取“杀鸡儆猴”策略，将会出现“消耗战”或“价格战”，出现两败俱伤的局面。

在有限次重复博弈(如100次)中，正确的均衡分析思路仍然是沿用回溯法，即从最后一次博弈分析开始，逆推至第一次博弈。在第100个市场，只要进入者选择进入，在位者的最优战略是容让，因为这是最后一次博弈，就好比一次性博弈，按照前面的分析，在位者理应选择容让。再审视第99次博弈，由于第99个市场的均衡战略对第100个市场的均衡不会产生影响，因此，第99个市场的均衡战略仍是进入者选择进入而在位者选择容让。依此类推，第1个市场的均衡战略是进入者选择进入而在位者选择容让。这种逆推分析结果与直观分析结果完全不同，故称为“连锁店悖论”。

诚然，现实与理论出现许多不吻合现象，现实中价格战司空见惯。对这种现象的解释是：(1)这可能是由于双方实力不对等，或者虽然实力对等，但由于信息不对称，在位者并不确切知道进入者的实力，也可能是进入者低估了在位者的实力。对此，信息优势方会想方设法传递信号给信息劣势方。著名的“垄断限定性定价”(limit pricing)模型正好说明了这一点，垄断在位者通过制定略低于垄断定价的价格来传递低成本信号给潜在进入者。事实上，按照微观经济学的基本原理，垄断价格是边际成本的非减函数。因此，低价格是低成本的信号机制。(2)可能因为进入博弈是无限次重复的。上述回溯法推理的前提条件是博弈是有限次的，使得我们可以从最后一次博弈逆向分析。对于无限次重复博弈，回溯法难以应用。现实中的无限次重复博弈可以理解为在位者与进入者对于博弈是否还会发生具有不完全信息；也就是说，双方均不清楚博弈在什么时候结束。(3)在位者非理性行为导致价格战的出现，包括对市场前景的估计、对竞争对手的实力以及“明知不可为而为之”的战略思想。

我们来看一个消耗战的实例，即英国卫星电视产业的消耗战。英国卫星广播公司(BSB)与天空电视公司(ST)在英国卫星电视市场领域20世纪80年代末至90年代初期进行了一场旷日持久的消耗战。消耗战的起因是由于BSB公司首先采用最先进的传播技术进入市场，然后惊奇地发现ST公司紧随其后使用过时而廉价的技术也进入市场。由于对竞争威胁估计不足，BSB公司采用旨在获得垄断地位的封杀战略(伴随市场扩张的营销攻势等)，从而引发BSB公司与ST公司的消耗战，导致双方损失12.5亿英镑。

在ST进入卫星电视产业后，BSB的反应包括：(1)调整生产计划，采取扩张战略，即将原来计划1990年安装40万个碟型卫星天线、1992年达到200万个、1995年达到600万个、2001年为1 000万个的生产计划调整为1993年实现500万个、1998年销售1 000万个。(2)进行价格战。为独占好莱坞电影的英国地区发行权，双方共投入6.7亿英镑用于获取电影转播权，其中1.5亿英镑为预付。(3)开展营销攻势与市场渗透及反进入战略。(4)采取技术封锁，即不兼容策略措施。BSB封杀战略的结果是：一方面，由于技术不兼容，导致用户推迟购买(担心使用错误的技术标准)，竞争的结果使得市场容量萎缩；另一方面，盲目的市场扩张引发财务危机，高于预算的成本费用使得BSB公司于1989年1月和1989年年底进行两次补充筹资。BSB公司成为继Tunnel Channel后英国第二家高启动成本的公司。消耗战导致两败俱伤：1990年4—10月，BSB公司只销售了17.5万个碟型卫星天线；ST公司销售了35万个。至1990年底，BSB每周亏损600万～700万英镑；ST公司每周亏损200万英镑。

在忍受了半年的亏损后，1990年11月2日，BSB公司与ST公司正式宣布合并，成立英国天空电视广播公司(BSkyB)。由BSB股东与原ST公司的母公司——新闻(集团)各占50%股份。该兼并被解释为“ST公司的经营才能与BSB公司雄厚资本的完美结合”①。

三、贝叶斯纳什均衡

以上主要讨论信息对称的博弈，对于不对称和不完全信息的博弈，需要引入贝叶斯纳什均衡(BNE)的概念。

(一)一个简单的例子②

如图17—11所示，参与人1(在位者)有两种类型：高成本(t_1^1)或低成本(t_1^2)。参与人1的类型是其私有信息，即参与人2(潜在进入者)在进入市场之际并不确切知道在位者是高成本还是低成本。在位者不论是高成本还是低成本，均可以选择维持高价或者打价格战；而进入者可以选择高价进入(类似于撇脂定价)或者低价进入(类似于渗透定价)。在位者与进入者的支付取决于各自的战略选择及在位者的类型，支付结构如图17—11所示。注意到在位者有两种类型，即t_1^1与t_1^2，其战略为类型依存的，记为$s_1(t_1)$，这是一个从参与人1的类型空间到其战略空间的映照。参与人2对参与人1的类型有一个经验判断，认为参与人1为高成本在位者与低成本在位者的概率均为50%，统计学术语称为先验概率，记为$P(t_1)=(1/2,1/2)$。考虑以下战略组合(s_1^*,s_2^*)，其中，s_2^*为高价；$s_1^*(t_1)=\begin{cases}\text{高价(若 } t_1 \text{ 为高成本)}\\ \text{低价(若 } t_1 \text{ 为低成本)}\end{cases}$。容易验证，$(s_1^*,s_2^*)$为纳什均衡。事实上，给定$s_1^*$，参与人2的期望效用为：若$s_2$为高价，则$\Pi_2=1/2\times3+1/2\times2=5/2$；而若$s_2$为低价，则$\Pi_2=1/2\times0+1/2\times4=2$。所以，给定$s_1^*$，高价进入即$s_2^*$为参与人2的最优战略。反之，给定$s_2^*$，高成本(即$t_1^1$)与低成本(即$t_1^2$)类型的参与人1的最优战略分别是：$s(t_1^1)=$高价，$s(t_1^2)=$低价。

(二)贝叶斯纳什均衡定义

对不完全信息博弈的均衡有了初步了解后，就可以引入贝叶斯博弈的概念。静态贝叶斯博弈(B.G)可以由$\{I;\{S_i\};\{u_i(\cdot)\};\Theta;F(\cdot)\}$予以定义。其中，$S_i$为参与人$i$的战略空间；$s_i\in S_i$为参与人$i$的战略(注意：战略是类型依存的)；$\Theta=\Theta_1\times\Theta_2\times\cdots\times\Theta_I$，而$\theta_i\in\Theta_i$为参与人$i$的类型；支付函数$U_i(s_i;s_{-i};\theta_i)$取决于参与人的类型及战略组合；$F(\theta)=F(\theta_1,\theta_2,\cdots,\theta_I)$为类型组合的联合分布函数，密度函数$P(\theta_1,\theta_2,\cdots,\theta_I)$与条件概率$P_i(\theta_{-i}/\theta_i)$均为共同知识。

这样，可以定义贝叶斯纳什均衡了。战略组合$\{s_i^*(\cdot)\}_{i=1}^{I}$如果满足：对任意的$\theta_i\in\Theta_i$，有$s_i^*(\theta_i)\in\arg\mathrm{Max}_{s_i(\theta_i)}\{\sum u_i(s_i,s_{-i};\theta_i)P(\theta_{-i}/\theta_i)\}$，$(i=1,2,\cdots,I)$，则为贝叶斯纳什均衡。

① Pankaj Ghemawat. 产业竞争博弈[M]. 胡汉辉等译. 北京：人民邮电出版社2002年版.

② 张维迎. 博弈论与信息经济学[M]. 上海：上海三联书店、上海人民出版社1996年版.

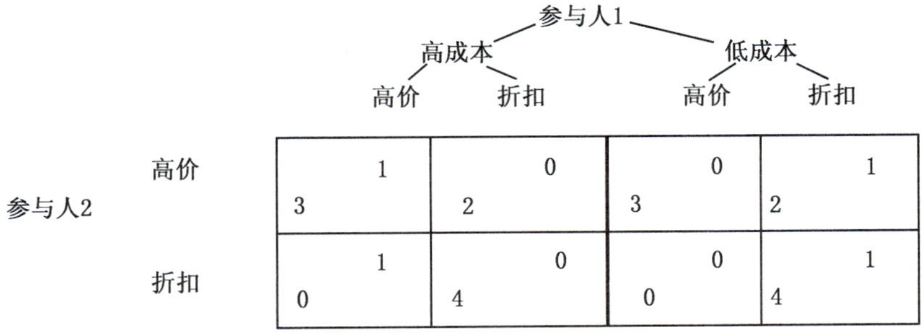

图 17—11 不对称信息博弈

我们再举一个 R&D 投资决策博弈的例子来说明贝叶斯纳什均衡的求解。假设两个企业($i=1,2$)进行 R&D 竞赛;R&D 成本为 $C\in[0,1]$;企业 i 的类型 θ_i(如知识吸收消化能力、科技成果转化能力等)为[0,1]上均衡分布,从 R&D 中获益为 θ_i^2。注意到,贝叶斯纳什均衡形如 $s_i(\theta_i)=1$(投资),若 $\theta_i\geqslant\theta_i^*$;$S_i(\theta_i)=0$(不投资),其他。所以企业 i 进行 R&D 投资当且仅当 R&D 的期望收益大于 R&D 成本,即 $\theta_i^2-C\geqslant\theta_i^2P\{s_j(\theta_j)=1\}$ 或 $\theta_i\geqslant[C/(1-P[s_j(\theta_j)=1])]^{1/2}=\theta_i^*$。

由对称性,有 $P[s_j(\theta_j)=1]=1-\theta_j^*$,得到 $\theta_i^*=[C/\theta_j^*]^{1/2}$,进一步得到对称的纳什均衡 $\theta_1^*=\theta_2^*=C^{1/3}$。这样,可以得到贝叶斯纳什均衡为:$s_i(\theta_i)=1$,当 $\theta_i\geqslant C^{1/3}$。进一步地,还可以进行社会福利比较分析。若只有一家企业,则投资当且仅当 $\theta_i^2\geqslant C$ 或 $\theta_i\geqslant\sqrt{C}$,所以不投资的概率为 $\sqrt{C}$。在两家企业下,不投资的概率为 $\theta^{*2}=C^{2/3}<\sqrt{C}$;但每家企业投资的可能性为 $(1-C^{1/3})<(1-\sqrt{C})$,即在两家企业下,每家企业投资的可能性小于只有一家企业的情形。这个例子从一个角度印证了 R&D 中的"搭便车"(free riding)现象。

(三)贝叶斯纳什均衡与拍卖

贝叶斯纳什均衡在国有资产、国债、古董乃至私车牌照的拍卖机制中有广泛应用。拍卖机制包括轮流报价的公开拍卖(类似于动态博弈)与同时出价的密封拍卖(类似于静态博弈)两种。而从报价规则来看,又可分为由下往上报价的英式拍卖机制和由上往下报价的荷兰式拍卖机制。以下介绍一级密封拍卖模型(first price sealed auction model)。[①]

一级密封拍卖的博弈规则为:参与人包括一个卖者(S)与两个投标者(B),记为 $i=1,2$;行动顺序为两个投标者同时出价,其战略为 $b_1,b_2\geqslant0$;信息结构为投标者 i 对物品的实际评价 v_i 为[0,1]上均衡分布,是私有信息;最后,支付结构为出价最高者得到物品,并以其出价成交,则有:

$$u_i=\begin{cases}v_i-b_i, & b_i>b_j\\ 1/2(v_i-b_i), & b_i=b_j\\ 0, & b_i<b_j\end{cases}$$

进一步地,假定 $b_i(v_i)$,即对物品的报价是对物品评价的非减函数。我们来求对称的贝

① Tirole, Jean. The theory of industrial organization[M]. MIT Press, 1988.

叶斯纳什均衡 $b=b^*(v)$。注意到：

$$\begin{aligned}E(u)&=(v-b)\cdot \text{Prob}\{b_j<b\}+1/2(v-b)\cdot \text{Prob}\{b_j=b\}+0\cdot \text{Prob}\{b_j>b\}\\&=(v-b)\cdot \text{Prob}\{b_j<b\}\\&=(v-b)\cdot \text{Prob}\{b^*(v_j)<b\}\\&=(v-b)\cdot \text{Prob}\{v_j<\phi(b)\}=(v-b)\phi(b)\end{aligned}$$

其中，$\phi(b)$为投标人出价 b 时对物品的实际评价。由 $d(E(u))/db=0$，得到 $\phi(b)=(v-b)\phi'(b)$，因而有 $v=\phi(b)=(v-b)\phi'(b)=(v-b)dv/db$，即 $v'(b)=\dfrac{v}{v-b}$，得到 $d(vb)/dv=v$，所以 $b=v/2$。因此，$\{b_1^*=v_1/2;b_2^*=v_2/2\}$为贝叶斯纳什均衡。与完全信息情形相比，买者只能得到卖者真实评价的一半。

那么，拍卖者如何改变博弈规则使得对自己有利，或者说，如何促使投标者提高报价，使得 b 充分接近于 v 呢？我们介绍两种矫正方法：一种是引入买者竞争机制，即增加投标者，形成竞争性拍卖。事实上，投标者的利得 π 与投标人数 n 的关系为：

$$E(u)=(v-b)\prod_{j\neq i}\text{Prob}\{b_j<b=(v-b)\phi^{n-1}(b)\}$$

则 $b=v(n-1)/n$，当 $n\to\infty$时，$b\to v$，即投标者将以真实价值报价。现阶段，上海私车牌照通过网上竞拍、政府采购通过网上招标等做法除了体现"公开、公正"原则外，还可以防止投标者的隐藏信息行为。

另一种是改用二级密封拍卖机制(second price sealed auction)，即出价最高者得到物品，但以次高价成交。在二级密封拍卖下，容易验证，每个投标者以其实际评价出价是占优战略，从而是贝叶斯纳什均衡。事实上，可以将 n 个投标者对物品的评价由小到大进行重排，得到 $0\leqslant v_1\leqslant v_2\leqslant\cdots\leqslant v_n\leqslant 1$。记 $b^*=\text{Max}_{j\neq i}\{b_j\}$，则若 $v_i>b^*$，i 应得到物品，应出价 $b>b^*$，但 $b\in(b^*,\infty)$对其福利无影响，取 $b=v_i\in(b^*,\infty)$。若 $v_i<b^*$，i 不应得到物品，出价 $b<b^*$，但 $b\in(0,b^*)$对其福利无影响，取 $b=v_i\in(0,b^*)$。

四、子博弈精练贝叶斯纳什均衡

最后一个重要的均衡概念是子博弈精练贝叶斯纳什均衡(PBNE)。回顾一下，从纳什均衡(NE)到子博弈精练纳什均衡(SPNE)中，限定 SPNE 应该在每个子博弈上均构成 NE，以剔除基于不可置信威胁的 NE。而在贝叶斯纳什均衡(BNE)中，战略是类型依存的。那么，一个 PBNE 除了是 SPNE 外，还应该是 BNE。为了说明这一点，先看图 17－12 的简单例子。注意到，参与人 2 的信息集有两个决策结点，说明当轮到参与人 2 选择时，它只是知道参与人 1 没有选择 U，但并不知道参与人是选择 D 还是选择 M。这样容易找到这个博弈的两个纳什均衡战略：(D,L)与(U,R)。由于原博弈只有一个子博弈，所以(D,L)与(U,R)均为 SPNE。但是，R 显然是参与人 2 的劣战略(dominated strategy)，因而(U,R)是不合理的。可见，SPNE 不足以剔除像(U,R)这种不合理的 SPNE。为了分析不完全信息动态博弈的均衡，我们需要引入不同于子博弈的后续博弈(continued game)的概念。所谓后续博弈，是指始于任意信息集(单结点或非单结点信息集)的博弈。显然，子博弈只是一种特殊的后续博弈。有了后续博弈的概念后，就可以定义 PBNE 了。

注意到，PBNE 要求：(1)在参与人 i 的每个信息集上$(h_i\in H_i)$，i 要对处于哪个决策结点

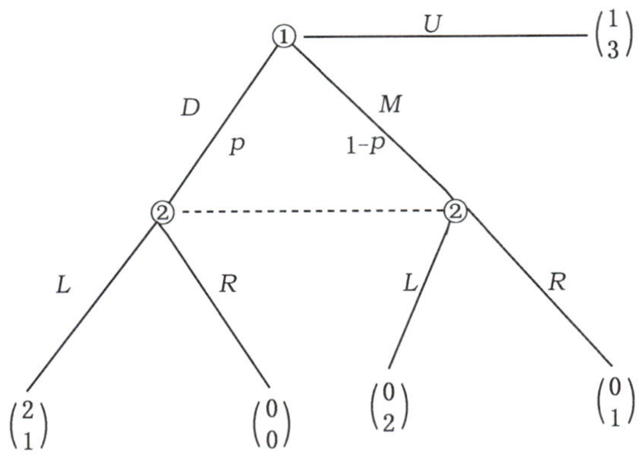

图 17—12　不完全信息动态博弈

给个判断(belief):$\{\mu(x)\}_{x\in H_i}$,满足$\sum_{x\in H_i}\mu(x)=1$;(2)给定判断$\mu(x)$,战略必须是序贯理性的(sequential rational),即在每个后续博弈上构成 BNE。

例如,在上例中,(U,R)是非序贯理性的,因为给定信念$(p,1-p)$,$E[u(R)]=p\times 0+(1-p)\times 1=1-p$;而$E[u(L)]=p\times 1+(1-p)\times 2=2-p$。所以,$R$不是 2 所在后续博弈的最优战略。另外,判断(信念)是合理的意味着,判断是基于均衡战略由贝叶斯法则修正得到的。关于贝叶斯法则是这样的,首先有一个先验概率(ex-ante/prior probability):$P(\theta_i)$;在观测到行动a_i后,修正i属于类型θ_i的概率,得到后验概率(ex-post/posterior):$P(\theta_i/a_i)$。由$P(\theta_i,a_i)=P(a_i)P(\theta_i/a_i)=P(\theta_i)P(a_i/\theta_i)$,得到:

$$P(\theta_i/a_i)=P(a_i/\theta_i)P(\theta_i)/P(a_i)=P(a_i/\theta_i)P(\theta_i)/\sum_j P(a_i/\theta_j)P(\theta_j)$$

国内学者张维迎教授举了一个“好人好事”的例子来直观地解释贝叶斯法则,颇有意思。[①]首先,对一个人是好人还是坏人有一个先验概率;其次,在观察到这个人做了一件好事后,我们需要修正其为好人的概率。当然,应该注意到,坏人有时候也会做好事以蒙骗人的眼睛,所以,分母是一个全概率公式,即:

$$P(\text{好人}/\text{好事})=P(\text{好事}/\text{好人})P(\text{好人先验概率})\div[P(\text{好事}/\text{好人})P(\text{好人先验概率})+P(\text{好事}/\text{坏人})P(\text{坏人先验概率})]$$

这样一来,我们可以给 PBNE 下一个严格的定义。$\{a,\mu\}$是以下方程组的不动点:

(1)$a\in a^*[\mu^{Bay}(a)]$:给定判断,战略是最优的;

(2)$\mu\in\mu^{Bay}[a^*(\mu)]$:推断是运用贝叶斯法则,从战略与所观测到的行动得到的。

专栏17-1

其中,战略组合$a=(a_1,a_2,\cdots,a_I)$;判断组合$\mu=(\mu_1,\mu_2,\cdots,\mu_I)$。

① 张维迎.博弈论与信息经济学[M].上海:上海三联书店、上海人民出版社 1996 年版.

第四节　博弈论在竞争战略中的应用

博弈论在经济学中的应用可以追溯至19世纪的寡头理论(Theory of Oligopoly)和讨价还价理论(Theory of Bargaining),前者包括著名的古诺(Cournot,1838)模型与伯特兰德(Bertrand,1883)模型,在古诺模型中,厂商以产量为决策变量,但由于产量的调整并不容易,因此,伯特兰德提出厂商以价格为决策变量的竞争模型;后者包括埃奇沃斯(Edgeworth,1887)的交换契约模型与希克斯(Hicks,1932)的工资决定理论。但是,在此期间博弈论尚未真正成为一门经济学科。20世纪80年代以来,博弈论基本上处于实践应用阶段。博弈论对经济学的改写可谓面目全非。宏观经济学方面最著名的应用是宏观经济政策的动态一致性问题,即中央政府在制定一项宏观政策时,要注意到"上有政策、下有对策";或者说,中央政府在制定政策时,应将地方政府及地方人民的反应考虑进去,以保证政策不但在制定阶段最优,而且在执行阶段也最优(此即子博弈精练纳什均衡)。另外,在失业保险(unemployment insurance)、资本市场方面也有颇多应用。微观经济学方面,博弈论被广泛应用于解决外部性问题、公共产品的投资激励以及经营者激励与约束机制(CEO compensation),其本质是解决由于博弈双(多)方信息不对称所形成的代理问题,一种有效的机制应能同时消除两种机会主义行为,即由于事前(exante)信息不对称所引致的悖逆选择(adverse selection),以及由于事后(expost)信息不对称所引致的败德行为(moral hazard),从而达到激励相容(incentive compatible)。

博弈论思想已被广泛应用于许多社会科学领域,尤其是对于经济学与国际政治而言,博弈论的引入无疑是一场革命性的冲击。博弈论在改写经济学的同时,也不断地向管理学领域渗透。经济管理学家利用博弈论作为建模的工具,在企业竞争战略制定方面,诸如研究与开发或专利竞争、如何应对价格战、市场进入与反进入策略、广告策略选择、渠道管理与控制、动态收购、员工薪酬管理、顾客关系管理、互补厂商管理以及供应链管理方面做了许多扩展性工作。可以说,博弈论在社会科学领域到处开花,其渗透威力令人侧目。以下简单介绍博弈论在竞争战略中的一些应用。

一、构建价值网

迈克尔·波特(Michael Porter)的五力模型(five force model)实际上是一个企业价值网(value net),见图17—13。

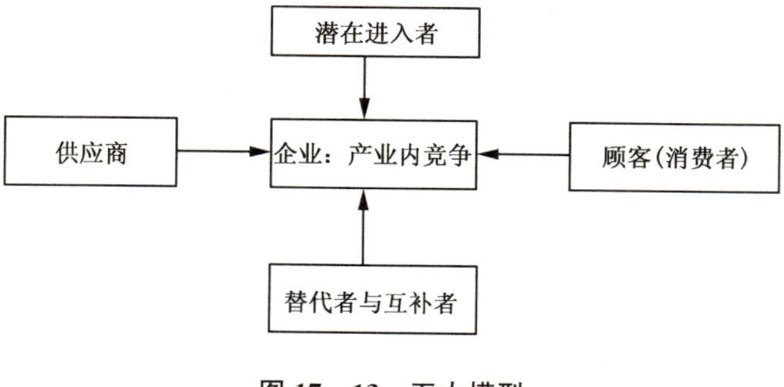

图17—13　五力模型

价值网指出了企业在商业博弈中面对的局中人，即现有竞争对手、潜在竞争对手、替代品与互补品厂商、供应商以及客户。一个企业可以通过选择有利的局中人、改变支付函数、改变信息结构、改变战略集等手段来使得博弈朝着有利于自身的方向发展。例如，可口可乐公司通过引进供应商竞争机制、Lin广播公司通过引进买家竞争机制来使自己处于有利地位，它们都是通过改变博弈局中人的方法来提升竞争力。而GM等汽车制造商通过补偿零部件供应商的固定成本、上汽集团在桑塔纳国产化中通过零部件关联或联营企业的形式以及各种长期合约的方法来进行供应链管理。一揽子交易则是互补品管理的典型形式。电影院与餐馆表面上互不相关，但是，有些电影院与餐馆通过在电影票背面印上餐馆就餐优惠券的方式进行合作，使得双方利益大为改观。捆绑销售本质上是一种极端的互补品管理策略，例如，微软的操作系统与浏览器捆绑销售、施乐的复印机一度与复印纸搭配销售，乃至存话费送手机的CDMA营销策略及小灵通产品等。在客户管理方面的最高境界是在不知不觉中锁定用户。例如，航空公司惯用的里程累积计划(frequently flying program)，乘客积累的里程越多就被套得越牢；还有一些商家采用消费积点的方式来降低顾客的价格敏感度；有些建材商店采用消费达到一定额度后购买本店其他一些指定商品(比如非专业的家具)可以折扣的方法来套牢客户。总之，客户关系管理的目的是增加顾客忠诚度、降低其价格敏感度并刺激其不断消费，至于方法则"仁者见仁、智者见智"，无固定模式。

二、价格竞争

通过大幅度降低价格以吸引价格弹性较高的消费者，已经成为大多数企业面对疲软市场需求以及渗透进入市场的不二法宝。今天，我们看到价格战广泛存在于航空、电信、汽车、软饮料、家电等产业。1992年美国民航业的价格战至今让人记忆犹新。1992年夏天，西北航空公司发动了民航业的一场价格战并立即被竞争对手跟随和升级，进一步加深了民航业在始于1990年波斯湾危机的萧条与复苏过程中已经遭受的创纪录的损失。西北航空公司的降价是否非理性？难道可以隐瞒竞争对手？航空公司可以通过航空票价发布公司(ATP)经营的技术情报交换计算机系统，迅速获得竞争对手的价格信息。关键在于，企业非对称，对市场价格有不同的预期。西北航空的航线系统较差，飞行班次不够频繁，而且有服务不好的坏名声，所以高价对于西北航空是不利的。因此，低价更具吸引力。即使竞争对手跟随降价，对西北航空也有利，因为在民航业的旺季即夏季，降价增加的市场份额分配不均匀。[①]

价格战的另外一个经典案例是20世纪70年代发生在美国的咖啡之战。当时，密西西比以东地区最畅销的咖啡品牌麦斯威尔的提供商通用食品(GF)的市场遭到西部品牌福格提供商宝洁(P&G)的挑战。宝洁采用电视广告、零售商促销、优惠券、附送礼品及邮寄免费样品等策略依次进入克里夫兰、费城、锡拉丘兹等东部地区城市。通用食品最初采用邮寄并附送优惠券的方法及销售商激励等非价格手段应对，后来逐渐采用"即时防御"战略，将价格降到低于进入者的成本——被指控为掠夺性定价(predatory pricing)。

国内彩电四巨头曾经在开封演绎的折价机之战也曾引起广泛关注。据有关媒体报道，2003年8月中下旬，国内彩电四巨头TCL、康佳、海信、创维在河南开封开展"旧彩电折价500

---

① Besanko, David, et al. Economics of strategy[M]. John Wiley & Sons, 2009.

元”的“促销”活动,涉嫌“诈骗”。8 月 13 日,TCL 在当地的《汴梁晚报》上登出广告,称“TCL 为回报用户,引领中国百姓家庭彩电全面升级,决定无论任何品牌的旧彩电,只要光、图、声正常,14 英寸以上彩电一律折价 500 元”。康佳、海信连夜赶印广告宣传页,宣布从 15 日开始,在万宝、航天及其各自的专卖店也“以旧换新”。海信称“18 英寸以上彩电最少可折价 500 元”;康佳则承诺“最高折价 1 500 元”。创维不甘落后,16 日的举措更为大胆,除承诺“任何品牌 14 英寸以上旧彩电一律折价 500 元”外,还宣布“任何品牌旧洗衣机、冰箱一律折价 340 元,加 140 元现金可享受彩电换机价”。四巨头本来打算在 8 月 17 日结束活动,但广大市民的“换机”热情使得该活动一直延续到 8 月 20 日。TCL 的销售经理承认,7 日内共卖掉 4 000 多台 TCL 彩电,其中绝大部分是在万宝销售的。冲动之后的市民开始冷静思考:旧彩电真的折价 500 元了吗?按照四巨头的事前承诺,回收的旧彩电将捐给贫困地区,那么,以旧换新成立的条件是一台彩电的利润应在 500 元以上。但是,据业内人士透露,一台 29 英寸彩电的利润大概只有 100 元左右。事实上,有人指证,回收的旧彩电已流向旧货市场。

那么,企业如何运用博弈论思想有效应对价格战?从博弈论的角度看,公司高管应明确:应对价格竞争的目的不是赢得价格战,而是避免不必要的价格战。因此,在评估经理们的时候,不要只看他们赢得销售和市场份额的能力,还要看他们达到长期盈利的能力。以下介绍应对竞争对手挑起价格战的四种策略。①

第一个策略是不战而屈人之兵,即通过传递正确的信号使得价格战胎死腹中(stop the war before it starts)。例如,可以通过披露你的策略意图——价格跟进战略、天天低价,公开表明本公司将利用所有可获得的资源应对价格战;还可以通过披露你的成本优势来威慑对手,让其知难而退。比如,标准石油公司的创始人洛克菲勒,在面对竞争对手的茫然进入及不自量力的低价格时,他采用的威胁策略是:经常在周末邀请竞争对手到家里喝咖啡,事前将一些公司账簿不经意地放在茶几边缘、沙发角落等位置,让竞争对手瞟到账簿的会计信息后倒抽一口凉气:原来标准石油公司的成本如此低。兵书云:兵不厌诈。我们不排除洛克菲勒散布假信息的可能,但这确实是一种传递信息的途径。

第二个策略是避实击虚,即应以非价格竞争手段(responding with non price actions)。例如,采用产品差异化策略,或者提升产品质量(focus on quality);还可以提醒顾客劣质的风险(alert customers to risk of poor quality);等等。又如,亚洲金融危机后,东南亚的许多宾馆纷纷采用降价促销手段以吸引旅客,但是马来西亚的丽思·卡尔顿酒店(Ritz-Carlton)并不盲目跟随降价,而是专注于改进服务质量。酒店除了派营销人员到机场展示样板房、敲锣打鼓欢迎旅游团外,还在宾客退房后送给每人两个当地手工艺品绣花枕头以作留念。因此,即使在亚洲金融危机后东南亚经济疲软,该酒店仍是一枝独秀。而对于像医疗器械、制药等与老百姓性命攸关的产业,提醒顾客劣质的风险往往能有意外收获。另外,联邦捷运也提供了一个利用某些客户对于时间的敏感性来降低其对于价格的敏感性的成功案例。对于客户数目相对有限的公司来说,还可以通过强调选用低价替代品所带来的一些负面影响,利用客户之间的博弈,避免客户竞相转向低价替代品而引发价格战的不利局面。例如,生产 Nutra Sweet 的孟山都公司

---

① Rao, Akshay R., Mark E. Bergen, and Scott Davis. How to fight a price war[J]. Harvard Business Review, 2000, 78(2): 107—120.

利用可口可乐与百事可乐两大客户之间的博弈套牢客户成为一个经典案例。此外，也可以积极寻求产业利益相关者（如供应商、分销商等）或者对于行业利益能够产生潜在影响的组织（如政府、工会等）的帮助来共同抵制价格战。这种帮助可以是直接限制价格战，或者是提供资源帮助企业提高应对价格战的能力，从而阻碍竞争对手挑起价格战的意愿。例如，随着电信竞争局面的形成，电信公司开始通过寻求与价值链上的企业进行合作来获得竞争优势。AT&T 公司根据电话卡用户的数据库来识别信用特别好的用户，然后主动让这些用户使用环球卡（universal card）——一种集电话卡与信用卡两种功能于一身的卡，使用户获得附加价值。又如，可以利用竞争对手的忠诚顾客来提高竞争对手降价的成本。如果竞争对手的降价行为仅仅是针对增量客户，而他们已经拥有存量客户，那么，给受到竞争对手降价威胁的企业的忠告是，不一定要通过削价来实施报复行为，可以告诉竞争对手的老客户们，他们没有享受到公平的待遇，使其出现"内乱"。

第三个策略是有选择的局部价格战（selective pricing actions）。具体形式包括：只调低特定产品的价格或对特定区域的顾客给予价格折扣（modify only certain prices）；也可以是引进战斗性品牌（fight brands）。例如，当美国西部航空公司为了抢西北航空公司繁忙的明尼阿波利斯至洛杉矶这条航线的生意而将其票价降低 50 美元时，西北航空公司并没有直接应对，而是采用迂回战术，以类似幅度降低西北航空公司最赚钱的菲尼克斯至纽约的航线，最终双方握手言和。又如，3M 公司在磁盘市场引入战斗性品牌，以应对 Kao 公司价格竞争。另外，当存在过剩的生产能力时，企业可以选择在特定的销售渠道上降价以刺激需求，充分利用生产能力。例如，在包装商品行业通过对使用未注册商标和私人商标产品的降价刺激销售，同时避免了对注册商标品牌权益的影响。又如，Delta 航空公司选择通过单独的其他销售渠道（price line. com）向价格敏感的顾客销售剩余机票。值得注意的是，这种通过"秘密市场"实现闲置生产能力的做法，在消费者发现了公司的秘密之后，仍有引致价格战的危险。因此，在一定程度上保留一定的闲置生产能力也不失为一种可行的选择，至少可以作为一种可信的威胁阻碍潜在竞争对手不要轻易地试图侵入本公司领地。此外，在采取价格折扣时，应有一些相应的配套措施，如取消客户认为没有价值的服务和功能，或者让客户承诺接受谈判好的价格及长期的购买协议。

第四个策略是积极投入价格战。在以下情况中，积极投入价格战不失为一种明智的选择：当竞争对手危及本公司的核心业务时；当本公司明确界定出一个规模大且成长迅速的对价格敏感的细分市场时；当本公司具有明显的成本优势，且有相对更多的资源（deeper pockets）可以支持一场价格战时；当通过价格战可以拓展市场、获得规模经济、能够压制或者消除竞争对手时。

综上所述，可以用图 17－14 来显示一个成熟的应对价格竞争的策略。①

三、动态收购策略

在并购实践中，银行或律师事务所会设计一些阻止敌对收购的办法，一个著名的例子是股东权利方案，又称为"毒药丸"（poison pill）计划。从博弈论的角度看，"毒药丸"计划本质上是

① Thomas T. Nagle & Reed K. Holden. 定价策略与技巧[M]. 应斌，吴英娜译. 清华大学出版社 2003 年版.

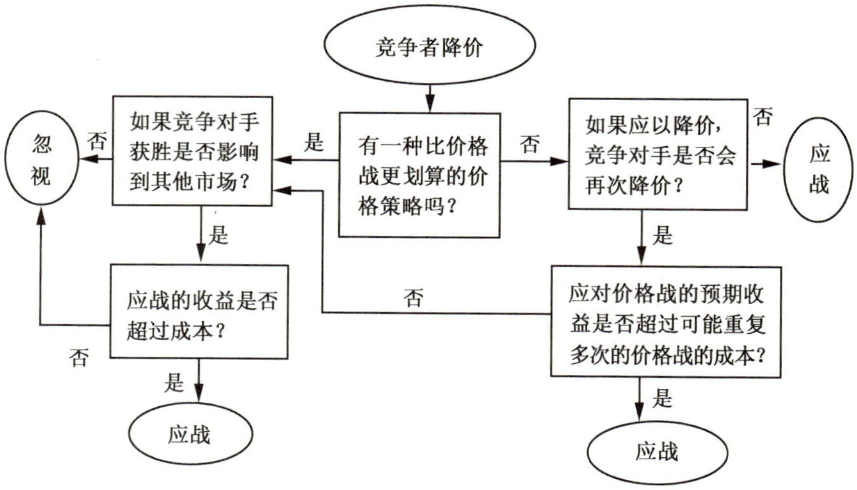

图 17—14　应对价格战的策略性思考

一个有条件的动态博弈，它只有在有人敌意收购受保护企业时才会发生。以下我们简单介绍"毒药丸"计划。如图 17—15 所示，假设云里雾里公司发行 100 万股普通股，每股市价 2 美元，总市价为 200 万美元。云里雾里公司设有股东权利方案，即只要有人购买了云里雾里公司10%以上(10 万股)的股份，云里雾里公司的经营层允许股东用对折价格(即 1 美元)来购买新增发的股票；但任何一个导致"毒药丸"计划启动的股东都无权以折价购买新发股票。这很容易理解，"毒药丸"计划使得收购方的原先投资被稀释，而且增加了收购余下股份的成本。

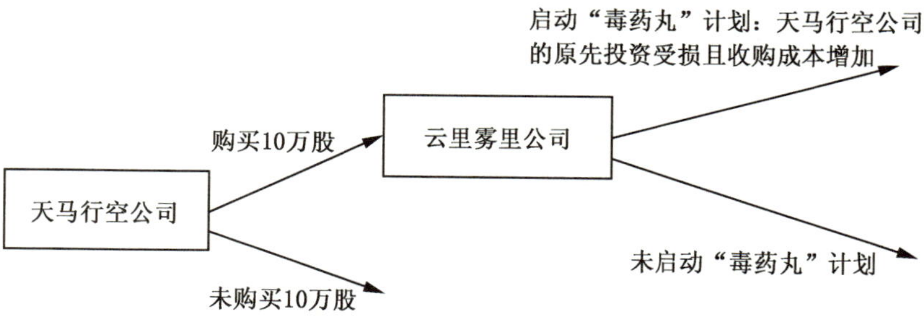

图 17—15　"毒药丸"计划

正是由于被收购方可以启动"毒药丸"计划，所以收购方一般倾向于采用动态收购计划(一般是两阶段)。动态收购计划可以迫使小股东在第一阶段就抛弃股票，因为一旦到了第二阶段，被收购方将启动"毒药丸"计划，届时小股东利益就会受损。

作为实例，我们介绍一下美国联铁案。① CSX 和 Conrail 是美国东部第一大和第三大的铁路公司，在 1996 年 10 月 16 日宣布以 83 亿美元价值合并。合并后的新总部设在费城，两年后新公司将由 Conrail 总裁管理。CSX 采用两阶段收购 Conrail。在第一阶段，CSX 先以 92.5

① 方博亮，林祖嘉. 管理经济学[M]. 中国台北：智胜文化事业有限公司 2003 年版.

美元的价格购买 Conrail 19.7%的股份；一旦 Conrail 股东根据宾夕法尼亚州的法律批准这项交易后，CSX 会以相同的价格收购另外 20.3%的股份。在第二阶段，CSX 会以 1.856 19∶1.0 的比例交换剩余的 Conrail 股份。基于 CSX 的 46.75 美元的股价，后者收购股价是 89.07 美元。有趣的是，双方协议中的条款包括：3 亿美元的分手费；CSX 享有“锁死”期权，可以 92.5 美元的价格购买 Conrail 新发行的 1 596 万普通股；联铁的“毒药丸”计划暂停；6 个月内 Conrail 不能与其他公司商谈合并事宜。

四、信号传递机制

信号传递模型(signaling model)[①]在劳动力市场、品质经济学、市场进入遏制等领域普遍存在。信号传递机制的基本原理如图 17—16 所示，拥有较多信息的一方(代理理论中通常称为代理人)会采用一些可承载信息的行为，将信息传递给信息劣势方(称为委托人)。例如，优质产品的厂商可以通过高价格来传递其产品质量，也可以通过广告、退赔承诺来传递质量。而能力较强的应聘人员可以通过学历教育、各种职业资格证书来传递其能力给招聘者。当然，反过来，委托人也会通过一些行之有效的甄别机制来筛选产品或劳动者，如通过鉴定或面试。[②]

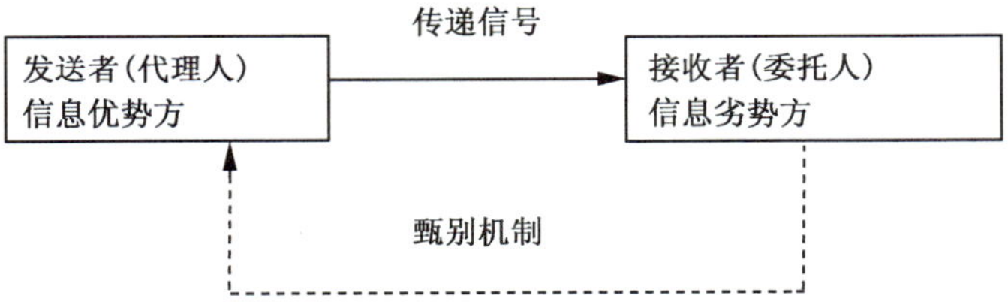

图 17—16　信号传递示意图

信号传递的一般模型[③]为：参与人包括发信号者(S)，其类型 $\theta_i \in \Theta_i (i=1,2,\cdots,I)$，以及接收信号者 R(receiver)；S 可以发信号 $m \in \{m_j (j=1,2,\cdots,J)\}$，R 观测到信号后，选择行动 $a \in \{a_k (k=1,2,\cdots,K)\}$；最后，支付 $\{u_S(\theta_i,m_j,a_k);u_R(\theta_i,m_j,a_k)\}$。信号传递模型的 PBNE 战略组合 $\{m^*(\cdot);a^*(\cdot);P(\theta/m)\}$ 应满足：(1) $a^*(m_j) \in \mathrm{argMax}_{a_k}\{\sum_{\theta i} P(\theta_i/m_j) u_R(\theta_i,m_j,a_k)\}, \forall m_j$；(2) $m^*(\theta_i) \in \mathrm{argMax}_{m_j}\{u_S(\theta_i,m_j,a^*(m_j))\} \forall \theta_i$；(3) $P(\theta_i/m_j)$ 是依据观测到的信号 m_j 及 S 的最优战略依贝叶斯法则修正得到。

作为信号传递模型的一个特例，斯宾塞(Spence，1974)的教育传递能力信号模型[④]的主要思想如下：博弈参与者包括应聘者(employee)与顾主(employer)，应聘者的类型(生产效率或能力) $\theta_i (i=1,2)$，其中 $0<\theta_1<\theta_2<1$；先验概率分别为 p_1, p_2。应聘者的行动为选择教育投资水平 e，教育成本为 $C(e)=e/\theta$；其支付为 $\omega(e)-e/\theta$。而雇主根据所观测到的行动(学历教

---

① Milgrom, Paul, and John Roberts. Limit pricing and entry under incomplete information: an equilibrium analysis[J]. Econometrica: Journal of the Econometric Society, 1982: 443—459.

② Luo Pinliang. Research report on agency theory [R]. Mimeo: The Amos Tuck School at Dartmouth College Hanover, NH, oct. 1999.

③ 张维迎. 博弈论与信息经济学[M]. 上海：上海三联书店、上海人民出版社 1996 年版.

④ Spence, Michael. Job market signaling[J]. The Quarterly Journal of Economics, 1973: 355—374.

育或教育投资)推断应聘者的劳动生产率,从而支付工资 $\omega(e)=E[\theta|e]$。

问题是:高能力者的教育投资至少应多大,才能使其与低能力者区别开来,即产生分离均衡(separating equilibrium)?

首先,可以证明,在均衡战略下,低能力者的教育投资不比高能力者高,即 $e_1^* \leqslant e_2^*$。事实上,由 $\omega(e_1^*)-e_1^*/\theta_1 \geqslant \omega(e_2^*)-e_2^*/\theta_1$ 及 $\omega(e_2^*)-e_2^*/\theta_2 \geqslant \omega(e_1^*)-e_1^*/\theta_2$,有 $(1/\theta_1-1/\theta_2)\times(e_2^*-e_1^*)\geqslant 0$,所以 $e_1^* \geqslant e_1^*$。其次,在分离均衡下,由于 $e_1^*<e_2^*$,所以,$e_1^*=0$。

接着确定 e_2^*,使得 $\{(e_1^*=0,e_2^*);[\omega(e_1^*)=\theta_1,\omega(e_2^*)=\theta_2]\}$ 加上 $\{P_1[\theta_1 | \forall e_1 \neq e_2^*]=1;P_1[\theta_1|e_2^*]=0\}$ 成为 PBNE。液面相容条件可以表示为 $\theta_1 \geqslant \theta_2-e_2^*/\theta_1$ 及 $\theta_2-e_2^*/\theta_2 \geqslant \theta_1$,因而有 $\theta_2(\theta_2-\theta_1)\geqslant e_2^* \geqslant \theta_1(\theta_2-\theta_1)$。所以,有无穷多个 PBNE。

最后,考察一下混同均衡(pooling equilibrium):找 $\{e^*=e_1^*=e_2^*;\omega(e^*)=p_1\theta_1+(1-p_1)\theta_2=E[\theta]\}$ 及 $\{P_1[\theta_1|e^*]=p_1\}$ 成为 PBNE。由 $\theta_1 \leqslant p_1\theta_1+p_2\theta_2-e^*/\theta_1$ 及 $\theta_1 \leqslant p_1\theta_1+p_2\theta_2-e^*/\theta_2$,得到 $e^* \leqslant \theta_1 p_2(\theta_2-\theta_1)$。

复习思考题

1. 为什么说博弈获胜的根本在于制定规则?
2. 博弈有哪些基本类型?
3. 什么是纳什均衡? 怎么求解?
4. 举例说明市场中企业之间的博弈行为与结果。

第十八章

市场结构

市场是经济活动的焦点，市场在价格决定与资源配置上发挥着重要的作用。但现实中许多市场（如汽车、早餐麦片、混凝土、钢铁等）具有不同的市场结构。市场结构是指一个特定的市场内的竞争结构，习惯上划分为完全竞争、垄断竞争、寡头垄断以及垄断四大类型。市场结构的差异及其在不同时期的变化对于价格水平及其稳定性、资源配置效率、技术进步乃至市场主体的营利性均有重要影响。① 按照产业组织理论 SCP 框架的基本逻辑，市场结构将决定企业的竞争行为；而企业的竞争行为将影响市场绩效。

本章将探讨不同市场结构下企业的行为，特别是市场集中度与市场绩效之间的关系。为此，本章首先介绍了市场的圈定理论以及市场势力的度量方法；其次，介绍了市场结构的划分标准及基本类型，并对垄断与竞争市场下企业的行为进行比较分析；最后，给出标准石油公司、微软垄断案及中国电信市场结构分析等案例。

第一节　市场势力与市场集中度

一、市场的圈定

市场的核心功能是交换（exchange），市场的两个核心要素是产品与（地理）区域要素。产品要素界定了哪些产品属于同一个市场，进而可以将市场划分为各种产品市场，如劳动力市场、房产市场、证券市场、农产品市场、钢材市场、黄金市场等；而区域要素则界定了一个市场所覆盖的地理区域范围，按照区域范围，我们可以进一步将市场分为地区性市场、全国性市场以及全球性市场。跨国公司按照国别市场实施价格歧视或者通过转移定价转移利润，正是充分利用市场界定中的区域要素这个概念。诚然，随着电子商务的迅猛发展乃至“国内竞争国际化、国际竞争国内化”这种全球化竞争局面的形成，地理区域的概念正在逐渐淡化。

产业组织学中通常将市场区分为经济市场与反托拉斯市场。② 按照古诺（1971）的阐述，经济市场是生产厂商和消费者从事有关产品交易的场所和空间。可见，经济市场应该界定一

---

① McGuigan，James R. 等. 管理经济学：应用、战略与策略[M]. 李国津译. 北京：机械工业出版社 2003 年版，第 369 页.

② Church，Jeffrey & Roger Ware. Industrial organization：a strategic approach[M]. The McGraw-Hill Companies，Inc.，2000.

个产品集、买者集、卖者集以及买卖双方进行交易的地理区域。[①] 而按照斯蒂格勒(1982)的发现及美国司法部(企业)并购指南(1982 Department of Justice Merger Guidelines)的有关规定,反托拉斯市场的宗旨在于发掘市场力量,其边界由垄断者假设检验(hypothetical monopolist test)来确定,即如果在上述经济市场中,只有一个具有显著市场力量的厂商在供应产品,那么这个经济市场即为反托拉斯市场。[②] 所谓具有显著市场力量,按照沃尔登(Werden,1993)的解释,是指如果该厂商对价格做出一个"非临时性的明显的小幅度"(small but significant and nontransitory)的上调,实践中通常是5%,其能够保持原来的市场力量(即利润不低于价格上调前的水平)。如果我们采用弹性的观点来看待这个问题,几乎可以说市场需求缺乏价格弹性。[③] 我们下文所讲的市场主要是指反托拉斯市场。

以上是市场的概念,接下来介绍市场边界(boundary)的确定。一种确定方法是采用替代性(Robinson,1933),即从既定产品开始,寻找其替代品;再找替代品的替代品,直至有明显差异。[④] 例如,我们想界定可口可乐所在的市场边界,可以沿着"A(可口可乐)—B(百事可乐)—C(雪碧)……"这个逻辑来进行。替代法的缺点是未对"明显差异"予以明确的界定,实际操作中主观性较强,容易出现偏差。另外,未对潜在产品如实验室产品予以考虑。

市场边界的另一种确定方法是马歇尔(Marshall,1920)及斯蒂格勒和舍温(Stiger and Sherwin,1985)所提倡的产品价格相关性(price correlation)。[⑤] 考虑A、B两种产品,如果产品A的供给曲线因受某些因素影响向左上方移动,则A的价格上升;那么,如果B是A的充分替代品(即若A与B同在一个市场竞争),将会出现什么情况?由经济学的需求定律可知,A的需求者可能转向需求B;或者由资源优化配置理论,B的生产者可能转向生产A。无论出现哪种情况,都会导致B产品价格的上升与A产品价格的适度回落。而如果A与B不在同一个市场,则其价格不存相关性。按照此原理,美国司法部在实际操作中推行5%原则的做法,即若产品A的价格变动引起产品B的销售量变动超过产品A价格变动幅度的5%,或者说A与B的交叉价格弹性大于5%,即$\frac{\Delta Q_B}{Q_B}\frac{\Delta P_A}{P_A}\geqslant 5\%$,那么可以认定A与B在同一个市场。

二、市场力量的度量

(一)勒纳指数

界定市场边界后,就可以度量市场力量了。如果一个企业不具有任何市场力量,则它只能接受市场价格(price taker)。进一步地,按照微观经济学的基本原理,在充分竞争下,其价格等于边际生产成本,企业的经济利润为零。所以,我们可以认为市场力量(market power)是指企业在市场中的地位,或将价格制定在竞争性水平(即边际成本)之上的能力。

---

① Cournot,A. Researches into the mathematical principles of the theory of wealth[M]. New York: Augustus Kelley. 1971.

② Stigler,George J. The economists and the problem of monopoly[J]. American Economic Review,1982,72(2):1—11.

③ Werden,G. Market delineation under the merger guidelines:a tenth anniversary retrospective[J]. Antitrust Bulletin,1993(38):517—555.

④ 威廉·G. 谢泼德等. 产业组织经济学[M]. 北京:中国人民大学出版社 2007 年版。

⑤ Tirole,Jean. The theory of industrial organization[M]. Cambridge:The MIT Press,1988.

所以，市场力量（又称为市场势力）的第一种度量方法是勒纳指数（Lerner Index，LI），即“抬高价格能力”。某个企业的勒纳指数定义为①：

$$LI=(P-MC)/P$$

式中，P 为价格，MC 为边际成本。注意到，$(P-MC)/P=-1/\varepsilon$，其中 ε 为价格弹性。所以，有：

$$LI=(P-MC)/P=-1/\varepsilon$$

整个行业的勒纳指数定义为：

$$LI=\sum_{i=1}^{n}s_i(P-MC_i)/P$$

式中，s_i 为企业 i 的市场份额。

特别值得指出的是，勒纳指数实质上是增量毛利率（incremental margin）。它不同于利润率，利润率＝（价格－平均成本）/平均成本；也不同于贡献毛益率（contribution margin），贡献毛益率＝（价格－平均可变成本）/价格。

按照以上关于市场力量度量的基本思想，可以从中国电信资费改革的角度来分析中国电信的市场力量。我们注意到，电信服务的边际成本微乎其微，除了占用网络的机会成本外，其边际成本几乎为零。2000 年 8 月以前，以市话资费为例，资费 $P=0.18$ 元/3 分钟。据统计，每次通话 1 分钟的占 60%；1～2 分钟的占 30%；2～3 分钟的占 10%，则每分钟的平均支付（成本）为 0.18×60%＋0.09×30%＋0.06×10%＝0.14（元/分钟）。

2000 年 8 月的资费改革思路为：以分钟计费 $P_1=0.10$（元/分钟）。另外，对每次通话收取连接手续费 $P_2=0.10$（元/次）。按照上述通话的概率统计，每分钟的平均支付为 0.17 元。

后来的改革实践是：市话前 3 分钟 0.2 元；3 分钟后每分钟 0.1 元。长话方面，2001 年 2 月 21 日起，长话以 6 秒为计量单位，每 6 秒 0.07 元；每日 0 时到 7 时打 6 折，即每 6 秒 0.04 元。

那么，消费者福利如何变化？事实上，资费改革前，800 公里以外夜间或节假日，若打 5 分钟，资费＝1.00×5×1/2（半价）×120%（附加费）＝3.00（元）；而在新资费标准下，资费＝0.07×10×5＝3.50（元）。若打 30 秒，资费改革前为 1.00×1/2×120%＝0.60（元），改革后为 0.07×5＝0.35（元）。800 公里以内夜间或节假日，若打 5 分钟，资费改革前为 0.08×1/2×5×120%＝2.40（元），现在为 0.07×10×5＝3.5（元）。而若打 30 秒，原来是 0.80×1/2×120%＝0.48（元），现在是 0.07×5＝0.35（元）。

（二）市场集中度

市场力量的第二种度量方法是市场集中度。一般常用的有 CR_4 与 CR_8，其中 $CR_4=\sum_{i=1}^{4}(S_i\%)$，表示该行业中市场份额最大的 4 个企业的市场份额；而 $CR_8=\sum_{i=1}^{8}(S_i\%)$，表示该行业中市场份额最大的 8 个企业的市场份额。这里 $S_i\%$ 为企业 i 的市场份额（$i=1,2,\cdots,n$）；且有 $S_1\geqslant S_2\geqslant\cdots\geqslant S_3$。例如，1999 年全国电风扇市场份额为美的（25.5%）、格力（16.7%）、艾美特（10.4%）、海尔（6.4%）、华生（3.3%）、发达（3.1%）、长城（2.7%）、唐峰

---

① Church，Jeffrey & Roger Ware. Industrial organization：a strategic approach[M]. The McGraw-Hill Companies，Inc.，2000.

(2.7%)，则 $CR_4=59\%$；$CR_8=70.8\%$。说明电风扇行业中最大的 4 个企业控制了接近 60%的市场份额，而最大的 8 个企业则控制了超过 70%的市场份额。市场集中度常用于分析产业的企业分布，集中度低说明企业过于分散，缺乏有国际竞争力的大型企业。当然，并购可以增加市场集中度。例如，中国民航业的并购及中国汽车工业的并购行为，能够培养一些具有国际竞争力的大型企业。

市场力量的第三种度量方法是赫斯曼-荷芬达指数（Hirshchman-Herfindahl Index，HHI)，表示为 $HHI=\sum_{i=1}^{n}(S_i^2)$。则荷芬达指数的最大值 Max($HHI$)=10 000，对应于独家垄断的情形；最小值 Min(HHI)=10 000/n，对应于 n 个企业均匀分布的情形。在定义荷芬达指数时，也有将百分号加进来的，则最大值为 1、最小值为 $1/n$，即 $1/HHI=n$，所以荷芬达指数的倒数正好是该荷芬达指数所要求的对称性企业之数目。进一步地，如果记 n 个企业规模（即市场份额）的方差为 δ^2，则 $HHI=1/n+n\delta^2$。可见，当市场上的企业数目或企业规模分布出现变动，荷芬达指数也会产生变动；而若企业规模方差越大，荷芬达指数也越大。[①]

荷芬达指数其实是市场集中度的替代方法，可用于指导企业兼并行为。按照美国司法部有关条例规定，若兼并后，$HHI<1\,000$，兼并不破坏竞争；而若兼并后，$1\,000\leqslant HHI\leqslant 1\,800$，则兼并行为值得关注，若兼并使得 HHI 提高 100，必须加以干预；若兼并后，$HHI>1\,800$，且兼并使得 HHI 指数上升至少 50 个点，则应对兼并行为实行干预。例如，市场上原有 10 个企业，市场份额均为 1/10；现在企业 1、2、3 合并，会不会破坏竞争？企业 1、2、3、4 合并呢？由于 $s_1=s_2=\cdots=s_{10}=10$，则 $HHI=1\,000$；企业 1 与 2、3、4 兼并，则 $s'_1=40$，$s'_2=\cdots=s'_7=10$，兼并后 $HHI'=2\,200>1\,800$，且 $\Delta HHI=1\,200>50$。

可口可乐曾经成功利用美国司法部关于荷芬达指数与兼并的规定来遏制百事可乐收购七喜的计划。当时，可口可乐与百事可乐共同统治美国碳酸化饮料市场，市场份额分别为 39%与 28%，辣椒博士为 7%，七喜为 6%，雷诺兹为 5%。1986 年 1 月，百事可乐提出以 3.8 亿美元收购七喜的计划；可口可乐不甘落后，在 2 月提出以 4.7 亿美元收购辣椒博士的计划，随即引起美国联邦贸易委员会的注意并对 HHI 指数进行计算。司法部假设余下 15%的市场份额由其他 15 家企业平均拥有，则 $HHI=2\,410$。若百事兼并七喜，其市场份额变为 34%，HHI 指数上升至 2 766；若两个兼并计划同时进行，HHI 指数上升至 3 312。可口可乐的兼并计划是“意在沛公”，即旨在引起联邦贸易委员会的注意，对百事兼并计划进行干预。[②]

三、市场集中度与市场势力关系

关于市场集中度与市场势力的关系，卡布拉尔（Cabral，2002）用一个简单的模型予以说明。[③] 在一个 n 个企业的一般古诺模型中，假定每个企业的成本函数是 $C_i(q_i)$，则可以得到：

$$L=H/\varepsilon$$

式中，L 为勒纳指数，H 为荷芬达指数，ε 为需求的价格弹性。

由勒纳指数、荷芬达指数可以得出一个重要的结论，即市场集中度越高，市场势力更大。

---

① 刘易斯·卡布罗. 产业组织导论[M]. 胡汉辉，赵震翔译. 北京：人民邮电出版社 2002 年版.

② Joseph E. Stiglitz. 经济学小品和案例[M]. 王尔山，肖倩译. 北京：中国人民大学出版社 1998 年版.

③ 刘易斯·卡布罗. 产业组织导论[M]. 胡汉辉，赵震翔译. 北京：人民邮电出版社 2002 年版.

例如，假定两个市场的需求相同，且均具有不变的价格弹性，市场 1 有两个企业，其市场份额均分，即均为 50%；市场 2 有三个企业，市场份额分别为 70%、15%、15%。假定两个市场均达到古诺均衡状态。那么，哪个市场的市场力量更强？表面上看，市场 2 的企业较多，市场势力是不是弱一些？事实上，市场 1 的荷芬达指数为 $HHI=50^2+50^2=5\ 000$；市场 2 的荷芬达指数为 $HHI=70^2+15^2+15^2=5\ 350$，显然市场 2 的市场势力较大。

学术界已有大量关于市场势力与市场集中度正相关的实证检验，而且检验的数据已经从产业层面转向企业层面。但是，关于市场势力与市场集中度正相关的合理解释还有待进一步完善。目前比较流行的解释包括合谋假说（collusion hypothesis）与效率假说（efficiency hypothesis）。合谋假说认为，随着企业之间合谋的增加，集中度就意味着市场势力。倘若如此，那么政策制定者就应该关注任何可能增加集中度的行为，如企业并购行为。但是，根据前面关于荷芬达指数与兼并关系的讨论，增加市场集中度的兼并行为多数不会被通过。而效率假说则通常与芝加哥学派关联在一起，认为市场势力的增加主要与生产效率的提高关联在一起。例如，在对称的寡头垄断市场中，一个企业通过创新行为降低了生产成本，则导致市场份额的重新分配，从而导致市场集中度和市场势力的增加。

总之，市场势力的大小主要取决于需求弹性、市场集中度以及合谋行为。需求越缺乏弹性，市场势力就越大；市场集中度越高，市场势力就越大；在给定需求弹性与市场集中度的情况下，若企业的合谋程度越高，市场势力也就越大。这些重要结论的战略含义在于：首先，企业应尽量降低需求弹性，例如可以通过提供独特价值效应、增加顾客的搜寻成本、想方设法使得付款人与最终消费者分开以产生 OPM（other people's money）效应，还可以通过消费积点如赠送优惠券的方式锁定用户等。其次，应通过适度的战略联盟或并购行为提高市场集中度。最后，应促成一定程度的合谋行为。但是，合谋及其稳定性取决于企业对称性、博弈的重复性、违约隐蔽性、惩罚的及时性以及惩罚的力度等诸多因素，下一章中有关合谋的专题中将对此展开进一步的探讨。

四、市场力量的来源

一个企业想获得市场力量，大致上可从以下几个方面来考虑：

（一）控制稀缺资源

控制稀缺资源包括控制有形的物质资源和无形的技术及人力资源。例如，标准石油公司垄断地位的确立在很大程度上得益于其控制了输油管道与铁路运输线；而中国电信的市场力量来自其控制的市内电话网络及取消初装费后注册从而被套牢的用户；施乐（Xerox）开发光纸复印技术而受法律保护，从而取得法定垄断地位。当然，随着全球网络经济的迅猛发展，市场力量赖以建立的基础正从工厂、设备、资本及技术等有型资源转向信息、脑力与理念，越来越趋向于知识化的创造力。因此，无形资源之争愈演愈烈。施乐开发的产品注册专利后来成为"睡眠专利"，自己不使用也不让竞争对手有使用的机会；而前些年清华大学百万年薪引进高级人才，"一网打尽"海外 28 位知名学者之事可谓一石激起千层浪，表明人才之争不仅是企业而且是学术机构想获得一定市场势力必不可少的举措。

（二）寻求利益相关者的支持

特别是达到政府有关部门帮助，通过市场准入限制来获得并保持市场力量。例如航空业、电信业、电力(电网)业、铁路运输业、邮政服务业等,由于其自然垄断特性,市场准入条件苛刻,因此在位企业通过政府保护获得了市场力量。

施乐的光纸复印机就是充分利用专利的法定垄断地位来保持垄断势力的。20 世纪 60 年代最重要的发明之一就是施乐的静电复印技术。这一技术允许用光纸复印,而且成本远低于基于照相术的方法。其复印质量也远高于"被覆纸"的老技术。由于保持其近乎垄断地位的观点,施乐不仅将静电复印工艺注册了专利,而且将其复印机技术的任何视觉特征都申请了专利。正如 SCM 公司日后起诉施乐时所声称的那样,施乐手持"专利券",一些自己不使用的发明也不允许他人使用。这些"睡觉专利"的唯一目的就是防止竞争对手发明一种与施乐类似的技术。结果,在 1972 年 IBM 和 Litton 进入这一市场时,施乐控告它们侵犯了上百种专利。那时 IBM 有超过 25%的预算用于专利诉讼,而不是研究开发。由于对施乐独霸市场的非议越来越多,因此联邦贸易委员会最终责令施乐以微不足道的费用将专利转让给所有进入市场的企业。在几年之内,光纸复印机的价格降低了一半,施乐的市场份额由 1972 年的 100%降至 1977 年的不足 77%。

当然,还可以通过互补品厂商的支持来获得垄断地位。例如,唱片公司可以利用影碟机制造商的兼容性来培育市场势力,甚至可以利用竞争对手来培育自己的市场力量,特别是涉及技术标准的时候,依靠自己的市场份额可能不足以形成正反馈,而邀请竞争对手加盟并慷慨公开自己的技术可能形成滚雪球效应,使自己确立行业技术标准。这种例子在网络经济时代不胜枚举。

(三)通过适当的反进入策略获得市场力量

市场反进入策略通常包括市场扩张或品牌渗透、扩大生产规模获得规模经济从而为低价格提供成本支持、套牢供应商或客户、沉淀性投资如广告或研发、掠夺性定价等手段。例如,美国航空公司在达拉斯—福斯沃斯航线上通过攻击性定价将竞争对手挤出市场。

(四)通过充分利用规模经济性与范围经济性来获得市场力量①

规模经济性(economies of scale)的成因是由于运营成本结构具有高固定成本与低增量成本的特征,因此企业可以通过大规模生产方式来降低单位生产成本并形成良性循环。规模经济性的总体特征是平均成本随着产量的增加而不断下降,见图 18－1。规模经济性在钢铁、造船、汽车制造、印刷、软件开发等产业广泛存在。规模经济性要求企业进行大批量生产。例如,在汽车制造业中,按照国际经验,最低有效生产规模(MES)在 25 万～30 万辆/年。

而范围经济性(economies of scope)的成因在于,不同业务之间具有共同成本(joint cost),或者可以共享技术基础,因而不同业务组合在一起完成的成本低于分别完成的总成本,即多元化比专业化更节约。例如,冰箱与空调机的共同技术基础是压缩机生产技术,因此冰箱厂可以同时生产空调机。范围经济性的数学特征可以用下列公式描述:

$$C(X,Y)\leqslant C(X,0)+C(0,Y)$$

上式表明,具有共同成本的两种产品合在一起生产的成本小于由两个专业化厂商分开生产的总成本。例如,一家航空公司同时经营往返航线比两家航空公司分别经营单程航线即专业化更经济。进一步地,假定 $C(0,0)=0$,即什么都不生产的成本为零,则上式可以转化为:

① 张维华,骆品亮,郑绍濂.网络特性与网络融合[J].研究与发展管理,2002,14(2):17－23.

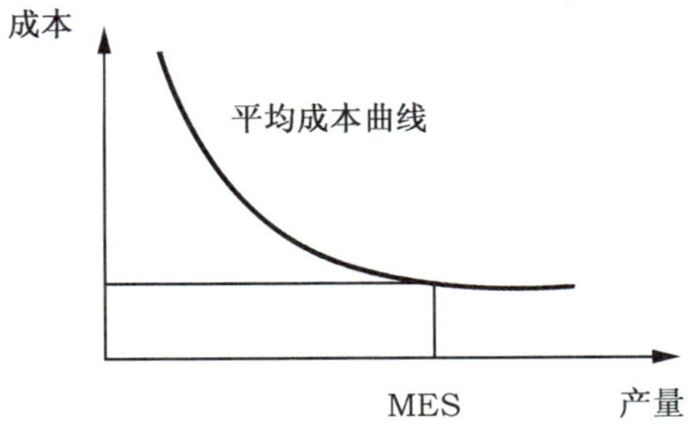

图 18－1　规模经济性

$$C(X,Y)-C(X,0)\leqslant C(0,Y)-C(0,0)$$

上式意味着，已经有了 X 业务再提供 Y 业务比直接提供 Y 业务的成本更低。例如，在电话机上面附加传真的功能要比电话与传真分开更经济。网络融合特别是有线电视、电信及计算机网络的融合（称为三网融合）以及电信运营商之间和电子银行网络之间的互联互通，从经济学意义上讲，都体现了范围经济的特性。总之，现代企业要在保证规模经济的基础上适度相关多元化，获得范围经济效益。

（五）通过不断学习培养市场力量

学习型组织、学习型企业、学习型社区等概念已广为人知。组织学习的重点是通过营造内部知识共享机制使得个人知识上升为组织知识。在知识经济时代，组织学习对于现代企业培养竞争优势进而获得市场力量至关重要。例如，计算机内存行业的学习曲线非常显著。我们知道，EPROM 内存与 DRAM 内存是两种不同类型的计算机内存，其重要的区别在于，DRAM 内存生产的规模经济效应非常重要，而 EPROM 内存的学习曲线更重要。因此，EPROM 市场领先者的地位要比 DRAM 市场领先者的地位稳定得多，其原因在于，前者依靠学习效应。①

（六）不断进行技术创新

例如，微软垄断地位的确立与其持续的产品创新策略是分不开的。特别是在变化较快的市场中，消费者的偏好不断改变，产品生命周期短，只有不断地锐意创新，才能持续创造市场力量。当然，除了产品创新外，还有生产流程创新，即不断地开发新技术或降低生产成本。随着全球市场竞争格局的逐渐形成，谁能进行重大流程创新（drastic process innovation），即将自身的边际生产成本降低到基于此成本的垄断价格比其他竞争对手的成本还低，谁就能打败竞争对手并确立垄断地位。

五、市场力量的社会成本与规制

市场势力会产生一定的社会成本，首先是消费者利益转移效应，即消费者剩余受损并被转移一部分作为生产者利润；其次是资源配置的低效率，与充分竞争的定价相比较，一部分消费者被剥夺消费权利——那些支付意愿高于成本但低于市场势力下的定价，如图 18－2 所示，AB 之间的消费者被剥夺消费权利，导致社会福利净损失（DWL）；再次是生产低效率，经营者

① 刘易斯・卡布罗. 产业组织导论[M]. 胡汉辉，赵震翔译. 北京：人民邮电出版社 2002 年版.

从事诸如请客吃饭以寻求政府管理部门予以特权、应付反托拉斯诉讼等 X 非效率活动(X inefficiency);最后可能诱发寻租行为(rent seeking),即影响政策制定者而耗费资源产生的机会成本。例如,AT&T 曾被强烈要求向竞争性互联网公司开放有线电视线路的压力,但 AT&T 向当地政府解释有关问题的能力很强。寻租行为将导致行贿与腐败,最终垄断者为寻求垄断势力并保持垄断定位而付出的成本正好抵消垄断租金,此即波斯纳(Posner,1975)所提出的垄断租金耗散(rent dissipation)观点。①

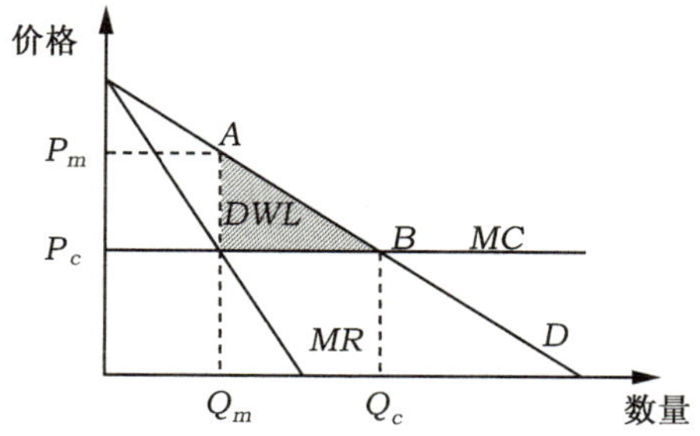

图 18—2 市场力量的社会成本

一般而言,针对市场力量的公共政策包括规制(regulation)、反托拉斯(antitrust)政策或竞争性政策以及产业政策(industrial policy)三类。例如,美国 AT&T 的分割即为规制的结果。1984 年以前,美国电话通信服务市场由 AT&T 垄断经营;1984 年 1 月,美国政府决定开放电话市场,由 Bell 公司经营本地电话,而长途电话实施竞争,由 AT&T、MCI、Sprint 等多家公司竞争。长话竞争后,消费者福利如何变化? 人们纷纷投诉,打长途电话时,需要先拨一个区号,且面临两份不同的电话收费单。但是,开放电话市场确实给人们带来了好处:实施 5 年中,租用电话的费用下降了 50%;许多新增的电话服务,如拨号等待、电话信箱、自动重拨、语音转送、三路传呼等也应运而生;长途电话资费下降了 40%(以前是长话补贴市话)。虽然目前主要利益由长话常客及新增服务的用户拥有,但关键是,大家都没有受到损失。

这里特别引用美国的一些主要反托拉斯立法,包括:(1)《谢尔曼法》(1890)——为限制非法贸易法。例如,1911 年标准石油与美国烟草案,将两大公司(各占所在行业 90%以上的市场份额)分解成小公司;1945 年的艾尔科亚案,艾尔科亚控制 90%的铝市场,被揭发触犯《谢尔曼法》;1946 年的烟草案,烟草行业作为高度寡头垄断的产业,被揭发利用心照不宣的串谋触犯《谢尔曼法》。(2)《克雷顿法》(1914)——宣布不公平贸易为非法,限制可能削减竞争的兼并。(3)联邦贸易委员会(1914)——宣布不公平竞争手段为非法,建立联邦贸易委员会,调查不公平竞争行为,签署法令加以制止。(4)《罗宾逊·帕特曼法》(1936)——加强《克雷顿法》执法的力度,宣布价格歧视为非法。(5)《西勒-科索瓦法》(1950)——进一步限制可能减少竞争的兼并。

最后分析一下我国电信市场竞争性规制的可能性。1994 年我国移动通信用户仅为 157 万户;1997 年突破 1 000 万户大关;2002 年 5 月超过 1.7 亿户,之后用户月增长率为 3%。

① Posner R. The social costs of monopoly and regulation[J]. Journal of Political Economy,1975(83):807—827.

1994 年全国移动通信收入 26 亿元；1997 年超过 194 亿元；2001 年收入 1 617 亿元。移动通信曾经维持 0.4～0.6 元/秒的双向收费，造成这一现象的原因正是在于市场垄断格局。尽管 1994 年建立联通试图引入竞争，但中国移动完全可以凭借 70%以上的用户与 84%收入的市场份额而一枝独秀。我国移动通信市场改革呼吁的两个关键问题是：单向收费与完全以秒计费的方式。但是，移动通信运营商总是以投资者与消费者二者的分离作为电信服务的高价格与低素质寻求辩护的借口。而按照国际经验，英国管制部门从 1985 年起打破 BT Cellnet 与 Vodafone 的垄断，增加了 Mercury One 与 Orange 两家公司，其后经过各种兼并、收购，最后形成 4 家运营商。而韩国的移动通信市场主要运营商有 3 家：SK Telecom、KT Freetel 和 LG Telecom。最大的 SK Telecom 市场份额不超过 50%。因此，从资源角度看，我国移动通信市场完全可以引入新的竞争对手来提高竞争活力、改善市场绩效。当然，引进竞争对手后是否能够形成真正有效的竞争局面还取决于运营商之间互联互通的激励。因此，应该说电信市场规制的真正难点还在于接入规制（access regulation）。关于这方面的内容比较复杂，有兴趣的读者可以阅读有关"电信竞争"方面的文献。①

第二节 市场结构理论

一、市场结构的划分标准

市场结构是指单个企业与整个市场之间的关系，包括：该企业的相对市场份额有多大？它是价格接受者还是可以制定其产品价格？它所在的市场产品是否具有差异化？它是否具有独立决策能力？市场上是否形成价格联盟？它所在市场是否具有持续盈利能力？它的营利性相对于其他企业如何？它若想退出市场是否有困难？等等。

产业组织学中对市场结构的划分一般依据以下四个因素：

第一，行业内厂商的数量及相对规模。企业的数量及其相对市场份额是划分市场结构的首要因素。如果市场上有许多对称性厂商生产完全替代的产品，则每个厂商都只能是价格的接受者（price taker）；反之，如果只有少数几个厂商提供产品，而每个厂商都有比较显著的市场份额，则每个厂商都具有对价格的影响力，或者说具有定价能力。

第二，行业内厂商产品的相似性，即产品差异化程度。由上一节关于市场圈定的讨论可知，产品替代度是划分市场的一种方法。实际上，市场上产品的替代程度决定了厂商是价格接受者还是价格制定者的角色。当然，一个企业可以通过产品创新使得其产品具有差异化，从而改变市场结构。

第三，单个厂商独立进行经营决策的能力。厂商独立决策程度，即厂商间不进行合谋或互动影响的程度，取决于市场份额在企业间的分布或者企业的相对规模。显然，企业独立进行定

---

① 关于电信竞争，可以参见：张维华，骆品亮. 网络双向接入定价的效率分析[J]. 系统工程理论方法应用，2002，11(4)：319－323；骆品亮，林丽闽. 网络接入定价与规制改革：以电信业为例[J]. 上海管理科学，2002(2)：14－17；张维华，骆品亮，郑绍濂. 网络特性与网络融合[J]. 研究与发展管理，2002，14(2)；Laffont，J. J.，Jean Tirole. 电信竞争[M]. 胡汉辉等译，北京：人民邮电出版社 2001 年版.

价或产量决策的市场结构不同于一个(或多个)主导企业首先定价或制定产量,然后其他企业再进行定价或制定产量的市场结构。当然,市场内企业的合谋程度受诸如相对规模、预期、多市场互动等多因素的影响,这些内容将在后文进行讨论。

第四,进入与退出壁垒。由于厂商的进入与退出将改变现有的市场竞争状态,进入与退出条件意味着对市场结构要进行动态划分。根据 DRS(1982)①对美国制造业的实证研究发现,进入与退出是十分普遍的事实;进入与退出的企业有比现有企业小的趋势;大部分新进入企业存活不超过 10 年,但那些存活超过 10 年的企业发展十分迅速;不同行业的进入率与退出率迥异。可见,在划分市场结构时市场进入与退出是一个重要的因素。

产业组织理论一般将市场进入壁垒(barriers to entry)划分为结构性进入障碍、政府限制进入(regulation)以及在位者反进入障碍(即行为性进入壁垒)。而退出壁垒一般包括:一些长期合约的锁定效应(如劳动雇佣合同、原材料购进合同等)、专用性投资引发的沉淀成本以及政府限制退出(如医院、学校等)。

二、市场结构的基本类型

按照以上标准,产业组织理论一般将市场结构划分为完全竞争、垄断、寡头和垄断竞争四类。一般而言,如果市场上只有一家企业,这种市场就称为独家垄断市场,如中国邮政、中国铁路。如果市场上有两家企业,就称为双头垄断市场,如固话市场中的中国电信、中国联通。进一步地,如果这两家企业的相对市场份额比较悬殊,通常称为领导者—跟随者双头垄断市场(leader follower duopoly)。如果市场上的企业多于 3 个,通常称为寡头垄断市场,如石油输出国组织(OPEC)、汽车制造业等。而如果市场上具有许多生产几乎完全替代(即几乎同质)产品的厂商,即称为垄断竞争市场,如彩电市场、服装鞋帽加工、啤酒市场、股票市场等。进一步地,如果市场上具有许多生产完全替代产品的厂商,即称为完全竞争市场,如农产品市场。

在此基础上,贝恩(Bain,1956)进一步运用绝对集中度指标对产业结构进行分类研究,并将市场集中类型划分为六种类型,如表 18—1 所示。

表 18—1　　贝恩的产业结构划分法②

产业结构类型	CR_4	CR_8	该产业的企业总数	代表性产业
寡占Ⅰ型(极高)	≥75		20～40	轿车、卷烟等
寡占Ⅱ型(高)	[65,75]	≥85	20～100	轮胎、洗衣机等
寡占Ⅲ型(中上)	[50,65]	[75,85]	企业较多	钢铁、钢琴等
寡占Ⅳ型(中下)	[35,50]	[45,75]	企业很多	食用肉类制品、杀虫剂等
寡占Ⅴ型(低)	[30,35]	[45,75]	企业很多	面粉、水果、鞋帽等
竞争型	<30	<40	企业极多	纺织、妇女服装等

① Church, Jeffrey & Roger Ware. Industrial organization: a strategic approach[M]. The McGraw-Hill Companies, Inc., 2000.

② Bain. Barriers to new competition[M]. Cambridge, Mass 1956. 转引自王俊豪. 现代产业经济学[M]. 杭州:浙江人民出版社 2003 年版.

按照贝恩的划分标准，我国的电信市场属于寡占Ⅰ型的市场结构。中国电信市场的主要运营商包括：中国电信集团公司，2002年5月重组挂牌成立，注册资金1 580亿元人民币，业务经营范围包括固定通信、电话卡、宽带、数据业务等；中国联合通信有限公司，1994年7月成立，注册资金159亿元人民币，业务经营范围包括移动通信、数据业务等；中国移动通信集团公司，2000年4月成立，注册资金518亿元人民币，业务经营范围包括移动通信、数据业务等；中国网络通信集团公司，2002年5月重组挂牌，注册资金600亿元人民币，业务范围包括固定通信、电话卡、宽带、数据业务等；中国通信广播卫星公司，1985年成立，注册资金12.3亿元人民币；铁道通信信息有限责任公司，2000年12月成立，注册资金103亿元人民币。

三、典型市场结构研究

（一）市场结构研究模型分类

按照SCP（结构—行为—绩效）逻辑框架，处于不同市场结构下的企业具有不同的行为决策，从而具有不同的市场绩效。奥兹·夏伊（Oz Shy，1996）对市场结构的研究模型进行简单归纳，如图18—3所示。[①]

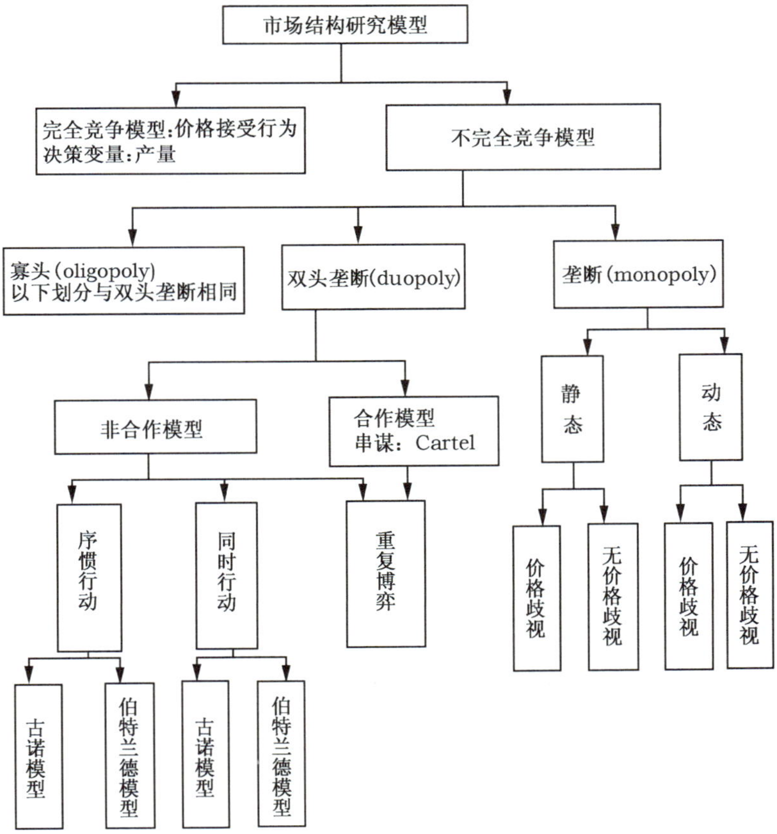

图18—3　市场结构研究模型分类

① Shy，Oz. Industrial organization：theory and application[M]. Boston：The MIT Press，1996.

(二)完全竞争市场

1. 完全竞争市场

完全竞争的市场结构必须满足以下条件:(1)许多厂商与许多买者并存;(2)产品同质,即消费者认为不同厂商的产品是无差异的;(3)单个厂商与消费者均是价格接受者,价格是由市场的总供给与总需求决定的;(4)信息完全,即买卖双方具有有关产品质量与价格的全部信息;(5)无交易成本,即不存在市场摩擦,或无论是买者还是卖者均不会因参与市场交易而引发额外成本;(6)无外部性,即每个卖者或买者均承担其生产过程或消费过程的全部成本;(7)自由进入与退出,即不存在进入障碍与退出障碍,自由进入与退出条件决定了完全竞争市场不存在超额利润,厂商只有正常利润。

2. 完全竞争市场均衡

完全竞争市场均衡的形成如图 18—4 所示,图(a)表示单个代表性企业的生产决策,图(b)表示市场供给与市场需求。当行业中只有 100 个对称性厂商时,由图(b)根据供给与需求平衡条件决定的价格为 P_1;给定 P_1,代表性厂商的最优决策为 q_1,其中 q_1 满足 $MR(q_1)=MC(q_1)=P_1$。注意到,在价格 P_1 下,厂商具有超额利润;由于该市场是自由进入与退出的,因此超额利润会吸引厂商的进入,从而导致供给增加,最终使得市场价格下跌。此过程直至市场价格正好补偿厂商的平均成本,超额利润为零,最终形成进出平衡的动态均衡结果。如图 18—4 所示,当行业内的企业达到 300 家时,市场价格 P_e 正好补偿厂商的成本,市场达到均衡。

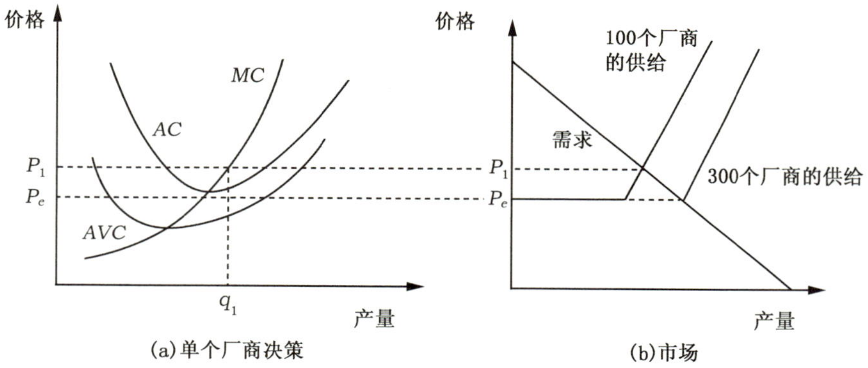

图 18—4　完全竞争市场均衡的形成

综上所述,完全竞争市场均衡条件包括:(1)利润最大化条件 $P=LMC=SMC$;(2)零利润条件 $P=LAC=SAC$。所以,完全竞争市场的均衡为:

$$P=LMC=SMC=LAC=SAC$$

需要指出的是,零经济利润并不说明厂商经营不好;反过来,只能说明厂商所在行业可能是完全竞争的。另外,福利经济学第一定理表明,完全竞争市场是帕累托有效的。

(三)垄断市场

1. 垄断市场的均衡

垄断市场必须具备两个条件:(1)厂商面临向右下方倾斜的需求曲线,这意味着需求弹性不可能为无穷大;(2)厂商在进行利润最大化决策时,无须考虑其他厂商的反应。特别地,如果行业中只有一家企业,则其所在市场即为垄断市场。

垄断厂商利润最大化决策条件为：$MR(q)=MC(q)$，但与完全竞争市场不同，$MR(q)$不再等于市场价格。事实上，由于 $R(q)=P(q)q$，容易知道，$MR(q)=P(q)(1+1/\varepsilon)$，其中 ε 为需求的价格弹性。所以，垄断市场的均衡条件为：$MR(q)=P(q)(1+1/\varepsilon)=MC(q)$，即：

$$P(q)=MC(q)/(1+1/\varepsilon)=\frac{MC(q)\cdot\varepsilon}{1+\varepsilon}$$

由上式可知，垄断价格取决于边际成本与需求弹性两个因素。一般来说，垄断价格与边际成本正相关，而与需求弹性负相关。也就是说，边际成本越高，对应的垄断价格就越高；而需求弹性越小，对应的垄断价格就越高。例如，海湾战争爆发后石油价格飙升，使得航空公司的边际成本上升，其最终结果是机票价格上升。又如，如果政府对 3G 牌照征收基于年度收入的税收(类似于提成)，将导致 3G 运营商边际成本上升，其结果是零售价格的上升与服务量降低；而如果政府征收一次性税收，则导致运营商固定成本增加，但是边际成本不会改变，因此对均衡不会产生影响。而航空公司对商务舱制定的票价要远远高于经济舱的票价，其理由是商务舱乘客的需求弹性要比经济舱乘客低得多。

2. 竞争与垄断均衡比较分析

可以比较一下完全竞争与垄断的市场均衡。如图 18—5 所示，图(a)表示完全竞争市场的均衡，图(b)表示垄断市场的均衡。两个市场的需求相同，厂商的边际生产成本也相同，均为 30。完全竞争市场的均衡价格为 30，总供给量为 300；而垄断市场的均衡价格与产量由边际收益等于边际成本决定，均衡价格为 60，均衡产量为 150。可见，垄断厂商凭借其市场势力压缩产量抬高价格，从而赚取超额利润。[①]

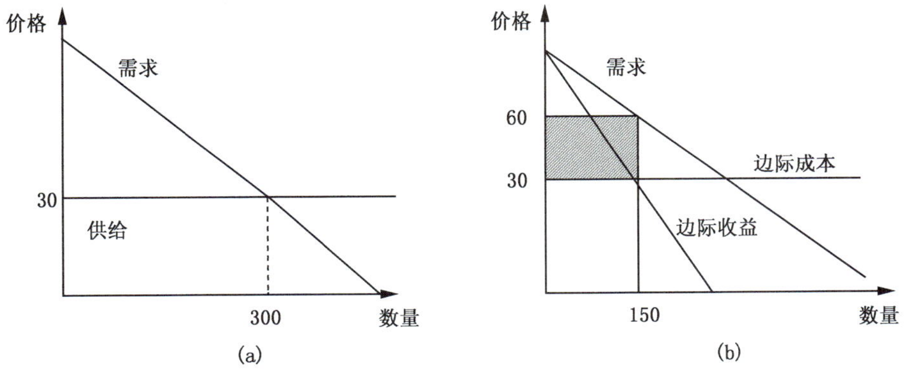

图 18—5 竞争与垄断市场均衡比较

(四)寡头市场均衡

假定多个厂商在同一个市场竞争，若这些厂商同时决定产量，代表性厂商在决策时对其他厂商的产量有个预期，并认为其他厂商的产量不受该代表性厂商产量的影响，那么，代表性厂商如何制定最优产量？实际上，厂商之间的产量是相互影响的。更准确地讲，有些厂商(行业领导者)先确定产量，其他厂商(行业跟随者)随后确定产量。那么，作为行业“领头羊”，应如何确定产量？进一步地，产量作为决策变量具有局限性，因为产量较难调整。更合理的决策变量

① 方博亮，林祖嘉. 商业经济学[M]. 中国台北：智胜文化工业有限公司 2003 年版.

是价格(完全竞争市场除外),那么,代表性厂商又应分别如何定价?

解决上述问题的为古诺模型与斯塔克尔伯格模型,有关伯特兰德模型则在下一章介绍产品差异化时一并介绍。

1. 古诺模型①

假定行业中有两个厂商,用 k 表示厂商($k=1,2$);其边际生产成本分别为 $c_k(k=1,2)$;其产量分别为 $q_k(k=1,2)$。假设市场需求为 $P=a-bQ$,其中 $Q=q_1+q_2$;厂商1(或2)决策时,假定厂商2(或1)的产量是给定的。我们来确定纳什均衡产量。

注意到,厂商1的利润为 $\pi_1=P(Q)q_1-c_1q_1=[a-b(q_1+q_2)]q_1-c_1q_1$,求最大化 π_1 的 q_1。由 $MR_1=MC_1$,有 $MR=a-bq_2-2bq_1=MC=c_1$,得到:

$$q_1=(a-c_1)/2b-q_2/2$$

上式称为厂商1关于厂商2的反应函数(reaction function),如图18—6所示。同理,$q_2=(a-c_2)/2b-q_1/2$。因此,市场均衡产量为 $q_1^*=[a-(2c_1-c_2)]/3b$,$q_2^*=[a-(2c_2-c_1)]/3b$。

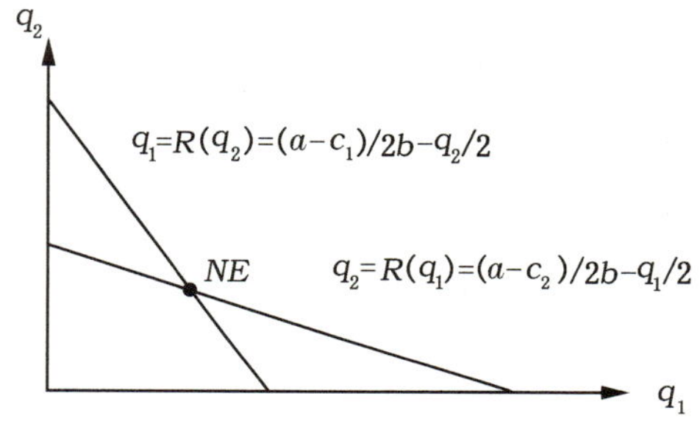

图18—6 古诺模型的纳什均衡

古诺模型容易推广至 n 个企业的情形。假设有 n 个企业,$k=1,2,\cdots,n$;市场需求 $P=a-bQ$,$Q=\sum q_k=q_k+q_{-k}$,边际生产成本为 c_k,则企业 k 的决策为最大化 $\pi_k=[a-b(q_k+q_{-k})]q-c_kq_k$。由 $d\pi_k/dq_k=0$ 或 $a-2bq_k-bq_{-k}=c_k$,则有:

$$\begin{pmatrix} 2b & b & \cdots & b \\ b & 2b & \cdots & b \\ b & b & \cdots & 2b \end{pmatrix}\begin{pmatrix} q_1 \\ q_2 \\ \vdots \\ q_n \end{pmatrix}=\begin{pmatrix} a-c_1 \\ a-c_2 \\ a-c_n \end{pmatrix}$$

由上式可以得到 $(q_1,q_2,\cdots,q_n)=(a-c_1,a-c_2,\cdots,a-c_n)(B^T)^{-1}$。进一步地,若 $c_k=c$,则 $q_1=q_2=\cdots=q^*=(a-c)/(n+1)b$;因而 $Q=nq^*=(n/n+1)(a-c)/b\to(a-c)/b$(接近完全竞争);$p^*=a-bQ^*=a/(n+1)+(n/n+1)c\to c$(接近完全竞争)。

2. 斯塔克尔伯格模型

基本假设与古诺模型相同,但是,厂商1为领导者,厂商2为跟随者;厂商1首先确定产量,但将厂商2的反应考虑进去。

由上述古诺模型,厂商2的反应函数为:$q_2=(a-c_1)/2b-q_1/2$。我们进一步假定 $c_1=$

---

① Tirole, Jean. The theory of industrial organization[M]. Cambridge: The MIT Press, 1988.

$c_2=c$。由于厂商 1 在决策时，将考虑厂商 2 的反应，因此，将 $q_2=(a-c_1)/2b-q_1/2$ 代入厂商 1 的目标函数，得到厂商 1 的利润函数为：

$$\pi=[a-b(q_1+q_2)]q_1-cq_1=[a-b(q_1+((a-c)/2b-q_1/2))]q_1-cq_1$$

解上式的一阶条件，得到斯塔克尔伯格纳什均衡为：

$$q_1^*=(a-c)/2b$$

$$q_2^*=(a-c)/4b$$

与古诺均衡结果相比，领导者的产量增加了，而跟随者的产量则减少了。

3. 古诺模型扩展[①]

古诺模型的主要扩展包括引入产品差异化与引入信息不对称两个方面。引入产品差异化方面，一般假定 2 个厂商生产 2 种差异的产品，其边际成本 $c_k=0(k=1,2)$。需求函数分别为：$p_1=\alpha-\beta q_1-\gamma q_2$；$p_2=\alpha-\gamma q_1-\beta q_2$，其中 $\beta>0$，$\beta^2\geqslant\alpha^2$，γ 度量了差异化程度。对于此类模型均衡的求解，我们将在下一章产品差异化部分深入讨论，这里不做详细介绍。

关于引入信息不对称，一般是指厂商的成本参数存在信息不对称。我们通过以下简化模型对此进行介绍。假定在一个双头垄断市场上，反需求函数为 $P_i=a-q_i-q_j(i,j=1,2)$。利润函数 $n_i=(P_i-c_i)$，$q_i=q_i(t_i-q_i-q_j)$；其中，$t_i=a-c_i$。假设 $a=2$，$c_1=1$；c_2 是一个随机变量，取值为 3/4（低成本）或 5/4（高成本），其概率分别为 50%，则 $t_1=1$，$t_2=3/4(50\%)$ 或 $5/4(50\%)$。我们求古诺纳什均衡。

注意到，上述简化模型的纳什均衡为贝叶斯纳什均衡（BNE），形如 $s_1=q_1$；$s_2(t_2)=q_2(t_2)=q_2^H(t=3/4)$；$q_2^L(t=5/4)$。由 $q_2(t_2)\in\text{argMax}\{q_2(t_2-q_2-q_1)\}$ 得到 $q_2(t_2)=(t_2-q_1)/2$。再由 $q_1\in\text{argMax}\{1/2q_1(1-q_1-q_2^H)+1/2q_1(1-q_1-q_2^L)\}$ 得到 $q_1=(1-E(q_2))/2$。

但是，$E(q_2)=(E(t_2)-q_1)/2=(1-q_1)/2$，所以贝叶斯纳什均衡为 $\{q_1^*=1/3;q_2^L=11/24,q_2^H=5/24\}$。

我们把上述均衡与完全信息的均衡做一个比较。在完全信息下，如果 $t_2=5/4$，由 $q_1^*=1/2[1-q_2]$，$q_2^*=1/2[5/4-q_1]$，得到 $q_1^*=1/4$，$q_2^*=1/2$；如果 $t_2=3/4$，则 $q_1^{**}=5/12$，$q_2^{**}=1/6$。

但在不完全信息下，由于企业 1 不知道企业 2 的类型，故只能生产平均产量（1/3），该产量高于在完全信息下对低成本企业 2 时的产量（1/4），但低于在完全信息下对高成本企业 2 的产量（5/12）。

专栏18-1

复习思考题

1. 什么是市场势力？如何判断市场势力？
2. 产业集中度的测量方法有哪些？
3. 不同市场结构应如何判断？
4. 反垄断的目的是什么？有哪些方法可以进行反垄断？

---

① 张维迎. 博弈论与信息经济学[M]. 上海：上海三联书店、上海人民出版社 1996 年版.

第十九章

厂商行为

厂商行为是产业组织理论的重要组成部分，是 *SCP* 框架的核心环节。厂商行为主要包括价格行为与非价格行为两部分。非价格行为包括产品差异化、广告、合谋、研发活动（*R&D*）、产业链控制行为以及兼容决策等非价格竞争策略。当然，企业行为受制于企业所处的市场结构和企业的目标。显然，谋求收益最大化的行为与谋求利润最大化的行为存在明显差异。本章在厂商目标为利润最大化的假定下，分别介绍定价行为、产品差异化、纵向控制或纵向约束、广告决策及其福利效应、厂商间的合谋行为等。

第一节　定价行为

定价决策是企业竞争战略组合的一个重要因素。从某种意义上讲，企业的各种竞争策略最终都将在定价决策上得到体现。价格的功能除体现在回收成本、实现预期利润目标外，还具有传递质量信号以及作为市场反进入手段的作用。具有一定市场势力的企业都具有定价能力。本节首先介绍影响企业价格决策的关键因素，并介绍几种常见的定价模式；其次介绍价格歧视；最后介绍耐用品的跨时价格歧视及科斯猜想。

一、定价基本原理

我们首先看一个引例。某企业开发了一种电动牙刷，不仅具有日常保健牙齿的功能，而且对多种牙科疾病具有显著疗效。企业在新产品入市前进行了市场测试，使用效果与反响都不错，得到较高评价。企业决定将一部分产品直接进入医疗器械专业店、牙科诊所等终端，另一方面则选择有实力的经销商合作开拓市场。在定价方面，基于以下考虑：物化成本为 28 元、税收约为 20 元、广告促销费用约为 10%、企业期望利润为 30%、经销商利润为 20%，企业制定统一零售价为 120 元。然而，产品进入市场后的表现却不理想，主要障碍体现在两个方面：一方面是招商遇到困难。在产品上市初期，10% 的广告费不足以支撑庞大的宣传教育成本，经销商不得不考虑在 20% 的毛利中拨出一部分做广告，导致利润减少，缺乏吸引力。另一方面是消费者的接受程度不高。由于该产品在价格定位上不高，因此大多数消费者并不相信该产品的诸多功能，甚至很多消费者将其视作高级牙刷的同类产品，而非一个科技含量很高的精密治疗仪，还有一种“便宜没好货”的心态。①

这种电动牙刷市场失败的主要原因是定价失策：(1)对成本估计不足，忽视广告、市场开拓、研发、声誉建设等长期成本对价格的影响；(2)对市场反应分析不充分，未能抓住顾客价值这个关键的定价因素，未体现“物有所值”的定价思想；(3)对竞争环境研究不透，所定价格未能传递“正确质量”给潜在顾客。由于定价失误导致绝好的创新理念未能成功商业化的案例不胜枚举。

随着“国内竞争国际化、国际竞争国内化”这种全球化竞争格局的形成，成功的定价已成为企业成功的标志。企业要对定价体系重新进行战略审视。按照整合营销的观点，定价体系是一个复杂的系统，它与企业规模、核心技术、行业地位、研发力量、品牌积累、渠道模式、行业特点、需求弹性等都有着密不可分的关系。但是，简单地讲，成本、竞争、顾客需求是影响企业定价的三个关键因素。②

(一)成本与成本加成定价

成本是企业定价的出发点，只有补偿成本的定价才能保证企业持续运行下去。经济学通常将价格与平均变动成本的差额称为贡献毛益，即单位毛利。从长期观点看，企业的运行成本除包括资本设备租金或购置费用、水电、劳动力、广告促销、研发、品牌或声誉建设等支出外，还包括原料、包装、半成品或中间投入品、售后服务等支出。成本对价格的重要影响在于：若成本增加，价格将提高；反之，若成本降低，价格将下降。

成本加成定价是常见的定价模式之一，其逻辑为价格等于单位产品成本按一定比例加成。像*GE*、*GM*等制造型企业通常采用此种定价策略。成本加成定价的主要缺陷在于，强调供给方面的情况而忽视需求方面的支付愿意、价值评价等因素。另外，关于成本定价有三点值得指出：首先，单位成本影响价格，而价格影响销量，销量又反过来影响单位成本。若采用成本加成定价，一旦出现销量减少(如竞争、新技术新产品出现等)，将出现正反馈而加剧销量衰减，竞争力日薄。现实中，纯粹的成本加成定价模式并不多见，成本应与其他因素共同对价格产生影响。其次，有些行业，随着技术不断进步，许多产品特别是网络信息产品或数字化产品成本降低很明显(称为摩尔定律)，推动这些产品价格不断下跌。而有些产业(如传统产业)由于成本降低不明显，价格下降趋势缓和，也是正常的。最后，生产替代性产品的不同厂商，由于生产技术条件、规模经济性、生产效率、销售成本、无形资产建设乃至管理模式不同，出现成本差异，导致价格有高有低，这也是符合经济学规律的。熟知的*DRAM*黄金周，面对价格下跌，不同厂商有不同的反应，有的停产，有的出售车间，有的继续生产，这些都是由于成本差异所导致的。

(二)竞争与随行定价

竞争性产品的价格是企业定价决策时应考虑的另一个重要因素。一般来说，产品的价格与竞争度成反比例关系。竞争越激烈，价格越低；反之，越缺乏竞争，价格越高。我国国产家电价格低迷主要是竞争(国内品牌的竞争与国外品牌的竞争)使然，而铁路、电信价格居高不下乃缺乏有效竞争所致。

诚然，竞争导向定价可能走向无序的价格战，特别是一些低成本的定位于低端市场的厂商

---

① 陆云波.市场定位策略[M].北京：企业管理出版社2001年版.

② Thomas T. Nagle & Reed K. Holden.定价策略与技巧[M].应斌，吴英娜译.北京：清华大学出版社2003年版.

从来不怕价格竞争。价格战的结局往往是拖垮优质厂商，出现“劣质品驱逐优质品”的“柠檬市场”。但是，对于成熟的高端消费者来说，总能“慧眼识真心”。而优质厂商面对浮躁的市场千万不要迷失自我，而是应该把好质量关，不断进行差异化创新与产业创新，所谓“真金不怕火炼”。

反过来，作为优质产品的厂商，也正好需要一个适度的高价格来传递其优质的信号，所谓“一分价钱一分货”。重要的是，应该设法让消费者明白，其追加的支付将能获得额外的“升水”。事实上，消费者心目中总有一个基准产品，并以此作为参考价值，他将为差异产品支付相应的差异价值。高价格反而可以强化产品在消费者心目中的价值形象，是产品高质量的外在表现。

（三）顾客与价值定价

抓住“顾客价值”是企业定价决策“面向市场”的表现。相对于成本与竞争，顾客更关注的是他们从消费中得到的“好处”。消费者从消费中得到的“好处”取决于使用价值与消费成本。而消费成本不仅包括实际支付的成本，而且包括搜寻等交易成本。如果一种产品具有良好的口碑，那么消费者从消费中得到的“好处”不仅包括满足需要，还包括心理上的额外价值，而且基本上不需要支付搜寻成本。或者说，具有良好口碑的产品对于消费者的“价值”高，他将愿意支付较高的价格。因此，对具有良好口碑的产品制定高价格是合理的。类似地，对于能给消费者带来独特价值效应的产品制定高价格也是有道理的。

这里的核心是价格与价值相匹配。基于此逻辑，航空旅行中直飞的价格高于绕飞的价格；名牌早餐麦片的价格高于普通品牌的价格；杜邦公司对其产品从质量、创新度、送货、服务、培训等角度进行消费者溢价分析，以此为基础进行定价；而可口可乐曾设想推出根据天气情况自动改变价格的新型贩卖机。“在一个夏日夜晚，人们相聚在体育馆里观看足球决赛，这时一罐冰的可口可乐效用是非常高的。所以它这时更贵一些也是公平的。机器只是让这个过程自动化。”其逻辑即价值定价。

另外，需求对定价的影响还体现在消费心理方面：其一，名牌产品由于优质及形象佳，使得市场对价格敏感度相对小，所以一般不采用薄利多销的定价模式；其二，付款时点（消费前、消费后，或边消费边付款）、付款频率（一次性或分期付款）、支付手段（现金或信用卡、支票）、计费方式（整体定价或单一定价）等定价方式对消费欲望将具有重要影响。

二、价格歧视

首先回顾一下垄断厂商的成本加成定价法则。与完全竞争厂商只能接受市场价格并决定产量不同，垄断厂商既可以进行产量决策，也可以实施定价行为。按照边际收益等于边际成本原则：

$$MR(q)=p(q)+p'(q)q=MC(q)=C \tag{19-1}$$

得到：

$$(p^M-C)/p^M=1/-\varepsilon \tag{19-2}$$

式中，p^M 为垄断价格，ε 为需求弹性。

由式（19－1）知，垄断价格只与边际成本及价格弹性有关。进一步地，可以得到三个重要结论：（1）垄断价格是边际成本的非减函数。（2）垄断价格是边际成本的加成。（3）加成比例与需求的价格弹性成反比关系：价格弹性越大，加成比例越小；反之，加成比例越大。

以香港地区 3G 波段拍卖为例，说明成本对垄断价格的影响。香港 OFTA 董事会主席 Anthony Wong 曾说："拍卖波段是利弊兼存……它提高了无线通信提供商的成本。"但是，以下两种收费方式有什么不同？一种是一次性许可证费是如何影响价格和规模的；另一种是基于营业收入百分比的年费。事实上，第一种收费方式改变的是运营商的启动或固定成本；而第二种收费方式则增加了运营商的边际成本。根据公式（19—2），固定成本不影响垄断价格；而边际成本增加会导致运营商降低产量并提高零售价格。① 另外，根据上述关于弹性对垄断价格之影响，我们可以解释为什么同样商品在不同类型的商店（如超市与便利店）售价不一样。由式（19—2）得到 $P=MC/[1+(1/\varepsilon)]$。据研究，一家超市的需求弹性一般为－10，因此 $P=MC/(1-1/10)=1.11MC$；而在便利店，需求弹性较小（顾客可能深夜来买面包、方便面或懒得开车去超市购物），一般为－5，所以 $P=MC/(1-1/5)=1.25MC$。②

但是，垄断厂商的单一定价存在两个基本缺陷，如图 19—1 所示：一是对支付意愿高的消费者未能收取相应的高价，使其获得较大的消费者剩余；二是价格作为进入门槛，使得那些支付意愿高于边际成本但低于垄断价格的消费者消费不起，出现有效需求得不到满足的低效率资源配置。

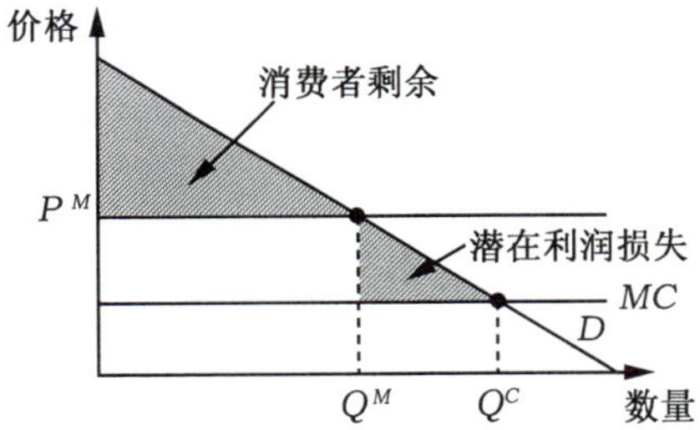

图 19—1 垄断单一定价的缺陷

价格歧视（price discrimination）又称差别化定价，这在定价实践中很常见。例如，火车硬座对学生打对折；航空公司在寒暑假对学生打 6.5 折、对教师打 7.5 折。电信公司对商业用途电话收费比家用电话贵；而电力公司按使用时间及批量对用户收取不同价格。有些杂志社对学术机构用户与个人收取不同的订阅费；而书店通常对畅销书打折，但对专业书籍则很少打折。在香港地区等，私人医生在给病人诊断时，通常会与病人闲聊一些家庭背景和病人职业的话题，目的就是通过对病人收入情况的了解来制定相应的价格。更一般地，我们可以将商店发放的优惠券视作价格歧视的一种手段：商店本欲按照消费者对价格的不同敏感度制定不同的价格。一般来说，时间机会成本较高的顾客对价格相对不敏感，商家发放优惠券的目的在于识别哪些顾客的时间机会成本相对较低、哪些顾客的时间机会成本较高，因为时间机会成本较低的顾客有耐心、有时间收集优惠券，从而享受价格优惠。

其实，无论是从生产者还是从需求方的角度来看，价格歧视都是合理的。从生产者角度

---

① Png, Ivan. Managerial economics[M]. Blackwell Publishers Inc., 1998.

② Pindyck, R. & Daniel L. R. Microeconomics[M]. Prentice Hall, 2001, the 5th edition.

看，用户规模越大，平均成本越小，从而单位价格可以越低，因此给予批量折扣是合理的；而从需求角度看，不同用户群体的需求弹性不同导致价格差异。

市场是可以按某种方式分割的；也就是说，厂商能识别不同消费者（通常用以切割市场的标准，包括身份、职业、性别、年龄、地理区域、用途、消费时间、批量、质量等）；然后，被切割为不同子市场的价格弹性不一样，但是厂商提供的是几乎同质的产品或服务，所以生产成本一样。另外，要保证价格歧视能实施的一个重要条件是不同子市场之间不能交易，即不存在套利行为。防止套利行为的一些措施包括持卡消费、关税等制度壁垒，还可以是采用一次性消费以及不易转手的物品。例如，20 世纪末，亚洲金融危机使得泰铢贬值过半，联合航空公司从曼谷至旧金山航线压力很大，因此公司决定将往返票价调低至 1 919 美元。但香港至旧金山的来回程票价仍然为 4 349 美元。这里可能出现一些问题。例如，一名香港旅客准备在旧金山欢度圣诞，他可以利用曼谷的廉价机票，购买该公司从曼谷经香港至旧金山的往返经济舱机票。当然，他需要购买一张可能是其他航空公司如海湾航空公司从曼谷至香港的来回程附加机票。那么，当该旅客从旧金山回曼谷时，可能选择在香港下机。那么，航空公司如何防止顾客的套利行为呢？我们认为可以这样做：曼谷—香港—旧金山—香港—曼谷与香港—旧金山—香港的票价均定价为 4 349 美元；航空公司可以采用还利（rebate）的方式将差价退还给回到曼谷的乘客。

在实现以上条件后，就可以着手对不同子市场制订不同的价格计划了。理论上，要实现总体利润最大化，应该保证每个子市场实现利润最大化，而每个子市场实现利润最大化的必要条件是边际成本等于边际收益。所以，总体利润最大化的必要条件是每个子市场的边际收益相等并且等于总体边际成本。

实际上，总利润为$\Pi=p_1q_1+p_2q_2-C(q_1+q_2)$，一阶条件（first-order-condition）为$MR_1=MC_1$；$MR_2=MC_2$，其中$MC_1=MC_2$，即：

$$MR(q_k^m)=MC(q_1^m+q_2^m)\quad(k=1,2)$$

所以有：

$$p_1/p_2=(1+1/\varepsilon_2)/(1+1/\varepsilon_1)$$

三、垄断耐用品定价策略

许多耐用品（如电脑、手机、录像机、复印机、电视机等）的定价行为具有跨时价格歧视（inter-temporal price discrimination）的特征，即产品上市初期价格很高，之后价格不断下跌。那么，耐用品的跨时价格歧视对耐用品厂商的生产者剩余会产生怎样的影响呢？

耐用品的定价受到两个重要因素的影响：一是耐用性（durability），二是消费者的预期（expectation）。从耐用性的角度看，为耐用品制定的本期价格吸引了一部分消费者，导致下一期的需求减少（或者本期购买的消费者可以在下一期市场上转售商品），从而导致下期价格下跌。换句话说，耐用品垄断生产者的明天成为今天的竞争对手。从预期的角度讲，存在战略性消费者（strategic consumers），即需求欲望不是很强烈的消费者会耐心等待价格下跌到其心理价位时再购买。由于存在战略性推迟购买，价格歧视可能反而降低利润。实际上，科斯猜想①

① Coase, R. Durability and monopoly[J]. Journal of Law and Economics, 1972(15): 143－149.

(Coase conjecture)明确说明了这一问题：当价格调整的时间差趋向于零，跨时垄断利润为零。

科斯猜想说明，一个很快改变价格的垄断者完全丧失了垄断力量。具体可从以下一个简单例子中看出战略性消费者如何破坏厂商的跨时价格歧视，并理解科斯猜想的本质。

例如，假定一个垄断耐用品厂商有两个单位的耐用品、两个潜在顾客；具有较高支付意愿的顾客愿意支付 15 元，另一个顾客的支付意愿为 10 元。进一步地，假定耐用品市场持续两期，贴现率 δ。每期厂商制定一个价格，顾客决定是否购买。那么，厂商应该如何为每期定价？①

情形一：不存在战略性消费者。令 P_t 表示 t 期的价格，比较两种定价方案：(1) $P_1=15$；$P_2=10$。支付意愿高的顾客将在第一期以价格 15 购买；另一个顾客将在第二期以价格 10 购买。利润 $V(15,10)=15+\delta 10$。(2) $P_1=P_2=10$。两个顾客均在第一期购买，$V(10,10)=20$。所以，当 $\delta\geqslant 1/2$ 时，最优定价策略为 $P_1=15$，$P_2=10$，即实施完全价格歧视。

情形二：存在战略性消费者。下面用回溯法求解纳什均衡。注意到，第二阶段的最优定价为 $P_2=10$。支付意愿高的顾客预见到：若第一阶段不购买，第二阶段将可以以价格 10 购买，获得剩余 5。因此，第一阶段的价格应满足 $15-P_1\geqslant 5\delta$，即 $P_1\leqslant 15-5\delta$。那么，$V(15-5\delta,10)=(15-5\delta)+10\delta=15+5\delta$。另一方面，$V(10,10)=20$。显然，当 $\delta\leqslant 1$ 时，有 $V(10,10)\geqslant V(15-5\delta,10)$。因此，这种情形下不宜实施跨时价格歧视。

科斯猜想及以上简单例子说明，若存在战略性推迟购买的消费者，对耐用品实施跨时价格歧视是不利的。那么，垄断耐用品厂商应该如何应对？为此，总结以下几种常用策略：②

第一，出租耐用品(leasing)。实际上，出租磁带、复印机、碟片、汽车、照相机的做法已经很普遍。出租耐用品可以避免耐用性对价格的影响，缓和每期市场需求的变化。施乐的复印机一度只租不售的做法实际上就是基于此考虑，并对其维持每期的垄断地位发挥重要作用。

第二，垄断者做出不降价的承诺(如公布价格表)。当然，此做法的有效性取决于消费者对承诺者声誉(reputation)的信任，因此，适合该做法的通常是具有良好声誉的垄断性大企业，比如惠普公布其价格表。

第三，与顾客签订诸如“若降价则赔偿差价或回购商品”的退款合约(contract commitments：money back guarantee；the-most-favored-nation clause)。例如，美国东部电器零售巨头提威特(Tweeter)于 1993 年开始实行“自动价格保护”(automatic price protection plan)政策，声明“如果消费者在购买商品后的 30 天内有其他商家以更低的价格出售同样商品，提威特会自动寄差价支票给该消费者”。此类做法类似于零售行业的“天天平价”(every day low price)计划。如果消费者在提威特购买了任何东西，并且在 30 天内其他商家在当地主要报纸以更低的价格做广告，公司会自动把差价支票寄给消费者。实际操作时，首先，自动价格保护部门的员工会在当地报纸寻找电器广告。当他们发现有提威特销售的产品，就会把相关的型号、价格和广告日期输入公司数据库。然后，公司管理信息部门会寻找在 30 天内购买相关产品的顾客资料。接着，把支出高于广告价格的顾客分离开，并记录他们的姓名和地址。最后，

① Church, Jeffrey & Roger Ware. Industrial organization: a strategic approach[M]. The McGraw-Hill Companies, Inc., 2000.

② Tirole, Jean. The theory of industrial organization[M]. Cambridge: The MIT Press, 1988.

把差价支票在 5 天内寄给顾客。到 1996 年,提威特已经实行自动价格保护策略两年了。并且至今,提威特是唯一提供这项服务的。可想而知,收到自动价格保护差价支票的顾客都会非常高兴,因为他们无须到其他商店寻找更好的价格,提威特在他们购买后会主动进行价格搜寻。

第二节 产品差异化

产品差异化(product differentiation)是企业获得市场力量的重要手段之一。本节首先对产品差异化研究模型进行评述;其次,分别介绍了横向差异化中古诺与伯特兰德、霍特林(Hotelling)线性城市以及萨洛普(Salop)圆周城市三个经典模型;再次,介绍了纵向差异化中的质量选择模型;最后,简单介绍了搜寻理论。

一、产品差异化定义及相关研究模型简介

产品差异化包括横向差异化与纵向差异化两种。横向差异化(horizontal differentiation)是指产品的特性改变后,一部分消费者受益,另一部分消费者受损。如甜味越浓,好甜者越喜欢,好淡者越不喜欢。按照 Beath & Kasonlaeoy(1991)的直观解释[①],横向差异化通常这样表示:产品特性用[0,1]区间表示,消费者根据其对该特性的评价在[0,1]区间分布,产品特性改变后,一部分消费者受益,另一部分消费者则受损。如图 19—2 所示,离 A 近者偏好 A;离 B 近者偏好 B。

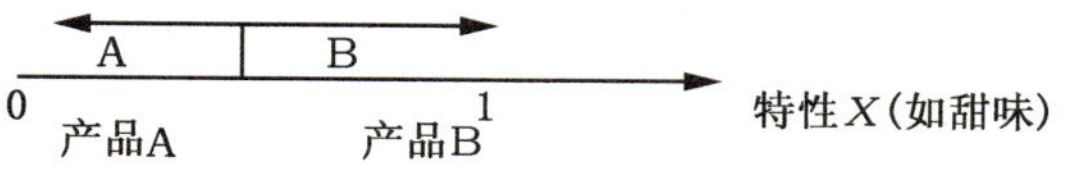

图 19—2 横向差异化的直观含义

纵向差异化(vertical differentiation)是指产品的特性改变后,消费者均受益或均受损。同样地,纵向差异化也可直观解释,从 A→B 意味着产品质量提升,所有消费者均受益,如图 19—3 所示。

图 19—3 纵向差异化的直观含义

关于差异化模型研究,大致包括选址模型(address;location model)、非选址模型(non-address mode)以及特征方法(characteristics approach)三大类。其中,选址模型是处理这样一个问题:不同消费者有不同口味,且只购买一件产品,厂商如何定位(选址)? 根据消费者口味的分布,选址模型又包括线性城市模型(linear city;Hotelling,1929)与圆周城市模型(circular

---

① Beath,J.,Y. Katsoulacos. The economic theory of product differentiation[M]. Cambridge:Cambridge University Press,1991.

city;Salop,1979)两类。而非选址模型是处理这样一个问题:一个代表性消费者,对品种多样的产品有一个偏好(因而有对应的效用函数),厂商如何决定各种产品的产量/价格?非选址模型又包括品牌数外生确定与品牌数内生确定(即垄断竞争模型)两类。

特征方法(characteristics approach)的基本原理为:消费者 i 购买产品 k 的净效用为:

$$U_{ik}=b_{i1}c_{k1}+\cdots+b_{im}c_{km}-p_k$$

式中,b_{ij} 为消费者 i 对特征 j 的评价(m 个特征),而 c_{kj} 为特征 j 的重要性,p_k 为产品 k 的价格。然后只要根据商品特征及其重要性计算消费者从购买商品中得到的净效用,并找出净效用最大的商品即可。

二、横向差异化模型

横向差异化的模型研究包括非选址模型(non-address model)与选址模型[或称为空间竞争模型(spatial competition model)]两大类。

(一)非选址模型①

1. 模型基本假设

两个厂商生产两种差异的产品;边际成本 $C_k=0, k=1,2$;需求函数分别为 $p_1=\alpha-\beta q_1-\gamma q_2$ 和 $p_2=\alpha-\gamma q_1-\beta q_2$,其中 $\beta>0, \beta^2\geqslant\alpha^2$,意味着自身价格效应大于交叉价格效应。

2. 对差异化程度的度量

差异度定义为:

$$\delta=\gamma^2/\beta^2$$

当 $\delta\to0$ 时,表示高度差异化(highly differentiated);当 $\delta\to1$ 时,表示几乎同质(almost homogeneous)。上述关系可以通过图 19—4 反映出来。从图 19—4 可以看出,沿着对角线水平移动,意味着产品同质性增加($\gamma^2\to\beta^2$)。

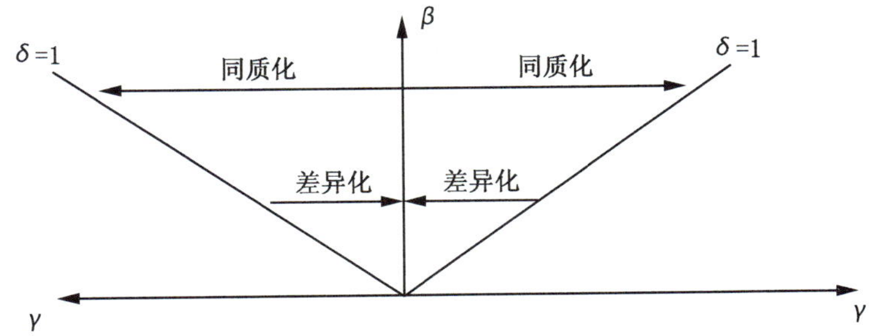

图 19—4 产品差异化程度

3. 古诺均衡的求解

首先,求解反应函数(response function)。由

$$\text{Max}\{\pi_i(q_i,q_j)=(\alpha-\beta q_i-\gamma q_j)q_i\} \quad (i,j=1,2,i\neq j)$$

得反应函数为:

---

① Shy, Oz. Industrial organization: theory and application[M]. Cambridge: The MIT Press, 1996.

$$q_i = R_i(q_j) = (\alpha - \gamma q_j)/2\beta \quad (i, j = 1, 2, i \neq j)$$

其次,求解对称纳什均衡,得到 $q_i^c = \alpha/(2\beta+\gamma)$,$p_i^c = \alpha\beta/(2\beta+\gamma)$;$\pi_i^c = \alpha^2\beta(2\beta+\gamma)^2$。

由此,可以得到具有差异化的古诺模型的重要结论:企业利润随着产品差异化程度的增加而增加。该结论有两个启示:(1)它解释了企业为什么花大量成本做广告;(2)差异化可以增加企业的垄断势力。

4. 求解伯特兰德均衡

先将需求函数改写为:

$$\begin{pmatrix} \alpha - p_1 \\ \alpha - p_2 \end{pmatrix} = \begin{pmatrix} \beta & \gamma \\ \gamma & \beta \end{pmatrix} \begin{pmatrix} q_1 \\ q_2 \end{pmatrix}$$

或者

$$\begin{pmatrix} q_1 \\ q_2 \end{pmatrix} = \begin{pmatrix} \beta & \gamma \\ \gamma & \beta \end{pmatrix}^{-1} \begin{pmatrix} \alpha - p_1 \\ \alpha - p_2 \end{pmatrix}$$

由此,得到伯特兰德模型中的需求函数为:

$$q_1 = a - bp_1 + cp_2; \quad q_2 = a - bp_2 + cp_1$$

式中,$a = \alpha(\beta-\gamma)/(\beta^2-\gamma^2)$;$b = \beta/(\beta^2-\gamma^2)$; $c = \gamma/(\beta^2-\gamma^2)$。

这样,我们得到具有差异化的伯特兰德模型的一个与古诺模型相似的重要结论:企业利润随着产品差异化程度的增加而增加。

5. 对古诺均衡与伯特兰德均衡进行比较

由于 $p_i^c - p_i^b = \alpha\beta/(2\beta+\gamma) - a/(2b-c) = \alpha/[4\beta^2/\gamma^2 - 1] = \alpha/(4/\delta^2 - 1)$,因此,我们得到:古诺均衡市场价格高于伯特兰德均衡市场价格;但是,古诺均衡价格与伯特兰德均衡价格的差距随着产品差异化程度的增加而减少。

(二)空间竞争模型①

1. 霍特林线性城市 Duopoly 模型

在一条长度为单位 1 的街道上有两家商店进行竞争,它们提供同样的服务或同质的商品,消费者均匀分布在街道上。

情形一:价格给定,双头垄断厂商通过选址(location)展开竞争。均衡结果是最小差异化。事实上,在图 19—5 中,A 面临的市场需求为 $D = a + (1-b-a)/2$。显然,D 是 a 的增函数,所以,A 与 B 位于同一点,此即区间的中心,即 $a+b=1$,$a=b=1/2$。

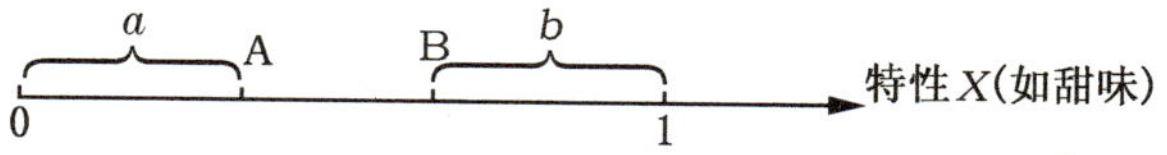

图 19—5 双头垄断厂商的选址竞争

最小差异化的均衡结果并不奇怪。现实中,我们看到许多公交车停靠点挤在一起就是最小差异化的例证。类似地,还有许多商店、宾馆的位置非常靠近。

情形二:定位后的价格竞争,即给定两个厂商的位置后,如何分别定价?

---

① Shy, Oz. Industrial organization: theory and application[M]. Cambridge: The MIT Press, 1996;周惠中. 微观经济学[M]. 上海:上海人民出版社 1997 年版.

为此，我们进一步假设单位运输成本为 t（运输成本可以理解为厂商所提供的产品与消费者心目中的定位有差距，消费者为此而感到失望，也可以理解为消费者的搜寻成本）。我们再分以下三种情况来分析厂商的定价策略：

(1) $a=b=0$（即两个厂商分别位于两个极端）。先求 A 的剩余需求，由 $p_A+t_x=p_B+t(1-x)$，得 $x=(p_B-p_A+t)/2t$，A 的剩余需求为 $D_A=(p_B-p_A+t)/2t$；B 的剩余需求为 $D_B=(p_A-p_B+t)/2t$。所以，$\pi_i=(p_i-c)(p_j-p_i+t)/2$，$i=A,B$，则，$p_A=p_B=c+t$（当 $t=0$ 时，与伯特兰德结果一致）。

(2) $a+b=1$（位于同一点）。伯特兰德模型，$p_A=p_B=c$。

(3) 当 A 与 B 充分接近中心，但 $a+b\neq 1$。均衡不存在（Daspremot，Gabszewics & Thisse，1979）；但在二次运输成本 $c(x)=tx^2$，均衡存在（Salop，1979）。

值得指出的是，在动态霍特林模型中（厂址与价格可以无成本改变），均衡不存在；但若改变假设条件，如二次运输成本，则均衡存在。但市场均衡结果不是社会有效的过度差异化。

2. 萨洛普圆周城市模型

假设线性运输成本 $c(x)=tx$，固定成本 f（无进入障碍），圆周周长为 1，顾客均衡分布，企业（厂商）在圆周上等距离分布。求解均衡厂商数及均衡市场价格。

设 i 周围有两家企业，记为 $i-1$ 和 $i+1$，求 i 的剩余需求 $D_i(p_i,p)$。考虑 i 为 x 的顾客，其无差异条件为 $p_i+tx=p+t(1/n-x)$。所以，$D_i(p_i,p)=2x=(p+t/n-p_i)/t$。$i$ 的决策为（$i=A,B$）：

$$\mathrm{Max}\{(p_i-c)((p+t/n-p_i)/t)-f\}$$

对称的 NE 为 $p_i=p=c+t/n$。

在自由进入下，厂商数目满足：$(p-c)1/n-f=t/n^2-f=0$，即 $n^c=(t/f)^{1/2}$，$p^c=c+(tf)^{1/2}$。

接下来进行比较静态分析。显然，价格高于边际成本，但（经济）利润为零。另外，若固定成本 f 增加，则均衡厂商数目 n^c 下降，均衡价格 p^c 上升；若边际运输成本 t 上升，则均衡厂商数目 n^c 上升，均衡价格 p^c 上升；若固定成本趋向于 0，则均衡结果与“充分竞争”结果一致。

另外，我们比较社会最优的厂商数目与市场均衡下的厂商数目。注意到，社会最优的厂商数目应最小化固定成本与运输成本之和，即

$$\mathrm{Min}\{nf+t(2n\int_0^{1/2n}x\,\mathrm{d}x)\}=\mathrm{Min}\{nf+t/4n\}$$

所以，$n^s=1/2(t/f)^{1/2}=n^c/2$，即市场均衡的厂商数目大于社会最优的水平（过度进入）。

三、纵向差异化

考察一个质量选择模型[①]，假设生产者 A 与 B，A 为低质量产品厂商；B 为高质量产品厂商，参见图 19－6。消费者均衡分布于[0,1]；消费者 $x\in[0,1]$的效用为：

---

① Shy, Oz. Industrial organization: theory and application[M]. Cambridge: The MIT Press; 1996; Tirole, Jean. The theory of industrial organization[M]. Cambridge: The MIT Press, 1988.

$$U_x(i)=\begin{cases}ax-p_A(i=A)\\bx-p_B(i=B)\end{cases}$$

厂商进行两阶段博弈：第一阶段选择质量(location)；第二阶段进行价格决策。我们求解子博弈精练纳什均衡。

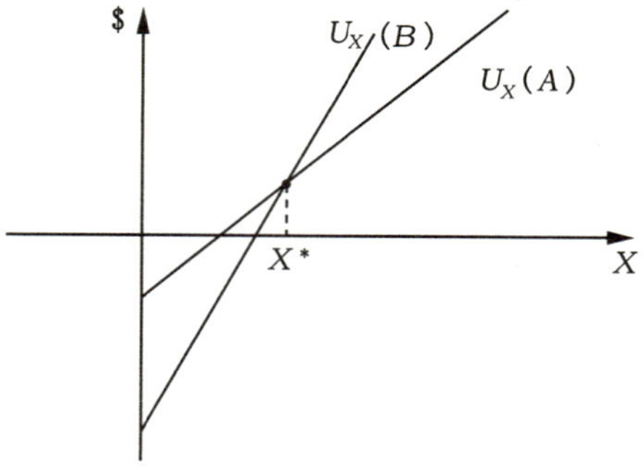

图 19—6　质量选择模型

先考虑第二阶段的决策：给定 a,b，确定 $p_A^e(a,b)$ 和 $p_B^e(a,b)$。假设 A 与 B 的剩余需求为 x 与 $(1-x)$，则应满足 $U_x(A)=ax-p_A=U_x(B)=bx-p_B$。所以，$x^*=(p_B-p_A)/(b-a)$；$1-x^*=1-(p_B-p_A)/(b-a)$。

再回到第一阶段博弈确定 a^e 与 b^e。由 $\pi^A(a,b)=p_Ax^*=[2/9(b-a)^2-(b-a)^2/9]/(b-a)=(b-a)/9$，$\pi^B(a,b)=p_B(1-x^*)=4/9(b-a)$，得到 $a^e=0$，$b^e=1$，即均衡结果为最大差异化(maximum differentiation)。

四、搜寻理论与旅游者陷阱

搜寻理论旨在描述搜寻成本对消费者购买决策从而对厂商定价能力的影响。搜寻理论可以解释同质产品在不同商店价格可能不一样的原因，因为顾客需要搜寻。在不完全信息下，搜寻成本越大，不同消费者时间的机会成本也不一样(参见图 19—7)。

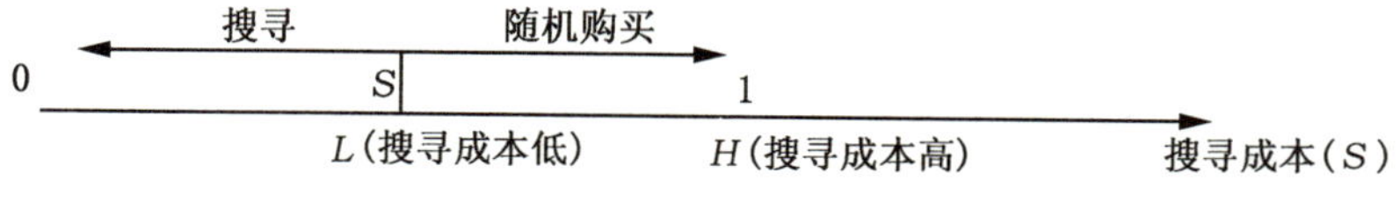

图 19—7　搜寻模型[①]

假设有两家商店，一家为 D(discount)，另一家为 ND(not-discount)，在搜寻前，顾客不知谁为 D、谁为 ND，那么应如何制定差异化价格？

最优的价格策略应该使得顾客到本商店时正好达到搜寻或随机购买无差异。直观地，当他继续搜寻另一家商店的期望所得 *MR*(即价格降低的期望值)等于搜寻成本(*MC*)，则不再搜寻。为分析具有搜寻成本下商店的最优定价，进一步假设有 n 家商店 $(i=1,2,\cdots,n)$ 销售同

① Shy, Oz. Industrial organization: theory and application[M]. Cambridge: The MIT Press, 1996.

质商品，有 n 种价格 $\{p_i=i\}_{i=1}^{n}$ 可供每家商店选择。顾客并不确切地知道他将光顾的商店（如商店 i）的价格 p_i，但知道 $p_i=i$ 的概率为 $1/n$；假定他不会走回头路。

若他现在光顾的商店价格为 p，则他搜寻另一家商店价格降低的期望值为：

$$MR=V(p)=(p-1)/n+(p-2)/n+\cdots+[p-(p-1)]/n=(p^2-p)/2n$$

设边际搜寻成本为 s，即 $MC=s$。最优搜寻策略：当 $MR=MC$ 时，不再搜寻；否则，继续搜寻。令 $(p^2-p)/2n=s$，则 $p=(3+8ns)/4$。所以，若商店定价 $p=(3+8ns)/4$，则边际搜寻成本为 s 的顾客将购买。

现在，我们可以运用搜寻理论来解释旅游者陷阱（tourists-locals model）。所谓旅游者陷阱，是指许多城市的零售业中，一些商店制定低价；而其他商店制定高价——成为旅游者的陷阱。其内在逻辑是，旅游者是高搜寻成本的消费者；而当地人的搜寻成本较低——他们准备重复购买，将搜寻成本分摊到多次交易中。

第三节 纵向一体化与横向一体化

纵向关系、纵向控制或纵向约束（vertical restraints）、纵向一体化（vertical integration）是现代产业组织理论的前沿研究课题之一。企业的生产过程需要原材料、中间品、半成品的投入，还需要经过批发、中转、零售商等渠道来完成销售活动。可以说，企业间的纵向关系非常丰富和复杂。处于产业链（有时又称为广义价值链）中任一环节的厂商（以制造商为多）都有控制上下游的动因，因而便有了纵向约束。纵向约束是指非纵向一体化的厂商与上下游厂商签订长期的、具有约束力的合同（long-term contract），包括列明零售价格、销售数量、销售区域等条款或行为方式等。专卖（exclusive dealing）及特许经营（franchising）是熟知的两种纵向控制方式。一般而言，纵向约束分为前向约束（对下游厂商的约束）与后向约束（对上游厂商的约束）两种。微软公司利用其在操作系统上的垄断势力对计算机制造商的约束是一个著名的前向约束的例子。纵向一体化则是上下游厂商实行的并购行为。与纵向一体化相对应的横向一体化或横向兼并（horizontal integration）是指处于价值链同一环节的竞争对手之间的合并。

本节将介绍为什么厂商要实施纵向控制以及纵向控制的基本方法；阐述纵向一体化的优点；介绍横向一体化的理由，并对横向一体化的福利效应进行模型分析。此外，还将讨论一体化的相关法律观点。

一、纵向控制的成因分析

纵向控制的经济成因大致有三个：一是旨在避免双重加价；二是旨在减少投资的溢出效应，使得投资的外部性尽可能内部化；三是限制竞争，通过控制稀缺资源进行市场反进入。

（一）双边垄断的双重加价（double markups）

具有一定市场势力的厂商若通过渠道销售产品，就会出现双重加价问题。以下通过一个简单模型对此予以说明。①②

假设一个垄断上游制造商记为M，其目标是$\mathrm{Max}\{\pi^M=(p_w-c)q_M\}$，其中，$p_w$为批发价格，$c$为边际生产成本。M选择了一家销售商（记为D）独家代理销售其产品，则D的目标为$\mathrm{Max}\{\pi^D=(p_D-p_w^m)q_D\}$，其中，$p_D$为垄断零售价格，$p_w^m$为M制定的批发价格，显然有$p_w^m\geqslant c$；易知，$p_D^m(p_w^m)\geqslant p_D^m(c)$，即通过D来销售的最终零售价格高于M直销的零售价格。

为说明这种加价对于制造商的损害，我们进一步假定最终需求为$p=1-q$，若通过D销售的话，采用回溯法求解零售价与批发价及制造商与零售商各自的利润。D的目标是$\mathrm{Max}\{\pi^D=p_Dq-p_wq=p_D(1-p_D)-p_w(1-p_D)\}$，由一阶条件得到$p_D^m=(1+p_w)/2$，则$q^m=(1-p_w)/2$；因此，零售商的利润为$\pi^D=[(1-p_w)/2]^2$。制造商M的目标是$\mathrm{Max}\{\pi^M=p_wq-cq=1/2(p_w-c)(1-p_w)\}$，同样由一阶条件得到$p_w=(1+c)/2$，则$p_w^m=(1+c)/2$，$p_D^m=(3+c)/4$；$\pi^{MC}=\pi^D+\pi^M=3/16(1-c)^2$。接下来把制造商与零售商一体化的情形进行比较。一体化厂商的目标是$\mathrm{Max}\{\pi^{MM}=p(1-p)-c(1-p)\}$，由一阶条件得到$p^{MM}=(1+c)/2$，因此$\pi^{MM}=(1-c)^2/4>\pi^{MC}$。可见，垄断链所形成的双重加价行为损害了制造商的利益。

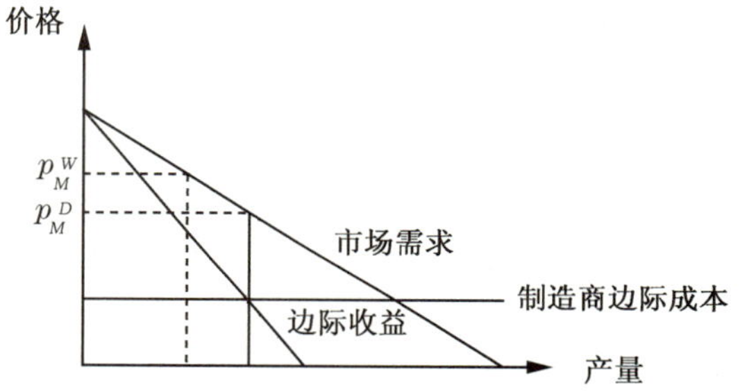

图19—8 双重加价示意图

我们可以用一个简单图示来说明双重加价的基本原理。在图19—8中，如果厂商直接销售产品，根据利润最大化原则，均衡价格为p_w^m；如果通过代理商销售，p_w^m成为零售商的边际成本，最终零售价格将升至p_D^m，销售数量将减少，厂商利润将受损。为避免双重加价导致的利润损失，让零售商实行伯特兰德竞争是一个经常被推荐的建议。

（二）投资的外部性（free-rider problems）

但是，让零售商竞争会出现投资外部性问题。特别是像汽车销售这种需要投资展示厅或广告的行业中，零售商可能缺乏广告促销或进行信誉投资、培训员工的积极性，而是坐等其他零售商进行投资，自己则“搭便车”。反之，如果多个厂商找同一个代理商销售产品时，厂商之间也会“搭便车”，例如不愿意培训代理商、不愿意开拓市场，而是等另一个厂商去培训代理商、去开拓市场，自己则“共享”资源。

（三）限制竞争（limit competition）

出于市场反进入或限制竞争的考虑，在位企业（incumbent）有时会对供应链或销售渠道实

① 丹尼斯·卡尔顿，杰弗里·佩罗夫.现代产业组织[M].黄亚钧等译.上海：上海三联书店、上海人民出版社1998年版.

② Tirole，Jean. The theory of industrial organization[M]. Cambridge：The MIT Press，1988.

施控制，甚至实行纵向一体化，这种做法的关键在于控制稀缺资源。这也使得规制政策碰到困惑。电力行业中的“厂网分离”改革已禁止经营发电的上游企业经营下游业务（电网），但在电信行业中，市内电话服务与长途电话服务是上下游关系，美国对 AT&T 的支解目的在于，禁止其既经营市内电话又经营长途电话，即“长话、市话分离，长话竞争、市话垄断”。否则，一个电信公司既拥有市话网络又拥有长话网络，其与新进入者（entrant）处于不对等的竞争地位，就难以形成有效竞争局面，因为在位者会利用其所拥有的瓶颈资源对新进入者进行压挤。从这个意义上讲，厂商对供应商或销售商的控制对于保持其垄断势力具有重要的意义。

二、纵向控制的方式

针对双重加价的纵向控制方法，包括建议零售价、非线性批发价以及发放优惠券三种方式；针对零售商“搭便车”的纵向控制方式，一般包括转售价格维持协议、区域排他性、限制零售商数量、监督与激励、制造商代做促销等方式；而针对制造商“搭便车”的控制方式，一般包括专卖及纵向一体化两种方式。以下对上述控制方式进行简单介绍。[①]

第一，制造商制定最高零售价，即 MRP（maximum retail price）。实际操作中，通常制造商会建议零售价或实行统一零售价。这种做法常见于书籍报刊的定价实务中，如出版商对书籍的零售价进行“明码标价”。MRP 的变通做法是实施销售配额，即要求销售商销售的最低数量，其目的旨在防止零售商涨价。

第二，采用非线性契约，通常是制定非线性批发价（non-linear pricing），又称非线性许可费（franchise fee）。非线性定价中最为常见的是二部收费定价（two part tariff），即制造商通过竞争性拍卖机制确定零售商，之后对其收取一定的特许权费：$F=\pi_M$；再以边际成本将产品售予销售商：$P=MC$。问题是，如何确定特许权费 F？理论上，$F=\pi_M$=纵向一体化下的垄断利润。但在实践中，通常 $F=(P_M-MC)Q$，其中 Q 为预期销售量。容易验证，如果采用上述非线性契约，则纵向分离情况下的最优决策与纵向一体化情况下的最优决策一致。进一步地，如果零售商之间的竞争越激烈，则最优批发价格越高。极端地，可以将批发价制定为垂直一体化下的垄断价格，让零售商进行伯特兰德竞争，则最终零售价为零售商的边际成本即批发价。

第三，优惠券（coupon）。制造商如果降低批发价，他们会发现市场零售价并没有同幅度下降。这一点可以很容易地从图 19－9 中看出来。直接发放优惠券给顾客可以使得消费者享受全部折扣，实际上也是制造商对销售商的一种间接控制方法。

第四，转售价格维持协议，即 RPM（resale price maintenance）。规定零售商之间的最低零售价，防止零售商行价格战。

第五，制造商代做广告等促销活动，然后将广告成本分摊到单位产品的批发价中，可以防止零售商之间的“搭便车”行为。

第六，排他性区域（exclusive territories）。给每个零售商以一定的区域独家代理权，可以防止零售商之间的价格战或串货等无序竞争行为。例如，1981 年，加州立法机构以压倒性优势通过了一项赋予啤酒经销商以区域垄断经营权的法案。该法案要求啤酒厂商在加州任一地

---

① 丹尼斯·卡尔顿，杰弗里·佩罗夫. 现代产业组织[M]. 黄亚钧等译. 上海：上海三联书店、上海人民出版社 1998 年版.

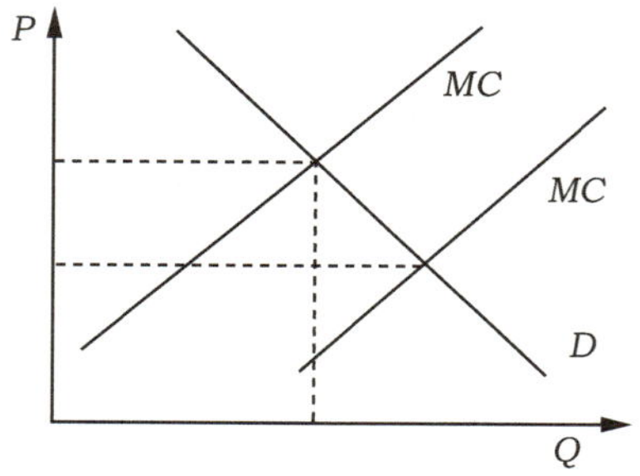

图 19—9 优惠券的作用

区只能将啤酒卖给一个经销商。该法案的初衷是想通过阻止零售商直接从酒厂购买啤酒来防止零售商搭批发商促销努力的“便车”。之后，酒厂出售的啤酒 90%是在排他性协议下售给加州批发商的。其直接结果是啤酒零售价格上升了 10%～20%。该法案旋即遭到抨击。

第七，监督(monitoring)。对零售商的促销努力进行监督，对“搭便车者”予以惩罚甚至取消代理权，而对促销积极的零售商则予以价格优惠等奖励。

第八，限制零售商数量。

第九，专卖(exclusive dealing)。专卖可以防止竞争对手利用自己的销售渠道或通过经销商获得重要客户的资料。在现实中，服装、烟酒、电器等专卖店屡见不鲜。例如，库尔斯啤酒公司与一些零售商(主要是饭店、酒店)签订了专卖协议：只卖库尔斯桶装啤酒而不卖其他淡颜色的桶装啤酒——库尔斯啤酒是淡颜色的。当然，深颜色的桶装啤酒、瓶装或罐装淡颜色啤酒不受限制。美国联邦贸易委员会对此提出异议，要求停止库尔斯的独占权。库尔斯啤酒的相关人员争辩道：库尔斯花了很大成本做广告，必然会提高提供库尔斯啤酒的酒店中的顾客需求。对于桶装啤酒，消费者只能从味道和颜色上辨别是否为库尔斯啤酒。如果酒店销售其他品牌的淡颜色桶装啤酒，而消费者不能识别，则库尔斯不能获得广告的全部收益。

第十，纵向一体化(vertical integration)。

三、纵向一体化

纵向一体化又称垂直一体化，是指将上下游业务整合在一起的组织架构。例如，全球最大的商用客机制造商之一的波音公司(Boeing)是一家在纽约证券交易所上市的而且上下游生产(零部件供应及制造、销售等业务)集中在一家公司的企业。纵向一体化的组织架构还见诸电力、铁路等产业。例如，在电力产业中，发电厂发电→输电网输电→配电网配电→用户用电是纵向一体化的，整个产业链由电力公司垄断经营；在铁路运输业中，旅客→车站→铁轨→车站→旅客也是一体化的；在供水产业中，自来水加工厂→输水管网→区域分销→用户用水→污水处理也是一体化的；在供气产业中，煤气生产或天然气开采→长距离输气→市内分销→用户用气也呈现一体化的局面。

相对于波音，全球另一个最大的商用客机制造商空中客车(Air Bus)则是上下游分离的，即销售与行销都是由政府控制。空中客车四大股东为：Aerospatiale Matra(占 37.9%)、British Aerospace(占 20%)、Construciones Aeronauticas(CASA)(占 4.2%)、Daimler Chrysler Aerospace(DASA)(占 37.9%)。这四大股东本身也是生产者,负责大部分空中巴士的设计与制造。由于股东的双重身份,空中巴士的生产业务被分割到各合伙人的国家中。四大股东与空中客车之间须要进行年度"扑克游戏"以确定转移价格,合作伙伴则按股份比例分割空中客车的利润。那么,合作伙伴会更关注哪一方的利润——是自己公司还是空中客车?难怪空中客车董事麦克·特纳(Mike Turner)感叹道:"这简直是一个不诚实的系统,每个合伙人的根本动机都是追逐自己公司的利益。"[①]由此,我们可以归纳纵向一体化的诸多优点。

1. 纵向一体化可以降低交易成本

交易费用理论告诉我们,交易成本(transaction cost)是制约外包(outsourcing)的一个主要因素。纵向一体化将监督问题由控制其他厂商改为监督厂商内部的雇员,这样一来,就可以通过有效率的激励机制设计来替代外包中的不完备契约(incomplete contract)。

2. 保障供应

制约业务外包的另一个主要因素是套牢(hold up)。套牢是指一方利用另外一方的特殊依赖来占便宜。例如,爱买超市与一家专门负责送货的快递公司签约,由后者负责爱买超市每天的送货工作。根据合约,快递公司每天为爱买超市送两次货,一次在中午 12:00,另一次在下午 4:00。爱买超市有一天突然收到很多要求送货的订单,于是请快递公司帮忙送第三次货。然而,此时快递公司知道爱买超市需要有人送第三次货,便推说无法送货,除非爱买超市能够将送货费用提高 1 倍。这样就出现了套牢,即快递公司利用爱买超市的特殊情况将之套牢。如果爱买超市自己拥有送货人员,就可以避免套牢问题。同样地,在零部件供应方面,自己拥有零部件生产车间可以避免被独立的零部件生产企业敲竹竿,从而保障供应。[②]

3. 可以消除外部性(特别是信誉造成的外部性)

俗话说,肥水不流外人田。纵向一体化可以在一定程度上消除投资的溢出效应(spill over effect)。例如,华特迪士尼公司在加州洛杉矶有一家迪士尼乐园。该主体乐园的附近有数以百计的旅馆、餐厅、其他纪念品店及交通工具公司。当然,其主要客户是来自迪士尼乐园的游客。20 世纪 80 年代末期,华特迪士尼公司决定投入大笔资金全面更新园内设施。在更新设施前,华特迪士尼公司先大量买下附近的土地,其中包括花了近 2 亿美元购买一家旅馆。迪士尼此举的目的在于掌握更新设施所造成的正的外部性。

4. 可以避免政府干预

纵向一体化一方面可以通过上下游部门的内部转移价格(transfer price)来转移利润,逃避政府管制;另一方面,可以实行业务的交叉补贴来转移利润,如电信公司可以通过将长话业务利润转移到市话业务中来逃避税收。

5. 可以增加垄断利润

通过纵向一体化形成产业垄断链可以增加垄断利润。事实上,当下游企业的生产函数可变时,上游垄断企业有动机对下游企业进行控制。以下通过一个简单的数字例子来说明这一点。[③] 假设下游生产(下游是竞争的)需要两种投入品:能源 E(垄断)与劳动力 L,下游生产函

---

① Png, Ivan. Managerial economics[M]. Blackwell Publishers Inc., 1998.

② 方博亮,林祖嘉. 管理经济学[M]. 中国台北:智胜文化事业有限公司 2003 年版.

③ 丹尼斯·卡尔顿,杰弗里·佩罗夫. 现代产业组织[M]. 黄亚钧等译. 上海:上海三联书店、上海人民出版社 1998 年版.

数记为 $Q=f(E,L)$。而能源的生产需要其他投入品，其市场价格为 m。假设 E 的市场价格为 e，L 的市场价格为 w。进一步假定最终产品的市场需求 $P=a-bq$。

关于下游生产函数，假定：

$$Q=\begin{cases}\mathrm{Min}(E,L);E\text{ 与 }L\text{ 固定比例为 }1:1\\ E^{1/2}L^{1/2};E\text{ 与 }L\text{ 比例可变}\end{cases}$$

(1)上游投入比例不变。对于下游厂商而言，一体化与非一体化的利润相同，因此，下游厂商没有必要实施纵向一体化。事实上，在一体化情形下，下游厂商使用能源的边际成本 $MC=m+w$，而边际收益 $MR=a-2bq$，按照边际收益等于边际成本的利润最大化原则，$MR=MC$，得到最优产量 $Q_I^*=(a-m-w)/2b$。

而在非一体化情形下，上游垄断者(E)面临的需求曲线为 $e=P-w=a-bQ-w=a-bE-w$，则上游垄断商 $\pi=(e-m)E=(a-be-w-m)E$，由一阶条件，得到 $a-w-m-2bE=0\rightarrow Q_{NI}^*=(a-m-w)/2b=Q_I^*$。

(2)上游投入比例可变。由于下游厂商的成本函数为：

$$C(e,w,Q)=\mathrm{Min}_{L,E}\{Ee+wL\}$$

约束条件： $$Q=E^{1/2}L^{1/2}$$

即

$$C(e,w,Q)=2Q(we)^{1/2}$$

在一体化情形下，由于 $e=m$，由 $MR=MC$ 得到 $Q_I^{**}=(a-2w^{1/2}m^{1/2})/2b$。而在非一体化条件下，采用动态回溯法，由下游生产决策推出上游厂商面临的需求曲线，再确定上游的最优产量，依照此逻辑，我们容易得到 $Q_I^{**}<Q_{NI}^{**}$，即一体化(产业垄断)可以增加利润。

另外，具有一定市场力量的厂商还可以通过纵向一体化来实施价格歧视。由前面关于价格歧视的讨论可知，厂商实施价格歧视的前提条件是市场能被切割；不同子市场的价格弹性不同；最关键的是，不能出现转售等套利行为。在比较难以杜绝套利行为的情况下，为对价格敏感度低的顾客制定高价，厂商通常对价格敏感度较高的下游部门实施纵向一体化，再对其制定相应的内部转移价格(通常低于市场价格)。

第六，纵向一体化可以消除竞争对手的市场力量。收购供应商销售渠道可以削弱竞争对手的市场力量，甚至起到市场反进入的作用。

四、横向一体化

(一)横向一体化的目的

横向一体化可以产生协同收益，强强联合可以产生“1+1>2”的范围经济(economies of scope)效应与规模经济(economies of scale)效应，同时还可以达到避税目的。例如，假设所得税为33%，若兼并前企业A的应税收益为40万元，则其应缴纳所得税13.2万元，税后净收益为26.8万元。而企业B的应税收益为-20万元，所得税为零，净收益为-20万元。如果A兼并B成为A∪B，则税前收益为20万元，所得税为6.6万元，净收益为13.4万元。可见，企业A通过兼并行为而获得6.6万元的所得税减免。此外，横向兼并还可以限制竞争，控制市场价格。另外，出于财务上的考虑，横向兼并还可以降低企业筹资的资本成本，并达到买壳上市的目的。

从横向兼并实践的发展历史看，1898—1900 年间的兼并主要是出于寻求垄断地位的意图；而 20 世纪 20 年代的兼并旨在加强市场上的寡头地位；到了 20 世纪五六十年代，兼并的目的在于延长生产线、扩大企业的生产能力；而 20 世纪 80 年代的众多兼并案反映了跨行业兼并以逃避政府管制的兼并趋势；而 20 世纪 90 年代以来的兼并主要是资产重组，出现分离组合的特征。另外值得指出的是，兼并理论的一个前提假设是不存在管理浪费，即信息不但是完美的，而且是完全的，因此不存在代理问题。或者说，企业的股票市场价值 $P(V)$ 与真实价值 V 无显著差异。若 $P(V)$ 与 V 有显著差异，则兼并的目的主要是重现企业的真实价值，俗称“除弊动机”。

(二)兼并的过程

兼并企业确定兼并目标(又称为靶子企业)后，通常委托投资银行进行操作，投资银行与靶子企业董事会进行交涉谈判，靶子企业董事会向股东提出建议，半数以上的股东同意后，兼并宣告成功，并报政府机关审批，参见图 19－10。兼并的方式一般包括现金收购股份、杠杆购买以及股份交换三种方式。

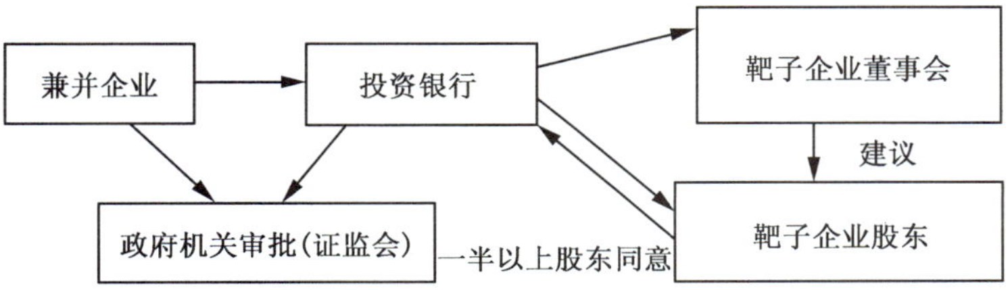

图 19－10　兼并的一般操作过程示意图

企业兼并过程是一个动态的博弈，即收购方一般采用分两至三次收购被兼并方的股份来实施兼并过程。如前文所述的美国联铁案，由美国东部第一和第三大铁路公司 CSX 和 Conrail 于 1996 年 10 月 16 日宣布以 83 亿美元价值合并，第一阶段 CSX 先以 92.5 美元的价格购买 Conrail 40%的股份；第二阶段 CSX 以 1.856 19∶1.0 的比例交换剩余的 60%Conrail 股份。动态收购计划能促使小股东较早出售股份，有利于收购的成功。

(三)自我保护

当然，被收购方也有自我保护的法宝，通常是“毒药丸”计划(poison pill)。一般来说，若一个企业的股份被收购比例达到 10%，会启动“毒药丸”计划，即增资扩股，以达到稀释被收购股份的价值之目的。“毒药丸”计划基本原理可以通过图 19－11 来反映。

一般来说，企业兼并对福利的影响有两种可能：一种是兼并后生产规模扩大、成本降低、价格下降、消费者受益；另一种是兼并无效或兼并后控制产业进行垄断定价，消费者受损。

进一步地，法雷尔和夏皮罗(Farrell and Shapiro，1990)模型证明了：除非兼并后成本大幅度降低，否则消费者受损。①。以下将简单介绍这个模型。

1. 模型假设

① Farrell，Joseph，and Carl Shapiro. Horizontal mergers：an equilibrium analysis[J]. The American Economic Review，1990：107－126.

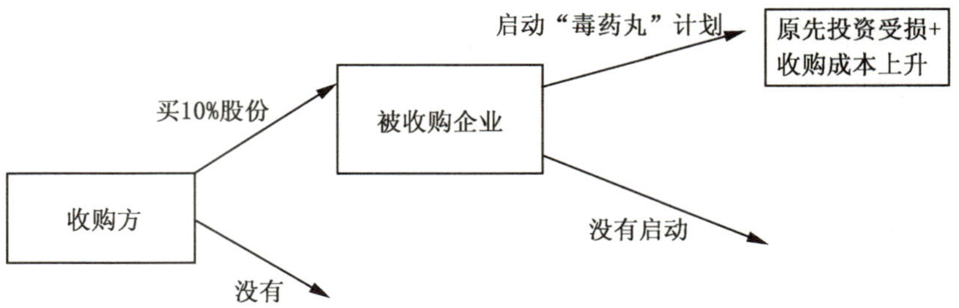

图 19－11 "毒药丸"计划示意图

假定 n 个厂商($I=1,2,\cdots,n$);总产出 $Q=q_i+q_{-i}$,成本 $c_i(q_i)$;反需求函数 $p(Q)$;$1\sim m$ 企业合并。为分析兼并对行业总产出的影响,从而分析其对价格的影响,我们只需分析兼并对兼并企业($1\sim m$)兼并前后产量的影响。

2. 研究消费者福利下降的条件

设兼并前的均衡产量为 q_i^*,总产量 $Q^*=\sum_{i=1}^{n}q_i^*$,兼并企业兼并前的产量和$Q_M^*=\sum_{j=1}^{m}q_j^*$。兼并后,兼并企业降低产量,当且仅当兼并后在产量 Q_M^* 处的边际成本大于边际产量,即:

$$C'_M(Q_M^*)>MR_M(Q_M^*)=P(Q^*)+Q_M^*P'(Q^*)$$

或
$$-Q_M^*P'(Q^*)>P(Q^*)-C'_M(Q_M^*)$$

兼并前均衡条件,有:

$$P(Q^*)-C'_i(q_i^*)=-q_i^*P'(Q^*),i=1,2,\cdots,n$$

或
$$-Q_M^*P'(Q^*)=\sum_{j=1}^{m}[P(Q^*)-C'_j(q_j^*)]$$

所以,兼并降低产量(价格上升,消费者受损),当且仅当:

$$\sum_{j=1}^{m}[P(Q^*)-C'_j(q_j^*)]>P(Q^*)-C'_M(Q_M^*)$$

因此,除非兼并后成本降低充分大,否则上式总是成立。

上述结论可以直观地解释为:兼并前,成本为 C;兼并后,成本降低;社会福利变化等于成本节省$-DWL$。

特别地,当 $m=2$ 时,上述条件简化为:消费者受益,当且仅当:

$$P(Q^*)-C'_M(Q_M^*)\geqslant P(Q^*)-C'_1(q_1^*)+P(Q^*)-C'_2(q_2^*)$$

或
$$C'_1(q_1^*)-C'_M(Q_M^*)\geqslant P(Q^*)-C'_2(q_2^*)$$

假定 $C'_1(q_1^*)\leqslant C'_2(q_2^*)$,则上式意味着:兼并前成本优势企业与兼并后企业的边际成本差大于兼并前劣势企业的边际利润。

第四节 广　告

广告是企业非价格竞争的重要手段之一,央视标王之争如火如荼,足见广告决策在企业经营决策中的地位。广告的战略意义及其福利效应乃产业组织理论与质量经济学的研究热点之一。广告一般包括信息性广告与诱导性广告两大类。《中华人民共和国反不正当竞争法》的出台对诱导性广告起到一定的制约作用；而关于香烟禁止广告及打击虚假广告的规定也有力地制约了信息性广告。

一、广告的功能

广告可以减少消费者的搜寻成本 C，增加消费者的可察觉价值(PUV)，并改变产品在消费者心目中的品味与形象，从而增加需求。关于广告对需求的作用，通常用广告弹性(elasticity of advertising)予以度量。广告弹性定义为每增加 1%的广告支出所导致的需求增加的百分数，即 $e_A=(\Delta Q/Q)/(\Delta A/A)$，其中，$Q$ 为销量，A 为广告投入。另外，广告还具有战略性投资的意义，既可以作为市场反进入的手段，也可以作为产品或服务质量的信号传递机制。

以下描述的是广告作为信号传递的功能(Nelson Milgrom Roberts 模型)，使得高质量产品投入广告与低质量产品区别开来，即产生分离均衡(separating equilibrium)。[①] 假设产品空间由高质量(H)与低质量(L)组成。用 π_{ij} 表示质量为 i 的产品被市场认定为质量 j 的当期利润，如 Π_{LH} 表示低质量产品被误认为是高质量产品时，其当期可能赚取的最大利润。一般地，有：

$$\Pi_{LH}\geqslant\Pi_{HH}\geqslant\Pi_{LL}$$

这意味着以次充好在短期内赚取最多利润，因为顾客以面对高质量产品的支付意愿来付费。由上式易得：

$$\Pi_{LH}+\Pi_{LL}/r\geqslant\Pi_{LL}+\Pi_{LL}/r$$

式中，r 为贴现率。这表明，在动态博弈下，低质量产品冒充高质量产品后，即使在第二阶段被市场识别还是合算的。

那么，广告投入 A 应使得低质量产品无动力冒充为高质量产品，即应满足

$$\Pi_{HH}+\Pi_{HH}/r-A\geqslant\Pi_{LL}+\Pi_{LL}/r\geqslant\Pi_{LH}+\Pi_{LL}/r-A$$

上述推理可以由图 19—12 予以直观说明：高质量厂商至少投入广告 $A\geqslant A^*$，才能把自己与低质量厂商区别开来；否则，低质量厂商可以模仿，出现混同均衡(pooling equilibrium)，导致从广告投入量上无法区别高质量产品与低质量产品。

二、广告的投入决策

首先，介绍广告最优投资的基本模型(Dorftman and Steiner，1954)[②]，其本质上是广告投入决策的古诺模型。[③]

本模型的假设条件为：(1)广告(A)无滞后影响；(2)产品质量恒定；(3)同质产品竞争对手

---

① Church，Jeffrey & Roger Ware. Industrial organization：a strategic approach[M]. The McGraw-Hill Companies Inc.，2000.

② Dorfman，Robert，and Peter O. Steiner. Optimal advertising and optimal quality[J]. The American Economic Review，1954，44(5)：826—836.

③ 丹尼斯·卡尔顿，杰弗里·佩罗夫. 现代产业组织[M]. 黄亚钧等译. 上海：上海三联书店、上海人民出版社 1998 年版.

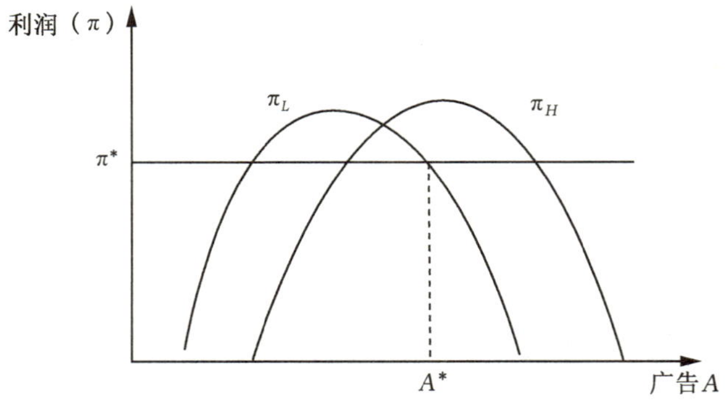

图 19—12　广告作为质量的信号传递机制

对其广告无影响；(4)有关弹性系数的信息是共同知识。那么，利润最大化的广告投入由下式决定：

$$\text{Max}\{\Pi_i = Pq_i(P,A) - Cq_i(P,A) - P_A A\}$$

式中，A 为广告投入；P_A 为广告的单位成本；P 为产品的市场价格；q 为需求量；C 为边际生产成本。那么由一阶条件，得到广告强度为：

$$AP_A/Pq_i = [(P-C)/P](dq_i/dA)(A/q_i) = e_A(i)s_i/-\varepsilon$$

式中，s_i 为企业 i 的市场份额；$e_A(i)$为企业 i 的销售量关于广告的弹性。特别地，垄断情形下的最优广告投入应满足：广告预算/销售额＝广告弹性/价格弹性；或者，广告/销售量＝边际毛利×广告弹性。这意味着，如果产品的单位毛利较大，而且广告弹性充足，那么应该大量做广告。这个基本结论可以帮助我们解释许多有关广告的有趣现象。例如，1999 年 2 月，英特尔(Intel)发行奔腾Ⅲ(Pentium Ⅲ)时，定价很高，即边际毛利大。另外，由于与 AMD 的新产品 K6-Ⅲ芯片竞争，即广告弹性大，因此，英特尔加倍广告支出，广告支出达到 3 亿美元。又如，有关实证研究表明，大型超市产品的价格弹性－10；而广告弹性约为 0.1～0.3，因此，大型超市的广告预算为 1%～3%；而便利店的价格弹性为－5 左右，广告弹性几乎为零，因此便利店几乎不做广告。另外，品牌服装的价格弹性为－3～－4，广告预算 10%～20%，甚至超过 30%。而折扣零售商 Dollar General 的目标顾客是美国中西部与东南部的收入较低而固定的家庭，连锁店内 3 200 多种商品项目中的大多数定价在 1 美元或以下，购物者每次平均购物花费在 8.06 美元，商店的平均面积在 6 700 平方英尺。1998 年，Dollar General 停止了大多数的广告，当财务分析师担忧销售量下降的时候，公司的利润却上升了。总裁 Cal Turner,Jr. 解释道："我们的客户都住在距离商店的 3～5 英里之内，知道我们在哪里，知道我们是谁，了解我们的廉价商品。"①

现在对上述基本模型进行扩展，得到广告投入的斯塔克尔伯格模型。② 在这个模型中，竞争对手有反应，即 $A'_j(A_i) \neq 0$，则：

$$A_i P_A / Pq_i = [e_A(i) + e_A(j) \cdot e_{ij}]s_i/-\varepsilon$$

① Dollar general sticks to plan for prosperity[N]. Wall Street Journal. August 16,1999, p. B11E.

② Shy, Oz. Industrial organization: theory and application[M]. Cambridge: The MIT Press, 1995.

式中，$e_{ij}=(dA_j/A_j)/(dA_i/A_i)$为广告反应弹性。

最后，介绍广告方法的选择模型。假设两个厂商($i=1,2$)生产差异性产品；存在两种类型消费者(有经验的与无经验的)，无经验消费者数量为 N；有经验者为 E，其中有 θE 使用品牌 1，另外$(1-\theta)E$ 使用品牌 2；广告方法可以采用信息性或诱导性广告；支付结构为 $\Pi=(\pi_1,\pi_2)$。上述博弈结构如表 19—1 所示。

表 19—1　　两个厂商的广告博弈结构

12	P		I	
P	$N/2$	$N/2$	N	θE
I	$(1-\theta)E$	N	$(1-\theta)E$	θE

读者可自行验证，上述博弈均衡为：当 $E>2N$ 时，均做信息性广告；而当 $E<N/2$ 时，均做诱导性广告。

三、广告的福利效应

广告的福利分析旨在通过对企业利润最大化广告水平与社会福利最大化水平的比较分析，回答企业在利益驱使下的广告是过多还是不够。可以分别对诱导性广告与信息性广告予以考虑。

首先，看一下诱导性广告(persuasive advertising)。这里简单介绍迪克西特和诺曼(Dixit and Norman，1978)的模型。① 假设需求函数为 $Q(A,P)=64A^{1/2}P^{-2}$，$P=8A^{1/4}/Q^{1/2}$，取边际成本 $C=1$，广告价格 $P^A=1$，则垄断厂商决策：

$$\text{Max}_{A,P}\{\pi(A,P)=PQ-Q-A=64A^{1/2}P^{-1}-64A^{1/2}P^{-2}-A\}$$

容易得到 $P^M=2$，$Q^M=16A^{1/2}$，$A^M=64$；所以 $Q^M=16\sqrt{64}=128$。而社会决策为：给定 $P^M=2$，最大化社会福利，即：

$$\text{Max}_A\{W(A)=CS(A)+\pi(A,2)\}$$

式中，$\pi(A,2)=2Q(A)-Q(A)-A=16\sqrt{A}-A$；而 $CS(A)=\int_0^{16\sqrt{A}}8A^{1/4}/Q^{1/2}dQ-2\times 16\sqrt{A}=32\sqrt{A}$，易知 $A^*=24^2>64=A^M$，即利润极大化下企业的广告投入低于社会有效水平，参见图 19—13。

其次，考察信息性广告的效率(informative advertising)。这里简单介绍巴特斯(Butters，1977)、格罗斯曼和夏皮罗(Grossman and Shapiro，1984)以及莫伊雷尔和斯塔尔(Meurer and Stahl，1994)的广告博弈模型之核心内容②，参见图 19—14。

假设给定产品价格 P，两个企业(以 i、j 表示)决定是否做广告(广告投入 A，广告成本 A)；而广告被消费者收取的概率 δ；消费者只购买 1 个单位产品。那么，企业 i 的期望利润为：

---

① Dixit，Avinash，and Victor Norman. Advertising and welfare[J]. The Bell Journal of Economics，1978：1—17.

② Butters，Gerard R. Equilibrium distributions of sales and advertising prices[J]. The Review of Economic Studies，1977，44(3)：465—491；Grossman，Gene M.，and Carl Shapiro. Informative advertising with differentiated products[J]. The Review of Economic Studies，1984，51(1)：63—81；Meurer，Michael，and Dale O. Stahl II. Informative advertising and product match[J]. International Journal of Industrial Organization，1994，12(1)：1—19.

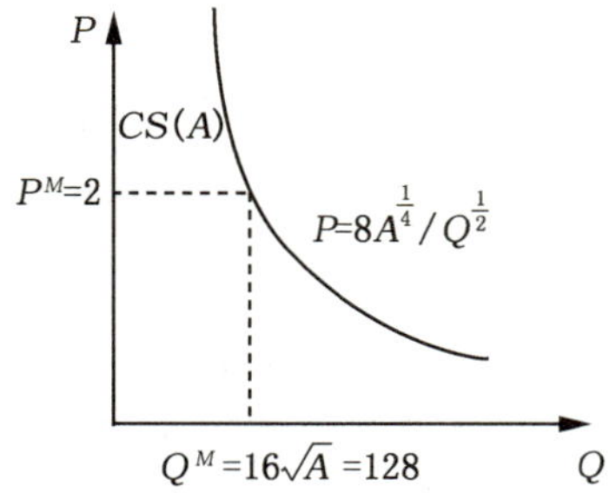

图 19—13　诱导性广告的效率分析

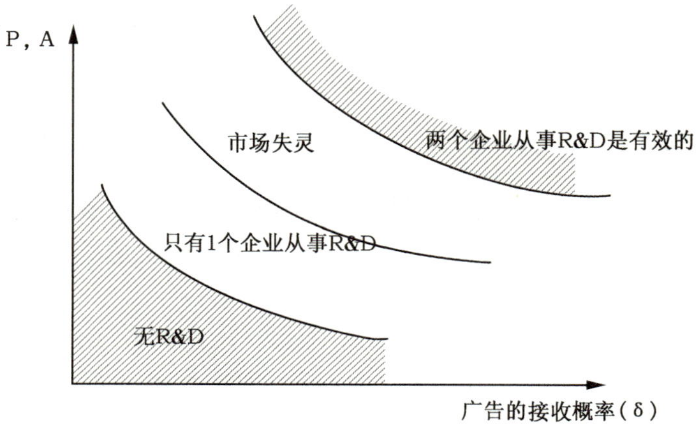

图 19—14　信息性广告的社会绩效

$$E\pi_i=\begin{cases}\delta(1-\delta)(P-A)+\delta^2(P/2-A)-(1-\delta)A & (\text{两个企业均做})\\ \delta(P-A)-(1-\delta)A & (\text{只有 } i \text{ 做而 } j \text{ 不做})\end{cases}$$

所以，至少有一个企业做广告，当且仅当 $P/A\geqslant 1/\delta$；而两个企业均做广告，当且仅当 $P/A\geqslant 2/\delta(2-\delta)$。

问题是，两个企业均做广告何时是社会有效的？注意到，两个企业均做广告，则至少一个企业卖出产品的概率为 $2\delta(1-\delta)+\delta^2=\delta(2-\delta)$，社会福利与广告企业数关系如下（设消费者剩余为 m）：

$$EW=\begin{cases}\delta(2-\delta)m-2A & (\text{两个企业均做广告})\\ \delta m-A & (\text{一个企业做广告})\\ 0 & (\text{两个企业均不做})\end{cases}$$

从社会角度而言，两个企业均做广告优于一个企业做广告的充要条件为：

$$\delta(2-\delta)m-2A\geqslant\delta m-A\text{；或 } m/A\geqslant 1/\delta(1-\delta)$$

注意到，若 $P<m$，厂商的广告水平必然小于社会有效水平（因未能获取全部消费者剩余），所以 $P=m$。

第五节　厂商间的合谋

合谋(collusion)是指竞争对手之间合作行动，如合作广告、合作确定产量或定价、合作开发等。石油输出国组织(OPEC)是一个代表性的卡特尔，成员国之间合作制定石油产量；IBM与Intel之间的合作广告"Intel Inside"是一个著名的合作广告例子。那么，影响厂商合谋动机的主要因素是什么？合谋是不是稳定的？如何看待厂商之间的合谋？本节将回答上述问题。首先通过一个简单的古诺模型说明合谋不是纳什均衡；其次分析影响合谋的关键因素；最后讨论厂商是如何通过动态博弈实施合谋行为的。

一、作为囚徒困境的古诺均衡

考察以下简单的古诺竞争模型(Cournot model)。假设两个厂商进行古诺竞争，市场需求为 $P=1-Q$；两个厂商的边际成本均为 $C=1/2$，则容易求得非合作的纳什均衡(non cooperative Nash equilibrium)产量分别为 $q_1^c=q_2^c=1/6$；市场总产量为 $Q=1/3$；市场价格 $P=1-Q=1-1/3=2/3$。那么，两个厂商的利润为 $\pi_1^c=\pi_2^c=1/36$。

现在考虑两个厂商合谋的情形。合谋的垄断产量 $Q^m=1/4$，垄断价格 $P^m=3/4$；垄断利润 $\pi^m=1/16$。在合谋下，双方将各生产垄断产量的一半，即 $q_1^m=q_2^m=1/8$；$\pi_1^m=\pi_2^m=1/32$，因此，存在帕累托改进。

那么，双方各生产1/8的合谋是否可维持？容易验证：合谋非纳什均衡，即(1/8，1/8)不是纳什均衡战略。事实上，假定厂商1遵照约定生产1/8，注意到厂商2的反应函数为 $q_2=(1/2-q_1)/2$，那么，厂商2的最优产量是3/16(相应地，利润为9/256)而非1/8(对应的利润为1/32)。由于每个厂商都是理性的，假定厂商2生产合约产量，厂商1的最优产量将为3/16。可见，双方均存在背叛的动机，结果回到古诺均衡。因此，古诺均衡系囚徒困境，参见图19－15。

		企业2	
		1/8	1/6
企业1	1/8	1/32 1/32	5/144 5/192
	1/6	5/192 5/144	1/36 1/36

图19－15　作为囚徒困境的古诺均衡

二、影响形成合谋的因素

按照丘奇·杰弗里和罗杰·维尔(Church，Jeffrey and Roger Ware，2000)的归纳，厂商间合谋的形成及其稳定性的主要影响因素有八个。[①]

① Church，Jeffrey & Roger Ware. Industrial organization：a strategic approach[M]. The McGraw-Hill Companies，Inc.，2000.

1. 企业异质性，特别是成本不对称(cost asymmetry)

按照联合利润最大化(joint profit maximization)原理，两个厂商产量合谋的最优产量分配法则是$MR(q_1+q_2)=MC_1(q_1)=MC_2(q_2)$，则每个厂商的产量应使得各自的边际成本相等且等于总的边际收益。这个产量分配原则意味着高成本厂商应减少产量甚至不生产。另外，成本非对称性还可能加剧企业间的背叛动机，特别是，给定一个产量分配规则后，由于低成本厂商的边际毛利较大，其私自扩大产量的动机会大于高成本厂商。当然，厂商之间可以通过一定的补偿机制(side payments)来激励成员遵守合谋协议。

2. 产品异质性

产品存在异质性的厂商之合谋需要对每种产品的产量及价格订立一系列合约，并且要对非价格竞争行为，如广告、产品创新、产品质量以及服务等进行详尽的约定。因此，如果产品差异化程度比较高，合谋将变得较为困难。以航空公司为例，其非价格竞争行为非常丰富，包括航线、机型、服务延伸、里程累积计划(frequently flying program)、航班时刻、转机安排等，这将使得合谋行为变得非常困难。一方面，合谋协议难以对此一一作出明确限制；另一方面，合谋成员在某个方面的背叛行为的监督成本很高。

3. 产品更新换代或技术创新程度(innovation)

在快变市场中，产品特征与生产成本变革迅速，合谋较难形成。当然，如果厂商之间能够赞同技术标准并对技术的使用范围予以界定，合谋还是可以促成的。

4. 集中度(seller concentration)

厂商数量及规模分布是制约合谋的一个重要因素，强强或弱弱之间合作比强弱之间合作要普遍得多。如果厂商数量很大，那么合谋的交易成本将很高，而且比较难以发觉产生机会主义行为的厂商。而如果厂商规模或市场力量大相径庭，合谋谈判时小企业将处于被动地位，合谋就难以形成。

5. 偏好差异性(symmetries in preference)

一方面，如果厂商关于市场前景与技术发展趋势等不确定性的判断难以磨合，合谋将难以达成；另一方面，如果厂商关于未来收益或损失的会计核算不一致(本质上是对贴现率的估计不同)，那么，合谋后的欺骗行为将大不一样。比较看重当前利得的厂商就会行使短期行为，即先“捞一把”。

6. 合谋的实施(enforcement)

如果合谋易达难行，比如对欺诈行为难以识别，或者发觉有人欺诈但难以识别对象，甚至无法予以惩罚，那么合谋将变得很困难。

7. 价格公开性(public prices)

若存在价格/产量的隐蔽行为，将难以识别背叛者，惩罚战略难以实施，合谋将呈现非稳定状态

8. 多市场竞争(multi-market contact)

如果厂商将在多个市场上碰到，则合谋就越稳定，因为厂商可以通过在其他市场的惩罚行为来制约背叛合谋协议。

三、如何促成合谋

上文分析得到的基本结论是：如果是一次性博弈，合谋将难以达成，因为每个理性的厂商

都有背叛的动机。但是，在多次的重复博弈中，厂商的短期行为将以长期利益损失为代价。那么，在动态博弈中，合谋是否能够促成？或者说，合谋产量（或价格）是否纳什均衡？

假设两阶段动态博弈中每个厂商的产量策略为：(1)第一阶段生产合谋产量 1/8；(2)第二阶段生产古诺产量 1/6。但是，若第一阶段对方背叛（未生产 1/8 产量），则第二阶段的惩罚产量为 1/2（正好使得对方最优产量等于 0）。

那么，上述威胁产量是否可置信(credible)？事实上，若对方第一阶段生产 3/16，则第二阶段另一方的最优产量为古诺产量 1/6，而不是 1/2；否则，惩罚对方的同时也惩罚自己。这样，对方将有背叛的动机：若背叛，两阶段总利润为 9/256＋1/36；若遵守合谋，两阶段总利润为 1/32＋1/36，小于背叛情况下的利润，如表 19－2 所示。

表 19－2　　合谋和背叛的利润比较

第一阶段	Cournot	Collusion（合谋）	Defection（背叛）
企业产量	1/6	1/8	3/16
企业利润	1/36	1/32	9/256

可见，在动态博弈下，合谋很大程度上依赖于惩罚策略是否可令人信服。如果惩罚既快又重，则威胁越可置信(stronger，swifter，more certain)。实践中，通常采用的威胁策略是触发策略(trigger strategy)，触发策略包括以其人之道还治其人之身的“以牙还牙战略”(tit-for-tat)和冷酷战略(grim strategy)两种形式。上述博弈的一个触发策略为：(1)只要对方上一次生产合谋产量，本方这次也生产合谋产量；(2)对方一旦出现背叛行为，从下一次开始，本方一直生产古诺产量。

触发策略的有效性取决于两个因素：一是博弈余下的次数（即惩罚的机会）；二是贴现率的大小。一般来说，余下次数越多，触发策略就越有威胁，特别是如果博弈是无穷次的，则威胁最大。贴现率意味着将来的损失在现在看来值不值钱。可见，贴现率越大，触发策略越有威胁力。

进一步地，在无穷次博弈中，容易推算出保证合谋稳定性的贴现率的最小值。如果厂商在第 n 次背叛，则其短期利得是(9/256－1/32)＝1/256；但是，从第(n＋1)次开始，博弈将回到古诺均衡状态，其每个企业每阶段利润为 1/36，每阶段损失(1/32－1/36)＝1/288，总损失为 $\delta/[(1-\delta)\times 288]$，其中 δ 为贴现率。容易计算，当 $\delta \geq 9/17$ 时，背叛的长期损失将超过短期利得。因此，在上述例子中，如果博弈时是无穷多次的（意味着双方都不知道博弈何时结束），当贴现率大于 9/17 时，触发策略是有效的，即合谋是稳定的。

专栏19-1

复习思考题

1. 市场中的企业行为有哪些类型？具有什么样的特征？
2. 产品的差别化定价应该考虑哪些关键因素？
3. 产业链的纵向控制一般可以采取哪些行为方式？
4. 企业兼并在什么条件下不影响市场竞争的有效性？

第二十章

市场绩效

近几十年来，产业经济学家以市场绩效与市场结构之间的关系为重点对 SCP 展开了许多有意义的研究。市场绩效是度量一个市场为消费者提供利益所取得的成功。例如，若市场价格接近于边际生产成本，则称市场表现良好；若产品性价比高，也可称市场表现良好。可见，市场绩效应有一个复杂的评价体系。另外，在 SCP 框架里，市场绩效取决于卖方与买方的行为；而卖方与买方的行为取决于市场结构；反过来，市场结构又取决于技术、需求、规模经济性等基本经济状况。本章首先讨论市场绩效的度量问题；其次探讨经济外部性与信息不对称对市场绩效的影响；最后着重介绍有关市场绩效与市场结构关系的实证研究。

第一节　市场绩效的衡量

市场绩效（market performance）是 SCP 分析框架的要素之一，是度量市场运行效率的概念，即在给定的市场结构下由厂商的行为（如上一章所讨论的，包括产能投资、广告、研发、一体化、产品差异化、合谋等）所形成的产品质量水平、技术进步水平、产品种类、成本、价格及经济利润等方面的经济效果。

市场绩效衡量的是整个市场资源配置的效率，与单个企业的运行效率不同。例如，在垄断市场结构下（如电力、电信、铁路产业），其市场绩效低下，经营者还从事 X 非效率活动。但垄断企业的运行绩效（如资产回报率、利润水平）可能非常可观。当然，垄断性企业的运行绩效也有不佳的，如中国邮政，在邮政与电信业务剥离后，处于完全垄断地位，但邮政部门的利润不断下滑，处于靠财政补贴的困境。

在产业组织学中，市场绩效的度量指标通常采用收益率、价格—成本加成[即勒纳指数（Lerner index）]以及托宾 q 值（Tobin's q）三个基本指标。

一、收益率

收益率是指单位货币投资所赚取的利润，它是经济利润的一种衡量方法。由于经济利润等于收益与经济成本（即资产的会计成本及机会成本之和）之差，从长期角度看，经济利润无疑是市场力量的一个直观的度量指标。但是，经济利润这个指标本身是不精确的，因为厂商即便有足够的市场势力，也未必能赚取利润。所以，一般采用投资回报率又称收益率（rates of return on investment）来替代经济利润。投资回报率包括资产回报率（rates of return on assets）

与(股权)投资回报率(rates of return on shareholder's equity)。一般来说,收益率的公式表示为:

$$收益率=(收入-劳动力成本-原材料成本-折旧率\times资本价格\times资本量)\div资本价格\times资本量$$

式中,资本价格即为资本的租金率。但是,正如费雪和麦高恩(Fisher and McGowan,1983)所归纳的,正确计算收益率存在一些困难,主要表现在以下八个方面:(1)由于通常使用会计定义而非经济定义,因此资本的正确估计往往被忽略;(2)折旧通常没有被适当衡量;(3)关于广告及研发的估价问题;(4)通货膨胀率的存在使得名义收益率与真实收益率存在较大差异;(5)所计算的收益率可能不恰当地包括了垄断利润;(6)忽略税收影响,计算的是税前收益率而非税后收益率;(7)缺乏对收益率进行恰当的风险调整;(8)一些收益率没有恰当地考虑负债。[①]

另外,计算收益率的研究在方法论方面也存在一定的差异。更为严重的是,由于数据的限制,通常实际计算的是其他收益率而非经济收益率。但是,只要计算的收益率的偏差在不同产业间相似,那么这些研究在调查一个产业的收益率是否高于另一个产业的收益率时仍具有价值,在进行跨产业的 SCP 实证分析时也是可行的。

二、勒纳指数

为避免上述有关收益率计算的难题,经济学家们提出了价格—成本加成的指标来度量厂商或市场业绩。价格—成本加成又称为勒纳指数,实质上是增量毛益率(rate of incremental margin),即勒纳指数=(价格-边际成本)/价格,或者写为:

$$\text{Lerner index}=(P-MC)/P$$

它衡量的是边际产品的市场价格偏离边际成本的大小。根据厂商利润最大化决策原则,有:

$$\text{Lerner index}=(P-MC)/P=-1/\varepsilon$$

式中,ε 为需求的价格弹性。社会福利最大化(即市场绩效最好)的定价应该是边际成本定价,即边际产品的价格正好补偿其成本。因此,勒纳指数越大,说明市场绩效越差。

但是,由于边际成本难以计算(除非边际成本恒定),所以在实际应用时,通常采用价格—平均成本加成来代替价格—成本加成计算勒纳指数。价格—平均成本加成实质上是贡献毛益率(rate of contribution marin),即$(P-AVC)/P$。在实际计算价格—平均成本加成时,由于往往忽略资本、广告以及研发的成本,因此可能导致严重偏差。

三、托宾 q 值

托宾 q 值是采用公司的市场价值来度量其经济利润,托宾 q 值等于公司的市场价值与资产重置成本的比率(Tobin,1969)。[②] 公司的市场价值通过其已公开发行并售出的股票和债务来衡量。进一步地,公司市场价值等于其所有流通股的总价值与负债之差。托宾 q 值大于 1,

---

① 丹尼斯·卡尔顿,杰弗里·佩罗夫.现代产业组织[M].黄亚钧等译.上海:上海人民出版社 1997 年版,第 482—486 页。

② Tobin, James. A general equilibrium approach to monetary theory[J]. Journal of Money, Credit and Banking, 1969, 1(1):15—29.

意味着它获得超额利润；托宾 q 值越大，说明公司的经济利润越大。

托宾 q 值作为业绩衡量方法，虽然没有收益率与勒纳指数用得多，但它避免了估计收益率或边际成本的困难，因此具有广泛的应用前景。但是，为了使托宾 q 值具有意义，需要精确估计厂商的市场价值与重置成本。

如果能够正确计算托宾 q 值，便可以确定垄断厂商超额索价的程度。实际上，只要计算使得托宾 q 值等于 1 需要降低多少收益。例如，假设托宾 q 值＝2；记垄断厂商的年收益率为 e_m，竞争性厂商的年收益率为 e_c，则 $e_m/e_c=q$，这说明在厂商索取竞争性价格前，其收益必须降低一半。表 20－1 是美国一些产业的托宾 q 值。[①]

表 20－1　　林登贝格和罗斯(Lindenberg and Ross，1981)计算的美国一些产业的托宾 q 值

产　业	托宾 q 值	产　业	托宾 q 值
照相设备	3.08	服装	1.13
化学	2.4	主要金属	0.85
食品产品	1.7	中间产品	1.35
烟草	1.39		

第二节　经济外部性与市场效率

一、外部性的概念

经济外部性(economic externality)是指一个经济主体的经济活动对其他经济主体的福利产生影响，而这种影响可能是正面的，也可能是负面的。正面影响，即一方为另一方带来好处的称为正的外部性；负面影响，即一方对另一方产生损害的称为负的外部性。例如，污染、噪音、犯罪、交通堵塞、农场主在牧场主的庄园里放牧等是一些典型的负的外部性的例子；而教育、R&D、养蜂场的蜜蜂到花农的花园里采蜜则是一些典型的正的外部性的例子。

另外，网络外部性(network externality)也是一个非常有意思的正的外部性的案例。所谓网络外部性，是指在用户的利益取决于用户网络规模的情形下，一个潜在用户的加入给其他用户带来了好处。这种现象在现实中广泛存在。例如，在电话、传真或 E-mail 系统中，如果全世界只有一个用户，那么电话、传真机或 E-mail 对这个用户几乎没有任何价值，而当拥有电话机、传真机或 E-mail 用户的人越来越多，电话、传真机或 E-mail 对这个用户的价值就越来越大。可见，电话、传真机或 E-mail 对这个用户的价值取决于有多少人已经拥有电话、传真机或 E-mail。而一个新用户的加入就给其他用户带来好处，这就是网络外部性。网络外部性在语言系统里也存在。当掌握某种语言(如世界语)的人越多时，你学会世界语的收益就越大，因为你可以与越多的人交流。图 20－1 是一个简单的星型网络，例如市内电话网络，随着注册用户

① 丹尼斯·卡尔顿，杰弗里·佩罗夫. 现代产业组织[M]. 黄亚钧等译. 上海：上海人民出版社 1997 年版，第 482－486 页.

的增加，已经注册的用户的价值就越大。

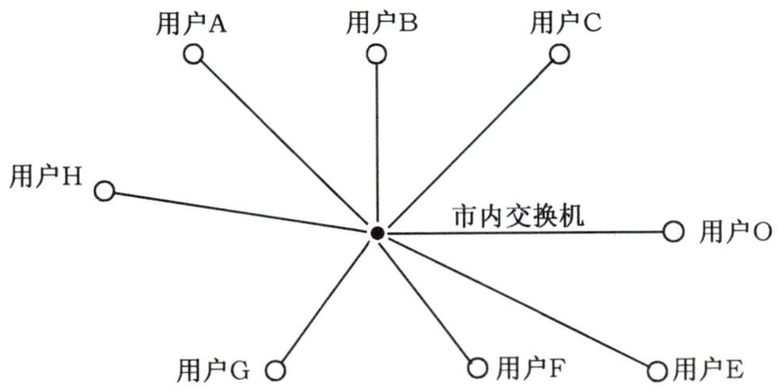

图 20—1　网络外部性

在网络经济学中，有一个著名的梅特卡夫法则，说的是网络价值与网络规模的关系。如图 20—1 所示，网络内可能的关联次数总和为 $TV(n)=n(n-1)$，其中，n 为注册用户数量。注意到，$TV(n)$ 与 n^2 为同阶无穷大。因此，网络的总价值与网络规模的平方成正比。①

二、外部性与市场效率

需要指出的是，外部性是通过经济主体之间直接方式的作用，而不是通过市场来作用。例如，市场里的某个企业扩大产量，那么市场供给就增加了，市场价格就会下跌，其他厂商就会受到影响。但这种通过市场作用于他人的方式不是这里讨论的外部性。这里讨论的外部性是一个经济主体直接施加给另一个经济主体的，例如造纸厂生产时的排污对养鱼场产生直接损害。

福利经济学第一定理表明，完全竞争的市场结构是最有效的，即达到社会福利最大化。那么，在具有经济外部性的条件下，上述结论还成立吗？

由于每个经济主体在决策时，只考虑自己的（边际）收益 MB 与（边际）成本 MC，而不会考虑对其他经济主体福利的影响。例如，在存在负的外部性的情况下，该经济主体在决策时所考虑的边际成本（称为私边际人成本，记为 MC_p）并不包括他人遭受的"损害成本"（私人边际成本加上边际损害成本 MC_h 为社会边际成本 MC_s），即 $MC_p \leqslant MC_s$，因此，个人利润最大化的产量应满足：

$$MC_p(Q_p)=MB(Q_p)$$

而社会最优产量决策应满足：

$$MC_s(Q_s)=MB(Q_s)$$

在完全竞争市场下，显然有 $Q_p \geqslant Q_s$（见图 20—2 的分析）。可见，在负的外部性下，存在过度生产，完全竞争的市场结构不再是最有效率的；反之，若存在正的外部性，则存在投资不足现象。

通过以上分析，可以知道经济外部性会导致市场失灵，完全竞争市场在配置资源方面不再是有效率的。市场失灵集中表现在以下两个方面：

一是产生所谓的"公共地"悲剧。经济学中有一个著名的"公共地悲剧"的寓言。说的是像

---

① 张维华，骆品亮，郑绍濂．网络特性与网络融合[J]．研究与发展管理，2002(2)．

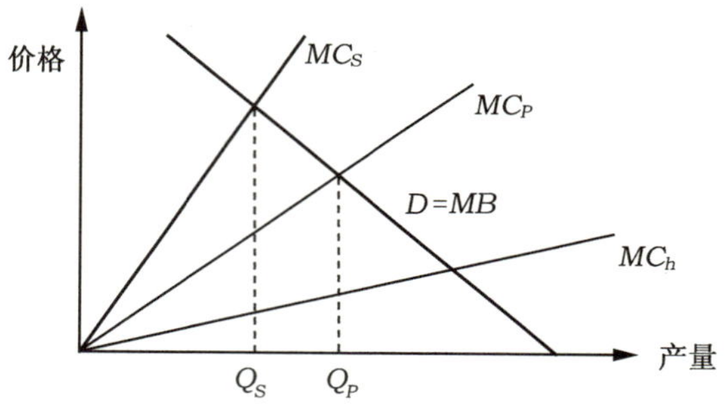

图 20—2 负的外部性导致过度生产

公海、草原这种公共地，由于产权无法界定或界定不清，导致过度捕捞或过度放牧使得公共地濒临绝境的局面。央视新闻频道 2004 年 5 月 24 日披露，四川境内的岷江、沱江沿岸造纸厂林立，纸厂纷纷向江内大量排放污水，使得岷江、沱江之水浑浊无比，对附近居民产生重大损害。随后，岷江、沱江沿岸有 60 余家造纸厂被勒令关闭。另据报道，有一家企业为排污付出了赔偿 1 100 万元人民币的代价。

二是出现“搭便车”现象。“搭便车”就是企业战略性利用正的外部性所产生的溢出效应。在学术界里有所谓“免费的校园”，就是利用学术的外部性。例如，1995 年 5 月，Virginia Smith Trust 公司免费提供位于 Yosemite 附近的约 2 000 亩土地给加州大学作为第 10 个加州大学的校区地址。为什么 Virginia Smith Trust 公司愿意免费提供土地？不是说“没有免费的午餐”吗？实际上，Virginia Smith Trust 在 Yosemite 附近拥有 7 000 亩土地，其中给加州大学的 2 000 亩原来就只当牧场使用。他们估计，在加州大学建立校园后，剩下的 5 000 亩土地每年收益可达 3.5 亿美元。另一个类似的例子是新黄浦集团曾经“慷慨”地送给复旦大学 300 套房屋，而厦门大学以较低廉的成本在漳州市开发了厦门大学漳州校区。

另外，正的外部性可能导致现代意义上的产业集群(industry clusters)效应。例如，加州硅谷(Silicon Valley)就是智慧产生的外部性所形成的。美国加州旧金山聚集了电脑业、电子工业及相关产业的总公司，包括苹果公司(Apple Computer)、惠普(Hewlett-Packard)、太阳微系统公司(Sun Microsystems)、瓦里安公司(Varian Associates)，俗称硅谷。主要是因为硅谷有著名的斯坦福大学(Stanford University)及施乐帕罗奥多研究中心(Xerox Palo Alto Research Center，PARC)，由于这两个机构提供了大量关于电子/电脑领域的专业人才，所以许多电子/电脑企业聚集于此。实际上，斯坦福大学的教师与学生也分别在硅谷创立了很多成功的企业，包括思科(Cisco Systems)、3Com、雅虎(Yahoo!)等。类似的产业集群的例子还有纽约的华尔街(Wall Street)、上海的陆家嘴金融中心等。

三、外部性的矫正机制

那么，如何矫正外部性所产生的过度生产或投资不足，以回归竞争性市场的效率呢？这里介绍四种常用的方法。①

① 方博亮，林祖嘉. 管理经济学[M]. 中国台北：智胜文化事业有限公司 2003 年版.

一是对产生正的外部性的主体实施补贴而对产生负的外部性的主体进行征税。例如，对排污征收税收而对教育采用助(奖)学金的形式进行补贴。如图 20—3 所示，若对生产者征收从量税 t，则生产者的实际边际成本为(MC_p+t)，那么，其最优决策与社会最优决策达到一致。

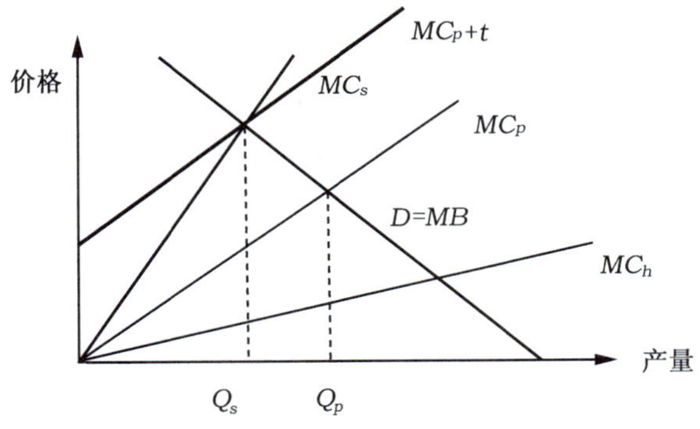

图 20—3 负的外部性导致过度生产

二是实行配额制。例如，对发放排污许可证等。如图 20—3 所示，若对生产者实施生产配额制，规定产量不能超过 Q_S(即 $Q\leqslant Q_S$)，则个人最优决策是社会有效的。当然，发放排污许可证的同时可能需要规范许可证交易市场，因为处理污染成本低于排污许可证市场价格的企业就有动机转售排污许可证，而处理污染成本较高的企业就有动机购买排污许可证，这样，就催生了许可证交易市场的出现。

三是外部性内部化(internalization)制度，通常采用并购的方式使得外部性内部化，即将产生外部性的个体与受影响的一方集合成一家单一的公司。在实际操作中，合并有三种可行的方式：(1)制造外部性者将受影响者买下(如迪士尼乐园)；(2)受影响者将制造外部性者买下(如养鱼场兼并造纸厂)；(3)第三方同时将双方买下来(如政府出面)。

正的外部性之内部化即俗话说的“肥水不流外人田”，如米老鼠的外部性。此外，还有前面所述的华特迪士尼公司在加州洛杉矶有一家迪士尼乐园。

四是联合行动(joint action)，这可以通过合作广告、合作研发、共享渠道等途径来实施，例如著名的“Intel Inside”即为英特尔与 IBM 合作广告的结果。

第三节 信息不对称与市场效率

除了外部性，信息不对称(information asymmetry)对市场绩效也有重要影响。所谓信息不对称，是指一部分经济主体比另外的经济主体具有更多的信息。这些信息可能是产品的质量、企业的资信，也可能是员工的能力或努力等。例如，在市场交易中，卖方对于产品的质量总是比买方更了解，而消费者又往往缺乏鉴别能力。这样一来，卖方就有可能“以次充好”，以优质产品的市场价格兜售假冒伪劣产品。信息经济学里称这种经济现象为“信用风险”，其乃道德风险(moral hazard)的一种主要表现形式。那么，信息不对称对市场的运行效率有何影响?

我们以香港地区的废纸市场为例来说明其严重后果。《华尔街日报》亚洲版(AWSJ)1998年5月22/23日的报道,香港的废纸市场的交易额曾经高达6 500万美元。但是,由于有不法分子往废纸堆里灌水,收购方逐渐发现香港废纸所含的水比纸多。因此,至1998年人们发现,已经找不到多少人愿意购买香港废纸了。这是一个惨重的教训,香港废纸市场的崩溃缘于少数即便是1~2个不法商人的"不诚信"行为。中国有句古话说得好,"千里之堤,溃于蚁穴",其与混沌理论(chaos)说得近乎同一个原理。

类似的例子在内地也有不少。1998年山西朔州假酒案,当时饮用有毒散装白酒中毒的222人及死亡的27人全是朔州的,但有毒白酒来自山西南部的文水县。"朔州毒酒案"演绎成"山西毒酒案"。事件发生后,朔州的白酒再也没有外销过,也没有一家经销商愿意销售,这使得朔州的所有白酒企业几乎陷于停顿,甚至危及著名的"杏花村""汾酒"。还有前几年闹得沸沸扬扬的"重塑温州诚信日",事情起因于温州皮革。大家知道,温州的皮革一直很有名,开始是以质量好闻名;后来则是以劣质产品而臭名远扬,曾经出现全国十几个城市火烧温州鞋的事件。上海南京路大小商场甚至贴出安民告示:"本店无温州鞋!"据说,迫于无奈,一位温州私营皮革老板在每双皮鞋里放上纸条写道:我们家三代都是读书人,请相信我们的皮鞋是真的!

信息不对称对市场绩效的破坏可以通过图20-4来阐述。[①] 图20-4模拟古董市场中假货出现后对市场绩效的破坏。首先,真古董的供给曲线是从价格等于2开始的,如图20-4(a)所示,真古董的市场均衡价格为5、交易量为3个单位。假古董的出现使古董的市场供给曲线向右下方移动而市场需求曲线向左下方移动。图20-4(a)描述了市场上出现1个单位的假古董后混合古董的市场均衡,市场价格降为3而交易量降为2个单位,显然,至少有1个单位的真古董被挤出市场。进一步地,如果假古董越来越多,则混合供给曲线进一步向右下方平移、而混合需求曲线进一步向左下方移动,市场均衡价格越来越低、交易量越来越小。极端的情况如图20-4(b)所示,所有的真古董都被挤出市场,整个古董市场就崩盘了。这就是信息经济学中著名的"劣质产品驱逐优质产品"的经济学逻辑。这种现象在保险、旧车市场中都可能出现。

信息不对称对市场绩效的破坏如此厉害,难怪金利来的老板曾宪梓说他不敢出门,因为铺天盖地都是金利来,连他都分不清哪个是真、哪个是假。那么,如何尽量消除信息不对称,让市场效率得到回归?在实践中可以归纳为以下四种方法:

1. 鉴定(appraisal)

例如,对古董、资信、健康状况、研究成果或学科建设进行鉴定。对于学生来说,考试进而成绩单就是其学习能力的一种鉴定方法,体检就是对健康状况的鉴定;信用调查报告则是对资信的鉴定;而专家评审组可以对高校学科建设进行鉴定。那么,在实践中,由谁(买方还是卖方)来安排鉴定?它取决于买者人数及各个买者对物品所关心的特性是否相同。一般认为,若存在许多买者,则由卖方找专家鉴定并出示鉴定证明的成本较低(如珠宝店);而若买者所关心的特征不一样,则由买方自己鉴定。

2. 筛选(screening)

筛选与鉴定、发信号等机制有着微妙的区别,筛选通常是拥有较少信息的一方通过有组织

---

① 方博亮,林祖嘉. 管理经济学[M]. 中国台北:智胜文化事业有限公司 2003 年版.

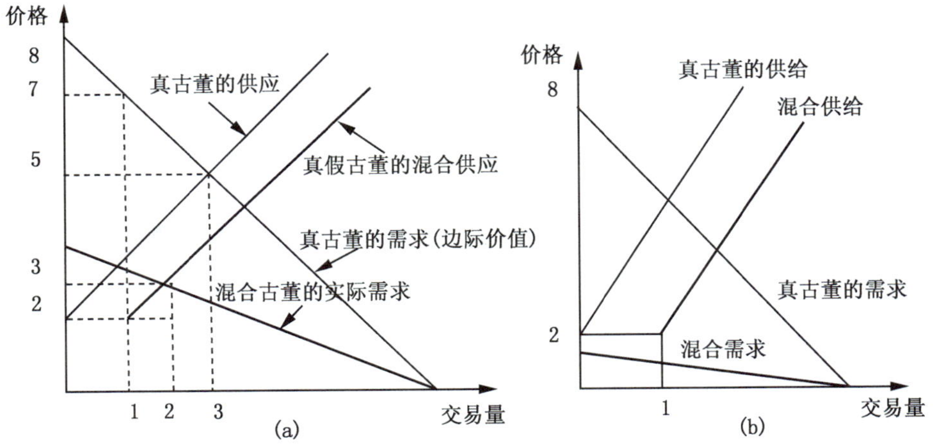

图 20—4 劣质产品驱逐优质产品

的选择,间接地探出对方的信息。例如,航空公司通过机票价格套餐设计间接地获得乘客的信息。一个著名的筛选案例是《圣经》里所罗门判决小孩归属哪个母亲的故事。所罗门说:"把这个小孩切成两半,这一半给她,另一半给她。"真妈妈赶紧说:"把孩子给她吧,千万不能杀他。"另一位(假)母亲则说:"它既不是我的也不是你的,分了它吧。"

另外,筛选机制的应用方面还有一个特别值得注意的事项,即所谓"不被允许的筛选过程——保持沉默的权利"。审判犯罪嫌疑人是一个典型的信息不对称情况。被告对于自己过去行为是否触犯法律的实际情形的了解要多于法官与原告律师。辩护法庭上,证人必须面对原告与被告律师的严厉质询。如果被告选择自己出庭作证,也须接受双方律师的质询。所以,若被告想隐瞒一些事实,最好不要出庭作证。由此产生一个明显的筛选过程:法庭可以要求每个被告上证人席作证,若其不愿作证,法官就可以对其行为作负面的推断。所以,美国与英国的法律允许每一个被告都有保持沉默的权利;更重要的是,不得因被告拒绝上证人席而作出对其不利的判断。这种保持沉默的权利使得法庭不能把被告是否愿意出庭作证当作一种筛选的工具。

3. 信号传递机制(signaling)

前文已经对此进行了较为深入的模型分析,这里只做一些简单的应用介绍。在生物界也存在许多本能的信号传递机制。例如,雄性孔雀会通过张开的尾巴来传递其为雄性的信号给其他雌性的孔雀;而母鸡下完蛋会咕咕叫。在商业界,汽车制造商会通过延长保修期或回购(money back guarantee)来证明其产品是优质的;美国上市公司通过派发股息,而上市发行新股则通过锁定协议来传递盈利信号。另外,广告通常被作为产品质量的信号传递机制。其有效性取决于:(1)广告成本必须是沉没成本;(2)购买者必须有探查劣质的能力;(3)关于劣质的信息必须迅速传播并削减销售者未来的生意。

4. 或有付款合同(contingent payment)

或有付款合同即代理理论中"利益共享、风险同当"的分成制(sharecroping)。或有付款合同在国际技术贸易中经常被使用。许多发展中国家经常向发达国家的企业特别是跨国公司购买技术与设备,用以生产产品并销往其他国家。这里存在信息不对称问题,发展中国家对于引进的技术是否足够先进及交易市场的信息比技术输出方缺乏。他们通常担心这些跨国企业会将一些陈旧落伍的技术卖给他们。一种解决办法是,技术输入方可以要求输出方购买一部分产品去销售(回购)——类似于或有付款合约。在这种制度安排下,技术输出方就有较高的动机提供先进的技术并提供较真实的国际市场状况给输入方。

第四节 市场结构与市场绩效的实证分析

一、传统 SCP 分析框架

产业组织理论的哈佛学派(Edward Mason and Joe Bain)构建了现代产业组织的描述性研究范式,即"市场结构→企业行为→产业绩效",简称 SCP(structure-conduct-performance)研究框架。在实证研究中,杰弗里・丘奇和罗杰・韦尔(Jeffrey Church and Roger Ware,2000)归纳总结了计量模型中的变量,其中,结构变量通常采用卖者数量、产品差异化程度(degree of product differentiation)、成本结构(the cost structure)、垂直一体化程度(the degree of vertical integration with suppliers)等指标;而行为变量常用价格、产量、R&D、投资、广告、并购(M&A)、质量及产品兼容性(compatibility)等指标;产业绩效则采用生产与分配效率(efficiency)、价格—边际成本比率、产品种类(product variety)、产品创新率(innovation rate)、利润水平及其在企业间的分配(profits and distribution)等指标。[①]

关于企业绩效与市场结构关系的实证研究中,通常是对如下式所示的方程采用跨行业的计量估计:

$$\Pi_i = f(CON_i, BE_i, \cdots) = \alpha + \gamma CON_i + \beta_1 BE_i^1 + \beta_2 BE_i^2 + \cdots + \beta_n BE_i^n$$

式中,i 表示第 i 个行业;Π_i 表示第 i 个行业的绩效变量(如利润水平);CON_i 表示产业 i 的集中度(concentration ratio);BE_i 代表行业 i 的进入壁垒(barriers to entry)。

对上式的估计通常采用假设检验的统计方法,其中两个假设分别是集中度—绩效假设(concentration performance hypothesis)和进入壁垒—绩效假设(barriers to entry-performance hypothesis)。前者假设市场力量与集中度成正相关关系,后者假设市场力量与进入壁垒成正相关关系。

(一)收益率与市场结构

实证方面,通常采集销售方面的数据以描述集中度。贝恩(Bain)对此展开了开拓性研究工作。贝恩(1951)调查了 42 个产业并将其分为两组:最大 8 个厂商集中度超过 70%的产业与最大 8 个厂商集中度低于 70%的产业。贝恩发现集中度较高的第一类产业的平均收益率为 11.8%,而集中度较低的第二类产业的平均收益率为 7.5%。[②] 进一步地,贝恩(1956)又按

---

① Church,Jeffrey & Roger Ware. Industrial organization:a strategic approach[M]. The McGraw-Hill Companies, Inc. ,2000.

② Bain,J. Relation of profit rate to industry concentration:american manufacturing[J]. Quarterly Journal of Economics,1951(65):293—324.

照进入壁垒的程度将产业进行分类，发现高集中度与高进入壁垒的产业的收益率比较高。①

布罗曾(Brozen,1971)认为，贝恩所研究的行业可能处于非均衡状态；贝恩所用的利润率是产业中主导厂商的利润率而不是产业平均利润率。因此，布罗曾(1971)认为贝恩的研究结果不可信。② 但是，魏斯(Weiss,1974)对截至1970年前的46个相关研究进行分析，发现其中有42个研究得出集中度与产业利润或市场力量成正相关的结论。③ 魏斯(1974)同时指出，大多数正相关的研究结论并不令人信服。例如，柯林斯和普雷斯顿(Collins and Preston,1969)采用CR_4来表示集中度，但其系数γ仅为0.121，即若CR_4增加10%，毛利率只增加了1.21%；而若CR_4增加50%，毛利率也只增加了6.05%。④ 之后，许多研究者对集中度与绩效的正相关假设及其相关系数从统计学意义上讲是否显著异于零提出疑问。而有些研究认为，集中度与绩效的关系是不连续的。例如，按照贝恩(1951)关于集中度的临界值为70%的重要结论，也就是说，如果集中度已超过70%，集中度变动对绩效的影响不明显；而若集中度低于70%，集中度变动对市场绩效的影响也不显著。

而在进入壁垒—绩效的研究结果方面，施马伦西(Schmalensee,1989)发现，规模经济性及资本投资要求与绩效成正相关关系；同时，绩效还与广告、研发投资成正相关。⑤ 但是，塞林格(Salinger,1984)认为⑥，按照贝恩的最初假设，只有当存在进入壁垒时，集中度的增加才会引发绩效的提升。因此，在他看来，上面所提到的模型应是乘法模型而非加法模型，即如下式所示：

$$\Pi_i = f(CON_i, BE_i, \cdots) = \alpha + CON_i(\beta_1 BE_i^1 + \beta_2 BE_i^2 + \cdots + \beta_n BE_i^n)$$

(二)勒纳指数与市场结构

在关于勒纳指数与市场结构关系的实证研究中，通常采用平均利润率即$(P-AVC)/P$来替代勒纳指数。一个以1958年的数据为基础的典型回归方程(Domowitz, Hubbard, Petersen,1986)为⑦：

$$(P-V)/P = \underset{(0.01)}{0.16} + \underset{(0.02)}{0.10}CR_4 + \underset{(0.02)}{0.08}P_K K/PQ + \text{其他变量}$$

式中，$(P-V)/P$为价格—成本加成，V是平均可变成本，CR_4是四个企业集中度，$P_K K/PQ$是资本价值与产值之比；每个系数下面的数字是标准差，用于衡量各估计系数是否统计显著。从上式容易测算价格—成本加成关于集中度的敏感性。

---

① Bain, J. Barriers to new competition[M]. Cambridge, Mass.: Harvard University Press, 1956.

② 丹尼斯·卡尔顿，杰弗里·佩罗夫.现代产业组织[M].黄亚钧等译.上海：上海人民出版社1997年版，第482—486页.

③ Weiss, Leonard W. The concentration-profits relationship and antitrust[J]. Industrial Concentration: The New Learning, 1974(184): 184—233.

④ Collins, Norman R., and Lee E. Preston. Price-cost margins and industry structure[J]. Review of Economics and Statistics. 1969(51): 271—286.

⑤ Schmalensee, Richard. Inter-industry studies of structure and performance[J]. Handbook of Industrial Organization. ed. R. Schmalensee and R. Willig. Amsterdam: North-Holland. 1989: 951—1009.

⑥ Salinger, Michael A. Tobin's q, unionization, and the concentration-profits relationship[J]. The Rand Journal of Economics, 1984, 15(2): 159—170.

⑦ 丹尼斯·卡尔顿，杰弗里·佩罗夫.现代产业组织[M].黄亚钧等译.上海：上海人民出版社1997年版，第482—486页.

(三)托宾 q 值与市场结构

林登伯格和罗斯(Lindenberg and Ross,1981)发现,厂商的 q 值在一定时期相对稳定;q 比率低的厂商通常存在于相对竞争或严格管制的产业;q 比率高的厂商一般拥有独特的生产要素与产品。[①] 塞林格(1984)估计了 q 和进入壁垒、产业集中度以及工会化之间的关系,如下式所示:

$$q=\alpha_1+\alpha_2 A/P_K K+\alpha_3 R\&D/P_K K+(1-\alpha_4 U)CR_4[\alpha_5 M+\alpha_6 K+\alpha_7 A/P_K K] +\alpha_8 CR_4+\alpha_9 G$$

式中,α_i 是估计参数;$A/P_K K$ 是广告费用与资本价值的比率;$R\&D/P_K K$ 是研发费用与资本的比率;U 是劳动力中工会化的部分;M 是最小有效生产规模(MES);G 是产业增长率。但是,塞林格(1984)说明,上述方程中代表进入壁垒的参数之系数统计显著异于零,因此不能得到进入壁垒高的产业的托宾 q 值就高的结论。但是,他确实发现了增长迅速的产业赚取高收益的事实。

二、新实证产业组织实证方法

仅从研究方法论的角度来看,上述实证研究也存在一个致命失误,即其认定市场结构是外生的,而忽略了结构、行为、绩效的互动关系。事实上,企业可以通过研发行为或者战略性封杀策略改变市场结构;而"胜者通吃"的局面已是网络经济的潜规则,也就是说,绩效不仅会影响行为,还会影响结构。卡布拉尔(2002)对此做了解释。[②] 假定我们所考察的所有行业具有相同的需求函数与成本结构,其区别仅仅在于,由于某些外生原因,一些行业的合谋程度高于另一些行业。同时,假定任何企业只要花费进入成本(记为 F)就可以进入我们这里所考察的任何产业。记每个行业的总利润为 $\Pi(p)$,其中 p 为均衡价格。在合谋程度较高的行业,价格较高;而在合谋较弱即相对竞争的行业,价格较低。假设行业里的企业数为 n,由于每个行业都是自由进入的,所以进入的均衡结果是每个企业的利润为 0,即

$$\Pi(p)/n-F=0$$

或

$$n=\Pi(p)/F$$

此时,如果价格上升,市场力量会怎样变化?如果价格 p(目前尚比垄断价格低)上升,那么行业利润 $\Pi(p)$ 应该增加,而企业数目 n 也随之上升(吸引进入),则集中度应该下降。但是,由于勒纳指数 $L=(p-MC)/p=(1-MC/p)$,所以市场势力随着 p 的增加而增加。由此,可以得到一个有趣的结论:当一个产业内部价格上升时,企业数目上升,市场集中度随着市场势力的增加而减少。这样,可以发现在市场结构内生的情况下,市场势力与集中度成负相关关系,与前面的实证研究结果正好相反。

也正是由于 SCP 分析框架存在诸多弊端,因此产业组织理论专家们对 SCP 范式进行了修正,提出了新实证产业组织方法(new empirical industrial organization,NEIO)。新实证产业组织方法采用结构模型(structural models)与非参数(nonparametric)或简约形式(reduced

---

① Lindenberg,Eric and Stephen Ross. Tobin's q ratio and industrial organization[J]. Journal of Business,1981(54):1—32.

② 刘易斯·卡布罗.产业组织导论[M].胡汉辉,赵震翔译.上海:人民邮电出版社 2002 年版.

form)方法来直接估计市场力量。其特点是:(1)不再使用与成本相关的会计数据,这意味着毛利率或勒纳指数在新实证产业组织方法中已失去意义;(2)直接在一个特定的产业内部估算市场力量,而不涉及跨行业的数据;(3)运用寡头理论模型来描述厂商行为;(4)基于企业的行为来推断并估算市场力量。

杰弗里·丘奇和罗杰·韦尔(2000)详细介绍了新实证产业组织方法对市场力量的估算模型。[①] 但卡布拉尔(2002)则对新实证产业组织方法的核心思想进行了高度概括,认为 NEIO 可以用一个具有普遍意义的公式来解释,其公式为:

$$L=\lambda H/\varepsilon$$

式中,L 为勒纳指数,ε 为需求的价格弹性。在古诺竞争中,$\lambda=1$。而如果进行伯特兰德竞争,$\lambda=0, L=0$;在垄断或者完全合谋下,$\lambda=1/H$。上式又被称为推测变差模型(conjectural variations model),λ 反映了推测变差。

据前文所述,如果已经获得边际成本(MC)的数据,则可以根据价格确定 L 并估算出弹性 ε,进而由 $\lambda=L\varepsilon/H$ 计算出推测变差 λ。但是,由于边际成本难以获得,通常上式是用于估算 L 值的。那么,在获得价格与需求量的数据后,如何估算 λ 呢?虽然边际成本无法获得,但是我们可以通过估算价格对边际成本的导数,再间接估算 λ 值。卡布拉尔(2002)[②]介绍了估算价格对边际成本的导数的一种方法,即通过检验价格如何随着需求曲线的变动而变动。例如,假设需求是 $p=a+s-Q$,其中,s 代表需求曲线截距的每期变化值。通过计算完全合谋、古诺模型与伯特兰德模型三种情形下的均衡价格,求解价格关于需求截距 a 的导数 ζ,然后通过求解 $\lambda=\zeta/[(1-\zeta)H]$,就可以得到行为参数 λ,进而就可以估算市场力量 L。

专栏20-1

复习思考题

1. 衡量市场绩效的主要指标是什么?怎样计算这些指标?
2. 经济外部性的含义是什么?怎样判断是否为负的外部性?
3. 为什么传统的 SCP 范式现在不用于实证?
4. 信息不对称可以消除吗?怎么消除?

① Church, Jeffrey & Roger Ware. Industrial organization: a strategic approach[M]. The McGraw-Hill Companies, Inc., 2000.

② 刘易斯·卡布罗. 产业组织导论[M]. 胡汉辉,赵震翔译. 上海:人民邮电出版社 2002 年版.

第五篇

产业政策

第二十一章

产业政策原理

产业政策是否能够成为产业经济学教材中一个相对独立的部分，产业经济学家有着不同的看法，因为有些经济学家并不认为产业政策对产业发展、产业结构和产业组织等有效用，而另外一些经济学家则认为产业政策对于后起国家产业发展实现赶超十分重要，且有国家成功的现实例证。实际上，每个国家或多或少都制定与采纳过产业政策，只是制定的具体政策及其作用方面不同而已。本章将探讨产业政策的基本原理，主要从产业政策的基本概念、产业政策的产生、作用及其分类，进而对产业政策的制定原则、实施条件与手段以及产业政策执行中的经验教训加以论述。

第一节　产业政策概述

一、产业政策的概念及实质

(一)产业政策的概念

迄今为止，关于什么是产业政策这一最基本的问题，经济学家仍未达成共识，其基本原因在于，不同的学者往往有着不同的研究角度和学术背景。综合起来，关于产业政策这一概念的界定大致可分为以下五种观点：

1. 产业政策是有关产业的一切政府政策的总和

英国学者阿拉格给出的定义最为简洁和概括。他认为，产业政策是“与产业有关的一切国家法令和政策”①。日本经济学家下河边淳和管家茂的定义则更为具体一些。他们认为：“产业政策是国家或政府为了实现某种经济和社会目的，以产业为直接对象，通过对产业的保护、扶植、调整和完善，积极或消极参与某个产业或企业的生产、营业、交易活动，以及直接或间接干预商品、服务、金融等的市场形成和市场机制的政策的总称。”②

2. 产业政策就是计划，是政府对未来产业结构变动方向的干预

美国社会学家阿密塔伊·艾特伊奥利认为，“产业政策就是计划”，并认为使用产业政策的

---

① 阿拉格.欧洲共同体经济学[M].上海：上海译文出版社 1985 年版，第 132 页.

② 下河边淳，管家茂.现代日本经济事典[M].北京：中国社会科学出版社 1982 年版，第 192 页.

概念不过是采用了一个“温和的、更加悦目的名词”①。美国的玛格里特·迪瓦尔则是从政策的内容来对其做出界定的。他认为:“部门政策——鼓励向一些行业或部门投资和不鼓励向其他行业或部门投资——仍然是产业政策讨论的中心。”②

3. 产业政策主要是为了弥补市场机制可能造成的失灵而由政府采取的一些补救政策

正如日本原通产省经济研究所所长小宫隆太郎所说:“产业政策(狭义的)的中心课题,就是针对在资源分配方面出现的‘市场失灵’采取对策。”③

4. 产业政策是后进国家在努力赶超发达国家时所采取的政策总称

日本经济学家并木信义认为:“产业政策就是当一国的产业处于比其他国家落后的状态,或者有可能落后于其他国家时,为了加强本国产业所采取的各种政策。”

5. 产业政策就是为了加强本国产品的国际竞争力的政策

美国学者查默斯·约翰逊将产业政策视为整个经济政策体系中的一个组成部分。他认为:“产业政策是政府为了取得在全球的竞争能力、在国内发展或限制各种产业的有关活动的总的概括。作为一个政策体系,产业政策是经济政策三角形的第三条边,它是对货币政策和财政政策的补充。”④

综合上述五种看法,可大致将产业政策区分为广义和狭义两种范围不同的界定。按照以第一种看法为代表的产业政策界定是广义的定义,即没有哪一个国家是没有产业政策的。这里涉及政府的职能。正如 1983 年时任日本通产省大臣的定则山中所说:“国家最重要的职能是促进经济发展和提供公共福利。产业政策是国家经济发展的基石,尽管各国赋予其不同的名称和内容,但各国都实践着各种各样的产业政策。”目前,对产业政策的研究大多采纳广义的观点。

狭义的观点可大致归为“市场否定说”“市场修正说”和“经济赶超说”三类。这类界定可以说是从产业政策的缘由或目的出发的。第一类的“市场否定说”主要流行于欧美各国,并以美国为代表。这种观点将产业政策界定为政府干预经济的所有手段的总称,其实质就是计划,因此产业政策是对市场机制的排斥。由于美国经济学界的主流对于市场竞争的作用有着足够的信心,因此认为在自由经济体制下需要的产业政策最多只是调整竞争关系与反垄断。基于这种认识,美国的产业政策在很长一段时间内只是集中于产业组织政策。

第二类的“市场修正说”主要起源于日本。这种观点认为,即使在自由竞争体制下,由于市场机制客观上存在着缺陷,因而就有错误导向的可能,从而使得在不同的历史条件下,政府采用不同方式适当干预成为必要。所谓产业政策,就是为了使经济的运作能够趋向于最优均衡的政府干预政策。这种观点的核心是,为了实现经济运作的最优化,有必要对市场机制的作用进行一定的人工修正。这种观点主要为从事理论研究的学者们及一些企业界人士所赞同。

第三类的“经济赶超说”认为,产业政策是政府在以市场为基本运作机制的前提下,为实现发展过程的优化(包括产业结构的优化、国际竞争力的提升和经济环境的优化等)而进行的主动干预。持这种观点的主要是政府部门的官员及其研究机构。这种说法认为,在存在后发优

---

① 阿密塔伊·艾特伊奥利. 走向社会经济学[J]. 经济学和社会学,1985(1).

② 玛格里特·迪瓦尔. 工业生机:采用国家产业政策[M]. 纽约:伯格曼出版社 1982 年版,第 13 页.

③ 小宫隆太郎,奥野正宽,铃村兴太郎编. 日本的产业政策[M]. 北京:国际文化出版公司 1988 年版,第 6 页.

④ 查默斯·约翰逊. 产业政策争论[M]. 洛杉矶:美国当代研究所 1984 年版,第 5 页.

势的情况下，政府的积极参与能促进一国的经济发展，特别是能够促进发展中国家较快地赶超发达国家。因此，产业政策为努力赶超发达国家的发展中国家提供了一种可能的政策选择。

从上述各种观点来看，可以说它们并不是截然对立的，不同观点所强调的实际上是产业政策的不同方面。根据对理论与实践的归纳，产业政策可以界定为：针对市场经济运作中可能出现的市场失灵和错误导向，政府为修正市场机制作用和优化经济发展过程，对产业发展、产业结构调整和产业组织完善所采取的各种经济政策的总和。

(二)产业政策的实质

从以上产业政策的定义出发，产业政策的实质表现在以下几个方面：

1. 制定产业政策的目标是为了维护整个经济社会的整体利益

一般来说，在产业政策的制定与实施过程中，政府所代表的是整个社会的总体利益，而不是某种政府部门的利益或某个利益集团的利益。因此，产业政策的制定应以实现全社会资源的最优配置和维护经济的长期稳定和可持续发展为目标。在现实中，或许某些产业政策的实施效果可能违背其制定的初衷，某些利益集团可能从中获得很大的利益，但每一项产业政策的制定都应以社会整体利益和长远利益的最大化为基本原则。

2. 产业政策是政府间接干预经济的手段

尽管在有些情况下产业政策也带有强制性的约束力，但它应不同于政府对经济的直接控制和直接参与。任何产业政策的实施，无论是否带有强制性，都要通过个别利益主体根据其自身利益的最大化进行自我选择而得以实现。政府并不能代替微观经济主体进行决策，而是应通过产业政策影响微观经济主体的决策。因此，产业政策不是经济计划。

3. 就产业发展和产业结构政策来说，它们是政府对经济发展过程的长期性的系统干预

从长期目标来说，产业政策不同于短期的宏观经济政策。宏观经济政策通常以经济的稳定运行为目标，而产业发展与产业结构政策则总是与经济振兴、经济赶超等发展战略相联系，表现出事先、长期、优化、整体协调的系统性特征。不同的产业政策各自具有其独立的功能特性，从而对于一定的产业规制目标来说，具有不同的指向、不同的作用方式和不同的实施效果。由于这些产业政策涉及广泛，因此其制定与实施都需要各个相关产业部门的积极配合。只有如此，才能最有效地实现产业政策的目标。

二、产业政策的分类

(一)按照产业政策内容分类

按照产业政策内容进行分类是最常见的一种分类方法。按照内容的不同，产业政策可分为三大类型：产业发展政策、产业结构政策和产业组织政策。这三大类产业政策又分别包括多种不同的具体政策，详细内容将在后续几章中分别加以介绍(如图 21—1 所示)。

(二)按照产业政策目的分类

按照产业政策目的，可以分为经济性政策和非经济性政策。例如，所有以提高产业生产效率和效益为目的的政策都可以被认为是经济性政策，为发展特定地区的产业以使该地区繁荣起来的政策等也是经济性政策。而从保障和安全出发，提高所有产业发展和转型所需要的公共基础设施建设、营商环境改善等政策则为非经济性政策。

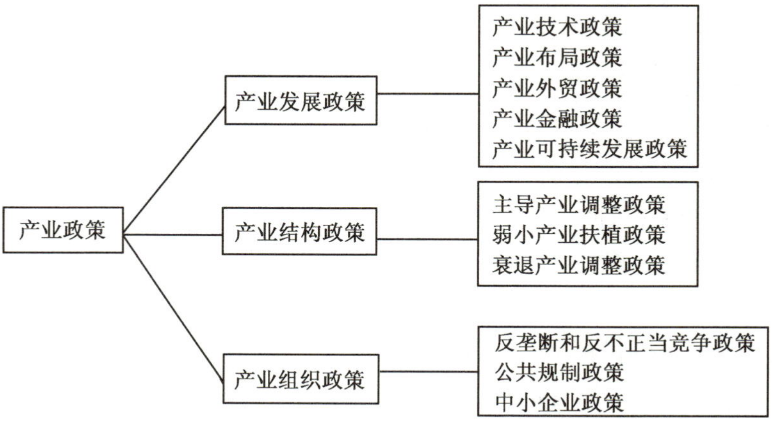

图 21—1　产业政策内容的分类

(三)按照产业政策政府作用方式分类

按照产业政策政府作用方式，可以分为功能性产业政策和选择性产业政策。功能性产业政策的重点是政府通过反垄断维持市场公平竞争、创设良好营商环境、推动人力资源培训、研发创新服务等形式完善整体产业发展基础功能，进而维持产业健康发展、提高竞争力的政策，此类功能性产业政策一般不针对具体某个产业。选择性产业政策的重点是政府通过规划、法案、补贴、税收等政策直接选择支持、扶持、保护或者限制某些产业的发展，以加快产业体系建设以及推进产业结构转型升级，实现经济快速增长。

第二节　产业政策的产生及其作用

一、产业政策的由来

广义的产业政策是指政府对产业经济进行干预的各种政策的总和。按照这一理解，可以说随着农牧业的出现和国家政权的产生，产业政策就开始发挥它的作用了。据一些学者研究，在我国春秋战国时期、古埃及和古巴比伦的历史记载中就已经出现了产业政策的雏形。

现代意义上的产业政策与现代工业的发展相联系，它起源于现代大工业发展初期的欧洲。事实上，在古典政治经济学出现以前，17 世纪英国的重商主义者就力主国家对经济进行全面干预，提倡借用国家政权的强制力实行各种保护主义的经济措施。当时所采取的政策有：制定高额进口税率以限制外国商品的进口，但对需要进口的工业原料不仅不加限制，有时还会以优惠条件鼓励输入；以退税或补贴的方式鼓励本国产品的输出，同时，严禁国内输出原料，以鼓励扩大再生产，促进国内工业的发展；给某些商人颁发特许证，允许成立专门公司和拥有出口某些商品的特许权，保证国家对某些商品的垄断权等。法国经济学家斯图尔特也曾说道："一个国家为了振兴工业，不但要有所许可，要进行保护，而且必须采取行动。"[①]许多重商主义者的

① 周叔莲，杨沐. 国外产业政策研究[M]. 北京：经济管理出版社 1998 年版，第 404 页.

著作为产业政策的制定提供了基本的思想和理论依据。

产业政策在19世纪的美国和德国得到了充分发展。1791年，美国的开国元勋、第一任财政部长亚历山大·汉密尔顿（Alexander Hamiliton）在向美国国会提交的《关于制造业的报告》中指出，政府在国家制造业的发展中具有不可推卸的责任。对短期的供求调节来讲，市场机制是重要的和有效的，但是当涉及有关新技术的投资决策和产品选择，以及长达10～15年的生产规模的指导，完全依赖于市场价格可能是不适宜的。他认为："资本家在进行新的投资时，既是捉摸不定的，又是胆怯的，政府应当使资本家增强信心（资本家通常是谨慎的和有洞察力的），帮助他们克服各种障碍。"①1841年，德国经济学家李斯特在他的名著《政治经济学的国民体系》一书中提出了利用产业政策改变德国落后状况的必要。李斯特把实行保护政策视为其经济发展理论的重要组成部分，反复论证了实行保护政策的必要性。他明确指出："保护制度是使落后国家在文化上取得与那个优势国家同等地位的唯一方法。"②李斯特的著作对后发展的国家产生了较大的影响，正如马歇尔所说："美国的工业家们把李斯特当作自己的代言人。"③据《近百年美国经济史》记载，美国历史上占支配地位的自由放任主义思想和要求政府干涉竞争的主张是长期互相对立、共同存在的。如美国前商务部长助理弗兰克·韦尔曾经强调："我们只有一个产业政策，这个政策就是我们不需要产业政策。"④然而，另一些美国学者则认为，这并不符合事实。实际上，仅在1861年到1890年通过《谢尔曼反托拉斯法》期间，美国政府为了推动各个行业的发展，曾采取保护关税、赠予各铁路公司土地、通过有关国有土地上自然资源保护和所有权的法律对私营工商企业进行管理等政策措施。⑤

产业政策在日本经济发展过程中得到了很大的发展，"战后日本奇迹"将其推向了高潮。其实早在明治维新时期，日本就曾提出"置产兴业，富国强兵"的口号，这是日本政府有组织地干预经济的开端。随后，在明治政府颁布的《兴业意见书》中，首次系统地提出了扶植各产业发展的政策措施，其目标是加快日本工业化的步伐。第二次世界大战之后，日本经济面临着重建和复兴的艰巨任务。从1946年到1960年是日本经济复兴时期。这一时期的产业政策，大致可以5年为期，划分为以恢复社会再生产秩序为目标的产业复兴政策阶段、以结构调整和资源合理分配为目标的产业合理化政策阶段、以培育出口产业和经济起飞为目标的产业振兴政策阶段。⑥ 在此之后，日本经济又经历了高速增长、全面赶超、结构转换几个时期，最终得以跻身世界经济强国之林。在产业政策的制定和实施中，值得一提的是日本的通产省。通产省是日本政府机构中最大的产业主管部门，其中聚集了一大批专业人才，专门研究如何制定加快产业发展的政策，解决产业发展过程中不断遇到的问题。日本学者鹤田俊正认为，正是在此基础上，逐步产生了产业政策的用语。⑦ 鉴于通产省在产业政策制定过程中的重大影响力和决策权，有人甚至评价说："所谓产业政策，就是通产省的政策。"1970年，日本通产省的代表在经济合作与发展组织（OECD）大会上，正式提出了"产业政策"一词，使得有关产业政策的理论和实

① 查默斯·约翰逊.产业政策争论[M].洛杉矶：美国当代研究所1984年版，第18页.
② 李斯特.政治经济学的国民体系[M].北京：商务印书馆1983年版，第113页.
③ 马歇尔.经济学原理：下卷[M].北京：商务印书馆1983年版，第412页.
④ 查默斯·约翰逊.产业政策争论[M].洛杉矶：美国当代研究所1984年版，第9页.
⑤ 沙伊贝等.近百年美国经济史[M].北京：中国社会科学出版社1983年版，第246页.
⑥ 陈淮.日本产业政策研究[M].北京：中国人民大学出版社1991年版，第39页.
⑦ 鹤田俊正.战后日本的产业政策[M].东京：日本经济新闻社1982年版，第8页.

践研究进入了一个新的阶段。

在其他国家，产业政策的发展也经历了各自不同的阶段。在法国，政府从1947年开始实行指导性计划，帮助重建法国经济。为了促使计划的实现，政府采取了一系列政策措施，到20世纪50年代后期也开始出现了产业政策的概念。西欧6国在1957年建立欧洲共同体时，签署了《罗马条约》，其中某些方面的内容可以视为产业政策，如有关国家援助、居支配地位的企业、卡特尔、资本和劳动力的自由流动、倾销以及建立共同市场等。共同体建立后，也曾多次发布有关产业政策的文件。印度于1948年宣布了第一项产业政策，主要内容涉及对国营和私营企业活动范围的划分、强调发展小工业和家庭手工业，以及实现外国企业本地化等。1956年，在完成第一个5年计划后，印度宣布了新的产业政策，强调国营企业和私营企业要相互依存，要缩小地区差别，要为落后地区提供基础设施等。韩国在1950年3月公布了"稳定经济的15项原则"，其中的产业政策是重点发展日用消费品生产。

我国是在20世纪80年代正式提出实施产业政策的。从新中国成立到1978年，我国实行的都是计划经济体制。在这一背景下，按照广义的理解，所谓的产业政策可以说是包含在整个经济计划中的，中国经济就是在产业政策的空前干预和影响下发展的，即有产业政策之实而无产业政策之名。我国开始实行经济体制改革之后，产业政策的作用日益凸显。国务院先后颁布了《90年代国家产业政策纲要》和《汽车工业产业政策》等文件，提出产业政策是国民经济管理和调节不可或缺的重要手段。与国外产业政策往往意味着政府的干预加强相反，我国的产业政策是以国家对产业保护的减少为标志的。产业政策的出台，是以政府在诸多经济领域逐渐退出为背景的。政府从以前笼统地对所有产业实行保护，转为重点对支柱产业和新兴产业的保护。① 因此，中国的产业政策在其出现之日，就与以成熟市场经济为基础的国家有很大不同：首先，中国的产业政策覆盖面远比市场经济国家产业政策覆盖面广，因为各个政府经济专业主管部门都想借此来继续行使逐渐弱化了的行政权力；其次，中国产业政策中对市场的基础作用普遍重视不够，往往强调发挥行政权力的作用；最后，中国产业政策的作用对象主要是国有企业、地方政府，而市场经济国家产业政策的作用对象主要是私营企业。

二、产业政策兴起的原因

回顾各国产业政策产生和发展的历程，20世纪50年代和60年代可以说是产业政策的初步形成时期。在此期间，大部分国家的产业政策和经济计划是难以区分的，甚至被淹没在经济计划之中。70年代以后，产业政策的概念逐步从经济计划中独立出来，并引起世界各国的日益重视。出现这种情况至少有以下几个原因：

一是日本在20世纪五六十年代的高速发展引起世界的瞩目。尽管对日本高速发展的原因存在着各种不同的看法，但被普遍接受的一种看法是，日本的通产省通过产业政策促使日本的经济和外贸协调发展，是所谓"日本奇迹"得以产生的重要原因之一。70年代以后，一些世界性的组织，如经济合作与发展组织、联合国工业发展组织、世界银行等，在各种文件和研究报告中，把产业政策作为日本经济成功的秘诀加以介绍，引起了世界各国的关注。

二是就宏观经济背景而言，20世纪70年代以后西方国家普遍面临的经济滞胀也是一个

① 赵英. 中国产业政策实证分析[M]. 北京：社会科学文献出版社2000年版，第9页.

重要因素。在宏观经济学领域，凯恩斯需求管理理论曾经是经济政策的支柱，此时已经无法揭示经济滞胀的理论机制，因此西方经济学家转向宏观控制的微观化来寻找出路。有的学者甚至把产业政策当作“革命性的新发现”。

三是在以微电子技术为重要特征的新技术革命的冲击下，传统工业市场收缩、就业缩减，西方国家普遍面临结构调整困难和失业率居高不下的尖锐矛盾，不得不采取一些应急的对衰退产业的补助政策，但其效果引起社会的普遍怀疑。

四是美国的产业竞争力和外贸逆差问题也是一个原因。在日本和西欧产品的竞争下，美国产品的竞争力每况愈下，外贸逆差问题始终解决不了，成为朝野共同忧虑的焦点。1980 年的总统竞选中，卡特的竞选口号是产业复兴纲领。1984 年的总统竞选中，产业政策也成为民主党竞选纲领的一部分，从而引起美国全国关于要不要产业政策的大辩论。

五是社会主义国家在发展中普遍进行经济体制改革。计划体制下管理权过于集中、企业自主权过小、经济发展的动力不足，改革就要给企业扩权，由此不可避免地要缩小国家指令性计划的范围，扩大指导性计划的范围。为了探讨如何在体制改革过程中和对外开放过程中保证指导性计划的有效实施，社会主义国家开始重视产业政策的研究。相对来说，计划的重要性趋于降低，而政策的重要性日渐提高。如在 1986 年初召开的苏共二十七大，苏联第一次明确提出了“结构政策”的概念，并规定了一系列产业结构政策。

三、产业政策存在的理论依据

从经济理论的角度来说，产业政策的出现也有其相应的理论依据。这些理论背景主要涉及以下几个方面。

(一)“市场失灵”理论

即使布坎南(James Buchanan)认为，市场失灵并不是政府干预经济的充分条件，但市场失灵的存在毕竟为政府采取某种干预行动来改进资源配置的效率提供了一个正当的理由。由于市场机制的作用有限，因此放任自流的社会无法避免垄断、不正当竞争、基础设施投资不足、过度竞争、环境污染、资源浪费等现象的发生与蔓延。为了弥补市场失灵的缺陷，几乎所有的政府都采用“看得见的手”和市场“看不见的手”干预经济。产业政策就是“看得见的手”的具体体现。这种理论对于产业政策在市场经济发达国家的兴起具有很强的解释力。产业政策在弥补市场失灵方面的作用主要有以下四点：

1. 产业政策有助于解决“马歇尔冲突”问题

在现实经济活动中，大多数产业处于不完全竞争的状态，这些产业中的某些企业可能拥有垄断或寡头垄断的地位，具有很强的垄断势力。企业凭借这种垄断势力就可以实施操纵市场价格的行为。其结果是：市场价格超过企业的边际成本，市场均衡偏离帕累托最优配置，这就造成了市场绩效的低下。但另一方面，特别是在具有规模经济特性的自然垄断行业，随着企业规模的扩大，生产的平均成本将不断降低，处于垄断地位的大企业会比小企业享有更多成本上的优势。因此，当客观上存在规模经济时，简单地增加企业数目固然会减少垄断带来的福利损失，但要以成本的增加为代价。这种规模经济和市场绩效之间的两难选择即所谓的“马歇尔冲突”(Marshall’s dilemma)。这种矛盾单靠市场力量是无法解决的，但政府可以制定相应的产业政策来缓解或避免这一矛盾。通过产业政策的引导和调节，以达到社会资源最优配置的目的。

2. 产业政策可以帮助实现公共物品的供给

公共物品具有与私人物品完全不同的两种特性:一种是非竞争性。它指的是增加一个消费者对该物品或服务的消费并不会使得生产者产生边际成本,即生产的边际成本为零。另一种是消费的非排他性。它是指在技术上无法将未付费的个人或厂商排除在公共物品或服务的受益范围之外,或者说排除的成本过高,因而不值得这样做。最典型的例子如国防、环保、导航的灯塔等。公共物品的这种特殊属性就决定了公共物品无法完全由私人提供,仅由私人提供可能导致公共物品的供给小于社会最优水平;也就是说,市场在公共物品的资源配置方面存在失效。所以,世界上大多数国家的公共物品是在政府引导下提供的。产业政策在公共物品的供给中起着不可替代的作用。

3. 产业政策可以纠正由经济活动的外部性造成的"市场失灵"

所谓外部性,是指一个人的行为对旁观者福利的影响。生产和消费活动都可能具有外部性。如果对旁观者的影响是不利的,就称为负外部性;如果这种影响是有利的,则称为正外部性。① 由于市场参与者在决策过程中只考虑自己的私人成本和收益,而忽略他们行为的外部效应,所以在存在外部性时市场自动形成的均衡并不总是有效率的;也就是说,均衡并没有使社会福利最大化。因此,为了使经济活动中的外部性问题不影响社会资源的最优配置,政府有必要通过产业政策的干预来调整和纠正。

4. 产业政策可以减少经济活动中的信息不对称

通过市场机制达到资源最优配置的一个假设前提是,市场中的信息是充分的、对称的。但在现实经济中,这个假设几乎是不可能达到的。更为常见的情况是,买卖双方关于市场的信息都是不完全的,或者买卖中的一方比另一方拥有更多的信息。这种信息的不完全或者不对称就为以次充好、以假乱真、损人利己等行为的产生提供了可能。在这种情况下,政府需要利用产业政策监督检查并向社会提供真实、完全的信息,降低经济中的信息搜寻费用,促进社会资源的流动,达到社会最优水平。

(二)后发优势理论

该理论源于古典经济学李嘉图的"国际分工和比较生产费用学说",即同样的产品在不同国家进行生产的生产费用存在着差别,因此各国都应优先发展本国在生产费用上拥有优势的产业;在多项产业部门都拥有优势时优先发展优势最大的产业,在多项产业部门都处于劣势时优先发展劣势最小的产业,即优先发展相对优势产业。这种理论可简单概括为"两利相权取其重,两害相衡取其轻",即所谓的"比较优势说"。按照李嘉图的观点,在按照比较优势进行国际分工的基础上,各国都能获得相应的利益,实现全球资源的最优配置。从静态的角度看,李嘉图的国际分工理论不无道理,但照此逻辑推理下去,国家是否强盛将完全由其自然禀赋所决定,历史上强盛的国家必将在今后的国际竞争中更加强盛,而相对贫困的国家则注定会永远落后,世界经济格局无法改变。事实证明,这种结论显然是不正确的。

为弥补这种静态的比较优势理论的缺陷,德国经济学家李斯特批判并发展了李嘉图的理论,提出了"动态比较费用学说"。李斯特认为,工业化起步较晚的国家,有可能经过国家产业

---

① 曼昆. 经济学原理[M]. 梁小民译. 北京:北京大学出版社 1999 年版.

政策的保护与培育,发展起新的优势产业;后起国家只有以这种优势产业参与国际分工,才能打破旧有的国际分工格局,以先进的生产结构占据于己有利的国际分工地位。这就是“培育优势说”。

日本就是利用这种动态比较优势理论取得成功的范例。因为日本是一个资源贫乏的后起国家,仅仅按照比较优势来参与国际分工,势必使日本所获取的利益远低于先发国家,并使自己长期处于落后地位。这种国际分工格局显然不符合正处于赶超阶段的日本的国家利益要求。于是,日本的经济学者在“比较优势”和“培育优势”的基础上进一步提出,后起国家由于可以直接吸收和引进先进国家的技术,技术成本要比最初开发的国家低得多;在同样的资金、资源、技术条件下,还具有劳动力成本便宜的优势;只要在国家的保护和扶持下到达规模经济阶段,就能发展新的优势产业,与先进国家在其传统的资本或技术密集的分工领域一争高下。这就是“后发优势说”,是日本产业扶持理论的基本依据。这一理论特别强调了后进国家制定产业政策的必要性和紧迫性,后进国家应该更多更好地利用产业政策,以实现“赶超”先进国家的目标。

(三)结构转换理论

英国的克拉克、德国的霍夫曼和美国的库兹涅茨等人对经济增长与收入提高过程中的产业结构变化规律进行过深入研究,并提出了“配第-克拉克定理”“霍夫曼比率”“库兹涅茨增长理论”等学说。日本学者对此也有杰出的贡献。在日本经济理论中,结构转换理论又称产业结构高度化理论。它的基本思想是,一个国家的产业结构必须不断实行从低级向高级的适时转换,才能实现赶超和保持领先地位。日本学者认为,产业结构未能实现及时转换是历史上一些老牌发达国家趋向衰落的基本原因之一。日本经济学者的贡献可概括为以下三个方面:

第一,结构转换是一个重要的利益再分配过程,需要政府的产业政策干预,才能适时、顺利地完成。例如,对衰退产业的调整就需要政府的援助政策。

第二,结构转换不应是一个被动的结果,而是需要在产业政策的指导下主动实施。例如,按照下一阶段国际收入弹性最大和技术增长率最高的原则选择战略重点部门。

第三,在转换过程中利用产业政策协调与非经济性目标的关系。例如,出于国家安全与协调社会利益关系的考虑,对农业进行保护政策。

(四)规模经济理论

规模经济理论是指由于生产成本中固定成本和可变成本的结构特性及市场开辟的过程性等因素的影响,产业发展客观上存在着生产成本最低的最优经济规模。在未达到最优规模以前,单位生产成本处于递减过程,继续扩大规模是有利的。在西方许多国家,产业政策研究的注意力集中于反垄断,对规模经济理论并未给予很大的重视。日本学者则充分利用并进一步发展了这一理论。他们的贡献也可分为三个方面:

第一,产业内部客观上存在着工厂规模和企业规模的区别,前者决定生产成本,后者决定竞争秩序。在赶超阶段,当两者发生矛盾时,国家应当利用产业政策首先保证工厂规模达到最优,宁愿暂时容忍寡头垄断的市场结构,即使牺牲竞争活力也在所不惜。这样才能保证产业迅速成长和获得国际竞争力,使社会获得最大的发展好处。

第二,当某一产业的国际或国内市场已经被国外企业垄断,即存在着“先行者利益”时,本国企业需要一段发展过程,达到一定规模,才可能打破“进入壁垒”,与外国企业相抗衡。为了本国的长远利益，政府应当通过产业扶持政策负担这些产业的振兴费用。

第三，在通信、运输、交通等最优规模很高的产业，由于达到最优规模前的社会获益率远高于企业获益率，因此政府在一段时期内直接投资或间接出面组织国有企业是必要的。

（五）技术开发理论

技术是一种难以按照一般市场原则进行交易的知识财富，这种知识财富具有三个特点：(1)技术本身常常具有公共物品的特征；(2)技术开发伴随着技术与市场的双重风险；(3)技术的开发与应用具有学习过程和规模经济的特征。

所以，技术的开发过程或开发结果经常存在着社会获益率大于企业获益率的可能性。因此，在技术开发过程中，政府的政策干预是保证技术不断进步的必要条件。

四、产业政策的局限性

在各国经济发展过程中，以及在政府对市场失灵进行矫正的实践中，产业政策都发挥了重要的作用。特别是对发展中国家来说，由于新兴产业起步时受到规模经济的制约或由于国家在国际分工体系中处于劣势地位，仅仅依靠市场力量难以实现赶超目标，此时通过产业政策的引导和帮助就可能改变这种状况。而发展中国家在经济“起飞”初期还会遇到基础设施和基础工业薄弱的“瓶颈制约”。这些部门的“外部性”较强，对整个经济发展具有重大的促进作用，而本身投资巨大、营利性低、资本回收期长，并且国外企业已经垄断了海外或国内的市场，本国企业无力与之竞争。必须依靠产业倾斜和产业保护政策聚集资本、加快发展，以此促进经济在短期内达到“起飞”所要求的条件，实现国家经济振兴和经济赶超的目标。韩国正是仿效日本的做法，运用产业政策的手段，“在短短二三十年的时间里走完了老工业国用一二百年才走完的历程”①。

尽管产业政策在经济实践中发挥了重大作用，但它仍然存在一些局限性。这种局限性主要表现在以下几个方面：

第一，“政府失灵”可能导致产业政策的失败。必须认识到，政府利用产业政策进行干预也是有代价的。这里不仅要考虑政府制定和实施产业政策的相关成本，而且要考虑到所谓“政府失灵”的可能性。导致政府失灵的原因主要有：政府的有限信息、公共决策的局限性、对私人市场反应的控制有限及政府的官僚主义等。政府的判断也可能失误，由此可能导致产业政策的失败，如政策目标违背经济规律、产业界的愿望与政策要求不一致、政策措施与政策目标不配套、政策手段不合理、政策执行不力、政策内容脱离具体情况、政策实施机构和人员失职、政策环境发生不可预见的较大变化等。特别是政府指导失误的代价有时比“市场失灵”还要大。

第二，产业政策并非对任何产业都有同等的作用。研究表明，产业政策只对那些需求收入弹性比较高、生产效率好、在国际贸易上有发展前途的产业有明显的效果，而对其他产业则并非如此。② 因此，可以说产业的发展最终取决于产业本身的素质和发展潜力，而不是产业政策。例如，“日本最大的成功产业，即汽车和家用电器产业，并没有得到政府太多的优惠。此外，日本的工业机器人尽管已处于先导产业地位，但通产省对确保它的研究开发资金也并没有

---

① 吴敬琏. 市场经济的培育和运作[M]. 北京：中国发展出版社 1993 年版，第 228 页.

② 李伯溪，钱志深. 产业政策与各国经济[M]. 上海：上海科学技术文献出版社 1990 年版.

做过多关照……唯国内外激烈的竞争，才是真正使其获得成功的原因”[①]。因此，产业政策对绝大多数产业的发展来说，主要是一种外生变量，只有当产业政策对产业内部的技术、资金、人才等生产要素的投入和运作发生积极影响时，产业才能够更好地发展。

第三，产业政策的制定和实施需要大量的成本。产业政策的制定和实施通常涉及大量的成本，这些成本可分为有形成本和无形成本两大类。前者如维持庞大的政府部门运作的成本、信息收集的成本、政策制定过程中的决策成本等；后者包括政策失误或扼杀经济竞争活力所导致的成本、企业对政府依赖加强从而导致自我发展能力弱化等。通常来说，产业政策的力度越大，就越需要有相应的政策投入作保障。因此，应对制定和实施产业政策过程中所涉及的各种“成本”和“收益”进行全面综合的比较，然后以政策总成本和总收益的比率来判别产业政策的效果。

在选择主导产业、企业改组、促进出口、搞活国有企业、吸引外资这几项政府产业政策措施中，影响决策的主要因素并不是市场数量信号和价格信号，甚至也不是学术界、专业界意见，部门利益、地区利益、社会稳定性及政府控制愿望是权数更大的影响因素。

专栏21-1

第三节　产业政策的制定与实施

一、制定产业政策的基本原则

要使得产业政策在经济发展和经济运作中发挥有效的作用，需要对政策的设计制定和实施进行科学的分析和研究。这里我们首先讨论制定产业政策时必须遵守的基本原则。

（一）针对性

针对性原则要求在制定产业政策时，一是要了解一国（或地区）经济的各个方面与该产业政策所针对的相关方面的历史发展、现状和面临的问题。如对产业结构政策的制定来说，需要考虑产业结构演化的经济、技术和社会环境：它们可能产生的积极影响或外在压力，以及可能提供的机会或面临的制约。二是要充分论证所规划的产业政策的总体目标及其分阶段和分层次的目标的关系，要求目标选择具有准确性，在可能的情况下，还需要考虑其量化指标，要准确判断正在运行的产业体系的矛盾和化解途径。三是要对产业政策实施之后的可能效果进行评估，对产业政策实施之后能否达到政策制定的目标做出基本的判断。

（二）连续性

连续性原则要求在两个方面实现相互衔接和彼此协调：长期政策和时段性政策、总体政策和具体政策。经济发展是一个连续的过程，政策本身也可区分为长期政策和短期政策，同时政策的效应也有着长期和短期之分。因此，从长期和短期的衔接及协调来说，时段性政策的指向应当服从长期的政策目标，同时各个时段性政策之间也应当保持协调。而从总体政策和具体政策的关系来说，具体政策功能应当与总体政策保持一致，避免政出多门。此外，为了贯彻连

---

① 李伯溪，钱志深. 产业政策与各国经济[M]. 上海：上海科学技术文献出版社 1990 年版.

续性原则，还需要保证政策操作的持续性和稳定性，防止因决策机构或具体的政策贯彻者的变化而发生随意性的改变。

(三)制导性

制导性原则要求产业政策的制定具有预见性、对策性和主动性。政策不能总是事后调节，而是应当发挥宏观决策的能动性和创造性，形成牵动作用。尤其是对于产业变动的周期性规律来说，更应当充分发挥产业政策的制导功能：即在顺应产业成长周期的前提下，进行必要的调节，以实现稳定的持续性增长。因此，对经济发展的趋势进行科学分析和预测对于政策制定的科学性是非常重要的。

值得注意的是，尽管大多数产业政策应该是全国统一的，但仍可能存在一些因地制宜的政策要求。因此，地方政府和城市在制定产业政策过程中应当分别根据当地的情况，提出一些特殊要求，以适合不同层次产业管理目标的需要。

二、产业政策的实施条件

一项政策的有效实施往往需要相关的外部条件，产业政策也不例外。

(一)产业政策的有效实施要求完备的法制基础

产业政策是政府发挥经济职能、干预经济的手段。产业政策与计划经济的区别在于，计划经济主要以国家对生产资料的所有权为效力保障；而产业政策主要是以完备的法制基础为效力保障。产业政策的法制条件有三方面含义：(1)要求有比政府权威更高的法律权威作为效力依据。在很多情况下，产业政策本身就是以法律形式出现的。而产业政策一旦上升为法律，它就不再是政府意旨，而是一种国家意旨和全民意旨。(2)要求有完善的经济法律体系。以法的形式贯彻产业政策，要求法律体系应当完备、相对稳定和目标统一，要能够覆盖资源分配和企业行为的各个方面，不能留有漏洞，不能朝令夕改，不能相互矛盾。(3)要求有独立、公正的司法系统。有法必依，才能维护法律的权威，保证产业政策的效力。

(二)产业政策的有效实施要求发达的市场条件

产业政策是市场机制的补充和修正。但在很多时候，产业政策本身需要通过市场机制来加以贯彻。更为重要的是，充分发达的市场条件有利于防止产业政策出现较大的副作用。

(三)产业政策的有效实施要求有先进的信息收集、处理及分析手段

显然，政策的制定者和实施机构需要在充分占有信息资料的基础上才能对市场偏差做出准确的判断，同时也才能科学分析政策的效应，以及对各方面利益要求做出正确的反应。同时，政策的有效实施还要求信息反馈的渠道灵敏、畅通，这样才可能对产业政策进行不断的修正和完善。

需要指出的是，虽然我们说产业政策的实施需要上述法制、市场及信息条件，但这并不意味着只有在这些条件完全具备了以后，产业政策才可能实施。在大多数情况下，产业政策的发展常常是与上述条件的完善互相促进的。

三、产业政策的实施手段

与其他经济政策一样，一般意义上的产业政策实施手段主要包括间接干预和直接干预两种类型。

(一)间接干预手段

间接干预手段通常是指政府通过财政、金融等经济杠杆对企业活动的引导作用,对有关经济环节乃至整个经济活动进行干预。产业政策对经济活动的间接干预手段,除了这种意义上的间接干预手段之外,还包括通过政府所制订的计划或者政府对未来经济发展和产业结构演变的趋势分析,或者政府控制的信息传递,对有关产业的发展和企业活动提供指导。具体而言,间接干预手段可以分为以下几种:

1. 经济杠杆手段

(1)财政手段。主要包括:①税收,如分产业或者产品的差别税率和一定时期内税收特别调整(如减免税和增值税),以及保护性关税等;②政府投资,如政府直接兴办国有企业,或者政府与非国有资本合资兴建企业或进行某项工程建设等;③政府财政补贴;④特别财务制度,如按产业区分的不同折旧制度等。

(2)金融手段。主要包括:①国内贷款制度,如按产业区分的贷款利率差别期限;②国际金融手段,如进出口政府信贷、汇率制度等。

(3)政府定购。主要是由政府向有关企业订货,并且由于这种定购的长期性和定购数量很大,因而能够有效地刺激有关企业和产业的发展。

2. 信息指导手段

(1)发展规划。通常包括:①政府的经济发展战略和中短期经济发展规划或构想,这些文件将对企业的生产经营特别是长期投资决策产生影响,诱导其趋向于政府所制定的目标;②有关具体产业的发展规划或纲要;③国家科学技术发展规划等。

(2)政府的重大经济活动,如国际上的经贸关系的协调。

(3)政府所组织的权威信息发布,如有关统计数据,各种产品或技术的展示活动,以及有关产品、服务和有价证券市场信息等。

(4)有关经济信息特别是政府意图的日常传递。

显然,产业政策的上述两种间接干预手段都属于对企业经济活动的参数调节,即通过对企业生产函数有关外生变量的调节,引导企业在实际生产经营决策和具体生产经营行为上与政府设定的长期发展目标相一致。两者之间的根本差别仅在于这种控制于政府手中的外生变量变化的具体范围。比较而言,在产业政策的间接干预手段中,后者所涉及的参数范围要比前者广泛,这也正是产业政策区别于其他政府经济政策的一个重要特点。

(二)直接干预手段

产业政策的直接干预手段主要是指依照有关产业发展的法律或具有法律效应的各种规章制度,对产业活动进行行政性干预。

1. 政府的行政管制,也被称为直接规制

在产业政策手段中,政府的行政管制占有相当的份额,它也是产业政策直接干预手段的主要内容。从政府管制的类型来分,通常包括:(1)市场进入管制。如为避免过度竞争而在某些产业实施的进入规制,以及为保护民族工业而在某些产业的外商进入许可制等。(2)数量管制。产业政策中的数量管制主要表现为各种各样的配额制度,如外汇配额、信贷配额、进口配额等。(3)价格管制。如对有些产品实行固定价格制或者限制价格变动幅度等。(4)技术管制。如对有关产业的产品和生产工艺技术标准进行管制,以确保消费者利益,并在有关产业中保持相当的技术水平。(5)环境保护管制和生产安全管制等。

2. 政府的行政协调

政府产业政策中的行政协调，主要是指政府以其特定的权威和影响力，通过各种形式协调具体企业的生产经营，使之趋向于政府的有关产业发展意图。一般而言，行政协调手段运用的范围较窄，主要集中于政府所管辖的国有企业和政府定购较多的产业(如军事工业)。

专栏21-2

复习思考题

1. 何谓产业政策？产业政策的目标是什么？
2. 产业政策有哪些局限？
3. 产业政策实施需要哪些条件？
4. 地区经济发展过程需要哪些产业政策？为什么？

第二十二章

产业发展政策

产业政策(industrial policy)是由政府制定的,规划一个国家或地区产业发展方向、引导推动产业结构升级、协调国家或地区产业空间分布、建设现代产业体系、促进国民经济健康可持续发展的政策。产业政策包括产业发展政策、产业结构政策和产业组织政策等。其中,产业发展政策主要是指产业发展方向规划、产业创新支持、技术进步推进、产业集群发展等方面的政策内容,其目标是促进国家或地区产业健康发展有国际竞争力,成为经济发展的强大支持。

本章主要阐述产业发展政策的效用与特点、产业发展政策的重点以及实施产业发展政策的方式与措施。

第一节　产业发展政策的本质特征

产业发展政策是产业政策中最为重要的组成部分,产业发展政策直接涉及后起国家或地区产业高质量发展演化的问题。

一、产业发展政策定义

产业发展政策是产业政策中的一个重要组成部分,主要是指涉及产业个体、整体发展方面的一系列政策。产业演化发展一般条件下是一个市场机制下的自然演化过程,但这个过程可能需要相当长的时间,而且未必能够发展成为健康可持续的状态。而产业政策的作用主要在于政府通过政策引导资源的倾斜式配置,特别支持推动产业可以较快成长,以帮助国家或地区经济较快成长,进而可以赶超发达国家和地区。事实上,以日本、韩国等为代表的后起国家在实施"赶超"战略进程中,产业政策尤其是产业发展政策曾发挥了十分重要的作用。波特教授在其著名的刻画产业竞争优势的钻石模型中,就认为政府的政策是该国产业发展在国际上获得竞争优势的重要因素。可见,产业的发展有时是可以加速的,有时甚至可以成为有国际竞争力的产业。一个国家种种先天因素可以通过后天的技术进步、经济发展进行调整,例如没有铁矿石的日本照样可以发展出世界一流的钢铁工业,并且后来居上超过美国;同样地,先天技术落后的韩国,通过政府产业发展政策的支持,终于把半导体产业发展成为全球最先进的产业。

虽然在具体的实践和理论研究中,对是否存在一个相对独立的产业"发展"政策这一概念还处于争论之中[①]，但对于后起的发展中国家而言，任何产业政策的根本目的在于通过产业政策的制定与执行，推动本国产业发展和结构升级，进而促进国民经济整体水平的提高，因此“发展”是政策的核心。从这个意义出发，我们将产业发展政策狭义地定义为政府为促进特定产业个体和整体的发展而制定的相关政策。这样的定义表明，产业发展政策只是产业政策的一部分，它并不包括涉及有关产业组织、产业结构变化等内容的政策，而是侧重于个别产业创新发展，产业安全、产业链价值链完善、竞争力提高等政策。至于涉及产业体系中产业主导地位的次序性、产业之间的关联性、产业生态环境、市场公平性等方面的政策，则归于其他的产业政策之中，如产业结构政策、产业组织政策等。

二、产业发展政策渊源

第二次世界大战后，日本经济在战争的废墟上得到了迅速的恢复和发展，在相当长的一段时间内实现了经济的高速增长，人民生活水平大为提高，一跃成为世界第二经济强国，被称为“日本经济奇迹”。日本经济奇迹原因很多，但许多学者研究后认为，战后日本政府在恢复经济发展产业方面制定了许多产业发展政策并成功实施功不可没。例如，1956 年日本政府制定了《经济自立五年计划》，从此，日本进入实现国民经济现代化的高速发展时期。1960 年池田内阁制定了“高度经济成长”政策，即《国民收入倍增计划》计划在 10 年后的 1970 年国民生产总值和国民收入都增加 1 倍，其间，日本经济政策最引人注目的是实施“倾斜生产方式”和“道奇路线”。所谓“倾斜生产方式”，即把当时有限的资源投放到煤炭、钢铁这两个重点行业中去，以此来作为产业复兴的突破口。这项政策在一定程度上取得了成功，并被认为是日本后来实行的产业发展中重化学工业化的开端，也是日本产业发展政策成功的开始。日本制定产业政策其实是有历史的，早在日本明治维新之时，当时政府就明确提出了“殖产兴业、富国强兵”的口号，并由政府直接出面创办了一大批官营的近代产业，以期通过对民间产生示范和劝业作用，来加速日本的工业化和近代化过程。

我国是人类历史上实行产业发展政策最早的国家，也是产业发展政策连续实施时间最长的国家。“农本商末”观念是中国古代传统经济思想主调，由此形成的“重农抑商”政治经济发展方针既是古代统治者惯行的基本治国之策，也是当时产业发展方向的选择。在战国时期形成了“奖耕战”“抑商贾”的政策，秦汉之后各朝各代“重农抑商”“崇本抑末”渐成国策，到宋元时期的盐铁“专卖”法乃至明清时期的“海禁”，均是重农抑商政策的表现。重农抑商政策有其合理一面，农耕国家发展农业自然是本，但抑商则阻碍了商业、手工业等的发展，甚至制约了后来资本主义在中国的发展。新中国成立以后，我国采取计划经济体制，政府规划产业发展，进行产业发展的资源配置，工业实施重工业优先发展的策略，农业则是以粮为纲的发展即主要发展粮食耕种产业，那时的产业发展政策不仅仅是政策，还是计划指令，各级政府必须遵照执行。

改革开放之后，建立社会主义市场经济成为我国经济发展的基本国策，随着市场配置资源的力量逐步强大，市场机制逐步完善，计划经济发展产业的模式逐步被取消。我国现代意义上的产业政策开始成为我国产业发展、经济发展的重要政策之一。从总体上看，改革开放后我国产业发展政策的制定与实施分为两个阶段：第一阶段是 20 世纪 80 年代末期至 20 世纪 90 年

---

① 郑新立．我国工业发展新阶段与工业政策[J]．经济管理，1996(2)：14．

代末期，产业发展政策的重点是推动制造业产业的发展，目的是通过制定产业政策全面提升我国制造业能级、促进产业发展、推动经济增长，如出口补贴政策、加工贸易政策、招商引资开发区政策等。第二阶段是2000年至今，产业政策不断细化，覆盖范围不断扩大，除了制定针对总体产业发展的产业政策外，针对重点产业发展的产业发展政策也不断增多。其重点是促进重点产业升级、新兴产业发展与产业结构调整，限制部分过剩和落后产能，如"制造业2025""战略新兴产业发展""三去一降一补"政策等。应该说，改革开放四十多年来，我国经济发展取得了世人瞩目的成就，例如，我国拥有全球各国中最齐全的产业体系，制造业规模十多年位居全球第一，出口规模也是全球第一，中国经济发展被称为"中国奇迹"。取得如此成就，市场机制功不可没；企业家功不可没；同样地，产业发展政策也功不可没。

三、产业发展政策的效用

各国政府之所以制定各种涉及产业发展的政策或法规，尤其是对先导性、主导性、基础性等个别产业进行的直接干预，原因在于产业发展政策具有导向、协调、创新、特殊保护等基本功能，通过对产业关系的利益相关者（如地方政府、企业、投资者）行为的引导，实现其他经济政策无法达到的目标。产业发展政策有以下三个基本效用：

（一）产业发展政策的导向效用

不同产业的生命周期存在一定的相互交叠，而后起国家由于资金、要素等条件的制约，不可能采取产业同步推进的模式，必须通过各类产业政策来引导那些具有战略地位、前后关联效应较大的产业能够优先发展。表现在实践中，就是国家以产业发展政策、产业发展纲要等形式，为所选择产业的发展提供直接或间接的支持。例如，韩国政府从20世纪60年代到90年代，连续制订了7个五年计划，把纺织、钢铁、重型机械、石化冶炼、汽车、家用电子等产业先后作为产业发展政策的重点，使民间资本向这些产业集中，之后韩国的这些产业政策效果显现，国民经济也逐步地实现了工业化、重化工业化和制造业的电子信息化。当然，个别产业发展政策的导向作用应具有一定的时效性，否则也会引发产业结构的失衡。

（二）产业发展政策的协调效用

不同产业之间相互依存、相互制约，不仅存在一般意义上的投入产出关系，即使那些关联度不高的产业之间也有着前瞻、旁侧、先导的关系，完全依赖市场机制难以确保产业的协调发展，特别是对那些产业体系不够完整、市场机制还处于完善阶段的国家而言，难度更大。而产业发展政策的出现，可以在一定程度上和范围内弥补这一缺陷。要实现协调效应，需要从两个层面入手制定相应的对策：一是协调战略产业和非战略产业之间的关系，要确保战略产业的发展不以其他产业的长期滞后或停滞为代价；二是协调大企业主导和中小企业发展之间的关系，特别是防止大企业对中小企业的"掠夺式"定价或挤压。日本产业政策成功的一个重要表现就是，较早地对中小企业和大企业之间的协作、配套、垄断与竞争关系进行适当的干预，经过二十多年的努力，在日本的汽车、电子和机械制造等产业，形成了一个以大企业为核心、中型企业专业化生产、小企业"零散"的所谓"金字塔"式的配套结构，这种结构业已成为大企业具有国际竞争力的主要源泉之一。

（三）产业发展政策的保护效用

在全球经济一体化的背景下，开放意味着激烈的竞争，后起国家的那些新兴产业、成长产业和本土要素密集的产业难免不受到一定的冲击，对这些产业进行扶持的同时，也应采取保护策略。例如，日本经济尤其是现在具有相当强的国际竞争力的那些产业，都曾受到政府的长期保护。当产业还处于幼稚阶段时，通过制定高关税壁垒、进口数量限制和外汇分成制等政策，限制欧美各国相关产品的进口和企业的投资；为提高这些产业的国际竞争力特别是价格优势，日本政府还实施了倾斜减税、收入扣除、特别折旧、压缩记账等手段，使产品的成本大幅度下降。但为了防止企业产生过度依赖的惰性，扶持保护政策不宜过长过滥，否则产业的竞争力无从建立。例如，我国的轿车产业发展过程中曾经出现这种现象。早在20世纪80年代中期，我国政府就制订了发展轿车产业的规划，为将它"扶持"为支柱产业，从财政、金融、进出口和计划管理等方面，对产业的进入、融资、定价和配额等进行了多方位的优惠和保护，产品价格长期高于国际市场平均水平，跨国公司难以进入中国市场，轿车制造产业曾经获得高额的投资回报，但付出的代价是消费抑制、规模不经济以及开发能力缺失。

四、产业发展政策的特点

产业发展政策主要涉及一些对于国民经济发展特别重要的产业加以支持或保护，原因是后起国家普遍缺乏资本与技术，社会只能将有限资源投入不多的产业，希望通过它的迅速发展带动其他相关产业一起发展，从而实现经济腾飞。之所以如此，是因为产业发展政策有如下特点：

(一)赶超性

所谓赶超政策，是指后起国家以动态比较利益为出发点，扶持本国的劣势或空白产业，以达到甚至赶超国际先进水平的政策。与其他产业政策不同，发展政策具有很强的赶超性，主要表现在：一是对后起国家而言，发展的过程就是一个赶超的过程，如果不实现特定产业的跨越式发展，就只能永远处于跟随、依附的境地；二是只有以赶超为目标，才能使主导产业、基础产业或战略产业的发展在市场结构、产业结构、产品技术等方面获得提升的机会和动力。产业政策是主动地后进赶超先进的经济政策，其着眼点在于提高本国产业的国际竞争力和形成最有效益的产业结构。

(二)指导性

除了在个别情况下，国家可以对产业的发展进行直接的干预外，产业发展政策应体现出较高的指导性或诱导性，即它承认市场配置资源的基础地位，对产业和企业的干预不是直接的行政干预，而是通过政策对利益分配的改变，使企业的行为符合产业政策所要求的方向或目标。关于这一点，本书"产业政策"一章已有较为详尽的表述，这里不再赘述。

(三)时效性①

在大多数国家，包括产业发展政策在内的所有产业政策，只是在某些时期和某些领域产生一定的作用，这是由不同产业生命周期在时间和空间上的差异决定的。一般而言，在各国工业发展的较早时期或工业化的初始阶段，政府总会对那些拟定优先发展的产业制定必要的保护政策和扶持政策，以提升本国产业的竞争优势或新兴产业的快速成长。同时，当产业的发展处

---

① 江小娟. Prospects of Chinese industrial policy in the late of 1990s[J]. 中国与世界经济：英文版，1996(3)：24—26+13.

于危机状态时，政府也会伸出“援助”之手。例如，20 世纪 60 年代，当预见到开放会承受来自欧美等国的强大竞争压力时，日本政府就先见性地以立法和内阁会议的形式，提出了保护和扶持轿车、石油、机械、电子电器等产业的多项方针，颁布并实施了各种特别措施法，而当这些产业取得了国际市场的竞争优势后，保护政策相继被取消或废除。

(四)长期性

产业发展政策是一项中长期的经济政策，而不是短期的对策，它力图在较长的时期内通过政策的调整对产业结构、组织和绩效产生影响。例如，日本和韩国的产业发展经过了至少 5 个时期的长期计划才产生了显著的效果；相反，我国轿车、航空运输、制造业等产业的发展之所以比较落后，一是缺乏较长的规划，二是在产业政策制定后没有得到长期执行。

(五)差别性

产业发展政策具有显著的差别性，在一定的时期和范围内，它要针对特定的产业，具有强烈的可操作性。例如，美国的航空工业、德国的汽车和成套设备制造业、日本的机械工业和韩国的汽车工业等曾先后是政府关注和扶持的重点。因此，这类政策往往以短期的“产业歧视”换取产业结构或基础产业的跳跃式发展。

第二节 主要的产业发展政策

一、产业创新政策

产业创新政策是指推动传统产业创新转型升级、新兴产业创新发展的政策。进入 21 世纪以来，产业创新政策推动产业创新发展、培育新兴产业国际竞争力，已经成为重要的产业发展政策内容之一，发达国家如美、日、德等均有涉及此类产业政策的制定。例如，自 20 世纪 80 年代以来，美国制定和颁布了 20 多部科学技术创新法律，其中有 2009 年《美国创新战略：推动可持续增长和高品质就业》、2010 年《小企业就业法案》、2011 年《美国创新战略：确保经济增长与繁荣、美国发明法案》、2014 年《美国创新法案》(Innovation Act)等。典型的有 1976 年《国家科学技术政策、组织和重点领域法案》、1980 年《史蒂文森-怀德勒技术创新法案》和《拜耶-杜尔专利商标法案》、1982 年《小企业创新法案》、1984 年《国家合作研究法案》、1986 年《联邦技术转移法案》、1988 年《综合贸易与竞争力法案》、1989 年《国家竞争力技术转移法案》、1992 年《小企业研发强化法案》、1993 年《国家合作研究与生产法》、1996 年《国家技术转让与促进法案》、2000 年《技术转让商业化法案》等，不断激励技术创新，促进技术转移。里根时期的立法扶持中小企业创新，克林顿时期的科技政策文件大力宣传科技创新对国家繁荣和经济增长的意义，小布什时期强调反恐与保护国家安全的以军带民、以民促军科技创新战略取向，奥巴马执政时期金融危机冲击影响下以科技创新为动力推动美国经济复苏，美国各届政府均十分重视以技术创新和产业创新为主导的产业政策，保障并激励美国产业界的创新热情，从创造一个动态效率发挥的外围环境入手，营造充满活力和动态的产业发展基础，从而增进经济效率，创造新的经济增长点。

在我国，创新驱动发展已经成为国策，但我国至今尚缺乏现代意义上系统完整的产业创新法案。不过从现实来看，我国还是有产业创新政策的，具体包含国家、产业、地区和企业等多个层面。

（一）国家层面政策

我国政府近几年先后出台了《国家创新驱动发展战略纲要》《“十三五”国家科技创新规划》《“十三五”国家战略性新兴产业发展规划》等，将创新作为经济发展、产业结构调整的主要方向，花大力气重点扶持产业创新。同时，国家注重对知识产权的保护和支持《国务院关于新形势下加快知识产权强国建设的若干意见》，对产学研合作进行科技成果转化进行立法即《中华人民共和国促进科技成果转化法》等，推动技术成果商业化转换，促进新兴产业发展。

（二）产业层面政策

我国近年来先后出台了《中国制造 2025》《“互联网＋”行动计划》等相关计划与政策，明确我国重点支柱产业的发展方向、相关优惠措施等。这些政策注重体制建设，推动全面升级现有产业结构，加快新兴产业投资与发展，以加快技术创新为主导。而对于基础性研究方面的资助，设立国家自然科学基金项目和“973”计划项目；对于高技术研发则设立“863”计划项目和国家关键技术研发项目；技术创新和商业化则有国家新产品计划、火炬计划、星火计划等。

（三）区域层面政策

产业创新政策的一个方面是，政府在我国不同重要区域成立国家高新区、科技创新园区、科技创新中心和平台等地区性的产业园区，通过“火炬计划”给予产业发展与创新支持。这方面地方政府在园区产业发展与创新中扮演重要角色，各自还出台当地相应的产业发展与创新政策。例如，上海计划将城市打造为全球科创中心，出台了《上海中长期科学和技术发展规划纲要》。

（四）产业主体层面政策

近年来，国家出台了“大众创新、万众创业”相关政策，鼓励中小企业创新创业，鼓励大学生创业。为此，各地设立了创业基金、中小企业发展专项基金，为中小企业创新创业提供金融支持和专业辅导、进行税收激励和风险投资等。

总体来看，我国近年来颁布了不少产业创新政策，但基本上源于我国对产业结构调整升级和新兴产业发展的客观需要和供给侧改革的要求。目前，我国产业创新政策侧重于制造业，同时关注中小企业。我国产业创新政策在体系上注重构建具有中国特色的国家创新体系，包括税收、金融、知识产权政策等，同时不再只重视基础和应用创新，而是将产业创新纳入综合创新体系，进行制度设计。在具体行业上，我国根据自身能力和特点，重点培育重大需求行业，如互联网、高端制造等。在区域方面，发挥我国已有地区高新产业园区的特点，同时兼顾创新城区的试点和发展。在企业方面，我国鼓励创新创业，同时在国有企业、大型民营企业、外资企业等多种规模及所有制类型企业方面，加强创新能力培育和引导。

二、产业技术政策①

顾名思义，产业技术政策就是用于引导和促进产业技术进步的政策，其目的是服务于产业

---

① 在龚仰军所著的《产业结构与产业政策》、蒋选主编的《面向新世纪的我国产业结构政策》等书中，产业技术政策被安排在结构政策的框架中，本书将其单独列出。

的总体优化，扶持和推进高科技产业的优先发展，并为国民经济技术基础的更新、改造和创新提供支持。在具体的实践中，产业技术政策主要包括技术引进政策、研究与开发援助政策、发展高科技政策三个方面。

(一)技术引进政策①

后起国家通过贸易或技术经济合作的途径，可以从其他国家获得先进的技术，从而促进本国某些产业的技术升级或换代。目前，世界上通行的技术引进的手段或载体包括：许可证贸易、合作研究、技术咨询、合资经营等。要使这一政策发挥作用，必须实现引进、消化、吸收和创新之间的良性循环。日本政府在20世纪80年代以前的成功经验有：(1)根据本国的实际需要，有选择地进行技术引进；(2)重视对引进技术的深入研究，并加以推广、改进和革新，即所谓“模仿、发展、综合”之路。技术引进也是我国电子消费品、汽车制造业、港口运输业能够在近十余年的时间内，实现产品技术换代、生产规模快速提升的主要手段。

(二)研究与开发援助政策

后起国家产业或产品技术含量的落后，表面上体现在生产工艺、设备和流程等层面，在这些现象的背后是研究和开发能力的不足。由于研究和开发活动所具有的公共物品、投资金额巨大和风险高的特点，纯粹依靠市场机制会产生私人投资不足的问题，需要政府给予融资、税收或其他政策支持。例如，可以由政府直接提供资金，支持特定研究项目的进行，其成果归政府所有；或对研究与开发企业的融资予以倾斜，如设立风险资本市场、利率或税收补贴等，激励对基础或先导性技术研究的投资。这些措施在韩国的产业升级中发挥了关键作用。例如，为扭转技术开发投资比例过低的局面，从20世纪80年代初开始，韩国政府相继设立了机械工业振兴基金、工业发展基金、中小企业技术开发基金等，带动企业在技术的自主开发方面的投入，并直接组织研究开发活动，设立了十多个公立的研究机构。这些机构专注于开发新产品、新工艺以及吸收和改进进口技术，以满足企业的技术需求。

(三)发展高科技政策

当前，科技进步和高新技术产业已经成为各国促进经济发展和提高国际竞争力的主要手段，特别是从20世纪80年代以来，计算机、通信、医药、电气等产业的兴起、演化和国际转移，在很大程度上改变着已有国际竞争的格局。这些产业具有战略性、基础性或前沿性以及国别竞争的残酷性等特点，使世界各国从90年代中期开始，纷纷将产业技术政策的中心向高科技产业转移，政府在其中发挥着更为积极的作用。一般而言，产业发展中的高科技政策由产业规划、税收扶持和财政扶持等方面构成。制订高科技产业发展规划是世界各国通行的手段，这些规划为产业的发展指明了方向、规模和目标，使这一政策具有前瞻性。税收、信贷和财政扶持，尤其是发展风险投资的融资和退出制度，已经在部分国家取得了显著的效果，如纳斯达克股票交易市场的设立，就为美国的电子、信息、网络等产业在90年代成为经济增长的引擎发挥了决定性的作用。设立高科技产业开发园区可以在特定的区域内实现产业的集聚效应，正的信息外部性使特定的产业在短期内完成结构升级和技术升级，对带动区域经济发展也有较高的辐射作用，这已经成为世界各国发展高科技产业的流行模式。

专栏22-1

① 龚仰军.产业结构研究[M].上海：上海财经大学出版社2004年版，第222—224页.

三、产业布局政策

产业布局是指产业在一国或一地区范围内的空间组合。由于资源、资本和人口等要素在一国空间范围内并非均匀分布，故完全依赖市场机制来决定产业在区域间的分布，虽然可以使比较优势或产业的要素密集度得到充分发挥，但不利于一国经济的长期健康发展。例如，如果生产要素在空间上积聚，就会形成地方化经济，但在取得集聚规模效应的同时，会引起区域差距的拉大。因此，调节生产要素在地理空间上的合理配置，就成为经济大国产业发展政策的重要一环。

产业布局政策必须服务于整个经济发展的一般战略。例如，在"六五"和"七五"计划时期，我国中央政府倡导"沿海—内陆""三大地带"等战略思路，明确了中国改革开放的空间发展格局，成为中国东部沿海地区经济快速发展的基本保障。在"八五"计划时期，由国务院正式提出，在全国范围内编制七大经济区发展规划，并将七大经济区的发展列入"九五"计划，作为区域经济布局和促进地区经济协调发展的主要内容。进入21世纪，由于区域经济发展的不平衡日趋显现，影响了全局性的经济发展，因此政府主管部门相继提出"西部大开发"和"振兴东北老工业基地"的重要举措。近年来，我国逐步推出大区域协同发展的国家战略，如涉及跨国经济产业发展合作的"一带一路"倡议（2013年）、国内跨区域经济与产业协同发展的"京津冀协同发展战略"（2015年4月）、长江经济带协调发展（2017年6月）。2019年先是确定了粤港澳大湾区发展战略（2019年2月），之后是长三角一体化发展战略（2019年12月）。跨行政区域经济一体化发展战略的核心是建立统一市场，实现要素充分流动，提高资源配置效率，通过合作创新实现进一步深化改革与开发大格局，形成高质量发展的增长点。而这必然导致这些区域在现有产业的空间布局调整，新兴产业空间布局的合理化。

从产业发展的视角来看，产业布局政策主要包含三个方面的内容①：宏观总体布局政策、中观局部布局政策和微观个体布局政策。就宏观层面而言，政策的目的是在发挥比较优势的前提下，选择不同时期的主导产业的落脚点，同时要防止和避免重复建设可能造成的资源浪费以及产业结构趋同化。区域产业布局的实施者虽然是地方政府，但要在总体安排的框架下，通过区域优势和区域内分工的相互衔接，实现中观局部均衡；政府有时也会利用税收或行政措施，引导企业的厂址、生产布局、纵向或横向一体化等战略，使其与产业发展政策一般目标的要求相适应。改革开放以来，我国各地的工业园区、经济技术开发区等实为区域产业空间布局的载体，也是推动地区产业发展政策实施的重要方式。1984年，中央开始在沿海地区设立经济技术开发区，当时国家对开发区的基本要求是"三为主、一致力"，即以工业为主、以出口为主、以利用外资为主，致力于高新技术产业发展。随着不同类型、不同级别的开发区在中国全面展开，各种类型的工业园区也相继建设起来。工业园区建设的初衷是以利用外资为主，推动本地工业发展，形成产业集聚效应，带动本地工业化的展开。正因如此，产业集群在我国各地逐步发展起来，改变了全国产业的空间分布。

此外，在实践中，为提高决策的科学性，必须遵守产业布局指向的基本原则。例如，我国中西部地区应以燃料、动力和原材料地为指向；东部人口密集、发展水平高的省份，消费地、劳动

---

① 龚仰军．产业结构研究[M]．上海：上海财经大学出版社2001年版，第236—237页．

力和技术是安排主导产业的出发点；对于广大的中部地区，发展交通枢纽和物流服务产业可以避免双重流失的困境。

四、产业外贸政策

后起国家在国内产业尚未成熟或缺乏国际竞争力的背景下，出于保护和扶持的目的，会采取限制进口和鼓励出口的措施等外贸政策，改变国内市场的竞争结构或国际市场的比较优势，以促进本国产业的发展。原因在于，后进国家在赶超先进国家的过程中，如果不对有增长潜力或对本国具有特殊意义的产业实行保护、扶持政策，势必在外国竞争者的冲击下，被扼杀或控制。但是一味的保护可能使产业丧失长期的竞争力或进入国际市场的机会，因此采取合适的外贸政策就成为解决上述冲突的有效手段之一。

严格来说，并不存在一个较为独立的产业外贸政策体系，但对于任何国家而言，对外贸易的产业格局和产品结构不仅密切地反映一国产业发展的阶段和水平，也会在促进产业成长的同时，使本国的比较优势、要素禀赋转化为国际竞争力。因此，我们可以把那些进口、出口的经济、行政或法律措施中，涉及产业发展的部分统称为产业外贸政策。按照这一定义，我们将该政策简单地划分为出口促进和进口限制两大类，以及后来的自由贸易区发展政策。在具体实践中，推进产业发展的外贸政策包括以下几个方面的内容：

（一）直接进口限制政策

这是在经济发展的初期，本国产业在国内外两个市场都缺乏竞争优势的特殊条件下，不得已采取的手段，进口配额制是这一政策的核心工具。

（二）限制性进口贸易政策

政府根据本国产业发展的规划和产业的现实条件，有针对性地选择一些产业，对其他国家企业或产品的进入进行一定的限制，保护关税制是该方式的普遍手段。例如，日本政府从20世纪50年代到60年代，先后采取各种关税和市场进入措施，使其重化工业、钢铁工业、汽车工业、半导体和光学仪器等实现了从幼稚阶段到具有很强的国际竞争力的飞跃。

（三）出口产业扶持政策

后起国家为提升产业的竞争力和实现产业结构的高级化，除了进口大量的能源、资源外，还需引进大量的先进技术，这些都建立在出口本国产品、拥有大量外汇的基础之上。对企业的出口予以行政指导或政策支持，就成为实现这一目标的前提之一。在实施保护关税、外汇配额制和外汇预算制的同时，还需从以下几个环节大力扶持出口导向型产业或企业：(1)选择出口主导产业，改善产品的出口结构，优化贸易条件。在经济发展的初期，对后起国家而言，劳动密集型产业的比较优势十分显著，引导其积极进入国际市场，可以为本国积累大量的外汇，这已经为日本、韩国以及我国的成功经验所证明。(2)利用税收、金融、货币政策，直接或间接扶持、引导出口产业或企业。可以实施出口补贴、退税，提高本国企业的价格竞争优势，或者对出口企业的信贷予以倾斜，如减免其银行贷款的利息、设立出口扶持基金等。但为了弱化企业对政策的依赖，这些措施的扶持对象不宜过于宽泛和长期化。(3)加入相关的国际贸易组织，减少贸易壁垒。在主导产业具有了一定的竞争能力后，适时加入各种国际贸易组织或签署有关条约，从保护贸易向自由贸易过渡。当然，为避免负面的冲击，可以分阶段推进贸易自由化，并在规则许可的范围内，为本国企业争取更多的机会或“例外条款”。例如，日本虽然早在1955年就加入了世界贸易组织(WTO)的前身“关税及贸易总协定”(GATT),但在加入的议定书中设立了许多有利于本国的条款,并在实施中发展出诸如技术壁垒、标准限制和幼稚产业例外等新方式,极大地减少了贸易自由化可能引发的经济混乱、产业秩序错乱和失业增加等问题或风险。

(四)自由贸易区政策

2013年9月至2019年8月,中国已经分多次批准了18个自贸试验区,初步形成了“1+3+7+1+6”的基本格局,形成了东西南北中协调、陆海统筹的开放态势,推动形成了我国新一轮全面开放格局。例如,2013年上半年中国商务部、中国上海市人民政府会同中国国务院有关部门拟定《中国(上海)自由贸易试验区总体方案(草案)》,上报中国国务院审批。2013年7月3日,中国国务院常务会议讨论并原则通过该方案草案。同年9月27日,发布了《国务院关于印发中国(上海)自由贸易试验区总体方案的通知》。上海自贸区实施范围28.78平方公里,涵盖四个片区:外高桥保税区、外高桥保税物流园区、洋山保税港区和上海浦东机场综合保税区。2018年4月13日,中央决定支持海南全岛建设中国(海南)自由贸易试验区 。同年5月23日,国务院发布《国务院关于做好自由贸易试验区第四批改革试点经验复制推广工作的通知》。同年10月16日,国务院发布《国务院关于同意设立中国(海南)自由贸易试验区的批复》,实施范围为海南岛全岛。

上海自贸试验区促进产业投资的两项政策是:(1)对试验区的企业以股份或出租比例等股权形式给予企业的高端人才和紧缺人才奖励,实行已经在中关村等地区试点的股权激励所得税纳税的政策,简称“股权激励政策”;(2)注册在试验区内的企业或个人股东,因非货币性资产对外投资、资产重组行为而产生的资产评估增值部分,可在不超过5年时间内分期缴纳所得税,简称“非货币形资产投资政策”。五项促进产业发展的贸易政策具体包括:(1)将在试验区内注册的融资租赁企业或金融租赁公司在试验区内设立项目子公司,纳入融资租赁出口退税试点范围;(2)对试验区内注册的国内租赁公司或租赁公司设立项目子公司,经国家有关部门批准,从境外购买的空载在25吨以上的给航空公司使用的飞机,享受进口环节的增值税政策;(3)对设立在试验区内的生产企业加工的货物,根据企业的申请,试行对内销货物,按照对应的关税政策,简称“选择性征税政策”;(4)在现行的政策框架下,对试验区内的生产企业和生产性服务企业,进口所需的机器设备等货物予以免税,但生活性的服务企业进口的货物以及法律法规和相关规定明确不以免税的政策除外;(5)完善起运港退税的政策。

五、产业金融政策

在一国经济发展的进程中,金融政策发挥着重要的作用,金融政策对产业发展的效应尤为显著。一般而言,金融政策是通过产业的创新政策、技术政策、外贸政策和产业布局政策来间接影响产业发展,主要的传导机制包括以下几个环节:

(一)高效稳健的金融体系有助于实现储蓄向投资的顺利转化,为产业的发展提供资金资源

一国的产业成长不可能长期依赖外部资金的注入,必须产生造血功能,而储蓄是资本积累的前提,稳定的金融体系和政策有利于吸引本国和外国居民的储蓄;同时,对产业贷款实行有差别的低利率措施,不仅可以减轻企业的利息支出,也可以扶持重点产业。例如,在20世纪70年代以前,日本政府人为地压低企业贷款的利率。在当时全球许多国家实施高利率政策的背景下，日本的平均利率只有 8.7%，而针对电力、航海和特定机械工业（包括轿车和配件）的利率只有 6.5%，其目的是提高企业设备和技术改造的投资力度，并对由于发放这些贷款可能产生的存贷差额予以财政补贴。

（二）设立政策性金融机构，直接参与产业的发展

按照产业发展规划或战略，这些机构直接向有关产业或企业发放贷款，使后者的能力、规模或产业组织结构在较短时间内实现一定程度的提升。例如，日本在第二次世界大战后先后成立了日本开发银行、日本进出口银行，电力、钢铁、煤炭和化肥是前者初期扶持的重点行业，到 80 年代初又转向能源开发和高科技产业，虽然数额不算庞大，但提供的产业导向信息十分明显。开发银行对汽车配件产业中的中小企业的及时扶持，使这些企业能得到其他金融机构的进一步融资，日本的汽车零部件制造业在较短的时间内就实现了专业化规模经营；进出口银行则为那些出口型的企业和海外投资企业提供启动资金，降低它们参与国际竞争和进入国际市场的风险和压力。我国台湾中小电子制造产业能够具有较强的国际竞争力，金融政策也发挥了重要的作用。

（三）政策性金融

这是我国特有的一种促进产业发展的政策，它由筹资体系和投资贴息两部分组成。前者包括金融债券的发行制度、基金的设立和筹措、基本建设拨款、技术改造资金安排、新产品新技术开发融资等；后者特指对接受产业政策主管部门的指导或安排，对其所进行的项目建设或技术改造予以利息优惠。目前，贴息补息已经成为引导企业进行技术改造、提高产品档次或工艺水平的重要途径。

（四）新设证券市场

通过新设特别证券市场，开通直接融资渠道为科技创新、新兴产业发展给予金融支持，也并不是我国的首创，美国的纳斯达克就是最早支持新兴科创企业和产业发展的证券市场。我国于 2018 年 11 月 5 日设立的科创板（The Science and Technology Innovation Board; STAR Market），是独立于现有主板市场的新设板块，并在该板块内进行上市公司注册制试点。上交所新设科创板，坚持面向世界科技前沿、面向经济主战场、面向国家重大需求，主要服务于符合国家战略、突破关键核心技术、市场认可度高的科技创新企业。重点支持新一代信息技术、高端装备、新材料、新能源、节能环保以及生物医药等高新技术产业和战略性新兴产业，推动互联网、大数据、云计算、人工智能和制造业深度融合，引领中高端消费，推动质量变革、效率变革、动力变革。具体而言，设立科创板并试点上市公司注册制是提升金融服务新兴产业发展、科技创新企业成长、增强市场包容性、强化市场功能的一项资本市场重大改革举措。

六、产业绿色发展政策

（一）重视产业生态环境保护

在传统的产业发展观尤其是工业增长理念下，生产能力的扩张是以资源和能源的大量消耗为代价，在工业品规模扩大和种类增多的同时，大量废弃物的排放或堆积也在耗费着宝贵的土地资源，并严重污染了人类的生存空间。早在 20 世纪 70 年代，有关学者就已经意识到这一问题的普遍性和严重性，提出了“可持续发展”这一新概念，世界环境与发展委员会（WCED）将其表述为：“可持续发展是既满足当代人需要，又不对后代人满足其需要的能力构成危害的发展。"按照这一定义，产业的可持续发展是指："一种建立在可持续发展理念上的新模式，它要求工业生产尽可能减少自然资源和能源的消耗以及对生态环境有害的废弃物排放，设计并制造有益于人类健康且与环境友好的产品，在不断满足当代人对工业品需求的同时，注重代际与代内获取资源和分享产品的公平性、持续性和协调性。"这种发展模式的提出，对后起发展国家的意义更为重大，可以避免发达国家已有模式的弊端、减少对稀缺资源的耗费，以及避免成为发达国家转移污染物的受害国。

为了实现上述目标，就必须在生态工业、循环经济、产品和产业生命周期以及绿色制造等全新理论的指导下，对原有的产业结构、产业组织和技术政策进行调整。例如，在保持劳动密集型产业优势的同时，努力发展技术密集型产业，关闭淘汰污染严重、安全无保证的企业；通过产业组织政策的有效引导，发展一批具有国际竞争力的大公司和企业集团，并围绕它们发展科技型、资源节约型产品；推广先进的生产技术和生产工艺，利用 WTO 的规则对环保产业和绿色产品进行一定的补贴。

（二）碳达峰碳中和政策

碳中和一般是指国家、企业、产品、活动或个人在一定时间内直接或间接产生的二氧化碳或温室气体排放总量，通过植树造林、节能减排等形式，以抵消自身产生的二氧化碳或温室气体排放量，实现正负抵消，达到相对"零排放"。而碳达峰指的是碳排放进入平台期后，进入平稳下降阶段。碳达峰与碳中和一起，简称"双碳"。2007 年 1 月 29 日，联合国政府间气候变化问题研究小组（IPCC）在巴黎举行会议，历时五天的会议计划在 2 月 2 日结束后发表一份评估全球气候变化的报告。报告的初期版本预测，到 2100 年，全球气温将升高 2～4.5℃，全球海平面将比 2007 年上升 0.13～0.58 米。报告的初期版本中还提到，过去 50 年来的气候变化现象，有 90％的可能是由人类活动导致的，尤其是人类的产业发展不重视碳排放导致的。为此，2013 年 7 月，国际航空运输协会提出的航空业"2020 年碳中和"方案浮出水面。该方案提出航空业三大承诺目标：2009—2020 年，年均燃油效率提高 1.5％；2020 年实现碳排放量以 2020 年为顶峰，不再增长；在 2050 年将排放量削减至 2005 年的一半。该方案对各国各航空公司最实质的影响是要为 2020 年后超过排放指标的部分买单，缴纳实际上的"碳税"。

2020 年 9 月 22 日，中国国家主席习近平在第 75 届联合国大会上提出："中国将提高国家自主贡献力度，采取更加有力的政策和措施，二氧化碳排放力争于 2030 年前达到峰值，努力争取 2060 年前实现碳中和。"2021 年 2 月 2 日，印发《国务院关于加快建立健全绿色低碳循环发展经济体系的指导意见》，意见指出：要深入贯彻党的十九大和十九届二中、三中、四中、五中全会精神，全面贯彻生态文明思想，认真落实党中央、国务院决策部署，坚定不移地贯彻新发展理念，全方位全过程推行绿色规划、绿色设计、绿色投资、绿色建设、绿色生产、绿色流通、绿色生活、绿色消费，使发展建立在高效利用资源、严格保护生态环境、有效控制温室气体排放的基础上，统筹推进高质量发展和高水平保护，建立健全绿色低碳循环发展的经济体系，确保实现碳达峰、碳中和目标，推动我国绿色发展迈上新台阶。这对我国现实与未来产业发展、社会发展提出很高的要求。

第三节 产业发展政策的实施

产业发展政策制定后，需要很好地组织实施才能取得政策应该取得的效果。具体来说，主要有如下几项主要的实施措施。

一、组织体系安排

大部分国家均有一定的组织机构长期从事产业政策的研究、规划、制定和执行，这是能否实现产业发展目标的组织基础。日本通产省的产业政策局、通商政策局、贸易局、新厂设置和公害局等，负责整个国家产业政策的出台和协调，它和大藏省、以经济企划厅为主体的政府产业经济控制系统，对日本的产业发展发挥了核心的作用。韩国的经济企划院、法国的工业战略开发委员会、英国的全国经济发展理事会，以及我国的国家发展和改革委员会，原来的国家经济贸易委员会的产业政策司等，均具有相似的职能。

各国的实践表明，组织体系对产业发展的作用主要体现在以下几个环节：(1)核心部门任务明确、具有权威性。产业发展的制定、实施和评估虽然涉及国家经济管理的各个部门，但长期规划的制定、主导产业的选择以及执行过程中的相互协调等职能应该界定给一个权威部门，特别是在我国这种“条块分割”的经济管理体系下，这一权威部门对防止重复建设、无序建设具有重要的作用。(2)部门之间的配合是确保产业发展政策能够落到实处的关键，因为产业的长期发展规划要通过年度总量计划和分产业计划来实现，而后者需要金融、财政、进出口、工商管理等其他部门的支持才能对产业的总体态势和企业的投融资行为产生实质性的影响。

时下推动产业发展的创新政策已经成为加快发展新兴产业并使之成为我国产业体系中的主导产业和支柱产业，推动我国产业结构转型、供给侧结构性改革成功的关键性政策。此类政策的实施首先需要政府设立并完善加强我国国家、产业、企业等多个层面产业创新政策体系，制定和实施法律、产权、税收、补贴、金融、融资等相关政策措施，改善政策评价和政策管理，增加政策协调，创新政策、技术标准与国际接轨。新型产业创新政策体系的目标应该是完善制度环境，促进正当竞争、鼓励合作、鼓励创新、容忍失败。为此，需要特别加强知识产权保护体系建设，保证专利的发明、申请、交易；建立起多种产业创新创业融资渠道，包括财政支持、税收激励、金融市场渠道、天使投资等，同时形成开放有效的资本市场，帮助和引导产业创新及创业企业上市，持续改进公司治理水平，迅速在市场上取得成功。

专栏22-2

二、法律法规保障

健全的法律体系和强烈的法律意识可以为产业发展政策的实施提供坚实的制度基础，使产业的发展步入法制化的轨道。例如，第二次世界大战后日本政府颁布的4部机电产业立法，即《机振法》《电振法》《机电法》和《机情法》，就为日本机械工业在不同发展阶段实现基础强化、结构调整、规模经济和技术立国提供了强大的法律支持，这些法律由于具有连续型和阶段性、目标明确和措施到位、限制与鼓励相结合、政府干预和市场调节相配套等特点，因此效果十分显著，在一定程度上日本的产业发展政策就是产业立法政策的同义词。与此相比较，我国政府早在1994年就出台了《汽车产业政策》，但由于缺乏明确的执法主体，目标一直摇摆不定，因此错过了加入WTO前提升产业竞争力的时机。产业立法对树立产业政策及其执行部门的国家权威，减少来自产业、企业或其部门的阻力，为具体措施的落实提供了基本的制度保障。

三、相关政策配套

由于产业发展政策的导向性和全局性，要求其他部门和政策联合行动，才能发挥作用。在现实中主要涉及银行、财政、税务、物价和外贸等部门。中央银行和商业银行要根据权威部门的政策及时调整信贷结构、实施差别利率，并对企业按一定的指标进行排序。税务部门可以通过税收制度的改革和设立，使企业的投资行为与产业政策的要求趋于一致；合理的进出口税率安排可以发挥鼓励出口、限制进口、鼓励或限制外国公司进入国内特定产业的作用，在产业竞争国际化的背景下，其功能日益显现。当然，上述作用的实现，要以合理、科学的组织安排以及适当的权责利的配置为前提。

四、评估与改进

产业发展政策的长期性决定了它不可避免地存在着偏差，这种偏差既源于未来市场变化的不可完全预测性，也源于政策制定的科学合理化的程度，二者共同作用，使产业发展政策在实施时会产生目标性偏差和环境性偏差。作为一个长期动态的过程，必须结合新出现的情况及时做出合理的调整，同时对那些已经完成目标或项目进行事后跟踪和评估，以提高产业政策的科学性。

复习思考题

1. 何谓产业发展政策？具体有哪些产业发展政策？
2. 产业创新政策制定的目的是什么？
3. 为什么说大区域经济一体化会导致产业空间布局的调整？
4. 产业发展政策的实施应该注意哪些方面？

第二十三章

产业结构政策

产业体系与产业结构演化是有一定规律的。利用产业发展的规律，通过制定相应的政策措施来加快一个国家或地区产业结构的演化进程，达到缩短一个国家或地区工业化进程以推动经济高速增长的目的，这些政策措施即产业结构政策。产业结构政策被认为是非常重要的政策，因为它将影响一个国家或地区的产业结构的变化与产业结构的升级。本章论述产业结构政策目标及其设定，阐述产业结构政策的基本内容，并在此基础上说明该类政策的有效实施。

第一节　产业结构政策目标

一、产业结构政策的概念

(一)产业结构政策缘起

产业结构政策是在第二次世界大战后的日本首先提出并发展起来的。战后的日本经济面临崩溃，为了加快经济的重建和振兴，日本政府通过规划产业结构合理化和高度化的发展目标，科学地制定实现途径，确定不同时期带动经济起飞的“主导产业”，并通过一系列的政策措施来保证主导产业的崛起，调整经济向既定的目标发展。日本经济的起飞与产业迅速的发展以及产业结构的不断优化，导致产业结构政策声名鹊起。许多学者开始认真研究产业结构政策，他们从不同的研究侧面对产业结构政策概念做了不同的界定，概括起来有以下几种：

1. 赶超论对产业结构政策的界定

较早提出产业结构政策的日本学者认为，产业结构政策就是为向最佳产业结构(即最理想的产业结构，其目标是实现国内经济增长和尽可能缩小与发达国家的差距)接近所需实施的政策。显然，这是从后起国家如何赶超发达国家的角度对产业结构政策所下的定义。

2. 市场缺陷弥补论对产业结构政策的界定

这种说法主要也来自日本学者，如小宫隆太郎认为：“产业政策(狭义的，即产业结构政策)的中心课题，就是针对在资源分配方面出现的‘市场失败’采取的对策。”它是“在价格机制下，针对资源分配方面出现的市场失败而进行的干预”。

3. 计划论对产业结构政策的界定

这种说法认为产业结构政策就是计划，是政府对未来产业结构变动方向的干预。例如，美国社会学家阿密塔伊·艾特尹奥利(Amitai Etzioni)认为:“产业结构就是计划。”

上述这些定义大多认为,产业结构政策是针对产业结构调整的政策,具有政府推动产业结构变化的意愿。综合学者们的看法,本书给出如下定义。

(二)产业结构政策定义

产业结构政策是指一国政府依据本国在一定时期内的具体情况,遵循产业体系与产业结构演进的一般规律和一定时期内的变化趋势,制定并实施的有关产业部门之间资源配置状况、调整产业间及产业部门间比例关系,以促进产业结构向协调化和高度化方向发展的一系列政策措施的综合,它旨在促进本国产业结构优化,进而推动经济增长。其含义有以下几个基本点:

第一,产业结构政策的目的是政府希望能够指导和促进产业结构优化。产业结构政策的制定主体是政府。产业结构政策制定的主要理论依据是产业结构演变规律。

第二,产业结构政策是一个含有主导产业选择政策、支柱产业保护政策、衰退产业援助政策和幼稚产业保护政策等构成的政策体系。其中,首先要选择和确定一定时期的主导产业,通过主导产业的发展来带动或推动国民经济各产业部门的发展。

第三,产业结构政策实施的微观主体是企业,产业结构的优化在于产业体系以及不同产业部门资源配置的优化调整。

二、产业结构政策功能

需求变化、技术进步以及经济增长加快了一个国家或地区产业体系与产业结构变动的频率,产业结构政策旨在调整变动的产业结构加快资源配置的优化过程,在弥补市场缺陷、纠正市场失灵的同时,实现产业体系中产业之间的相互协调和配合,在衰退产业、支柱产业、主导产业和幼稚产业之间形成合理的发展序列,促进产业结构朝预期的方向发展。具体而言,设计科学的产业结构政策具有以下几个功能:

(一)资源配置结构的导向性作用

产业结构政策的目的是实现产业结构的最优化,而产业结构优化过程即是资本、劳动力、技术等要素在不同产业之间的合理配置。在完全的市场机制条件下,由于价格的调节,通过不同产业之间的利润率的动态差异,市场会自行促进和配置资源的流向,使之达到最优。但是,由于市场本身存在外部性、信息不对称等因素,会对价格机制产生扭曲而出现市场失灵。特别是在发展中国家,市场发育比较迟缓,制度建设不够完善,市场配置资源效率比较低,因而需要有一定的资源配置导向的结构政策对价格机制进行协调。而随着经济全球化的趋势越来越明显,资源配置已经趋向于在全球范围内流动,这就不可避免地与以国家为主体的经济和政治格局有一定的利益冲突,因而即使在市场化程度较高的发展中国家,也存在一个在开放经济条件下同其他国家在同一世界市场上竞争,从而形成全球范围内的垂直国际产业分工体系的问题。这种分工格局要求各个国家找准自己的定位,对市场完善程度和信息的完全性要求更高,因而产业结构政策作为一项配置资源的手段,在日益复杂的经济环境中,被赋予引导和协调资源合理配置以及加快产业结构优化进程的重大作用。

(二)产业体系建设和产业结构调整方向的指导性作用

产业结构政策有助于一国政府在中长期的经济发展规划中进行经济发展和产业体系建设

的重大战略构想的实现，表达了一定时期内国家资源配置的布局重点，也可以是其他助力产业发展诸如货币和财政政策制定的依据。因此，它能够从宏观上和方向上指导一国产业体系建设和经济的长远发展。产业结构政策可以对落后国家的经济、工业化赶超给出方向、目标和具体途径，具有很好的指导作用。

(三)经济运行协调的有效工具

从产业经济的实践来看，产业结构政策不仅是产业体系建设的政策，而且是调整经济运行态势的有效工具；也就是说，产业结构政策的阶段性目标和措施可以和国家宏观总量政策相配使用，通过不同经济周期阶段对不同产业资源的强化或弱化配置，可以在一定程度上起到熨平经济周期波动的效果。

三、产业结构政策目标

任何一类经济政策，都有特定的政策目标、政策作用对象、政策作用范围以及政策手段等。

产业体系建设与产业结构的优化选择是产业结构政策的灵魂和最终目标，也是一个国家在一段较长时期内经济发展战略的核心内容和具体体现。具体来说，产业结构政策目标是在一定时期内，根据本国的地理环境、自然资源条件、经济发展阶段、科技水平、人口规模以及国际经济政治条件，通过对产业体系及其产业结构进行动态调整，以保持产业体系内各产业向协调化和高度化发展，迅速提高产业体系国际竞争力，其核心是在尊重市场功能的基础上，对市场不能调节和无力调节的产业领域进行政策性引导。具体表现为：

第一，通过制定和实施产业结构政策，促使资本、人才和自然资源等生产要素得到充分高效的利用；

第二，通过制定和实施产业结构政策，实现产业体系内各产业间和产业部门间相互促进、协调发展的良性循环；

第三，通过产业结构政策的调节，促使现代科学技术在产业体系演化发展中不断得到推广和应用，以有效实现产业体系与结构升级；

第四，通过产业结构政策的实施，实现后起国家或地区经济增长总体的赶超目标。

因此，产业结构政策的制定和实施是调整和优化产业体系以及产业结构、提高经济增长质量的一个重要手段。

四、产业结构政策目标的设置原则

在产业政策制定的必要性上，一直存在着对计划调节和市场调节有效性的争论，多数经济学家认为，作为一种促进经济增长，特别是促进后进国家经济增长的有效手段而言，产业结构政策的重要性不容置疑。但是，应当承认在选择产业结构政策目标时，也会具有发生偏差的风险，从而给经济发展造成负面影响，甚至产生极为严重的后果。因此，在制定产业结构政策目标时，必须结合经济实际情况，加强产业结构政策制定工作中的科学性，并在具体实施时，不断地针对实际中发生的具体情况进行微调。

时下产业结构政策目标的设置要遵循几个原则，即产业结构政策的制定和实施应体现经济发展的战略意图；推动资源在三次产业间的优化配置；实现产业结构的合理转换，促进产业体系高质量发展；符合低碳绿色可持续发展原则。具体如下：

(一)体现经济发展战略意图的原则

产业结构政策是根据一定时期内经济发展的战略制定的,是经济发展战略具体化的政策措施,其本身就具有中长期发展战略的意义。因而,某一时期产业结构政策的指导思想、基本内容和政策重点都要体现这一时期国家的经济发展战略。国家的经济发展战略是对其经济与产业发展所做的全局性和方向性的长期规划和行动纲领,会对产业体系、产业结构的调整产生深远的影响。因此,产业结构政策的制定过程就必然要在充分考虑本国经济发展和目前已经达到水平的基础上,考虑如何发挥自身优势克服短板,从而达到经济高速、稳定、协调发展的目的。

(二)资源在三次产业间的优化配置原则

产业结构政策首先是解决产业体系内产业间资源合理流动和优化配置的问题,产业结构政策措施首先要对落后、薄弱的幼小产业采取资助和保护等政策措施,并通过技术、管理、组织、体制等方面的创新,提高幼稚产业的资源转换效率,促进其向高度化方向发展。其次,注重主导产业的选择和扶植,促进传统产业的技术改造,再通过这些产业关联推动相关产业的技术结构、产品结构、设备结构和劳动力结构的全面调整与优化;同时,主导产业的发展不仅能向其他产业或部门提供高质量的产品,而且也可以提供改善相关产业经营管理、提高经济效益的手段。因此,主导产业的发展对提高产业体系的国际竞争力具有决定性的作用。最后,注重衰退产业的顺利退出机制,对衰退产业的退出给予资金和政策上的支持,通过快速折旧或者部分政府购买的方法,使得其能够尽快和顺利地将资金设备等撤出,妥善做好人员安排,促使产业结构趋于合理化和协调化。

(三)实现产业结构的合理转换、促进产业体系高质量发展原则

产业结构合理转换是产业结构按照合乎规律的发展方向,从较低级的产业结构类型向较高级的产业结构类型转换。一个国家的产业结构是否合理,可从以下几个方面来判断:(1)三次产业间的比例关系及其变化,三次产业内的各产业产出水平是否平衡协调,是否存在"瓶颈"产业;社会资源是否得到了合理的开发与利用;(2)产业的整体技术水平及其在产业间的分布状况是否合理,国内外的成熟技术是否得到了充分的推广与应用;(3)是否具有较高的产业迭代升级的转换能力和产业体系整体素质不断改善能力;(4)产业间的资源配置是否合理,是否获得了较高的结构效益;(5)劳动力是否充分就业;(6)产品流通,内外贸收支是否平衡。

产业结构的转换是市场和政府干预两种力量共同作用的结果。在产业结构合理化转换的过程中,依靠市场调节进行自我转换是较为缓慢的,而且存在市场失灵现象。在这种情况下,政府具有不可替代的作用。为弥补市场机制在资源配置和结构调整方面的固有缺陷,政府以降低社会成本或提高社会效率为准则,依靠强有力的产业结构政策进行主动干预,推动产业结构高效转换,可以避免市场机制调整所产生的漫长调整过程以及这一过程中必不可少的弯路。

(四)低碳绿色可持续发展战略的原则

产业结构政策的设置要有利于资源节约以及生态和环境保护。为了避免在发展中付出惨痛的代价,低碳绿色可持续发展模式是产业结构政策目标的必然选择。而要处理好环境与发展的关系,不能单纯依靠市场的力量,必须制定并实施正确的产业结构政策,提高产业的整体环境适应能力和协调能力,实现经济与社会、资源、环境的协调发展,走低碳绿色可持续发展之路。为此,要立足于促进和维护经济、社会和环境的协调发展,科学地预见经济发展和产业结构变动的趋势，正确设置并调整产业结构政策，寻求发展与协调的结合点，以对经济发展产生深远的战略影响。

除了以上这些基本原则外，产业结构政策目标的制定还需要考虑以下一些因素：(1)历史上已经形成的市场体系与机制状况，现行产业水平和结构状况；(2)现有的资源禀赋状况、各种要素的成本和质量、要素配置的效率和效益；(3)消费整体需求水平和由需求特征决定的对特定产业及市场的供给要求水平及层次；(4)社会性质和经济体制以及国家对经济及社会功能的定位；(5)特定生态环境所形成的对特定产业发展的约束和促进条件及强度；(6)全球、国家和地区的开放程度、产品的竞争优势和竞争范围等。

五、产业结构政策目标的制定方法

产业结构政策目标的制定，不论采用何种方法，都必须以最终能增强产业结构自我转换能力为目的，以使产业结构自身生成一种机制，在面对市场变化和资源流动中能够尽快适应这种变化而迅速调节自身结构。因此，政府在制定产业结构政策目标时，要为增强产业结构转换能力创造良好的环境和条件。一般来说，产业结构政策目标的制定要综合考虑以下宏观因素：国家经济管理体制、经济规模、经济发展水平、产业之间关联系数及相互依赖程度、产业科技水平及其在经济建设中的应用程度、经济法律法规的范围及执行情况、国家产业结构政策可以支配的经济资源的数量和质量、国家自然资源状况、劳动力资源状况、全社会的教育水平、市场发育程度、现行国家宏微观经济政策等。制定产业结构政策目标时，要对上述因素进行综合评价和系统分析，以便制定出符合国情、能增进产业结构转换能力的产业结构政策目标。主要有两种制定的方法：

(一)要素集中优势法

要素集中优势法是指按一国资源优势的集中程度来安排产业发展顺序的方法。例如，按照要素集中优势法，人口密集的不发达的国家应该优先发展劳动密集型产业；发达国家则依据其资金和技术情况，相应地发展资金密集型、技术密集型等产业。可以看出，要素集中优势法是一种比较粗略的方法。

(二)投入产出法

投入产出法是利用投入产出模型，以经济增长和最终产品为目标来安排产业发展序列。这种方法通过对产业前后向关联效应的相应指标的计量分析，找出这两种效应系数大于平均值的产业部门，把这些产业作为经济发展战略中的优先部门考虑，并加以扶植。主要目的是利用这些产业在整个经济系统中较强的带动和推动效应，推动整个国家经济较快发展。投入产出法与发展中国家的非均衡发展战略密切相关。

此外，产业结构政策目标的确定，还要综合分析该时期一国所处国际经济社会环境，以及其与社会、环境之间的协调程度，权衡效率与公平的关系，对政策的成本和收益进行综合评价分析，以形成科学的可持续发展的产业体系及其产业发展序列。

第二节　产业结构政策的主要内容

产业结构政策是以政府为主体，主要依据是产业结构变动规律的客观要求，途径是通过确定产业的构成比例、相互关系，确定产业发展序列，其目标是为实现产业结构合理化和高度化。可以说，产业结构政策的根本问题是要研究资源在产业体系演化过程中以及相应产业间的配置与再配置。基于此，产业结构政策需要解决的问题是：在发展一国经济时，具体应着重产业体系中发展什么主导产业？培育什么新兴产业？限制发展乃至压缩淘汰什么产业？因此，产业结构政策的主要内容包括：确定经济发展某一阶段的产业体系与产业结构高度化的目标和产业发展序列，选择主导产业，并在投资、信贷、税收以及经济立法等方面采取扶植措施，以引导社会资源向更富有发展前景的、未来及现在对经济贡献度更大的产业流动，实现更快更健康发展。

为了保证经济快速、持续、稳定发展，产业结构政策的制定和实施必须明确产业结构调整目标，明确产业结构政策介入的领域是在市场失灵还是产业规模推进方面，抑或是多元主体利益协调方面，使产业结构政策的干预与市场机制调节有效结合，从而促进和维护市场机制发挥作用。因而要在市场机制调节的基础上，通过政府采用各种必要手段和措施，对过剩生产能力实行有序退让，对战略产业实行保护，对主导产业进行正确选择，对新兴产业实行扶植，才能实现产业结构调整和推进产业结构升级的目标，这些手段包括利用金融、税收以及公共政策等。

产业体系中发展的重点部门大致有两类：一类是“瓶颈”产业，即这些产业的生产能力远远不能满足前向生产部门的需求量，而其加工转换能力远远小于后向产业所提供的投入品。这种供给和需求能力的不足，将导致国民经济丧失应有的增长机会。另一类是主导产业，是指那些在当前和未来工业发展过程中，具有比一般产业更多的后向联系或者前向联系的产业部门。主导产业具有市场前景广阔、技术水平先进、产品收入弹性高、要素生产率上升幅度大、对其他产业部门带动效应大等特点。因此，政府产业结构政策的倾斜部门一般是“瓶颈”产业和主导产业。当然，一个国家在不同时期，或者由于政府的不同政策偏好，也可能做出不同的政策选择。

产业结构政策的主要内容就是根据一国的资源禀赋和技术发展条件，确定产业结构的规划，产业结构规划直接或间接地指导着一国产业结构优化的过程。在前文中已经详细讨论了产业结构规划的目标是使一国有限的资源在较长时期内得到有效配置，通过对各个产业群所处的兴起、扩张、减速和收缩的不同阶段所施行的不同的发展规划，使一国的产业结构遵循产业结构演变的规律，在一定时期内达到一定的优化，实现资源在产业之间的优化配置和高效利用，促进产业经济协调、稳定、高效发展，以确保国民经济的持续快速增长。产业结构政策主要包括以下内容：

一、主导产业发展政策

主导产业发展政策的核心是选择确定一个时期一个国家的主导产业，以及制定相应的支持发展的政策。主导产业是指在一个国家或地区经济中，发展速度快、在产业结构系统中起引导和带动作用、对国民经济增长贡献大的产业。其本质是在产业结构系统中的引导和带动作用。罗斯托认为，主导产业的主要特征有：(1)引入新的生产函数(即熊彼特的内部因素的创新，使得“产业突破”)；(2)其增长率明显快于整个经济增长率；(3)具有广泛采取多种手段带动或者启动其他产业增长的功能。

主导产业选择的目的是：通过寻求产业关联性大、对产业体系中其他关联产业有引导和带动作用的产业，加速其发展，使之带动一个国家或者地区经济的产业结构优化，推动这些未来对国民经济发展有重大意义的相关产业迅速成长，同时实现对支柱产业的顺利更替，最终实现产业体系的现代化。在一个国家工业化演进的过程中，带动国民经济增长的主导产业是更替变化的。在各国工业化的不同时期，其主导产业是不同的。主导产业的主要选择标准有：收入弹性基准、生产率上升基准和产业关联基准等。通过这些主导产业的选择理论和方法确定一国主导产业，来带动或推动国民经济各产业部门的发展。

专栏23-1

支持主导产业发展的政策是一揽子政策的综合，例如相应的财政补贴、税收优惠政策、信贷优惠政策，以及技术引进、人才政策、公共服务提升等，其目的就是加快主导产业发展，使之发挥关联带动效应。

二、支柱产业支持政策

支柱产业是一个国家在一定时期内产业体系的主要构成部分。它在国民经济中占据重要地位，相对于其他产业，它对经济增长的贡献份额最大。由于各国在产业结构上的差异，因此支柱产业构成的高级化程度也不同。从时间发展过程来看，一国经济发展就是支柱产业不断更替的过程。

支柱产业支持政策是指根据产业结构演进的一般规律和产业结构优化的目标，结合国家或者地区经济的实际情况，采用经济或者非经济的一系列政策，对于在一国经济中贡献比较大、符合该国或地区经济发展规划的支柱性产业给予一定的支持，使国际竞争力进一步提高，对国民经济做出更大的贡献。

支柱产业支持政策的目的主要有以下三个：(1)通过对支柱产业的支持，在较短的时间内建立起本国或地区的支柱产业(群)，从而形成适合本国情况的产业体系的核心力量；(2)保持主导产业与支柱产业的转换与转换时机；(3)延长支柱产业的成熟期长度，实现产业体系的升级和产业结构内部的优化。

三、幼稚产业保护政策

幼稚产业主要是指工业后发国家借鉴工业先行国家成熟产业，认为对本国经济有较重要的意义而新建立起来的、处于新生地位的竞争力不强的产业。一些由于技术创新、产业创新形成的新产业也属于幼稚产业范畴，需要一定的保护。

幼稚产业保护是指通过对处于诞生时期的产业进行的保护。幼稚产业往往由于技术经验不足、劳动生产率低下、产业中企业达不到规模经济、产品成本高于世界市场价格等而无法与国外企业竞争，但通过保护一段时期，希望这些幼稚产业成长起来，能够在自由贸易条件下获利，达到其他国家同一产业发展水平和竞争力。幼稚产业保护政策主要有对现幼稚产业实施保护而采取的一系列关税限制、政府补贴等手段。

幼稚产业保护政策的目的是：建立起本国有竞争力高质量的产业体系，为实现工业化和提高产业增长后劲奠定基础，以利于更有效地参与今后的国际竞争。第二次世界大战后日本的汽车、家用电器及电脑等产业，就是在政府的保护政策框架内，由企业抓住需求迅速扩大的机遇而成长起来的，之后成为日本经济一段时期内的中坚力量。

四、衰退产业调整援助政策

产业是有生命周期的，任何一个产业都有衰退的可能。一个国家或地区的衰退产业是指在正常情况下某一产业由于技术进步或需求变化等因素致使市场需求减少、生产能力过剩且无增长潜力的产业。对这类产业调整援助政策是指政府通过政策干预，对该产业部门资源再配置，避免波及其他相关产业，进而影响国民经济增长状况。衰退产业援助政策也是产业结构政策的一种，其目的是在产业结构调整的过程中，推动产业体系内竞争力严重不足、没有前景的产业的平稳退出，促进资源顺利地从低效率产业部门向高效率产业部门转移，从而提高资源利用效率，促进优势产业快速成长。

专栏23-2

第三节　产业结构政策实施

产业结构政策实施的主要任务是在市场机制基础性配置资源基础上，政府采用什么样的措施予以配合，以实现产业结构政策目标。

一、产业结构政策手段

产业结构政策手段是所有行为主体为实现产业政策目标而采取的措施，包括产业规划、经济立法、税收结构、预算分配结构、价格政策、信贷政策等调节系统，在执行这些政策内容时，要采用行政手段、法律手段、财政税收手段、金融手段、外贸手段、信息手段和制度手段等。具体而言，产业结构政策手段主要包括间接手段和直接手段两种。

（一）间接手段

间接手段是政府启动经济杠杆对产业结构进行合理化调整的手段，主要有：（1）财政支出手段，主要是通过财政支出变化调整产业结构，促进产业结构合理化，包括政府投资、财政补贴、特别折旧等。（2）税收手段，对符合国家产业结构政策的目标产业实行减税、税收返还或者补贴，实行附加税，引导投资方向的调节税以及差别税等。例如，我国对急需发展的产业投资项目，如农业、林业、水利、交通、原材料、科教、地质勘探、环保、节能等项目实行零税率，予以优惠扶植。（3）金融手段，主要包括贷款的差别利率，贷款的政府担保，债券和股票发行、上市的产业范围变化，利用外资条件，允许企业成立财务公司等措施。随着我国对外开放步伐的加快，金融手段的运用日益多样化。但是，在运用金融手段发展产业时要注意防范金融风险，防止国家统一的金融体系、金融政策被分割。（4）外贸手段，根据产业结构政策列出一定时期鼓励（或限制）出口以及鼓励（或限制）进口的产品、出口退税、减税、按产业结构政策发布鼓励、限制以及禁止外商进入的领域的措施等。（5）价格手段，按照产业结构政策确定价格控制目录和时间，对某些存在市场失灵的产业的价格实施管理手段等。（6）政府购买手段，政府通过对支持产业生产的商品或服务的直接定购，以刺激目标产业的发展。

（二）直接手段

直接手段是政府依照法律规定，在其范围内运用行政权力，实行直接经济管理和产业规制的手段，主要有：(1)配额制，主要是指外汇的进口配额、信贷配额、物资进出口配给制等；(2)许可制，包括进出口许可、外商投资许可、限制经营许可、技术利用许可、产品生产许可等；(3)对某些产业的劳动者工资与产品价格进行直接管制。

(三)辅助手段

除了以上两种手段外，政府通常还会努力使得市场交易信息更为透明，以及进行制度变革以降低交易成本。这两种手段主要是辅助市场机制发挥作用，较之前面的间接手段和直接手段对产业结构的直接干预更少。

1. 信息指导手段

这是政府利用掌握的信息进行政策引导或提供信息降低信息不对称的政策手段，主要有：(1)发布指示性或展望性计划，传播国民经济发展趋势信息，引导产业调整；(2)通过劝告、诱导等方式向产业经济主体传递信息，以减少产业经济主体行为的盲目性；(3)提供交换信息场所，传递市场信息，减少市场不确定性；(4)引导外资投入，如引导、鼓励外资投资于国内无供给能力，或供给能力(技术、质量、管理等)不高的行业，促进相关行业的结构升级。

2. 制度变革手段

这是适用于长期政策目标的政策手段，主要有：(1)有关流通、分配领域的体制改革，如预算制度、财税制度、金融制度等方面的改革；(2)有关所有制及产业组织形式的改革，如土地制度的改革、产权制度的改革、企业组织形式等方面的改革；(3)有关劳动力方面的制度改革，如就业制度、职业培训制度、失业保障制度等的改革。通过改造优化产业发展的营商环境，促进产业结构优化调整。

二、主导产业选择基准的实施

(一)主导产业的选择基准及其适用性

我们在第十一章“产业结构规划”中，已经详细阐述了主导产业的选择基准，即收入弹性基准、生产率上升基准、关联度基准、过密环境基准和丰富劳动内容基准、就业功能基准、技术密集度基准和国情原则。由于社会和经济管理的复杂性，政府在主导产业的实际选择过程中，除了受到以上这些基准的影响外，还受到很多其他因素的影响。

1. 选择基准受到所选产业本身在国民经济中战略排序的影响

主导产业的选择基准中，前三个是最为主要的，即收入弹性基准、生产率上升基准和关联度基准。但是在一个国家中，符合这些基准的具体产业有很多。如日本经济学家一般认为旅游业、餐饮业等都符合以上基准。但是，政府并没有直接参与这些产业的发展，这可能是因为政府的一些价值倾向以及财政支出是有限的，政府会根据这些产业的战略特点以及对收入分配、社会秩序等的影响，对这些符合基准的产业进行排序，选择对国民经济发展最为有利的产业进行支持。

2. 市场本身的完善程度会对主导产业选择形成补充

主导产业选择基准的目的，是通过这些基准对选择出来的主导产业进行一定的扶植。而这些选择出来的产业中，有的已经具备比较完善的产业基础，有比较好的自我调整能力，产业间的要素流动也较为畅通和充分。这部分具有高增长潜力的产业不用政府的扶持也能独立发展和壮大，因而政府没有必要参与这部分产业发展。因此，在很多西方国家，包括日本，都选取了尚在发展中需要重点扶持的产业作为主导产业，而且参与方式逐渐转向以弥补市场失灵为导向、以诱导性政策为主的补充性产业政策。

（二）主导产业选择基准在发达国家的实施

以日本为例，收入弹性基准和生产率上升基准是由日本经济学家筱原三代平提出来的，因此日本主导产业的选择基准主要就是这两个基准。在符合这两个基准的主导产业中，有些得到了日本政府的支持，有些则完全是依靠自身的力量发展起来的。

1. 得到政府支持的主导产业

1963 年日本产业结构审议会制定的产业结构政策，以及 1965 年制订的"中期经济计划"，日本政府都使用了收入弹性基准和生产率上升基准。日本政府根据这两个基准定下了日本以重化工业为主的产业结构政策基调。例如，在"中期经济计划"中，规定了近期政府鼓励重点支持发展的产业，这些产业包括普通钢铁、船舶、家用电器、光学仪器、摩托车、合成纤维等；中远期政府鼓励发展的产业有小轿车、石油化工、大型电机、电子计算机、大型工业设备、大型高性能机床等。

2. 自我发展的主导产业

除了上述得到政府大力支持的产业外，根据日本著名产业经济学家小宫隆太郎的研究，有大量的符合收入弹性基准和生产率上升基准的新兴产业没有获得政府的财政援助和税收优惠。例如，日本经济高速增长初期的缝纫机、照相机、自行车、摩托车、钢琴、半导体等产业；20 世纪 60 年代后半期的彩电、录音机、音响设备、台式计算机、数控机床、纤维机械、农机、通信机械、机器人等产业。这些产业大多是在日本出口中取得辉煌成就的产业，它们是在没有得到产业政策的优惠扶持的情况下，完全依靠自身力量发展起来的。

因此，第二次世界大战后日本主导产业选择和扶植政策的选择依据是扶植和发展有关国家经济核心的产业，具体而言是符合以下两点的产业：(1)政府以及舆论希望日本建立的产业，这些产业是比日本先进的国家已经拥有的产业，能够象征产业所在国的强大以及竞争力；(2)具有一定规模、在国内和国际上具有前瞻价值的产业。满足以上两个条件的产业一般认为有钢铁、一般机械、电机、海运、空运、造船、石化、飞机、计算机、集成电路等，因而受到了政府产业结构政策的关注。与此相反，那些完全符合收入弹性基准和生产率上升基准，并且为日本出口创造了辉煌的产业，由于不能满足上述两个条件，故没有得到日本政府的重视。

（三）主导产业选择基准在我国的实施

产业结构政策是宏观经济管理体系的重要组成部分，政府的主导产业选择基准必须结合我国具体国情来调整。

第一，我国目前处于经济发展和工业化的初中级阶段，人均收入水平还比较低，因此对收入弹性较低的商品(往往是生活必需品)的需求满足将是一个较为长期的过程，如纺织业、建筑业等。因此，在结构转换过程中，一些收入弹性低的产业部门的发展不应该受到挤压和遏制，而是应该由市场调节，继续迭代发展。

第二，长期以来由于国内市场发育程度较低、价格体系不合理产生的价格扭曲，造成无法正确计算某一产业产品的收入弹性，因而收入弹性基准无法正确使用。例如，由于中国 20 世纪 90 年代中期以前主要是通过实行低房租和直接分配的方法解决住房问题，因此住房支出在个人消费支持结构中只占很少的比重，1992 年房租费在城镇居民家庭平均每人全年消费支出中的比重,最低收入户占 2.14%、低收入户占 1.92%、中等收入户占 1.84%、高收入户占 2.31%、最高收入户占 3.08%。而美国中等收入职工家庭 1972 年住房支出占家庭支出的比例是 24.6%,1981 年是 22.1%;英国 1975 年家庭支出的比例中住房支出占 13.1%,1983 年占 16.8%;中国 1998 年、1999 年住房支出仅占消费支出的 3.99%和 4.24%。因此,仅从数字来看,中国住房需求的家庭收入弹性非常小,但这是长期以来计划经济低价租房和单位分房造成的结果,实际上大量需求尚未释放出来。因此,虽然有对住房的巨大需求,但是建筑业的收入弹性非常低,原因在于不合理的住房体制和价格体制。

第三,我国存在较大的人口压力和相对过剩的劳动生产力,解决就业问题是主导产业发展选择基准的一个主要参考标准。如果在产业政策中普遍采用生产率上升基准,必然使大量的资金要素流入生产率上升的部门,因此结合我国的实际国情,生产率上升基准并不完全适用于 20 世纪我国经济的发展。另外,由于当时中国的价格扭曲,尤其是要素价格扭曲非常严重,生产发展受政策的影响很大,因此生产率上升基准也产生了很大的偏差。据估算,1984 年中国工业部门中,全民所有制企业中劳动生产率上升最快的是机械工业和建材工业,上升最慢的是石油、电力和纺织业,而后者恰恰是当时供需缺口最大的产业,也就是需要重点发展的部门。时至今日,我国产业体系和产业结构有了巨大的进步与优化,高新技术产业已经成为我国产业体系中的新生力量,产业结构也在向技术密集的方向转变,此时产业结构政策应该采用生产率上升基准。

第四,产业关联基准就是选择前后关联度高的产业作为主导产业,这可以看作一种非均衡产业协调和带动发展的思路。这种带动效应的成功实现需要以下几个基本条件作为保证:(1)基础产业发达,能作为主导产业的发展载体;(2)产业体制合理,要素流动顺畅,不存在人为的、行政的以及其他因素的阻碍。一般而言,基础产业非常重要,往往需要先行,不能成为其他产业发展的"瓶颈";另外,我国目前的产业体制还需要进一步改革,需要建立统一大市场,促进跨区域要素流动顺畅、减少行政和其他因素的阻碍条件。

根据中国产业发展中的特殊社会经济背景,产业结构政策除了前面提到的 7 个基准以外,还应同时对以下基准进行考虑:(1)扬长避短,拓宽"瓶颈"产业供给基准。在扶持一部分主导产业的同时,政府要努力解决"瓶颈"产业的问题。在有重点地实施非均衡发展策略的同时,通过经济体制改革,使生产要素具有充分的流动性,资源能在较短的时间内流向这些非均衡发展的产业部门,减少"瓶颈"产业制约所造成的发展阻塞。(2)扩大就业基准,要充分考虑我国的人口规模与就业总体状况,适当考虑产业发展过程中兼顾就业的做法。(3)改善产业空间生产力布局的基准。这一基准的目的是针对我国各省份产业结构趋同的现象,努力协同发展,减少重复建设,提高产业结构的空间合理性,推动大区域产业协同布局,通过整体国家产业体系的竞争力。

三、支柱产业支持政策的实施

(一)支柱产业支持政策的主要实施方法

1. 推动支柱产业利用先进的生产技术,提高生产率,实现产业结构的非均衡跳跃式转换

具体来说,有以下两个方面的手段:一是引进发达国家的先进技术,对支柱产业进行技术改造和产业升级换代;二是在没有明显的支柱产业或者产业竞争力不强的情况下,借鉴和参考

先进国家经验，经过科学的决策，由政府动用行政力量推动创新发展，在较短的时期内建立国民经济的支柱产业，从而带动和形成适合本国情况的产业体系。

2. 提高支柱产业的技术研发能力，延长支柱产业的生命周期

除了直接引进国外的先进技术外，在原有的产业基础上，提高支柱产业自身的研发能力对于产业生命的延续也是非常重要的。尤其是当市场对支柱产业的产品需求仍然旺盛，但是面临国外产品的激烈竞争时，要避免本国支柱产业提前进入衰退期，就要推动其自身的技术创新和产品研发能力，通过技术迭代和产品迭代，提高产业的竞争力，延长其生命周期。

3. 加快主导产业向支柱产业的转换

主导产业代表着未来的产业发展方向，而支柱产业则是当前为国民经济做出最大贡献的产业。主导产业和支柱产业都是随着国民经济的发展阶段不同而不断变化的，从产业演进的历史规律来看，支柱产业大多是前一时期的主导产业。在主导产业向支柱产业转换的过程中，往往会出现由于市场环境不健全而造成主导产业向支柱产业转换的导向力和利润动力不足，导致主导产业的转换过程迟缓，支柱产业的功能迟迟不能发挥。在这种情况下，产业支持政策可以运用税收优惠、价格补贴等手段，增加对这些领域的投入，扩大需求空间，使得主导产业向支柱产业转换过程中的阻力有所降低。

(二)我国支柱产业支持政策的实施

1994 年，国务院审议通过了《90 年代国家产业政策纲要》(以下简称《纲要》)。《纲要》阐明了我国 20 世纪 90 年代支柱产业发展的重大问题，主要包括支柱产业选择和支柱产业振兴政策。《纲要》指出：努力加快机械、电子、石油化工、汽车制造和建筑业的发展，使它们成为国民经济的支柱产业。机械工业要以关键的基础机械、基础零部件和重大技术成套设备为重点，促进产业结构优化，提高产业技术水平和竞争力；电子工业要以微电子为基础，以通信、计算机等新兴信息产业为主体，加快现代化的步伐；石油化工要积极促进生产规模的大型化，提高技术水平和加工深度；汽车制造要尽快形成少厂点、大批量的生产体制和有序竞争的市场结构，提高其国内市场占有率和国际竞争力；建筑业要以城乡居民住宅、国家重点工程、城镇建设为重点，积极建立统一、开放、竞争、有序的建筑市场，提高建筑产品质量。

《纲要》同时指出，国家加快支柱产业发展的措施主要有：(1)制定和发布统一的产业政策，并以法律法规的形式保证实施，逐步建立有利于促进支柱产业发展的投融资体系和规范化的企业直接融资机制，国家在年度股票和债券发行规模中对支柱产业优先予以安排；(2)政府将在财力、物力上支持支柱产业中某些重要领域的技术开发，经国务院批准，赋予少数大型企业集团与其资本和收益比例相适应的海外直接融资权和担保权；(3)按照国际惯例和有关协定条款，将支柱产业的部分产品作为幼稚工业品，采取适当的、有时限的保护；(4)为了换取关键技术和设备，允许有条件地开放部分国内市场。

四、幼稚产业保护政策的实施

幼稚产业保护政策的选择原则是要最大限度地考虑本国利益，采取的手段可以分为关税保护政策和非关税保护政策。

(一)关税保护政策

征收关税有两个目的：一是增加财政收入；二是保护本国经济。为了增加收入而开征的关

税称为财政关税，为保护产业和市场而设置的关税称为保护关税。保护关税按其保护的具体目的，可分为普通保护关税和特别保护关税。普通保护关税以限制和阻止外国竞争性商品的进口、保护国内幼稚产业为目的。特别保护关税是以反倾销、报复、制裁等特定的目标而设置的关税。保护关税的保护程度取决于税率，一般来说，税率越高，保护程度就越高；反之，保护程度就越低。从当今世界各国对本产业保护的政策趋势来看，关税政策手段运用得越来越少，关税有逐渐降低的趋势。非关税的保护政策措施由于其隐蔽性而被更多地采用。

(二)非关税的保护政策

1. 进口限额

进口限额是一国政府限制一定时期内特定商品的进口数量和进口金额的政策措施。进口限额分为关税配额和绝对配额。

2. 进口许可证

进口许可证是一国政府对特定商品的进口颁发许可证，没有许可证不准进口的管理制度。进口许可证通常由进口国外贸主管机构颁发与管理。

3. 外汇管制

外汇管制是指国家为了达到维持本国汇价和平衡国际收支的目的，以法令形式对国际结算和外汇交易实行限制的一种制度。在这种制度下，出口商必须把其所赚的外汇按国家规定的牌价卖给政府指定的银行。进口商在进口时，所需外汇必须得到政府外汇管理机构的批准，在指定的外汇银行购买所需外汇。由于外汇受到外汇管理当局的严格控制，因此国家就能有效地控制商品的进口数量、种类以及来源国或地区。

4. 对国内生产商直接提供补贴，允许国外企业或产品进入本国

国家并不是通过对国际贸易的干预来保护幼稚产业。

五、衰退产业调整援助政策的实施

产业部门出现衰退现象，是市场经济竞争中所出现的必然现象，具体原因可能有以下几种：对该类产品的消费需求下降导致产业的生产衰退；国外有强大竞争力的产品冲击造成本国产品衰退；科技进步使传统产业部门的劳动力失业、资源闲置，如纺织业。

(一)衰退产业调整援助政策的选择

1. 衰退产业“消极”和“积极”调整援助政策

从政府态度上来看，衰退产业调整援助一般分为两种类型：一种是“消极”的调整援助政策，另一种是“积极”的调整援助政策。

(1)消极的调整援助政策是指因为进口增加导致国内同类产业部门发生衰退，政府采取紧急进口限制，或者为了防止衰退部门的失业，采取向该部门订货以增加生产或者进行资金援助等政策措施。由于是当某一产业部门发生衰退时才给予援助，措施带有应急的特征，所以称为消极性的调整援助政策。但是，消极性的产业调整援助政策会产生一些不利的后果：①容易给某些产业以额外的保护，助长衰退产业对政府补贴援助的依赖性；②政策虽然能一时解决衰退产业的部分困难，但要花费较大的结构调整成本。延缓这些产业生命周期的机会成本相当高，对其的援助投入相当于减少对新兴部门的支持，从而影响未来产业结构的高度化。

(2)积极的调整援助政策是指促使衰退产业生产要素转移以培植新的竞争优势，或者将资

源转移到具有需求增长潜力的产业部门的政策措施,因此称为积极的产业调整援助政策。从各国产业结构政策的实践来看,积极的调整援助政策虽然值得提倡和鼓励,但成功实施十分困难。原因在于,要把资源再分配给其他需求成长有潜力的部门时,不容易辨别清楚哪个产业属于"需求成长潜力大"的部门;另外,资源从衰退部门退出而进入新的产业时,受制于退出障碍和进入壁垒。所以,市场机制比较发达的国家的衰退产业援助政策,都倾向于投资决策由企业自己作出,政府政策的着眼点在于帮助企业排除生产要素自由移动或者再分配的障碍。实证研究发现,由于现实的政治经济原因,政府的产业调整援助政策大多是应急性的,即以消极性为主。

2. 衰退产业的资本和劳动援助政策

从对衰退产业的调节对象来看,可以将产业援助政策分为对资本的调整援助和对劳动的调整援助。

(1)对资本调整援助的具体内容包括:①加速资本折旧。用法律手段规定有关衰退行业设备的报废量和报废时间,同时对因设备报废而产生的更新活动借款提供信用保证。②促进转产。通过立法规定对某些衰退产业停产、限产或停产的标准及原则,提供转产贷款或者信用保证、减免税收或者发放转产补贴等促进资本转移。③干预价格形成机制。通过政府购买、价格补贴等手段来缓和衰退部门的价格变化。④市场保护。对因进口迅速增加而妨碍国内生产、引起市场混乱和企业经营困难的,采取控制进口、优先购买国产品的政策。⑤发放生产补助。对促进进步、提高产业效率的创新性生产行为予以补助。

(2)对劳动的调整援助政策包括:①提供就业的信息指导、职业介绍等;②职业培训、技能训练等提高劳动者转岗适应能力的措施;③对特定衰退行业的企业提供鼓励措施,如发放雇佣资助补贴费等;④失业救济以及就业保险金的延长支付。

(二)产业调整援助政策的实施路径

衰退产业调整援助政策的关键在于,能以较低的代价实现资源存量的转移,这是产业结构调整政策能否具有足够可操作性和有效性的关键。另外,衰退产业调整应以市场机制为基础,通过市场价格的导向和要素市场的配置功能来实现,但必须辅之以政府的扶持和援助才能克服产业调整的壁垒。

任何一个产业都有生命周期,尽管由于具体情况不同,所以生命周期长短不一,但基本上都要经历成长、发展、成熟和衰退,最终淘汰的过程。因此,衰退产业的调整问题是一个持续不断的任务。调整援助政策的任务在于根据各类衰退产业的特性来选择合适的调整路径,减少产业调整所引起的社会震荡,提高资源转移和再配置的效率。根据产业衰退的原因和产业调整的经验,衰退产业调整的主要路径有:

1. 产品升级

许多产业的衰退是由于技术创新不足或停滞造成的。衰退产业是产业新陈代谢的产物,但并不一定是夕阳产业或死亡产业。例如,尽管纺织业在工业结构中的地位趋于下降,但人对衣物的需要是永恒的。因此,没有夕阳产业,只有夕阳产品。通过加强产业技术创新能力促进产业结构升级,是克服产业衰退的根本途径。例如,发达国家近年来对纺织业的技术内涵进行了大量创新,使得这个传统产业呈现"常青树"产业的高附加价值特征。

调整援助政策不仅要创造衰退产业技术创新和产品结构升级的良好的体制环境,而且政府要直接出面干预产业和企业的技术创新活动。更重要的是，要由政府组织并资助科研机构、大学和企业成立行业性的技术创新机构，为中小企业建立信息和技术成果转让的交易平台。

2. 资源重组

资源重组是优化资产配置的重要途径。从发达国家产业调整的经验看，解决生产能力过剩并不是通过限制生产和投资的方法来控制经济规模，而是主张将新的投资和原有的投资能力转移到具有市场前景的产业和企业。这实质上就是衰退产业调整政策中“积极的”调整政策。实现资源有效转移的通常途径是企业并购，借助发达的资本市场，通过企业并购，使资源从低效企业和衰退产业流向高效企业和新兴产业，实现社会资源的重新配置。

3. 区位调整

产业区位是产业演进的重要环境因素。产业中企业的效率和效益在很大程度上取决于所在区位所提供的“外部经济”的大小，因而大量的产业呈现“聚集”的地理分布。实证研究证明，产业的空间集聚能够获得知识、人才、市场机会、新产品、新技术等多方面的外部性，延缓产业的衰退，提高产业的竞争力。这种外部性可以分为两大类：一类是企业之间的技术性外部性，由于产业空间集聚，使区域内企业之间的技术交流更容易、学习的成本更低，因此公司之间能够取长补短、相互竞争，从而在整体上提高产业的生存能力；另一类是经济外部性，即产业在某一区域的集中形成了巨大的辅助产业网以及原料供应商、专业技能人才储备、产品销售市场的规模化，这些外部性降低了产业内企业的交易成本，改善了产业的生存环境，提高了产业的竞争力。因此，衰退产业的调整政策应该有计划地调整产业区位分布，扶持现存的具有明显的产业聚集效应的地区发展优势产业，并根据产业区位优势较低的工业园区促进衰退产业的区域转移，以此带动资源存量的优化配置。

专栏23-3

复习思考题

1. 制定产业结构政策的目标是什么？
2. 主导产业选择应该遵循什么样的准则？
3. 支柱产业需要支持与保护吗？
4. 时下产业结构转型的趋势有哪些？请说明理由。

第二十四章

产业组织政策

产业组织政策是产业政策中十分重要的政策之一，关系到产业市场的有效性和企业的市场行为，进而关系到一个国家或社会资源配置的有效性。产业组织政策的制定目标应该是保持市场效率、规范企业的市场行为，实现公平竞争，推动经济的有效增长。制定产业组织政策和对产业组织政策实施效果的分析与判断两者是密不可分、互为前提的。本章首先阐述了产业组织政策的目标与基本功能，在此基础上主要阐述反垄断法以及经济规制的内容与应用。

第一节　产业组织政策概述

一、产业组织政策的概念

我们在第二十一章中将产业政策界定为：针对市场经济运作中可能出现的市场失灵和错误导向，政府为修正市场机制作用和优化经济发展过程，对产业发展、产业结构的调整和产业组织所采取的各种经济政策的总和。在现代市场经济国家中，产业组织政策是产业政策中具有核心地位的那部分产业政策，也就是指针对经济运作中可能出现的市场失灵，政府为了达到维护有效的市场竞争目的而制定和采用的调整市场结构、规范市场行为的产业政策。

市场失灵的原因主要包括垄断、信息不对称、外部性和公共物品等，而针对垄断的产业组织政策是最受关注的一个方面，同时也常常是最富争议的一个方面。由于垄断对于市场绩效带来的负面影响，政府有必要采取规范垄断企业市场行为的政策或防止企业获取过强的垄断势力的政策，以通过维护市场的有效竞争来实现较高的市场效率。而对那些具有自然垄断特性的产业来说，政府需要权衡垄断造成的社会福利的损失和规模经济带来的社会福利的增加，通过协调垄断与规模经济之间的矛盾，促进有效竞争市场态势的形成。本章主要讨论针对垄断的产业组织政策。

二、产业组织政策的目标

从一般意义上来说，产业组织的目标是实现市场的有效竞争。根据经典的微观经济学理论，那种存在大量买主和卖主、产品完全无差异、资源可以自由流动、买卖双方具有完全信息的完全竞争市场能够达到最有效率的市场绩效，但这样的市场在现实生活中几乎是不存在的。特别是，考虑到规模经济性的存在，如何解决“马歇尔冲突”也是产业政策制定与实施中的一个主要问题。

1982年,鲍莫尔、潘塞尔和维利希(Baumol,Panzar and Willig)三位经济学家提出了可竞争市场理论,由此为现实中的产业政策目标的确定提供了理论依据。所谓可竞争市场,是指来自潜在进入者的竞争压力能够对市场中的在位者行为施加很强的约束力的市场。而一个"完全可竞争市场"具有以下性质:它对新企业的进入是敞开的,而且不存在很高的进入壁垒。潜在进入者相对于在位者不存在明显的不利之处,同时进入也不存在沉没成本。对市场的进入和退出不存在法律的限制。就需求方面来说,要求除了直接来自厂商供货的价格或质量差异的偏好之外,消费者对厂商没有什么偏好。

如维利希所说:"完全可竞争市场可以代替完全竞争市场作为产业组织比较研究的一般标准,而不论存在或不存在规模经济。当不存在规模经济时,完全竞争行为对完全可竞争市场的均衡是必要的,而当确实有规模经济时,完全可竞争市场下的行为不同于完全竞争市场下的行为,但它仍然趋向于表现出好的福利性质。换句话说,完全可竞争市场是完全竞争的一般化,它对许多主要情况都能推出很强的结论,但后者对这些情况则不适用。"进一步地,从理论对政府规制政策的指导作用来说,"即使现实中不出现可竞争性,用可竞争市场理论也比完全竞争市场理论能更好地指导形成有效的管制"①。

具体来说,在进一步考虑到现实竞争中的动态特性的情况下,产业组织政策的目标可以大致划分为以下六个方面:

(1)企业能够达到并有效地利用规模经济,市场的供给主要由达到经济规模的企业承担,企业的生产能力得到充分利用;

(2)不应出现某些产业或企业长期获得超额利润或长期亏损的情况,从较长时期来看,各产业的资本利润率应该是比较均等的;

(3)社会能够实现较快的技术进步,主要包括发明创新活动充分有效,新技术和新产品的开发具有足够的激励,新技术能够获得有效的应用;

(4)不存在过多的销售费用;

(5)产品的质量和服务水平具有多样性,以适应提高大众福利和消费水平的要求,不存在严重的质量虚假和欺骗消费者的情况;

(6)能够有效地利用自然资源,不存在严重的损害环境质量和消费者安全与健康的市场行为。

三、产业组织政策的分类

政府对市场实施的产业组织政策也可被统称为政府对市场的规制。通常来说,政府对市场的规制可分为以下三种基本类型:

(一)反垄断规制

反垄断规制主要是指通过法律及其实施的方式来调整市场结构和市场行为以改进市场绩效。所调整的对象是那些企业人为造成的垄断。世界上大多数市场经济国家制定了反垄断法

---

① 关于罗伯特·D. 维利希的"可竞争市场",参见新帕尔格雷夫经济学大辞典[M]. 北京:经济科学出版社 1992 年版,第 669 页.

规,尽管形式和具体内容有所不同,但其本质是相当一致的。大多数反垄断法律的基本精神包括:禁止私人垄断和卡特尔协议;禁止市场过度集中;禁止滥用市场势力。

(二)经济规制

所谓经济规制,主要是指政府对企业在价格、产量、市场的进入和退出等方面的决策进行限制。很多公用事业部门属于自然垄断性行业,如电信、电力、城市供水等,而自然垄断形成的主要原因在于其具有显著的规模经济性。在这种情况下,出于经济效率的理由,垄断性的市场结构反而具有较强的合理性。因此,政府需要通过对自然垄断企业进行规制来避免垄断者利用其垄断地位损害消费者利益和市场效率。

(三)社会规制

反垄断规制和经济规制是最重要的产业组织政策,除此以外,还有涉及维护公民健康、安全与环境等方面利益的社会规制。社会规制的理由仍然是,市场机制在某些情况下(这里特别涉及信息不对称和外部性)会失灵,因而需要政府对市场加以干预以使得市场运作更有效率。这方面主要涉及信息公开、产品标准化、度量标准化、商标与版权保护、卫生与安全要求、产品与运输方面的卫生与安全规制、污染控制等。

四、产业组织政策的手段

产业组织政策具有三种基本类型,即反垄断规制、经济规制和社会规制,针对不同的类型,其实施手段也存在较大差异。

对反垄断规制来说,其主要手段是法律手段。因此,这一类规制政策的手段涉及反垄断法的制定和法律的具体实施,从其过程来说或许是相当长的,但就手段的多样性来说,或许是最简单的。

就经济规制来说,尽管其包括对一系列企业决策的限制,但经济规制的主要控制变量是企业的价格、产量和企业数目。较少控制的变量是产品的质量和企业投资。

(一)控制价格

即政府对企业的价格制定加以限制,以消除垄断企业利用其垄断地位对消费者剩余和市场效率的损害。价格规制的具体方式有多种,如为企业设定某一特定价格,或设定一个最高限价,有时候也会设定一个价格区间。在大多数情况下,政府会设定一个完整的价格体系。

(二)控制产量

即对产品和服务的产量进行控制,此时可能有两种情况:一种是同时对价格进行规制,另一种则仅仅进行产量控制。美国政府从 20 世纪 30 年代到 70 年代,对很多原油厂商施加了最高产量限制,这时的价格就由国内市场以及全球市场的供需状况来决定(尽管产量限制会明显影响价格)。此外,对某些具有公共物品性质的部门,如电力、公交服务等的产量限制则采用这样的方式,即要求“以规制的价格水平满足所有的需求”。

(三)控制进入与退出

在经济规制中,政府控制企业数目也是一个很重要的变量,而这主要是通过控制市场的进入和退出来实现的。对进入的控制可能在几个层面上进行。首先就是控制新企业的进入,在美国,这通常是公用事业规制的一个重要手段。目前,我国在铁路、电力、电信等行业也存在严格的进入控制。

(四)对其他变量的控制

在有些情况下,政府还需要对企业生产的产品或提供的服务的质量进行控制。例如,要求电力公司保证电力的正常供给。但有时候对质量的定义和监测并不容易,会带来较高的规制成本。例如,对航空公司服务的质量要求可能涉及准点起飞、安全、空中服务、行李管理等。因此,除了对产品安全的严格规制之外,经济规制通常对质量的控制不会很严格。此外,在很少情况下政府也可能对企业的投资进行控制,较多的是针对公共事业部门投资的控制。例如,美国政府对医院投资进行规制,据说是为了避免重复购置设备。

第二节　反垄断政策

一、反垄断政策的目的

反垄断问题的产生基于一个基本的信念:相对于垄断者来说,消费者处于非常弱势的地位,因此,垄断者会通过制定高价或其他手段来获取垄断利润,从而导致市场的低效率。政府需要通过相关的法律工具,削弱垄断者的市场势力并控制其行为方式,其目的在于约束厂商获取超额利润的限度,以维护市场的效率。一般而言,竞争性的市场并不能够防止大企业通过勾结或排他性策略来强化其垄断势力甚至获得很强的垄断地位,因此,为了确保竞争的活力,政府的干预是必须的。在世界各国中,美国在反垄断方面具有最悠久的历史和最完整的法律体系,美国的很多反垄断案例也具有很强的借鉴意义。我国的反垄断真正起步于《中华人民共和国反垄断法》的制定,该法自2008年8月1日起正式施行,2022年进行修正并已式发布。

专栏24-1

二、美国反垄断法体系的形成

美国可以被认为是最为崇尚自由竞争的国家,其政府对市场的干预可以追溯到19世纪末。当时,在经历了几次经济周期之后,不少行业出现了恶性价格竞争,而很多行业出现了托拉斯来试图避免这种价格竞争,其中包括石油、肉类工业、糖类、煤炭和烟草等。相对应的是,一些农民组织、工会和小企业主则团结起来,要求通过一部法律来保护它们免受这些新的托拉斯的经济压迫。这一思潮催生了《谢尔曼法》(Sherman Act),它的全称是《抵制非法限制与垄断保护贸易及商业法》。该法最初是由参议院共和党议员约翰・谢尔曼于1888年提出的,所以被命名为《谢尔曼法》。1890年7月20日,该法在美国国会获得通过,成为世界上最早的反垄断法,因而也被称为"全球反垄断法之母"。《谢尔曼法》的主要目标是控制市场势力、消除竞争限制、保护自由竞争。《谢尔曼法》宣布,保持竞争是国家的一项重要政策,这项法令是美国政治经济史上伟大的里程碑之一。

《谢尔曼法》共有八个条款,最主要的法律精神为:

第一,任何契约、以托拉斯形式或其他形式的联合或同谋,用来限制各州之间或国际间的贸易或商业,是非法的。任何人订立上述契约或从事上述联合或同谋,是严重犯罪。

第二,任何人垄断或试图垄断,或与任何其他人联合或同谋垄断各州之间或国际的商业和贸易,是严重犯罪。

第三,关于处罚的规定为:如果参与人是公司,将处以不超过100万美元的罚款;如果参与人是个人,将处以不超过10万美元的罚款,或3年以下监禁;也可由法院酌情并用两种处罚。

在《谢尔曼法》公布之后,许多公司仍然通过合并或收买竞争对手的公司而不断扩大,垄断的趋势仍在加强。为了切实制止垄断势力的发展,1914年,美国另外两部主要的反托拉斯法问世,即《克莱顿法》和《联邦贸易委员会法》。同时,美国政府还建立了联邦贸易委员会,承担保证法律实施的重任。

《克莱顿法》对《谢尔曼法》进行了全面修改,更明确地说明了限制贸易的含义,进一步扩展了禁止垄断和竞争限制的范围。该法明确禁止采用歧视性价格、束缚性合同、排他性商业安排、公司相互购买股票和连锁董事会等手段谋求垄断或可能的垄断。该法案主要包括下列条款:(1)把只有利于某些买主的价格歧视行为定为非法;(2)禁止制造厂商和商号之间订立规定厂商只把产品卖给不经销其对手厂家产品的商号的协议,即禁止所谓"约束买主",同时也禁止"搭配销售",即制造商在将自己的商品卖给批发商时要求批发商必须购买它的其他产品;(3)禁止可能减少竞争的某些形式的兼并或其他行为。

《联邦贸易委员会法》主要由两部分内容构成:一是有关反对不正当竞争的规定,其目标是保证公正的竞争环境,维护消费者利益;二是补充《谢尔曼法》和《克莱顿法》中未包括的条款,从而更进一步完善禁止垄断和限制竞争的措施。同时,设立了一个政府机构——联邦贸易委员会,以防止一切不公正的阻碍竞争的贸易行为

之后,美国国会又于1936年通过了《罗宾逊-帕特曼法》,明文禁止各种形式的价格歧视行为;并于1950年通过了《塞勒-基弗维尔法》,严格控制有可能削弱竞争的公司兼并与合并行为。上述法律构成了美国反垄断法的基本内容。美国反托拉斯法的构成体系如表24—1所示。

表24—1　　美国反托拉斯法的构成体系

名称	年份	主要内容
《谢尔曼法》	1890	(1)禁止一切限制贸易的托拉斯和其他形式的合作;(2)禁止一切垄断行为。
《克莱顿法》	1914	(1)禁止削弱竞争或引起垄断的价格歧视(第二款);(2)禁止削弱竞争的搭配销售和特许经营(第三款);(3)禁止削弱竞争的兼并,即购买竞争对手的股份或资产以实现兼并(第七款);(4)禁止竞争企业之间的连锁董事会,即一家公司的董事同时兼任于竞争对手的董事会;(5)允许受害人一方通过法律程序获得3倍赔偿金(3倍于实际损失的赔偿金)以及律师费用;(6)授权FTC和司法部共同实施此法。
《联邦贸易委员会法》	1914	(1)禁止不公平的竞争方式以及欺诈性经营活动;(2)建立独立的联邦贸易委员会(FTC),并授权FTC制定和实施有关禁止不公平竞争和欺诈行为的规定。
《罗宾逊-帕特曼法》	1936	修改了《克莱顿法》中关于价格歧视(第二款)的规定:(1)将"削弱竞争"改为"有害于竞争";(2)同价格歧视的实施者一样,其被实行对象也属违法者。
《塞勒-基弗维尔法》	1950	修改了《克莱顿法》中关于公司兼并(第七款)的规定:禁止一切形式的削弱竞争的合并(不管是通过收买股票还是收买资产,不管是横向还是纵向合并)。

资料来源:朱汉民.垄断、竞争与市场规制——美国的经验与中国的实践[J].中南财经大学学报,2001(3):51—56。

从表中可以看出美国反垄断立法的基本情况。最早的《谢尔曼法》内容较为抽象，主要是禁止竞争对手串通起来控制市场和企业的垄断行为。之后的《联邦贸易委员会法》《克莱顿法》及其两个修正案使反垄断的内容具体化，主要内容涉及价格歧视、企业兼并、约束性合约(即搭配销售)、独家经营、不公平竞争以及欺诈行为等问题。总体而言，《谢尔曼法》《克莱顿法》和《联邦贸易委员会法》这三部法律奠定了美国反垄断政策的法律基础，构成了美国反托拉斯法体系的主体，直到今天仍然具有法律效力。

三、反垄断法的原则

百余年来，美国最先形成了反垄断的法律体系。《谢尔曼法》《克莱顿法》等法律都是由国会通过的，而法律的具体实施主要由司法部和联邦贸易委员会承担。进一步地，反垄断的诉讼程序则由法院来完成。我们可以发现，所有这些法律都非常简短。例如，著名的《谢尔曼法》就只有短短8条。这是因为，美国实行的是普通法制度，反托拉斯的原则实际上是在司法实践中逐渐积累形成的，并且在不断地调整变化中。也正因为此，如果回顾美国110多年的反垄断历史，人们可能感到困惑：在某些时期遭到严厉惩处的做法，换一个时期却又成了合法的行为。法院只管接受案件，而负责进行调查和提起诉讼的，则是联邦政府司法部，主要是其反托拉斯局。该局成立于1933年。联邦贸易委员会也可以对反托拉斯指控进行调查并做出裁定。根据各项法律及法院的判例，一旦违反反托拉斯法的行为，可能遭到罚款、监禁、赔偿、民事制裁、强制解散、分拆、放弃等。罚款实行的是著名的“3倍罚款”原则：一旦公司被认定违反了反托拉斯法，就要被判罚3倍于损害数额的罚金。

主要的法律原则包括本身违法原则、合理性原则和豁免原则。

(一)本身违法原则

主要适用于调整企业的市场行为，即追究企业反竞争的市场行为。法院认为，确定竞争者有关价格的共谋“本身违法”，完全是为了责令肇事者(被告)承担责任并惩罚他们。在这种情况下，原告甚至不需要证明价格共谋给竞争带来或将带来什么样的损失。此时被告辩解通过协调竞争者的行为可以节约资源并取得更高的生产效率，则是徒劳无益的。正如法官斯托温所说：“这些公司关于价格的协议本身就是非理性的，或者是非法的限制贸易行为，而无须在某种商品是否合理方面进行大量的调查。”

(二)合理性原则

主要适用于调整市场结构，即评价企业是否在市场上处于垄断地位以及如何调节市场垄断与市场竞争的关系。《谢尔曼法》对垄断者违法行为的规定是原则性的，在具体实行中也要看具体情况。事实上，立法机关将如何合理地确定禁止的界限这个困难的任务交给了法院。在反托拉斯法实施的初期，最高法院对这一原则把握不定。直到1911年，在著名的“美国诉新泽西标准石油公司案”判决中，其基本方向得以大致明确，并由此阐明了另一个原则——合理性原则。这一原则规定，在决定解散垄断公司时必须采取谨慎态度，应该认真权衡利弊得失，从而尽量减少《谢尔曼法》第2条所包括的直接禁止市场垄断而可能产生的消极影响。合理性原则认为，只有“不合理”的限制竞争行为才属于禁止范围。

(三)本身违法原则与合理性原则的区分

一方面为商业活动中反竞争行为的确定明确了方向，另一方面也避免了对大企业的垄断竞争行为不顾任何实践中的具体情况而加以极端的限制。就本身违法原则来说，它明确规定了不能豁免的反竞争行为，包括价格操纵、市场瓜分、某些联合抵制和搭配销售安排等；而就合理性原则来说，它给企业的竞争行为以较大的活动余地。由于法庭在应用合理性原则时要考虑多方面因素，因此，实践中大多数企业可能得到成功的豁免。

值得强调的是，由于反托拉斯法条文本身是原则性的，因此如何运用反托拉斯法来准确而公正地判断合理竞争与垄断行为的界限具有较大的难度。大量的事实可以证明，在存在较大不确定性的情况下，美国政府往往避开反托拉斯法，而遵循效率原则来处理问题。从理论上也容易接受的是：无论是反垄断的保护竞争还是对垄断行为采取宽容态度，反托拉斯法都应当以市场效率为最终目标。

自 20 世纪 60 年代开始，美国的反垄断一直实施严厉的结构主义原则，然而到了 70 年代初，它受到了来自芝加哥学派的挑战。芝加哥学派认为，反托拉斯法应以促进经济效率为目标，以效率原则评价企业行为的合理性。1976 年，波斯纳在他此前发表的反垄断法系列论文的基础上出版了《反托拉斯法》的第一版，对美国反垄断政策产生了重大影响。在该书的序言中，波斯纳认为本书的“基本进路”就是要“指出一个假设对于反托拉斯法的寓意，这个假设是：反托拉斯法的正确目标是促进竞争，经济学上理解的竞争”。波斯纳由此提出：“在共谋、兼并、竞争者之间交换信息、限制产品分销中的竞争、垄断化、联合抵制以及其他反托拉斯的传统领域中，反托拉斯的指导原则应当有根本性的变化……在刑法救济以及其他救济方面也应当有根本性的变化，争取与反托拉斯法的规则保持一致。”①芝加哥学派强调，反托拉斯法应该是保护竞争，而不是单纯保护竞争者。市场竞争本来就是一个优胜劣汰的过程。因此，对企业市场行为的判定，关键不在于看其是否损害竞争者或排斥竞争对手，而在于它是否促进社会的经济效率。如果市场上竞争者过多，不利于规模经济的利用及经济效率的提高，就应该允许通过竞争、兼并来推动市场集中。这种被称为“反托拉斯的芝加哥学派”的观点受到了芝加哥学派以外的法学家和法官以及政府官员的广泛支持，并对 20 世纪 70 年代后期到 80 年代美国反垄断政策的转折产生了重大影响。

（四）赫芬达尔-赫什曼指数（HHI）

在芝加哥学派的影响下，1982 年，联邦反托拉斯机构公布了一组较为宽大的指导线，并于 1984 年进行了修改，确定用赫芬达尔-赫什曼指数来对市场结构进行衡量。

HHI 是某特定行业市场上所有企业的市场份额的平方和，用公式表示为：

$$HHI = \sum_{i=1}^{n} (X_i / X)^2 = \sum_{i=1}^{n} S_i^2$$

式中，X 为产业市场的总规模；X_i 为产业中第 i 位企业的规模；S_i 为产业中第 i 位企业的市场占有率；n 为产业内的企业数。

HHI 值越大，表明市场集中度越高。两种极端情况是，当市场处于完全垄断时，指数为 1；当市场上有许多企业，n 趋向于无穷大时，HHI 就等于 0。一般而言，如果企业兼并后，其指数在 0.1～0.18 之间，这一市场可被认为是中等集中化的市场，同时要关注集中化增长指数；如果企业兼并后，集中化指数提高到 0.18，这样的市场被认为是高度集中化的市场。这个标

① 理查德·A. 波斯纳. 反托拉斯法（第 2 版）[M]. 北京：中国政法大学出版社 2003 年版，第 4 页.

准对于反托拉斯法的实施产生了重大的影响。曾在联邦贸易委员会工作过的经济学家拉纳和米汉指出:由于采用HHI指数作为衡量标准,几乎没有什么横向兼并被指控为非法。所以,横向兼并基本上不存在什么障碍。

作为一个最基本的衡量原则,效率原则还体现在关于纵向限制问题上。纵向限制行为主要有价格纵向限制和非价格纵向限制。非价格纵向限制适用于合理性原则。如果某一非价格纵向限制对竞争造成的负面影响大于正面影响,那么这一限制就被认为是违法的,否则是不违法的。而价格纵向控制受制于本身违法原则。

(五)豁免原则

豁免原则是指对不适合反托拉斯情况的特殊规定。美国国会做出决定,有些特定产业和商业活动可免于反托拉斯起诉。这些产业和商业活动包括劳动工会、农资公司、被规制的产业、联合研究与开发企业等。被规制企业免于反托拉斯起诉是出于发展该产业的目的,如公共产品规制、电价、保险业等。对于一些研究与开发性质的产业,国会规定可以免于反托拉斯起诉,其理由是这些企业对于保持美国的综合竞争力有必要。例如,1984年制定《全国合作研究法》,为这个领域的合作提供了便利。

四、美国反垄断法的实施及其效果

《谢尔曼法》规定,对贸易的垄断或联合起来阴谋限制贸易均为非法。但是,该法令的条款不够具体,从而给法官的解释留下许多余地。在实践中,政府采取的拆散大托拉斯组织的措施不够彻底有力,而且当时的司法部门对工商界采取相当友好的态度。此外,与巨型工商业企业有密切联系的一大批保守的共和党人也对这种政策给予支持。因此,该法案当时未能真正有效地遏制托拉斯组织的发展。

1899年,最高法院一致判决由6家原油生产商组成的一个市场联营违反《谢尔曼法》,这表明最高法院对反垄断的态度有了变化。在1897年和1898年的其他关键性判决中,法院还判定铁路公司违反《谢尔曼法》条款。20世纪初,最高法院阻止了由J. P. 摩根和E. H. 哈里曼两人所有的两条大铁路的合并,后来,法院又下令将美孚石油公司划分为几家小公司。但是,最高法院也对援用《谢尔曼法》作出限制,规定只有"不合理"限制贸易才算非法。一家公司可以拥有或控制某一工业部门的大部分产品,但如果法院认为该公司的行为是合理的,就没有必要将其拆散。20世纪美国著名的反托拉斯法案可参见表24—2。

表24—2 美国反托拉斯法案

案例	年份	裁决与结果
美国烟草公司与美孚石油公司	1911	有罪。命令交出自己所拥有的其他公司的股份。理由是:根据《谢尔曼法》,不合理的合并是非法的。
美国钢铁公司	1920	无罪。虽然该公司拥有非常大的市场份额(接近于垄断),但仅仅是规模大并不违法。
索卡尼-旺科姆石油公司	1940	有罪。联合的目的是固定价格,不适用于合理性。
美国铝公司	1945	有罪。规模特别大,占有市场份额非常大。
通用电气、西屋和其他公司	1961	有罪。固定价格的勾结。行政罚款并监禁。

续表

案例	年份	裁决与结果
布朗鞋业公司	1962	有罪。肯尼公司的所有权问题，零售连锁，减少了竞争。命令交出肯尼鞋店的所有权。
沃斯连锁店	1965	有罪。洛杉矶两个超级市场合并会限制竞争(合并后的企业拥有洛杉矶 7.5%的市场)。
国际商用机器公司	1982	作为未垄断而撤销。
美国电话电报公司	1983	该公司与政府达成协议，公司自己放弃所有经营地方电话的公司，即其资产的 80%。

从表中可以看出，美国对垄断、限制竞争和不正当竞争行为的规范在世界各国中是最严厉的。同时，随着社会经济的发展和人们思想观念的变化，对反托拉斯法的解释和实施也在发生变化。20 世纪 70 年代中期到 80 年代后期，美国反托拉斯法的经济学理论研究经历了一个发展高峰。其间，由于博弈论和信息经济学的发展，人们对反托拉斯方面的许多问题有了全新的理解。20 世纪 80 年代以前，人们一直认为，竞争对手之间的合作对整个经济与社会是绝对不利的。而现在，人们对诸如科技研究与开发领域内的合作持有更宽容的态度，但对垄断、限制竞争和不正当竞争行为的规范与处罚仍然是美国政府维护市场秩序的基本原则。

反托拉斯法的主要目的在于维护公平竞争的市场经济秩序。美国政府的基本政策导向就是促进竞争，防止与这一基本的政策导向相冲突的反竞争行为。不可否认，在维护竞争抑制垄断方面，反垄断法发挥了极其重要的作用。但自从 19 世纪末反托拉斯法颁布以来，与大量存在的反竞争行为相比，真正受到起诉而且真正做出有效判决的案件并不多。其原因大致有以下两个方面：

第一，虽然反托拉斯法有明确的法律条款，但用语往往十分概括，这就使得对违法行为的界定变得比较困难。这给垄断者带来了可乘之机，也给司法当局以灵活审判的余地。在面对错综复杂的企业行为、纷至沓来的私人投诉时，法院在认定企业竞争行为的合法或违法的过程中往往有很大程度的不确定性，故在处理垄断案件中，宽严尺度难以把握。

第二，从处理案件的程度及裁决方式上来看，由于经济案件固有的较宽的涉及面及特殊复杂的经济关系，使得法院的调查取证特别困难。在各类垄断案的处理中，调查取证是成本最高的环节。反托拉斯案件涉及的问题太多，违法行为的成本很小，但调查取证所费极大，这就导致诉讼费用过高，甚至无法判决。由于耗时过长、耗费过多，因此许多案件最后不了了之。

五、20 世纪 80 年代以来反垄断的趋势

在美国反垄断法发展一百余年的历史中，与美国社会的经济、政治条件及国际环境的变化相适应，反垄断法处于不断地修订、充实和发展的过程中。如前所述，当《谢尔曼法》在 1890 年颁布的时候，当时很少有人支持以反垄断形式出现的政府干预；到 20 世纪 30 年代后期，哈佛学派的市场结构理论占据了统治地位，该理论支持政府有必要为纠正市场的扭曲而进行强有力的干预；而到了 20 世纪 70 年代，芝加哥学派则强调，反垄断法在谴责某些市场结构和市场行为时，可能需要对这些行为及其效应进行更深入的分析。20 世纪 90 年代之后，随着国际政治、经济的变化，美国的反垄断法及相应的政策实施在几个特殊领域中又呈现一些新的变化

趋势。

(一)国际贸易领域中的反垄断实践

虽然早期的《谢尔曼法》也适用于对外贸易行为,但在国际贸易中的反垄断问题并没有成为人们关注的重点。随着第二次世界大战后美国对外贸易的迅速发展,这一问题变得日益重要。1995 年,克林顿在其总统经济报告中把对外贸易中的反垄断问题摆在了“反垄断执行”的首位,强调对于伤害美国利益的反竞争的国际贸易行为,不论是向美国消费者提高进口价格还是对美国出口商关闭本国市场,都必须运用反垄断法加以禁止,以便通过促进全球开放式的竞争来更加广泛地保护和增进美国的利益。同时,美国政府制定了相应的法规,授权司法部和联邦贸易委员会与外国的反垄断机构合作,推进国际商业贸易领域的反垄断事务。为了进一步向国际卡特尔和其他损害美国消费者和出口商利益的反竞争行为挑战,美国司法部和联邦贸易委员会颁布了《国际行动反垄断准则》。根据这一准则,只要是影响美国对内对外商贸活动的反竞争行为都违反美国的反垄断法,而不论这种行为是在哪里发生的,也不论其当事人是哪一个国家的。很明显,这份政策性文件将会对美国今后在国际贸易领域中实施反垄断法产生广泛的影响。

(二)知识产权领域中的反垄断问题

美国政府认为,21 世纪经济的繁荣与发展将在很大程度上依赖于科学技术的发明与创新。虽然美国司法部反垄断局竭力强调反垄断执行的作用就在于鼓励创新和保护知识产权,但创新及其成果一旦在生产领域中得到应用,必然形成技术优势和产品优势,从而有可能导致对该产业产品市场的某种垄断。为了解决这个问题,司法部和联邦贸易委员会于 1995 年 4 月 6 日正式颁布了《知识产权特许反垄断准则》(以下简称《准则》)。《准则》认为,知识产权法与反垄断法在促进竞争、增进消费者福利方面有着共同的目标。《准则》提出了以下三条重要的原则:(1)出于反垄断分析目的需要,执行部门要把知识产权与其他类型的财产加以比较;(2)执行部门并不假定知识产权会创造反垄断背景下的市场力量;(3)执行部门认为知识产权特许一般来说是支持竞争的。《准则》还设立了一个反垄断“安全区”,在这个区域内,执行部门将不对由于知识产权特许协议所形成的贸易限制采取法律行动。

(三)特殊产业中的反垄断问题

美国联邦司法部将电信、卫生部门以及国防工业等领域称为“特殊的产业”。近年来,这些产业部门的反垄断问题始终受到美国反垄断执行部门的密切关注。电信产业对于当代美国经济的发展起到了关键性的作用,因此,联邦政府采取了许多措施(包括法律手段)来加速电信产业的技术进步和信息服务的革命。为了促进和保护这一产业领域的竞争,他们鼓励自由进入电信产业的所有领域,促进这一领域的平等竞争,消除行业垄断,以保持这一行业的活力。在卫生医疗领域,近年来一些医疗卫生部门声称反垄断法在应用于不同类型的医疗卫生部门时具有明显的不确定性,因而主张卫生部门属于“反垄断例外”。此外,医院之间的兼并活动趋于增加,也出现了医疗卫生市场上的竞争。在国防工业领域,联邦反垄断机构则与国防部进行共同研究,试图找出评估国防工业公司兼并问题的最佳办法。

第三节 经济规制

经济规制是指政府对企业的某些决策，如定价、产量、市场的进入和退出等进行限制的一种产业组织政策。这种政策特别适用于具有显著规模经济性的“自然垄断”行业，它们大多属于公用事业部门。由于公用事业部门与竞争性产业相比具有不同的特点，如产品的部分非竞争性和非排他性、供给的高固定成本和低边际成本等，因此其产业的竞争性受到相当大的限制。在大多数公用事业部门中，不论是以政府直接投资为主还是以私人投资为主，其市场结构都具有很大程度的垄断特征，这就为政府规制提供了必要的前提。

一、规制的依据

对于政府规制经济活动的理由，学者们从不同角度提供了各种理论解释。由于规制的基本理由在于市场可能存在的失灵，而随着经济社会中各种因素的变化，与市场失灵相关的一些因素也发生了变化，因此规制理论也随之发生变化。维斯库斯(W. Kip Viscusi)等人将规制思想的演进过程归纳为三个阶段。[①]

(一)第一阶段的理论被称为“公共利益理论”

现在更多地被称为“对实证理论的规范分析”。从微观经济学理论出发，公用事业部门具有的自然垄断特性使得价格机制在资源配置上失效，由此为政府对产业的规制提供了必要的依据。自然垄断是由于显著的规模经济性形成的，在此条件下，单个企业占有整个市场反而能够使得企业的平均成本降到最低，因而这样的产业具有“天然”的垄断特性，即垄断反而能够得到更有效率的结果。但问题的另一面是，如果垄断企业利用其绝对优势的地位，通过制定垄断价格来获得超额利润，则其生产效率和资源配置效率就不可能达到最优，平均成本也未必能够降到最低。因此，为了解决这种两难困境，比较合理的做法就是，政府允许一家企业在这样的行业中具有垄断地位，但同时对这家企业的价格制定与产量决策等加以控制。此外，外部性的存在也将导致市场失灵，因此在很多具有外部性的情况下，也需要政府对市场进行规制。

在矫正市场失灵问题时，政府具有一定的特殊优势，斯蒂格利茨[②]将这种优势归纳为以下几个方面：(1)政府具有征税能力来调节这些产品的生产；(2)政府具有禁止力，禁止某些不适当的经济行为；(3)政府具有惩罚力，可通过法律进行合约限制，对违约者进行惩罚；(4)政府干预可以降低交易成本，提供公共信息，减少组织成本和信息成本，其突出表现为政府强制性权力。政府干预机制的优势实际上为规制提供了可能性。

然而，上述理论是建立在一个基本假设基础上的，即规制出现在它应该出现的时候。而这一假设在现实中未必成立。事实上，许多被规制的行业并不是自然垄断的行业，也没有受到外部性的影响。进一步地，即便是对自然垄断行业的规制，也并不能保证政府的价格规制一定能

---

① W. 吉帕・维斯库斯，约翰・M. 弗农，小约瑟夫・E. 哈林顿. 反垄断与管制经济学[M]. 北京：机械工业出版社 2004 年版.

② 斯蒂格利茨. 政府为什么要干预经济[M]. 北京：中国物资出版社 1998 年版，第 74—77 页.

达到有效率的结果。

(二)第二阶段的理论是“俘获理论”

在大量实证研究的基础上,经济学家发现,美国从19世纪末到20世纪60年代的规制历史说明,规制并不是与市场失灵相联系的,规制反而是有益于厂商的,它总是趋向于提高厂商的利润。在此基础上,他们提出了“俘获理论”。俘获理论认为,规制的供给是应行业的规制需求而出现的,随着时间的推移,规制机构甚至受行业所控制;也就是说,规制者最终被行业所俘获。

但俘获理论也受到了与公共利益理论类似的批评。首先,就其所归纳的这种现象来说,该理论并没有给出充分的理论阐释,也没有说明行业是如何控制规制的。其次,尽管俘获理论本身来源于经验观察,但仍然有不少实践案例与其不一致。特别是,确实存在着一系列不受行业欢迎且导致低利润的规制,包括石油与天然气价格规制等。

(三)第三阶段的理论是斯蒂格勒完成的

1971年诺贝尔奖获得者乔治·斯蒂格勒的文章《经济规制理论》使得规制理论获得重大突破。斯蒂格勒提出了两个重要的基本假设:一是政府的基础性资源是强制权,一个利益集团可以说服政府使用强制权去为他们谋利;二是经济人的行为是理性的,其目标是最大化其效用。由此可得到的进一步认识是,规制只是一种途径,通过它,利益集团可以让政府将财富从社会其他部门转移到该利益集团以提高其收益。斯蒂格勒指出:“我们假定政治体制总是被合理地设计和运用;也就是说,它们是满足社会成员需要的适当工具。”容易看到,规制理论的提出与俘获理论有着十分密切的联系。但由于给出了上述明确的假设,所以在此基础上,就可能构建如何确定需要规制的行业以及如何规制的理论。在此领域中,已经产生了一系列理论模型和大量成果。当然,这一理论也并非完美,经验研究表明,虽然规制理论导致该领域研究的重大进步,但仍有经验证据与其不完全一致。

二、规制实施的历史

美国的规制历史可以被认为最具代表性。同时,我们也能从规制实践的发展中进一步把握理论产生的背景。现代最早的规制活动是1887年出现在美国的对铁路业的规制,其标志性事件是美国最高法院对铁路业规制的裁决,它为自然垄断的规制奠定了法律基础。从那时起的一百多年来,以美国为代表的各西方国家的经济规制历史大体上可划分为规制—放松规制—规制改革三个阶段。

(一)规制的确立和扩张

19世纪末,美国的市场经济发展呈现巨大的变革。在这个时期,市场的自然垄断产业逐渐形成,公共产品和公共服务逐渐受到人们的关注。1877年,马恩对伊利诺伊州诉讼案的判决,促使该州政府对粮仓和批发店制定的粮食价格设定了费率标准。这是一个具有里程碑意义的事件。这一判决颁布了一个重要原则,即:当财产以一种具有公共效应的方式被使用,并且对社会产生普遍影响时,它就被赋予了公共利益的意义。因此,当一个人将财产使用在具有公众利益的用途方面时,他实际上就在那种用途上赋予了公众一种利益,而且出于公众利益的目的,他必须接受公众的规制。

1887年,联邦贸易委员会颁布了《州际商务法》(ICC法),对铁路实行费率规制。此后,规制的边界逐渐扩展到许多公共事业部门。1934年,对纽约州Nebbia的判例甚至将规制扩展到牛奶制品的零售价格。最高法院排除了对经济规制构成的宪法障碍，而只要求在政府的判断中规制是有利于公众利益的。在此后的几十年间，联邦规制机构的权力获得了极大的增强，其规制范围几乎涵盖了美国所有的产业部门。在这一阶段，以公平公正为目标的资本回报率规制方式和完全成本补偿方式也在实践中得到了确立和实施。

在这一阶段，产业组织理论的发展为经济规制的进一步完善提供了必要的理论依据。特别是其中针对公用事业部门市场结构、企业行为的规制工具等方面的理论也得到了很大的发展。但该时期的理论发展沿用了福利经济学的传统假定，着重从规范意义上强调规制作为工具的最优方式。在这一阶段的理论研究中，都有着一个重要的假设，即政府是万能的和全知的，因此规制本身变成了一个“黑箱”，对于规制的代价则完全没有给予重视。

（二）放松规制浪潮

在经历了规制活动的高潮之后，到20世纪70年代，经济规制在实践和理论两方面都发生了巨大的变化。在实践方面，开始产生对政府决策能力的怀疑、对规制方式的效率的怀疑以及对规制的代价的质疑。这个变革的第一步发生在1969年，这一年美国联邦通信委员会（FCC）同意MCI公司进入长途电信市场。在70年代和80年代这20年中，美国立法机构大量颁布放松规制的法案，广泛涉及航空、铁路、货车运输、载客公共汽车、电信、有线电视等行业。与此相伴随的是较大规模的私有化。通过私有化的进程，可能缩小公共部门的范围、作用和规模，通过改变被规制企业的所有权结构，原有的政府直接干预就可能被取消，通过改变企业的组织结构和激励结构，促使被规制企业的效率得以提高，从而改进市场效率。

与此同时，理论研究也对规制中存在的问题展开了广泛的讨论。规制效应的分析是从生产效率角度讨论了这些产业的“X”低效率和过度投资问题，利益集团理论以及公共选择理论则从政治层面分析了规制的成本，提出了“规制俘获”（regulation capture）理论。在这一阶段，理论的发展表现为更多地分析规制的实际成本，强调了最优规制的不可能性，但相对而言，对于决定这些成本的背后动机以及规制的治理机制尚未进行深入的研究。

（三）引入竞争的规制改革

自20世纪80年代末90年代初开始，私有化浪潮开始减退。事实上，尽管私有化在一定程度上缓解了美国经济的衰退，但它并没有从根本上解决这些产业的企业利润目标和社会目标的内在矛盾。在这种情况下，美国及其他西方国家都不同程度地实行了进一步的规制改革。这种改革体现在以下几个方面：首先是规范和缩小规制的范围和权限，重组规制的职能。其次是从限制性进入的经济性规制转向社会性规制。此外，在规制的指导思想上也有了很大改变。传统的规制将规制和竞争相对立，新的思想是强调规制和竞争关系的相互依赖性，规制的机制设计主要是为了建立更有竞争力的环境，而不是替代竞争，由此逐步建立了竞争性规制的框架。以电信为例，美国以公平竞争为指导，采取了较为激进的改革措施，基本放开了进入规制和价格规制。美国1996年的《电信法》被认为具有里程碑意义。在英国，以提高效率为中心，政府采取了较为谨慎的方式，在实行了7年的双寡头竞争后，逐步开放市场。日本则在政府主导型市场体制下，对不同类型的电信采取了分类规制的模式。

总体来说，从20世纪80年代后期到现在的规制改革是以“放松规制”为背景、引入竞争机制、重新构造规制体制为规制实践和理论的主要内容的。在规制理论方面出现了以下几个变化：首先是以可竞争理论为基础，对自然垄断的规模经济和范围经济提出新的理论解释。该理论从技术角度，以成本次可加性为条件，重新划分了规制和市场边界，为自然垄断产业的纵向拆分、放松市场进入奠定了理论基础。其次是以新制度经济学为基础、以交易费用理论为框架，研究了规制的边界问题。再次是以现代合约理论为基础，研究了规制合约的最优设计问题。规制机制设计的合约理论强调规制者和被规制企业的动机选择，只有达到“激励相容”的条件，规制才能保证其有效的边界，它为激励性规制提供了理论基础。或许美国经济学家、航线规制解除的设计者阿尔弗雷德·卡恩（Alfred Kahn）[①]的一段话可以反映经济规制理论与实践演化的基本逻辑：“规制政策的演变将永无止境。然而，它所经历的道路正是我们要竭力观察到的，它并不是一个完整的圆或摆线将我们带回原位；它是螺旋形的，是有一定方向的。在某种意义上，这仅仅是一种偏好的表述，力求沿着市场经济最优功能的方向，而不是朝第二或第三优的集权社会方向前进。”

专栏24-2

三、规制程序与政策设计

（一）规制的程序

在美国，规制的过程主要分为三个步骤：第一步是立法，第二步是实施，第三步是规制的修订或解除。先由国会和最高法院设立规制机构，赋予规制机构权责，任命规制成员，从法律层次上确立规制的主体地位。各地方的公用事业规制部门则通过各地方议院和法院任命和设立，然后是立法。参议院、立法机构提交对特定产业规制的议案，建立相关的规制法规。

法令通过之后，就是该法令的执行。尽管立法机构可以影响法令的执行情况，但起直接作用的还是规制机构。一般的规制机构主要是执行规制法规，但在某些情况下，规制机构也可以制定一系列更为具体的规制措施，检查规制绩效。这些规制的制定程序主要包括：规制机构在实施过程中对具体的责任人提出进一步的实施意见，如果参与人不同意规制机构的意见，有权上诉最高法院进行合议。

规制政策制定之后，需要经过一段时间（一般是 5 年或者 10 年），才有可能根据环境的变化，出现一些修正的意向，这段时间称为“规制迟滞”。在修正阶段，经过一定的规制迟滞后，要研究立法倾向的变化以及规制绩效和问题，进一步对现有的政策进行完善。也有可能因经济环境的变化，而需要解除规制。

自规制问题提出以来，规制的具体实施及其效果就成为理论研究的重要内容。主要的问题是，如何将社会目标内化成被规制企业追求的目标，如何促进被规制企业的效率增进等。新古典理论并没有很好地解决这些问题，随着信息经济学和新制度经济学的出现，对于这些问题的研究有了极大的进步。

（二）规制模式设计

规制的目标是寻求社会福利的最大化，因此，规制工具的最优化设计对于规制的效果具有十分重要的意义。价格规制是规制最主要和最常用的方式之一，具有核心意义。适当的定价水平或补贴可以为被规制企业提供降低成本的激励，也为消费者的利益提供保证。

在针对自然垄断行业的价格规制中存在两难的矛盾。由于企业的边际成本相当低，而固

---

① Kahn, Alfred E. Deregulation: looking backward and looking forward[J]. Yale J. on Reg., 1990(7): 325.

定成本巨大，因此，如果简单地以边际成本定价，将导致企业亏损。而完全的平均成本定价则可能导致价格高企。走出这种两难困境的途径主要是寻求建立在次优原则基础上的定价机制。以下是几种可能的选择：

第一，允许垄断者索取高于边际成本的价格，以弥补垄断者的投资成本。但在给定企业的定价权的基础上，对其进行一定的费率限制，使其由于垄断导致的租金为零，但保证企业获得合理的投资回报。这种建立在平均成本定价基础上的费率规制称为资本回报率规制。

第二，在边际成本定价基础上进行成本补偿，即通过政府一定的资源转移支付，使得按边际定价的自然垄断企业获得在盈亏保本点上的平衡，它包括直接补贴或者间接补贴。这被称为规制的成本补偿原则。

第三，间接补贴主要可采取适当的歧视性定价，即允许向某些用户收取高价而保持低收入用户价格，通过交叉补贴来弥补低需求造成的损失。价格歧视遵循拉姆齐定价方法。拉姆齐定价原则在理论上解释了在预算平衡约束条件下(即企业不能亏损)，价格偏离程度要和需求弹性相关，偏离的多少与需求弹性成反比。它为规制合约中定价和补贴提供了一般性的原则。

(三)对策性低效率和执行成本

市场失灵尽管为政府的规制干预提供了种种理由，但这并不表明规制一定是有效率的。“无数规制的立法所能证明的只是人们希望规制，而并不能为事实上的规制提供确切的证据。”[①]从规制发展的历史过程中不难发现，规制仍然存在一系列问题没有得到理论上的解决。

1. 规制政策的对策性低效率

不论政府采取何种类型的规制政策，被规制企业都会相应地采取对策，以追求自身利益最大化。这种行为有可能扭曲政策设计者所希望得到的效果。这种对策性结果的一种扭曲可能反映在被规制企业努力程度低下，因长期处于垄断地位而缺少竞争意识。从配置角度看，其低效率表现为，被规制企业根据回报率规制的目标和限制所实行的对策性策略可能导致过度投资，即过度资本化的倾向。在政府给予补贴的情况下，由于被规制企业的成本并不能得到完全的证实，因此企业就可能通过过度投资等方式有意维持和扩大亏损，以进一步索取补贴。

2. 规制决策机制和执行成本

由于规制政策大大影响了厂商和消费者的利益分配，被规制企业就可能通过“院外活动”或者“政治租金”对立法机构、参议员进行游说，以影响规制政策的制定。这种寻租活动将直接导致社会福利的损失方面。规制的成本还体现在规制政策实施过程中的政府管理机构的效率损失。由于政府规制机构的决策和行为具有强制性质的“垄断”优势，规制机构的处置权很少也很难受到完全的控制和监督，因此权力滥用成为各国规制机构普遍出现的低效率的总体特征。

寻租活动和官僚成本的存在使得政府在制定规制政策过程中有可能偏离社会福利目标。由于寻租行为，各利益集团对规制决策施加利益影响，在给定立法者是理性人的假定下，规制政策就可能偏向于某些利益集团，而使另外一些利益集团受损。建立在规制者理性、追求自身利益的前提下，官僚成本表明政府在实际执行规制政策中是存在代价的。规制机制导致的配置效率损失，称为“规制失灵”，而规制本来的目标是消除垄断势力和保证社会福利，但由于规

① G. J. 斯蒂格勒. 产业组织和政府管制[M]. 上海：上海三联书店 1996 年版，第 157 页.

制失灵，因此规制政策本身可能成为政府过度干预、垄断市场的维护者。

（四）规制的最佳合约

遵循合约理论的分析思路，规制失灵实质上反映了合约的扭曲。规制政策导致的被规制企业的对策性的低效率，实际上是合约设计的激励性扭曲。规制合约在设计过程中没有考虑信息约束，由此导致被规制企业激励性的失衡。规制决策和执行机制的代价，可以说就是合约的签约成本和执行成本的表现。

规制面对的主要问题包括两个方面：一是诱导被规制企业为达到社会福利最大化而选择其行为；二是保证规制政策的目标取向和社会福利的目标相一致。为了解决企业内部的对策性低效率、寻求给定规制框架下的决策和执行成本的最小化，所谓"激励性规制"的设计主要涉及以下三个层面的问题：

首先，合约理论表明，合约的效率取决于交易双方对信息掌握的状况和他们的谈判地位。由于公共产品和服务是由被规制企业所提供的，其行为对整个合约的效率起着关键性作用，因此，如何使被规制企业有效率地提供产品和服务便成为规制合约中激励强度安排的主要问题。

其次，规制合约的有效性还取决于合约过程所涉及成本的最小化。一个完全的合约过程不仅仅包括合约内容，也包括其谈判和执行，而这些方面又与规制制度环境的特征，包括法律、政治和行政程序等有关。它体现了在消费者、规制机构和被规制企业之间利益结构的一种安排。

最后，在引入规制信息、交易和行政制度等约束条件下，仅仅依赖市场化的激励来解决规制失灵问题是不够的，规制激励的合约安排还体现了合约安排和制度环境之间的互动关系。因此，需要考虑合约安排与规制制度变化之间关系的改变和完善。

还需要关注的是，合约执行的有效性与合约绩效的衡量机制有关。一般来说，对合约绩效的衡量主要是通过指标的设计和选择适当的规制机构并赋予其相关权限来实现的。考虑到规制机构的自利动机这一假设，可以认为规制机构会希望给予他们较大的实施权力。因此，规制机构的设计也是规制合约有效实现的重要组成部分。由于规制机构被赋予较大的自由处置权，因此，其效率对于规制合约的选择以及合约的实施成本具有相当大的影响。

拉丰和泰勒尔解释了立法者、规制机构和被规制企业之间的政治决策以及执行过程中的相互影响和作用。[①] 他们认为，规制机构与生产者利益集团合谋将导致低强度激励的成本加成合约成为最终合约的选择结果。他们的模型证明，在合谋条件下，生产者保护导致了低激励强度合约的选择，这些合约更加接近于成本加成合约。对于立法者来说，如果规制机构和生产者合谋来阻止立法者达到规制目标，就将削弱规制的权威，降低控制和减少被规制企业垄断权力的程度和能力。被规制企业可能通过各种壁垒来阻止新进入的可能，以维持其垄断地位。规制机构则有更多的自由处置权来选择影响其他利益集团的变量。规制效率与利益集团的压力相关，由于这些集团在低效率规制而不是高效率规制中更有势力，因此他们倾向于维持一种低效率的规制。

四、规制与反托拉斯的比较

以上我们对政府干预微观经济的两种主要方式做了介绍。下面对这两种规制方式进行简

---

① Laffont, Jean-Jacques, and Jean Tirole. A theory of incentives in procurement and regulation[M]. MIT Press, 1993.

单的比较。

(一)事前设计和事后设计

从时间维度来看,反托拉斯主要是事后的规制,而经济规制是事前的对企业行为的控制。只有厂商发生了削弱竞争的定价、兼并行为,或者其他限制竞争的非价格行为(搭配销售或特许经营等),或者其他企业的市场集中度大到足以任意支配其市场控制力,反托拉斯才会根据相关法律介入。

相对应地,经济规制则是一种事前的控制。它主要通过与被规制企业签订合约来满足规制目标,实现对企业的约束。不论是早期成本加成、公平回报率的规制,还是现在的定价和拍卖特许经营权的规制,都是事前创造一个公平或者有效的竞争环境,为市场提供一个有效竞争的框架。

(二)控制权和自由量裁权

从形式上看,经济规制和反托拉斯都有一定的法律程序,反托拉斯也被称为"司法"的规制(史普博,1999),但经济规制有比反托拉斯更宽的范围和权力。反托拉斯主要集中在厂商的垄断行为和垄断化的产业结构,规制则深入各产业的内部。在权能设置上,反托拉斯具有最终量裁权,一旦反托拉斯诉讼的罪名成立,法院对厂商的裁决就是最终裁决。尽管存在再谈判的可能,但法院的最终裁定是可执行的且不可改变的。规制的程序过程也受到法律约束,但更多地体现在行政程序和准司法裁决中。经济规制的机构和被规制的对象则具有灵活、互动的特点,它没有像反托拉斯法律那样的高度强制性,在具体的规制实施过程中,体现出相当大的自由量裁权。

(三)激励、监督和协调

从功能上看,规制和反托拉斯对相关当事人的作用是不同的。规制合约更多地具有激励和协调作用,其监督和惩罚作用可以说是一种辅助的工具。反托拉斯法则强调了法律惩罚的示范性作用,目的是维护市场竞争的有效性、提高社会福利。在传统分类上,反托拉斯法主要是针对竞争性市场,而不是自然垄断产业部门。从发展趋势来看,反托拉斯法也涉及自然垄断产业,如电信。经济规制除了针对传统的自然垄断部门外,在网络化产业中也更多地涉及竞争性领域。从目前很多国家的发展状况来看,反托拉斯和经济规制都趋向于被统一在一个竞争政策的框架中。事实上,它们在功能、作用和目标方面都是相互依赖、互为补充的。

复习思考题

1. 反垄断与经济规则的区别有哪些?
2. 为什么需要实施反垄断?有效果吗?
3. 对自然垄断产业的规则为什么只能由政府来实施?
4. 举例说明我国《反垄断法》的实施及其效果。

参考文献

1. 尼尔·胡德等. 跨国企业经济学[M]. 北京:经济科学出版社 1994 年版.

2.《经济学和社会学》杂志,1985 年 1 月号。

3. G. J. 斯蒂格勒. 产业组织和政府管制[M]. 上海:上海三联书店 1996 年版.

4. W. 吉帕·维斯库斯、约翰·M. 弗农、小约瑟夫·E. 哈林顿. 反垄断与管制经济学[M]. 北京:机械工业出版社 2004 年版.

5. 查默斯·约翰逊. 产业政策争论[M]. 洛杉矶:美国当代研究所 1984 年版.

6. 玛格里特·迪瓦尔. 工业生机:采用国家产业政策[M]. 纽约:伯格曼出版社 1982 年版.

7. 曼昆. 经济学原理[M]. 梁小民译. 北京:北京大学出版社 1999 年版.

8. 斯蒂格利茨. 政府为什么要干预经济[M]. 北京:中国物资出版社 1998 年版.

9. 鹤田俊正. 战后日本的产业政策[M]. 东京:日本经济新闻社 1982 年版.

10. 小宫隆太郎,奥野正宽,铃村兴太郎. 日本的产业政策[M]. 北京:国际文化出版公司 1988 年版.

11. 列宁选集:第 2 卷[M]. 北京:人民出版社 1972 年版.

12. 马克思恩格斯全集:第 1 卷[M]. 北京:人民出版社 1956 年版.

13. 马克思恩格斯全集:第 19 卷[M]. 北京:人民出版社 1963 年版.

14. 马克思恩格斯全集:第 23 卷[M]. 北京:人民出版社 1995 年版.

15. 马克思恩格斯全集:第 46 卷(上册)[M]. 北京:人民出版社 1979 年版.

16. 马克思恩格斯选集:第 3 卷[M]. 北京:人民出版社 1995 年版.

17. 马克思恩格斯选集:第 4 卷[M]. 北京:人民出版社 1995 年版.

18. 阿尔弗雷德·马歇尔. 经济学原理:上卷[M]. 北京:商务印书馆 1964 年版.

19. 阿尔文·托夫勒. 第三次浪潮[M]. 北京:三联书店 1983 年版.

20. 阿拉格. 欧洲共同体经济学[M]. 上海:上海译文出版社 1985 年版.

21. 安同良. 中国企业技术能力的高度化发展:技术创造[J]. 科技进步与对策,2006(2):17—20.

22. 贝尔纳. 历史上的科学[M]. 北京:科学出版社 1983 年版.

23. 陈朝隆,陈烈,金丹华. 区域产业链形成与演变的实证研究——以中山市小榄镇为例[J]. 经济地理,2007(1):64—67.

24. 陈淮. 日本产业政策研究[M]. 北京:中国人民大学出版社 1991 年版.

25. 陈劲,王毅,许庆瑞. 国外核心能力研究述评[J]. 科研管理,1999(5):13—20.

26. 陈劲. 从技术引进到自主创新的学习模式[J]. 科研管理,1994(2):32—34+31.

27. 陈劲. 技术创新的系统观与系统框架[J]. 管理科学学报,1999(3):66—73.

28. 丹尼斯·卡尔顿,杰弗里·佩罗夫. 现代产业组织[M]. 黄亚钧等译. 上海:上海人民出版社 1997 年版.

29. 丹尼斯·卡尔顿,杰弗里·佩罗夫. 现代产业组织[M]. 黄亚钧等译. 上海三联书店、上海人民出版社 1998 年版.

30. 多纳德·海和德里克·莫里斯. 产业经济学与组织[M]. 北京:经济科学出版社 2001 年版.

31. 方爱华. WTO 背景下企业全球运营的区位与产业选择对策[J]. 中州学刊,2002(4):33—35.
32. 方博亮,林祖嘉. 管理经济学[M]. 中国台北:智胜文化事业有限公司 2003 年版.
33. 傅家骥,姜彦福,雷家骕. 技术创新理论的发展[J]. 经济学动态,1991(7):48—51.
34. 高汝熹,张洁. 知识服务业——都市经济第一支柱产业[M]. 上海:上海交通大学出版社 2004 年版.
35. 龚仰军. 产业结构研究[M]. 上海:上海财经大学出版社 2004 年版.
36. 郭克莎. 中国工业化的进程、问题与出路[J]. 中国社会科学,2000(3):60—71+204.
37. 何向武,周文泳,尤建新. 产业创新生态系统的内涵、结构与功能[J]. 科技与经济,2015,28(4):31—35.
38. 洪银兴. 从比较优势到竞争优势——兼论国际贸易的比较利益理论的缺陷[J]. 经济研究,1997(6):20—26.
39. 侯书森. 微软霸业[M]. 北京:中国对外翻译公司 1999 年版.
40. 胡树华,李必强,海丰. 面向产品创新的管理集成[J]. 中国软科学,2000(4):87—89.
41. 黄南. 世界新兴产业发展的一般规律分析[J]. 科技与经济,2008(5):31—34.
42. 黄少军. 服务业与经济增长[M]. 北京:经济科学出版社 2000 年版.
43. 霍夫曼. 工业化的阶段与类型[M]. 北京:中国对外翻译出版公司 1980 年版.
44. 江小娟. Prospects of Chinese Industrial Policy in the Late of 1990s[J]. 中国与世界经济:英文版,1996(3):24—26+13.
45. 金碚. 制度环境与高新技术产业[J]. 经济管理,2000(11):8—10.
46. 鞠鹏艳. 中关村国家自主创新示范区规划建设发展实践[J]. 上海城市规划,2016(6):22—28.
47. 科林·克拉克. 经济进步的条件(第三版)[M]. 伦敦:麦克米伦公司 1957 年版.
48. 科林·克拉克. 经济进步的条件[M]. 北京:中国人民大学出版社 2020 年版.
49. 孔祥敏. 中国经济发展方式转变中的动力缺失及对策[J]. 北京行政学院学报,2010,70(6):66—70.
50. 库兹涅茨. 各国的经济增长[M]. 北京:商务印书馆 1997 年版.
51. 雷家骕,程源,杨湘玉. 技术经济学的基础理论与方法[M]. 北京:高等教育出版社,2005.
52. 雷小毓. 产业集群的成长和演化机理研究[D]. 西北大学博士学位论文,2007.
53. 李伯溪,钱志深. 产业政策与各国经济[M]. 上海:上海科学技术文献出版社 1990 年版.
54. 李靖华,郭耀煌. 国外产业生命周期理论的演变[J]. 人文杂志,2001(6):62—65.
55. 李斯特. 政治经济学的国民体系[M]. 北京:商务印书馆 1983 年版.
56. 李想,芮明杰. 模块化分工条件下的网络状产业链研究综述[J]. 外国经济与管理,2008,354(8):1—7+17.
57. 李晓华,刘峰. 产业生态系统与战略性新兴产业发展[J]. 中国工业经济,2013(3):20—32.
58. 李新春,宋宇,蒋年云. 高科技创业的地区差异[J]. 中国社会科学,2004(3):17—30+205.
59. 李新春. 高科技企业的合约特征与企业家性质[J]. 中国工业经济,2003(6):77—83.
60. 李邢西,罗雄飞,刘亚玫. 新编世界经济史——世界中世纪经济史[M]. 北京:中国国际广播出版社 1996 年版.
61. 理查德·A. 波斯纳. 反托拉斯法(第 2 版)[M]. 北京:中国政法大学出版社 2003 年版.
62. 理查德·斯通. 社会科学中的数字和其他论文[M]. 北京:北京经济学院出版社 1994 年版.
63. 联合国工业发展组织. 世界各国工业化概况和趋向[M]. 北京:中国对外翻译出版公司 1980 年版.
64. 刘洪涛,汪应洛. 转型期中国国家创新系统资源配置研究[J]. 数量经济技术经济研究,1999(4):58—61.
65. 刘明宇,芮明杰. 全球化背景下中国现代产业体系的构建模式研究[J]. 中国工业经济,2009(5):57—66.

66. 刘世锦. 改革开放 30 年中国经济发展进入重要转折点[J]. 中国制造业信息化,2008(12):10—13.

67. 刘永生. 新编世界经济史——世界近代前期经济史[M]. 北京:中国国际广播出版社 1996 年版,第 134 页.

68. 刘志阳. 战略性新兴产业主导设计形成机理与竞争策略研究[J]. 经济社会体制比较,2010,151(5):165—172.

69. 柳卸林. 调整科技计划与政策,加强创新系统的互动[J]. 中国软科学,2000(9):60—63.

70. 芦彩梅,梁嘉骅. 产业集群协同演化模型及案例分析——以中山小榄镇五金集群为例[J]. 中国软科学,2009(2):142—150+172.

71. 陆国庆. 产业创新:超越传统企业创新理论的新范式[J]. 产业经济研究,2002(1):46—51.

72. 陆国庆. 产业创新的生物学基础[J]. 经济评论,2004(3):115—118.

73. 陆云波. 市场定位策略[M]. 北京:企业管理出版社 2001 年版.

74. 吕玉印. 城市发展的经济学分析[M]. 上海:上海三联书店 2000 年版.

75. 罗珉,马柯航. 后发企业的边缘赶超战略[J]. 中国工业经济,2013(12):91—103.

76. 罗斯托. 经济增长的阶段[M]. 北京:中国社会科学出版社 2001 年版.

77. 骆品亮,林丽闽. 网络接入定价与规制改革:以电信业为例[J]. 上海管理科学,2002(2):14—17.

78. 骆品亮,王安宇. 微软垄断案的启示——产业组织理论角度的思考[J]. 科研管理,2001(6):36—43.

79. 马歇尔. 经济学原理:下卷[M]. 北京:商务印书馆 1983 年版.

80. 迈诺尔夫・迪尔克斯. 组织学习与知识创新[M]. 上海:上海人民出版社 2001 年版.

81. 缪小明,赵晖. 基于动态能力的我国企业突破性创新影响因素实证研究[J]. 经济与管理研究,2008(10):36—41.

82. 南秉军,骆品亮. 企业战略管理中的对策论思想[J]. 科学学与科学技术管理,1996(11):11—14.

83. 彭文治,徐华. 政府支持科技创新的职能定位研究[J]. 科技资讯,2015,13(30):253—254.

84. 芮明杰,陈晓静,王国荣. 公司核心竞争力形成过程:一个函数模型分析[J]. 科研管理,2008,153(1):60—65.

85. 芮明杰,王小沙. 中国产业发展年度分析报告[M]. 上海:上海财经大学出版社 2015 年版.

86. 芮明杰,吴光飙. 全员激励盟约:一个适用于知识型企业的缔约规制[J]. 复旦学报(自然科学版),2001(2):134—137+152.

87. 芮明杰. 产业创新理论与实践[M]. 上海:上海财经大学出版社 2019 年版.

88. 芮明杰. 论现代集团企业内的产权规制[J]. 复旦学报(社会科学版),1995(3):62—67.

89. 芮明杰. 产业竞争力的"新钻石模型"[J]. 社会科学,2006(4):68—73.

90. 芮明杰. 中国新型产业体系构建与发展研究[M]. 上海:上海财经大学出版社 2017 年版.

91. 芮明杰等. 产业创新——理论与实践[M]. 上海:上海财经大学出版社 2019 年版.

92. 沙伊贝等. 近百年美国经济史[M]. 北京:中国社会科学出版社 1983 年版.

93. 沈殿忠. 第三产业史话[M]. 北京:中国展望出版社 1986 年版.

94. 斯密. 国民财富的性质和原因的研究[M]. 北京:商务印书馆 1988 年版.

95. 宋则行,樊亢. 世界经济史(修订版):上卷[M]. 北京:经济科学出版社 1998 年版.

96. 苏启林. 破坏性技术、组织创新与产业成长预测[J]. 中国工业经济,2006(11):117—124.

97. 隋广军,申明浩,宋剑波. 基于专利水平地区差异的高科技产业化问题研究[J]. 管理世界,2005(8):87—93+169.

98. 孙晓华,田晓芳. 产业创新模式、市场失灵与公共政策设计[J]. 软科学,2008(8):81—86.

99. 孙晓华,郑辉. 买方势力对工艺创新与产品创新的异质性影响[J]. 管理科学学报,2013,16(10):25—39.

100. 王伟强，吴晓波，许庆瑞. 技术创新的学习模式[J]. 科技管理研究，1993(5)：20－23.
101. 吴敬琏. 市场经济的培育和运作[M]. 北京：中国发展出版社 1993 年版.
102. 吴晓波. 二次创新的周期与企业组织学习模式[J]. 管理世界，1995(3)：168－172.
103. 吴义杰，何健. 产业集群的演化过程及形成机制[J]. 甘肃社会科学，2010(5)：181－184.
104. 西蒙. 管理决策的理论基石[M]. 北京：北京经济学院出版社 1989 年版.
105. 下河边淳，管家茂. 现代日本经济事典[M]. 北京：中国社会科学出版社 1982 年版.
106. 徐康宁，陈健. 跨国公司价值链的区位选择及其决定因素[J]. 经济研究，2008(3)：138－149.
107. 薛红志，张玉利. 主导企业适应突破性技术变革的整合研究[J]. 南开管理评论，2007(3)：61－69.
108. 严海宁，邱国峰. 市场结构视角下的产品创新和过程创新：国外文献综述[J]. 长春工业大学学报(社会科学版)，2008(3)：33－35.
109. 晏智杰. 经济学中的边际主义(历史的批判的研究)[M]. 北京：北京大学出版社 1987 年版.
110. 杨公朴，夏大慰. 现代产业经济学[M]. 上海：上海财经大学出版社 2003 年版.
111. 姚凯，刘明宇，芮明杰. 网络状产业链的价值创新协同与平台领导[J]. 中国工业经济，2009(12)：86－95.
112. 约翰・伊特韦尔等. 新帕尔格雷夫经济学大辞典：第 2 卷[M]. 北京：经济科学出版社 1992 年版.
113. 臧跃茹. 外资并购国企的正负效应及其对策研究[J]. 中国证券报，2002 年 12 月 15 日.
114. 张凤，何传启. 第二次现代化与中国国家创新体系[J]. 中国软科学，2000(1)：106－108.
115. 张国胜. 本土市场规模与产业升级：一个理论构建式研究[J]. 产业经济研究，2011(4)：26－34.
116. 张其仔. 比较优势的演化与中国产业升级路径的选择[J]. 中国工业经济，2008(9)：58－68.
117. 张维华，骆品亮，郑绍濂. 网络特性与网络融合[J]. 研究与发展管理，2002(2)：17－23.
118. 张维华，骆品亮. 网络双向接入定价的效率分析[J]. 系统工程理论方法应用，2002(4)：319－323.
119. 张维迎. 博弈论与信息经济学[M]. 上海：上海三联书店、上海人民出版社 1996 年版.
120. 张耀辉. 产业升级的真谛在于创造需求[J]. 工业技术经济，2002(2)：3.
121. 张治河，胡树华，金鑫等. 产业创新系统模型的构建与分析[J]. 科研管理，2006(2)：36－39.
122. 张治河. 面向"中国光谷"的产业创新系统研究[D]. 武汉理工大学博士学位论文，2003.
123. 赵浩兴，刘俊涛. 基于产业集群的企业合作营销模式探讨——以浙江永康五金产业集群为例[J]. 苏州市职业大学学报，2008，19(4)：41－45.
124. 赵强，胡荣涛. 加快传统产业改造和升级的步伐[J]. 经济经纬，2002(1)：28－31.
125. 赵小芸，芮明杰. 可产业化的高新技术成果评价体系构建[J]. 科学发展，2011(9)：18－25.
126. 赵英. 中国产业政策实证分析[M]. 北京：社会科学文献出版社 2000 年版.
127. 郑新立. 我国工业发展新阶段与工业政策[J]. 经济管理，1996(2)：14.
128. 周灿. 中国电子信息产业集群创新网络演化研究：格局、路径、机理[D]. 华东师范大学博士学位论文，2018.
129. 周惠中. 微观经济学[M]. 上海：上海人民出版社 1997 年版.
130. 周叔莲，杨沐. 国外产业政策研究[M]. 北京：经济管理出版社 1998 年版.
131. 周新生. 产业兴衰论[M]. 西安：西北大学出版社 2000 年版.
132. 朱汉民. 垄断、竞争与市场规制——美国的经验与中国的实践[J]. 中南财经大学学报，2001(3)：51－56＋127.
133. 卓越，张珉. 全球价值链中的收益分配与"悲惨增长"——基于中国纺织服装业的分析[J]. 中国工业经济，2008(7)：131－140.
134. 约瑟夫・斯蒂格利茨. 经济学小品和案例[M]. 北京：中国人民大学出版社 1998 年版.
135. 拉丰，泰勒尔. 电信竞争[M]. 胡汉辉等译. 北京：人民邮电出版社 2001 年版.

136. 刘易斯・卡布罗. 产业组织导论[M]. 胡汉辉,赵震翔译. 北京:人民邮电出版社 2002 年版.

137. 麦圭根等. 管理经济学:应用、战略与策略[M]. 李国津译. 北京:机械工业出版社 2003 年版.

138. 潘卡基・格玛沃特. 产业竞争博弈[M]. ,胡汉辉等译. 北京:人民邮电出版社 2002 年版.

139. 内格尔,霍尔登. 定价策略与技巧[M]. 应斌,吴英娜译. 北京:清华大学出版社 2003 年版.

140. 谢泼德等. 产业组织经济学[M]. 张志奇等译. 北京:中国人民大学出版社 2007 年版.

141. Abreu, Dilip. On the Theory of Infinitely Repeated Games with Discounting[J]. Econometrica: Journal of the Econometric Society, 1988: 383—396.

142. Adizes, Ichak. Enterprise Life Cycle[J]. Chinese Social Sciences Publishing House, 1997.

143. Allenby, Braden R., and Thomas E. Industrial Ecology[M]. McGraw-Hill Education LLC., 2019.

144. Appelbaum, Steven H., and Lars Goransson. Transformational and Adaptive Learning within the Learning Organization: A Framework for Research and Application[J]. The Learning Organization, 1997.

145. Argyris, Chris. Double Loop Learning in Organizations[J]. Harvard Business Review, 1977, 55(5): 115—125.

146. Bain, Joe S. Barriers to New Competition: Their Character and Consequences in Manufacturing Industries[M]. Harvard University Press, 1956.

147. Bain, Joe S. Industrial Organization[M]. New York: John Willey & Sons Inc., 1959.

148. Bain, J. Barriers to New Competition[M]. Cambridge, Mass.: Harvard University Press, 1956.

149. Bain, J. Relation of Profit Rate to Industry Concentration: American Manufacturing[J]. Quarterly Journal of Economics, 1951(65): 293—324.

150. Beath, J., Y. Katsoulacos. The Economic Theory of Product Differentiation[M]. Cambridge: Cambridge University Press, 1991.

151. Becattini, Giacomo. Riflessioni Sul Distretto Industriale Marshalliano Come Concetto Socio-Economico[J]. Stato e Mercato, 1989: 111—128.

152. Becattini, Giacomo. The Development of Light Industry in Tuscany: An Interpretation[J]. Economic Notes, 1978, 2(3): 107—123.

153. Bell, Daniel. The Coming of the Post-Industrial Society[C]. The Educational Forum. Taylor & Francis Group, 1976, 40(4): 574—579.

154. Berle, Adolf, and Gardiner Means. The Modern Corporation and Private Property, 1932[J]. Macmillan, New York, NY.

155. Besanko, David, et al. Economics of Strategy[M]. John Wiley & Sons, 2009.

156. Boudeville, J-R. Le problème de l'agrégation[J]. Revue d'économie politique, 1957, 67(1): 64—95.

157. Brown, John Seely, and Paul Duguid. Organizational Learning and Communities-of-Practice: Toward A Unified View of Working, Learning, and Innovation[J]. Organization Science, 1991, 2(1): 40—57.

158. Butters, Gerard R. Equilibrium Distributions of Sales and Advertising Prices[J]. The Review of Economic Studies, 1977, 44(3): 465—491.

159. Carlsson, Bo, ed. Technological Systems and Industrial Dynamics[M]. Springer Science & Business Media, 1997.

160. Castro Laszlo, Kathia, and Alexander Laszlo. Evolving Knowledge for Development: The Role of Knowledge Management in A Changing World[J]. Journal of Knowledge Management, 2002, 6(4): 400—412.

161. Chesbrough, Henry William. Open Innovation: The New Imperative for Creating and Profiting from Technology[M]. Harvard Business Press, 2003.

162. Child, John. and Faulkner, David. Strategies of Cooperation: Managing Alliances, Networks and Joint

Ventures[M]. Oxford, England: Oxford University Press, 1998.

163. Christensen, Clayton M. Marketing Strategy: Learning by Doing[J]. Harvard Business Review, 1997, 75(6): 141—151.

164. Christensen, Clayton M., and Richard S. Rosenbloom. Explaining the Attacker's Advantage: Technological Paradigms, Organizational Dynamics, and the Value Network[J]. Research Policy, 1995, 24(2): 233—257.

165. Christensen, Clayton M., Scott D. Anthony, and Erik A. Roth. Seeing What's Next: Using the Theories of Innovation to Predict Industry Change[M]. Harvard Business Press, 2004.

166. Church, Jeffrey & Roger Ware. Industrial Organization: A Strategic Approach[M]. The McGraw-Hill Companies, Inc., 2000.

167. Coase, R. Durability and Monopoly[J]. Journal of Law and Economics. 1972(15): 143—149.

168. Cohen, Wesley M., and Daniel A. Levinthal. Absorptive Capacity: A New Perspective on Learning and Innovation[J]. Administrative Science Quarterly, 1990: 128—152.

169. Collins, Norman R., and Lee E. Preston. Price-Cost Margins and Industry Structure[J]. Review of Economics and Statistics, 1969(51): 271—286.

170. Cooke, Philip, and Olga Memedovic. Strategies for Regional Innovation Systems: Learning Transfer and Applications[M]. Vienna: United Nati.

171. Cournot, Antoine Augustin. Researches into the Mathematical Principles of the Theory of Wealth [M]. New York: Macmillan Company, 1927 [c1897].

172. Cournot, A. Researches into the Mathematical Principles of the Theory of Wealth[M]. New York: Augustus Kelley, 1971.

173. Crouch, Colin, and Henry Farrell. Local Production Systems in Europe: Rise or Demise? [M]. Oxford University Press, 2001.

174. Dixit, Avinash K., and Joseph E. Stiglitz. Monopolistic Competition and Optimum Product Diversity [J]. The American Economic Review, 1977, 67(3): 297—308.

175. Dixit, Avinash, and Victor Norman. Advertising and Welfare[J]. The Bell Journal of Economics, 1978: 1—17.

176. Driver, Michaela. Activity-based Costing: A Tool for Adaptive and Generative Organizational Learning? [J]. The Learning Organization, 2001.

177. Drucker, Peter F. The Rise of the Knowledge Society[J]. The Wilson Quarterly, 1993, 17(2): 52—72.

178. Farrell, Joseph, and Carl Shapiro. Horizontal Mergers: An Equilibrium Analysis[J]. The American Economic Review, 1990: 107—126.

179. Fisher, Allan George Barnard. Clash of Progress and Security[M]. 1935.

180. Freeman, Christopher, and Luc Soete. The Economics of Industrial Iinnovation[M]. Psychology Press, 1997.

181. Gambardella, Alfonso, and Salvatore Torrisi. Does Technological Convergence Imply Convergence in Markets? Evidence from the Electronics Industry[J]. Research Policy, 1998, 27(5): 445—463.

182. Gereffi, Gary. Development Models and Industrial Upgrading in China and Mexico[J]. European Sociological Review, 2009, 25(1): 37—51.

183. Gereffi, Gary, John Humphrey, and Timothy Sturgeon. The Governance of Global Value Chains: An Analytic Framework[J]. Review of International Political Economy, 2003, 12(1): 78—104.

184. Gibbons, Robert S. Game Theory for Applied Economists[M]. Princeton University Press, 1992.

185. Gibson, David V., and Raymond W. Smilor. Key Variables in Technology Transfer: A Field-Study Based Empirical Analysis[J]. Journal of Engineering and Technology Management, 1991, 8(3—4): 287—312.

186. Gort, Michael, and Steven Klepper. Time Paths in the Diffusion of Product Innovations[J]. The Economic Journal, 1982, 92(367): 630—653.

187. Gottmann, Jean. Megalopolis or the Urbanization of the Northeastern Seaboard[J]. Economic Geography, 1957, 33(3): 189—200.

188. Grossman, Gene M., and Carl Shapiro. Informative Advertising with Differentiated Products[J]. The Review of Economic Studies, 1984, 51(1): 63—81.

189. Hay, Donald A., and Derek J. Morris. Industrial Organization Economics: Theory and Evidence[M]. Oxford University Press, 1991.

190. Hippel, Eric von. The Sources of Innovation[M]. Oxford University Press, 1988.

191. Hobday, Mike. Product Complexity, Innovation and Industrial Organisation[J]. Research Policy, 1998, 26(6): 689—710.

192. Hoover, Edgar M., and Joseph L. Fisher. Research in Regional Economic Growth[M]. NBER, 1949: 173—250.

193. Hoover, Edgar Malone. Location Theory and the Shoe Leather Industries[M]. Harvard University Press, 1937.

194. Hoover, Edgar Malone. The Location of Economic Activity[M]. New York: McGraw-Hill Book Company, 1948.

195. Huber, George P. Organizational Learning: The Contributing Processes and the Literatures[J]. Organization Science, 1991, 2(1): 88—115.

196. Ingham, Marc, and Caroline Mothe. How to Learn in R&D partnerships? [J]. R&D Management, 1998, 28(4): 249—261.

197. John, M. Clark. Social Control of Business[J]. 1939.

198. Kahn, Alfred E. Deregulation: Looking Backward and Looking Forward[J]. Yale J. on Reg., 1990(7): 325.

199. Ketels, Christian HM, and Olga Memedovic. From Clusters to Cluster-Based Economic Development [J]. International Journal of Technological Learning, Innovation and Development, 2008, 1(3): 375—392.

200. Kindleberger, Charles P. The Rise of Free Trade in Western Europe, 1820—1875[J]. The Journal of Economic History, 1975, 35(1): 20—55.

201. Kloot, Louise. Organizational Learning and Management Control Systems: Responding to Environmental Change[J]. Management Accounting Research, 1997, 8(1): 47—73.

202. Kojima, Kiyoshi. Direct Foreign Investment between Advanced Industrialized Countries[J]. Hitotsubashi Journal of Economics, 1977, 18(1): 1—18.

203. Krugman, Paul. Increasing Returns and Economic Geography[J]. Journal of Political Economy, 1991, 99(3): 483—499.

204. Laffont, Jean-Jacques, and Jean Tirole. A Theory of Incentives in Procurement and Regulation[M]. MIT Press, 1993.

205. Lange, Oskar. Marxian Economics and Modern Economic Theory[J]. The Review of Economic Studies, 1935, 2(3): 189—201.

206. Leontief, Wassily W. Quantitative Input and Output Relations in the Economic Systems of the United States[J]. The Review of Economic Statistics, 1936: 105—125.

207. Leontief, Wassily W. Structure of American Economy, 1919—1929[M]. 1941.

208. Leontief, Wassily W. Studies in the Structure of the American Economy[J]. 1953.

209. Leontief, Wassily. Input-output Economics[M]. Oxford University Press, 1986.

210. Lindenberg, Eric and Stephen Ross. Tobin's q Ratio and Industrial Organization[J]. Journal of Business, 1981(54): 1—32.

211. Luo Pinliang. Research Report on Agency Theory [R]. Mimeo: The Amos Tuck School at Dartmouth College Hanover, NH, Oct. 1999.

212. Lösch, August. The Spatial Organization of the Economy[J]. Londres: Encyclopaedia Britannica, 1940.

213. Marshall, Alfred. Elements of Economics of Industry: Being the First Volume of Elements of Economics [M]. Macmillan, 1892.

214. Martin, Stephen. Advanced Industrial Economics[M]. Blackwell Publishers, 2002.

215. Meurer, Michael, and Dale O. Stahl II. Informative Advertising and Product Match[J]. International Journal of Industrial Organization, 1994, 12(1): 1—19.

216. Meyer, M. H. and Utterback, J. M. The Product Family and the Dynamics of Core Capability[J]. Sloan Management Review, 1993, 34(3): 29—47.

217. Meyers, Patricia W. Non-linear Learning in Large Technological Firms: Period Four Implies Chaos [J]. Research Policy, 1990, 19(2): 97—115.

218. Milgrom, Paul, and John Roberts. Limit Pricing and Entry under Incomplete Information: An Equilibrium Analysis[J]. Econometrica: Journal of the Econometric Society, 1982: 443—459.

219. Mowery, David C. , and Nathan Rosenberg. Paths of Innovation[M]. Cambridge Books, 2000.

220. Myers, Sumner, and Donald George Marquis. Successful Industrial Innovations: A Study of Factors Underlying Innovation in Selected Firms[M]. National Science Foundation, 1969.

221. Nash Jr, John F. Equilibrium Points in N-person Games[J]. Proceedings of the National Academy of Sciences, 1950, 36(1): 48—49.

222. Nelson, Richard R. , ed. National Innovation Systems: A Comparative Analysis[M]. Oxford University Press on Demand, 1993.

223. Nonaka, Ikujiro, and Hirotaka Takeuchi. The Knowledge Creating[J]. New York, 1995: 304.

224. Nonaka, Ikujiro, and Noboru Konno. The Concept of "Ba": Building A Foundation for Knowledge Creation[J]. California Management Review, 1998, 40(3): 40—54.

225. Nonaka, Ikujirō. Models of Knowledge Management in the West and Japan[M]. 1991.

226. North D. C. Structure and Change in Economic History[M]. Norton, 1981.

227. Oniki, Hajime, and Hirofumi Uzawa. Patterns of Trade and Investment in a Dynamic Model of International Trade[J]. The Review of Economic Studies, 1965, 32(1): 15—37.

228. Pindyck, R. & Daniel L. R. Microeconomics[M]. Prentice Hall. 2001. the 5th edition.

229. Png, Ivan. Managerial Economics[M]. Blackwell Publishers Inc. , 1998.

230. Porter, Michael E. Clusters and the New Economics of Competition[J]. Boston: Harvard Business Review, 1998.

231. Porter, Michael E. The Competitive Advonioge of Notions[J]. Harvard Business Review, 1990(73): 91.

232. Posner R. The Social Costs of Monopoly and Regulation[J]. Journal of Political Economy. 1975(83): 807—827.

233. Quinn J B. Intelligent Enterprise: A Knowledge and Service Based Paradigm for Industr[M]. Simon and Schuster, 1992.

234. Rao, Akshay R., Mark E. Bergen, and Scott Davis. How to Fight A Price War[J]. Harvard Business Review, 2000, 78(2): 107—120.

235. Ricardo, David. On the Principles of Political Economy and Taxation: London[M]. 1817.

236. Rothwell, Roy, and Mark Dodgson, eds. The Handbook of Industrial Innovation[M]. E. Elgar, 1994.

237. Rothwell, Roy. Successful Industrial Innovation: Critical Factors for the 1990s[J]. R&D Management, 1992, 22(3): 221—240.

238. Salinger, Michael A. Tobin's q, Unionization, and the Concentration-Profits Relationship[J]. The Rand Journal of Economics, 1984, 15(2): 159—170.

239. Saxenian, Anna Lee. Regional Networks: Industrial Adaptation in Silicon Valley and Route 128[J]. 1994.

240. Schmalensee, Richard. Industrial Economics: An Overview[J]. The Economic Journal, 1988, 98(392): 643—681.

241. Schmalensee, Richard. Inter-Industry Studies of Structure and Performance. Handbook of Industrial Organization. ed. R. Schmalensee and R. Willig. Amsterdam: North-Holland, 1989: 951—1009.

242. Schumpeter, Joseph A., et al. The Pure Theory of Production[J]. The American Economic Review, 1939, 29(1): 118—120.

243. Selten, Reinhard, and R. Selten Bielefeld. Reexamination of the Perfectness Concept for Equilibrium Points in Extensive Games[M]. Springer Netherlands, 1988.

244. Senge, Peter M. The Practice of Innovation[J]. Leader to leader, 1998(9): 16—22.

245. Shy, Oz. Industrial organization: Theory and Application. Cambridge, The MIT Press, 1995.

246. Shy, Oz. Industrial Organization: Theory and Application. Cambridge: The MIT Press, 1996.

247. Simon, Herbert A. Administrative Behavior[M]. The New York: The Free Press, 1947.

248. Simon, Herbert A. Does Scientific Discovery Have A Logic? [J]. Philosophy of Science, 1973, 40(4): 471—480.

249. Singelmann, Joachim. From Agriculture to Services: The Transformation of Industrial Employment [M]. Sage Publications, 1978.

250. Smith, Adam. The Wealth of Nations (1776)[M]. 1937.

251. Smith, David M. A Theoretical Framework for Geographical Studies of Industrial Location[J]. Economic Geography, 1966, 42(2): 95—113.

252. Spence, Michael. Job Market Signaling[J]. The Quarterly Journal of Economics, 1973: 355—374.

253. Stigler, George J. The Organization of Industry[M]. University of Chicago Press, 1983.

254. Stigler, George J. The Economists and the Problem of Monopoly[J]. American Economic Review, 1982, 72(2): 1—11.

255. Tirole, Jean. The Theory of Industrial Organization[M]. Cambridge: The MIT Press. 1988.

256. Tobin, James. A General Equilibrium Approach to Monetary Theory[J]. Journal of Money, Credit and Banking, 1969, 1(1): 15—29.

257. Tyre, Marcie J., and Eric Von Hippel. The Situated Nature of Adaptive Learning in Organizations [J]. Organization Science, 1997, 8(1): 71—83.

258. Utterback, James M., and William J. Abernathy. A Dynamic Model of Process and Product Innovation[J]. Omega, 1975, 3(6): 639—656.

259. Vernon, Raymond. Comprehensive Model-Building in the Planning Process: The Case of the Less-Developed Economies[J]. The Economic Journal, 1966, 76(301): 57—69.

260. Vickers J, Waterson M. Vertical Relationships: An Introduction[J]. The Journal of Industrial Economics, 1991: 445—450.

261. Von Thünen, Johann Heinrich. Der isolierte staat in beziehung auf nationalökonomie und landwirtschaft[J]. Gustav Fischer, Stuttgart (reprinted 1966), 1826.

262. Wagner, Marcus. The Porter Hypothesis revisited: A Literature Review of Theoretical Models and Empirical Tests[M]. CSM, 2003.

263. Weber, Alfred. Theory of Industrial Location[M]. San José State University Department of Economics: San Jose, CA, USA, 1909.

264. Weiss, Leonard W. The Concentration-Profits Relationship and Antitrust[J]. Industrial Concentration: The New Learning, 1974(184): 184—233.

265. Werden, G. Market Delineation under the Merger Guidelines: A Tenth Anniversary Retrospective[J]. Antitrust Bulletin, 1993(38): 517—555.

266. Winter, Sidney G. Knowledge and Competence as Strategic Assets[A]. In D. J. Teece(ed.). The Competitive Challenge: Strategies for Industrial Renewal[M]. Cambridge, MA: Ballinger Publishing.

267. Zuber-Skerritt, Ortrun. The Concept of Action Learning[J]. The Learning Organization, 2002.